2020年度国家社会科学基金重大项目

"内蒙古和林格尔土城子遗址及周边墓葬考古资料整理与研究"

阶段性成果

（项目号20&ZD254）

内蒙古和林格尔土城子（三）

——汉、魏墓葬发掘报告（1997~2007）

内蒙古自治区文物考古研究院
内蒙古师范大学
内蒙古博物院　　　　　　　编著
盛乐博物馆
和林格尔县文物保护管理所

陈永志　主编

科学出版社

北京

内 容 简 介

　　和林格尔土城子古城遗址位于内蒙古自治区呼和浩特市和林格尔县，是我国规模较大、沿用年代较长的古代城址，文化内涵十分丰富。1997年至2007年，内蒙古自治区文物考古部门连续多年对古城遗址及周边墓葬进行了抢救性考古发掘，从春秋战国至清代共清理发掘2158座墓葬，其中汉代214座、代魏5座，共219座，出土了大量的文物。本书即是对此期间所发掘的汉、魏墓葬成果的全面报道。

　　本书可供从事历史学、考古学、文物与博物馆学、体质人类学和诸多专门史等方面的研究人员参考阅读。

图书在版编目（CIP）数据

内蒙古和林格尔土城子.三，汉、魏墓葬发掘报告：1997~2007 / 内蒙古自治区文物考古研究院等编著；陈永志主编. --北京：科学出版社，2024. 10. --ISBN 978-7-03-079906-7

Ⅰ. K878.35；K878.85

中国国家版本馆CIP数据核字第2024PN1124号

责任编辑：赵　越 / 责任校对：邹慧卿
责任印制：肖　兴 / 封面设计：张　放

科 学 出 版 社 出版
北京东黄城根北街16号
邮政编码：100717
http://www.sciencep.com
北京汇瑞嘉合文化发展有限公司印刷
科学出版社发行　各地新华书店经销
*
2024年10月第 一 版　开本：889×1194　1/16
2024年10月第一次印刷　印张：46 1/2　插页：66
字数：1 340 000
定价：598.00元
（如有印装质量问题，我社负责调换）

"内蒙古和林格尔土城子遗址及周边墓葬考古资料整理与研究"

国家社科基金重大项目学术委员会
（以姓氏笔画为序）

石金鸣　朱　泓　沈睿文　陈永志　陈星灿　陈洪海　李延祥
李艳洁　宋国栋　杭　侃　咏　梅　顾玉才　钱国祥　曹建恩
董新林　霍　巍　薄音湖

《内蒙古和林格尔土城子》编撰委员会
（以姓氏笔画为序）

包桂红　乔金贵　朱家龙　伊特歌乐　齐溶青　李　强　李辰元
李宝平　李春雷　李荣辉　张　欣　张全超　郑淑敏　胡春佰
赵强胜　董利军　萨仁毕力格　程鹏飞　霍志国

主　编

陈永志

副主编

郑淑敏　李　强　帅小军

资料整理与撰稿

郑淑敏　李　强　帅小军　乔金贵　马　婧　史静慧　包桂红

冯吉祥　李　威　李春雷　张　欣　董晨阳　朱家龙　赵强胜

郝晓菲　伊特歌乐　叶　楠　贾晓磊　闻　娟　财　喜

文物摄影

刘小放　陈永志　李　强　刘　刚　朱家龙

前　言

　　和林格尔土城子古城遗址位于内蒙古自治区呼和浩特市和林格尔县盛乐经济园区，现为全国重点文物保护单位。土城子古城遗址是"十二五"至"十四五"期间国家重点列定的150处大遗址之一，也是黄河几字弯北岸最大的古代城市遗址。推进黄河文化遗产的系统保护，深入挖掘黄河文化蕴涵的时代价值，这是贯彻落实习近平总书记关于保护传承弘扬黄河文化重要论述精神的总体要求，也是新时代赋予我们文物保护工作者的重要使命。和林格尔土城子古城，遗址保存完好，文化内涵深厚，出土文物丰富，历史演进脉络完整，是中原王朝边疆治理体系形成建构的重要实物例证，也是农耕文化与游牧文化交往、交流、交融的重要实物载体。系统梳理和林格尔土城子古城遗址考古发掘资料，实施黄河文化遗产系统性保护，加强科学系统的解读与阐释，彰显黄河文化时代价值，铸牢中华民族共同体意识，推出一批标志性研究成果，这就是我们编纂这部《内蒙古和林格尔土城子（三）——汉、魏墓葬发掘报告（1997~2007）》的重要意义所在。

　　和林格尔土城子古城遗址地理坐标为东经111°48′45″，北纬40°27′30″。古城遗址平面呈不规则长方形，东西宽1450米，南北长2290米，分为西城、南城、中城、北城四部分，城垣残高0.5~10米。其中西城残存东城垣，长310米，为春秋时期建筑；南城东西550米，南北650米，为春秋战国至魏晋北朝时期文化遗存；中城东西约500米，南北790米，主要为魏晋时期文化遗存；北城东西1450米、南北1760米，主要为唐代文化遗存。

　　1997~2014年，为配合盛乐经济园区和国家考古遗址公园建设，内蒙古文物考古部门连续多年对古城遗址进行考古调查、勘探和发掘工作。在城址内发掘了3642平方米，发现大型建筑台基、房址、水井、窖藏和瓮棺葬等重要遗迹。在古城外围发掘了2755座墓葬，其中春秋时期20座，战国时期2092座，秦汉时期226座，魏晋时期5座，唐代350座，辽代28座，金代1座，清代8座，时代不清者25座。在这些墓葬当中，出土了陶器、瓷器、铜钱、带钩等大量随葬品。通过考古发掘发现，和林格尔土城子古城遗址包含春秋、战国、秦汉、魏晋、隋唐、辽金元等多个历史时期的文化遗存。古城自春秋时期始建，秦汉时期城市规模扩大，是定襄郡郡址所在，魏晋时期是北魏王朝建立的第一座都城，隋唐时期是单于大都护府所在地，辽金元时期沿用。

　　和林格尔土城子古城具有明确的行政建制是在西汉初年，汉高帝六年（公元前201年），汉朝从秦云中郡中另析出定襄郡，郡治设在成乐县，即土城子古城的南城，是为定襄郡的政治中心所在，也是汉王朝稳定边疆、抗击匈奴的主要前沿阵地。东汉时期，复置定襄郡，成乐县曾一度划归云中郡管辖。在土城子古城周边发现的大量墓葬当中，汉代墓葬占有相当比例，有大型的木椁墓、竖穴土坑墓、土洞墓、砖室墓等诸多种类，出土有壶、罐、井、灶等陶器，铜镜、香炉、扁壶、车马具等铜器，其中不乏青铜壶、豆、洗等规格较高的大件青铜器物。这些墓葬形制与出土器物，基本与中原地区汉代墓葬的形制与器物特征相一致，充分说明了和林格尔县的土城子古城地区作为汉代定襄郡郡治所在，其政治、经济、文化都已经达到了相当发达的程度。

东汉末年，鲜卑人崛起于蒙古高原，并逐渐南迁。到西晋时期，鲜卑拓跋部已进入阴山一带。公元258年，拓跋鲜卑首领率部南下，将所部分为三部，其中猗卢率领的西部以土城子古城为活动中心，即是利用汉代成乐城址。其后，猗卢统率三部正式建立政权，即代王位，以盛乐为北都，平城（今山西大同）为南都，现在土城子古城的中城即是此时所建。公元386年，拓跋珪即代王位，建元登国，改称魏王，仍以土城子古城作为盛乐都址所在。公元398年（天兴元年）拓跋珪迁都平城，次年改号为皇帝，正式建立了北魏王朝。此时盛乐城虽已不是政治中心所在，但在其附近还埋葬有北魏早期的五位皇帝，足见其当时政治地位的重要性。在对古城城址的考古发掘过程中，发现了大量具有鲜卑文化特点的器物，在南城发现有束颈敞口印花纹陶壶、陶瓮、陶罐等器物，在中城发现有黑面磨光筒瓦、板瓦、莲瓣纹瓦当等建筑构件，在城外发现部分鲜卑墓葬。土城子古城南城鲜卑早期陶器的发现，真实地反映了鲜卑人在原成乐城居住生活的实际状况，在中城大量建筑构件的发现，表明当时的城市建筑已经达到了相当的程度，而城外鲜卑墓葬的发现，说明鲜卑人在该地区生养死葬的事实。以上具有浓郁鲜卑文化特点墓葬与器物的出土，是鲜卑人从呼伦贝尔大草原南迁至古阴山地区建都立业的真实物证，结合"盛乐"称谓与西汉定襄郡"成乐"县名称之间的演变关系，足以证实内蒙古和林格尔土城子古城即是北魏的盛乐都址所在。

《内蒙古和林格尔土城子》系列发掘报告是2020年度国家社会科学基金重大项目"内蒙古和林格尔土城子遗址及周边墓葬考古资料整理与研究"的主要成果。该系列报告收录了1997、1999至2007年间内蒙古自治区文物考古研究所联合内蒙古师范大学以及和林格尔县文物保护管理所对和林格尔土城子古城及城外三个区域墓地进行的考古勘探和抢救性发掘的全部资料，为了更系统的呈现这批资料，我们将报告分为如下几部：（一）城址发掘报告；（二）春秋、战国至秦代墓葬发掘报告；（三）汉、魏墓葬发掘报告；（四）唐代墓葬发掘报告；（五）辽、金、清代墓葬发掘报告。本书为第三部，重点对汉代214座、代魏5座墓葬资料进行报道。

考古发掘报告是田野工作最珍贵的核心成果，《内蒙古和林格尔土城子（三）——汉、魏墓葬发掘报告（1997～2007）》承载了内蒙古考古人二十余载的辛勤和汗水，我们力求通过这一学术成果的付梓，呈现出系统、客观、翔实、准确的发掘资料，以期有效支撑和林格尔土城子大遗址保护和国家考古遗址公园的创建，为推动黄河文化的传承和弘扬做出自己应有的贡献。

目　　录

前言

第一章　绪论 ·· （1）

　第一节　地理位置与历史沿革 ·· （1）

　第二节　墓葬分布与发掘经过 ·· （3）

　　一、墓葬分布 ·· （3）

　　二、发掘经过 ·· （12）

　第三节　资料整理与报告编排 ·· （14）

　　一、资料整理 ·· （14）

　　二、报告编排 ·· （14）

第二章　汉代墓葬 ·· （16）

　第一节　墓葬资料 ·· （16）

　　一、Ⅰ区 ·· （16）

　　二、Ⅱ区 ·· （99）

　　三、Ⅳ区 ·· （457）

　第二节　汉代甲类墓葬研究 ·· （519）

　　一、墓葬形制 ·· （520）

　　二、葬具、葬式、葬俗与殉牲 ·· （529）

　　三、随葬器物的摆放位置 ·· （530）

　　四、随葬器物 ·· （531）

　　五、陶文、陶符 ·· （604）

　　六、小结 ·· （605）

　第三节　汉代乙类墓葬研究 ·· （611）

　　一、墓葬形制 ·· （611）

　　二、葬具、葬式、葬俗与殉牲 ·· （614）

　　三、随葬器物的摆放位置 ·· （615）

　　四、随葬器物 ·· （615）

　　五、小结 ·· （640）

第三章　代魏墓葬 ··（645）

　第一节　墓葬资料 ··（645）

　　一、Ⅰ区 ···（645）

　　二、Ⅱ区 ···（647）

　第二节　墓葬形制 ··（653）

　第三节　葬具、葬式、葬俗与殉牲 ···（654）

　第四节　随葬器物 ··（654）

　第五节　小结 ··（656）

附录一　和林格尔土城子古城遗址周边汉代墓葬出土金属文物

　　　　　科技检测分析报告 ···（658）

附录二　和林格尔土城子古城遗址周边汉魏墓葬出土人骨鉴定表 ···········（676）

附表一　汉代甲类墓葬统计表 ··（680）

附表二　汉代乙类墓葬统计表 ··（703）

附表三　代魏墓葬统计表 ··（710）

后记 ··（711）

插图目录

图一　和林格尔土城子古城遗址地理位置示意图···（2）

图二　和林格尔土城子古城及周边墓地分区示意图··（4）

图三　Ⅰ区墓葬平面示意图···（插页）

图四　Ⅱa区墓葬平面示意图···（5）

图五　Ⅱb区墓葬平面示意图···（插页）

图六　Ⅱc区墓葬平面示意图···（插页）

图七　Ⅱd区墓葬平面示意图···（插页）

图八　Ⅱe区墓葬平面示意图···（插页）

图九　Ⅱf区墓葬平面示意图···（插页）

图一〇　Ⅱg区墓葬平面示意图··（7）

图一一　Ⅱh区墓葬平面示意图··（8）

图一二　Ⅱi区墓葬平面示意图··（插页）

图一三　Ⅱj区墓葬平面示意图··（插页）

图一四　Ⅱk区墓葬平面示意图··（插页）

图一五　Ⅱl区墓葬平面示意图··（9）

图一六　Ⅱm区墓葬平面示意图··（10）

图一七　Ⅳ区墓葬平面示意图··（11）

图一八　ⅠM1平、剖面图···（18）

图一九　ⅠM1出土陶器··（19）

图二〇　ⅠM1出土陶器··（20）

图二一　ⅠM1出土铜器··（21）

图二二　ⅠM2平、剖面图···（23）

图二三　ⅠM2出土陶器··（24）

图二四　ⅠM4平、剖面图···（25）

图二五　ⅠM5平、剖面图···（26）

图二六　ⅠM5出土陶器··（27）

图二七　ⅠM6平、剖面图···（28）

图二八　ⅠM6出土器物··（29）

图二九　ⅠM6出土铜镜··（30）

图三〇　ⅠM6出土器物··（30）

图三一　ⅠM7平、剖面图 ………………………………………………（32）

图三二　ⅠM7出土器物 …………………………………………………（33）

图三三　ⅠM9平、剖面图 ………………………………………………（34）

图三四　ⅠM9出土器物 …………………………………………………（35）

图三五　ⅠM10平、剖面图 ……………………………………………（36）

图三六　ⅠM10出土陶罐 ………………………………………………（37）

图三七　ⅠM11平、剖面图 ……………………………………………（38）

图三八　ⅠM11出土铜镜 ………………………………………………（39）

图三九　ⅠM11出土器物 ………………………………………………（39）

图四〇　ⅠM12平、剖面图 ……………………………………………（40）

图四一　ⅠM13平、剖面图 ……………………………………………（41）

图四二　ⅠM13出土陶罐 ………………………………………………（41）

图四三　ⅠM15平、剖面图 ……………………………………………（42）

图四四　ⅠM15出土陶罐 ………………………………………………（42）

图四五　ⅠM16平、剖面图 ……………………………………………（43）

图四六　ⅠM17平、剖面图 ……………………………………………（44）

图四七　ⅠM17出土陶器 ………………………………………………（45）

图四八　ⅠM20平、剖面图 ……………………………………………（46）

图四九　ⅠM20出土器物 ………………………………………………（47）

图五〇　ⅠM21平、剖面图 ……………………………………………（49）

图五一　ⅠM21出土陶器 ………………………………………………（50）

图五二　ⅠM21出土器物 ………………………………………………（51）

图五三　ⅠM22平、剖面图 ……………………………………………（51）

图五四　ⅠM22出土器物 ………………………………………………（52）

图五五　ⅠM23平、剖面图 ……………………………………………（53）

图五六　ⅠM23出土陶器 ………………………………………………（54）

图五七　ⅠM24平、剖面图 ……………………………………………（55）

图五八　ⅠM24出土陶器 ………………………………………………（56）

图五九　ⅠM25平、剖面图 ……………………………………………（57）

图六〇　ⅠM25出土陶器 ………………………………………………（58）

图六一　ⅠM26平、剖面图 ……………………………………………（59）

图六二　ⅠM26出土器物 ………………………………………………（60）

图六三　ⅠM28平、剖面图 ……………………………………………（61）

图六四　ⅠM28出土器物 ………………………………………………（62）

图六五　ⅠM29平、剖面图 ……………………………………………（64）

图六六　Ⅰ M29出土器物 ·· （65）

图六七　Ⅰ M30平、剖面图 ·· （66）

图六八　Ⅰ M30出土器物 ·· （67）

图六九　Ⅰ M31平、剖面图 ·· （68）

图七〇　Ⅰ M31出土石研磨器 ··· （69）

图七一　Ⅰ M32平、剖面图 ·· （70）

图七二　Ⅰ M32出土器物 ·· （71）

图七三　Ⅰ M34平、剖面图 ·· （73）

图七四　Ⅰ M34出土陶器 ·· （74）

图七五　Ⅰ M34出土陶器 ·· （75）

图七六　Ⅰ M34出土铜镜 ·· （75）

图七七　Ⅰ M43平、剖面图 ·· （77）

图七八　Ⅰ M43出土器物 ·· （78）

图七九　Ⅰ M43出土铜镜 ·· （79）

图八〇　Ⅰ M44平、剖面图 ·· （80）

图八一　Ⅰ M44出土陶器 ·· （81）

图八二　Ⅰ M48平、剖面图 ·· （82）

图八三　Ⅰ M48出土陶器 ·· （83）

图八四　Ⅰ M49平、剖面图 ·· （84）

图八五　Ⅰ M49出土陶壶 ·· （86）

图八六　Ⅰ M49出土陶器 ·· （87）

图八七　Ⅰ M49出土陶器 ·· （88）

图八八　Ⅰ M50平、剖面图 ·· （89）

图八九　Ⅰ M50出土陶器 ·· （91）

图九〇　Ⅰ M50出土铜镜 ·· （92）

图九一　Ⅰ M54平、剖面图 ·· （92）

图九二　Ⅰ M54出土器物 ·· （93）

图九三　Ⅰ M55平、剖面图 ·· （94）

图九四　Ⅰ M55出土陶器 ·· （95）

图九五　Ⅰ M55出土铜镜 ·· （96）

图九六　Ⅰ M61平、剖面图 ·· （97）

图九七　Ⅰ M61出土陶器 ·· （98）

图九八　Ⅰ M61出土铜镜 ·· （98）

图九九　Ⅰ M61出土铜镜 ·· （98）

图一〇〇　　Ⅰ M61出土器物 ··· （100）

图一〇一　　ⅡM6平、剖面图 ······························（102）

图一〇二　　ⅡM6出土器物 ·······························（103）

图一〇三　　ⅡM6出土陶器 ·······························（104）

图一〇四　　ⅡM7平、剖面图 ·····························（106）

图一〇五　　ⅡM7出土陶器 ·······························（107）

图一〇六　　ⅡM7出土陶器 ·······························（109）

图一〇七　　ⅡM7出土器物 ·······························（110）

图一〇八　　ⅡM8平、剖面图 ·····························（111）

图一〇九　　ⅡM8出土陶器 ·······························（112）

图一一〇　　ⅡM9平、剖面图 ·····························（114）

图一一一　　ⅡM9出土陶器 ·······························（115）

图一一二　　ⅡM9出土铜器 ·······························（117）

图一一三　　ⅡM9出土器物 ·······························（118）

图一一四　　ⅡM9出土瓦当 ·······························（119）

图一一五　　ⅡM10平、剖面图 ···························（120）

图一一六　　ⅡM10出土陶器 ·····························（121）

图一一七　　ⅡM10出土陶器 ·····························（122）

图一一八　　ⅡM10出土铜器 ·····························（123）

图一一九　　ⅡM11平、剖面图 ···························（124）

图一二〇　　ⅡM11出土陶器 ·····························（125）

图一二一　　ⅡM11出土器物 ·····························（126）

图一二二　　ⅡM12平、剖面图 ···························（129）

图一二三　　ⅡM12出土陶器 ·····························（130）

图一二四　　ⅡM13平、剖面图 ···························（132）

图一二五　　ⅡM13出土陶器 ·····························（133）

图一二六　　ⅡM13出土陶器 ·····························（134）

图一二七　　ⅡM14平、剖面图 ···························（135）

图一二八　　ⅡM14出土器物 ·····························（136）

图一二九　　ⅡM15平、剖面图 ···························（137）

图一三〇　　ⅡM15出土陶器 ·····························（138）

图一三一　　ⅡM16平、剖面图 ···························（140）

图一三二　　ⅡM16出土陶器 ·····························（141）

图一三三　　ⅡM16出土陶器 ·····························（142）

图一三四　　ⅡM16出土器物 ·····························（143）

图一三五　　ⅡM17平、剖面图 ···························（144）

图一三六　Ⅱ M17出土器物 ………………………………………（145）

图一三七　Ⅱ M18平、剖面图 ……………………………………（147）

图一三八　Ⅱ M18出土陶器 ………………………………………（149）

图一三九　Ⅱ M18出土铜镜 ………………………………………（150）

图一四〇　Ⅱ M19平、剖面图 ……………………………………（151）

图一四一　Ⅱ M19出土陶器 ………………………………………（152）

图一四二　Ⅱ M19出土铜器 ………………………………………（154）

图一四三　Ⅱ M19出土器物 ………………………………………（155）

图一四四　Ⅱ M20平、剖面图 ……………………………………（156）

图一四五　Ⅱ M20出土陶器 ………………………………………（157）

图一四六　Ⅱ M21平、剖面图 ……………………………………（158）

图一四七　Ⅱ M21出土釉陶器 ……………………………………（159）

图一四八　Ⅱ M21出土釉陶器 ……………………………………（160）

图一四九　Ⅱ M21出土器物 ………………………………………（162）

图一五〇　Ⅱ M21出土铁器 ………………………………………（164）

图一五一　Ⅱ M24平、剖面图 ……………………………………（165）

图一五二　Ⅱ M24出土陶器 ………………………………………（166）

图一五三　Ⅱ M27平、剖面图 ……………………………………（168）

图一五四　Ⅱ M27出土陶器 ………………………………………（168）

图一五五　Ⅱ M98平、剖面图 ……………………………………（169）

图一五六　Ⅱ M98出土陶器 ………………………………………（170）

图一五七　Ⅱ M98出土器物 ………………………………………（171）

图一五八　Ⅱ M102平、剖面图 …………………………………（172）

图一五九　Ⅱ M102出土陶器 ……………………………………（173）

图一六〇　Ⅱ M118平、剖面图 …………………………………（174）

图一六一　Ⅱ M118出土器物 ……………………………………（175）

图一六二　Ⅱ M130平、剖面图 …………………………………（177）

图一六三　Ⅱ M130出土陶器 ……………………………………（178）

图一六四　Ⅱ M130出土铜镜 ……………………………………（179）

图一六五　Ⅱ M130出土骨梳 ……………………………………（179）

图一六六　Ⅱ M131平、剖面图 …………………………………（180）

图一六七　Ⅱ M131出土器物 ……………………………………（181）

图一六八　Ⅱ M131出土铜镜 ……………………………………（182）

图一六九　Ⅱ M149平、剖面图 …………………………………（183）

图一七〇　Ⅱ M149出土陶器 ……………………………………（184）

图一七一　　ⅡM150平、剖面图 ……………………………………………………（186）

图一七二　　ⅡM150出土陶器 ………………………………………………………（187）

图一七三　　ⅡM150出土铜镜 ………………………………………………………（188）

图一七四　　ⅡM167平、剖面图 ……………………………………………………（190）

图一七五　　ⅡM167出土陶器 ………………………………………………………（191）

图一七六　　ⅡM169平、剖面图 ……………………………………………………（192）

图一七七　　ⅡM169出土陶器 ………………………………………………………（193）

图一七八　　ⅡM186平、剖面图 ……………………………………………………（194）

图一七九　　ⅡM186出土器物 ………………………………………………………（195）

图一八○　　ⅡM197平、剖面图 ……………………………………………………（196）

图一八一　　ⅡM197出土陶器 ………………………………………………………（197）

图一八二　　ⅡM199平、剖面图 ……………………………………………………（198）

图一八三　　ⅡM214平、剖面图 ……………………………………………………（199）

图一八四　　ⅡM222平、剖面图 ……………………………………………………（200）

图一八五　　ⅡM222出土器物 ………………………………………………………（201）

图一八六　　ⅡM241平、剖面图 ……………………………………………………（202）

图一八七　　ⅡM241出土陶器 ………………………………………………………（203）

图一八八　　ⅡM312平、剖面图 ……………………………………………………（204）

图一八九　　ⅡM312出土陶器 ………………………………………………………（205）

图一九○　　ⅡM316平、剖面图 ……………………………………………………（206）

图一九一　　ⅡM316出土器物 ………………………………………………………（207）

图一九二　　ⅡM501平、剖面图 ……………………………………………………（208）

图一九三　　ⅡM501出土铜镜 ………………………………………………………（209）

图一九四　　ⅡM501出土铅钱 ………………………………………………………（209）

图一九五　　ⅡM549平、剖面图 ……………………………………………………（210）

图一九六　　ⅡM549出土铜器足 ……………………………………………………（210）

图一九七　　ⅡM588平、剖面图 ……………………………………………………（211）

图一九八　　ⅡM703平、剖面图 ……………………………………………………（212）

图一九九　　ⅡM720平、剖面图 ……………………………………………………（213）

图二○○　　ⅡM720出土陶器 ………………………………………………………（214）

图二○一　　ⅡM751平、剖面图 ……………………………………………………（215）

图二○二　　ⅡM751出土陶器 ………………………………………………………（216）

图二○三　　ⅡM753平、剖面图 ……………………………………………………（217）

图二○四　　ⅡM753出土器物 ………………………………………………………（218）

图二○五　　ⅡM777平、剖面图 ……………………………………………………（218）

图二〇六　ⅡM777出土陶器 ……………………………………………………（219）

图二〇七　ⅡM777出土铜钱 ……………………………………………………（219）

图二〇八　ⅡM778平、剖面图 …………………………………………………（220）

图二〇九　ⅡM781平、剖面图 …………………………………………………（221）

图二一〇　ⅡM781出土陶罐 ……………………………………………………（221）

图二一一　ⅡM782平、剖面图 …………………………………………………（222）

图二一二　ⅡM782出土铜镜 ……………………………………………………（223）

图二一三　ⅡM784平、剖面图 …………………………………………………（224）

图二一四　ⅡM784出土陶器 ……………………………………………………（224）

图二一五　ⅡM785平、剖面图 …………………………………………………（226）

图二一六　ⅡM785出土器物 ……………………………………………………（227）

图二一七　ⅡM787平、剖面图 …………………………………………………（228）

图二一八　ⅡM787出土陶器 ……………………………………………………（229）

图二一九　ⅡM787出土铜镜 ……………………………………………………（229）

图二二〇　ⅡM803平、剖面图 …………………………………………………（231）

图二二一　ⅡM803出土陶器 ……………………………………………………（232）

图二二二　ⅡM829平、剖面图 …………………………………………………（233）

图二二三　ⅡM829出土器物 ……………………………………………………（234）

图二二四　ⅡM859平、剖面图 …………………………………………………（235）

图二二五　ⅡM859出土陶器 ……………………………………………………（236）

图二二六　ⅡM859出土铜钱 ……………………………………………………（237）

图二二七　ⅡM863平、剖面图 …………………………………………………（238）

图二二八　ⅡM863出土陶器 ……………………………………………………（239）

图二二九　ⅡM877平、剖面图 …………………………………………………（241）

图二三〇　ⅡM877出土陶器 ……………………………………………………（242）

图二三一　ⅡM878平、剖面图 …………………………………………………（243）

图二三二　ⅡM878出土陶器 ……………………………………………………（244）

图二三三　ⅡM898平、剖面图 …………………………………………………（245）

图二三四　ⅡM898出土陶罐 ……………………………………………………（245）

图二三五　ⅡM899平、剖面图 …………………………………………………（246）

图二三六　ⅡM899出土器物 ……………………………………………………（247）

图二三七　ⅡM901平、剖面图 …………………………………………………（248）

图二三八　ⅡM901出土陶器 ……………………………………………………（249）

图二三九　ⅡM909平、剖面图 …………………………………………………（250）

图二四〇　ⅡM909出土器物 ……………………………………………………（250）

图二四一　　ⅡM911平、剖面图 ………………………………………………………（251）

图二四二　　ⅡM911出土陶器 …………………………………………………………（252）

图二四三　　ⅡM920平、剖面图 ………………………………………………………（253）

图二四四　　ⅡM920出土器物 …………………………………………………………（254）

图二四五　　ⅡM932平、剖面图 ………………………………………………………（256）

图二四六　　ⅡM932出土器物 …………………………………………………………（257）

图二四七　　ⅡM932出土铜镜 …………………………………………………………（257）

图二四八　　ⅡM936平、剖面图 ………………………………………………………（258）

图二四九　　ⅡM936出土陶器 …………………………………………………………（259）

图二五〇　　ⅡM937平、剖面图 ………………………………………………………（260）

图二五一　　ⅡM937出土器物 …………………………………………………………（261）

图二五二　　ⅡM944平、剖面图 ………………………………………………………（262）

图二五三　　ⅡM944出土陶器 …………………………………………………………（263）

图二五四　　ⅡM974平、剖面图 ………………………………………………………（264）

图二五五　　ⅡM974出土器物 …………………………………………………………（265）

图二五六　　ⅡM975平、剖面图 ………………………………………………………（267）

图二五七　　ⅡM975出土陶器 …………………………………………………………（268）

图二五八　　ⅡM975出土铜钱 …………………………………………………………（269）

图二五九　　ⅡM986平、剖面图 ………………………………………………………（270）

图二六〇　　ⅡM986出土器物 …………………………………………………………（272）

图二六一　　ⅡM986出土铜镜 …………………………………………………………（273）

图二六二　　ⅡM1007平、剖面图 ………………………………………………………（274）

图二六三　　ⅡM1007出土器物 …………………………………………………………（275）

图二六四　　ⅡM1011平、剖面图 ………………………………………………………（276）

图二六五　　ⅡM1011出土陶轭轮 ………………………………………………………（276）

图二六六　　ⅡM1017平、剖面图 ………………………………………………………（277）

图二六七　　ⅡM1017出土器物 …………………………………………………………（278）

图二六八　　ⅡM1028平、剖面图 ………………………………………………………（280）

图二六九　　ⅡM1028出土陶壶 …………………………………………………………（280）

图二七〇　　ⅡM1035平、剖面图 ………………………………………………………（281）

图二七一　　ⅡM1035出土器物 …………………………………………………………（282）

图二七二　　ⅡM1035出土铜镜 …………………………………………………………（283）

图二七三　　ⅡM1043平、剖面图 ………………………………………………………（284）

图二七四　　ⅡM1043出土陶器 …………………………………………………………（285）

图二七五　　ⅡM1087平、剖面图 ………………………………………………………（285）

图二七六　Ⅱ M1087出土器物···（286）

图二七七　Ⅱ M1087出土铜镜···（287）

图二七八　Ⅱ M1093平、剖面图···（288）

图二七九　Ⅱ M1093出土陶器···（289）

图二八〇　Ⅱ M1095平、剖面图···（290）

图二八一　Ⅱ M1095出土陶器···（291）

图二八二　Ⅱ M1119平、剖面图···（292）

图二八三　Ⅱ M1119出土器物···（293）

图二八四　Ⅱ M1124平、剖面图···（294）

图二八五　Ⅱ M1124出土陶器···（295）

图二八六　Ⅱ M1134平、剖面图···（296）

图二八七　Ⅱ M1134出土陶壶···（296）

图二八八　Ⅱ M1136平、剖面图···（297）

图二八九　Ⅱ M1136出土陶器···（298）

图二九〇　Ⅱ M1141平、剖面图···（300）

图二九一　Ⅱ M1141出土陶器···（301）

图二九二　Ⅱ M1141出土铜钱···（302）

图二九三　Ⅱ M1141出土长方形砖拓片···（302）

图二九四　Ⅱ M1141出土长方形砖拓片···（302）

图二九五　Ⅱ M1153平、剖面图···（303）

图二九六　Ⅱ M1153出土器物···（304）

图二九七　Ⅱ M1172平、剖面图···（306）

图二九八　Ⅱ M1172出土器物···（307）

图二九九　Ⅱ M1172出土铜镜···（308）

图三〇〇　Ⅱ M1172出土铜镜···（308）

图三〇一　Ⅱ M1174平、剖面图···（310）

图三〇二　Ⅱ M1174出土器物···（311）

图三〇三　Ⅱ M1189平、剖面图···（313）

图三〇四　Ⅱ M1189出土器物···（314）

图三〇五　Ⅱ M1249平、剖面图···（315）

图三〇六　Ⅱ M1249出土器物···（316）

图三〇七　Ⅱ M1274平、剖面图···（318）

图三〇八　Ⅱ M1274出土陶罐···（318）

图三〇九　Ⅱ M1275平、剖面图···（320）

图三一〇　Ⅱ M1275出土陶器···（321）

图三一一　ⅡM1282平、剖面图 …………………………………………………………（323）

图三一二　ⅡM1282出土器物 ………………………………………………………（324）

图三一三　ⅡM1284平、剖面图 ……………………………………………………（325）

图三一四　ⅡM1309平、剖面图 ……………………………………………………（327）

图三一五　ⅡM1309出土陶器 ………………………………………………………（328）

图三一六　ⅡM1310平、剖面图 ……………………………………………………（328）

图三一七　ⅡM1310出土陶壶 ………………………………………………………（329）

图三一八　ⅡM1375平、剖面图 ……………………………………………………（330）

图三一九　ⅡM1375出土器物 ………………………………………………………（332）

图三二〇　ⅡM1423平、剖面图 ……………………………………………………（333）

图三二一　ⅡM1423出土陶器 ………………………………………………………（334）

图三二二　ⅡM1423出土铜镜 ………………………………………………………（335）

图三二三　ⅡM1428平、剖面图 ……………………………………………………（336）

图三二四　ⅡM1428出土陶罐 ………………………………………………………（336）

图三二五　ⅡM1461平、剖面图 ……………………………………………………（337）

图三二六　ⅡM1461出土器物 ………………………………………………………（338）

图三二七　ⅡM1488平、剖面图 ……………………………………………………（339）

图三二八　ⅡM1488出土器物 ………………………………………………………（340）

图三二九　ⅡM1509平、剖面图 ……………………………………………………（341）

图三三〇　ⅡM1509出土铜钱 ………………………………………………………（341）

图三三一　ⅡM1511平、剖面图 ……………………………………………………（343）

图三三二　ⅡM1511出土铜镜 ………………………………………………………（344）

图三三三　ⅡM1511出土器物 ………………………………………………………（345）

图三三四　ⅡM1511出土器物 ………………………………………………………（346）

图三三五　ⅡM1511出土铜器 ………………………………………………………（347）

图三三六　ⅡM1524平、剖面图 ……………………………………………………（348）

图三三七　ⅡM1529平、剖面图 ……………………………………………………（349）

图三三八　ⅡM1529出土陶罐 ………………………………………………………（350）

图三三九　ⅡM1530平、剖面图 ……………………………………………………（351）

图三四〇　ⅡM1530出土器物 ………………………………………………………（352）

图三四一　ⅡM1530出土陶器 ………………………………………………………（353）

图三四二　ⅡM1531平、剖面图 ……………………………………………………（354）

图三四三　ⅡM1531出土陶罐 ………………………………………………………（354）

图三四四　ⅡM1543平、剖面图 ……………………………………………………（355）

图三四五　ⅡM1543出土陶器 ………………………………………………………（356）

图三四六　Ⅱ M1560平、剖面图 ·· （357）

图三四七　Ⅱ M1560出土陶器 ·· （359）

图三四八　Ⅱ M1561平、剖面图 ·· （360）

图三四九　Ⅱ M1561出土器物 ·· （361）

图三五〇　Ⅱ M1561出土铜镜 ·· （362）

图三五一　Ⅱ M1561出土铜钱 ·· （362）

图三五二　Ⅱ M1583平、剖面图 ·· （363）

图三五三　Ⅱ M1583出土器物 ·· （364）

图三五四　Ⅱ M1605平、剖面图 ·· （366）

图三五五　Ⅱ M1605出土陶壶 ·· （367）

图三五六　Ⅱ M1606平、剖面图 ·· （367）

图三五七　Ⅱ M1606出土陶器 ·· （368）

图三五八　Ⅱ M1608平、剖面图 ·· （369）

图三五九　Ⅱ M1608出土器物 ·· （370）

图三六〇　Ⅱ M1609平、剖面图 ·· （371）

图三六一　Ⅱ M1609出土陶罐 ·· （371）

图三六二　Ⅱ M1610平、剖面图 ·· （372）

图三六三　Ⅱ M1610出土器物 ·· （373）

图三六四　Ⅱ M1647平、剖面图 ·· （375）

图三六五　Ⅱ M1647出土陶壶 ·· （376）

图三六六　Ⅱ M1647出土陶器 ·· （377）

图三六七　Ⅱ M1648平、剖面图 ·· （379）

图三六八　Ⅱ M1648出土铜钱 ·· （379）

图三六九　Ⅱ M1673平、剖面图 ·· （380）

图三七〇　Ⅱ M1673出土陶器 ·· （381）

图三七一　Ⅱ M1701平、剖面图 ·· （383）

图三七二　Ⅱ M1701出土陶器 ·· （384）

图三七三　Ⅱ M1730平、剖面图 ·· （385）

图三七四　Ⅱ M1730出土器物 ·· （386）

图三七五　Ⅱ M1739平、剖面图 ·· （387）

图三七六　Ⅱ M1739出土陶器 ·· （388）

图三七七　Ⅱ M1744平、剖面图 ·· （389）

图三七八　Ⅱ M1744出土铜镜 ·· （390）

图三七九　Ⅱ M1821平、剖面图 ·· （391）

图三八〇　Ⅱ M1821出土长条砖 ·· （391）

图三八一　　　ⅡM1850平、剖面图 ··· （392）

图三八二　　　ⅡM1857平、剖面图 ··· （393）

图三八三　　　ⅡM1938平、剖面图 ··· （395）

图三八四　　　ⅡM1938出土器物 ·· （396）

图三八五　　　ⅡM1941平、剖面图 ··· （398）

图三八六　　　ⅡM1941出土器物 ·· （399）

图三八七　　　ⅡM1942平、剖面图 ··· （400）

图三八八　　　ⅡM1942出土器物 ·· （400）

图三八九　　　ⅡM1943平、剖面图 ··· （401）

图三九〇　　　ⅡM1943出土陶罐 ·· （402）

图三九一　　　ⅡM1944平、剖面图 ··· （403）

图三九二　　　ⅡM1944出土陶器 ·· （404）

图三九三　　　ⅡM1946平、剖面图 ··· （406）

图三九四　　　ⅡM1948平、剖面图 ··· （407）

图三九五　　　ⅡM1948出土陶器 ·· （408）

图三九六　　　ⅡM1948出土铜钱 ·· （409）

图三九七　　　ⅡM1949平、剖面图 ··· （410）

图三九八　　　ⅡM1949出土器物 ·· （410）

图三九九　　　ⅡM1956平、剖面图 ··· （412）

图四〇〇　　　ⅡM1956出土陶器 ·· （413）

图四〇一　　　ⅡM1956出土器物 ·· （414）

图四〇二　　　ⅡM1957平、剖面图 ··· （415）

图四〇三　　　ⅡM1957出土陶器 ·· （416）

图四〇四　　　ⅡM1981平、剖面图 ··· （418）

图四〇五　　　ⅡM1981出土陶壶 ·· （419）

图四〇六　　　ⅡM1981出土器物 ·· （420）

图四〇七　　　ⅡM1982平、剖面图 ··· （421）

图四〇八　　　ⅡM1982出土器物 ·· （421）

图四〇九　　　ⅡM1983平、剖面图 ··· （422）

图四一〇　　　ⅡM1983出土器物 ·· （422）

图四一一　　　ⅡM1984平、剖面图 ··· （423）

图四一二　　　ⅡM1984出土陶器 ·· （424）

图四一三　　　ⅡM1986平、剖面图 ··· （425）

图四一四　　　ⅡM1986出土陶器 ·· （426）

图四一五　　　ⅡM1987平、剖面图 ··· （426）

图四一六 ⅡM1987出土陶器 ……………………………………………… （427）

图四一七 ⅡM1987出土铜钱 ……………………………………………… （427）

图四一八 ⅡM1988平、剖面图 …………………………………………… （428）

图四一九 ⅡM1988出土陶罐 ……………………………………………… （429）

图四二○ ⅡM1989平、剖面图 …………………………………………… （430）

图四二一 ⅡM1989出土陶器 ……………………………………………… （430）

图四二二 ⅡM1990平、剖面图 …………………………………………… （431）

图四二三 ⅡM1990出土陶器 ……………………………………………… （432）

图四二四 ⅡM1991平、剖面图 …………………………………………… （433）

图四二五 ⅡM1991出土陶器 ……………………………………………… （434）

图四二六 ⅡM1993平、剖面图 …………………………………………… （435）

图四二七 ⅡM1993出土陶器 ……………………………………………… （435）

图四二八 ⅡM1995平、剖面图 …………………………………………… （436）

图四二九 ⅡM1995出土器物 ……………………………………………… （437）

图四三○ ⅡM1996平、剖面图 …………………………………………… （438）

图四三一 ⅡM1996出土铁钉 ……………………………………………… （438）

图四三二 ⅡM1999平、剖面图 …………………………………………… （439）

图四三三 ⅡM1999出土器物 ……………………………………………… （440）

图四三四 ⅡM1999出土铜钱 ……………………………………………… （441）

图四三五 ⅡM2000平、剖面图 …………………………………………… （441）

图四三六 ⅡM2000出土陶器 ……………………………………………… （442）

图四三七 ⅡM2001平、剖面图 …………………………………………… （443）

图四三八 ⅡM2001出土陶器 ……………………………………………… （444）

图四三九 ⅡM2002平、剖面图 …………………………………………… （445）

图四四○ ⅡM2002出土器物 ……………………………………………… （446）

图四四一 ⅡM2003平、剖面图 …………………………………………… （447）

图四四二 ⅡM2003出土器物 ……………………………………………… （447）

图四四三 ⅡM2004平、剖面图 …………………………………………… （448）

图四四四 ⅡM2004出土陶壶 ……………………………………………… （449）

图四四五 ⅡM2005平、剖面图 …………………………………………… （450）

图四四六 ⅡM2005出土陶器 ……………………………………………… （451）

图四四七 ⅡM2007平、剖面图 …………………………………………… （452）

图四四八 ⅡM2007出土陶罐 ……………………………………………… （452）

图四四九 ⅡM2009平、剖面图 …………………………………………… （453）

图四五○ ⅡM2009出土陶罐 ……………………………………………… （453）

图四五一　　ⅡM2010平、剖面图 ···（454）

图四五二　　ⅡM2010出土陶器 ···（455）

图四五三　　ⅡM2010出土铜镜 ···（455）

图四五四　　ⅡM2011平、剖面图 ···（456）

图四五五　　ⅡM2011出土器物 ···（457）

图四五六　　ⅣM1平、剖面图 ···（459）

图四五七　　ⅣM1出土陶器 ···（460）

图四五八　　ⅣM1出土器物 ···（461）

图四五九　　ⅣM2平、剖面图 ···（463）

图四六〇　　ⅣM2出土陶器 ···（464）

图四六一　　ⅣM2出土器物 ···（465）

图四六二　　ⅣM2出土铜镜 ···（466）

图四六三　　ⅣM3平、剖面图 ···（467）

图四六四　　ⅣM3出土陶器 ···（468）

图四六五　　ⅣM3出土器物 ···（469）

图四六六　　ⅣM3出土铜器 ···（470）

图四六七　　ⅣM3出土瓦当拓片 ···（471）

图四六八　　ⅣM6平、剖面图 ···（473）

图四六九　　ⅣM6出土器物 ···（474）

图四七〇　　ⅣM7平、剖面图 ···（475）

图四七一　　ⅣM7出土陶罐 ···（475）

图四七二　　ⅣM8平、剖面图 ···（476）

图四七三　　ⅣM9平、剖面图 ···（477）

图四七四　　ⅣM9出土器物 ···（479）

图四七五　　ⅣM14平、剖面图 ···（480）

图四七六　　ⅣM14出土器物 ···（481）

图四七七　　ⅣM14出土铜镜 ···（482）

图四七八　　ⅣM23平、剖面图 ···（483）

图四七九　　ⅣM23出土器物 ···（484）

图四八〇　　ⅣM30平、剖面图 ···（485）

图四八一　　ⅣM30出土陶器 ···（486）

图四八二　　ⅣM31平、剖面图 ···（487）

图四八三　　ⅣM31出土陶器 ···（488）

图四八四　　ⅣM31出土铜镜 ···（490）

图四八五　　ⅣM31出土器物 ···（491）

图四八六　ⅣM32平、剖面图 ……………………………………………………（492）

图四八七　ⅣM32出土陶器 ……………………………………………………（493）

图四八八　ⅣM35平、剖面图 ……………………………………………………（495）

图四八九　ⅣM35出土陶器 ……………………………………………………（496）

图四九〇　ⅣM35出土铜器 ……………………………………………………（498）

图四九一　ⅣM35出土器物 ……………………………………………………（499）

图四九二　ⅣM35出土"千秋万岁"瓦当拓片 ………………………………（501）

图四九三　ⅣM35出土"千秋万岁"瓦当拓片 ………………………………（501）

图四九四　ⅣM35出土"千秋万岁"瓦当拓片 ………………………………（502）

图四九五　ⅣM35出土"千秋万岁"瓦当拓片 ………………………………（502）

图四九六　ⅣM35出土瓦当拓片 ………………………………………………（503）

图四九七　ⅣM35出土空心砖拓片 ……………………………………………（503）

图四九八　ⅣM35填土出土陶器 ………………………………………………（504）

图四九九　ⅣM40平、剖面图 ……………………………………………………（505）

图五〇〇　ⅣM40出土陶器 ……………………………………………………（505）

图五〇一　ⅣM40出土铜镜 ……………………………………………………（506）

图五〇二　ⅣM48平、剖面图 ……………………………………………………（507）

图五〇三　ⅣM48出土陶器 ……………………………………………………（507）

图五〇四　ⅣM48出土铜镜 ……………………………………………………（508）

图五〇五　ⅣM52平、剖面图 ……………………………………………………（509）

图五〇六　ⅣM53平、剖面图 ……………………………………………………（510）

图五〇七　ⅣM53出土陶器 ……………………………………………………（511）

图五〇八　ⅣM53出土铜镜 ……………………………………………………（512）

图五〇九　ⅣM54平、剖面图 ……………………………………………………（513）

图五一〇　ⅣM54出土陶器 ……………………………………………………（514）

图五一一　ⅣM54出土器物 ……………………………………………………（516）

图五一二　ⅣM54出土铜镜 ……………………………………………………（517）

图五一三　ⅣM54出土铜镜 ……………………………………………………（517）

图五一四　ⅣM55平、剖面图 ……………………………………………………（518）

图五一五　ⅣM55出土陶器 ……………………………………………………（519）

图五一六　甲类汉代墓葬出土墓砖分型图 ……………………………………（526）

图五一七　甲类汉代墓葬出土瓦当分型图 ……………………………………（527）

图五一八　甲类汉代墓葬出土文字瓦当分型图 ………………………………（529）

图五一九　甲类汉代墓葬出土陶鼎分型图 ……………………………………（532）

图五二〇　甲类汉代墓葬出土陶壶铺首分型图 ………………………………（533）

图五二一　甲类汉代墓葬出土陶壶分型图 ……………………………………………（535）

图五二二　甲类汉代墓葬出土陶壶分型图 ……………………………………………（537）

图五二三　甲类汉代墓葬出土陶壶分型图 ……………………………………………（538）

图五二四　甲类汉代墓葬出土陶壶分型图 ……………………………………………（540）

图五二五　甲类汉代墓葬出土陶缶分型图 ……………………………………………（541）

图五二六　甲类汉代墓葬出土壶形罐分型图 …………………………………………（543）

图五二七　甲类汉代墓葬出土壶形罐分型图 …………………………………………（544）

图五二八　甲类汉代墓葬出土壶形罐分型图 …………………………………………（545）

图五二九　甲类汉代墓葬出土大口罐分型图 …………………………………………（546）

图五三〇　甲类汉代墓葬出土陶罐分型图 ……………………………………………（548）

图五三一　甲类汉代墓葬出土陶罐分型图 ……………………………………………（549）

图五三二　甲类汉代墓葬出土陶罐分型图 ……………………………………………（551）

图五三三　甲类汉代墓葬出土小罐分型图 ……………………………………………（552）

图五三四　甲类汉代墓葬出土小罐分型图 ……………………………………………（554）

图五三五　甲类汉代墓葬出土陶灶分型图 ……………………………………………（555）

图五三六　甲类汉代墓葬出土陶灶分型图 ……………………………………………（556）

图五三七　甲类汉代墓葬出土陶灶分型图 ……………………………………………（558）

图五三八　甲类汉代墓葬出土陶井分型图 ……………………………………………（559）

图五三九　甲类汉代墓葬出土陶盆分型图 ……………………………………………（561）

图五四〇　甲类汉代墓葬出土陶器分型图 ……………………………………………（562）

图五四一　甲类汉代墓葬出土陶器分型图 ……………………………………………（564）

图五四二　甲类汉代墓葬出土陶器分型图 ……………………………………………（566）

图五四三　甲类汉代墓葬出土釉陶器分型图 …………………………………………（568）

图五四四　甲类汉代墓葬出土釉陶器分型图 …………………………………………（570）

图五四五　甲类汉代墓葬出土铜器分型图 ……………………………………………（572）

图五四六　甲类汉代墓葬出土铜器分型图 ……………………………………………（573）

图五四七　甲类汉代墓葬出土铜镜分型图 ……………………………………………（575）

图五四八　甲类汉代墓葬出土铜镜分型图 ……………………………………………（576）

图五四九　甲类汉代墓葬出土铜镜分型图 ……………………………………………（577）

图五五〇　甲类汉代墓葬出土铜镜分型图 ……………………………………………（579）

图五五一　甲类汉代墓葬出土铜镜分型图 ……………………………………………（580）

图五五二　甲类汉代墓葬出土铜器分型图 ……………………………………………（581）

图五五三　甲类汉代墓葬出土铜铃分型图 ……………………………………………（583）

图五五四　甲类汉代墓葬出土铜器分型图 ……………………………………………（585）

图五五五　甲类汉代墓葬出土铜器分型图 ……………………………………………（586）

图五五六　甲类汉代墓葬出土铜器分型图……………………………………………（588）

图五五七　甲类汉代墓葬出土铜器分型图……………………………………………（589）

图五五八　甲类汉代墓葬出土铜器分型图……………………………………………（591）

图五五九　甲类汉代墓葬出土铜器分型图……………………………………………（592）

图五六〇　甲类汉代墓葬出土铜器分型图……………………………………………（593）

图五六一　甲类汉代墓葬出土铜钱分型图……………………………………………（594）

图五六二　甲类汉代墓葬出土铁器分型图……………………………………………（595）

图五六三　甲类汉代墓葬出土铁器分型图……………………………………………（597）

图五六四　甲类汉代墓葬出土银器分型图……………………………………………（599）

图五六五　甲类汉代墓葬出土铅器分型图……………………………………………（600）

图五六六　甲类汉代墓葬出土玉、石器分型图………………………………………（602）

图五六七　甲类汉代墓葬出土器物分型图……………………………………………（603）

图五六八　甲类汉代墓葬出土陶文、陶符图…………………………………………（605）

图五六九　乙类汉代墓葬出土陶壶分型图……………………………………………（616）

图五七〇　乙类汉代墓葬出土陶壶分型图……………………………………………（617）

图五七一　乙类汉代墓葬出土陶壶分型图……………………………………………（618）

图五七二　乙类汉代墓葬出土陶壶分型图……………………………………………（620）

图五七三　乙类汉代墓葬出土陶壶分型图……………………………………………（621）

图五七四　乙类汉代墓葬出土陶壶分型图……………………………………………（622）

图五七五　乙类汉代墓葬出土陶壶分型图……………………………………………（624）

图五七六　乙类汉代墓葬出土陶器分型图……………………………………………（625）

图五七七　乙类汉代墓葬出土陶器分型图……………………………………………（626）

图五七八　乙类汉代墓葬出土陶器分型图……………………………………………（627）

图五七九　乙类汉代墓葬出土陶器分型图……………………………………………（628）

图五八〇　乙类汉代墓葬出土陶器分型图……………………………………………（629）

图五八一　乙类汉代墓葬出土陶器分型图……………………………………………（631）

图五八二　乙类汉代墓葬出土陶器分型图……………………………………………（632）

图五八三　乙类汉代墓葬出土陶器分型图……………………………………………（633）

图五八四　乙类汉代墓葬出土陶器分型图……………………………………………（634）

图五八五　乙类汉代墓葬出土铜器分型图……………………………………………（635）

图五八六　乙类汉代墓葬出土铜器分型图……………………………………………（636）

图五八七　乙类汉代墓葬出土铜器分型图……………………………………………（637）

图五八八　乙类汉代墓葬出土铜钱分型图……………………………………………（638）

图五八九　乙类汉代墓葬出土器物分型图……………………………………………（639）

图五九〇　Ⅰ M33平、剖面图………………………………………………………（646）

图五九一　　ⅡM700平、剖面图 ··（647）

图五九二　　ⅡM700出土陶罐 ··（648）

图五九三　　ⅡM1245平、剖面图 ··（649）

图五九四　　ⅡM1245出土陶壶 ···（649）

图五九五　　ⅡM1640平、剖面图 ··（650）

图五九六　　ⅡM1640出土方砖 ···（651）

图五九七　　ⅡM1761平、剖面图 ··（652）

图五九八　　ⅡM1761出土陶器 ···（653）

图五九九　　代魏墓葬出土陶器图 ··（655）

图 版 目 录

图版一　发掘区

图版二　钻探现场

图版三　发掘现场

图版四　发掘现场

图版五　发掘现场

图版六　Ⅰ M6

图版七　Ⅰ M21

图版八　Ⅰ M25

图版九　Ⅰ M28

图版一〇　Ⅰ M30

图版一一　Ⅰ M32

图版一二　Ⅰ M34

图版一三　Ⅱ M6

图版一四　Ⅱ M6

图版一五　Ⅱ M7

图版一六　Ⅱ M12

图版一七　Ⅱ M13

图版一八　Ⅱ M15

图版一九　Ⅱ M16

图版二〇　Ⅱ M19

图版二一　Ⅱ M19

图版二二　Ⅱ M21

图版二三　Ⅱ M24

图版二四　Ⅱ M98

图版二五　Ⅱ M588、Ⅱ M751

图版二六　Ⅱ M753

图版二七　Ⅱ M784

图版二八　Ⅱ M785

图版二九　Ⅱ M803

图版三〇　Ⅱ M829

图版三一　　ⅡM859

图版三二　　ⅡM877

图版三三　　ⅡM878

图版三四　　ⅡM911

图版三五　　ⅡM920

图版三六　　ⅡM974

图版三七　　ⅡM975

图版三八　　ⅡM1035

图版三九　　ⅡM1087

图版四〇　　ⅡM1134

图版四一　　ⅡM1141

图版四二　　ⅡM1172

图版四三　　ⅡM1174

图版四四　　ⅡM1189

图版四五　　ⅡM1249

图版四六　　ⅡM1275

图版四七　　ⅡM1309

图版四八　　ⅡM1375

图版四九　　ⅡM1461

图版五〇　　ⅡM1511

图版五一　　ⅡM1530、ⅡM1560

图版五二　　ⅡM1561

图版五三　　ⅡM1608

图版五四　　ⅡM1610

图版五五　　ⅡM1647

图版五六　　ⅡM1744、ⅡM1857

图版五七　　ⅡM1938

图版五八　　ⅡM1938

图版五九　　ⅡM1941

图版六〇　　ⅡM1948、ⅡM1956

图版六一　　ⅡM1957、ⅡM1983

图版六二　　ⅡM1986、ⅡM1990

图版六三　　ⅡM1991、ⅡM1993

图版六四　　ⅡM2004、ⅡM2005

图版六五　　ⅣM23

图版六六　　ⅣM31

图版六七　　ⅣM32

图版六八　　ⅣM35

图版六九　　ⅣM53

图版七〇　　ⅣM54

图版七一　　ⅣM54（局部）

图版七二　　ⅣM55

图版七三　　ⅠM33

图版七四　　ⅡM1245

图版七五　　ⅡM1761

图版七六　　陶器组合

图版七七　　陶器组合

图版七八　　陶器组合

图版七九　　陶器组合

图版八〇　　釉陶鼎、釉陶锜

图版八一　　釉陶鋞、釉陶樽、釉陶壶、釉陶博山炉

图版八二　　釉陶灶、釉陶井、釉陶火盆

图版八三　　彩绘陶壶、彩绘陶盖壶

图版八四　　彩绘陶壶

图版八五　　陶壶、陶盖壶

图版八六　　陶壶

图版八七　　陶高领罐、陶大口罐

图版八八　　陶罐

图版八九　　陶壶、陶大底罐

图版九〇　　陶虎子、陶博山炉、陶灯

图版九一　　陶井、陶魁、陶盒

图版九二　　陶灶、陶罐、陶壶

图版九三　　陶碗、陶瓶

图版九四　　铜鋗镂

图版九五　　铜锺

图版九六　　铜盖锺、铜熏炉

图版九七　　铜扁壶、铜鋞、铜甗

图版九八　　铜樽

图版九九　　铜銷、铜盆

图版一〇〇　鎏金铜铺首衔环

图版一〇一　　铜铃

图版一〇二　　鎏金铜刷、铜带钩

图版一〇三　　铜带钩、铜镞、铜印章

图版一〇四　　铜镜

图版一〇五　　铜镜

图版一〇六　　铜镜

图版一〇七　　铜镜

图版一〇八　　铜镜

图版一〇九　　铜镜

图版一一〇　　铜镜

图版一一一　　铜镜

图版一一二　　铜镜

图版一一三　　铜镜

图版一一四　　铜镜

图版一一五　　铜镜

图版一一六　　铜车马具、铜钱

图版一一七　　石口珤、石斗、石砚

第一章　绪　　论

第一节　地理位置与历史沿革

和林格尔县位于内蒙古呼和浩特市南部，东经111°49′，北纬40°23′。平均海拔1100～2100米。南北长78千米，东西宽70千米，总面积为3436平方千米。东与凉城县相邻，东南与山西省右玉县毗邻，南与清水河县相接，西与托克托县接壤，北以土默特左旗为界。截至2014年，和林格尔县辖4个乡、3个镇、1个经济园区，现有145个行政村，5个农场，计750个自然村；截至2016年，辖4个乡、4个镇、4个园区（数据源自和林格尔政府网）。全县人口约20万，城关镇为县人民政府所在地，是全县的政治、经济、文化中心。

境内山、川、平原相间，河流广布，属中温半干旱大陆性气候，昼夜温差变化较大，年平均气温5.4℃，最高气温37.5℃，最低气温-34.5℃；年平均降水量417.9毫米，最大降水量700毫米，最小降水量201毫米；无霜期118～152天，年平均日照2953.6小时；年平均风力2级，多为西北风，最大风力8级，最大风速为30米/秒。

据史料记载，和林格尔在商周至春秋时期即为猃狁、北狄（犬戎）居住的"襄"地；战国时期是林胡、楼烦活动的地区。公元前307年，赵武灵王变俗，穿胡服、习骑射，进行军事改革，北破林胡、楼烦，筑长城，置云中（今托克托县古城村古城）、雁门、代郡，这时古"襄"地属赵国云中郡辖地，秦时派蒙恬北击匈奴，悉收河南地，重置云中郡，古"襄"地仍属云中郡管辖。

西汉初期，高祖六年（公元前201年），汉朝从秦云中郡中另析出定襄郡，郡治成乐（即今和林格尔土城子古城南城），辖12县。其中，成乐县、武进县、武城县在和林格尔县境内。东汉时期缩减郡县，定襄郡郡治徙善无（今山西省右玉县附近）。三国时拓跋鲜卑部居阴山南北。魏甘露三年（公元258年），拓跋力微始居盛乐（即成乐）。晋元康五年（公元295年），国分三部，这里属拓跋猗卢统领，1960年凉城县东十号乡小坝滩出土西晋时期的鲜卑"官印"[1]应为佐证。

晋建兴三年（公元315年），猗卢自称代王，以盛乐为北都（今和林格尔土城子古城中城）。东晋太元十一年（公元386年），道武帝拓跋珪收集拓跋旧部，在牛川（今呼和浩特市南）大会诸部，即代王位，建元"登国"，都盛乐（今和林格尔土城子古城中城），改称魏王。北魏皇始三年、东晋隆安二年（公元398年），迁都平城（今山西省大同东）。故都置云中郡，至拓跋焘时，改郡为云中镇，又立朔州与镇并治。永熙元年（公元532年）改朔州为云州，领云中、盛乐二郡。北齐隶紫河镇属地。

隋开皇四年（公元584年），和林格尔地区为突厥沙钵略可汗所据，拥河东各地。开皇十九年（公元599年）突厥启民可汗率众归附，筑大利城，以居启民可汗。隋开皇二十年（公元600年）自榆林关徙云州，总管府治之，大业初府废，改州为定襄郡，立大利县为郡治。隋末郡县并废。

唐贞观四年（公元630年）平突厥，分其部：左置定襄都督府，右置云中都督府，仍于此置云州及定襄县。唐贞观十四年（公元640年）徙置北恒州（即今山西大同），其年复立突厥阿史那思摩为可汗，建牙帐于故城。麟德元年（公元664年）改云中都护府为单于大都护府。天宝四年（公元745年）置金河县于府内，属关内道。乾元元年（公元758年）置振武军节度使，领都护府及麟、胜二州（麟州位于其西南部，胜州在今托克托县境内），时为北方政治、经济、军事、文化和处理民族事务的中心。

辽改金河县为振武县，隶丰州（即今呼和浩特市白塔）；金改振武县为振武镇；元代隶大同路；明属玉林卫辖地；清置驿站（二十家子），后改为协理通判厅，光绪年间改为抚民理事厅；民国时期改厅为县（即和林格尔县署），1949年成立和林格尔县人民政府至今。

和林格尔土城子古城位于和林格尔县上土城村北1千米的宝贝河（古金河）北岸，东临209国道，北距呼和浩特市约38千米，南距和林格尔县城关镇约11千米（图一）。土城子古城遗址平面呈不规则多边形，由西城、南城、中城和北城四部分组成，南北长2290米，东西宽1450

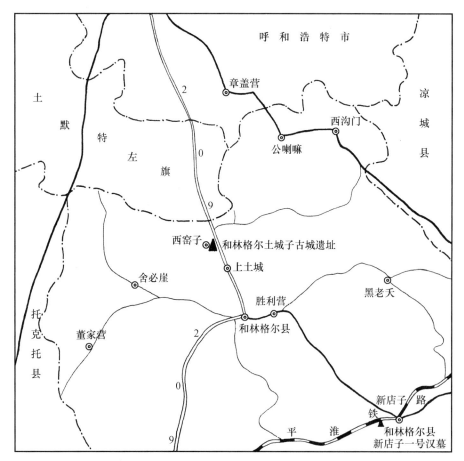

图一　和林格尔土城子古城遗址地理位置示意图

米，面积约332万平方米。通过考古发掘证实，该古城始建于春秋战国，历经秦、西汉、东汉、代魏、隋唐、辽、金、元各时期达两千余年，曾居住在城内及周边的人们死后葬在古城周围，留下了数以万计的墓葬。

第二节　墓葬分布与发掘经过

一、墓葬分布

和林格尔土城子古城外的墓葬由于数量众多，为了整理方便，我们以城垣为界，按顺时针方向将其划分为四个发掘区（Ⅰ～Ⅳ区）。城垣北侧为第Ⅰ发掘区，城垣东侧为第Ⅱ发掘区，城垣南侧为第Ⅲ发掘区，城垣西侧为第Ⅳ发掘区（图二；图版一、图版二）。

第Ⅰ发掘区位于古城遗址北侧，北起四铺村中部，东以209国道为界，西至三铺村尾，地势相对平坦开阔，略显北高南低。南北长2300米，东西宽1000米，总面积约230万平方米。墓葬主要分布在墓地东南部（即占城遗址东北侧），北部和西部相对稀疏。1997～2006年共发掘墓葬61座，墓号为ⅠM1～ⅠM61。其中战国时期3座、汉代36座、代魏1座、辽代18座、空墓2座、时代不清的1座（图三*）。

第Ⅱ发掘区位于古城遗址东侧，北起四铺村南，东至蒙牛六期，南抵上土城村北，北部和南部地势相对平坦，中南部为山丘缓坡地带。该发掘区南北长3500米，东西宽2500米，总面积约875万平方米。墓葬主要分布在山丘的西部和南部，北部和东部相对稀疏。1999～2007年共发掘墓葬2041座（含1座瓮棺葬），其中春秋时期20座、战国时期1572座、汉代159座、代魏4座、隋唐252座、辽代4座、金代1座、清代墓葬8座，空墓20座，时代不清的1座。由于该发掘区面积较大，包含墓葬数量较多，在整理时为了叙述方便将其划分为13个小区（Ⅱa～Ⅱm区）。

Ⅱa区位于第Ⅱ发掘区的西北部，包括和林格尔县国际酒店、蒙牛一期、二期以及加油站附近，先后共发掘墓葬25座，墓号为ⅡM4～ⅡM27、ⅡM241（图四）。

Ⅱb区位于第Ⅱ发掘区的西中部，即蒙牛三期，北与Ⅱa区相邻，先后共发掘墓葬75座，墓号为ⅡM166～ⅡM240（图五）。

Ⅱc区位于第Ⅱ发掘区的西中部，北与Ⅱb区相接，包括和林格尔县消防支队办公大楼、蒙牛洗车场、蒙牛立体库等，先后共发掘墓葬134座，墓号为ⅡM410～ⅡM412、ⅡM438～ⅡM499、ⅡM504～ⅡM513、ⅡM515、ⅡM524、ⅡM1685、ⅡM1781～ⅡM1787、ⅡM1958～ⅡM1980、ⅡM2014～ⅡM2021、ⅡM2023～ⅡM2040（图六）。

Ⅱd区位于第Ⅱ发掘区的西中部，北与Ⅱc区相邻，包括内蒙古盛都包装有限责任公司、滨海网球学校以及209国道西侧等。先后共发掘墓葬245座，墓号为ⅡM36、

---

* 由于墓葬密集，为显示清晰，所有分布图中均省略"M"，只以数字表明墓号。

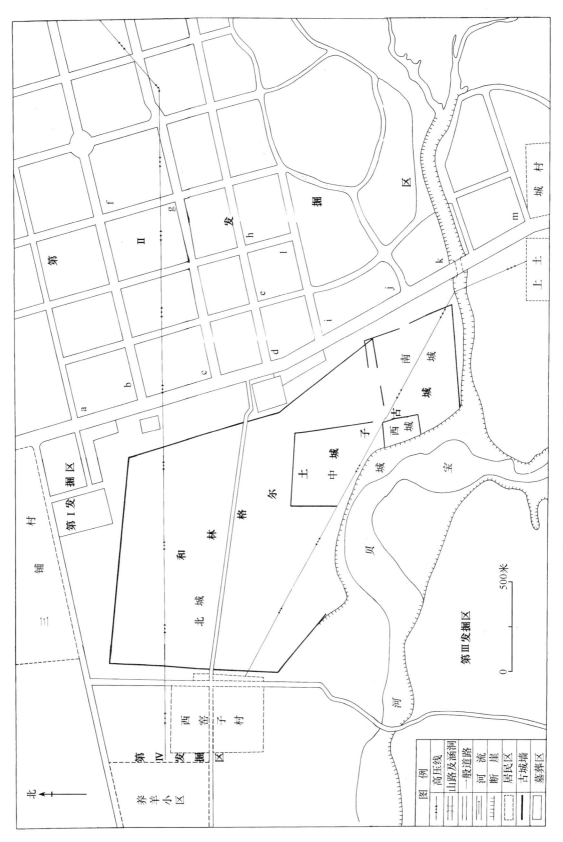

图二 和林格尔土城子古城及周边墓地分区示意图

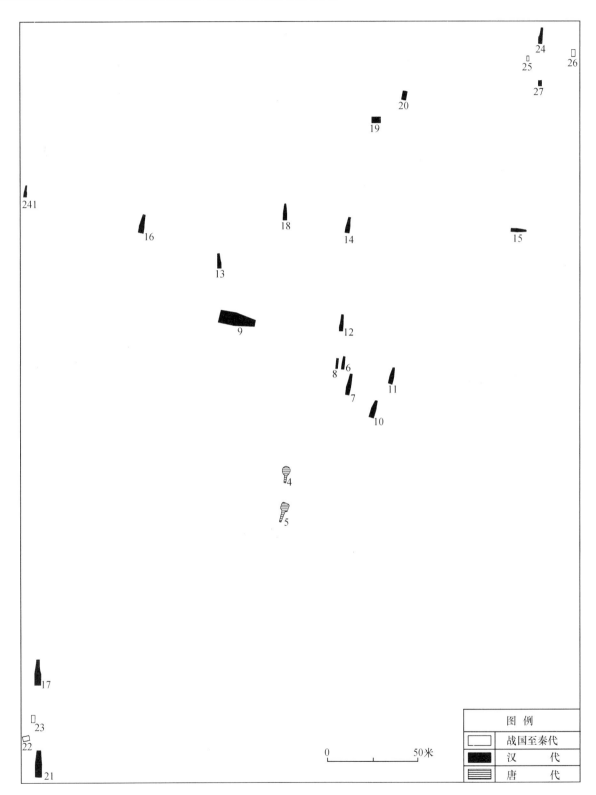

图四　Ⅱa区墓葬平面示意图

ⅡM37、ⅡM84~ⅡM90、ⅡM244~ⅡM254、ⅡM304、ⅡM305、ⅡM331~ⅡM371、ⅡM373~ⅡM409、ⅡM514、ⅡM518~ⅡM523、ⅡM525~ⅡM541、ⅡM543~ⅡM639、ⅡM641~ⅡM646、ⅡM648、ⅡM649、ⅡM653~ⅡM668（图七）。

Ⅱe区位于第Ⅱ发掘区的中西部，西与Ⅱd区相邻，包括肉联厂、内蒙古高氏纸业有限责任公司等。先后共发掘墓葬83座，墓号为ⅡM28~ⅡM35、ⅡM39、ⅡM255~ⅡM303、ⅡM306~ⅡM330（图八）。

Ⅱf区位于第Ⅱ发掘区的中东部，包括蒙牛五期、六期。先后共发掘墓葬77座，墓号为ⅡM1~ⅡM3、ⅡM413~ⅡM437、ⅡM500~ⅡM503、ⅡM1604~ⅡM1611、ⅡM1649~ⅡM1684、ⅡM1939（图九）。

Ⅱg区位于第Ⅱ发掘区的东中部，即天鸿生物制药厂，北与Ⅱf区相邻。共发掘墓葬10座，ⅡM1299~ⅡM1308（图一〇）。

Ⅱh区位于第Ⅱ发掘区的中东部，西与Ⅱe区相邻，北与Ⅱg区相接，包括仁和春天生物制药厂、内蒙古北奇制药有限责任公司。先后共发掘墓葬6座，墓号为ⅡM516、ⅡM517、ⅡM669、ⅡM2012、ⅡM2013、ⅡM2022（图一一）。

Ⅱi区位于第Ⅱ发掘区的中西部，北与Ⅱd区相邻。包括翔宇盛乐新城北部以及209国道西侧等。先后共发掘墓葬652座，墓号为ⅡM38、ⅡM40~ⅡM83、ⅡM91~ⅡM165、ⅡM372、ⅡM542、ⅡM640、ⅡM647、ⅡM650~ⅡM652、ⅡM671~ⅡM705、ⅡM709~ⅡM730、ⅡM735、ⅡM741~ⅡM743、ⅡM745~ⅡM750、ⅡM752~ⅡM762、ⅡM764~ⅡM766、ⅡM771~ⅡM773、ⅡM776、ⅡM779、ⅡM780、ⅡM804~ⅡM812、ⅡM814、ⅡM1099、ⅡM1236~ⅡM1242、ⅡM1244、ⅡM1245、ⅡM1248~ⅡM1251、ⅡM1253、ⅡM1269、ⅡM1270、ⅡM1285~ⅡM1287、ⅡM1297、ⅡM1309、ⅡM1311~ⅡM1318、ⅡM1325~ⅡM1335、ⅡM1345、ⅡM1362~ⅡM1367、ⅡM1374~ⅡM1377、ⅡM1384~ⅡM1398、ⅡM1404、ⅡM1428~ⅡM1430、ⅡM1450、ⅡM1461~ⅡM1463、ⅡM1470~ⅡM1520~ⅡM1536、ⅡM1538~ⅡM1603、ⅡM1612~ⅡM1648、ⅡM1686~ⅡM1700、ⅡM1702~ⅡM1730、ⅡM1744~ⅡM1780、ⅡM1788~ⅡM1938（图一二）。

Ⅱj区位于第Ⅱ发掘区的中西部，即翔宇盛乐新城的中部，北与Ⅱi区相接。先后共发掘墓葬496座，墓号为ⅡM731、ⅡM732、ⅡM734、ⅡM736、ⅡM737、ⅡM744、ⅡM763、ⅡM774、ⅡM775、ⅡM791~ⅡM797、ⅡM813、ⅡM815、ⅡM817~ⅡM822、ⅡM830~ⅡM840、ⅡM866~ⅡM887、ⅡM889、ⅡM891~ⅡM916、ⅡM920、ⅡM925~ⅡM955、ⅡM957、ⅡM959~ⅡM970、ⅡM972~ⅡM975、ⅡM977~ⅡM988、ⅡM997、ⅡM999、ⅡM1001、ⅡM1006、ⅡM1007、ⅡM1010~ⅡM1012、ⅡM1014、ⅡM1015、ⅡM1017~ⅡM1020、ⅡM1022、ⅡM1025~ⅡM1028、ⅡM1031~ⅡM1041、ⅡM1049、ⅡM1051、ⅡM1060~ⅡM1067、ⅡM1069~ⅡM1073、ⅡM1075~ⅡM1084、ⅡM1088~ⅡM1098、ⅡM1100~ⅡM1111、ⅡM1113~ⅡM1115、ⅡM1117、ⅡM1119~ⅡM1130、ⅡM1132、ⅡM1137、ⅡM1142~ⅡM1149、ⅡM1151、ⅡM1152、

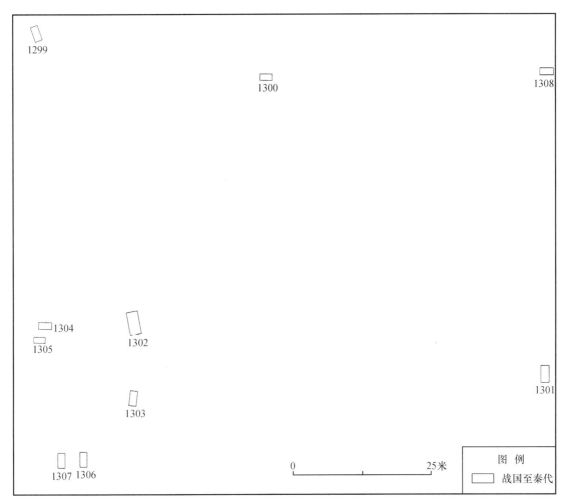

图一〇 Ⅱg区墓葬平面示意图

ⅡM1155、ⅡM1160、ⅡM1163、ⅡM1174、ⅡM1190、ⅡM1193、ⅡM1194、ⅡM1197～ⅡM1233、ⅡM1235、ⅡM1243、ⅡM1246、ⅡM1247、ⅡM1252、ⅡM1254～ⅡM1268、ⅡM1271～ⅡM1284、ⅡM1288～ⅡM1296、ⅡM1298、ⅡM1310、ⅡM1319～ⅡM1324、ⅡM1336～ⅡM1344、ⅡM1346～ⅡM1361、ⅡM1368～ⅡM1373、ⅡM1378～ⅡM1383、ⅡM1399～ⅡM1403、ⅡM1405～ⅡM1427、ⅡM1431～ⅡM1449、ⅡM1451～ⅡM1460、ⅡM1464～ⅡM1469、ⅡM1471～ⅡM1519、ⅡM1537（图一三）。

Ⅱk区位于第Ⅱ发掘区的西南部，即翔宇盛乐新城的南部，北与Ⅱj区相接。先后共发掘墓葬173座，墓号为ⅡM670、ⅡM706～ⅡM708、ⅡM733、ⅡM738～ⅡM740、ⅡM751、ⅡM767～ⅡM770、ⅡM777、ⅡM778、ⅡM781～ⅡM790、ⅡM798～ⅡM803、ⅡM816、ⅡM823～ⅡM829、ⅡM841～ⅡM865、ⅡM888、ⅡM890、ⅡM917～ⅡM919、ⅡM921～ⅡM924、ⅡM956、ⅡM958、ⅡM971、ⅡM976、ⅡM989～ⅡM996、ⅡM998、ⅡM1000、ⅡM1002～ⅡM1005、ⅡM1008、ⅡM1009、ⅡM1013、ⅡM1016、ⅡM1021、ⅡM1023、ⅡM1024、ⅡM1029、ⅡM1030、ⅡM1042～ⅡM1048、

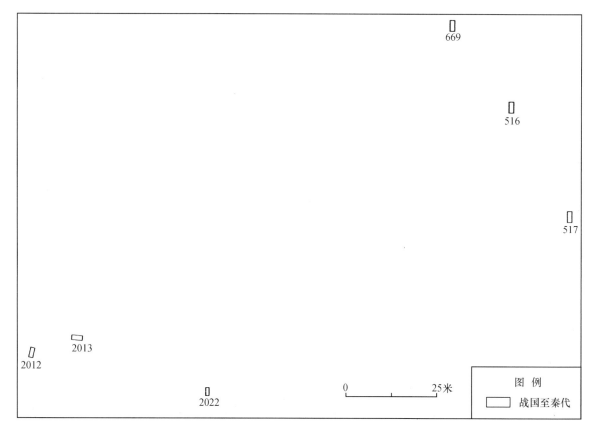

图一一　Ⅱh区墓葬平面示意图

ⅡM1050、ⅡM1052~ⅡM1059、ⅡM1068、ⅡM1074、ⅡM1085~ⅡM1087、ⅡM1112、ⅡM1116、ⅡM1118、ⅡM1131、ⅡM1133~ⅡM1136、ⅡM1138~ⅡM1141、ⅡM1150、ⅡM1153、ⅡM1154、ⅡM1156~ⅡM1159、ⅡM1161、ⅡM1162、ⅡM1164~ⅡM1173、ⅡM1175~ⅡM1189、ⅡM1191、ⅡM1192、ⅡM1195、ⅡM1196、ⅡM1234、ⅡW1（图一四）。

　　Ⅱl区位于第Ⅱ发掘区的中南部，即盛乐园区的规划道路，近山丘顶部，北与Ⅱh区为邻。共发掘墓葬13座，墓号为ⅡM1731~ⅡM1743（图一五）。

　　Ⅱm区位于第Ⅱ发掘区的南部，即和林格尔县职业中学，隔冲沟与Ⅱk区相接。先后共发掘墓葬52座，墓号为ⅡM242、ⅡM243、ⅡM1701、ⅡM1940~ⅡM1957、ⅡM1981~ⅡM2011（图一六）。

　　第Ⅲ发掘区位于古城遗址的南部（即南梁），隔宝贝河与古城遗址相望，墓地所处位置略显南高北低，坡势较缓，东西长1500米，南北宽800米，总面积约120万平方米。由于考古发掘是配合基建进行，故第Ⅲ发掘区尚未发掘。

　　第Ⅳ发掘区位于古城遗址的西侧（即西窑子村），北起三铺路南，南抵宝贝河北岸，西至公布营村东，地势较为平坦开阔，东西长2000米，南北宽1000米，总面积约200万平方米。1997~2004年共发掘墓葬56座（含1座瓮棺葬），墓号为ⅣM1~ⅣM55、ⅣW1，其中战国时期11座、汉代19座、隋唐25座、时代不清的1座（图一七）。

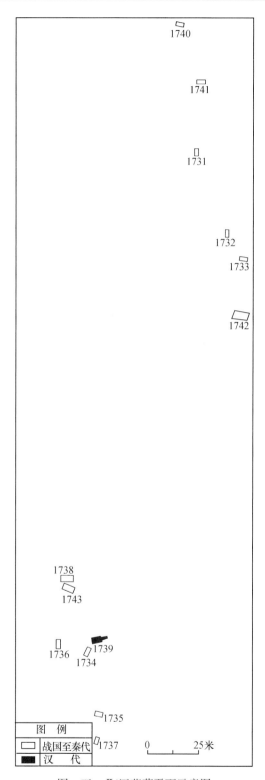

图一五 Ⅱ1区墓葬平面示意图

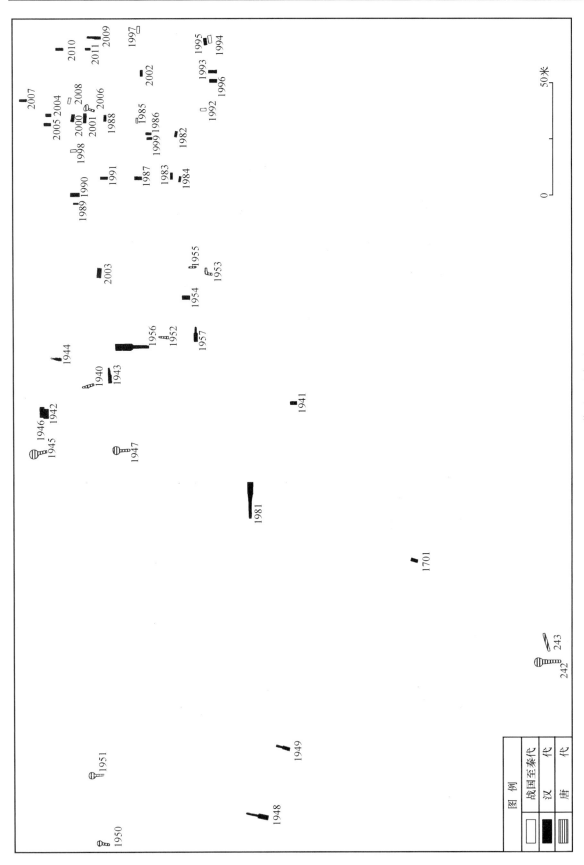

图一六　Ⅱm区墓葬平面示意图

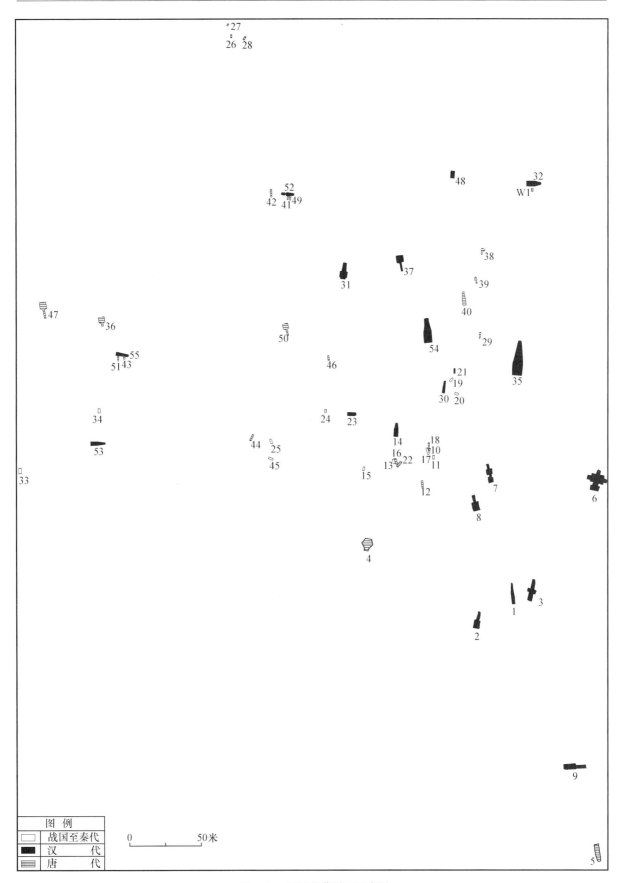

图一七　Ⅳ区墓葬平面示意图

古城外已发掘的第Ⅰ、Ⅱ、Ⅳ区的墓地，分布较为密集的地区，墓葬间距一般在2～3米之间，最密集仅隔几厘米到几十厘米之间；同时期的墓葬间相互叠压打破的现象较少，较常见的是晚期墓葬打破早期墓葬。

二、发掘经过

据《绥远通志稿》记载，和林格尔土城子古城外曾出土过较多碑志。例如"唐振武节度使墓碑""唐故振武节度衙前虞候游击将军试太常南郡仇府君墓志铭""唐振武军节度使李玉祥墓志铭""唐故清河郡张公夫人陇西李氏墓志铭"等。

从二十世纪三四十年代开始，一些国内外专家、学者就曾对和林格尔土城子古城及其周边的墓葬进行了多次考古调查、勘探与发掘。1955年，在古城遗址西侧的西窑子村发现1座砖室墓；1960年，内蒙古自治区文物工作队（内蒙古自治区文物考古研究所前身）在古城遗址的北侧发掘清理了11座墓葬[2]；在80年代初期，上土城子村民在城外取土时，发现一件带铭文的青铜短剑[3]，李学勤先生考证其为"晋文公重耳剑"；1995年5月，内蒙古自治区文物考古研究所在古城遗址东南的南园村西清理了1座墓葬[4]；1996年5～6月，内蒙古自治区文物考古研究所、呼和浩特市博物馆、和林格尔县文物保护管理所联合对古城遗址及周围的墓葬再次进行了调查、勘探与发掘，在古城遗址的东南部发掘清理了9座墓葬，在古城遗址的西部发掘清理了1座砖室墓[5]，获得了重要的实物资料。

1997～2007年为配合国家基本建设工程，内蒙古自治区文物考古研究所、和林格尔县文物保护管理所联合对古城遗址周边的墓葬进行了抢救性发掘，前后共清理发掘古代墓葬2158座（表一）。

表一　和林格尔土城子古城墓地历年发掘墓葬数量统计表（1997～2007年）　　（单位：座）

分区＼年份	1997	1999	2000	2001	2002	2003	2004	2005	2006	2007	合计
Ⅰ	1	8	14	8				3	27		61
Ⅱ		15	14	136	78	166	316	858	357	101	2041
Ⅳ	3	1		4		1	47				56
合计	4	24	28	148	78	167	363	861	384	101	2158

注：Ⅱ区、Ⅳ区墓葬数量统计中各包括1座瓮棺葬

1997年10～11月，为配合达拉特旗至丰镇超高压输电，发掘Ⅰ区墓葬1座，编号97ⅠM1；发掘Ⅳ区墓葬3座，编号97ⅣM1～M3。发掘领队陈永志，参加发掘的工作人员有盖志庸、赵建、刘刚、韩利君、霍强盛、乔金贵、李宝忠等。

1999年6～12月，为配合和林格尔县盛乐经济园区、蒙牛乳业一、二期的建设工程，发掘Ⅰ区墓葬8座，编号99ⅠM2～M9；发掘Ⅱ区墓葬15座，编号99ⅡM1～M15；发掘Ⅳ区墓葬1座，

编号99Ⅳ M4。发掘领队陈永志，参加发掘的工作人员有赵建、刘刚、朱家龙、张爱兵、乔金贵、李宝忠、任喜贵、张福宝、王祥等。

2000年6~11月，为配合和林格尔县盛乐经济园区的建设工程，发掘Ⅰ区墓葬14座，编号2000Ⅰ M10~M23；发掘Ⅱ区墓葬14座，编号2000Ⅱ M16~M29。发掘领队陈永志，参加发掘的工作人员有赵建、刘刚、朱家龙、张爱兵、乔金贵、李宝忠、任喜贵、夏月胜、张福宝、王祥等。

2001年5~12月，为配合209国道呼和段（呼和浩特市—和林格尔县）的改扩建以及和林格尔县盛乐经济园区的建设工程，发掘Ⅰ区墓葬8座，编号2001Ⅰ M24~M31；发掘Ⅱ区墓葬136座，编号2001Ⅱ M30~M165；发掘Ⅳ区墓葬4座，编号2001Ⅳ M5~M8。发掘领队陈永志，参加发掘的工作人员有李强、赵建、刘刚、张爱兵、张补才、乔金贵、李宝忠、夏月胜、张福宝、王祥、巩永富等。

2002年4~8月，为配合和林格尔县盛乐经济园区、蒙牛乳业三期的建设工程等，发掘Ⅱ区墓葬78座，编号2002Ⅱ M166~M243。发掘领队陈永志，参加发掘的工作人员有赵建、刘刚、张爱兵、李宝忠、王祥、巩永富等。

2003年8~12月，为配合和林格尔县盛乐经济园区、内蒙古高氏纸业有限责任公司、内蒙古盛都包装有限责任公司等建设工程，发掘Ⅱ区墓葬166座，编号2003Ⅱ M244~M409；发掘Ⅳ区墓葬1座，编号2003Ⅳ M9。发掘领队陈永志，参加发掘的工作人员有李强、赵建、刘刚、张爱兵、李宝忠、王祥、王宇、杨立新等。

2004年5~12月，为配合和林格尔县盛乐经济园区、蒙牛乳业五期以及立体库、内蒙古北奇制药有限责任公司等建设工程，发掘Ⅱ区墓葬316座，编号2004Ⅱ M410~M725；发掘Ⅳ区墓葬46座、瓮棺葬1座，编号2004Ⅳ M10~M55、2004Ⅳ W1。发掘领队陈永志，参加发掘的工作人员有李强、赵建、刘刚、韩利君、李宝忠、张福宝、王祥、杨立新、孙新民等。

2005年4~12月，为配合和林格尔县盛乐经济园区、翔宇盛乐星城、天鸿生物制药厂等建设工程，发掘Ⅰ区墓葬3座，编号2005Ⅰ M32~M34；发掘Ⅱ区墓葬857座、瓮棺葬1座，编号2005Ⅱ M726~M1582、2005Ⅱ W1。发掘领队陈永志，参加发掘的工作人员有李强、李宁、宋国栋、赵建、刘刚、朱家龙、韩利君、张补才、乔金贵、李宝忠、任喜贵、夏月胜、张福宝、王祥、巩永富、王宇、杨立新等。

2006年5~12月，为配合和林格尔县盛乐经济园区盛乐农场、盛乐润宇装饰城、翔宇盛乐新城、蒙牛乳业六期、滨海网球学校的建设工程，发掘Ⅰ区墓葬27座，编号2006Ⅰ M35~M61；发掘Ⅱ区墓葬357座，编号2006Ⅱ M1583~M1939。发掘领队陈永志，参加发掘的工作人员有李强、赵建、朱家龙、张补才、李宝忠、任喜贵、夏月胜、张福宝、王祥、王宇等。

2007年4~11月，为配合和林格尔县职业中学、盛乐经济园区蒙牛乳业洗车场、仁和生物制药厂、和林格尔县消防支队办公大楼等建设工程，发掘Ⅱ区墓葬101座，编号2007Ⅱ M1940~M2040。发掘领队陈永志，参加发掘的工作人员有李强、赵建、朱家龙、张补才、王祥、王宇等。

第三节　资料整理与报告编排

一、资　料　整　理

为确保工作进度，在田野工作结束后，随即转入室内整理。室内整理工作分两部分进行，一部分是对发掘资料的整理（包括图、文字资料、表格和电子文档等），另一部分是对出土器物进行清洗、黏对、修复以及绘图等。

在资料整理过程中，为了使学术界及时了解发掘的主要收获，曾发表了《和林格尔县土城子古城考古发掘主要收获》[6]等文章。上述资料若与本报告有抵牾之处，当以本报告为准。

二、报　告　编　排

本报告所公布的墓葬资料全部为配合各类基本建设的抢救性考古发掘，收录范围包括1997、1999～2007年历次对和林格尔土城子古城外三个区域墓地的发掘资料，累计发掘春秋、战国至秦、两汉、代魏、隋唐、辽、金、清时期的墓葬2158座。因墓葬数量之多，时代跨越之大，我们将其划分为春秋、战国至秦代墓葬，汉、魏墓葬，隋唐墓葬，辽、金、清代墓葬等四部分。

本报告与古城发掘报告为一体，所报道的墓葬主要分布在古城周边，这些墓葬的墓主人生前应为古城内的居民。基于上述原因，我们将本报告的名称定名为《内蒙古和林格尔土城子》，包括（一）城址发掘报告；（二）春秋、战国至秦代墓葬发掘报告（1999～2007）；（三）汉、魏墓葬发掘报告（1997～2007）；（四）唐代墓葬发掘报告（1999～2007）；（五）辽、金、清代墓葬发掘报告（1999～2007）。以后的发掘报告将以此顺延。

本报告为《内蒙古和林格尔土城子》（三），所公布的墓葬资料为古城外发掘的214座汉代墓葬、5座代魏墓葬，共分三个部分：第一部分叙述地理位置、历史沿革、墓葬分布、发掘经过以及资料整理与报告编排；第二部分是汉代墓葬；第三部分是代魏墓葬。在墓葬资料的报道中，首先我们以区按墓葬发掘的先后顺序，以单个墓葬为单位，对所有墓葬逐一介绍。随后通过对墓葬形制、葬具、葬式、葬俗与殉牲以及随葬器物的型式划分，进而做出分期、年代、文化性质等初步判定。最后，附有详细的统计表。

报告中，发掘区的编号用罗马数字Ⅰ、Ⅱ、Ⅲ等表示，T代表探方，J代表探沟，H代表灰坑，F代表房址，M代表墓葬，W代表瓮棺葬。城址和墓葬出土器物均是一器一号，如Ⅱ M3：2，表示Ⅱ区3号墓葬出土的第2件器物。墓葬等遗迹填土中出土器物用01、02等表示，如Ⅱ M3：01，一套器物数量较多用亚号区分，如Ⅱ M3：2-1等。在介绍墓葬形制和出土遗物的型式划分方面，英文字母A、B、C、D等表示型，英文小写字母a、b、c、d等表示亚型，罗马数字Ⅰ、Ⅱ、Ⅲ、Ⅳ等表示式，如B型、Ba型、AⅡ式或BdⅢ式等。

注 释

［1］ 一友:《凉城县发现西晋时期的鲜卑文物》,《内蒙古日报》1962年9月22日。

［2］ 李逸友:《和林格尔县土城子古墓》,《文物》1961年第9期。

［3］ 20世纪80年代初期,土城子村民在城外墓地取土时发现一件带铭文的青铜短剑,现藏于乌兰察布博物馆。

［4］ 内蒙古文物考古研究所等:《和林格尔县南园子墓葬清理简报》,《内蒙古文物考古文集》(第二集),中国大百科全书出版社,1997年。

［5］ 魏坚:《土城子墓葬》,《内蒙古中南部汉代墓葬》,中国大百科全书出版社,1998年。

［6］ 内蒙古文物考古研究所:《和林格尔县土城子古城考古发掘主要收获》,《内蒙古文物考古》2006年第1期。

第二章　汉代墓葬

　　和林格尔土城子古城遗址周边的墓葬区在1997~2007年的抢救性发掘工作中（图版三~图版五），共清理发掘汉代墓葬214座（附表一）。其中，第Ⅰ发掘区37座，主要分布在古城遗址的东北部，墓号为ⅠM1、ⅠM2、ⅠM4~ⅠM7、ⅠM9~ⅠM13、ⅠM15~ⅠM18、ⅠM20~ⅠM26、ⅠM28~ⅠM32、ⅠM34、ⅠM43、ⅠM44、ⅠM48~ⅠM50、ⅠM54、ⅠM55、ⅠM61；第Ⅱ发掘区158座，主要分布在古城遗址的东侧，墓号为ⅡM6~ⅡM21、ⅡM24、ⅡM27、ⅡM98、ⅡM102、ⅡM118、ⅡM130、ⅡM131、ⅡM149、ⅡM150、ⅡM156、ⅡM167、ⅡM169、ⅡM186、ⅡM197、ⅡM199、ⅡM214、ⅡM222、ⅡM241、ⅡM312、ⅡM316、ⅡM501、ⅡM549、ⅡM588、ⅡM703、ⅡM720、ⅡM751、ⅡM753、ⅡM777、ⅡM778、ⅡM781、ⅡM782、ⅡM784、ⅡM785、ⅡM787、ⅡM803、ⅡM829、ⅡM859、ⅡM863、ⅡM877、ⅡM878、ⅡM898、ⅡM899、ⅡM901、ⅡM909、ⅡM911、ⅡM920、ⅡM932、ⅡM936、ⅡM937、ⅡM944、ⅡM974、ⅡM975、ⅡM986、ⅡM1007、ⅡM1011、ⅡM1017、ⅡM1028、ⅡM1035、ⅡM1043、ⅡM1087、ⅡM1093、ⅡM1095、ⅡM1119、ⅡM1124、ⅡM1134、ⅡM1136、ⅡM1141、ⅡM1153、ⅡM1172、ⅡM1174、ⅡM1189、ⅡM1249、ⅡM1274、ⅡM1275、ⅡM1282、ⅡM1284、ⅡM1309、ⅡM1310、ⅡM1375、ⅡM1423、ⅡM1428、ⅡM1461、ⅡM1488、ⅡM1509、ⅡM1511、ⅡM1524、ⅡM1529~ⅡM1531、ⅡM1543、ⅡM1560、ⅡM1561、ⅡM1583、ⅡM1605、ⅡM1606、ⅡM1608~ⅡM1610、ⅡM1647、ⅡM1648、ⅡM1673、ⅡM1701、ⅡM1730、ⅡM1739、ⅡM1744、ⅡM1821、ⅡM1850、ⅡM1857、ⅡM1938、ⅡM1941~ⅡM1944、ⅡM1946、ⅡM1948、ⅡM1949、ⅡM1954、ⅡM1956、ⅡM1957、ⅡM1981~ⅡM1984、ⅡM1986~ⅡM1991、ⅡM1993、ⅡM1995、ⅡM1996、ⅡM1999~ⅡM2005、ⅡM2007、ⅡM2009~ⅡM2011；第Ⅳ发掘区19座，主要分布在古城遗址的西侧（即西窑子村），墓号为ⅣM1~ⅣM3、ⅣM6~ⅣM9、ⅣM14、ⅣM23、ⅣM30~ⅣM32、ⅣM35、ⅣM40、ⅣM48、ⅣM52~ⅣM55。部分墓葬因早期被盗以遭到不同程度的破坏，亦有少数墓葬有封土堆（ⅡM1938）。

第一节　墓葬资料

一、Ⅰ　区

ⅠM1

1. 墓葬形制

斜坡式墓道土坑墓，方向7°。平面略呈酒瓶状，由墓道和墓室两部分组成。

墓道位于墓室北端，竖穴墓道。平面呈梯形，壁面斜下内收，底呈斜坡平底状，斜坡坡度为15°。口长1160、宽120～237，深50～380厘米。

墓室为竖穴土坑，平面呈长方形，四壁斜下内收，底较平。口长580、宽300、底长570、宽280、深485厘米。用方木封门，平面呈长方形，长158、厚40厘米。有葬具木椁，呈长方形，长480、宽200、高85、椁板厚25～30、椁底板厚10厘米。未发现骨架。随葬有陶壶7件、陶熏炉1件、陶灶1套（12件）、陶井1套、小陶罐8件、铜衔镳1件、铜扣3件、铜衡末饰5件、铜环1件、铜锔钉2件、铜车轴1件、铜辖軎1件、铜盖弓帽10件、铜当卢1件、铜兽面形车饰2件、铜軛饰2件。在填土中出土陶釜1件（图一八）。

2. 随葬器物

该墓出土器物48件（套），质地有陶、铜等。

陶壶　7件。ⅠM1：1～7，泥质灰陶。敞口，方圆唇，束颈，鼓腹，假圈足外撇，平底。肩部饰宽带纹，腹部饰对称铺首及一周凹弦纹。ⅠM1：1，器表发黑色。口径13、底径13、高27厘米（图一九，1）。ⅠM1：4，腹下有烟炱。口径13.2、底径11.5、高26.2厘米（图一九，3）。ⅠM1：5，器表有划痕，表皮有脱落现象。口径13.4、底径11.2、高28厘米（图一九，6）。ⅠM1：6，口径13.5、底径13.3、高27.7厘米（图一九，4）。ⅠM1：7，口径13.7、底径13.2、高29.4厘米（图一九，8）。ⅠM1：2，黑衣，表皮有脱落现象，足上有刮削痕。口径13.3、底径10.5、高27厘米（图一九，2）。ⅠM1：3，黑衣。口径13.5、底径14、高27.4厘米（图一九，5）。

小陶罐　8件。ⅠM1：11，灰陶。侈口，圆唇，束颈，鼓腹，平底。上腹部饰一周凹槽，腹下有刮削痕。口径5.2、底径5.8、高7.7厘米（图二〇，8）。ⅠM1：12，灰陶。敞口，圆唇，束颈，折肩，鼓腹，平底。腹下有刮削痕，器表有烟炱。口径5.2、底径4、高8厘米（图二〇，6）。ⅠM1：13～15、18，形制相同。灰陶，口微侈，方唇，束颈，溜肩，折腹，平底。上腹部饰一周凹槽，腹下有刮削痕。ⅠM1：13，口径5.2、底径4.9、高7.5厘米（图二〇，5）。ⅠM1：14，口径5.8、底径5.5、高8.1厘米（图二〇，10）。ⅠM1：15，口残。底径5.2、残高6.8厘米（图二〇，3）。ⅠM1：18，口径5.4、底径4.5、高8厘米（图二〇，9）。ⅠM1：16、17，形制相同，黑衣灰陶。敞口，方圆唇，束颈，鼓腹，平底。火候低，表皮有脱落现象。ⅠM1：16，口径5.2、底径4.2、高8厘米（图二〇，2）。ⅠM1：17，口径5.1、底径4.5、高8厘米（图二〇，4）。

陶釜　1件。ⅠM1：01，残。腹部以上为泥质灰陶，腹下为夹砂陶。敞口，方唇，唇部饰一周凹槽，平沿，颈较长，溜肩，圆鼓腹，圜底略尖。颈下至腹部饰中绳纹（竖），腹下至底部饰粗绳纹。口径28.9、高37.7厘米（图一九，7）。

陶熏炉　1件。ⅠM1：8，黑衣灰陶。盖顶较尖，上有小孔，炉盘子母口，略大于盖，不相合，深腹，腹部饰一周宽带纹，粗柄中空，饰竹节状凸棱，浅盘状座，平沿，盘内饰两周凸弦纹，平底，托盘外侧及底部有刮削痕。口径5.2、底径6.7、高11.2厘米（图二〇，11）。

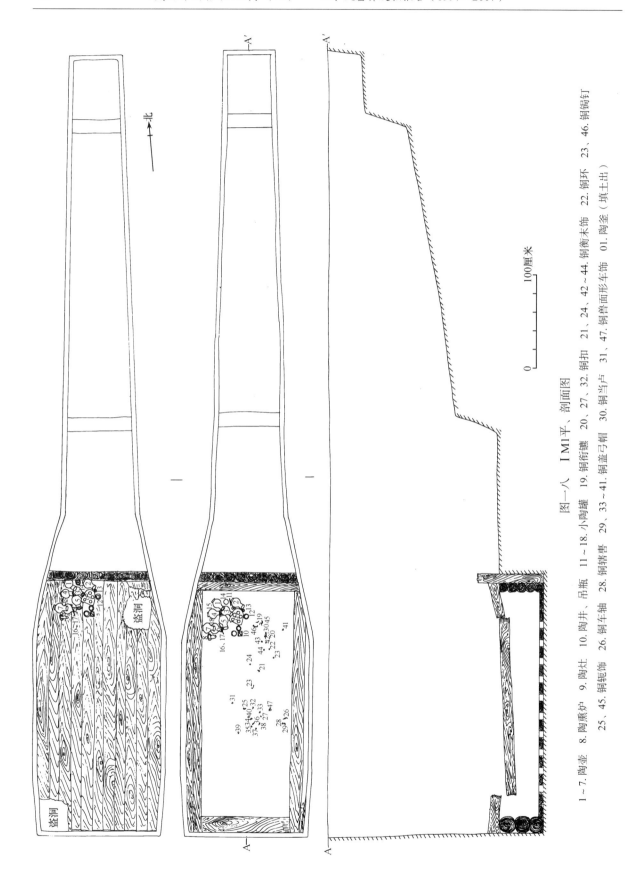

图一八　I M1 平、剖面图

1~7. 陶壶　8. 陶熏炉　9. 陶灶　10. 陶井、吊瓶　11~18. 小陶罐　19. 铜衔镳　20、27、32. 铜扣　21、24、42~44. 铜衡末饰　22. 铜环　23、46. 铜铜车钉　25、45. 铜轭饰　26. 铜车轴　28. 铜错兽　29、33~41. 铜盖弓帽　30. 铜当卢　31、47. 铜兽面形车饰　01. 陶釜（填土出）

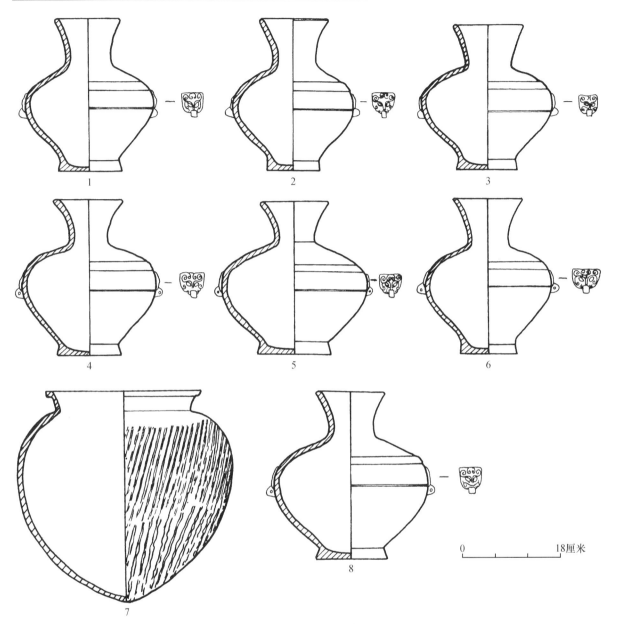

图一九　I M1出土陶器

1~6、8.壶（I M1：1、I M1：2、I M1：4、I M1：6、I M1：3、I M1：5、I M1：7）　7.釜（I M1：01）

　　陶灶　1套（12件）。I M1：9，黑灰陶。平面呈船形，灶面微鼓，五火眼置釜，附六盆一甑。后有圆形烟囱眼，置柱形烟囱，顶部有隆节，中空，前置长方形灶门，两侧置有挡风，平底。长31.8、宽26.4、高15～27厘米（图二〇，1）。

　　陶井　1套（2件）。I M1：10，黑衣灰陶。井平面呈近方形，腹呈方柱体。井内有数周凸棱。吊瓶，平口，束颈，鼓腹，平底。井口边长10、底边长7.5、高11厘米（图二〇，7）。

　　铜衔镳　1件。I M1：19，衔为三节环，两长衔之间以一"8"字形短衔相连接，短衔中间有结节，镳呈"S"形，棒状，穿于衔两端的环内，中部呈片状有两小穿孔，两端呈鸡冠状突

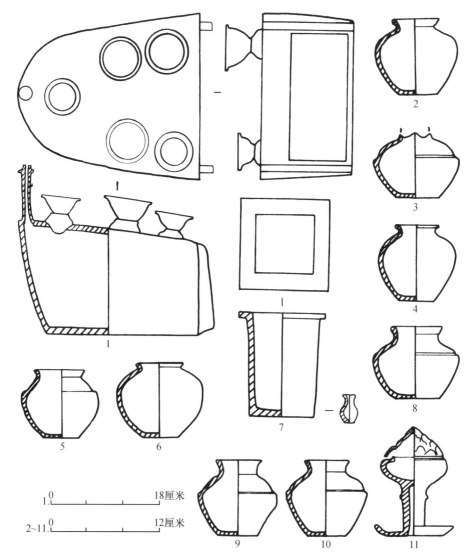

图二〇　ⅠM1出土陶器

1. 灶（ⅠM1：9）　2~6、8~10. 小陶罐（ⅠM1：16、ⅠM1：15、ⅠM1：17、ⅠM1：13、ⅠM1：12、ⅠM1：11、ⅠM1：18、
ⅠM1：14）　7. 井（ⅠM1：10）　11. 熏炉（ⅠM1：8）

起，上有镂空花纹，另一端镳残断。长衔4.7、短衔长2.7、镳长11厘米（图二一，9）。

　　铜扣　3件。ⅠM1：20、27、32，形制、尺寸相同。蘑菇状，扣帽隆起呈尖状。M1：20，高1.2、扣帽直径1.2厘米（图二一，12）。

　　铜衡末饰　5件。ⅠM1：21、24，圆形筒状，一端封闭，中间饰三周凸棱。ⅠM1：21，长1.9、直径0.8~0.9厘米（图二一，4）。ⅠM1：24，长1.9、直径0.7~1厘米（图二一，8）。ⅠM1：42~44，形制、尺寸相同。圆形筒状，一端封闭，中间饰一周凸棱，其一端略残。ⅠM1：42，长2、直径1.2~1.4厘米（图二一，7）。

　　铜环　1件。ⅠM1：22，截面呈椭圆形。直径1.7厘米（图二一，6）。

　　铜锔钉　2件。ⅠM1：23、46，铜条两端折钩，截面呈菱形。ⅠM1：23，长8.7厘米（图

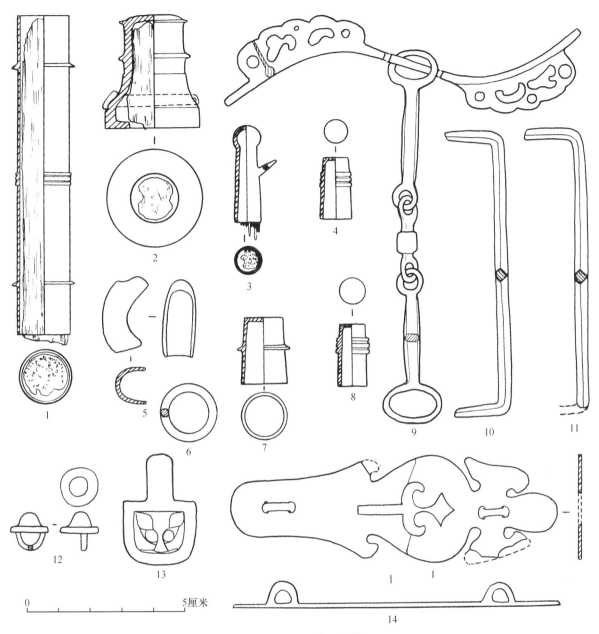

图二一　ⅠM1出土铜器

1. 车轴（ⅠM1：26）　2. 辖𫐉（ⅠM1：28）　3. 盖弓帽（ⅠM1：29）　4、7、8. 衡末饰（ⅠM1：21、ⅠM1：42、
ⅠM1：24）　5. 軏饰（ⅠM1：25）　6. 环（ⅠM1：22）　9. 衔镳（ⅠM1：19）　10、11. 铜钉（ⅠM1：23、ⅠM1：46）
12. 扣（ⅠM1：20）　13. 兽面形车饰（ⅠM1：31）　14. 当卢（ⅠM1：30）

二一，10）。ⅠM1：46，一端钩残。残长8.5厘米（图二一，11）。

铜车轴　1件。ⅠM1：26，整体呈圆筒状，两端略粗，中部略细，残，中部饰三周、两端各饰一周凸棱，圆筒内残存有圆木。长9.7、直径1.2～1.6厘米（图二一，1）。

铜辖𫐉　1件。ⅠM1：28，略呈喇叭筒状，两端齐平，中空，一端较粗，粗端有辖孔，辖穿于辖孔内，辖呈长条形，一端呈帽状，一端有小孔，细端有两周凸棱。长3.5、直径1.8～2.8

厘米（图二一，2）。

铜盖弓帽　10件。ⅠM1：29、33～41，呈上小下大圆筒状，圆筒内残存有圆木，顶端有半球形帽，一侧靠上方有倒钩。ⅠM1：29，高3、直径0.8厘米（图二一，3）。

铜当卢　1件。ⅠM1：30，残断。片状体，作马面形，上端两侧出两耳，中间为圆形，内有变形十字镂空，下端略窄，两侧内钩，背上下各端有一鼻穿。长10.3、宽3.3、厚0.1厘米（图二一，14）。

铜兽面形车饰　2件。ⅠM1：31、47，半圆形兽面部外鼓，背部内凹，上侧中部有长条形薄片，薄片上端呈圆形，供插入车木之用。ⅠM1：31，高3.4、宽2.3厘米（图二一，13）。

铜軏饰　2件。ⅠM1：25、45，呈弯曲半圆形管状，一端齐平，一端封闭，作兽面形。ⅠM1：25，长2.4、直径1厘米（图二一，5）。

Ⅰ M2

1. 墓葬形制

竖穴墓道砖室墓，方向100°，整体平面呈"甲"字形，由墓道、墓室两部分组成。

墓道位于墓室东端，斜坡式墓道。平面呈梯形，壁面较直，底呈斜坡状，坡度为26°。长300、宽120～160、深120～260厘米。内填黄灰花土，土质较软。

墓室为单砖室。平面近长方形，长395、宽190、高162厘米。墙壁用单砖顺置错缝平砌，左右两壁向内弧收，距墓底160厘米用单砖顺立对缝券顶；底用单砖横竖错缝平铺。墓门用单砖错缝平砌，距墓底100厘米两侧起券，呈拱形顶。券顶的砖一侧厚4、一侧厚5厘米。用单砖错缝平砌略呈弧形封门，宽260、高184厘米。砖长30、宽15、厚4～5厘米。封门的顶部有盗洞，平面呈不规则圆形，直径40厘米。骨架扰乱严重，保存较差，头向、面向、葬式均不清。随葬有陶灶2套、壶2件、罐1件，置于墓室中部和北壁（图二二）。

2. 随葬器物

该墓出土器物5件（套），质地是陶，器形有灶、壶、罐等。

壶　2件，泥质灰陶。ⅠM2：1，盘口，方唇，微束颈，扁鼓腹，高假圈足，略外撇，平底略内凸。肩部饰宽带纹，腹部饰对称铺首衔环及一周凹弦纹，颈部及近底处有刮削痕。口径12.3、底径12.5、高27厘米（图二三，3）。ⅠM2：2，外显盘口，敞口，宽平唇，唇上有一周凹槽，束颈，鼓腹，矮假圈足，较直，平底。颈部饰一周凹弦纹，腹部饰对称铺首衔环，颈、腹部有刮削痕。口径13.8、底径10.9、高27.1厘米（图二三，5）。

罐　1件。ⅠM2：5，灰陶。直口微侈，斜折肩，肩腹结合部起一凸棱，鼓腹，平底。腹部有刮削痕。口径10、底径8.5、高18.4厘米（图二三，4）。

灶　2套，泥质灰陶。ⅠM2：3，平面呈船形，头较平，灶面较鼓，三火眼呈"品"字形。后有圆形烟囱眼，置柱形烟囱，顶部有隆接，中空，前置梯形灶门，上宽下窄，两侧置有挡

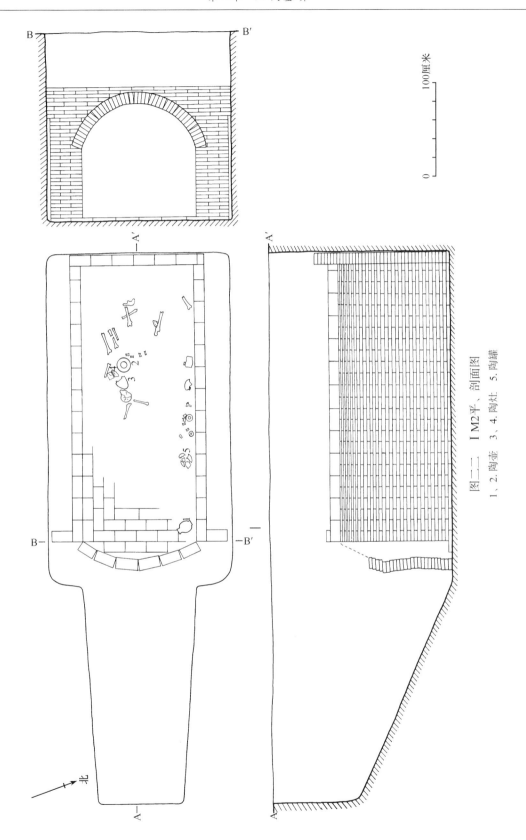

图二二 ⅠM2平、剖面图

1、2. 陶壶 3、4. 陶灶 5. 陶罐

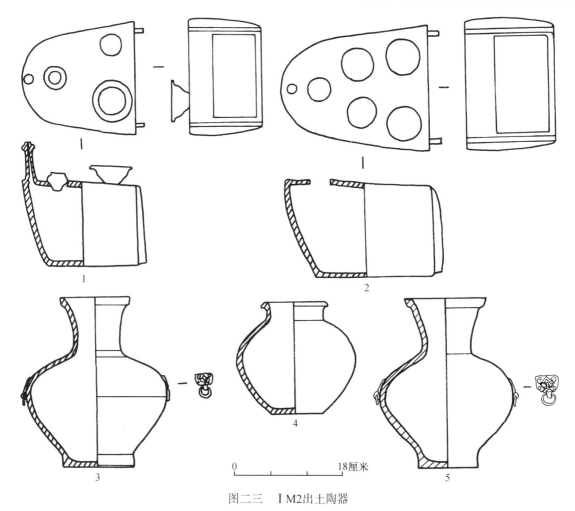

图二三　ⅠM2出土陶器

1、2.灶（ⅠM2：3、ⅠM2：4）　3、5.壶（ⅠM2：1、ⅠM2：2）　4.罐（ⅠM2：5）

风。现有一釜一甑。长19、宽19、高13~14厘米（图二三，1）。ⅠM2：4，平面呈船形，灶面微鼓，五火眼置釜。后有圆形烟囱眼，前置长方形灶门，两侧置有挡风，内底饰网格纹。长24、宽21、高14.5~16厘米（图二三，2）。

ⅠM4

1. 墓葬形制

斜坡式墓道砖室墓，方向90°，因破坏只残存几块碎砖。平面略呈"甲"字形，由墓道和墓室两部分组成（图二四）。

墓道位于墓室东端，竖穴墓道。平面呈梯形，壁面较直，底呈斜坡状，坡度为13°。长170、宽120~178、深60~100厘米。

墓室平面呈长方形，四壁垂直，平底。长370、宽180、深120厘米。南、北、西壁距墓口深

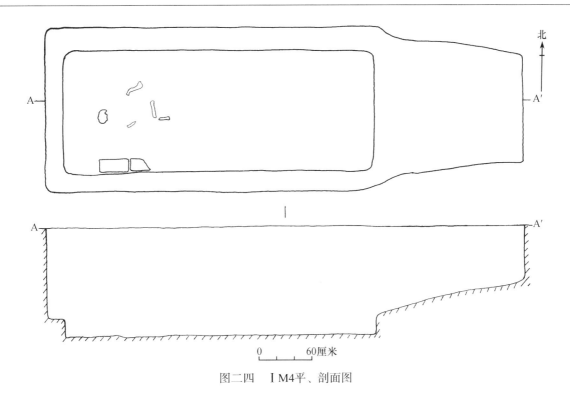

图二四 Ⅰ M4平、剖面图

100厘米处有生土二层台，宽20～26厘米。骨架保存较差，仅存少量的碎骨，头向不清，面向不清，葬式不清。填土内出土铜钱1枚。

2. 随葬器物

该墓填土内出土铜钱1枚。Ⅰ M4：01，"五铢"，篆书，横读，"五"字瘦长，交笔较直。

Ⅰ M5

1. 墓葬形制

斜坡式墓道砖室墓，方向95°，平面呈"甲"字形，由墓道、墓室两部分组成。

墓道位于墓室东端，竖穴墓道。平面呈梯形，壁面较直，底呈斜坡状，坡度为15°。长490、宽100～130、深60～160厘米，内填黄灰花土，土质较硬。

墓室为单砖室墓。平面近长方形，长355、宽120、高220、底距开口深270厘米。墙壁用单砖顺置错缝平砌，左右两壁向内弧收，距墓底80厘米用单砖顺立对缝券顶，呈拱形顶；底用单砖交错对缝斜铺；墓门顶部单层券顶。用单砖错缝平砌略呈弧形封门，宽156、高166厘米。封门的顶部有盗洞，平面呈不规则圆形，直径56厘米。砖长30、宽20、厚5厘米。骨架扰乱严重，保存较差，头向、面向、葬式均不清。随葬有陶灶1套、陶井1件，置于墓室中。填土中出土陶壶1件（图二五）。

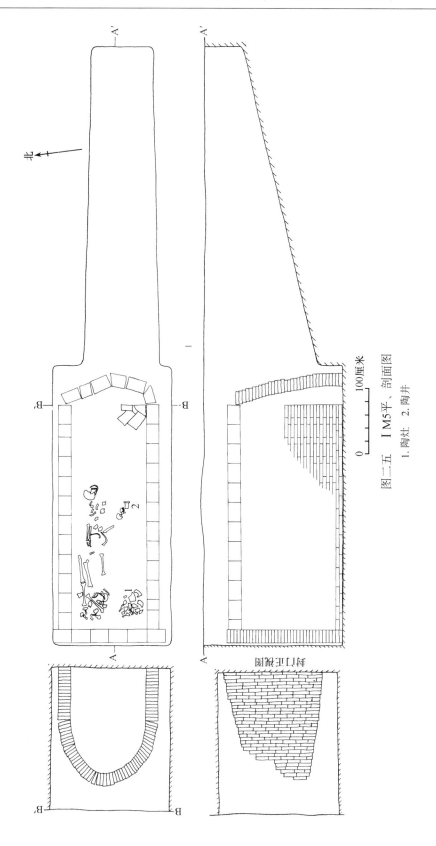

图二五　I M5平、剖面图
1. 陶灶　2. 陶井

2. 随葬器物

该墓出土器物3件（套），质地是陶器，器形有壶、灶、井等。

壶 1件。ⅠM5：01，残，灰陶。鼓腹，假圈足，平底。肩部饰一周宽带纹，腹部饰对称铺首及一周凹弦纹，近底处有刮削痕。底径12、残高22.2厘米（图二六，3）。

灶 1套（2件）。ⅠM5：1，泥质灰陶。平面呈船形，灶面较平，五火眼置釜。后有圆形烟囱眼，前置长方形灶门，两侧置有挡风。现存一釜。长26、宽22.2、高15.5～17厘米（图二六，1）。

井 1件。ⅠM5：2，泥质灰陶。平面呈近方形，井腹呈方柱体，平底。井内有数周凸棱。口边长8.4、底边长5.2、高9.3厘米（图二六，2）。

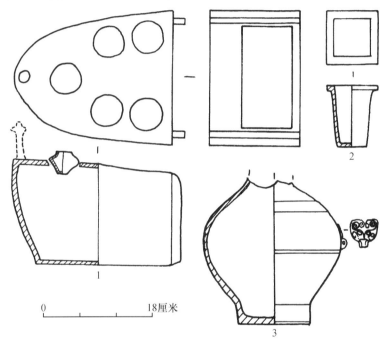

0   18厘米

图二六 ⅠM5出土陶器
1.灶（ⅠM5：1） 2.井（ⅠM5：2） 3.壶（ⅠM5：01）

ⅠM6

1. 墓葬形制

竖穴土坑墓，方向355°，内填五花土，土质较软。平面呈长方形，四壁斜下内收，底较平。墓口长380、宽140、底长360、宽120、深340厘米。有葬具木棺，仅存朽痕，呈长方形，棺长200、宽80、厚8、残高40厘米。未发现骨架。随葬有陶壶1件，置于墓室西南角；铜鍪镂1件、陶罐3件、石研1件、石砚1件、铜镜1件、锡钉5件，置于墓室北部；殉牲骨，置于棺内。在填土中出土了铁镢1件（图二七；图版六，1、2）。

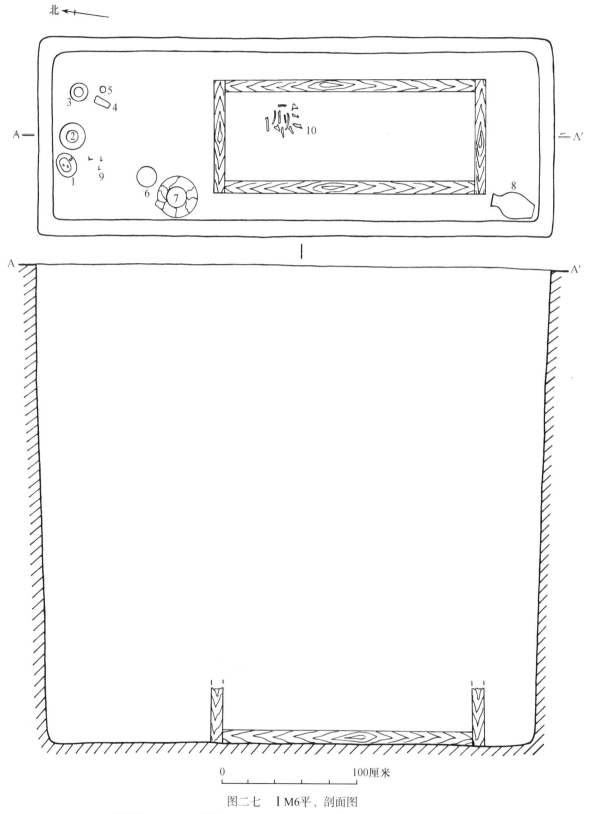

图二七　ⅠM6平、剖面图

1.铜蚀镂　2、3、7.陶罐　4.石砚　5.石研　6.铜镜　8.陶壶　9.锡钉　10.殉牲骨

2. 随葬器物

该墓出土器物14件，质地有陶、铜、铁、锡、石等。

陶罐 3件，泥质灰陶。ⅠM6：2，敞口，圆唇，丰肩，鼓腹，平底。肩部饰刻划网格纹，腹部饰弦断绳纹，有刮削痕。口径11、底径11.5、高17.8厘米（图二八，6）。ⅠM6：3，侈口，尖圆唇，卷沿，束颈，折肩，腹部斜收，平底。上腹部饰数周凹弦纹。口径7、底径9、高15厘米（图二八，2）。ⅠM6：7，敞口，圆唇，溜肩，鼓腹，平底。腹部饰戳印纹、水波纹和数周弦纹，腹下有刮削痕。口径16、底径16.5、高24.8厘米（图二八，1）。

陶壶 1件。ⅠM6：8，黑灰陶。直口微侈，圆唇，沿外卷，弧颈，鼓腹，平底。肩腹部饰弦断绳纹，腹下有刮削痕。口径11.5、底径8、高27厘米（图二八，5）。

铜镜 1件。ⅠM6：6，星云纹镜。圆形，镜面微凸。连峰纽，圆纽座。纽座外饰内向十六连弧纹，其外两周圈带纹内为主题纹饰，以四枚带座乳钉相间饰四组星云纹，每组五个小乳钉以曲线相连，因其形状似天文星象，故有星云之名。内向十六连弧纹缘。面径11、背径10.9、缘宽1、缘厚0.4厘米（图二九；图版一〇五，1）。

铜鉴镂 1件。ⅠM6：1，提梁两端作龙首状，龙首各衔两节8字形环，与器身口部的衔环相连接。盖为覆盆式，平顶，深弧腹，盖面饰蟠螭纹和三枚小禽兽纽。器身子口，窄平沿内折，鼓腹，圜底，下接三兽形蹄足。口径9.6、腹径15.4、通高18.2厘米（图二八，4；图版九四，1、2）。

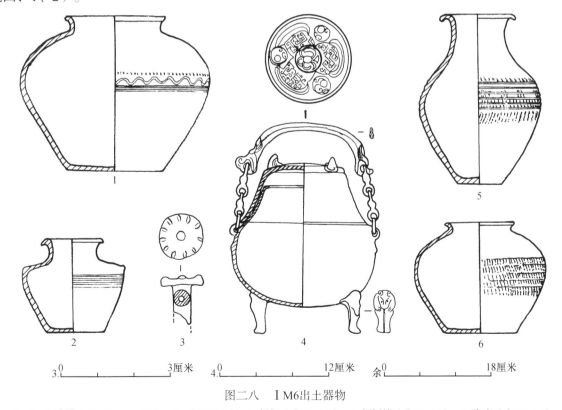

图二八 ⅠM6出土器物

1、2、6.陶罐（ⅠM6：7、ⅠM6：3、ⅠM6：2） 3.锡钉（ⅠM6：9） 4.铜鉴镂（ⅠM6：1） 5.陶壶（ⅠM6：8）

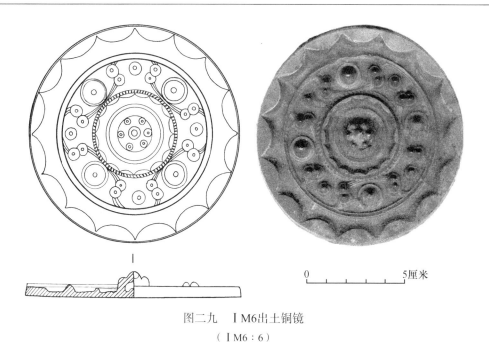

图二九　Ⅰ M6出土铜镜

（Ⅰ M6：6）

铁锸　1件。Ⅰ M6：01，锈蚀严重，残。整体呈长方形，截面呈三角形，宽边上侧有长条形銎，下侧刃部尖锐锋利，两侧略呈圆形。长14.5、宽7、厚0.3~3.4厘米，銎长13.5、宽2.4、深5厘米（图三〇，1）。

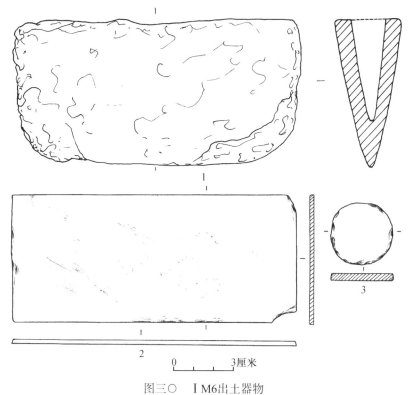

图三〇　Ⅰ M6出土器物

1.铁锸（Ⅰ M6：01）　2.石砚（Ⅰ M6：4）　3.石研（Ⅰ M6：5）

锡钉 5件。ⅠM6：9~13，残。呈钉状，帽周边及中部有圆点呈凸起状，身呈圆形，中间有孔。ⅠM6：9，残高1.3、帽直径1.2厘米（图二八，3）。

石砚 1件。ⅠM6：4，灰色石质。长方形薄片状，砚面光滑，背较粗糙，体残断，周边残。长14.4、宽6.2、厚0.2厘米（图三〇，2）。

石研 1件。ⅠM6：5，灰色石质，长方形薄片状，周边不甚规整，面背较光滑。直径3.2、厚0.3厘米（图三〇，3）。

Ⅰ M7

1. 墓葬形制

竖穴土坑墓，方向350°，内填五花土，土质较软。平面呈长方形，四壁斜下内收，底较平。墓口长390、宽140、底长370、宽120、深360厘米。有葬具木棺，仅存朽痕，呈长方形，棺长214、宽66、厚8、残高34厘米。仅存少部分人骨。随葬有陶壶3件、陶罐1件，殉牲骨置于墓室东北角；铜带钩1件，置于棺内中部（图三一）。

2. 随葬器物

该墓出土器物5件，质地有陶、铜等。

陶壶 3件，黑灰陶。ⅠM7：1，盘口，方唇，平沿，细长颈，溜肩，鼓腹，平底。腹下有刮削痕迹。口径11、底径12.3、高26.3厘米（图三二，2）。ⅠM7：2，浅盘口，方唇，平沿，细长颈，溜肩，鼓腹，平底。腹下有刮削痕迹。口径11.2、底径11.9、高26厘米（图三二，1）。ⅠM7：3，敞口，方唇，细束颈，溜肩，斜直腹，平底略内凹。腹以上有轮旋划痕，腹下有刮削痕迹。口径11.5、底径10、高23厘米（图三二，3）。

陶罐 1件。ⅠM7：4，灰陶。侈口，方唇，束颈，折肩，鼓腹，平底。器表制作粗糙，有零散绳纹和泥棱，有刮削痕迹，烧制变形。口径16.6、底径15.5、高27.8厘米（图三二，4）。

铜带钩 1件。ⅠM7：5，残。琵琶形，素面，窄体，截面呈半圆形，短颈，侧面反向弯曲，钩残，平背，纽残。残长5.3、宽1.5、厚0.7厘米（图三二，5）。

Ⅰ M9

1. 墓葬形制

竖穴土坑墓，方向73°，内填五花土，土质较硬，略夯打。平面呈长方形，四壁斜下内收，底较平。墓口长440、宽240、底长420、宽212、深440厘米。有葬具棺椁，保存较好，用厚10、宽10~14厘米的方木制作而成，呈长方形，木椁略呈亚腰状，底用宽10~20、厚10厘米的木板平铺，长390、宽140、残高80厘米；木棺长200、宽76、厚8、残高40厘米。骨架扰乱严

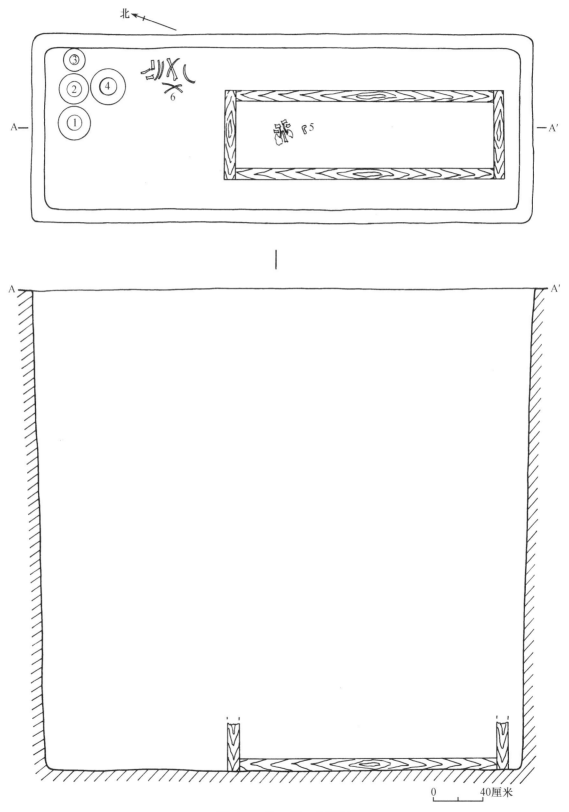

图三一　ⅠM7平、剖面图

1~3.陶壶　4.陶罐　5.铜带钩　6.殉牲骨

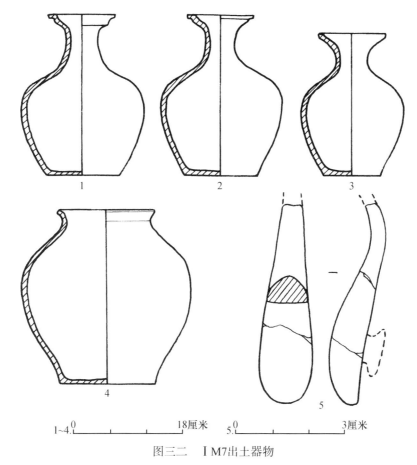

图三二　ⅠM7出土器物

1～3.陶壶（ⅠM7：2、ⅠM7：1、ⅠM7：3）　4.陶罐（ⅠM7：4）　5.铜带钩（ⅠM7：5）

重，保存较差，头向东，面向西北，葬式不清。随葬有鎏金铜铺首衔环1件、鎏金铜器足3件、鎏金铜錾手1件、铜柿蒂形饰件1件、石口琀1件、铁棺钉3枚及漆皮（已朽），置于木椁内中部及北部；铁锤1件，置于棺内东部（图三三）。

2.随葬器物

该墓出土器物11件，质地有铜、铁、石、漆等。

鎏金铜铺首衔环　1件。ⅠM9：1，鎏金浮雕兽面，竖眉立目，额作三角形，双耳内曲，鼻回勾，下衔一环，铺首背面有方形榫。兽面宽4.5、高6.6厘米，铜环直径3.6厘米（图三四，5）。

鎏金铜器足　3件。ⅠM9：2，兽蹄形，体较小，表面鎏金，背上侧有窄片状榫。高2.2厘米（图三四，8）。ⅠM9：4、6，兽蹄形，体较大，表面鎏金，背内凹，上侧有圆形柱状榫，内残存有漆木。ⅠM9：4，高4.7厘米（图三四，6）。

鎏金铜錾手　1件。ⅠM9：3，圆环指状，面鎏金，一侧带有双卡，残卡各有一穿孔。残长3.6厘米（图三四，7）。

铜柿蒂形饰件　1件。ⅠM9：5，残。呈薄片柿蒂形，面鎏金。两叶对角长3.2厘米（图

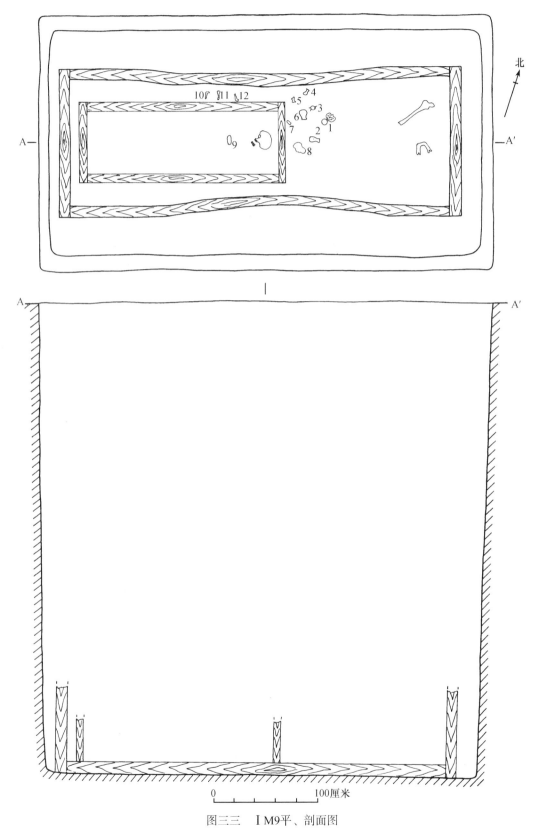

图三三　Ⅰ M9平、剖面图

1.鎏金铜铺首衔环　2、4、6.鎏金铜器足　3.鎏金铜錾手　5.铜柿蒂形饰件　7.石口琀　8.漆皮　9.铁锤　10～12.铁棺钉

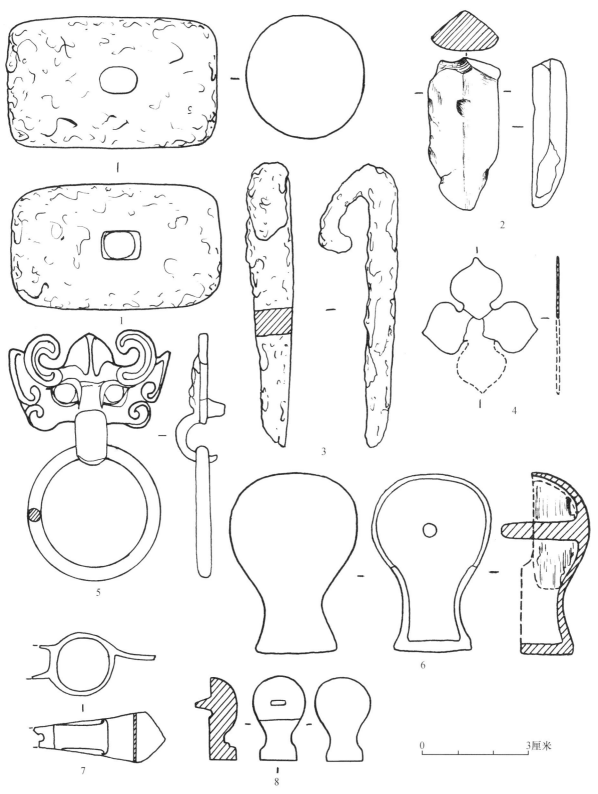

图三四 ⅠM9出土器物

1.铁锤（ⅠM9：9） 2.石口琀（ⅠM9：7） 3.铁棺钉（ⅠM9：10） 4.铜柿蒂形饰件（ⅠM9：5）

5.鎏金铜铺首衔环（ⅠM9：1） 6、8.鎏金铜器足（ⅠM9：4、ⅠM9：2） 7.鎏金铜錾手（ⅠM9：3）

三四，4）。

铁锤 1件。ⅠM9：9，锈蚀严重，呈圆柱形，中部有銎，一侧呈长方形，一侧呈椭圆形。长5.8、直径3.2、銎长1.1、宽0.8厘米（图三四，1）。

铁棺钉 3件，ⅠM9：10，锈蚀严重，钉帽向一侧弯曲，体截面略呈梯形。长7.6厘米（图三四，3）。ⅠM9：11、12，残碎，形制不清。

石口琀 1件。ⅠM9：7，白色石质料。略呈蝉形，制作简单，周边残。长4、宽2厘米（图三四，2）。

漆器 1件。ⅠM9：8，已朽。

ⅠM10

1. 墓葬形制

斜坡式墓道土坑墓，方向355°，整体平面呈长方形，由墓道和墓室两部分组成。

墓道位于墓室北端，竖穴墓道。平面呈梯形，壁面较直，底呈斜坡状，坡度为18°。长380、宽100～120、深60～180厘米。

墓室为竖穴土坑。平面呈长方形，壁面垂直，平底。长320、宽120、深180厘米。内填五花土，土质较硬，略夯打。骨架保存较差，仅存头骨及部分肢骨，头向不清，面向不清，葬式不清。随葬有陶罐1件，置于墓室中部（图三五）。

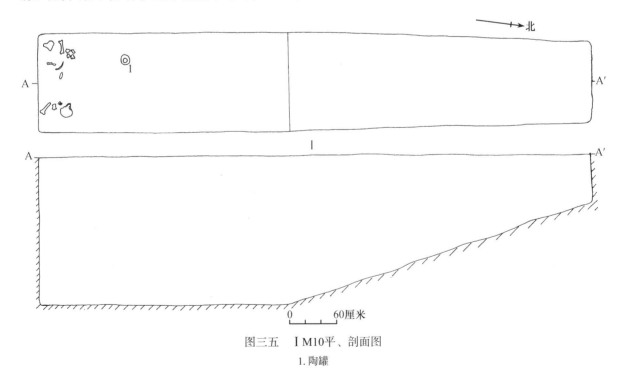

图三五 ⅠM10平、剖面图

1.陶罐

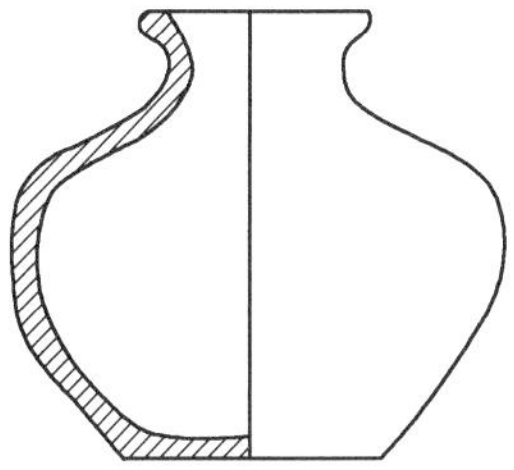

2. 随葬器物

该墓出土陶罐1件。ⅠM10：1，泥质灰陶。小口，束颈，折肩，弧腹，平底内凹。口径4.8、底径5.6、高9.6厘米（图三六）。

图三六 ⅠM10出土陶罐
（ⅠM10：1）

ⅠM11

1. 墓葬形制

竖穴土坑墓，方向93°，内填五花土，土质较软。平面呈长方形，四壁斜下内收，底较平。墓口长400、宽160、底长380、宽140、深320厘米。骨架保存较差，仅残存少部分肢骨，头向不清，面向不清，葬式不清。随葬有铜镜1枚、铜带钩1件、石砚1套，置于墓室东部；殉牲骨，置于墓室的东北角（图三七）。

2. 随葬器物

该墓出土器物3件（套），质地有铜、石等。

铜镜 1枚。ⅠM11：1，昭明镜。圆形，圆纽，并蒂十二连珠纽座，纽座伸出四组短竖线纹（一组一条）和四组三线纹（一组三条）相间环列，之外为一周短斜线纹和一周凸弦纹带，外区双圈短斜线中间为篆体铭文带，铭文为"内□□□□辉象夫日月心忽扬而愿然雍塞而不泄"。素缘。面径11、背径10.9、缘宽0.8、缘厚0.6厘米（图三八）。

铜带钩 1件。ⅠM11：2，整体平面呈琵琶形，窄体，侧面较直，素面，短颈截面呈半圆形，钩残，平背，椭圆形纽略宽于钩体，位于钩背偏尾部。残长3.2、宽0.8、颈厚0.3厘米（图三九，2）。

石砚 1套（2件）（图版一一七，3左）。ⅠM11：3-1，灰色石质。为薄片状略呈梯形，砚面背光滑，体一角略残。面长15.1、背长15、厚0.5厘米（图三九，1）。ⅠM11：3-2，研磨石，灰色石质。方形薄片状，截面略呈梯形。面边长2.8、背边长2.9、厚1厘米（图三九，3）。

ⅠM12

1. 墓葬形制

斜坡式墓道土洞墓，方向93°，整体平面略呈梯形，由墓道和墓室两部分组成。

墓道位于墓室东端，竖穴墓道。平面呈梯形，壁面较直，底呈斜坡状，坡度为17°。长470、宽68～110、深110～250厘米。

墓室为土洞，低于墓道10厘米。平面呈长方形，拱形顶，壁面垂直，平底。长250、宽110、高120～150厘米。内填五花土，土质较硬，略夯打。骨架保存较一般，头向东，面向北，为仰身直肢葬。经鉴定，墓主为男性。随葬有铜钱1枚，置于骨架口内（图四〇）。

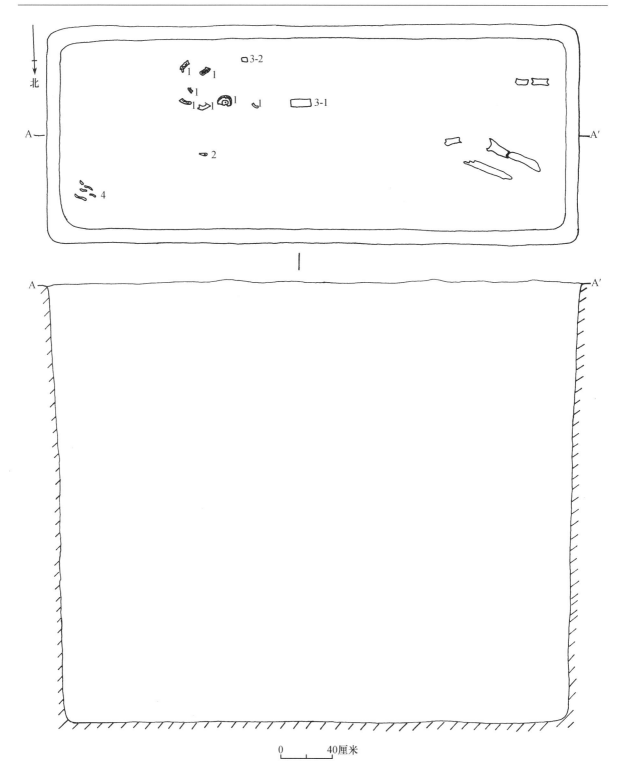

图三七　ⅠM11平、剖面图

1. 铜镜　2. 铜带钩　3. 石砚　4. 殉牲骨

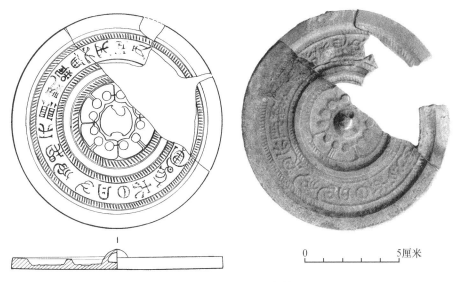

图三八　ⅠM11出土铜镜
（ⅠM11：1）

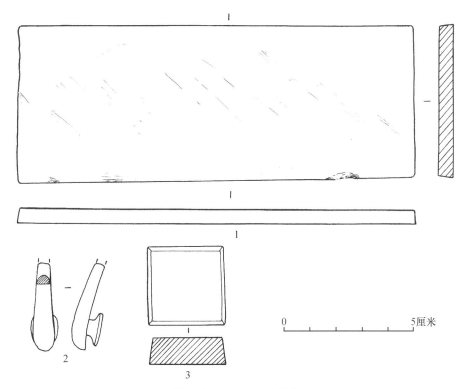

图三九　ⅠM11出土器物
1、3.石砚（ⅠM11：3-1、ⅠM11：3-2）　2.铜带钩（ⅠM11：2）

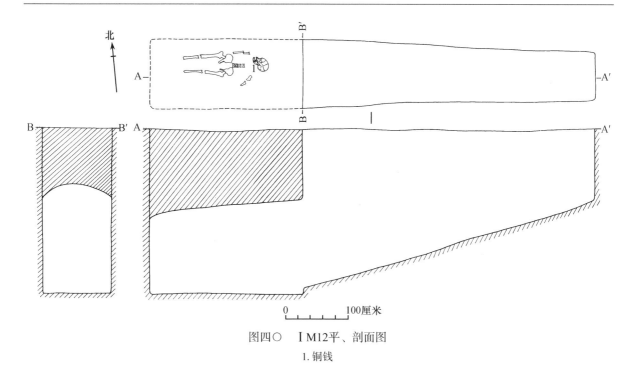

图四〇　Ⅰ M12平、剖面图
1. 铜钱

2. 随葬器物

该墓出土铜钱1枚。

Ⅰ M13

1. 墓葬形制

竖穴土坑墓，方向356°，内填五花土，土质较软。平面呈长方形，四壁垂直，底较平。长320、宽120、深100厘米。骨架保存一般，头向北，面向西，为仰身直肢葬。经鉴定，墓主人为女性，40～50岁。随葬有陶罐4件，置于头骨上方，墓室北部（图四一）。

2. 随葬器物

该墓出土陶罐4件。泥质灰陶。Ⅰ M13：1，敞口，圆唇，束颈，圆肩，鼓腹，平底。腹部饰一周弦断绳纹，腹下有刮削痕。口径8.5、底径9.2、高15.8厘米（图四二，3）。Ⅰ M13：2，敞口，方唇，束颈，丰肩，上鼓腹，下斜收，平底。腹部饰一周弦断绳纹，腹下有刮削痕。口径14.8、底径13.5、高24厘米（图四二，1）。Ⅰ M13：3，敞口，圆唇，束颈，圆肩，鼓腹，平底。腹部饰一周弦断绳纹，腹下有刮削痕。口径8.3、底径9.2、高15.8厘米（图四二，2）。Ⅰ M13：4，敞口，圆唇，束颈，圆肩，鼓腹，平底。腹部饰一周弦断绳纹，腹下有刮削痕。口径8.4、底径9、高15.6厘米（图四二，4）。

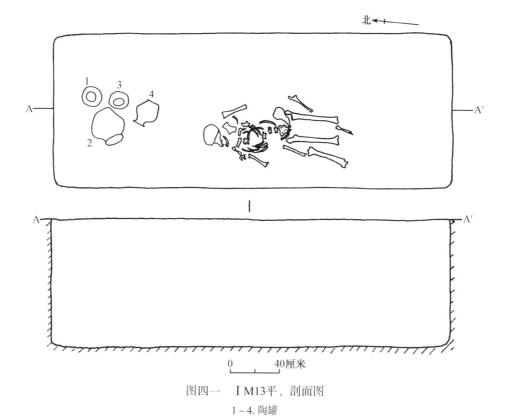

图四一 ⅠM13平、剖面图
1~4.陶罐

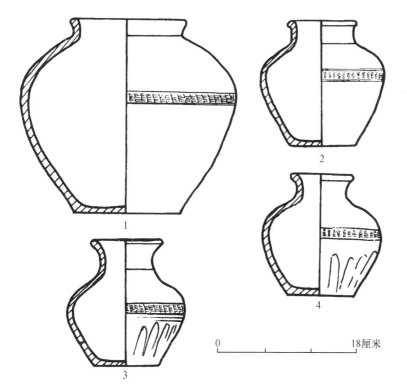

图四二 ⅠM13出土陶罐
1.ⅠM13：2 2.ⅠM13：3 3.ⅠM13：1 4.ⅠM13：4

ⅠM15

1. 墓葬形制

竖穴墓道土坑墓，方向0°，整体平面呈长方形，由墓道和墓室两部分组成。

墓道位于墓室北端，竖穴墓道。平面呈长方形，壁面较直，底较平。长200、宽70、深110厘米。内填五花土，土质较软。墓室为竖穴土坑。平面呈长方形，四壁垂直，底较平。长232、宽70、深110厘米。骨架保存一般，头向北，面向西，为仰身直肢葬。随葬有陶罐2件，置于头骨上方（图四三）。

2. 随葬器物

该墓出土陶罐2件。泥质灰陶。ⅠM15：1，侈口，圆唇，丰肩，鼓腹，平底稍内凹。腹部饰一周弦断绳纹，腹下有刮削痕。口径15.2、底径13.5、高22厘米（图四四，2）。ⅠM15：2，口微侈，尖唇，窄平沿，圆肩，鼓腹，平底。腹上部饰数周凹弦纹，腹下部有刮削痕。口径20、底径17、高31.2厘米（图四四，1）。

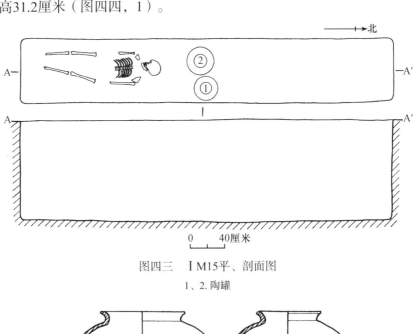

图四三　ⅠM15平、剖面图
1、2. 陶罐

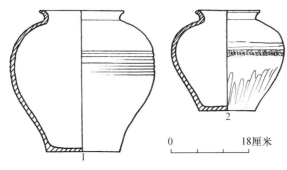

图四四　ⅠM15出土陶罐
1. ⅠM15：2　2. ⅠM15：1

Ⅰ M16

墓葬形制

竖穴土坑墓，方向0°。平面呈长条形，直壁，平底。长480、宽90、深100厘米。内填黄花土，夹有黑色斑点，土质较松。无葬具，单人仰身直肢，头向北，面向西，墓主人为男性，尸骨保存较差。无随葬器物（图四五）。

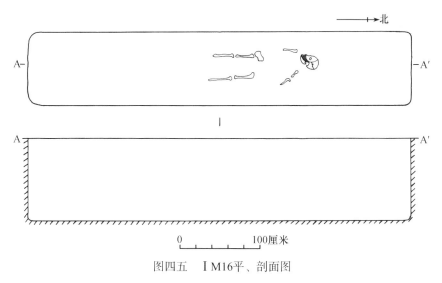

图四五　Ⅰ M16平、剖面图

Ⅰ M17

1. 墓葬形制

竖穴土坑异穴合葬墓，方向350°。平面呈"凸"形，由东西墓室、隔墙与过道组成。全墓填黄灰色花土，夹有黑色斑点，经夯打，夯层厚10~13、夯窝直径7~9厘米，土质较硬。

东墓室平面呈长方形，直壁，平底。长240、宽70、深220厘米。无葬具，单人，仰身直肢，头向北，面向上，尸骨保存较好。经鉴定，墓主人为男性，年龄40岁左右。

西墓室平面亦呈长方形，直壁，平底。长390、宽130、深220厘米。无葬具，单人，仰身直肢，头向北，面向西，尸骨保存较好。经鉴定，墓主人为女性，年龄不详。

隔墙位于东西墓室中间，为生土墙。长160、宽20、高40厘米。过道位于隔墙北部，宽80厘米。

在西墓室近北壁处置陶壶3件、陶罐2件，殉牲骨若干（图四六）。

2. 随葬器物

该墓出土器物5件，质地是陶器，器形有罐、壶等。

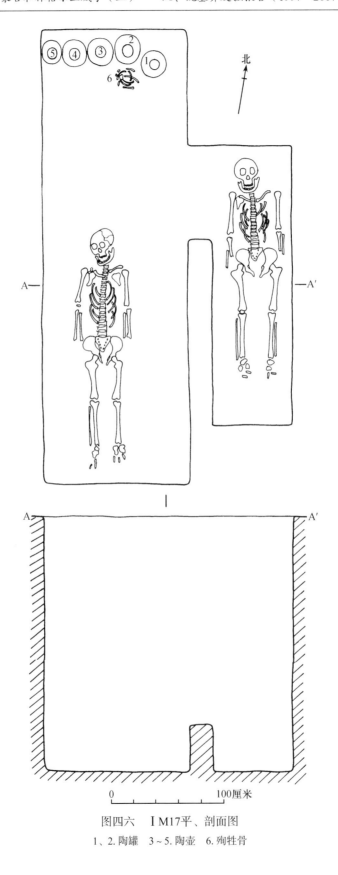

图四六　Ⅰ M17平、剖面图

1、2. 陶罐　3~5. 陶壶　6. 殉牲骨

罐　2件。泥质灰陶。ⅠM17：1，侈口，方唇，丰肩，鼓腹，平底。腹部饰两周凹弦纹夹一周刻划水波纹，腹下有数道刮削痕。口径12.7、底径11.3、高20.5厘米（图四七，5）。ⅠM17：2，侈口（小口），方唇，弧折沿，矮领，弧肩，鼓腹，大平底。肩部饰暗网格纹及弦纹，腹部饰一周弦断绳纹，腹下部有刮削痕。口径11.8、底径16.5、高25厘米（图四七，4）。

壶　3件。ⅠM17：3，黑灰陶。体笨重，喇叭口，方唇，细束颈，斜肩，鼓腹，假圈足外撇，大平底略内凹。腹下有刮削痕。口径12、底径18.2、高31厘米（图四七，2）。ⅠM17：4，灰陶。盘口，方唇，细束颈，溜肩，鼓腹，假圈足外撇，平底。腹下有刮削痕。口径13.5、底径19、高31.2厘米（图四七，3）。ⅠM17：5，浅灰陶。敞口，平唇，细束颈，溜肩，鼓腹，假圈足略外撇，大平底稍内凹。器表有刮削痕迹。口径13、底径19.2、高32.7厘米（图四七，1）。

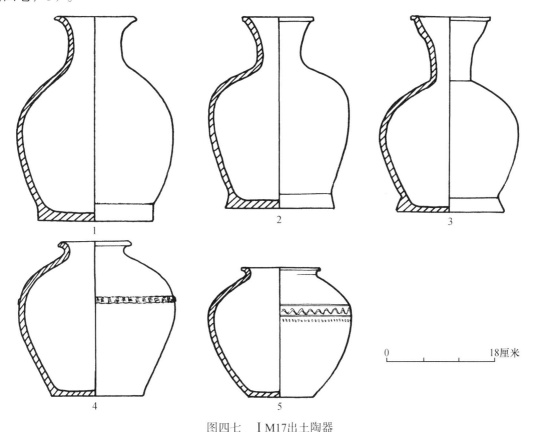

图四七　ⅠM17出土陶器

1～3.壶（ⅠM17：5、ⅠM17：3、ⅠM17：4）　4、5.罐（ⅠM17：2、ⅠM17：1）

ⅠM20

1. 墓葬形制

竖穴土坑墓，方向0°，内填五花土，土质较软。平面呈长方形，四壁垂直，底较平。长370、宽130、深290厘米。骨架仅存少量的碎骨。随葬有陶罐1件，置于墓室东侧；陶壶3件，置于西北角；铜器1件，置于西侧（图四八；图版七六，1）。

2. 随葬器物

该墓出土器物5件，质地有陶、铜等。

陶壶　3件，形制相同，灰陶。盘口，方唇，细长颈，鼓腹，平底。器表施红彩，颈部施锯齿纹及一周细带纹，腹部饰卷云纹，近底处有刮削痕。ⅠM20：2，口径11.4、底径9、高24厘米（图四九，4）。ⅠM20：3，口径11、底径9、高24厘米（图四九，3）。ⅠM20：4，口径11、底径8.4、高24厘米（图四九，5）。

陶罐　1件。ⅠM20：1，敞口，圆唇，沿外卷，束颈，丰肩，上腹微弧，下腹斜收，平底。腹部饰数周凹弦纹，腹下有刮削痕。口径13、底径17.4、高37.8厘米（图四九，1）。

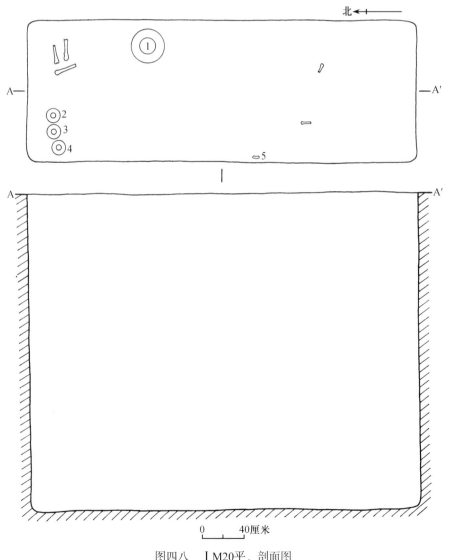

图四八　ⅠM20平、剖面图

1.陶罐　2～4.陶壶　5.铜铃

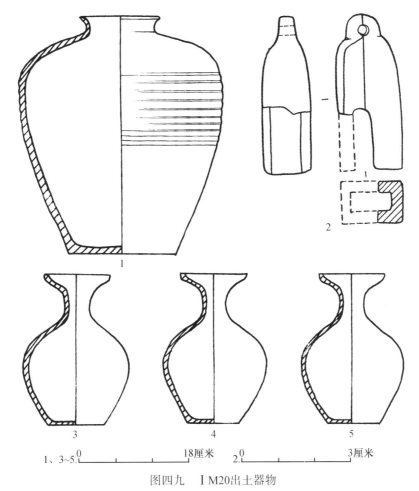

图四九　Ⅰ M20出土器物

1.陶罐（Ⅰ M20∶1）　2.铜铃（Ⅰ M20∶5）　3～5.陶壶（Ⅰ M20∶3、Ⅰ M20∶2、Ⅰ M20∶4）

铜器　1件。Ⅰ M20∶5，整体平面略呈梯形，截面呈长方形，顶部有桥形纽，下边中部内凹呈拱形，一侧残，体内中空，呈扁长方形。高4.2、体宽1.5～1.8、厚1.1厘米（图四九，2）。

Ⅰ M21

1. 墓葬形制

台阶式墓道土坑墓，方向10°，整体平面略呈"甲"字形，由墓道、甬道、墓室三部分组成。

墓道位于墓室北端，竖穴墓道。平面呈梯形，壁面较直，底呈台阶斜坡状。长430、宽70～110、深130～240厘米。底台阶为六级，斜坡坡度为7°。

甬道位于墓道与墓室之间，为土洞。平面呈梯形，拱形顶，底为斜坡。长70、宽110～120、高150～160厘米。内填五花土，土质较松软，未经夯打。

墓室为竖穴土坑。平面略呈梯形，四壁垂直，平底。长440、宽170～180、深250厘米。骨架2具，保存一般，均头向北，面向上，为仰身直肢墓，应为双人合葬墓。经鉴定，东侧骨架为女性，35~40岁；西侧骨架为男性，45~50岁。随葬有铜带钩1件、铜钱1枚、陶壶6件、陶罐2件、殉牲骨，置于骨架上方右侧。在填土中出土铁器1件（图五〇；图版七，1~3）。

2. 随葬器物

该墓出土器物11件，质地有陶、铜、铁等。

陶壶　6件。Ⅰ M21：3，灰褐陶。喇叭口，方唇，束颈，鼓腹，平底。器表黑，腹部有刮削痕。口径11.7、底径13.2、高27厘米（图五一，3）。Ⅰ M21：4，灰陶。喇叭口，方唇，束颈，颈、腹接口处略起棱，鼓腹，大平底。腹部及近底处有刮削痕。口径11、底径14.2、高25.2厘米（图五一，2）。Ⅰ M21：5，灰陶。喇叭口，方唇，细颈，束颈，鼓腹，大平底。腹部有刮削痕。口径10.8、底径12、高24.4厘米（图五一，6）。Ⅰ M21：6，灰陶。喇叭口，粗短颈，鼓腹，大平底。腹部及近底处有刮削痕。口径12.3、底径13.5、高24.5厘米（图五一，5）。Ⅰ M21：7，灰陶，喇叭口，方唇，束颈，鼓腹，大平底。器表施白彩绘，腹部饰连续菱形纹、卷云纹及细带弦纹，近底处有刮削痕。口径11、底径15.5、高24.5厘米（图五一，4）。Ⅰ M21：8，黑灰陶。盘口，方唇，细束颈，鼓腹，平底。器表有划痕，腹部有刮削痕。口径11、底径12.3、高25厘米（图五一，1）。

陶罐　2件。Ⅰ M21：9，灰陶。大口微侈，圆唇，丰肩，上鼓腹，下斜收，平底。肩部饰刻划网格纹及暗弦纹，腹部饰凹弦纹，腹部有刮削痕。口径17.9、底径14.4、高26.9厘米（图五一，7）。Ⅰ M21：10，灰陶。小口，尖唇，平沿，微束颈，高领，广肩，鼓腹，平底。肩部饰一周戳印纹，腹部饰两周凹弦纹，近底处有刮削痕。口径11.9、底径12、高25.8厘米（图五一，8）。

铜带钩　1件。Ⅰ M21：1，整体平面呈琵琶形，窄体，侧面微弯曲，素面，短颈截面呈半圆形，兽头形钩首，平背，圆纽略宽于钩体，位于钩背尾部。长5.9、宽1.2、颈厚0.5、钩长1.3、宽0.3厘米（图五二，1）。

铁镢　1件。Ⅰ M21：01，锈蚀严重，体一侧残，截面呈三角形，边上侧有銎，下侧刃部。残长6、銎深4.5厘米（图五二，2）。

铜钱　1枚。Ⅰ M21：4。

Ⅰ M22

1. 墓葬形制

竖穴土坑墓，方向85°，内填五花土，土质较软。平面呈梯形，四壁垂直，底较平。长430、宽120~160、深180厘米。骨架保存较好，头向东，面向上，为仰身直肢葬。随葬有陶罐1件、陶壶3件，置于骨架右前方；小陶罐1件、铜带钩1件、锡钉1件，置于骨架上（图五三）。

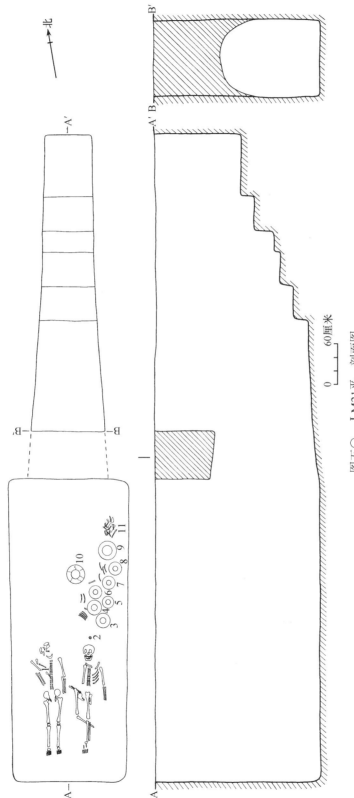

图五〇 I M21平、剖面图

01.铁镢（填土出） 1.铜带钩 2.铜钱 3~8.陶壶 9、10.陶罐 11.殉牲骨

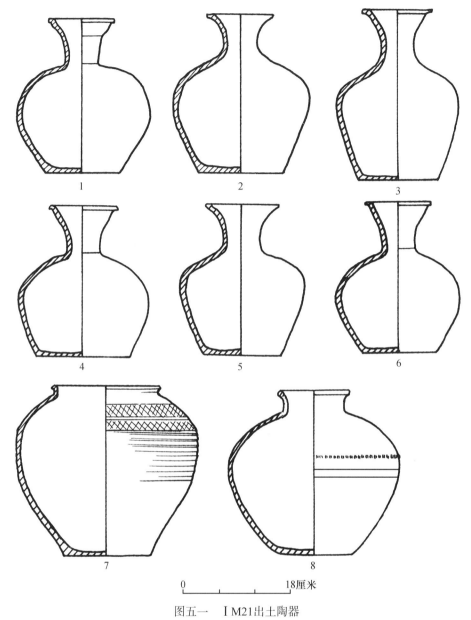

图五一　Ⅰ M21出土陶器

1～6.壶（Ⅰ M21：8、Ⅰ M21：4、Ⅰ M21：3、Ⅰ M21：7、Ⅰ M21：6、Ⅰ M21：5）　7、8.罐（Ⅰ M21：9、Ⅰ M21：10）

2. 随葬器物

该墓出土器物7件，质地有陶、铜、锡等。

陶壶　3件，灰陶。Ⅰ M22：2，喇叭口，平唇，长颈，微束，鼓腹，矮假圈足外撇，平底。肩部饰宽带纹，腹部饰对称铺首，口内侧施红彩，器表施红彩绘，脱落严重，无法辨认，器表有刮削痕。口径13.2、底径13、高28.8厘米（图五四，2）。Ⅰ M22：3，喇叭口，平唇，束颈，鼓腹，矮假圈足略外撇，平底。肩部饰宽带纹，腹部饰对称铺首，口内侧施红彩，器表有刮削痕。口径12、底径12.2、高28.8厘米（图五四，1）。Ⅰ M22：4，喇叭口，平唇，细长颈，束颈，鼓

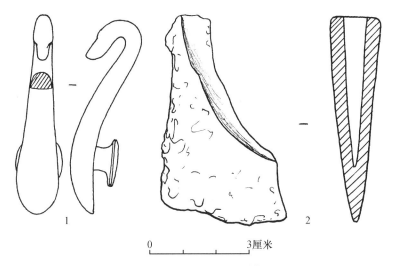

图五二　ⅠM21出土器物

1.铜带钩（ⅠM21∶1）　2.铁镢（ⅠM21∶01）

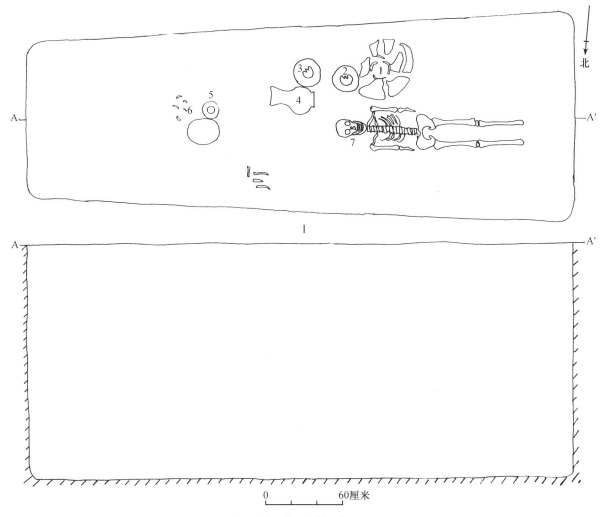

图五三　ⅠM22平、剖面图

1.陶罐　2~4.陶壶　5.小陶罐　6.锡钉　7.铜带钩

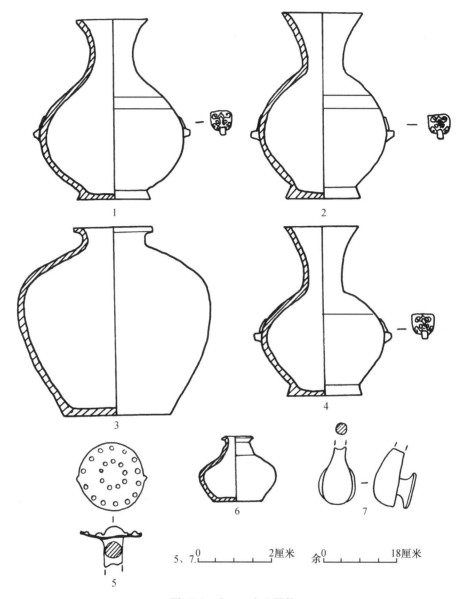

图五四　Ⅰ M22出土器物

1、2、4. 陶壶（Ⅰ M22：3、Ⅰ M22：2、Ⅰ M22：4）　3. 陶罐（Ⅰ M22：1）　5. 锡钉（Ⅰ M22：6）

6. 小陶罐（Ⅰ M22：5）　7. 铜带钩（Ⅰ M22：7）

腹，矮假圈足，平底。肩部饰一周凹弦纹，腹部饰对称铺首，口内侧施红彩，颈上端饰细凹弦纹，下端有刮削痕。口径13、底径12.3、高27厘米（图五四，4）。

　　陶罐　1件。Ⅰ M22：1，小口，方唇，弧沿，丰肩，鼓腹，平底。腹部及近底处有刮削痕，烧制变形。口径13.2、底径17.5、高35.5厘米（图五四，3）。

　　小陶罐　1件。Ⅰ M22：5，短侈口，尖唇，"八"字形颈，广肩，扁鼓腹，大平底。近底处有刮削痕。口径4.4、底径8.5、高10.2厘米（图五四，6）。

　　铜带钩　1件。Ⅰ M22：7，残。呈蝌蚪形，素面，钩残，圆纽。残长1.5厘米（图五四，7）。

锡钉 1件。ⅠM22：6，残。呈钉状，帽上饰有两周浮点纹，中心凸起，身呈圆形。残高1、帽径1.8厘米（图五四，5）。

ⅠM23

1. 墓葬形制

竖穴土坑墓，方向15°，内填五花土，土质较软。平面呈长方形，四壁垂直，底较平。长340、宽130、深340厘米。未发现骨架。随葬有陶缶1件、陶壶3件，殉牲骨，置于墓室北部（图五五）。

2. 随葬器物

该墓出土陶器4件，器形有罐、壶等。

图五五 ⅠM23平、剖面图
1.陶缶 2～4.陶壶 5.殉牲骨

　　壶　3件，灰陶。ⅠM23：2，喇叭口，平唇，细束颈，鼓腹，大平底。器体矮胖，腹下部有刮削痕，器表施红白彩绘，颈部饰两周弦纹夹两周锯齿纹，肩部饰卷云纹，腹部饰弦纹。口径9.2、底径13.2、高21.9厘米（图五六，3）。ⅠM23：3，盘口，方唇，细颈，鼓腹，平底。腹下有刮削痕，器表施红白彩绘，彩绘已脱落严重，可辨纹饰仅为颈、腹部饰弦纹。口径10.7、底径9、高21.7厘米（图五六，2）。ⅠM23：4，口残。鼓腹，平底。器表施红白彩绘，颈部饰锯齿纹，腹部饰卷云纹及两周弦纹。腹部有零散绳纹并有刮削痕，底径8、残高21厘米（图五六，4）。

　　缶　1件。ⅠM23：1，口微外侈，方唇，平沿，高领，广肩，鼓腹，平底。腹下有刮削痕迹。口径10.3、底径16、高28.5厘米（图五六，1）。

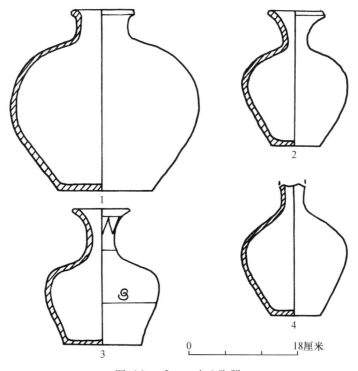

图五六　ⅠM23出土陶器

1.缶（ⅠM23：1）　2～4.壶（ⅠM23：3、ⅠM23：2、ⅠM23：4）

ⅠM24

1.墓葬形制

　　竖穴土坑墓，方向355°，内填五花土，土质较软。平面呈长方形，四壁斜下内收，底较平。墓口长380、宽150厘米，底呈梯形，长340、宽110～130、深410厘米。未发现骨架。随葬有陶罐1件、带盖陶壶3件，置于墓室靠近北壁处（图五七；图版七八，1）。

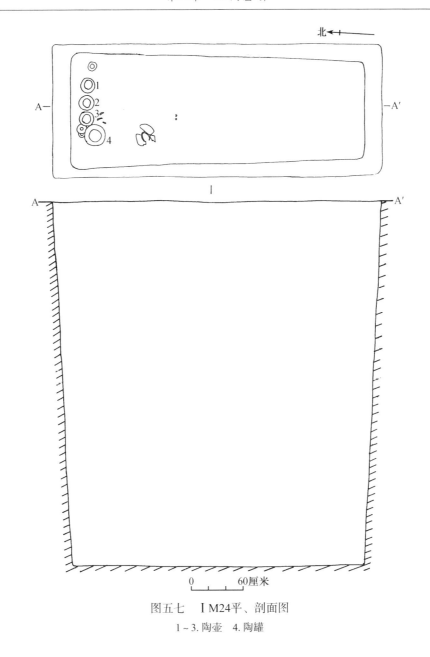

图五七　ⅠM24平、剖面图
1~3.陶壶　4.陶罐

2. 随葬器物

该墓出土陶器4件，器形有罐、盖壶等。

盖壶　3件。形制相同，黑灰陶。盘口，平唇，束颈，鼓腹，大平底。盖子口矮小，拱形顶微隆。器表和盖顶有刮削痕。ⅠM24：1，口径10.2、底径12.3、通高26.4厘米（图五八，1；图版八五，2）。ⅠM24：2，壶器表上及口内侧均施红彩，现已严重脱落，无法辨认。口径10.2、底径12.6、通高24.6厘米（图五八，4）。ⅠM24：3，口径10.7、底径12.7、通高25.8厘米（图五八，3）。

罐　1件。ⅠM24：4，灰陶。直口微侈，圆唇，鼓腹，平底。肩部饰暗网格纹及弦纹，腹

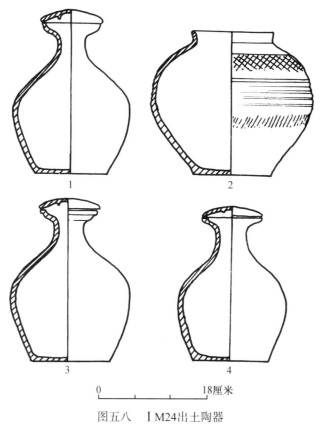

图五八　ⅠM24出土陶器

1、3、4.壶（ⅠM24∶1、ⅠM24∶3、ⅠM24∶2）　2.罐（ⅠM24∶4）

部饰凹弦纹，腹下有零散绳纹及凹弦纹，近底处有刮削痕，烧制变形。口径14.2、底径12.8、高22.6厘米（图五八，2）。

ⅠM25

1. 墓葬形制

竖穴土坑墓，方向8°，内填五花土，土质较软。平面呈长方形，四壁斜下内收，底较平。墓口长328、宽136、底长310、宽120、深270。在北壁墓底处有头龛，平面呈长方形，拱形顶，宽110、高50、进深20厘米。骨架保存较差，头向北，面向上，为仰身直肢葬。经鉴定，墓主人为女性，20~25岁。随葬有陶壶3件、陶罐1件，殉牲骨，置于墓室东北角。在填土中出土陶釜残片1件（图五九；图版八，1、2；图版七八，3）。

2. 随葬器物

该墓出土陶器4件，器形有罐、壶、釜等。

壶　3件，黑灰陶。ⅠM25∶1，盘口，方唇，细颈，溜肩，鼓腹，平底。腹部饰有戳印

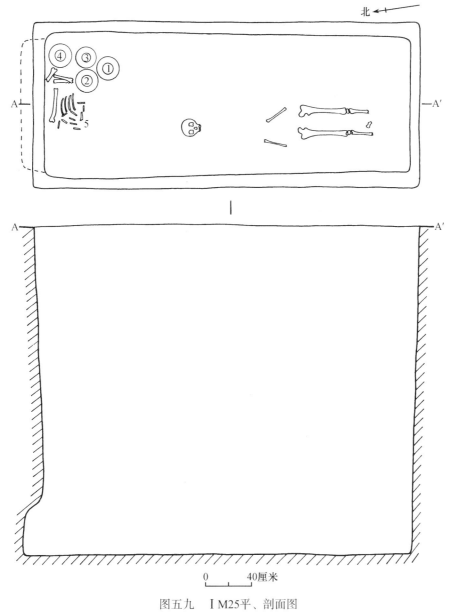

图五九　Ⅰ M25平、剖面图

1～3.陶壶　4.陶罐　5.殉牲骨

纹。器表彩绘已脱落，近底处有刮削痕。口径12.7、底径11.5、高26厘米（图六〇，1）。
Ⅰ M25：2，盘口，方唇，细长颈，鼓腹，平底。器表彩绘已脱落，无法辨认，腹部变形，腹下
有刮削痕。口径12.3、底径12、高26.3厘米（图六〇，2）。Ⅰ M25：3，盘口，方唇，细长颈，
鼓腹，平底。器表施红白彩，彩绘脱落严重，可辨纹饰有腹部饰卷云纹，下腹部有刮削痕。口
径11.8、底径12.3、高25厘米（图六〇，4）。

　　罐　1件。Ⅰ M25：4，灰陶。直口微侈，方唇，沿稍斜折，高直领，丰肩，鼓腹，大平
底。肩腹部有刮削时留下的泥条，近底处有刮削痕。口径10.5、底径14.7、高22.7厘米（图
六〇，3）。

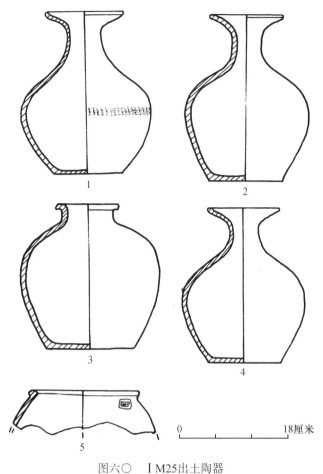

图六○　　ⅠM25出土陶器

1、2、4.壶（ⅠM25：1、ⅠM25：2、ⅠM25：3）　3.罐（ⅠM25：4）　5.釜（ⅠM25：01）

陶釜　1件。ⅠM25：01，夹砂灰陶，口腹残片。侈口，圆唇，溜肩以下残。素面。肩部有戳印一处。口径18.6、残高12厘米（图六○，5）。

ⅠM26

1. 墓葬形制

竖穴土坑墓，方向5°，内填五花土，土质较软。平面呈长方形，四壁斜下内收，底较平。墓口长420、宽210、底长400、宽170、深340厘米。有葬具椁，仅存朽痕，呈长方形，椁长368、宽130、厚10、残高60厘米。未发现骨架。随葬有陶罐1件、铜铺首衔环1件、骨器1件、漆器5件，殉牲骨，置于棺内北部（图六一）。

2. 随葬器物

该墓出土器物8件，质地有陶、铜、骨、漆器等。

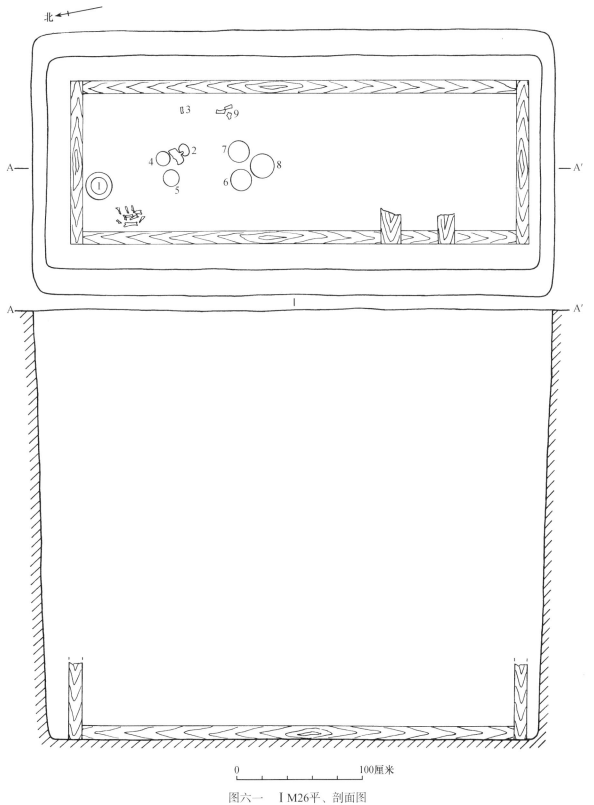

图六一　ⅠM26平、剖面图

1.陶罐　2.铜铺首衔环　3.骨器　4~8.漆器　9.殉牲骨

　　陶罐　1件。ⅠM26：1，灰陶。侈口，方唇，丰肩，鼓腹，平底。肩部表皮脱落，腹部有刮削痕迹。口径15.8、底径15、高23.8厘米（图六二，2）。

　　铜铺首衔环　1件。ⅠM26：2，浮雕兽面，竖眉立目，额作三角形，双耳内曲，鼻回钩，下衔一环，铺首背面略带方形榫。兽面宽4.2、铜环直径3.6、通高6.5厘米（图六二，1）。

　　骨器　1件。ⅠM26：3，长方形薄片状。长3.2、宽1.6、厚0.2厘米（图六二，3）。

　　漆器　5件。ⅠM26：4～8，已朽，形制不清。

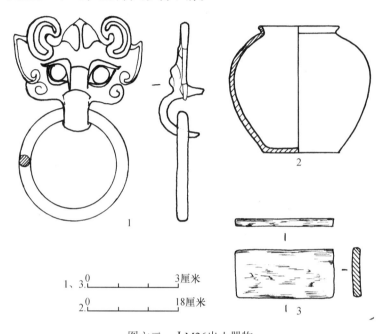

　　1、3.　0 —————— 3厘米
　　2.　0 —————— 18厘米

图六二　ⅠM26出土器物

1. 铜铺首衔环（ⅠM26：2）　2. 陶罐（ⅠM26：1）　3. 骨器（ⅠM26：3）

ⅠM28

1. 墓葬形制

　　斜坡式墓道土坑墓，方向268°，整体平面略呈"甲"字形，由墓道和墓室两部分组成。

　　墓道位于墓室西端，竖穴墓道。平面呈长方形，壁面较直，底呈斜坡状，坡度为7°。长580、宽70、深70～200厘米。内填五花土，土质较软。

　　墓室为竖穴土坑。平面呈长方形，四壁垂直，平底。长320、宽100、深280厘米。骨架保存较好，头向东，面向上，为仰身直肢葬。经鉴定，墓主人为女性，成年。随葬陶壶3件、陶罐2件，殉牲骨，置于墓室东部；铜带钩1件，置于人骨右肩处（图六三；图版九，1、2）。

2. 随葬器物

　　该墓出土器物6件，质地有陶、铜等。

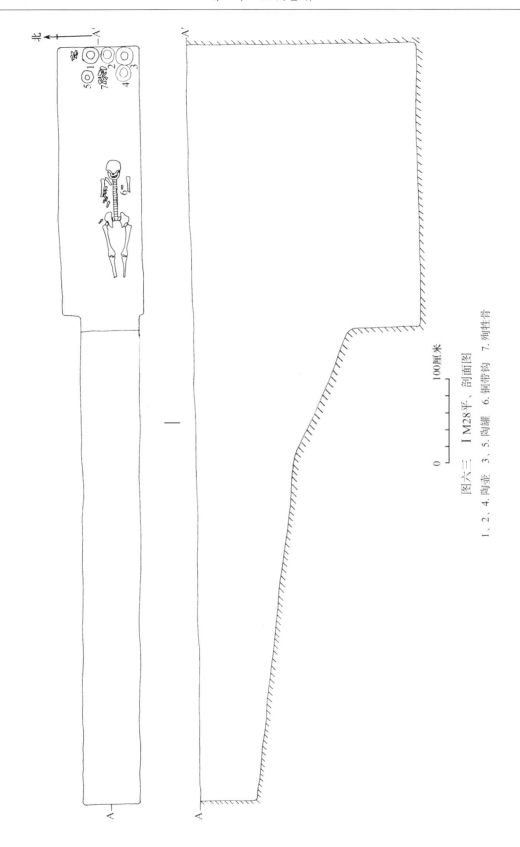

图六三 ⅠM28平、剖面图

1、2、4. 陶壶 3、5. 陶罐 6. 铜带钩 7. 殉牲骨

彩绘陶壶　3件。ⅠM28：1、2、3，形制相同，灰陶。喇叭口，平唇，短束颈，鼓腹，高直假圈足，平底内凸。器表施黑、红彩，在颈、肩、腹部均以一或两周弦纹为间隔，颈部饰折线三角纹，肩、腹部饰卷云纹，夹饰一周菱形、三角形纹，内外填云纹，足部有旋削痕。ⅠM28：1，口径11.4、底径14.3、高26.1厘米（图六四，1）。ⅠM28：2，口径11.7、底径14.3、高25.1厘米（图六四，2；图版八四，1）。ⅠM28：4，口径11、底径13.5、高20.3厘米（图六四，3）。

陶罐　2件，灰陶。ⅠM28：3，小口微侈，圆唇，溜肩，鼓腹，大平底。腹部饰数周弦断

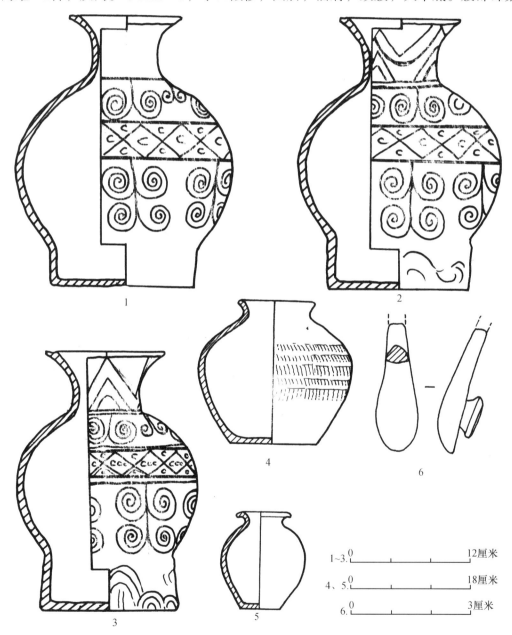

图六四　ⅠM28出土器物

1～3.陶壶（ⅠM28：1、ⅠM28：2、ⅠM28：4）　4、5.陶罐（ⅠM28：3、ⅠM28：5）　6.铜带钩（ⅠM28：6）

绳纹，近底处有刮削痕。口径11、底径13.5、高20.3厘米（图六四，4）。ⅠM28：5，敞口，方唇，沿斜折，溜肩，鼓腹，平底。火候低，表皮有脱落现象，近底处有刮削痕。口径7.5、底径6、高14厘米（图六四，5）。

铜带钩　1件。ⅠM28：6，整体平面呈琵琶形，窄体残断，侧面较直，素面，短颈，钩残，平背，中部有一道铸痕，圆纽位于钩背尾部。残长3.1、宽1、颈厚0.4厘米（图六四，6）。

Ⅰ M29

1. 墓葬形制

竖穴土坑木椁墓，方向90°，内填五花土，土质较软。平面呈长方形，四壁斜下内收，底较平。墓口长448、宽156、底长438、宽130、深430厘米。有葬具棺椁，仅存朽痕，呈长方形，椁长394、宽102、厚10、残高50厘米；棺长190、宽56、厚4、残高20厘米。骨架保存较好，头向东，面向上，为仰身直肢葬。经鉴定，墓主人为男性，成年。随葬有铜鋗1件、陶罐2件，置于棺外椁内东南角；铜环5件、殉牲骨，置于椁内东北部。在墓葬填土中出土铁铲1件（图六五）。

2. 随葬器物

该墓出土随葬器物8件，质地有陶、铜、铁等。

陶罐　2件，泥质灰陶。ⅠM29：2，直口微侈，高直领，鼓腹，矮假圈足，小平底。器表有细泥棱。口径12.5、底径14.3、高32厘米（图六六，5）。ⅠM29：3，小直口微侈，沿外卷，丰肩，鼓腹，大平底。腹下有刮削痕迹。口径11.5、底径13、高23.6厘米（图六六，4）。

铜鋗　1件。ⅠM29：1，直口微敛，卷沿，深弧腹，隐圈足，腹部饰四周凸弦纹及对称铺首。口径27.4、底径14、高12厘米（图六六，3；图版九九，1）。

铜环　5件，形制相同。截面呈圆形。ⅠM29：4，直径1.9厘米（图六六，2）。

铁铲　1件。ⅠM29：01，锈蚀严重，体周边残，整体呈长方形，截面呈三角形，宽边上侧有长条形銎，下侧刃部尖锐锋利。长14.5、宽8.6、厚0.4~3.1厘米，銎长13.5、宽1.5、深6厘米（图六六，1）。

Ⅰ M30

1. 墓葬形制

斜坡式墓道土坑木椁墓，方向80°，整体平面略呈"甲"字形，由墓道和墓室两部分组成。

墓道位于墓室东北端，竖穴墓道。平面略呈梯形，壁面斜下内收，底呈斜坡状，坡度为15°。口长350、宽150~210、底宽110~170、深180~268厘米。内填五花土，土质较硬，略夯打。

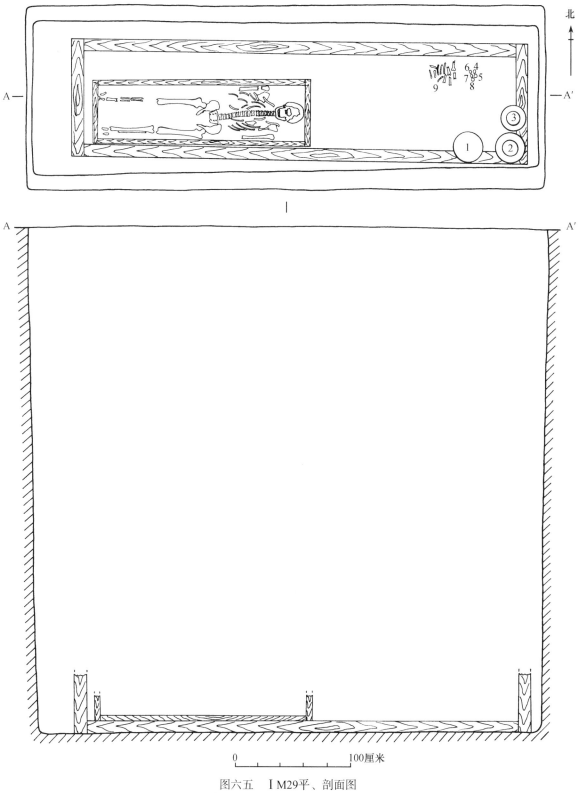

图六五　Ⅰ M29平、剖面图

1. 铜銅　2、3. 陶罐　4~8. 铜环　9. 殉牲骨　01. 铁铲（填土出）

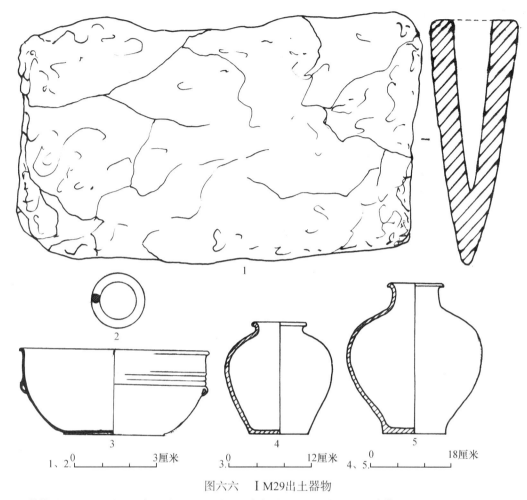

图六六　ⅠM29出土器物

1. 铁铲（ⅠM29：01）　2. 铜环（ⅠM29：4）　3. 铜镜（ⅠM29：1）　4、5. 陶罐（ⅠM29：3、ⅠM29：2）

墓室为竖穴土坑。平面呈长方形，口大于底，壁面斜下内收，平底。墓口长530、宽300厘米；底略呈梯形，长450、宽190～210、深340厘米。有葬具木椁，仅存朽痕，呈"亚"字形，长420、宽136～152、厚10～14、残高40厘米。骨架保存一般，头向东，面向上，为仰身直肢葬。随葬有陶壶3件、铜环1件，置于椁内西南角；料珠1颗，置于人骨左肩上；殉牲骨，置于椁内中部（图六七；图版一〇，1、2）。

2. 随葬器物

该墓出土器物5件，质地有陶、铜、料器等。

彩绘陶壶　3件，形制相同，泥质灰陶。侈口，方唇，粗颈，鼓腹，矮假圈足，略外撇，平底内凹。唇及内侧涂红彩，器表在口沿下、上下腹部及足部以红彩绘两周弦纹，内填白彩为间隔，在颈部绘折线纹，其下及腹部绘卷云纹。ⅠM30：1，口径9.7、底径12.2、高29.5厘米（图六八，2）。ⅠM30：2，口径9.6、底径12.1、高28.7厘米（图六八，1；图版八四，3）。ⅠM30：3，口径9.9、底径12.8、高29.4厘米（图六八，5）。

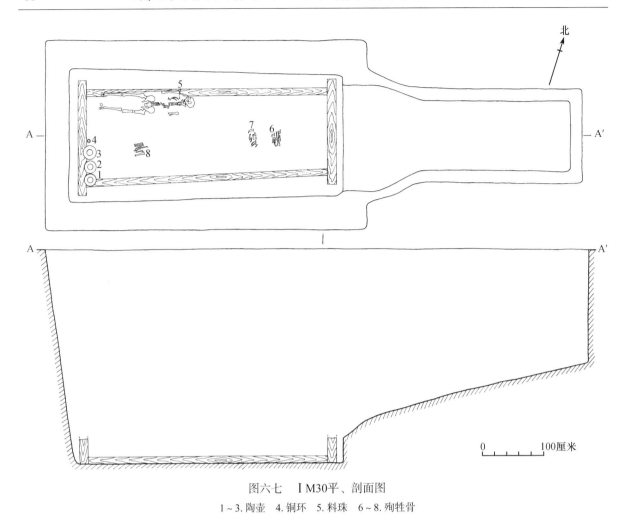

图六七　Ⅰ M30平、剖面图
1～3.陶壶　4.铜环　5.料珠　6～8.殉牲骨

铜环　1件。Ⅰ M30：4，截面略呈三角形，外缘锐利，内径呈尖圆形。直径4、内径2.3厘米（图六八，4）。

料珠　1件。Ⅰ M30：5，浅红色，琉璃质，略呈扁圆形，中间有圆孔。直径1.5、高1、孔径0.3厘米（图六八，3）。

Ⅰ M31

1.墓葬形制

竖穴土坑木椁墓，方向15°，内填五花土，土质较软。平面呈长方形，四壁斜下内收，底较平。墓口长400、宽160、底长380、宽136、深440厘米。有棺椁葬具，仅存朽痕，呈长方形，椁长360、宽102、厚10、残高40厘米；棺长186、宽58、厚4、残高20厘米。骨架保存较好，头向北，面向上，为仰身直肢葬。经鉴定，墓主人为男性，25岁左右。随葬有石研磨器1套，殉牲骨，置于棺外椁内靠近西侧（图六九）。

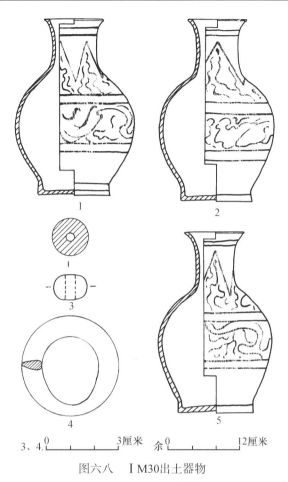

图六八　ⅠM30出土器物

1、2、5. 陶壶（ⅠM30：2、ⅠM30：1、ⅠM30：3）　3. 料珠（ⅠM30：5）　4. 铜环（ⅠM30：4）

2. 随葬器物

该墓出土石研磨器1套（2件）。ⅠM31：1，由研和研磨器组成，白色石质。研体周边略残，平面呈圆形，截面呈上大下小倒梯形状，底部近外缘处有圆形矮柱状足，呈三角形分布。研磨器整体呈兽头形，底面呈圆形。石研面径10.2、底径9.8、高3厘米；研磨器底径2.6、高1.7厘米（图七〇；图版一一七，4）。

ⅠM32

1. 墓葬形制

斜坡式墓道砖室墓，方向0°，整体平面呈"甲"字形，由墓道、墓室两部分组成。

墓道位于墓室北端，竖穴墓道。平面呈梯形，壁面较直，底呈斜坡状，坡度为10°。长570、宽100～140、深80～200厘米。内填黄灰花土，土质较硬。

墓室为单砖室。平面呈长方形，顶部坍塌，墙壁用长31、宽15、厚5厘米的单砖顺置错缝

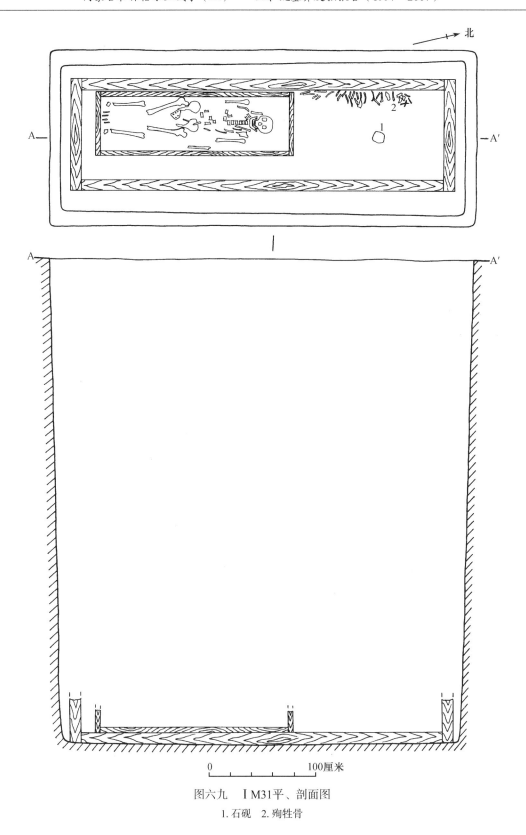

图六九　Ⅰ M31平、剖面图

1. 石砚　2. 殉牲骨

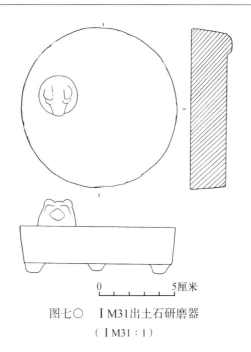

图七〇　Ⅰ M31出土石研磨器
（Ⅰ M31：1）

平砌，东西两壁略向内弧收，墙体残高100厘米；底用单砖交错对缝平铺。长305、宽190、高200、底距开口深240厘米。用单砖错缝平砌略呈弧形封门，宽180、高160厘米。封门的顶部有圆形盗洞，直径约56厘米。骨架2具，头向北，西侧骨架面向西，东侧骨架面向东，仰身直肢葬，应为双人合葬墓。经鉴定，东侧骨架为女性，30岁左右；西侧骨架为男性，25～30岁。随葬有陶罐2件、陶壶6件、小陶罐5件，置于墓室东壁一侧（图七一；图版一一，1～4）。

2. 随葬器物

该墓出土器物17件，质地有陶、铜、石等。

陶壶　6件，泥质灰陶。Ⅰ M32：2，浅盘口，方唇，短弧颈，鼓腹，假圈足，平底。腹部饰对称铺首及数周凹弦纹，器表划痕较多，削割痕迹明显。口径13、底径11.5、高25.6厘米（图七二，5）。Ⅰ M32：3，盘口，方唇，短弧颈，鼓腹，假圈足，平底。腹中部饰对称铺首及两周凹弦纹。口径13、底径12、高24.3厘米（图七二，3）。Ⅰ M32：4，盘口，方唇，短弧颈，鼓腹，假圈足，较直，平底。腹部偏上饰宽带纹。口径12.7、底径11.7、高26.4厘米（图七二，4）。Ⅰ M32：5，盘口，方圆唇，颈较短，鼓腹，假圈足，平底。腹部饰对称铺首及一周凹弦纹。口径15.2、底径13.4、高29厘米（图七二，6）。Ⅰ M32：6、8，盘口，方唇，粗颈，鼓腹，假圈足稍外撇，平底。腹部饰对称铺首及一周凹弦纹，颈部起一凸棱，腹下器表不光滑。Ⅰ M32：6，口径14.4、底径13.5、高28厘米（图七二，2）。Ⅰ M32：8，口径14.8、底径14.4、高27.6厘米（图七二，1）。

陶罐　2件，泥质灰陶。Ⅰ M32：1，大口微侈，圆唇，丰肩，鼓腹，下腹斜收，平底。腹部饰一周竖向细绳纹。口径12.8、底径13.6、高21.9厘米（图七二，7）。Ⅰ M32：7，口微侈，

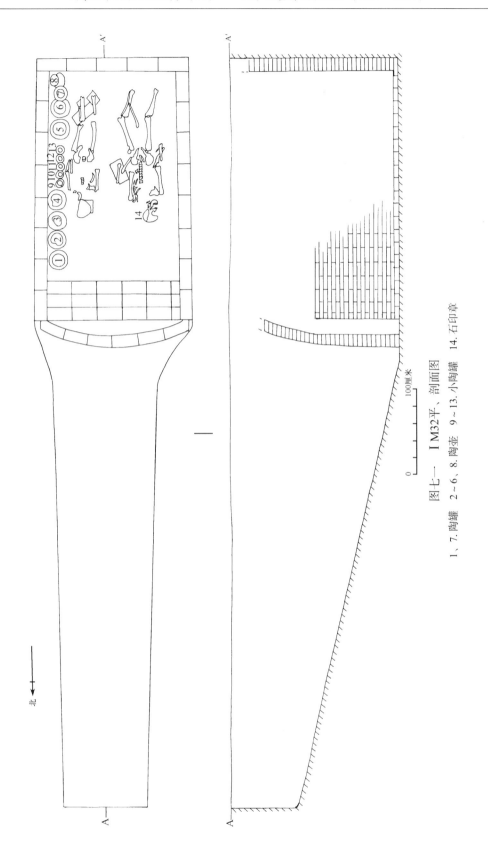

图七一　Ⅰ M32 平、剖面图

1、7. 陶罐　2~6、8. 陶壶　9~13. 小陶罐　14. 石印章

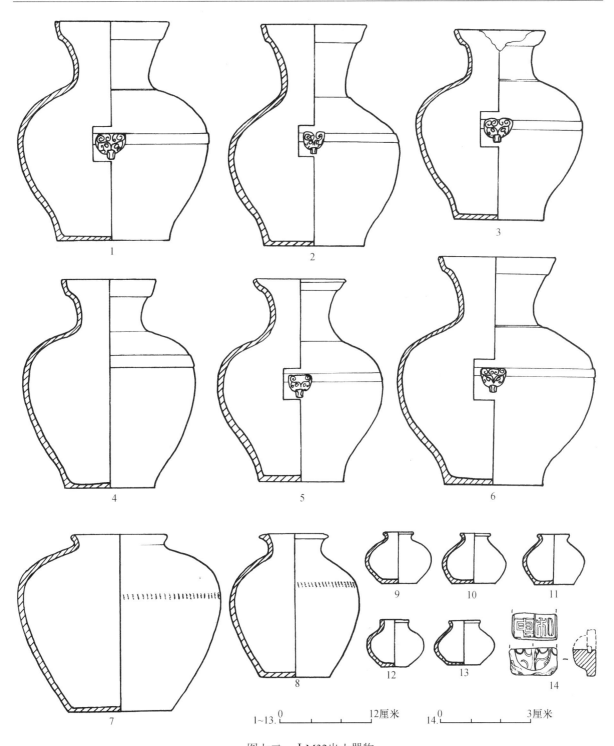

图七二　ⅠM32出土器物

1～6. 陶壶（ⅠM32：8、ⅠM32：6、ⅠM32：3、ⅠM32：4、ⅠM32：2、ⅠM32：5）　　7、8. 陶罐（ⅠM32：1、
ⅠM32：7）　　9～13. 小陶罐（ⅠM32：9、ⅠM32：10、ⅠM32：13、ⅠM32：11、ⅠM32：12）　　14. 石印章（ⅠM32：14）

沿稍外翻，沿上有一凹槽，尖圆唇，矮领，溜肩，鼓腹，下腹弧收，平底。腹部饰一周竖绳纹带，腹下部有刮削痕迹。口径9、底径9、高18厘米（图七二，8）。

小陶罐　5件，泥质黑灰陶。ⅠM32：9，小侈口，沿微外侈，尖圆唇，扁鼓腹，平底。腹下刮削痕迹明显。口径4、底径5、高6.7厘米（图七二，9）。ⅠM32：10，小侈口，圆唇，溜肩，垂腹，大平底。腹下刮削痕迹明显。口径4、底径6、高6.4厘米（图七二，10）。ⅠM32：11，直口，圆唇，扁鼓腹，腹下急收，小平底。腹下刮削痕迹明显。口径4、底径3.4、高6厘米（图七二，12）。ⅠM32：12，小侈口，圆唇，扁鼓腹，腹下急收，平底。腹下刮削痕迹明显。口径4、底径4.5、高5.8厘米（图七二，13）。ⅠM32：13，口微侈，尖圆唇，溜肩，鼓腹，底不平。腹下及底刮削痕迹明显。口径4、底径5.5、高6.5厘米（图七二，11）。

石印章　1枚，残半。ⅠM32：14，印面呈方形，弓形纽。阴刻，篆书，印文"□车□利"。长1.5、宽0.8、厚0.7厘米（图七二，14）。

铜钱　3枚，圆形方孔。ⅠM32：16、17，字迹不清。ⅠM32：15，"半两"，篆书，横读。直径2.55、穿宽1厘米，重3克。

ⅠM34

1. 墓葬形制

斜坡式墓道土坑木椁墓，方向90°，整体平面略呈"甲"字形，由墓道、甬道和墓室组成。

墓道位于墓室东端，竖穴墓道。平面呈梯形，壁面斜下内收，底呈台阶斜坡状。长670、宽140～160、深140～360厘米。台阶在东端，以西为斜坡，斜坡坡度为20°。内填黄灰花土夹黑土斑点，土质较松。

甬道位于墓道与墓室之间，为土洞。平面呈"凸"字形，拱形顶，平底。长130、宽140～260、洞高180厘米。天井位于甬道的中间，平面呈梯形，长80、宽100～180、高100厘米。内填黄花土夹黑土斑点，土质较硬。

墓室为竖穴土坑。平面呈长方形，壁面斜下内收，平底。墓口长470、宽250、底长580、宽260、深360厘米。在墓室的西壁底有壁龛，平面呈长方形，拱形顶，宽260、进深70、高140～180厘米。有葬具棺椁，仅存朽痕，呈长方形，椁长552、宽212、厚6、残高60厘米，椁东头置于甬道中，西头置于壁龛中；棺长472、宽152、厚6、残高34厘米。未发现骨架。随葬有铜镜1枚、陶壶5件、陶罐2件、陶灶1套、陶井1套，置于木棺的西南角（图七三；图版一二，1、2）。

2. 随葬器物

该墓出土随葬器物10件（套），质地有陶、铜等。

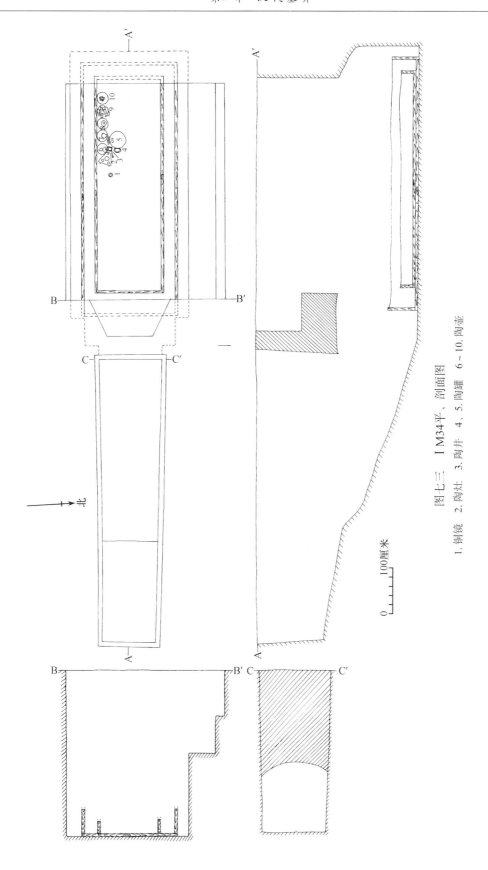

图七三 I M34平、剖面图

1.铜镜 2.陶灶 3.陶井 4、5.陶罐 6~10.陶壶

　　陶壶　5件，泥质灰陶。ⅠM34：6、7、9、10，敞口，方唇，束颈，鼓腹，假圈足，外撇，平底。上腹部饰宽带纹，腹部饰对称铺首及一周凹弦纹。ⅠM34：6，口径12.8、底径13.6、高32厘米（图七四，3）。ⅠM34：7，口径14、底径14.2、高32.5厘米（图七四，2）。ⅠM34：9，口径13.6、底径14、高32.4厘米（图七四，1）。ⅠM34：10，口径13.2、底径13.2、高32.4厘米（图七四，4）。ⅠM34：8，敞口，方唇，束颈，鼓腹，矮假圈足，外撇，平底。颈部、上腹部饰宽带纹，腹部饰对称铺首及一周凹弦纹。口径11.3、底径14、高32厘米（图七四，5）。

　　陶罐　2件。ⅠM34：4，泥质灰陶。侈口，圆唇，耸肩，斜腹，平底。口径10、底径6.4、高12厘米（图七四，6）。ⅠM34：5，泥质灰陶。小口，微侈，圆唇，高直领，起一周凸棱，丰肩，鼓腹，下腹弧收，平底。腹部饰两周细绳纹。口径11.6、底径19.2、高40厘米（图七五，3）。

　　陶灶　1套（4件）。ⅠM34：2，泥质灰陶。平面呈船形，灶面呈弧形，三火眼呈"品"字形，上各置一釜，前两小后一大。后有圆形烟囱眼，置柱形烟囱，顶部有两隆节，上有三角形

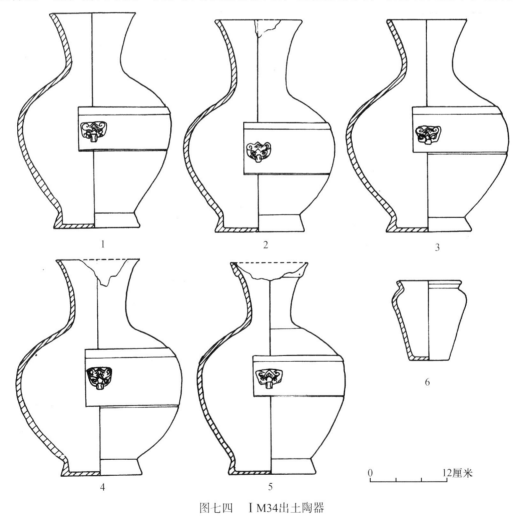

图七四　ⅠM34出土陶器

1～5. 壶（ⅠM34：9、ⅠM34：7、ⅠM34：6、ⅠM34：10、ⅠM34：8）　6. 罐（ⅠM34：4）

镂孔，中空，前置长方形灶门，两侧置挡风，内底饰网格纹。有二盆一甑。盆2件，一大一小型式相同，为直口，宽平沿，圆唇，折腹，平底内凹，腹上轮制，腹下有削割痕迹。甑1件，泥质灰陶。敛口，宽平沿，沿面有一凹槽，方唇，腹壁略弧，平底，有五孔圆形箅孔，上部轮制，下部有削割痕迹。长28、宽27.2、高12~24厘米（图七五，1）。

陶井　1套（2件）。ⅠM34：3，泥质灰陶。井平面呈"井"字形，上大下小呈梯形。井内有数周凸棱，磨制后黏接。井口边长9.6、底边长7.4、高12.4厘米。吊瓶，平口，鼓腹，平底（图七五，2）。

铜镜　1枚。ⅠM34：1，昭明连弧铭文镜。圆形，镜面微凸，圆纽，圆形纽座，纽座放射八条短竖线纹连接两周凸弦纹。两周栉齿纹圈带将镜背分为内外区，内区饰内向八连弧纹，连弧间夹饰弧线纹和三角纹，外区饰篆体铭文带，铭文为"内而清而以而昭而明光而象夫日月而不泄"。素窄缘。直径8.3、缘厚0.3厘米（图七六；图版一〇九，1）。

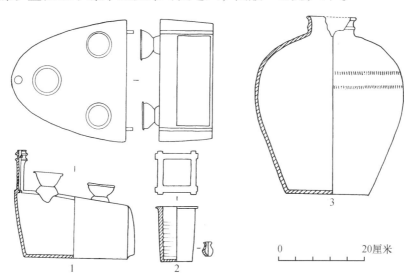

图七五　ⅠM34出土陶器
1. 灶（ⅠM34：2）　2. 井（ⅠM34：3）　3. 罐（ⅠM34：5）

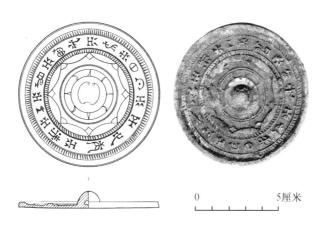

图七六　ⅠM34出土铜镜
（ⅠM34：1）

ⅠM43

1. 墓葬形制

台阶式墓道土坑木椁墓，方向0°，整体平面呈"甲"字形，由墓道和墓室两部分组成。

墓道位于墓室北端，竖穴墓道。平面呈梯形，壁面较直，底呈五级台阶状。长650、宽100～200、深60～300厘米。

墓室为竖穴土坑。平面呈长方形，口大于底，底较平。长330、口宽260、底宽230、深300厘米。东西两壁各有生土二层台，宽30、深120、距底深180厘米。内填五花土，土质较软。有葬具木椁，呈长方形，椁长330、宽230、厚6、残高10厘米。骨架2具，位于木椁内南部，保存较差，头均向北，面向不清，为直肢双人合葬墓。随葬有陶罐4件、陶灶1套、陶井1件、铜镜1枚、铜镦1件，置于木椁内（图七七）。

2. 随葬器物

该墓出土器物8件，质地有陶、铜等。

陶罐　4件，泥质灰陶。ⅠM43：1，喇叭口，圆唇，高领，鼓腹，平底，腹部有暗弦纹。口径6.6、底径7.1、高12厘米（图七八，7）。ⅠM43：2，敞口，方唇，鼓腹，平底，腹下部有刮削痕。口径7.6、底径6.7、高10.6厘米（图七八，1）。ⅠM43：3、4，侈口，方唇，鼓腹，平底，腹部饰有暗弦纹，腹下部有刮削痕。ⅠM43：3，口径6.8、底径6.6、高10.4厘米（图七八，6）。ⅠM43：4，口径6.9、底径6.5、高9.3厘米（图七八，2）。

陶灶　1件。ⅠM43：7，泥质灰陶，灶面微鼓，呈船形，三火眼呈品字形排列，上置一甑二盆，后有圆形烟囱眼，置短柱形烟囱，顶上有隆节。中空，前置长方形灶门，两侧有挡风，平底。长25.2、宽20、高14.8～25.2厘米（图七八，5）。

陶井　1套（2件）。ⅠM43：5，泥质灰陶，井框平面呈方形，沿略残，腹呈方柱形，平底呈方形，内壁有数周凸棱。口边长10.3、底边长6.8、高10.7厘米。吊瓶，平唇内凹，束颈，直腹，近平底。高3.8厘米（图七八，4）。

铜镜　1件。ⅠM43：6，镜面微凸，圆纽，圆形纽座，纽座向外伸出四条月牙纹连接一周凸弦纹，其外为栉齿纹圈带，圈带内为篆体铭文带"光光光光"，字间依次饰以"ᔕ"，"ᨑ"纹等，宽素平缘。面径6.8、背径6.7、缘宽0.6、缘厚0.2厘米（图七九；图版一〇七，2）。

铜镦　1件。ⅠM43：8，圆形筒状，一端封闭，中间饰一周凸棱。长2.6、直径2.3～2.5厘米（图七八，3）。

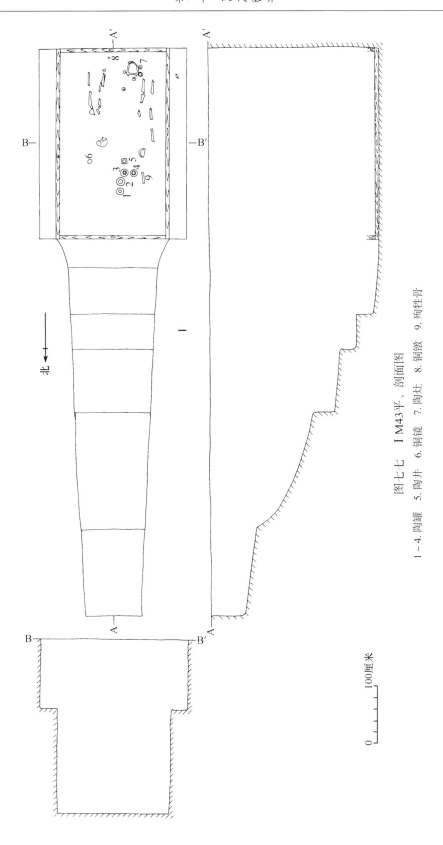

图七七　ⅠM43平、剖面图

1～4.陶罐　5.陶井　6.铜镜　7.陶灶　8.铜镦　9.殉牲骨

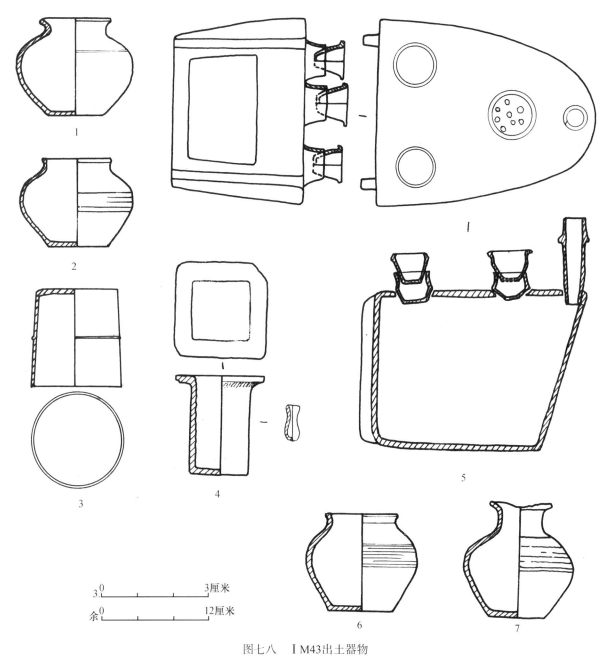

图七八　ⅠM43出土器物

1、2、6、7.陶罐（ⅠM43：2、ⅠM43：4、ⅠM43：3、ⅠM43：1）　3.铜镦（ⅠM43：8）　4.陶井（ⅠM43：5）

5.陶灶（ⅠM43：7）

ⅠM44

1. 墓葬形制

斜坡式墓道土坑木椁墓，方向90°，整体平面略呈"甲"字形，由墓道和墓室两部分组成。

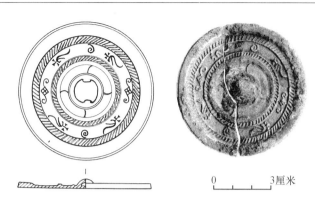

图七九 ⅠM43出土铜镜
（ⅠM43∶6）

墓道位于墓室东端，竖穴墓道。平面呈梯形，壁面较直，底呈台阶斜坡状，台阶为一级，斜坡坡度为26°。长600、宽140～220、深50～300厘米。

墓室为竖穴土坑，深于墓道40厘米。平面略呈梯形，口大于底，西壁斜下内收，底较平。墓口长740、宽260～460、底长720、宽240、深340～400厘米。南北两壁各有两级生土二层台，第一级宽20、深120厘米，第二级宽90、高60厘米，距底深200厘米。内填五花土，土质较软。有葬具棺椁，木椁呈长方形，为方木垒砌而成，长500、宽240、高120、厚20厘米；木棺位于木椁西部偏北，呈长方形，长202、宽64、厚4、残高20厘米。骨架1具，盗扰严重，头骨置于木棺内，腿骨置于木椁内东部，葬式不清。随葬有陶壶4件、陶灶1套，铁镉钉2件，置于木棺外东部及南壁外侧（图八〇）。

2. 随葬器物

该墓出土器物7件，质地有陶、铁等。

陶壶 4件，泥质灰陶。ⅠM44∶1、3，泥质灰陶，敞口，方唇，束颈，鼓腹，假圈足外撇，平底。肩部饰一周宽带纹，腹部饰对称铺首及一周凹弦纹。ⅠM44∶1，口径12.4、底径13.6、高29.4厘米（图八一，4）。ⅠM44∶3，口径13.8、底径13.8、高29.8厘米（图八一，1）。ⅠM44∶2，敞口，方唇，束颈，鼓腹，圈足外撇，平底。沿外及颈上部有两周旋痕，肩部饰一周宽带纹，腹部饰对称铺首及一周凹弦纹。口径13.2、底径13、高28.6厘米（图八一，5）。ⅠM44∶4，敞口，方唇，束颈，鼓腹，假圈足外撇，平底。肩部饰一周宽带纹，腹部饰对称铺首及一周凸棱。口径13.3、底径13.2、高29厘米（图八一，2）。

陶灶 1套。ⅠM44∶5，泥质灰陶。灶面呈船形，灶面微鼓，三火眼呈品字形排列，上置一甑一盆，后有圆形烟囱眼，眼囱残缺，前置长方形灶门，两侧有挡风，平底。长21.2、宽20、高12.4～18.4厘米（图八一，3）。

铁镉钉 2件。ⅠM44∶6、7，残碎，形制不清。

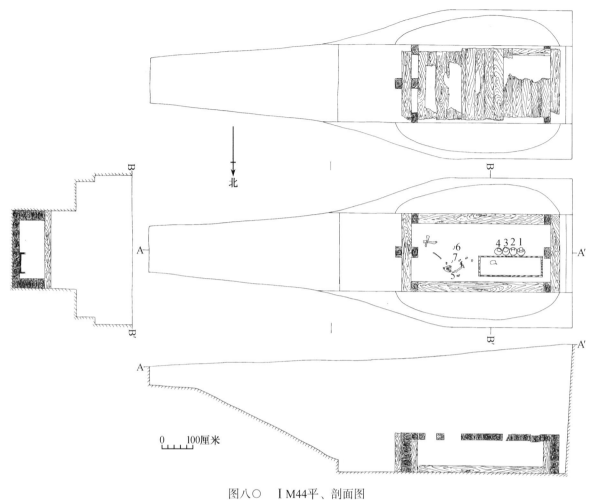

图八〇　ⅠM44平、剖面图
1~4.陶壶　5.陶灶　6、7.铁锔钉

Ⅰ M48

1. 墓葬形制

　　台阶式墓道单室砖墓，方向5°，整体平面呈"甲"字形，由墓道、墓室两部分组成。

　　墓道位于墓室北端，竖穴墓道。平面呈梯形，壁面较直，底呈台阶斜坡状，台阶为二级，斜坡坡度为5°。长554、宽100～160、深100～250厘米。内填五花土，土质较硬，略夯打。

　　墓室为单砖室。平面呈长方形，为券顶砖室，东西南三壁用长条砖顺置错缝平砌至140厘米处，用长条砖顺立对缝券顶，墓室前部及后部的券顶已塌陷，底有条砖横置错缝平铺。长352、宽180、高116、底距开口深250厘米。砖长30，宽16，厚5厘米。骨架2具，扰乱严重，保存较差，头向不清，面向不清，为双人合葬墓。随葬有陶壶3件、陶井1件，陶灶1套（10件）、陶饼1件，置于墓室北部（图八二）。

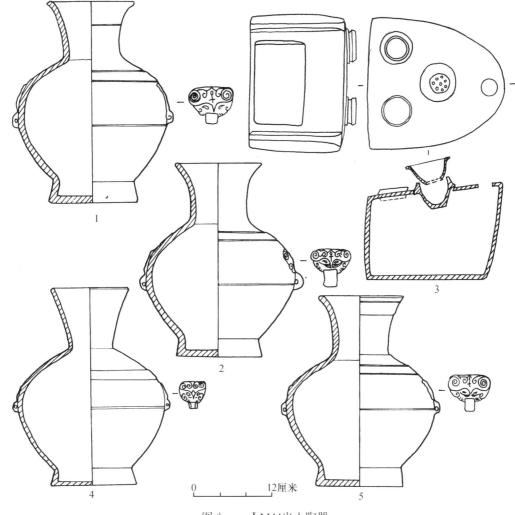

图八一 Ⅰ M44出土陶器

1、2、4、5.壶（Ⅰ M44：3、Ⅰ M44：4、Ⅰ M44：1、Ⅰ M44：2） 3.灶（Ⅰ M44：5）

2. 随葬器物

该墓出土陶器5件（套），器形有壶、灶、井、饼等。

壶 3件，泥质灰陶。Ⅰ M48：1、2，泥质灰陶。敞口，烧制变形，圆唇，束颈，溜肩，鼓腹，假圈足，平底，腹中部饰对称铺首。Ⅰ M48：1，口径9.6~15.6、底径13.6、高22厘米（图八三，2）。Ⅰ M48：2，口径8~12.8、底径12.1、高16厘米（图八三，1）。Ⅰ M48：3，喇叭口，方唇，束颈，鼓腹，假圈足外撇，平底。肩部饰一周宽带纹，腹部饰对称铺首，中部饰一周凸棱。口径14、底径12.4、高19.2厘米（图八三，3）。

井 1套（2件）。Ⅰ M48：4，井，泥质灰陶，井框平面呈"井"字形，腹上宽下窄呈梯形，平底呈方形。口边长6.3、宽6.1、底边长5.3、宽5.4、高10厘米。吊瓶，平唇，束颈，鼓腹，近平底。高4厘米（图八三，11）。

陶饼 1件。Ⅰ M48：15，泥质灰陶，为陶片磨制而成。呈圆形，截面呈长方形。一面素

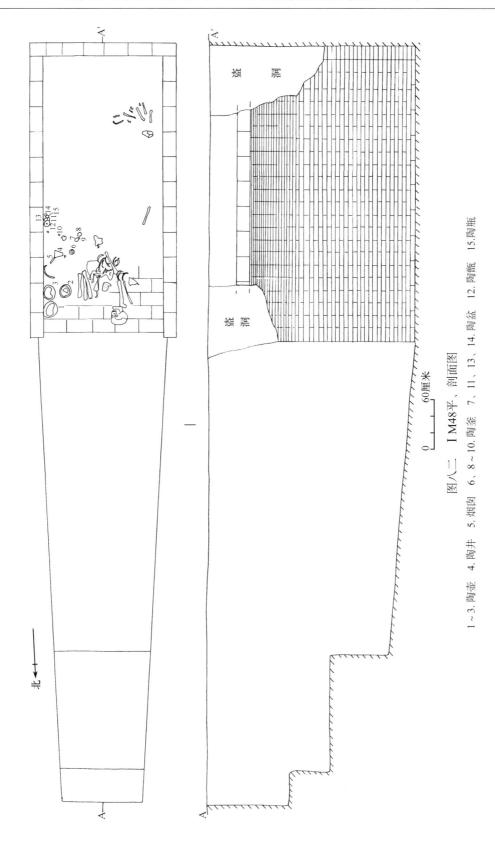

图八三　I M48平、剖面图

1~3.陶壶　4.陶井　5.烟囱　6、8~10.陶釜　7、11、13、14.陶盆　12.陶甑　15.陶瓶

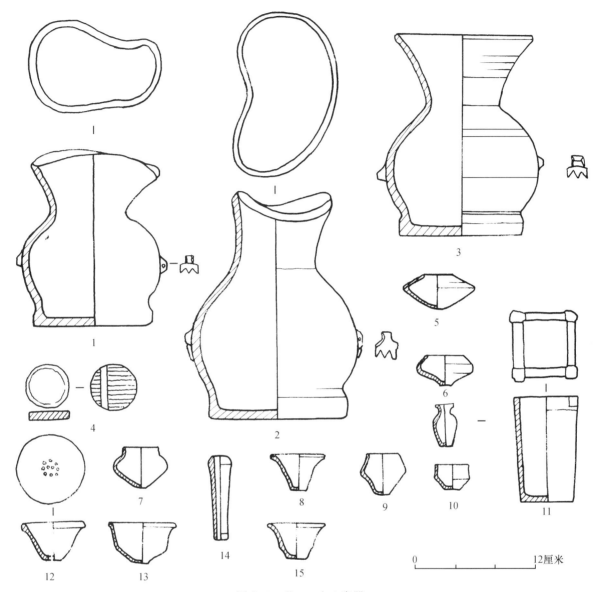

图八三 ⅠM48出土陶器

1~3.壶（ⅠM48：2、ⅠM48：1、ⅠM48：3） 4.饼（ⅠM48：15） 5~7、9.釜（ⅠM48：8、ⅠM48：9、ⅠM48：6、
ⅠM48：10） 8、10、13、15.盆（ⅠM48：14、ⅠM48：7、ⅠM48：11、ⅠM48：13） 11.井（ⅠM48：4）
12.甑（ⅠM48：12） 14.烟囱（ⅠM48：5）

面，一面施绳纹。直径4.6、厚0.8厘米（图八三，4）。

　　灶　1套包括4个陶釜ⅠM48：6、8~10（图八三，7、5、6、9）、4个陶盆ⅠM48：7、
11、13、14（图八三，10、13、15、8）、1个烟囱ⅠM48：5（图八三，14）、1个陶甑
ⅠM48：12（图八三，12）。

Ⅰ M49

1. 墓葬形制

斜坡式墓道土坑木椁墓，方向90°，整体平面呈"甲"字形，由墓道和墓室两部分组成。

墓道位于墓室东端，竖穴墓道。平面呈梯形，壁面较直，底呈斜坡状，底斜坡坡度为10°。清理长570、宽140～160、深160～316厘米。内填五花土，土质较软，未经夯打。

墓室为竖穴土坑，底略深于墓道24厘米。平面呈长方形，壁面垂直，底较平。长410、宽220、深340厘米。有葬具木椁，呈长方形，长380、宽162、厚6、残高24厘米。骨架2具，位于木椁内西部，保存一般，南侧1具，扰乱严重，无头骨，北侧1具，头向东，面向不清，为仰身直肢葬，双人合葬墓。墓道内随葬有陶壶5件、小陶罐3件。椁内随葬陶壶3件、陶灶1套、陶井1套，置于骨架的东部；小陶罐5件，置于两具骨架之间。填土内出土有瓦当、板瓦以及陶釜、罐、盆等口沿残片（图八四）。

2. 随葬器物

该墓出土陶器31件，器形有壶、小罐、灶、井、瓦当、板瓦等。

壶　8件，泥质灰陶。Ⅰ M49：1、3、5，敞口，方唇，束颈，鼓腹，假圈足外撇，平底。

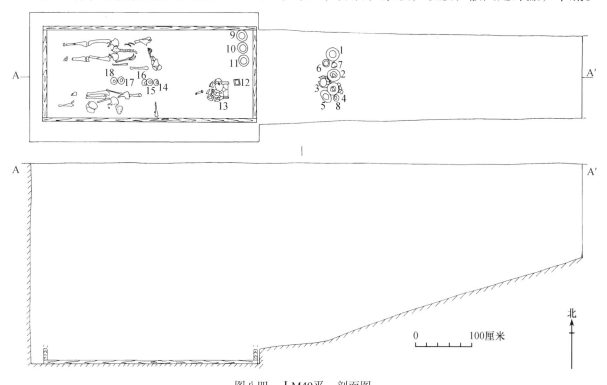

图八四　Ⅰ M49平、剖面图

1～5、9～11.陶壶　6～8、14～18.陶罐　12.陶井　13.陶灶

填土出：01.瓦当　02.板瓦　03、07.陶釜　04～06.陶罐　08～012.陶盆　013.小陶盆

肩部饰一周宽带纹，腹部饰对称铺首及一周凹弦纹。ⅠM49：1，口径13.2、底径10.8、高27厘米（图八五，1）。ⅠM49：3，口径13.4、底径11.6、高25.6厘米（图八五，3）。ⅠM49：5，口径12.6、底径11.8、高25.8厘米（图八五，5）。ⅠM49：2，敞口，方唇，束颈，鼓腹，假圈足外撇，平底。肩部饰一周宽带纹，腹部饰对称铺首及两周凹弦纹。口径12.8、底径11、高25.5厘米（图八五，2）。ⅠM49：4，敞口，方唇，束颈，腹部残，假圈足外撇。肩部饰一周宽带纹。口径12.4、底径11.6、残高25.8厘米（图八五，4）。ⅠM49：9，敞口，方唇，束颈，鼓腹，假圈足外撇，平底。沿外及腹上部各饰一周宽带纹，腹部饰对称铺首衔环。口径12.5、底径11.8、高23.4厘米（图八五，7）。ⅠM49：10，敞口，尖圆唇，束颈，鼓腹，假圈足，平底。沿外及腹上部各饰一周宽带纹，腹中部饰对称铺首衔环。口径12.5、底径10.5、高23.5厘米（图八五，8）。ⅠM49：11，敞口，方唇，束颈，鼓腹，假圈足外撇，平底。口沿及腹上部各有一周宽带纹，腹部饰对称铺首衔环。口径12.2、底径11、高23.6厘米（图八五，6）。

小罐　8件，泥质灰陶。ⅠM49：6，敞口，圆唇，鼓腹，平底。腹下部有刮削痕。口径9、底径6.8、高10厘米（图八六，3）。ⅠM49：7，敞口，圆唇，折肩，鼓腹，平底。腹上部饰有一周戳印纹。口径5.6、底径5.2、高9.8厘米（图八六，6）。ⅠM49：8，敞口，圆唇，折肩，鼓腹，平底。腹上部饰有一周戳印纹。口径4.8、底径5、高7.2厘米（图八六，9）。ⅠM49：14~17，侈口，圆唇，折肩，鼓腹，平底。肩部有暗弦纹，腹下部有刮削痕。ⅠM49：15，口径5、底径4.5、高8.6厘米（图八六，4）。ⅠM49：16，口径5、底径4.2、高8.8厘米（图八六，5）。ⅠM49：14，口径5.4、底径4.5、高9厘米（图八六，7）。ⅠM49：17，口径5.2、底径4、高8.8厘米（图八六，8）。ⅠM49：18，侈口，圆唇，鼓腹，平底。腹上部饰一周附加堆纹。口径5.7、底径5.2、高9.2厘米（图八六，10）。

灶　1件。ⅠM49：13，泥质灰陶。灶面呈船形，微鼓，五火眼，靠中部一侧置一釜，上置一甑，后有圆形烟囱眼，置短柱形烟囱，顶上有隆节，上有三个三角形镂孔，中空，前置长方形灶门，两侧有挡风，平底。长33.6、宽26、高19.2~30厘米（图八六，2）。

陶井　1件。ⅠM49：12，泥质灰陶。井框平面呈方形，沿略残，腹上宽下窄呈梯形，平底呈方形。内壁有数周凸棱。口边长8.8、底边长5.6、高10厘米（图八六，1）。

釜口沿　2件。ⅠM49：03，口部为泥质灰陶，肩下为夹砂灰陶，侈口，平沿，溜肩。口径24.4厘米（图八七，12）。ⅠM49：07，直口微侈，圆唇，广肩。口径26.4厘米（图八七，9）。

罐口沿　3件，泥质灰陶。ⅠM49：04，侈口，斜折沿，微束颈，溜肩。口径15.8厘米（图八七，6）。ⅠM49：05，直口，斜折沿，束颈。口径12厘米（图八七，4）。ⅠM49：06，口部为泥质灰陶，肩下为夹砂灰陶，直口圆唇，沿较平。口径16.8厘米（图八七，2）。

盆口沿　5件，泥质灰陶。ⅠM49：08，直口微敛，方唇，斜折沿，宽沿。沿上有凹弦纹，弧腹，内壁饰暗弦纹，外壁饰凹弦纹。口径36.6厘米（图八七，5）。ⅠM49：09，直口微敛，方唇，沿略斜折，唇及沿面有一周凹槽，饰数道凹弦纹，腹饰凹弦纹。口径34厘米（图八七，1）。ⅠM49：010，直口，方唇，宽沿，沿面外侧略凹，直腹。腹饰一周绳纹及泥条附加堆纹。口径39.6厘米（图八七，3）。ⅠM49：011，直口微敛，方唇，平折沿，直腹。腹饰凹弦

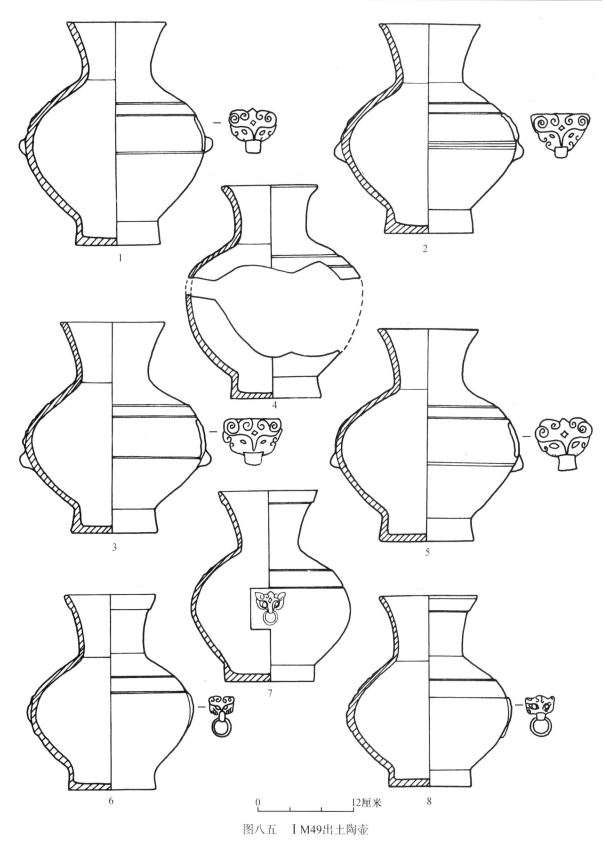

图八五　Ⅰ M49出土陶壶

1. Ⅰ M49：1　2. Ⅰ M49：2　3. Ⅰ M49：3　4. Ⅰ M49：4　5. Ⅰ M49：5　6. Ⅰ M49：11　7. Ⅰ M49：9　8. Ⅰ M49：10

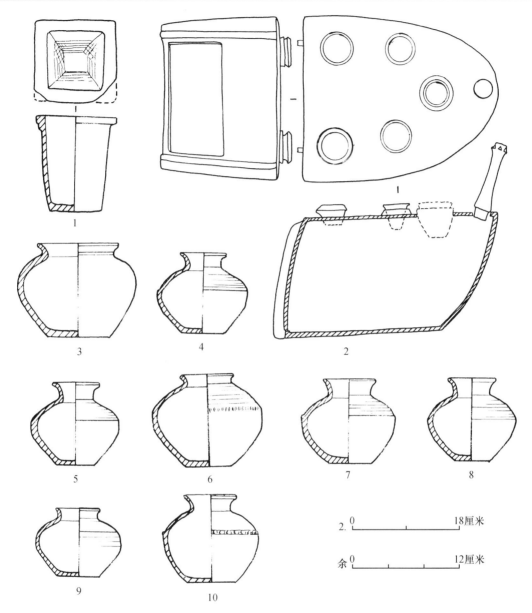

图八六　ⅠM49出土陶器

1.井（ⅠM49：12）　2.灶（ⅠM49：13）　3~10.小罐（ⅠM49：6、ⅠM49：15、ⅠM49：16、ⅠM49：7、ⅠM49：14、ⅠM49：17、ⅠM49：8、ⅠM49：18）

纹及抹断绳纹。口径26厘米（图八七，10）。ⅠM49：012，敛口，方唇，沿略斜折，沿上有凹槽，直腹。腹饰数道凹弦纹，沿下有两个小圆孔。口径37.4厘米（图八七，7）。

　　小盆　1件。ⅠM49：013，泥质灰陶。侈口，圆唇，折沿，斜直腹，平底。口径5.2、底径2.1厘米（图八七，11）。

　　瓦当　1件。ⅠM49：01，泥质灰褐陶。残存"秋""岁"两字，应为千秋万岁，当面以双线分界为格，外接一周弦纹，边轮微凸。直径15.6、边轮宽1.2、厚1.2厘米（图八七，8）。

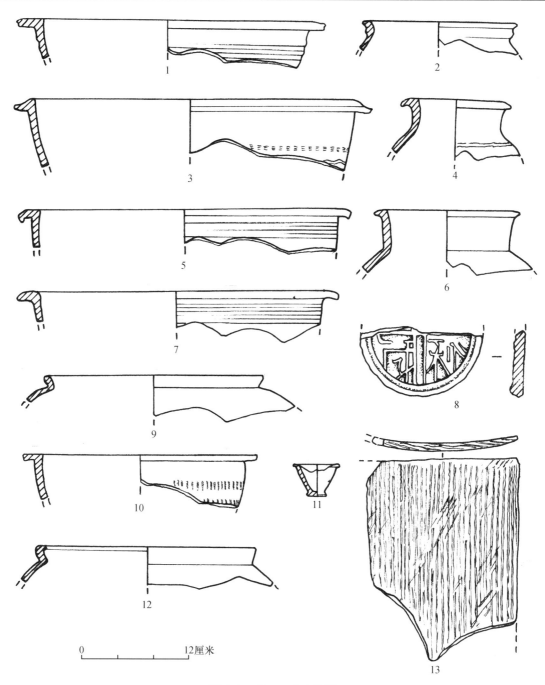

0   12厘米

图八七　　ⅠM49出土陶器

1、3、5、7、10. 盆（ⅠM49：09、ⅠM49：010、ⅠM49：08、ⅠM49：012、ⅠM49：011）　　2、4、6. 罐（ⅠM49：06、
ⅠM49：05、ⅠM49：04）　8. 瓦当（ⅠM49：01）　9、12. 釜（ⅠM49：07、ⅠM49：03）　11. 小盆（ⅠM49：013）
13. 板瓦（ⅠM49：02）

　　板瓦残片　1件。ⅠM49：02，泥质灰陶。截面微弧，内饰戳印坑点纹，外饰竖中绳纹，沿
上饰横向绳纹。残长21.2、宽16.4、厚0.7厘米（图八七，13）。

Ⅰ M50

1. 墓葬形制

斜坡式墓道土洞墓，方向0°，整体平面略呈梯形，由墓道和墓室两部分组成。

墓道位于墓室北端，竖穴墓道。平面呈梯形，东西壁与墓室齐平，壁面较直，底呈台阶斜坡状，底台阶为两级，斜坡坡度为4°。长340、宽100～160、深160～230厘米。内填五花土，土质较软。

墓室为土洞。平面呈长方形，为拱形顶，底呈斜坡状。墓室前部已塌陷，只残存后部。长320、宽160、洞高102～230厘米。骨架置于墓室南部靠近西壁处，保存较好，头向北，面向西，为仰身直肢单人葬。随葬有陶罐2件、陶扁壶1件、陶壶3件、铜镜1枚、陶灶1套、陶井1件，置于墓室东侧及北侧（图八八）。

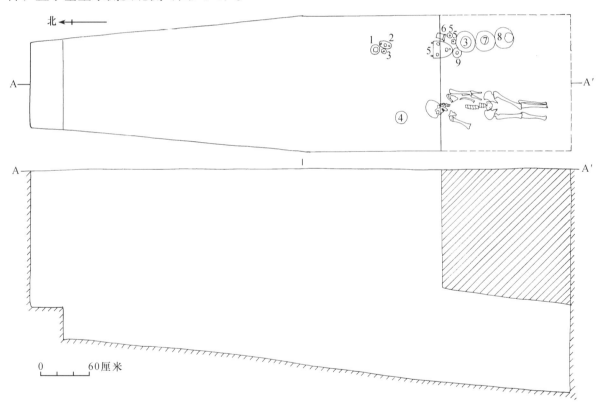

图八八　Ⅰ M50平、剖面图
1、9.陶罐　2.陶扁壶　3、7、8.陶壶　4.铜镜　5.陶灶　6.陶井

2. 随葬器物

该墓出土器物9件，质地有陶、铜等。

陶壶　3件。ⅠM50：3、7、8，泥质灰陶。ⅠM50：3，喇叭口，方唇，束颈，鼓腹，假圈足外撇，平底。沿外及颈上部有两周旋痕，肩部饰一周宽带纹，腹部饰对称铺首及一周凹弦纹。口径14、底径13.2、高29厘米（图八九，7）。ⅠM50：7、8，喇叭口，方唇，束颈，鼓腹，假圈足外撇，平底。沿外及肩部各饰一周宽带纹，腹部饰对称铺首及一周凹弦纹。ⅠM50：7，口径14、底径13.2、高28.5厘米（图八九，2）。ⅠM50：8，口径13.7、底径12.6、高29.2厘米（图八九，1）。

陶罐　2件，泥质灰陶。ⅠM50：1，直口微侈，沿略向外斜折，方唇，鼓腹，平底。腹下部有刮削痕。口径7.6、底径7、高11.6厘米（图八九，8）。ⅠM50：9，侈口，圆唇，折肩，鼓腹，平底。腹中部饰暗弦纹，下部有刮削痕。口径5.7、底径5.2、高9.4厘米（图八九，4）。

陶扁壶　1件。ⅠM50：2，泥质灰陶。唇口，短直颈，斜肩，长方形扁腹，平底。肩部两侧附拱形提纽，腹上部饰一周凹弦纹，底部两侧凸起呈长条形足状。口径5.6、腹宽16、厚9.8、高16.5厘米（图八九，6；图版八九，1）。

陶灶　1套。ⅠM50：5，泥质灰陶。灶面呈船形，微鼓，三火眼呈品字形排列，残存一釜一甑一盆，后有圆形烟囱眼，烟囱缺失，前置方形灶门，两侧有挡风，平底。灶壁有削痕。长27.2、宽19.2、高14～16.8厘米（图八九，3）。

陶井　1套（2件）。ⅠM50：6，泥质灰陶。井框平面呈方形，腹呈方柱形，平底呈方形，内壁有数周凸棱。口边长8.8、底边长4、高10.8厘米（图八九，5）。吊瓶，平唇内凹，束颈，直腹，尖底。高4厘米。

铜镜　1枚。ⅠM50：4，四乳四虺镜。圆形，镜面微凸，圆形纽，圆纽座。座周以短竖三线纹和单线纹相间连接两周凸弦纹，其外以四枚带座乳钉为界分为四区，四虺相间环绕，虺纹呈钩形，腹、背以禽鸟纹补白。宽素平缘。直径7、缘宽0.8、缘厚0.2厘米（图九○；图版一一三，2）。

ⅠM54

1. 墓葬形制

竖穴墓道单室砖墓，方向80°，整体平面略呈"甲"字形，由墓道、墓室两部分组成。

墓道位于墓室东端，竖穴墓道平面呈梯形，壁面较直，底呈斜坡状，坡度为2°。长240、宽90～120、深172～180厘米。内填五花土，土质较硬，略夯打。

墓室为单砖室。平面呈长方形，为券顶砖室，西南北三壁用长条砖顺置错缝平砌至60厘米处用长条砖顺立对缝券顶，底有条砖顺置对缝平铺。长162、宽132、高102、底距开口深180厘米。封门用砖横置错缝平砌，顶部略砌残砖。砖长21，宽20.2、厚5厘米。骨架2具，置于墓室内，北侧1具保存一般，头向东，面向南，为仰身直肢，南侧1具仅残存头骨，为双人合葬墓。随葬有锡器1件、铜环2件，置于头骨两侧（图九一）。

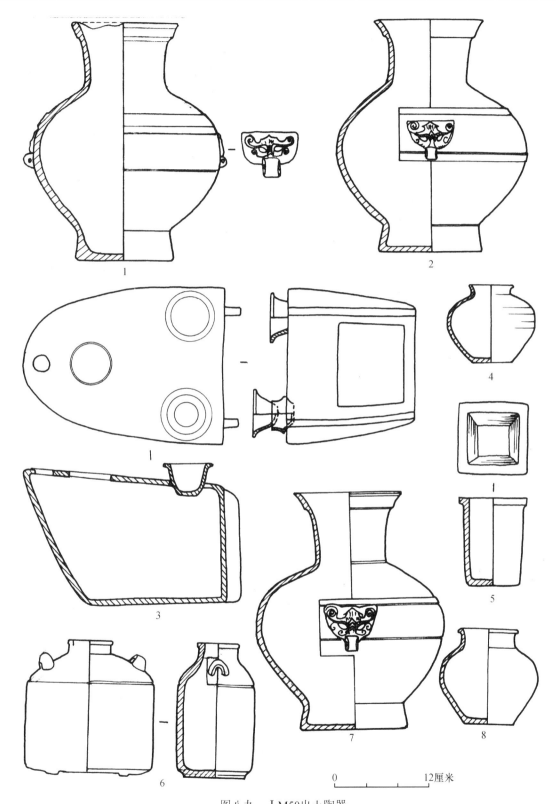

图八九 ⅠM50出土陶器

1、2、7.壶（ⅠM50：8、ⅠM50：7、ⅠM50：3） 3.灶（ⅠM50：5） 4、8.罐（ⅠM50：9、ⅠM50：1）

5.井（ⅠM50：6） 6.扁壶（ⅠM50：2）

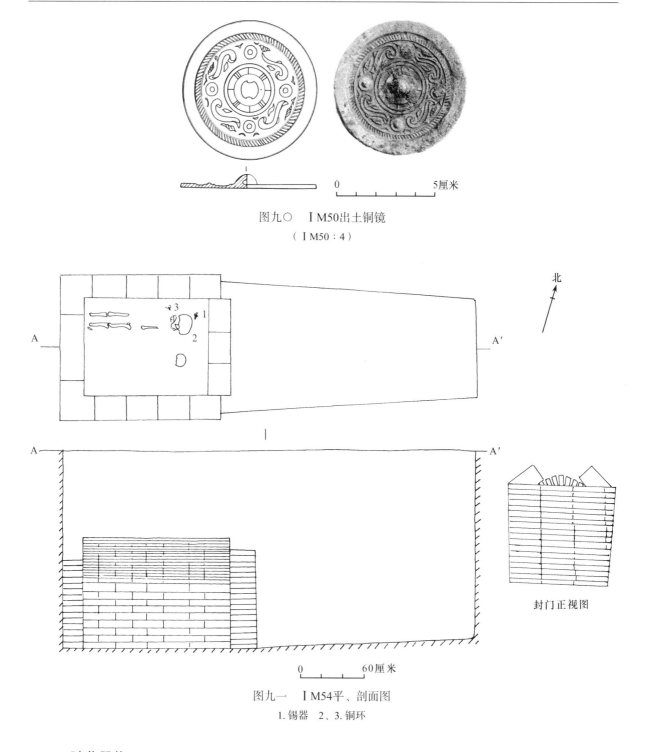

图九〇　Ⅰ M50出土铜镜

（Ⅰ M50∶4）

图九一　Ⅰ M54平、剖面图

1.锡器　2、3.铜环

2. 随葬器物

该墓出土器物3件，质地有锡器、铜器等。

锡器　1件。Ⅰ M54∶1，似兽形，锡质饰件，已残，内中空。长5.8、残高3.6厘米（图九二，1）。

铜环　2件。ⅠM54：2、3，截面呈圆形，环上残存有铁衔痕迹。直径2.1厘米（图九二，2、3）。

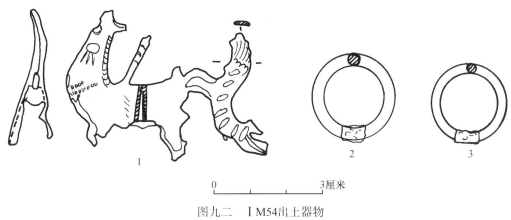

图九二　ⅠM54出土器物

1. 锡器（ⅠM54：1）　　2、3. 铜环（ⅠM54：2、ⅠM54：3）

ⅠM55

1. 墓葬形制

斜坡式墓道土坑木椁墓，方向5°，整体平面略呈梯形，由墓道和墓室两部分组成。

墓道位于墓室北端，竖穴墓道。平面呈梯形，壁面较直，底呈台阶斜坡状。长540、宽120~180、深80~260厘米。台阶为二级，斜坡坡度为16°。内填五花土，土质较软。

墓室为竖穴土坑，平面呈长方形，壁面垂直，底较平。长360、宽180、深260厘米。有葬具棺椁，木椁呈长方形，长312、宽132、残高60、厚6厘米；木棺2具，并列置于木椁内南部，呈长方形，长180、东侧宽54、西侧宽58、厚4、残高24厘米。骨架2具，东侧一具保存一般，西侧骨架保存较好，头向北，面向上，为仰身直肢葬，双人合葬墓。经鉴定，东侧为女性，西侧为男性。随葬有陶壶3件、陶罐1件、小陶罐4件、铜镜1件、陶灶1套、陶井1件，置于木椁内北部东壁（图九三）。

2. 随葬器物

该墓出土器物11件，质地有陶、铜等。

陶壶　3件。ⅠM55：2、9、10，泥质灰陶。ⅠM55：2、9，喇叭口，方唇，束颈，鼓腹，假圈足外撇，平底。颈下部略有旋痕，肩部饰一周宽带纹，腹部饰对称铺首及一周凹弦纹。ⅠM55：2，口径13.7、底径11.6、高28.5厘米（图九四，1）。ⅠM55：9，口径14、底径11.4、高30厘米（图九四，10）。ⅠM55：10，敞口，方唇，束颈，鼓腹，假圈足外撇，平底。肩部饰一周宽带纹，腹部饰对称铺首及一周凹弦纹。口径13.5、底径11.4、高27.5厘米（图九四，5）。

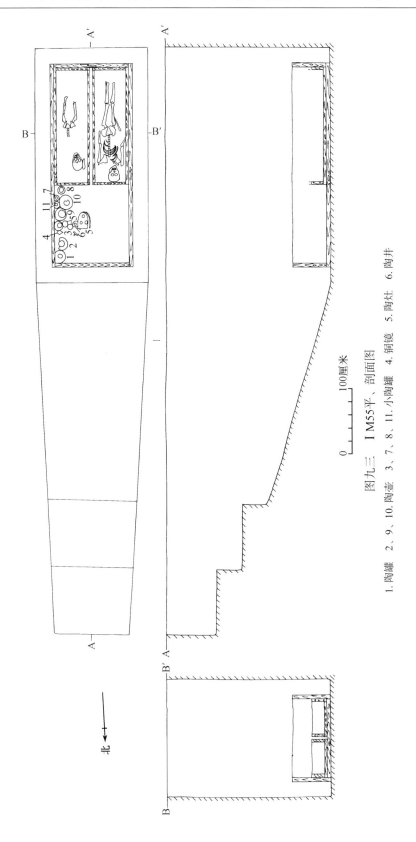

图九三　I M55平、剖面图

1. 陶罐　2、9、10. 陶壶　3、7、8、11. 小陶罐　4. 铜镜　5. 陶灶　6. 陶井

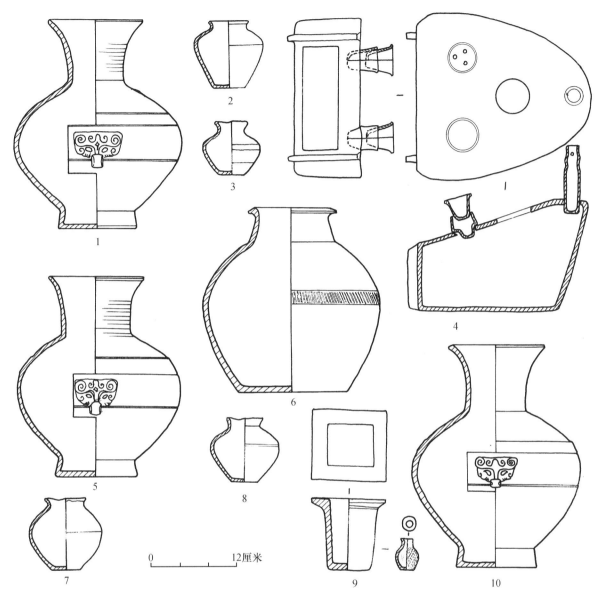

图九四　Ⅰ M55出土陶器

1、5、10.壶（Ⅰ M55：2、Ⅰ M55：10、Ⅰ M55：9）　2、3、7、8.小罐（Ⅰ M55：7、Ⅰ M55：11、Ⅰ M55：3、Ⅰ M55：8）
4.灶（Ⅰ M55：5）　6.罐（Ⅰ M55：1）　9.井（Ⅰ M55：6）

　　陶罐　1件。Ⅰ M55：1，泥质灰陶。侈口，沿向外斜折，尖圆唇，"八"形粗领，溜肩，鼓腹，平底。腹部饰一周弦断绳纹。口径12.2、底径14.8、高25厘米（图九四，6）。

　　小陶罐　4件。Ⅰ M55：3、7、8、11，泥质灰陶。侈口，圆唇，折肩，鼓腹，平底，腹下部有刮削痕。Ⅰ M55：3，口径5.6、底径4、高9.6厘米（图九四，7）。Ⅰ M55：7，口径5.5、底径4.4、高9厘米（图九四，2）。Ⅰ M55：8，口径4.9、底径3.9、高8.7厘米（图九四，8）。Ⅰ M55：11，口径4.3、底径3.2、高7.3厘米（图九四，3）。

陶灶　1件。ⅠM55：5，泥质灰陶。灶面呈船形，微鼓，三火眼呈品字形排列，前置二釜，上置一甑一盆，后有圆形烟囱眼，置短柱形烟囱，顶上有隆节。隆结上有三圆眼，中空，前置长方形灶门，两侧有挡风。长26、宽22.4、高9.2～22.4厘米（图九四，4）。

陶井　1套（2件）。ⅠM55：6，泥质灰陶。井框平面呈长方形，腹上宽下窄呈梯形，平底呈长方形，内壁有数周凸棱。口长10.5、宽9.6、底长5.6、高9.7厘米。吊瓶，平唇，束颈，鼓腹，近平底，腹部饰有纹饰。口径1.7、底径1.6、高4.3厘米（图九四，9）。

铜镜　1枚。ⅠM55：4，日光铭文镜。圆形，镜面微凸，圆纽，圆纽座，纽座外相间饰四条短竖线与四组三线纹，其外两周弦纹夹栉齿纹圈带间环列篆体铭文带，铭文为"见日之光天下大明"，"◈"与"e"符号相间交错于每字之间。宽素平缘。面径6.8、背径6.7、缘宽0.9、缘厚0.3厘米（图九五；图版一〇六，2）。

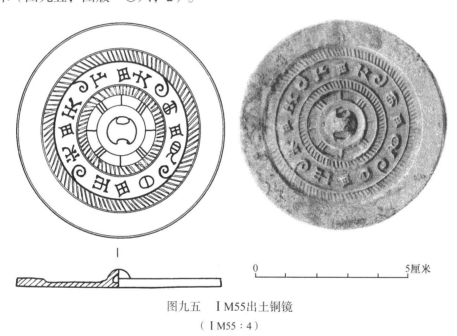

图九五　ⅠM55出土铜镜
（ⅠM55：4）

ⅠM61

1. 墓葬形制

斜坡式墓道土坑木椁墓，方向80°，平面略呈"甲"字形，由墓道和墓室两部分组成。

墓道位于墓室东端，竖穴墓道。清理部分平面呈长方形，底呈斜坡状。宽60、深80～200厘米。内填五花土，土质上层较硬，略夯打，下层较软。

墓室为竖穴土坑，平面呈长方形，壁面垂直，底较平。长610、宽200、深200厘米。有葬具木椁，仅存朽痕，呈长方形，椁长344、宽148、厚4、残高40厘米。骨架2具，保存较差，北侧1具，头向东，面向南，南侧1具仅存头骨。随葬有陶罐2件、石砚1套、铜镜2件、铜刷2件、铜铺首1件、车马具1套、盖弓帽11件，置于木椁内东侧（图九六）。

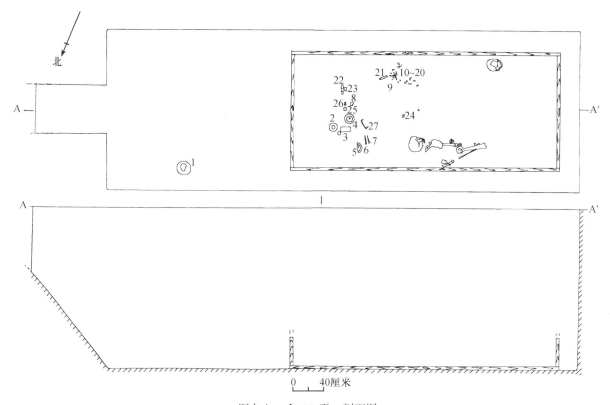

图九六　ⅠM61平、剖面图

1.陶罐　2.小陶罐　3.石砚　4、5.铜镜　6、7.铜刷　8.铜兽面形车饰　9.铜衔镳　10～20.铜盖弓帽　21、22.铜车轴

23～25.铜辖軎　26.铜衡末饰　27.铜锔钉

2.随葬器物

该墓出土器物27件，质地有陶、石、铜等。

陶罐　2件。ⅠM61：1，泥质灰陶。侈口，圆唇，高领，折肩，鼓腹，平底。颈部有暗弦纹，腹上部为一周宽凹弦纹，中部饰有戳印纹。口径10.6、底径10.3、高14厘米（图九七，1）。ⅠM61：2，泥质灰陶。侈口，圆唇，折肩，上腹较直，平底。腹部有暗弦纹。口径4.9、底径3.6、高8.5厘米（图九七，2）。

铜镜　2件。ⅠM61：4，连弧铭文镜。圆形，镜面微凸，圆纽，圆形纽座，纽座外四组短弧线纹和四组（每组3条）短竖线纹相间环列连接一周宽凸弦纹。之外为一周内向的八连弧纹，连弧间用短线纹连接，其外为两周栉齿纹圈带之间的篆体铭文带"内而青而以日而明光而象夫而兮而日之月而□□泄"。宽素平缘。面径11.9、背径11.7、缘宽1.4、缘厚0.7厘米（图九八；图版一一〇，1）。ⅠM61：5，四神博局镜。圆形，镜面微凸，圆纽，柿蒂纹纽座，四角饰三瓣花朵纹，座外的凹面大方框和栉齿纹圈带间以四乳钉和博局纹将镜背分为四区，分别配置四神，均作昂首状，身躯穿越于"T""L"纹之间，四神呈对称状，青龙对白虎、朱雀对玄武，四神周围以云纹、飞鸟纹及跑兽纹补空，"L"形内各饰以花蕊纹。宽素平缘。面径14、背径13.9、缘宽1.4、缘厚0.5厘米（图九九；图版一一三，1）。

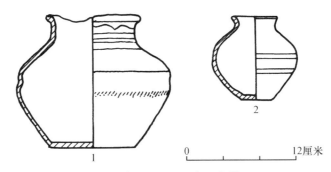

0　　　　　　　　12厘米

图九七　ⅠM61出土陶器

1. 罐（ⅠM61：1）　2. 小罐（ⅠM61：2）

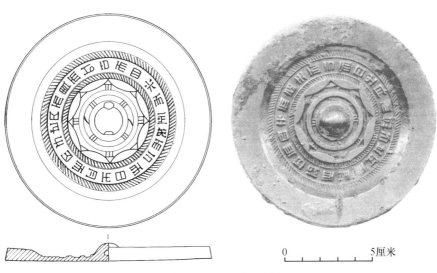

0　　　　　5厘米

图九八　ⅠM61出土铜镜

（ⅠM61：4）

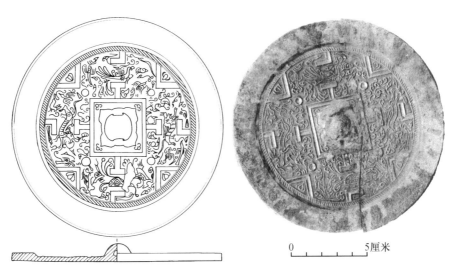

0　　　　　5厘米

图九九　ⅠM61出土铜镜

（ⅠM61：5）

铜刷　2件。ⅠM61：6、7，呈烟斗状，细长实柄，末端呈鸭首状。ⅠM61：6，长11.5厘米（图一〇〇，9）。ⅠM61：7，长10.5厘米（图一〇〇，8；图版一〇二，1～4）。

铜兽面形车饰　1件。ⅠM61：8，半圆形兽面，面部外鼓，背部内凹，上侧平边中部有梯形薄片，供插入车木之用。高3.2、宽3.1厘米（图一〇〇，13）。

铜衔镳　1件。ⅠM61：9，衔为三节环，两长衔之间以一"8"字形短衔相连接，短衔中间有结节，镳呈"S"形，棒状，穿于衔两端的环内，中部呈片状有两小穿孔，两端呈鸡冠状突起，残缺另一端镳。长衔4.1、短衔长1.9、镳长8.6厘米（图一〇〇，5）。

铜盖弓帽　11件。ⅠM61：10～20，呈上小下大圆筒状，顶端有半球形帽，一侧靠上方有倒钩。ⅠM61：10，高2.7、直径0.7厘米（图一〇〇，3）。ⅠM61：20，高3.3、直径0.9厘米（图一〇〇，6）。

铜车轴　2件，整体呈圆筒状，两端略粗，中部略细，中部饰三周、两端各饰一周凸棱，圆筒内残存有圆木。ⅠM61：21，长10.1、直径1.8～2厘米（图一〇〇，11）。ⅠM61：22，长8.9、直径1.6～1.7厘米（图一〇〇，10）。

铜辖𫐐　3件。ⅠM61：23、24、25，略呈喇叭筒状，两端齐平，中空，一端较粗，粗端有辖孔，辖穿于辖孔内，辖呈长条形，一端呈帽状，一端有小孔，细端有两周凸棱。ⅠM61：23，长3、直径1.7～2.8、辖长3.1厘米（图一〇〇，7）。

铜衡末饰　1件。ⅠM61：26，圆形筒状，一端封闭，近封闭饰两周凸棱。长2.1、直径0.9～1厘米（图一〇〇，4）。

铜锔钉　1件。ⅠM61：27，铜条，两端弯折，截面呈四方棱形。长10.6厘米（图一〇〇，12）。

石砚　1套（2件）（图版一一七，3右）。ⅠM61：3，灰色石质，砚和研磨器。ⅠM61：3-1，砚为薄片状，平面长方形，立面略呈梯形，砚面较光滑，背周边略残，较粗糙。面长12.2、背长11.8、厚0.8厘米（图一〇〇，1）。ⅠM61：3-2，研磨器面呈方形，背呈圆柱形，上部浮雕呈兽面状。边长3.2、高2.3厘米（图一〇〇，2）。

二、Ⅱ　区

ⅡM6

1. 墓葬形制

斜坡式墓道单砖室墓，方向355°，整体平面略呈"甲"字形，由墓道与墓室两部分组成。

墓道位于墓室北端，竖穴墓道。平面呈梯形，壁面较直，底呈斜坡状。长340、宽114～226、深194～230厘米。填土为五花土，土质较软。

用单砖横置错缝平砌呈弧形封门。墓室为单砖室。平面呈长方形，拱形顶。长354、宽

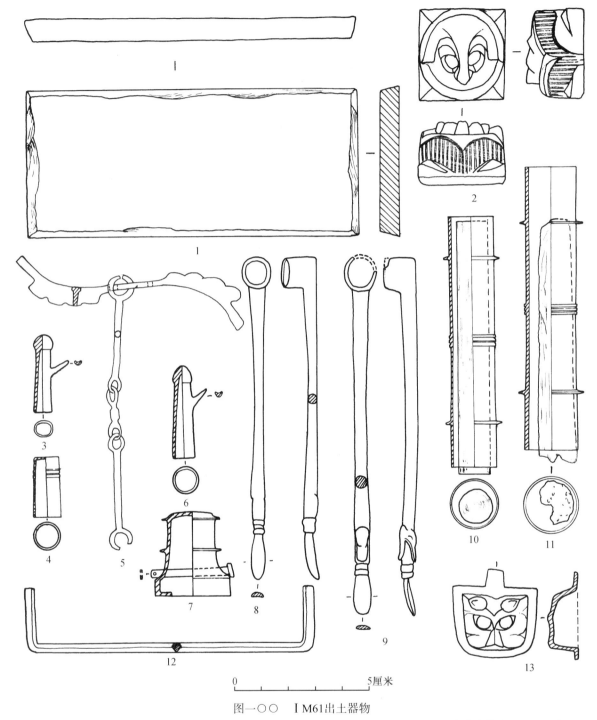

0   5厘米

图一〇〇　ⅠM61出土器物

1、2. 石砚（ⅠM61：3-1、ⅠM61：3-2）　3、6. 铜盖弓帽（ⅠM61：10、ⅠM61：20）　4. 铜衡末饰（ⅠM61：26）
5. 铜衔镳（ⅠM61：9）　7. 铜辖軎（ⅠM61：23）　8、9. 铜刷（ⅠM61：7、ⅠM61：6）　10、11. 铜车轴（ⅠM61：22、
ⅠM61：21）　12. 铜锔钉（ⅠM61：27）　13. 铜兽面形车饰（ⅠM61：8）

198、高176厘米。东、西、南三壁用单砖顺置错缝平砌，至116厘米处用单砖顺立对缝券顶呈拱形，底用单砖横置错缝平铺。墓门为砖砌拱形顶门洞，用单砖纵横交错平砌至116厘米，用侧砖起券成拱形。券顶有两层，两侧用单砖错缝平砌，高150厘米。砖长33、宽16、厚5厘米。有葬具双木棺，仅存部分棺盖板，西边残长196、残宽58、厚4厘米；东边残长208、残宽64、厚6厘米。骨架2具，保存较好，头向北，东侧1具面向西，西侧1具面向上，为仰身直肢葬，双人合葬墓。随葬有陶灶2套、陶井2套（4件）、陶壶4件、陶罐3件、小陶罐12件、陶碗1件、铁剑1把，置于墓室北部，部分置于棺盖上（图一〇一；图版一三，1、2；图版一四，1～3；图版七九，1）。

2. 随葬器物

该墓出土器物27件，质地有陶、铁等。

陶壶　4件。ⅡM6：1，灰陶。敞口，方圆唇，粗束颈，假圈足略内收，平底。腹部饰对称铺首，颈部及近底处有刮削痕。口径13、底径10、高25.3厘米（图一〇二，1）。ⅡM6：2、16，灰陶。喇叭口，圆唇，束颈，鼓腹，假圈足较直，平底内凹。颈部饰一周、肩部饰两周凹弦纹，腹部饰对称铺首，近底处有刮削痕。器表有烟炱。ⅡM6：2，口径13.5、底径9.5、高23.5厘米（图一〇二，2）。ⅡM6：16，器表发黑，肩部表皮脱落，火候较低。口径16.8、底径9.6、高24厘米（图一〇二，6）。ⅡM6：24，黑衣灰陶。敞口，呈喇叭状，粗束颈，鼓腹，矮假圈足略外撇，平底内凹。颈部饰一周凹弦纹，腹部饰对称铺首，器表磨光，近底处有刮削痕。口径14.5、底径10.5、高25厘米（图一〇二，5）。

陶罐　3件，黑灰陶。ⅡM6：3，直口，方唇，广肩，鼓腹，平底。腹部饰一周绳纹，腹下有刮削痕。口径14.5、底径14.5、高18.3厘米（图一〇二，4；图版八八，1）。ⅡM6：5、12，侈口，圆唇，丰肩，鼓腹，平底略内凹。腹部饰一周绳纹，腹下有刮削痕。ⅡM6：5，口径13.5、底径13、高18厘米（图一〇二，8）。ⅡM6：12，口径14.3、底径13、高20厘米（图一〇二，3）。

小陶罐　12件，灰陶。ⅡM6：4，口微侈，尖唇，斜折沿，矮领较直，溜肩，鼓腹，平底。颈肩部起泥棱，器表素光。口径7、底径7.5、高11.5厘米（图一〇三，4）。ⅡM6：13，侈口，卷沿，矮领，折肩，弧腹，平底。肩部饰暗弦纹，折棱饰一周戳印纹，腹部饰数周凹弦纹，口部、肩部磨光。口径7、底径5.3、高11.5厘米（图一〇三，5）。ⅡM6：14，口残。折肩，鼓腹，平底。折肩饰一周戳印纹，腹部饰凹弦纹，肩部磨光。底径6、残高9厘米（图一〇三，13）。ⅡM6：15，侈口，卷沿，折肩，弧腹，平底。肩上素光，折棱饰一周戳印纹，腹部饰凹弦纹，近底处有刮削痕。口径7.5、底径5.8、高12.5厘米（图一〇三，6）。ⅡM6：20，侈口，方卷唇，折肩，弧腹，平底。折棱饰一周戳印纹，腹部饰凹弦纹，近底处有刮削痕，肩部磨光。口径7、底径6、高11.5厘米（图一〇三，11）。ⅡM6：18，侈口，圆唇，折肩，上腹较直，下腹斜收，折腹，平底。折棱饰一周戳印纹，腹部饰数周凹弦纹，腹下有刮削痕，肩部磨光。口径7、底径6、高11.4厘米（图一〇三，8）。ⅡM6：19，侈口，圆唇，折肩，弧腹，

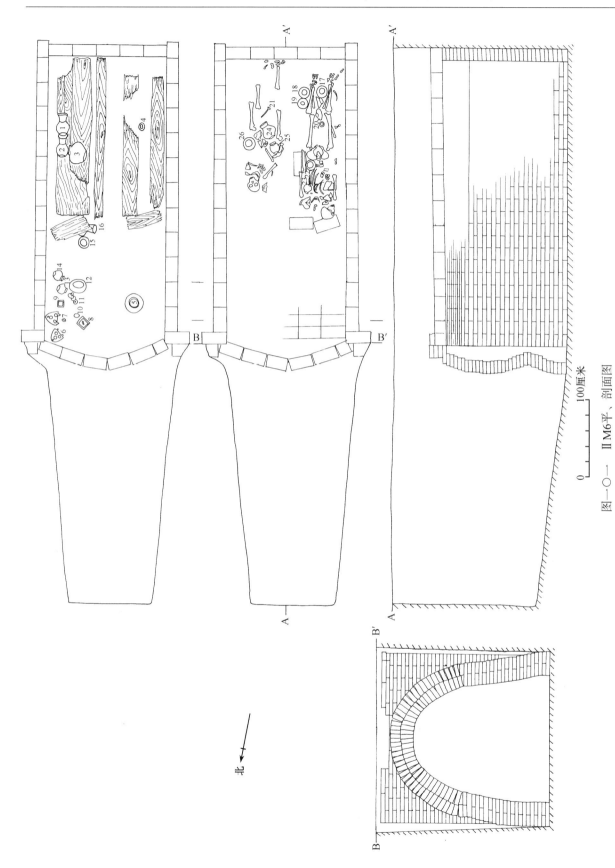

图一〇一　ⅡM6平、剖面图

1、2、16、24.陶壶　3、5、12.陶罐　4、13～15、17～20、22、23、25、26.小陶罐　6、7.陶灶　8、9.陶井　10、11.陶碗　21.铁剑

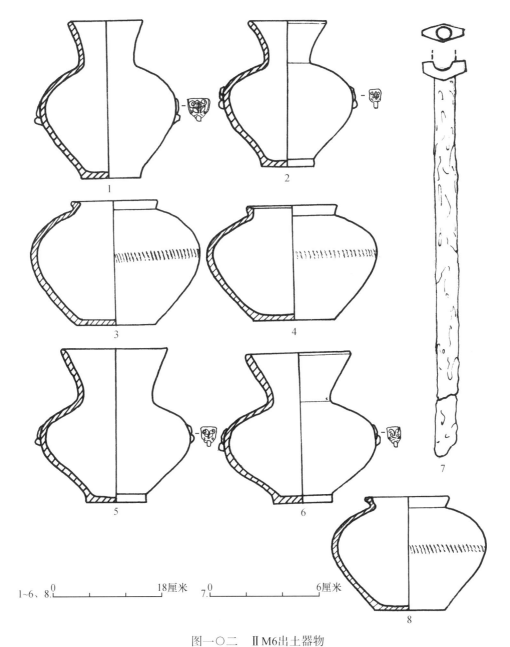

图一〇二 ⅡM6出土器物

1、2、5、6.陶壶（ⅡM6：1、ⅡM6：2、ⅡM6：24、ⅡM6：16） 3、4、8.陶罐（ⅡM6：12、ⅡM6：3、ⅡM6：5）

7.铁剑（ⅡM6：21）

平底。折棱饰一周戳印纹，腹部饰数周凹弦纹，肩部以上磨光。口径7.8、底径5.2、高10.8厘米
（图一〇三，9）。ⅡM6：22，侈口，圆唇，矮领折肩，弧腹，平底。器表素光。口径7.2、
底径7.3、高12厘米（图一〇三，10）。ⅡM6：23，直口微侈，圆唇，溜肩，鼓腹，平底。器
表素光。口径6.4、底径6.8、高12.厘米（图一〇三，12）。ⅡM6：25，侈口，卷唇，高领折
肩，鼓腹，平底。肩部饰一周戳印纹，腹部饰凹弦纹。器表有烟炱。口径7.8、底径5.6、高11.8
厘米（图一〇三，17）。ⅡM6：26，侈口，卷沿，矮领，折肩，弧腹，平底。折棱饰一周戳

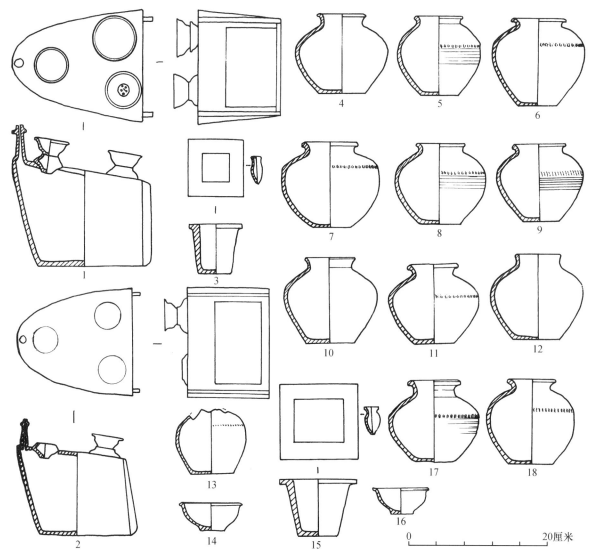

图一〇三　ⅡM6出土陶器

1、2. 灶（ⅡM6：7、ⅡM6：6）　3、15. 陶井（ⅡM6：9、ⅡM6：8）　4~13、17、18. 小罐（ⅡM6：4、ⅡM6：13、
ⅡM6：15、ⅡM6：17、ⅡM6：18、ⅡM6：19、ⅡM6：22、ⅡM6：20、ⅡM6：23、ⅡM6：14、ⅡM6：25、ⅡM6：26）
14、16. 陶碗（ⅡM6：10、ⅡM6：11）

印纹，腹部饰凹弦纹，近底处有刮削痕，肩部磨光，器表有烟炱。口径6.3、底径6、高12厘米
（图一〇三，18）。

　　陶碗　2件。ⅡM6：10，敞口，斜折沿，深弧腹，尖圆唇，腹部有明显的折痕，假圈足，
平底。口径8.8、底径3.8、高4厘米（图一〇三，14）。ⅡM6：11，敞口，平沿，圆唇，腹部有
明显的折痕，假圈足，平底。口径8.6、底径3.8、高3.8厘米（图一〇三，16）。

　　陶灶　2套，泥质灰陶。平面呈船形，灶面稍作弧形，三火眼置釜，呈"品"字形。后有圆
形烟囱眼，上置细柱状形烟囱，顶上有隆节，中空，前置长方形灶门，两侧置有挡风，平底。
ⅡM6：6，附带三釜一甑。长17.8、宽15.5、高10.8~16.4厘米（图一〇三，2）。ⅡM6：7，附

带二釜一盆一瓿。长20.4、宽16.5、高12～19.8厘米（图一〇三，1）。

陶井 2套，泥质灰陶。ⅡM6：8，井框平面呈近方形，立面上宽下窄呈梯形，井内有数周凸棱纹，平底。口边长10.9、底边长6、高9厘米，吊瓶，平口，束颈，鼓腹，小平底，手制（图一〇三，15）。ⅡM6：9，井框平面呈近方形，井腹呈方柱体，井内有数周凸棱纹，平底。口边长8.5、底边长5、高7厘米，吊瓶，平口，束颈，弧腹，小平底，手制（图一〇三，3）。

铁剑 1把。ⅡM6：21，茎残，剑格为铜质，厚而宽，呈倒"凹"字形，截面呈菱形，剑身残断，呈长条形，中间起脊。残长22.2、剑身宽1.5、格宽2.4、厚0.1厘米（图一〇二，7）。

ⅡM7

1. 墓葬形制

斜坡式墓道土坑木椁墓，方向350°，整体平面略呈"甲"字形，由墓道和墓室两部分组成。

墓道位于墓室北端，竖穴墓道。平面呈梯形，壁面较直，底呈斜坡状，坡度为27°。长790、宽100～180、深140～380厘米。

墓室为竖穴土坑。平面呈梯形，壁面较直，平底。长440、宽228～250、深380厘米。带有生土二层台，宽10～20厘米，至墓底70、至墓口310厘米。内填五花土，土质较硬，略夯打。有葬具棺椁，木椁呈亚腰形，长400、宽226、腰宽196、厚20～26、残高70厘米；椁内南部并列置2具木棺：东侧1具略呈梯形，长180、宽48～50、厚4、残高20厘米；西侧1具呈长方形，长198、宽70、厚4、残高20厘米。骨架2具，保存较好，均头向北，东侧面向西，西侧面向上，为仰身直肢葬，双人合葬墓。随葬有陶灶1套、陶井1套、陶壶6件，置于椁内北部；陶罐3件、小陶罐15件，置于两具木棺之间；铜带钩1件、铜钱5枚，置于西侧骨架左臂与腰部及东侧骨架右臂处（图一〇四；图版一五，1、2）。

2. 随葬器物

该墓出土器物32件，质地有陶、铜等。

陶壶 6件。ⅡM7：8，灰陶。敞口，圆唇，束颈，鼓腹，假圈足略外撇，平底。肩部饰一周宽带纹，腹部饰对称铺首及一周凹弦纹，近底处有刮削痕，器表有烟炱。口径13.2、底径11、高26.8厘米（图一〇五，1）。ⅡM7：9，侈口，方圆唇，粗束颈，鼓腹，假圈足略外撇，平底。颈部及肩部饰一周宽带纹，腹部饰对称铺首及一周凹弦纹，近底处有刮削痕。口径13、底径11、高26.2厘米（图一〇五，8）。ⅡM7：10，灰陶。敞口，圆唇，束颈，鼓腹，假圈足较直，平底。颈部饰一周宽带纹，腹部饰对称铺首衔环，环上施橙色，器表有烟炱。口径12.7、底径10、高27.5厘米（图一〇五，7）。ⅡM7：25，灰陶。敞口，方圆唇，唇上有一周凹槽，粗束颈，颈部与肩部接口处起一泥棱，鼓腹，矮假圈足略外撇，平底。肩部饰一周宽

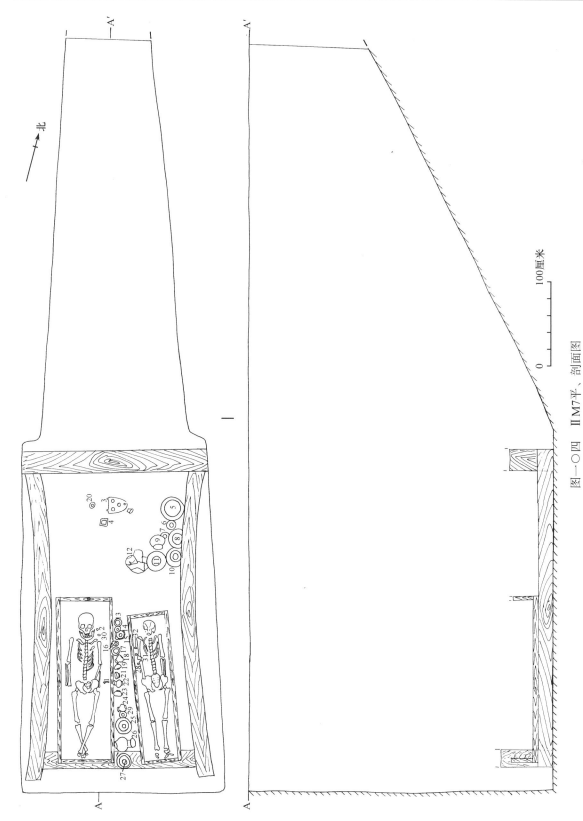

图一〇四　ⅡM7平、剖面图

1. 铜带钩　2、28、30～32. 铜钱　3. 陶灶　4. 陶井　5、11、12. 陶罐　6、7、13～24、29. 小陶罐　8～10、25～27. 陶壶

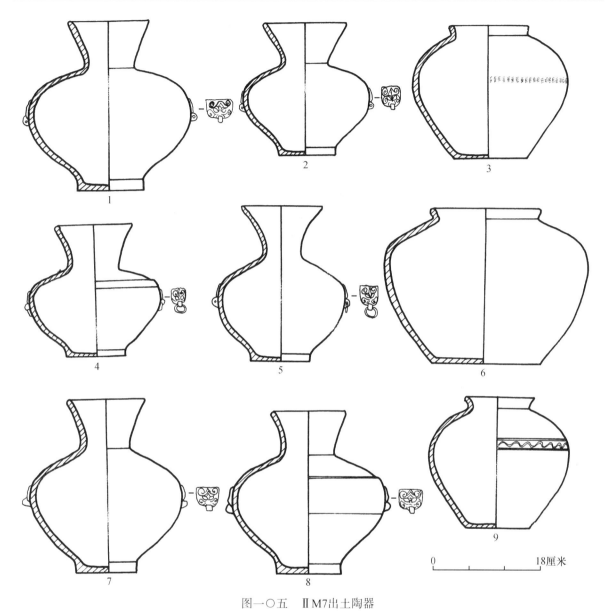

图一〇五　Ⅱ M7出土陶器

1、2、4、5、7、8.壶（Ⅱ M7：8、Ⅱ M7：25、Ⅱ M7：26、Ⅱ M7：27、Ⅱ M7：10、Ⅱ M7：9）

3、6、9.罐（Ⅱ M7：12、Ⅱ M7：5、Ⅱ M7：11）

带纹，腹部饰对称铺首衔环，环上施橙色，颈部及近底处有刮削痕。口径14、底径10、高21.3
厘米（图一〇五，2）。Ⅱ M7：26，黑衣灰陶。敞口，平唇，略作盘口状，粗束颈，折肩，鼓
腹，矮假圈足略外撇，平底内凹。肩部饰一周宽带纹，腹部饰对称铺首衔环，环上施橙色，唇
上亦施橙色，腹部以下磨光。口径13.2、底径10.5、高21.2厘米（图一〇五，4）。Ⅱ M7：27，
灰陶。外显盘口，内缘敞口，圆唇，束颈，折肩，鼓腹，矮假圈足略外撇，平底。肩部饰一周
宽带纹，腹部饰对称铺首衔环，环上施橙色，颈部及近底处有刮削痕。器表有烟炱。口径14、
底径9.5、高25厘米（图一〇五，5）。

　　陶罐　3件。ⅡM7：5，灰陶。侈口，圆唇，折肩，鼓腹，平底。口径18.8、底径18、高25厘米（图一〇五，6）。ⅡM7：11，灰褐陶。侈口，圆唇，鼓腹，平底。腹部饰两周凹弦纹，其间饰一周水波纹，下腹有刮削痕。口径11.8、底径11、高20.5厘米（图一〇五，9）。ⅡM7：12，灰陶。直口，圆唇，鼓腹，腹最大径偏上，下斜收，平底。腹部饰一周绳纹。口径14、底径13、高21厘米（图一〇五，3）。

　　小陶罐　15件，灰陶。ⅡM7：6，侈口，圆唇，折肩，鼓腹，平底。腹部饰暗弦纹，肩部磨光，近底处有刮削痕。口径5.3、底径4.5、高8.5厘米（图一〇六，1）。ⅡM7：14，侈口，圆唇，弧肩，鼓腹，平底。腹部刮削起棱。口径5、底径4.7、高8.2厘米（图一〇六，4）。ⅡM7：16，侈口，方唇，折肩，折棱突出，弧腹，平底。腹部饰暗弦纹，肩部磨光，腹部有刮削痕。口径5、底径4.5、高7.8厘米（图一〇六，6）。ⅡM7：18，侈口，圆唇，圆肩，弧腹，平底。腹部刮削使肩下略有泥棱。口径5、底径3.8、高7.5厘米（图一〇六，8）。ⅡM7：7、24，侈口，方唇，折肩，折棱明显，弧折腹，平底。肩部磨光，腹上部饰暗弦纹，腹下部有刮削痕。ⅡM7：7，口径4.6、底径4.5、高7.8厘米（图一〇六，2）。ⅡM7：24，口径5.2、底径4、高7.5厘米（图一〇六，15）。ⅡM7：13、17，侈口，圆唇，溜肩，鼓腹，平底。腹部刮削起泥棱，近底处有刮削痕。ⅡM7：13，口径5、底径5、高7.7厘米（图一〇六，3）。ⅡM7：17，口径4.5、底径3.5、高7.4厘米（图一〇六，7）。ⅡM7：15、19，侈口，方唇，弧折腹，平底。肩腹部磨光，腹下有刮削痕。ⅡM7：15，口径5、底径3.5、高7.5厘米（图一〇六，5）。ⅡM7：19，口径5.2、底径3.7、高8厘米（图一〇六，9）。ⅡM7：20，侈口，圆唇，溜肩，扁鼓腹，下腹斜收，平底。肩部磨光，腹部饰暗弦纹，近底处有刮削痕。口径5、底径4、高7厘米（图一〇六，10）。ⅡM7：22，侈口，方唇，折肩，弧腹，平底。肩腹部饰两周凹弦纹并磨光，腹下有刮削痕。口径5.3、底径5、高8.3厘米（图一〇六，12）。ⅡM7：21、23，敞口，圆唇，溜肩，折腹，上腹较直，下腹斜收，平底。肩部磨光，腹下有刮削痕。ⅡM7：21，口径5、底径3.5、高8厘米（图一〇六，11）。ⅡM7：23，口径5、底径4.7、高8.2厘米（图一〇六，14）。ⅡM7：29，黑衣灰陶。侈口，圆唇，溜肩，鼓腹，大平底。腹下有刮削痕。口径5.2、底径5.4、高8厘米（图一〇六，16）。

　　陶灶　1套（4件）。ⅡM7：3，泥质灰陶。平面呈船形，灶面微隆，三火眼各置一釜，呈"品"字形，后有圆形烟囱眼，前置长方形灶门，两侧置有挡风。附带二盆一甑。长22.2、宽19.5、高13.5~18厘米（图一〇六，13）。

　　陶井　1套（2件）。ⅡM7：4，泥质灰陶。口部平面呈近方形，器身呈方体，平底。内有数周凸棱纹。吊瓶，长口，圆鼓腰，小平底，手制。口边长8.5、底边长6、高9.2厘米（图一〇六，17）。

　　铜带钩　1件。ⅡM7：1，琵琶形，窄体，截面呈半圆形，长颈，兽头形钩首，平背，圆纽，位于钩背偏尾部。钩面饰以方格纹。长7.6、宽1.2、厚0.3厘米（图一〇七，1）。

　　铜钱　5枚。"五铢"，篆书，横读。ⅡM7：2，五字瘦小，交笔弯曲，上下两横较长；铢字金字头作箭镞形。直径2.45、穿宽0.9厘米，重3.6克。ⅡM7：28、30~32，五字瘦长，交

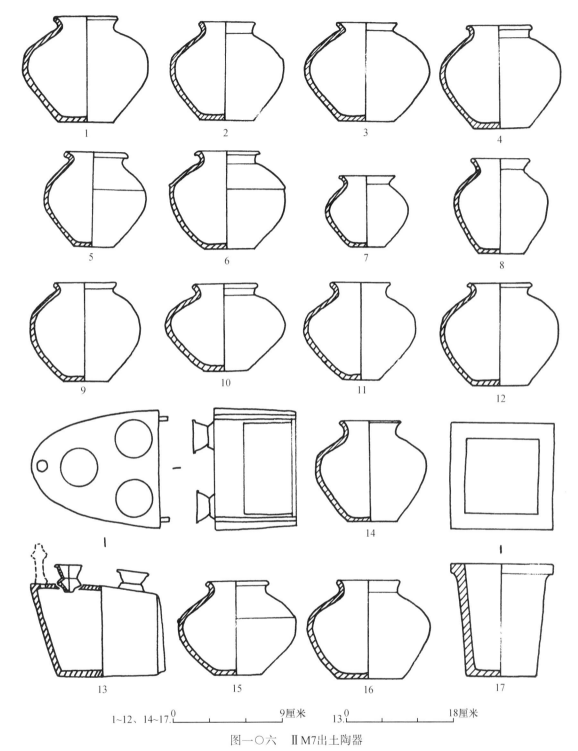

图一〇六 ⅡM7出土陶器

1~12、14~16. 小罐（ⅡM7：6、ⅡM7：7、ⅡM7：13、ⅡM7：14、ⅡM7：15、ⅡM7：16、ⅡM7：17、ⅡM7：18、
ⅡM7：19、ⅡM7：20、ⅡM7：21、ⅡM7：22、ⅡM7：23、ⅡM7：24、ⅡM7：29） 13. 灶（ⅡM7：3）
17. 井（ⅡM7：4）

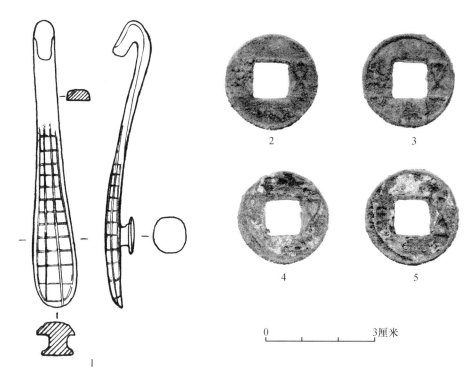

图一〇七　ⅡM7出土器物

1. 铜带钩（ⅡM7：1）　2～5. 铜钱（ⅡM7：31、ⅡM7：28、ⅡM7：32、ⅡM7：30）

笔略直；铢字金字头作箭镞形。直径2.5～2.6、穿宽1厘米，重3.3～3.6克（图一〇七，3、5、2、4）。

ⅡM8

1. 墓葬形制

斜坡式墓道土洞墓，方向355°，整体平面略呈"甲"字形，由墓道和墓室两部分组成。

墓道位于墓室北端，竖穴墓道。平面略呈梯形，壁面较直，底呈斜坡状，坡度为16°。长350、宽100～140、深220～370厘米。墓室为土洞。平面呈长方形，拱形顶，底较平，内填五花土，土质较硬，略夯打。长250、宽150、高150～240厘米。未发现有骨架。随葬有陶壶2件、陶罐3件、小陶罐1件，置于墓室东南角（图一〇八）。

2. 随葬器物

该墓出土陶器4件，器形有壶、小罐、罐等。

壶　2件，灰陶。敞口，圆唇，束颈，鼓腹，假圈足略外撇，平底。肩部饰一周宽带纹，腹部饰对称铺首，颈部及近底处有刮削痕。ⅡM8：1，口径12.5、底径11、高25.3厘米（图一〇九，1）。ⅡM8：6，口径12.2、底径11、高25.7厘米（图一〇九，3）。

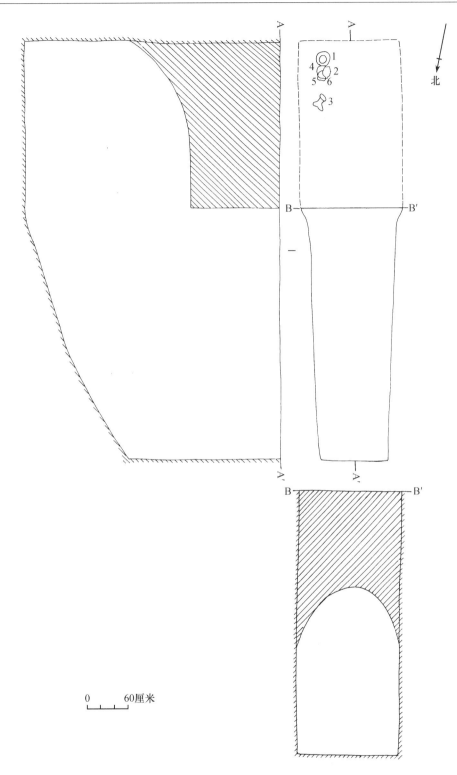

图一○八　ⅡM8平、剖面图

1、6.陶壶　2、3.陶罐　4、5.陶罐口腹

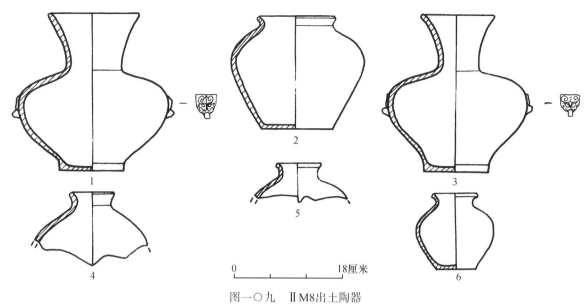

图一〇九　ⅡM8出土陶器

1、3.壶（ⅡM8：1、ⅡM8：6）　2、4～6.罐（ⅡM8：2、ⅡM8：5、ⅡM8：4、ⅡM8：3）

罐　3件，灰陶。ⅡM8：2，口腹变形，方唇，鼓腹，下腹斜收，大平底。腹下有刮削痕。口径13.5、底径12.5、高18厘米（图一〇九，2）。ⅡM8：4、5，灰陶。口微侈，束颈，溜肩，颈部有两周凹槽。ⅡM8：4，口径7.5、残高6厘米（图一〇九，5）。ⅡM8：5，口径7、残高11.4厘米（图一〇九，4）。

小罐　1件，灰陶。ⅡM8：3，侈口，尖圆唇，鼓腹，大平底。器表素光，近底处有刮削痕。口径7.5、底径7.5、高12.3厘米（图一〇九，6）。

ⅡM9

1. 墓葬形制

斜坡式墓道土坑木椁墓，方向100°，整体平面略呈"甲"字形，由墓道和墓室两部分组成。

墓道位于墓室东端，竖穴墓道。平面呈梯形，壁面较直，底呈台阶斜坡状，坡度为15°。长1260、宽95～415、深50～425厘米。

墓室为竖穴土坑。平面略呈梯形，壁面斜下，底较平。长840、宽600～740、深425厘米。南、北、西壁各有生土台，南壁为三级，第一级宽90～105、深140厘米，第二级宽50～55、深40厘米，第三级宽45～50、高30厘米，至墓底深215厘米；北壁为一级，宽95～115、深150厘米，至墓底深275厘米；西壁为1级，宽50、深140厘米，至墓底深285厘米。内填五花土，土质较硬，略夯打。有葬具木椁，仅存朽痕，呈长方形，长540、宽320、厚20、高130厘米。在木椁与墓室之间用碎陶片填实，底层厚25厘米，顶部厚70厘米，东西两侧厚85～95厘米。骨架2具，置于木椁内中部偏东，南侧1具保存较好，头向东南，面向下，为俯身直肢式；北侧1具保存较差，仅存头骨及部分肢骨，葬式不清，为双人合葬墓。墓道南壁靠近墓室处有盗洞，自上而斜下直通墓内，平面呈长方形，长150、宽50厘米。随葬有铜车马具数件、铜弩机、铜环2件、铜扣3枚、陶壶4件、陶灶1套、陶熏炉1件、陶火盘1件、陶罐1件、小陶罐2件、陶井1套（2件），置于棺内东部（图一一〇）。在填实墓室的陶片中出土2件瓦当。

2. 随葬器物

该墓出土器物88件（套），质地有陶、铜等。

陶壶　4件，灰陶。ⅡM9：4，敞口，平唇，束颈，鼓腹，矮假圈足外撇，平底。颈部饰一周凹弦纹，肩部饰一周宽带纹，腹部饰对称铺首衔环，器表有刮削痕。口径13、底径12.6、高24.7厘米（图一一一，2）。ⅡM9：9，盘口，方唇，粗短颈，颈部偏上起棱，鼓腹，矮假圈足较直，平底内凹。肩部饰一周宽带纹，腹部饰对称铺首及一周凹弦纹，近底处有刮削痕，器表有烟炱。口径13.2、底径11、高25厘米（图一一一，5）。ⅡM9：10，敞口，圆唇，束颈，鼓腹，矮假圈足较直，平底。肩部饰一周凹弦纹，腹部饰对称铺首及一周凹弦纹，腹部及近底处有刮削痕。口径13、底径10、高26厘米（图一一一，4）。ⅡM9：11，盘口，平唇，束颈，鼓腹，假圈足略内收，平底。腹部饰对称铺首及两周凹弦纹，腹下有刮削痕。口径13.3、底径9.3、高25.3厘米（图一一一，8）。

陶罐　1件。ⅡM9：8，残碎，形制不清。

小陶罐　2件，灰陶。敞口，圆唇，鼓腹，平底。腹下有刮削痕，器表有烟炱。ⅡM9：7，口径4.2、底径3.6、高7.2厘米（图一一一，9）。ⅡM9：14，口径5、底径4.4、高8厘米（图一一一，7）。

陶熏炉　1件。ⅡM9：5，灰陶。无盖，炉为子母口内敛，鼓腹，圜底。腹较浅，粗柱状柄，中空，钻对称小圆孔，浅盘底座，宽平沿，沿面有一周凹槽，平底，器表有刮削痕。口径8、底径12、高9.5厘米（图一一一，10）。

陶火盘　1件。ⅡM9：6，灰陶。平面呈长方形，上大下小，宽平沿，斜直腹，平底。四角接矮蹄足，底部有细长条镂孔，两长壁有四圆孔、两长条亚腰形镂孔，器表有刮削痕，手制。长13.8、宽7.5、高3.5厘米（图一一一，3）。

陶井　1套（2件）。ⅡM9：13，泥质灰陶。井框呈"井"字形，井身呈梯形，井内有数周凸棱纹，平底，手制，器表有划痕。吊瓶，直领微侈，弧腹，尖底。口边长9.6、底边长4.8、高7.3厘米（图一一一，6）。

陶灶　1套（6件）。ⅡM9：3，泥质灰陶。平面呈船形，灶面微弧，五火眼各置一釜，附带五盆。后有圆形烟囱眼，上置柱状形烟囱，顶上有隆节，上有三角形镂孔，前置长方形灶门，两侧置有挡风。长27.6、宽21.6、高16～25.2厘米（图一一一，1）。

瓦当　2件。ⅡM9：06，残，灰色。以单环线将当面分为内外区，内区当心饰乳凸，乳凸外环绕一周栉齿纹，外区以双线为界格，格饰蘑菇形云纹。直径11、边轮宽1.2、当厚1.2厘米（图一一四，1）。ⅡM9：03，残半，灰色。以单线为界格，残存"千秋"二字。直径14.5、

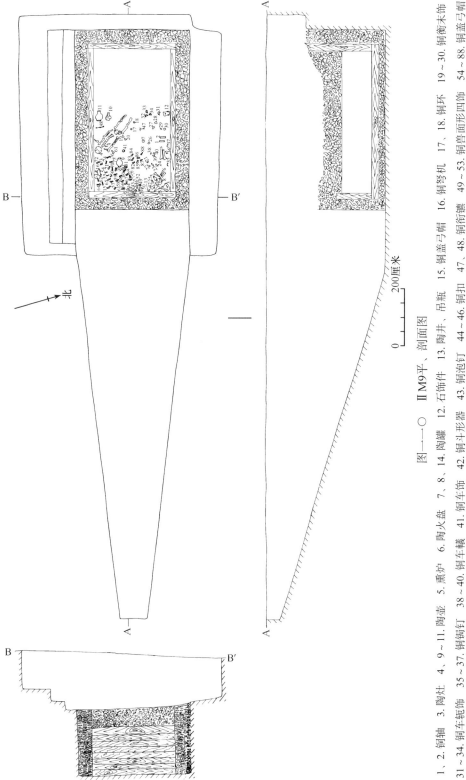

图一一〇 II M9平、剖面图

1、2. 铜轴　3. 陶柱　4、9～11. 陶壶　5. 熏炉　6. 陶火盘　7、8、14. 陶罐　12. 石饰件　13. 陶井　15. 铜盖弓帽　16. 铜弩机　17、18. 铜环　19～30. 铜衡末饰
31～34. 铜车轭饰　35～37. 铜钉　38～40. 铜车辕　41. 铜车饰　42. 铜斗形器　43. 铜泡钉　44～46. 铜扣　47、48. 铜衔镳　49～53. 铜兽面形凹饰　54～88. 铜盖弓帽

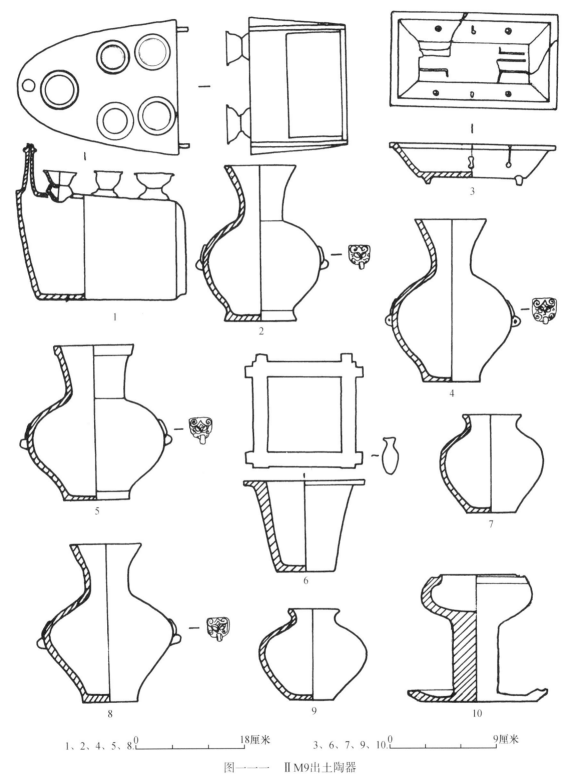

图一一一 ⅡM9出土陶器

1.灶（ⅡM9：3） 2、4、5、8.壶（ⅡM9：4、ⅡM9：10、ⅡM9：9、ⅡM9：11） 3.火盘（ⅡM9：6）

6.井（ⅡM9：13） 7、9.罐（ⅡM9：14、ⅡM9：7） 10.熏炉（ⅡM9：5）

边轮宽1、当厚1.1厘米。（图一一四，2）。

铜器 2套，是铜车马具。

铜车轴 2件。ⅡM9：1，圆筒状，略呈亚腰形，中部饰三周、两端各饰一周凸棱。长10.4、直径1.7～1.8厘米（图一一二，6）。ⅡM9：2，圆筒状，略呈亚腰形，一端已残，中部饰三周、一端饰一周凸棱，圆筒内残存有圆木。残长6.8、直径1.4～1.6厘米（图一一二，16）。

铜弩机 1件。ⅡM9：16，由郭、牙、悬刀组成，郭上有两穿钉，用于固定牙和悬刀，郭前端较窄处有箭槽。郭长4.7、宽1～1.8、高1.1厘米（图一一二，13）。

铜环 2件。ⅡM9：17、18，截面呈长方形片状。直径1.7厘米（图一一二，8、5）。

铜衡末饰 12件。圆形筒状，一端封闭，中间饰一周凸棱。ⅡM9：19，长1.8、直径1.4厘米（图一一三，9）。ⅡM9：25、26，圆形筒状，一端封闭，近封闭端饰四周凸棱。ⅡM9：25，长2.4、直径1.2厘米（图一一三，6）。ⅡM9：27、28，圆形筒状，一端封闭，近封闭端饰三周凸棱。ⅡM9：27，长2.2、直径1.1厘米。ⅡM9：28，长2.4、直径1.2厘米（图一一三，5）。ⅡM9：29、30，呈弯曲半圆形管状，一端封闭，一端呈三角形，封闭端做兽面，似一蛇首。ⅡM9：29，长3.1、直径1.4厘米（图一一三，2）。

铜车饰 1件。ⅡM9：41，片状，一端呈扁圆冒形，似一环钉，截面呈长方形。通长1.7、环外径1.1、环内径0.7厘米（图一一二，14）。

铜兽面形车轭饰 4件。ⅡM9：31，呈弯曲半圆形管状，一端封闭，一端呈三角形，封闭端做兽面，似一蛇首。长3、宽1.5厘米（图一一三，7）。ⅡM9：32～34，呈弯曲半圆形管状，一端封闭，一端齐平，封闭端呈兽面形。ⅡM9：32，长2.5、直径1.2厘米（图一一二，15）。

兽面形车饰 5件。ⅡM9：49、50，半圆形兽面部外鼓，背部内凹，上侧中部有长条形薄片，供插入车木之用，其一薄片略残。高3.2、宽2.4厘米（图一一三，14、13）。ⅡM9：51～53，长方形，底边呈半圆状，兽面部外鼓，背部内凹，上侧平边中部有近梯形薄片，供插入车木之用。ⅡM9：51，高4.6、宽2.8厘米（图一一三，15）。ⅡM9：52，高4.3、宽2.7厘米（图一一三，1）。ⅡM9：53，高4.4、宽2.7厘米（图一一三，12）。

铜锸钉 3件。ⅡM9：35～37，两端折钩，截面呈四方棱形。长10～10.2厘米（图一一二，2～4）。

铜车轊 3件。ⅡM9：38～40，对弯呈“U”形，截面呈圆形。宽2.3～3、高1.9～2.2厘米（图一一二，12、10、11）。

铜斗形器 1件。ⅡM9：42，整体呈长方形斗状，底有一圆形小孔。宽1～1.5、高0.7、小孔直径0.2厘米（图一一二，7）。

铜泡钉 1件。ⅡM9：43，表面鎏金，蘑菇状，钉呈锥形略弯曲。钉长1.8、钉帽直径1.5厘米（图一一三，11）。

铜扣 3枚。ⅡM9：44、45，蘑菇状，半圆形扣纽。ⅡM9：44，高1.4、扣帽直径1.7厘米（图一一三，3）。ⅡM9：46，蘑菇状，扣帽隆起呈尖状。长1.1、扣帽直径1.2厘米（图一一三，8）。

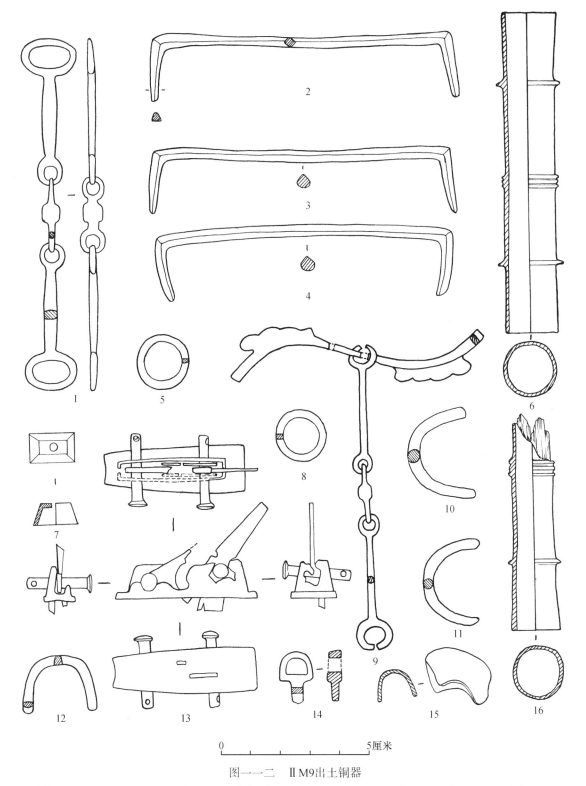

图一一二　ⅡM9出土铜器

1、9. 衔镳（ⅡM9：48、ⅡM9：47）　2～4. 锔钉（ⅡM9：35、ⅡM9：36、ⅡM9：37）　5、8. 环（ⅡM9：18、
ⅡM9：17）　6、16. 车轴（ⅡM9：1、ⅡM9：2）　7. 斗形器（ⅡM9：42）　10～12. 车轙（ⅡM9：39、ⅡM9：40、
ⅡM9：38）　13. 弩机（ⅡM9：16）　14. 车饰（ⅡM9：41）　15. 车轭饰（ⅡM9：32）

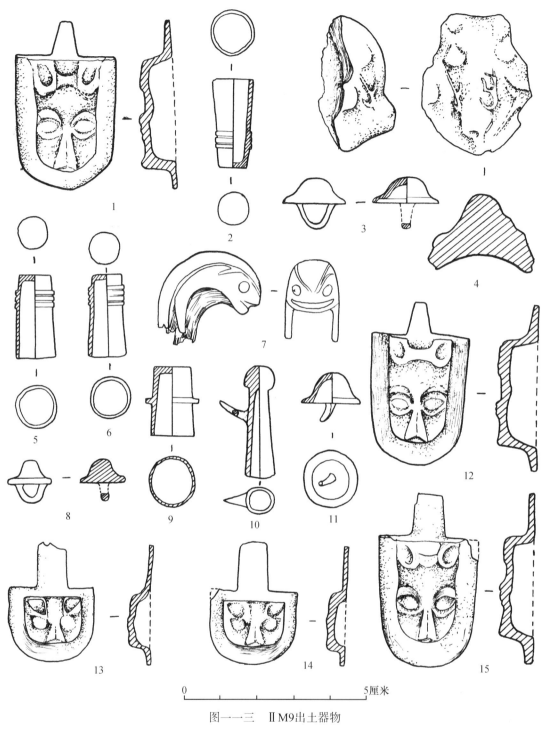

图一一三　ⅡM9出土器物

1、12~15. 铜兽面形车饰（ⅡM9：52、ⅡM9：53、ⅡM9：50、ⅡM9：49、ⅡM9：51）　2、5、6、9. 铜衡末饰（ⅡM9：29、ⅡM9：28、ⅡM9：25、ⅡM9：19）　3、8. 铜扣（ⅡM9：44、ⅡM9：46）　4. 石器（ⅡM9：12）　7. 铜车轭饰（ⅡM9：31）　10. 铜盖弓帽（ⅡM9：15）　11. 铜泡钉（ⅡM9：43）

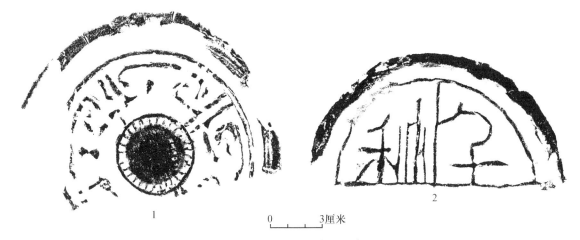

图一一四 ⅡM9出土瓦当

1. 云纹瓦当（ⅡM9：06） 2. 文字瓦当（ⅡM9：03）

铜衔镳 2件。衔为三节环，两长衔之间以一"8"字形短衔相连接，短衔中部有结节，镳呈"S"形，棒状，穿于衔两端的环内，中部呈片状有两小穿孔，两端呈鸡冠状突起，缺另一端镳。ⅡM9：47，衔长9.9、镳长8.5厘米（图一一二，9）。ⅡM9：48，衔长11.5厘米（图一一二，1）。

铜盖弓帽 36件。ⅡM9：15、54～88，呈上小下大圆筒状，顶端有半球形帽，一侧靠上方有倒钩。ⅡM9：15，高3、直径0.8厘米（图一一三，10）。

石器 1件。ⅡM9：12，铸成兽首形，截面呈三角形。高3.7、宽3厘米（图一一三，4）。

ⅡM10

1. 墓葬形制

斜坡式墓道土坑墓，方向355°，整体平面略呈"甲"字形，由墓道和墓室两部分组成。

墓道位于墓室北端，竖穴墓道。平面呈梯形，壁面较直，底呈斜坡状，坡度为20°。长530、宽140～170、深150～390厘米。

墓室为竖穴土坑。平面略呈长方形，壁面斜下，平底。墓口长410、宽330、底长398、宽145、深410厘米。内填五花土，土质较松软。骨架保存较好，头向北，面向上，为仰身直肢葬。随葬有铜带钩1件、铜钱1枚、铜弩机1件、陶壶3件、陶罐1件、陶灶1套、陶井1件、小陶罐7件，置于骨架两侧（图一一五）。

2. 随葬器物

该墓出土器物16件，质地有陶、铜等。

陶壶 3件，灰陶。ⅡM10：5、7，盘口，圆唇，束颈，鼓腹，矮假圈足略外撇，平底。肩

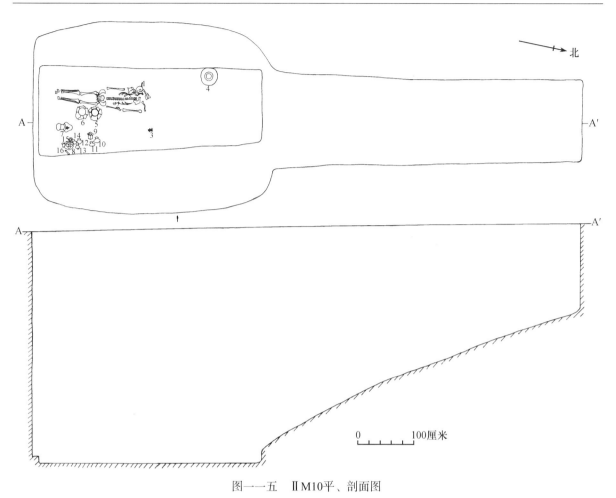

图一一五　　ⅡM10平、剖面图

1. 铜带钩　2. 铜钱　3. 铜弩机　4. 陶罐　5~7. 陶壶　8. 陶灶　9. 陶井　10~16. 小陶罐

部饰带纹，腹部饰对称铺首，近底处有刮削痕。ⅡM10：5，口径13.5、底径13.5、高27.2厘米（图一一六，5）。ⅡM10：7，口径14、底径12.7、高27.5厘米（图一一六，1）。ⅡM10：6，敞口，内显盘口，方唇，唇上有一周凹槽，粗束颈，鼓腹，假圈足外撇，平底内凹。肩部饰一周带纹，腹部饰对称铺首，近底处有刮削痕，器表有烟炱。口径13、底径13、高27厘米（图一一六，2）。

陶罐　1件。ⅡM10：4，灰陶。直口微侈，宽平沿，溜肩，半球形腹，大平底内凹。腹部饰一周绳纹，腹下有刮削痕。口径14、底径27.5、高24.6厘米（图一一六，4；图版八九，2）。

小陶罐　7件，灰陶。ⅡM10：10、12，直口，尖圆唇，束颈，丰肩，鼓腹，平底。腹下有刮削痕。ⅡM10：10，口径4、底径4、高7.8厘米（图一一七，4）。ⅡM10：12，口径4.2、底径3.8、高6.7厘米（图一一七，2）。ⅡM10：11，敞口，圆唇，溜肩，鼓腹，平底。腹部饰一周戳印纹，近底处有刮削痕。口径4.3、底径3.6、高8.5厘米（图一一七，1）。ⅡM10：13，侈口，方唇，鼓腹，小平底。腹部饰一周戳印纹，腹下有刮削痕，器表有烟炱。口径4.3、底径3.6、高9厘米（图一一七，8）。ⅡM10：14，侈口，圆唇，折肩，弧腹，平底。烧制变形。口

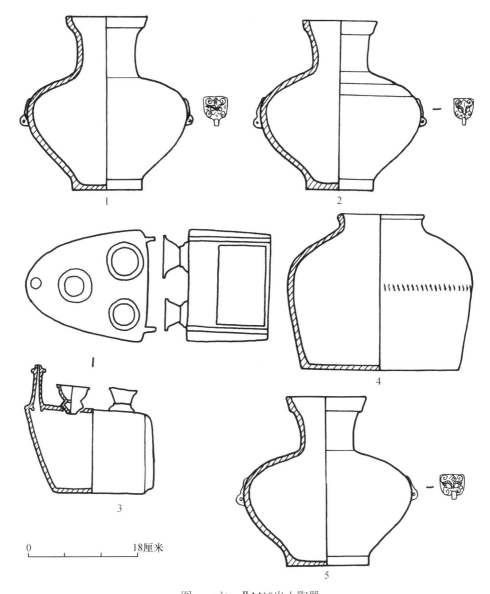

图一一六　ⅡM10出土陶器

1、2、5.壶（ⅡM10：7、ⅡM10：6、ⅡM10：5）　3.灶（ⅡM10：8）　4.罐（ⅡM10：4）

径4.8、底径4.5、高7厘米（图一一七，7）。ⅡM10：15，侈口，圆唇，矮领，鼓腹，平底。腹部饰一周戳印纹，腹下有刮削痕。口径4.1、底径4.5、高7厘米（图一一七，5）。ⅡM10：16，直口微敛，圆唇，溜肩，鼓腹，有折痕，平底。腹下有刮削痕。口径4、底径3.8、高6.9厘米（图一一七，3）。

　　陶灶　1套（5件）。ⅡM10：8，泥质灰陶。平面呈船形，灶面微弧，三火眼各置一釜，附带三盆一甑。后有圆形烟囱眼，上置喇叭状烟囱，前置长方形灶门，两侧置有挡风。长21、宽18.5、高13.2～20.4厘米（图一一六，3）。

　　陶井　1套（2件）。ⅡM10：9，泥质灰陶。口部平面呈“井”字形，井身斜收呈梯形，

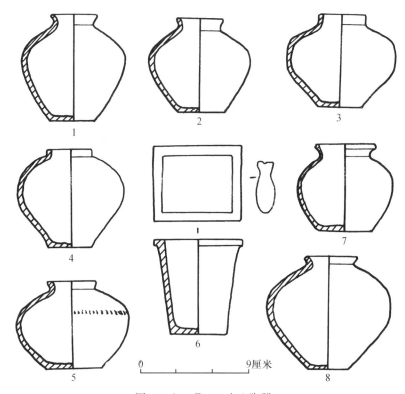

图一一七　ⅡM10出土陶器

1～5、7、8.小罐（ⅡM10：11、ⅡM10：12、ⅡM10：16、ⅡM10：10、ⅡM10：15、ⅡM10：14、ⅡM10：13）

6.井、吊瓶（ⅡM10：9）

井内有数周凸棱纹，平底。口长7.2、口宽6、底边长4.8、高7.5厘米。吊瓶，平口，弧腰，蛋形腹，平底（图一一七，6）。

铜带钩　1件。ⅡM10：1，钩身呈椭圆形，细长颈，素面钩残，钩颈截面呈圆形，背内凹至钩颈处，圆纽。残长8.8厘米（图一一八，1；图版一〇二，4）。

铜弩机　1件。ⅡM10：3，由郭、牙、悬刀组成，郭上有两穿钉，用于固定牙和悬刀，郭前端较窄处有箭槽。郭长4.6、宽0.7～1.2、高1厘米（图一一八，2）。

铜钱　1枚。ⅡM10：2，圆形方孔，字迹不清。

ⅡM11

1. 墓葬形制

斜坡式墓道土坑墓，方向5°，整体平面略呈"甲"字形，由墓道和墓室两部分组成。

墓道位于墓室北端，竖穴墓道。平面呈梯形，壁面较直，底呈斜坡状，坡度为22°。长460厘、宽80～160、深80～240厘米。

墓室为竖穴土坑。平面略呈长方形，壁面垂直，平底。长360、宽180、深240厘米。内填五花土，土质较松软。骨架2具，东侧1具保存较差，西侧1具保存较完好，均头向北，面向上，

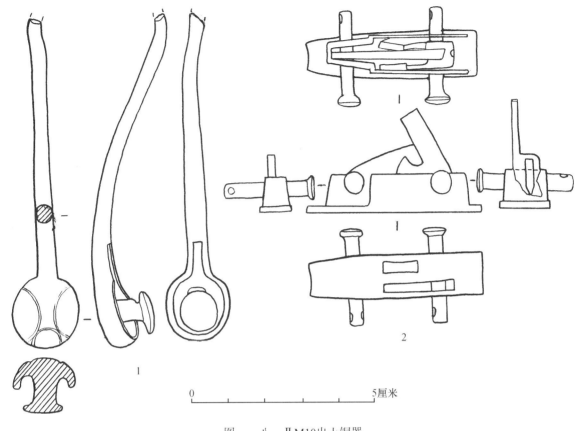

图一一八　ⅡM10出土铜器

1. 带钩（ⅡM10：1）　2. 弩机（ⅡM10：3）

为仰身直肢葬，双人合葬墓。随葬有铜带钩1件、铜钱2枚、料珠1件、陶壶6件、陶罐1件、小陶罐16件、陶灶1套、陶井1套（2件）、陶虎子1件，置于墓室北部及骨架间（图一一九）。

2. 随葬器物

该墓出土器物29件（套），质地有陶、铜等。

陶壶　6件，灰陶。ⅡM11：4、7，敞口，方唇，束颈，鼓腹，假圈足外撇，小平底内凹。颈部略起凸棱，肩部饰一周宽带纹，腹部饰对称铺首及一周凹弦纹。ⅡM11：4，口径13.3、底径10、高24.5厘米（图一二〇，7）。ⅡM11：7，口径13、底径10.5、高25.3厘米（图一二〇，6）。ⅡM11：5、8，外显盘口，敞口，平沿，圆唇，束颈，鼓腹，假圈足外撇，平底内凹。肩部饰一周宽带纹，腹部饰对称铺首衔环，颈部及近底处有刮削痕。ⅡM11：5，口径14、底径12.7、高27.4厘米（图一二〇，3）。ⅡM11：8，器表有烟炱。口径13.5、底径12.3、高27.5厘米（图一二〇，4）。ⅡM11：6，敞口，方唇，唇外侧饰带纹，粗束颈，鼓腹，假圈足外撇，平底。肩部饰一周宽带纹，腹部饰对称铺首及一周凹弦纹，近底处有刮削痕。口径13、底径9.7、高25.3厘米（图一二〇，2）。ⅡM11：9，略显盘口状，圆唇，平沿，粗直颈，鼓腹，假圈足外撇，平底。颈部略起凸棱，肩部饰一周宽带纹，腹部饰对称铺首衔环，颈部及近底处有

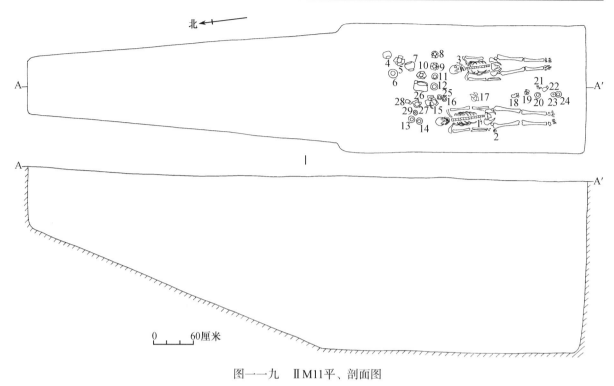

图一一九　ⅡM11平、剖面图

1. 铜带钩　2. 铜钱　3. 料珠　4～9. 陶壶　10. 陶罐　11～14、16～24、27～29. 小陶罐　15. 陶灶　25. 陶井、吊瓶　26. 陶虎子

刮削痕。口径14、底径12.5、高27厘米（图一二〇，8）。

　　陶罐　1件。ⅡM11：10，黑灰陶。喇叭口，圆唇，平沿，高领，溜肩，鼓腹，平底。腹部饰两周凹弦纹，其间填一周水波纹，腹下有刮削痕。口径12、底径15.4、高27.6厘米（图一二〇，5）。

　　小陶罐　16件。ⅡM11：11，灰陶。敞口，方唇，折肩，鼓腹，小平底。折棱上饰一周戳印纹，腹下部有刮削痕，肩上素光。口径4.5、底径4、高8.7厘米（图一二一，1）。ⅡM11：12，灰陶。敞口，方唇，折肩，鼓腹，腹上部略显凹，平底。折棱上饰一周戳印纹。口径4.8、底径5.3、高9.2厘米（图一二一，2）。ⅡM11：13，灰陶。侈口，圆唇，折肩，上腹较直，下腹斜收，平底。折棱处有一周戳印纹，器表有烟炱，近底处有刮削痕。口径5、底径4.2、高7.7厘米（图一二一，3）。ⅡM11：14，黑衣灰陶。侈口，圆唇，折肩，弧腹，平底。折棱上饰一周戳印纹，及底处有刮削痕，肩部磨光。口径4.5、底径4.5、高7.2厘米（图一二一，4）。ⅡM11：16，灰陶。侈口，圆唇，折肩，上腹较直，下腹斜收，平底。折棱处有一周戳印，肩与上腹部磨光，腹下有刮削痕。口径4.5、底径4.5、高7.8厘米（图一二一，5）。ⅡM11：17，黑衣灰陶。侈口，圆唇，折肩，鼓腹上腹略凹，下腹弧收，平底。折棱上饰一周戳印纹，近底处有刮削痕，肩上素光。口径4.2、底径5、高8.9厘米（图一二一，6）。ⅡM11：18，小罐口腹残片，灰陶。侈口，方唇，折肩，折棱处有一周戳印纹。ⅡM11：19、28，灰陶。侈口，尖圆唇，折肩，上腹较直，下腹斜收，平底。肩腹结合处有一周戳印纹，腹下有刮削痕。ⅡM11：19、口径4.2、底径4.8、高6.8厘米（图一二一，7）。ⅡM11：28，口径

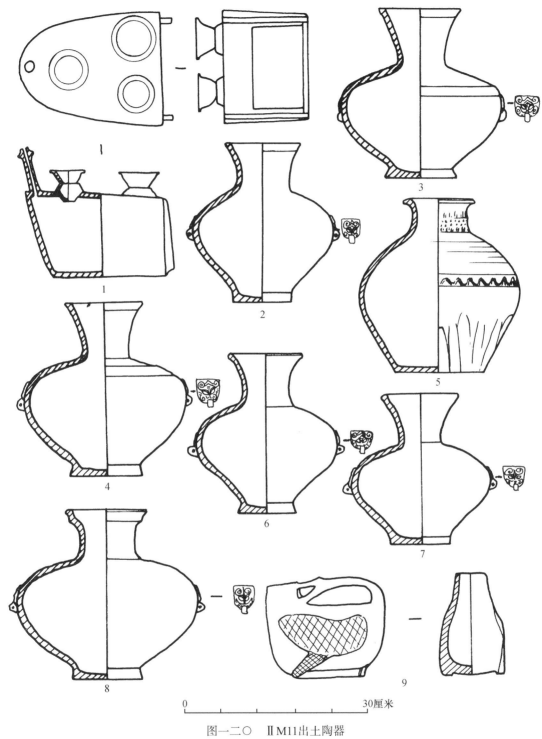

图一二〇 ⅡM11出土陶器

1.灶（ⅡM11:15） 2~4、6~8.壶（ⅡM11:6、ⅡM11:5、ⅡM11:8、ⅡM11:7、ⅡM11:4、ⅡM11:9）

5.罐（ⅡM11:10） 9.虎子（ⅡM11:26）

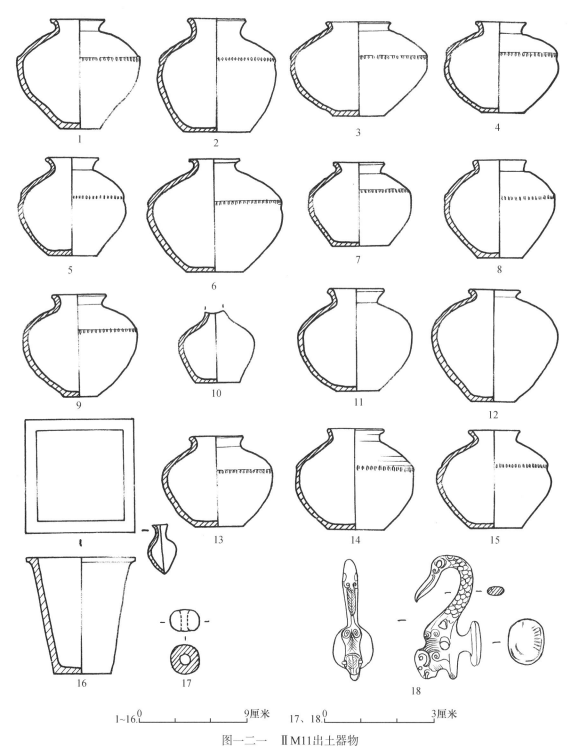

图一二一　ⅡM11出土器物

1～15. 小陶罐（ⅡM11：11、ⅡM11：12、ⅡM11：13、ⅡM11：14、ⅡM11：16、ⅡM11：17、ⅡM11：19、ⅡM11：20、
ⅡM11：22、ⅡM11：21、ⅡM11：23、ⅡM11：24、ⅡM11：27～ⅡM11：29）　16. 陶井（ⅡM11：25）

17. 料珠（ⅡM11：3）　18. 铜带钩（ⅡM11：1）

4.5、底径4、高8.3厘米（图一二一，14）。ⅡM11：20，灰陶。敞口，尖圆唇，折肩，鼓腹，下腹斜收，平底。肩腹结合处起一泥棱，折棱处有一周戳印。口径4.2、底径3.6、高8厘米（图一二一，8）。ⅡM11：21，灰陶。口残，折肩，鼓腹，平底。腹下有刮削痕。口残、底径4、残高7.3厘米（图一二一，10）。ⅡM11：22～24，灰陶。侈口，圆唇，折肩，鼓腹，小平底。折棱上饰一周戳印纹，近底处有刮削痕。烧制变形。ⅡM11：22，口径4.5、底径3.5、高8.3厘米（图一二一，9）。ⅡM11：23，肩部磨光。口径4.5、底径4、高8.3厘米（图一二一，11）。ⅡM11：24，烧制变形。口径4.3、底径3.4、高9厘米（图一二一，12）。ⅡM11：27，灰陶。侈口，圆唇，溜肩，上腹较直，下腹斜收，平底。肩腹结合处有一周戳印纹。口径4.2、底径4.5、高7.3厘米（图一二一，13）。ⅡM11：29，黑衣灰陶。侈口，圆唇，折肩，上腹较直，下腹斜收，平底。肩腹结合处有一周戳印纹，近底处有刮削痕。口径4、底径4.7、高8厘米（图一二一，15）。

陶虎子　1件。ⅡM11：26，青灰陶。通体呈卧鸭形，尾部为圆柱形口，鸭嘴衔尾，颈部为提梁，腹部以刻划网格纹和浅浮雕方式表现鸭子的躯体，平底，中空。口径4.8、长19.5、宽10.8、高16.2厘米（图一二〇，9；图版九〇，1、2）。

陶灶　1套（7件）。ⅡM11：15，泥质灰陶。平面呈船形，灶面稍作弧形，三火眼置釜，呈"品"字形。后有圆形烟囱眼，上置柱状形烟囱，顶上有隆节，上有三角形镂空，中空。前置长方形灶门，两侧置有挡风。现有三釜二盆一甑。长25.2、宽18、高12.6～21厘米（图一二〇，1）。

陶井　1套（2件）。ⅡM11：25，泥质灰陶。口部平面呈井字形，井身呈上宽下窄的梯形，井内有数周凸棱纹，近底处饰细绳纹。口边长9、底边长4.8、高9.4厘米。吊瓶，平口，束颈，圆鼓腹，尖底，手制（图一二一，16）。

铜带钩　1件。ⅡM11：1，由钩和钩身两部分组成，钩为一俯首仙鹤，钩身为一立羊，尾部与钩颈相连，圆纽，纽面略带竖线纹。长3.3厘米（图一二一，18；图版一〇三，3）。

料珠　1件。ⅡM11：3，呈白色球体，表面涂红，中间有穿孔。直径0.8厘米（图一二一，17）。

铜钱　1枚。ⅡM11：2，五字瘦长，交笔略直；铢字金字头呈三角形。直径2.6、穿宽1厘米，重4.2克。

ⅡM12

1. 墓葬形制

斜坡式墓道土洞墓，方向357°，整体平面略呈"甲"字形，由墓道和墓室两部分组成。

墓道位于墓室北端，竖穴墓道。平面略呈梯形，壁面较直，底呈斜坡状，坡度为20°。长580、宽120～140、深90～300厘米。内填五花土，土质较软，未夯打。墓室为土洞。平面略呈长方形，为拱形顶，底较平。长320、宽160、高160厘米。骨架2具，保存较差，均头向北，面向上，为仰身直肢双人合葬墓。随葬有陶壶6件、陶灶1套、陶罐1件、小陶罐6件，置于东侧骨架的北部至靠近洞口处（图一二二；图版一六，1、2）。

2. 随葬器物

该墓出土陶器14件，器形有壶、小罐、灶等。

壶　6件，灰陶。ⅡM12：1、3，盘口，方唇，束颈，鼓腹，矮假圈足内收，平底。肩部饰一周凹弦纹，腹部饰对称铺首及一周凹弦纹，颈部及腹下有刮削痕。ⅡM12：1，口径13、底径12、高28厘米（图一二三，1）。ⅡM12：3，颈下有泥棱。口径14、底径12.5、高26.3厘米（图一二三，8）。ⅡM12：2，敞口，方唇，粗颈，鼓腹，假圈足略外撇，平底。肩部饰一周凹弦纹，腹部饰对称铺首，器表有刮削痕。口径13.5、底径13.5、高27.3厘米（图一二三，4）。ⅡM12：7、14，灰陶。盘口，方唇，束颈，鼓腹，假圈足，平底。肩部饰一周凹弦纹，腹部饰对称铺首，器表有刮削痕。ⅡM12：7，口径13.5、底径12.2、高24.9厘米（图一二三，11）。ⅡM12：14，口径12.2、底径12、高23.5厘米（图一二三，9）。ⅡM12：13，敞口，方圆唇，束颈，扁鼓腹，假圈足较直，平底。腹部饰对称铺首，器表有刮削痕。口径12.2、底径12、高23.5厘米（图一二三，5）。

陶罐　1件。ⅡM12：11，灰陶。直口微侈，圆唇，斜折沿，溜肩，鼓腹，平底。腹部饰一周绳纹，腹下有刮削痕。口径8.5、底径9.3、高17厘米（图一二三，12）。

小罐　6件。ⅡM12：5、12，灰陶。直口微侈，圆唇，广肩，鼓腹，平底。ⅡM12：5，器表素光。口径6、底径5.2、高10.3厘米（图一二三，6）。ⅡM12：12，腹部以下有刮削痕。口径3.6、底径5、高10.3厘米（图一二三，3）。ⅡM12：6、10，灰陶。侈口，方唇，折肩，肩下有一周凹槽，弧腹，平底。腹下有刮削痕。ⅡM12：6，肩腹磨光，口径6.3、底径6.5、高11.5厘米（图一二三，14）。ⅡM12：10，口径6.4、底径6.5、高10.5厘米（图一二三，13）。ⅡM12：8、9，灰陶。敞口，方唇，折肩，弧腹，平底。ⅡM12：8，口径6.3、底径5.4、高10.2厘米（图一二三，7）。ⅡM12：9，口径6.2、底径5.3、高10.2厘米（图一二三，10）。

灶　1套（4件）。ⅡM12：4，泥质灰陶。平面呈船形，灶面微鼓，三火眼置釜，呈"品"字形。后有圆形烟囱眼，前置长方形灶门，两侧置有挡风，平底。现有一釜一盆一甑。长22.8、宽18、高13.8~16.2厘米（图一二三，2）。

ⅡM13

1. 墓葬形制

斜坡式墓道土洞墓，方向358°，整体平面呈"甲"字形，由墓道和墓室两部分组成。

墓道位于墓室北端，竖穴墓道。平面呈梯形，壁面较直，底呈斜坡状，坡度为14°。长500、宽90~150、深90~230厘米。内填五花土，土质较软，未经夯打。墓室为土洞。平面呈长方形，为拱形顶，底较平。长380、宽190、高160厘米。骨架2具，保存较差，均头向北，东

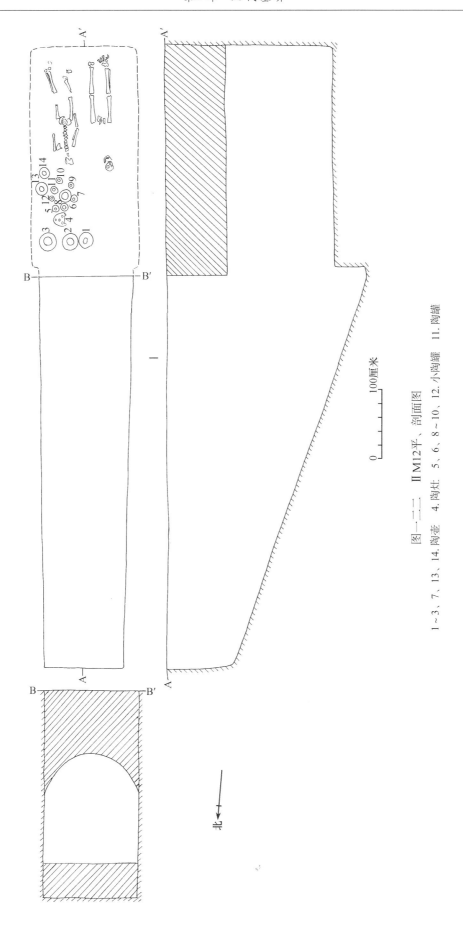

图一一二 ⅡM12平、剖面图

1～3、7、13、14. 陶壶 4. 陶灶 5、6、8～10、12. 小陶罐 11. 陶罐

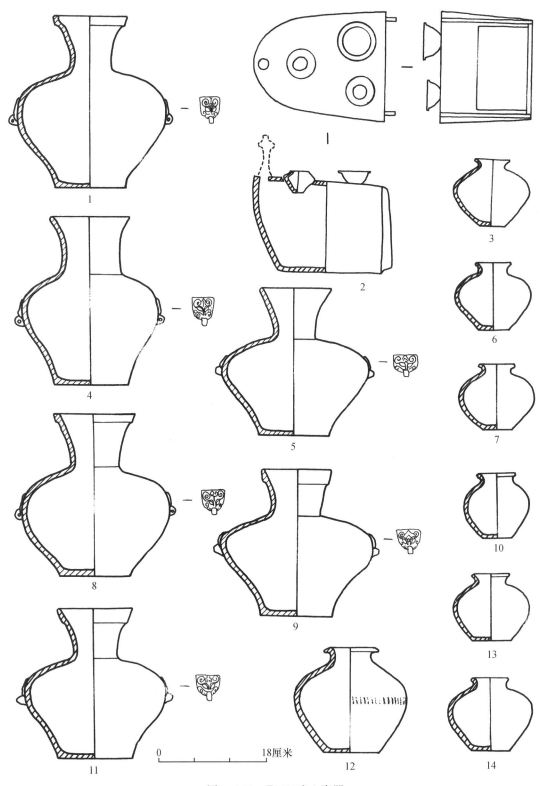

图一二三　ⅡM12出土陶器

1、4、5、8、9、11.壶（ⅡM12∶1、ⅡM12∶2、ⅡM12∶13、ⅡM12∶3、ⅡM12∶14、ⅡM12∶7）　2.灶（ⅡM12∶4）

3、6、7、10、13、14.小罐（ⅡM12∶12、ⅡM12∶5、ⅡM12∶8、ⅡM12∶9、ⅡM12∶10、ⅡM12∶6）　12.罐（ⅡM12∶11）

侧1具面向上偏东，西侧1具面向上，为仰身直肢葬，双人合葬墓。随葬有陶壶6件，置于西侧人骨与墓室西壁之间；陶罐2件、陶缶1件、小陶罐5件、陶灶2套、陶井2件，置于东侧人骨北部（图一二四；图版一七，1、2）。

2. 随葬器物

该墓出土陶器18件，器形有壶、罐、小罐、灶、井等。

壶 6件，灰陶。ⅡM13：3、4、7，盘口，方圆唇，短颈，鼓腹，高假圈足外撇，平底。肩部饰宽带纹，腹部饰对称铺首及一周凹弦纹，近底处有刮削痕。ⅡM13：3，口径11、底径11.5、高22厘米（图一二五，9）。ⅡM13：4，口径11、底径12、高22.5厘米（图一二五，10）。ⅡM13：7，口径12、底径10、高24厘米（图一二五，3）。ⅡM13：5，盘口，方圆唇，短颈，鼓腹，高假圈足外撇，平底。沿下起棱，肩部饰宽带纹，腹部饰对称铺首及一周凹弦纹，近底处有刮削痕。口径11.3、底径12、高22厘米（图一二五，6）。ⅡM13：11、12，敞口，方圆唇，短颈，鼓腹，高假圈足外撇，平底。肩部饰宽带纹，腹部饰对称铺首，近底处有刮削痕。ⅡM13：11，口径12.3、底径10.5、高24厘米（图一二五，4）。ⅡM13：12，口残。底径9.5、残高20厘米（图一二五，7）。

罐 2件，灰陶。ⅡM13：6，直口微侈，高直领，鼓腹，平底。腹部饰一周绳纹，腹下有刮削痕。口径10.5、底径11.5、高20.6厘米（图一二五，11）。ⅡM13：8，直口微侈，尖圆唇，沿略斜折，高领，溜肩，鼓腹，平底。腹部饰两周弦断绳纹，腹下有刮削痕。口径11.3、底径11.8、高23厘米（图一二五，5）。

缶 1件。ⅡM13：1，灰陶。直口微侈，尖圆唇，斜折沿，高领，溜肩，鼓腹，平底。腹部饰压印绳纹，近底处有刮削痕。口径14.3、底径18.5、高32.5厘米（图一二五，8）。

小罐 5件，灰陶。ⅡM13：14、18，直口微侈，圆唇，折肩，弧腹，平底。腹下有刮削痕。ⅡM13：14，口径5.2、底径4.5、高10厘米（图一二六，6）。ⅡM13：18，口径5.4、底径4.4、高9.9厘米（图一二六，2）。ⅡM13：15，罐腹底。折腹，平底。腹下有刮削痕。底径3.9、残高6.3厘米（图一二六，7）。ⅡM13：16，直口微侈，圆唇，高领折肩，扁鼓腹，平底内凹。腹下有刮削痕。口径5.2、底径4.8、高9.3厘米（图一二六，4）。ⅡM13：17，敞口，圆唇，高领折肩，弧腹，平底。腹下有刮削痕。口径4.8、底径3.9、高9厘米（图一二六，3）。

灶 2套（1套4件），泥质灰陶。平面呈船形，灶面稍作弧形，三火眼各置一釜，呈"品"字形。后有圆形烟囱眼，上置柱状形烟囱，顶上有隆节，上有三角形镂空，中空，前置长方形灶门，两侧置有挡风，平底，灶壁有刮削痕。附带二盆一甑。ⅡM13：2，长24、宽21.5、高12～20.4厘米（图一二五，1）。ⅡM13：9，长20.4、宽20.4、高13.8～21.6厘米（图一二五，2）。

井 2套，泥质灰陶。ⅡM13：10，井框平面呈"井"字形，井身呈方柱体，平底。外壁有零散的绳纹，内壁有数周凸棱纹。吊瓶，平口，束颈，蛋形腹，尖底，手制。口边长10.8、底边长6.3、高10.8厘米（图一二六，1）。ⅡM13：13，井框平面呈近方形，井身呈方柱体，平

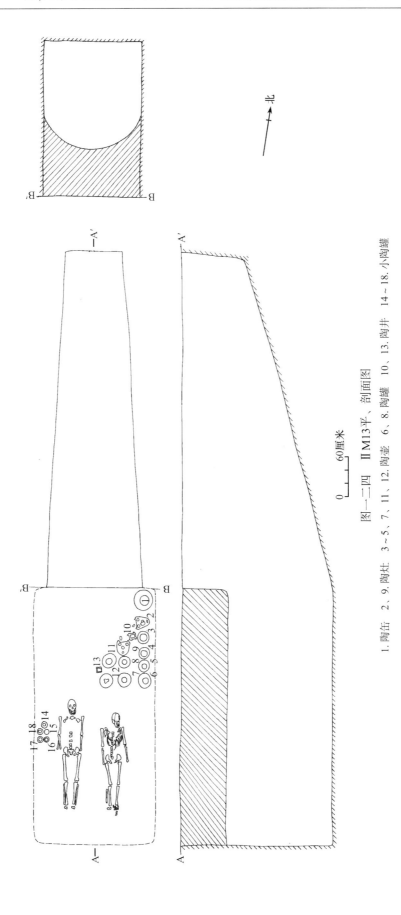

北

0　　　　60厘米

图一二四　ⅡM13平、剖面图

1.陶缶　2、9.陶灶　3～5、7、11、12.陶壶　6、8.陶罐　10、13.陶井　14～18.小陶罐

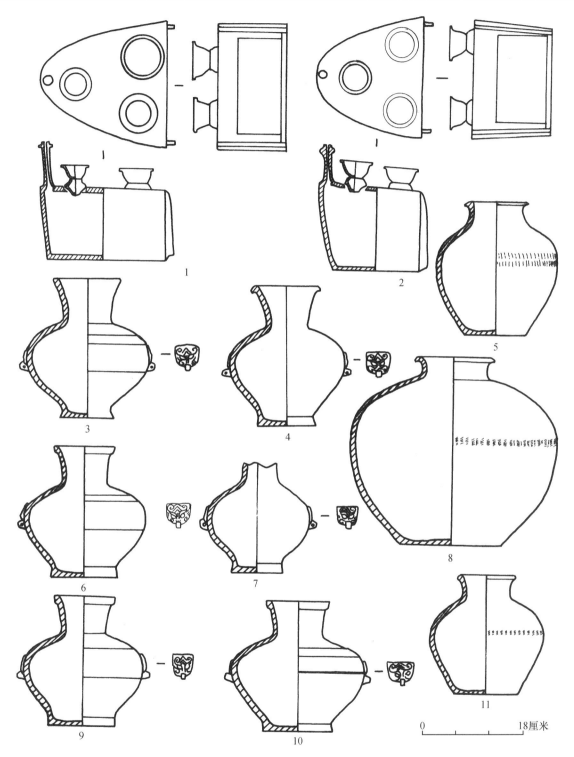

图一二五 ⅡM13出土陶器

1、2. 灶（ⅡM13：2、ⅡM13：9） 3、4、6、7、9、10. 壶（ⅡM13：7、ⅡM13：11、ⅡM13：5、ⅡM13：12、ⅡM13：3、ⅡM13：4） 5、11. 罐（ⅡM13：8、ⅡM13：6） 8. 缶（ⅡM13：1）

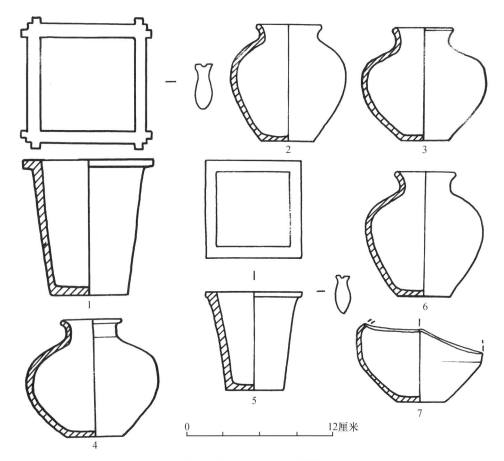

图一二六　Ⅱ M13出土陶器

1、5.井（Ⅱ M13∶10、Ⅱ M13∶13）　2~4、6、7.小罐（Ⅱ M13∶18、Ⅱ M13∶17、Ⅱ M13∶16、Ⅱ M13∶14、Ⅱ M13∶15）

底。井内壁有数周凸棱纹。吊瓶，敞口，尖唇，束颈，蛋形腹，小平底，手制。口边长7.8、底边长4.8、高7.8厘米（图一二六，5）。

Ⅱ M14

1. 墓葬形制

斜坡式墓道土洞墓，方向355°，整体平面略呈"甲"字形，由墓道和墓室两部分组成。

墓道位于墓室北端，竖穴墓道。平面呈梯形，壁面较直，底呈斜坡状，坡度为22°。长470、宽100~140、深100~260厘米。内填五花土，土质较松软，未经夯打。墓室为土洞。平面呈长方形，为拱形顶，平底。长380、宽180、高160厘米。骨架仅存一段，头向不清，面向不清，葬式不清。随葬有铜环1件、铜铃1件、小陶罐3件，置于墓室北部偏东处（图一二七）。

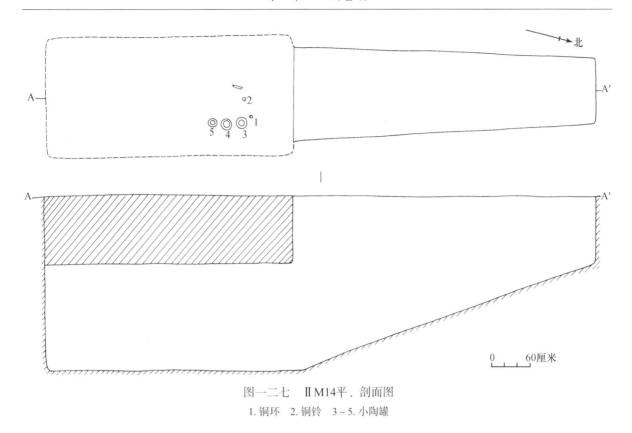

图一二七　ⅡM14平、剖面图
1. 铜环　2. 铜铃　3~5. 小陶罐

2. 随葬器物

该墓出土器物5件，质地有陶、铜等。

小陶罐　3件，灰陶。ⅡM14：3，侈口，圆唇，圆肩，鼓腹，平底内凹。腹下有刮削痕。口径6.3、底径6.5、高11厘米（图一二八，1）。ⅡM14：4，侈口，方圆唇，圆肩，鼓腹，腹部起棱，平底。腹下有刮削痕，肩部磨光。口径7、底径6.5、高10.3厘米（图一二八，4）。ⅡM14：5，敞口，圆唇，圆肩，鼓腹，大平底。腹下有刮削痕。口径5.5、底径5.7、高8.5厘米（图一二八，3）。

铜环　1件。ⅡM14：1，环状，截面呈圆形。直径2.4厘米（图一二八，2）。

铜铃　1件。ⅡM14：2，圆形，上下有圆孔，周围有竖向四条锯缝，内置一铜块。直径2.9厘米（图一二八，5）。

ⅡM15

1. 墓葬形制

斜坡式墓道土洞墓，方向97°，整体平面略呈"甲"字形，由墓道和墓室两部分组成。

墓道位于墓室东端，竖穴墓道。平面呈梯形，壁面较直，底呈台阶斜坡状。长540、宽

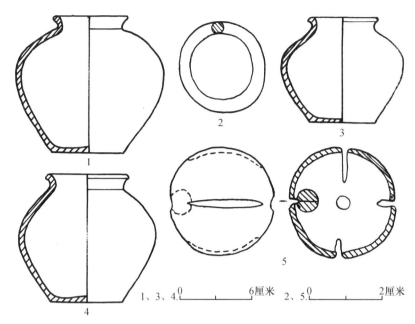

图一二八　ⅡM14出土器物

1、3、4.小陶罐（ⅡM14∶3、ⅡM14∶5、ⅡM14∶4）　2.铜环（ⅡM14∶1）　5.铜铃（ⅡM14∶2）

100~140、深60~290厘米。台阶为一级，略斜；斜坡坡度为21°，内填五花土，土质较软，未经夯打。墓室为土洞。平面呈长方形，拱形顶，底较平。长300、宽160、高170厘米。骨架保存较差，头向东，面向北，为仰身直肢单人葬。随葬有陶壶3件、陶罐2件、陶井1套、陶灶1套，置于骨架南侧（图一二九；图版一八，1、2）。

2. 随葬器物

该墓出土陶器7件，器形有壶、罐、小罐、灶、井等。

壶　3件，灰陶。敞口，方圆唇，束颈，鼓腹，假圈足，平底。腹部饰对称铺首，器表有刮削痕。ⅡM15∶3，口径12.5、底径12.5、高25厘米（图一三〇，2）。ⅡM15∶4，口径13、底径12.2、高25厘米（图一三〇，6）。ⅡM15∶5，肩部饰一周凹弦纹，口径12.3、底径13、高25厘米（图一三〇，5）。

罐　1件。ⅡM15∶2，灰陶。侈口，卷沿，矮领，丰肩，鼓腹，平底。腹部饰一周绳纹，肩部表皮脱落。口径19.3、底径18、高30.6厘米（图一三〇，3）。

小罐　1件。ⅡM15∶1，灰陶。侈口，尖圆唇，斜折沿，溜肩，鼓腹，平底。腹部饰弦断绳纹，腹下有刮削痕。口径9.8、底径10、高18.3厘米（图一三〇，4）。

灶　1套（3件）。ⅡM15∶7，泥质灰陶。平面呈船形，灶面微弧，三火眼各置一釜。附带二盆。后有圆形烟囱眼，上置柱状形烟囱，顶上有隆节，中空，前置长方形灶门，两侧置有挡风，平底，内底有网格纹。长26.7、宽23.5、高15.6~25.8厘米（图一三〇，1）。

井　1套（2件）。ⅡM15∶6，泥质灰陶。井框平面呈近方形，井身呈方柱体。井内有数

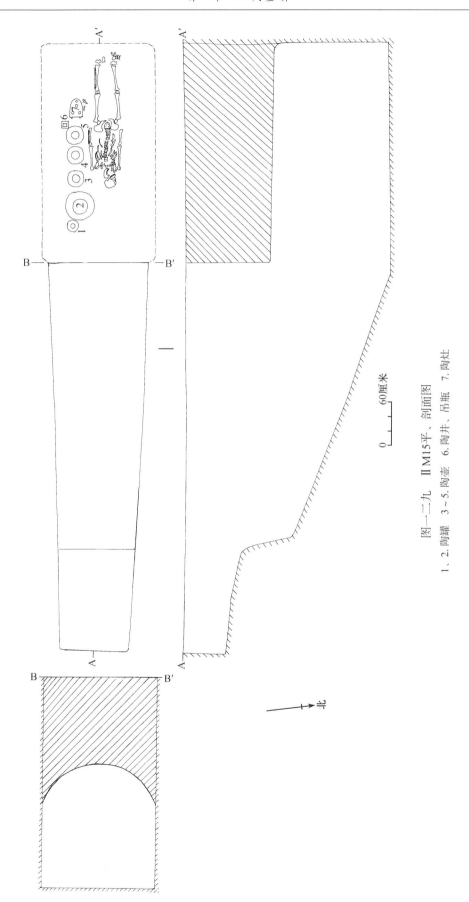

图一二九　ⅡM15平、剖面图
1、2.陶罐　3～5.陶壶　6.陶井、吊瓶　7.陶灶

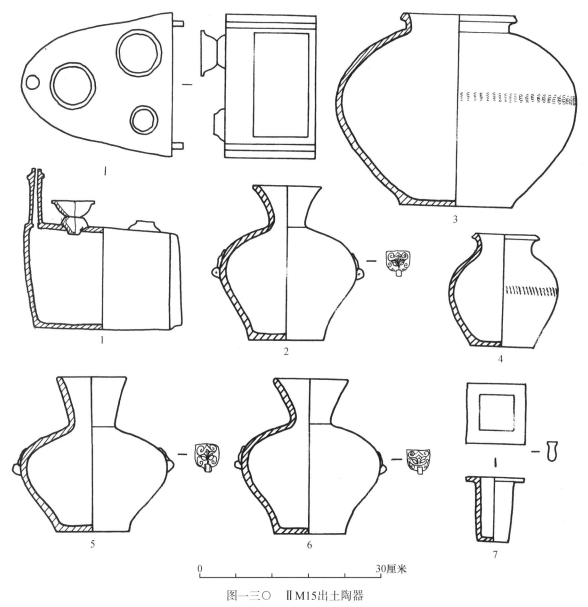

图一三〇　ⅡM15出土陶器

1.灶（ⅡM15:7）　2、5、6.壶（ⅡM15:3、ⅡM15:5、ⅡM15:4）　3、4.罐（ⅡM15:2、ⅡM15:1）

7.井、吊瓶（ⅡM15:6）

周凸棱纹，底上有绳纹，平底。吊瓶，平唇，束颈，蛋腹，小平底，手制。口边长9.6，底边长5.4、高10.2厘米（图一三〇，7）。

ⅡM16

1. 墓葬形制

竖穴墓道土坑木椁墓，方向350°，整体平面略呈"甲"字形，由墓道和墓室两部分组成。

墓道位于墓室北端，竖穴墓道。平面呈梯形，壁面较直，底呈斜坡状，斜坡较缓，有二级台阶，略斜。长890、宽120～270、底宽120～180、深180～260厘米。

墓室为竖穴土坑，东西壁已塌陷。平面略呈长方形，壁面斜下内收，底较平。墓口长490、残宽250～340、底长480、宽180～270、深260厘米。内填五花土，土质上层较硬，略夯打，下层较软。有葬具木椁，仅存朽痕，呈长方形，长394、宽160、厚10、残高70厘米。骨架2具，置于木椁南部，保存较差，均头向北，东侧1具，面向不清，西侧1具面向上，为仰身直肢葬，双人合葬墓。随葬有铜带钩1件、陶壶3件、陶罐2件、小陶罐13件，置于木椁内骨架北侧；铜印1件、铜鱼形佩件1件，置于骨架腰部。填土中出土铜饰件1件（图一三一；图版一九，1～3）。

2. 随葬器物

该墓出土器物22件，质地有铜、陶等。

陶壶　3件，灰陶。ⅡM16：2，侈口，方圆唇，束颈，鼓腹，高假圈足较直，平底。颈与肩接口处有泥棱，肩部饰一周宽带纹，腹部饰对称铺首及一周凹弦纹，腹以上磨光，近底处有刮削痕。口径12.2、底径10.3、高27.7厘米（图一三二，1）。ⅡM16：3、4，侈口，方圆唇，束颈，鼓腹，高假圈足较直，平底。肩部饰一周宽带纹，腹部饰对称铺首及一周凹弦纹，腹以上磨光，近底处有刮削痕。ⅡM16：3，口径13.5、底径10、高28厘米（图一三二，3）。ⅡM16：4，器表有烟炱。口径13.4、底径11、高29.9厘米（图一三二，4）。

陶罐　2件。ⅡM16：5，灰陶。敛口，方唇，宽平沿，溜肩，半球形腹，大平底。腹部饰一周绳纹，近底处有刮削痕。口径13.7、底径28、高25.7厘米（图一三二，2）。ⅡM16：6，灰陶。侈口，圆唇，溜肩，鼓腹，平底。肩部饰暗网格纹及暗弦纹，腹部饰弦断绳纹，腹下有刮削痕，肩部刻划"🜚"。口径10.2、底径12.3、高20.1厘米（图一三二，5）。

小陶罐　13件。ⅡM16：7，侈口，方唇，折肩，上腹直，下腹斜收，折腹，平底。在折棱上饰一周戳印纹，腹下有刮削痕。口径4.3、底径4.2、高7.3厘米（图一三三，6）。ⅡM16：8，侈口，方唇，折肩，弧腹，平底。在折棱上饰一周戳印纹，腹下有刮削痕。口径5.5、底径4.8、高8.4厘米（图一三三，3）。ⅡM16：9，敞口，圆唇，折肩，上腹直，下腹斜收，折腹，平底。肩部磨光，在折棱上饰一周戳印纹，腹下有刮削痕。口径4.5、底径4、高8厘米（图一三三，2）。ⅡM16：10，侈口，圆唇，折肩，上腹直，下腹斜收，折腹，平底。在折棱上饰一周戳印纹，腹下有刮削痕。口径4.5、底径4.5、高7.5厘米（图一三三，4）。ⅡM16：11，灰陶。侈口，圆唇，折肩，鼓腹，平底。腹部刮削起泥棱，腹下有刮削痕。口径5、底径5.5、高9厘米（图一三三，5）。ⅡM16：12，灰陶。敞口，圆唇，溜肩，鼓腹，平底。腹下有刮削痕。口径4.5、底径3.9、高7.3厘米（图一三三，8）。ⅡM16：13，灰陶。敞口，圆唇，弧肩，鼓腹，平底。肩部磨光，腹下有刮削痕。口径4.3、底径3.8、高7.2厘米（图一三三，10）。ⅡM16：14，敞口，圆唇，折肩，平底。在折棱上饰一周戳印纹，腹下有刮

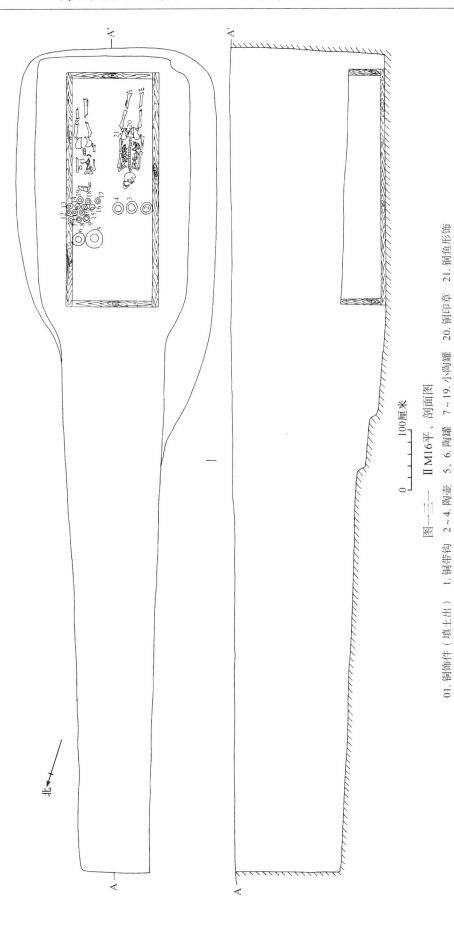

图一三一 ⅡM16平、剖面图

01.铜饰件（填土出） 1.铜带钩 2～4.陶壶 5、6.陶罐 7～19.小陶罐 20.铜印章 21.铜鱼形饰

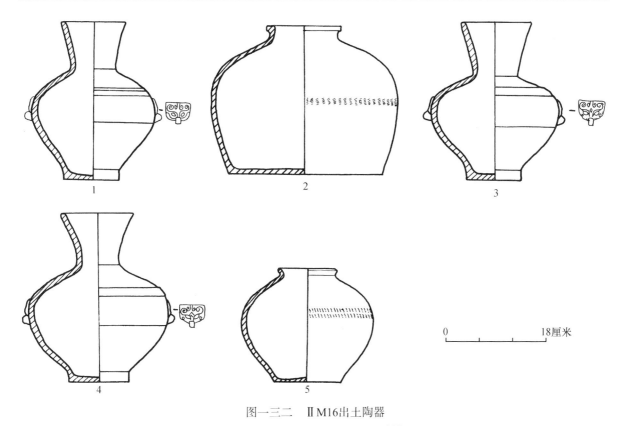

图一三二　ⅡM16出土陶器

1、3、4.陶壶（ⅡM16：2、ⅡM16：3、ⅡM16：4）　2、5.陶罐（ⅡM16：5、ⅡM16：6）

削痕。口径4.3、底径4.3、高7.7厘米（图一三三，11）。ⅡM16：15，灰陶。侈口，方唇，折肩，上腹较直，微束腰，下腹斜收，平底。肩部磨光，腹下有刮削痕。口径3.8、底径3、高6.7厘米（图一三三，12）。ⅡM16：16，敞口，圆唇，折肩，上腹直，下腹斜收，平底。肩部磨光，腹下有刮削痕。口径5.3、底径5.5、高9厘米（图一三三，1）。ⅡM16：17，敞口，尖圆唇，折肩，上腹直，下腹斜收，平底。在折棱上饰一周戳印纹，腹下有刮削痕。口径4.7、底径5、高7.8厘米（图一三三，9）。ⅡM16：18，敞口，方唇，折肩，上腹直，下腹斜收，平底。肩部素光，腹下有刮削痕。口径4.5、底径4.5、高8.1厘米（图一三三，7）。ⅡM16：19，侈口，方唇，折肩，上腹直，下腹斜收，平底。肩部素光，在折棱上饰一周戳印纹，腹下有刮削痕。口径4.8、底径4、高8厘米（图一三三，13）。

铜带钩　1件。ⅡM16：1，曲棒形，素面。兽头形钩首，截面呈半圆形，圆纽，位于钩背近中部。长13.3、宽1.4、厚0.8厘米（图一三四，4；图版一〇二，2）。

铜印章　1枚。ⅡM16：20，方形，宽桥形纽，竖向阴刻篆纹"郑贺私印"四字。边长2、高1.4厘米（图一三四，1；图版一〇三，4）。

铜鱼形饰件　1件。ⅡM16：21，整体呈鱼形，尾部残缺。残长1.5厘米（图一三四，3）。

铜饰件　1件。ⅡM16：01，残，片状。长3.9厘米（图一三四，2）。

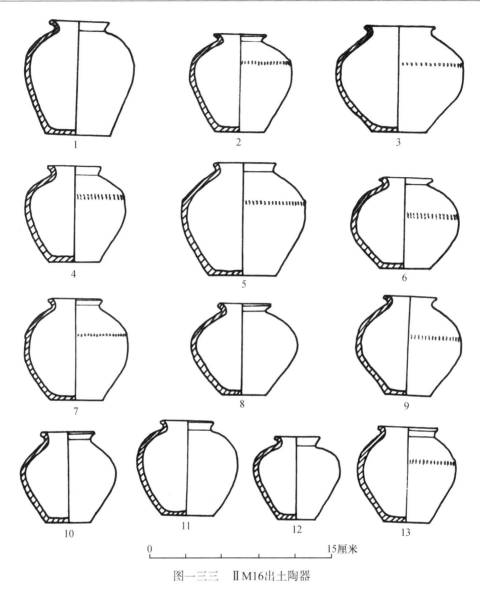

图一三三　ⅡM16出土陶器

1～13. 小罐（ⅡM16：16、ⅡM16：9、ⅡM16：8、ⅡM16：10、ⅡM16：11、ⅡM16：7、ⅡM16：18、ⅡM16：12、
ⅡM16：17、ⅡM16：13、ⅡM16：14、ⅡM16：15、ⅡM16：19）

ⅡM17

1. 墓葬形制

　　斜坡式墓道土坑木椁墓，方向0°，整体平面略呈"甲"字形，由墓道和墓室两部分组成。

　　墓道位于墓室北端，竖穴墓道。平面呈梯形，壁面较直，东西壁与墓室齐平，底呈斜坡状，墓底坡度为7°，高于墓室20厘米。长750、宽260～340、深40～150厘米。

　　墓室为竖穴土坑。平面呈长方形，壁面垂直，平底。长610、宽340、深170厘米。内填五花土，土质较硬，略夯打。有葬具棺椁，木棺残存部分棺木，内外刷漆，呈长方形，长200、

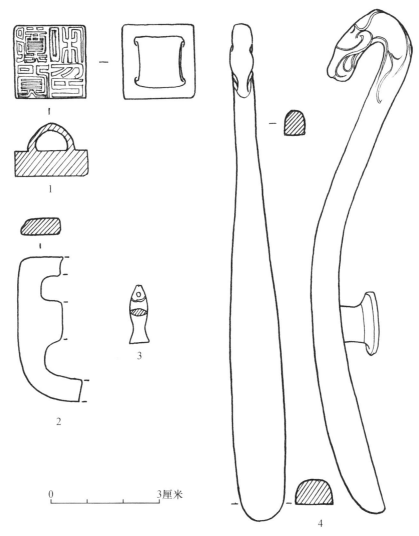

0   3厘米

图一三四 ⅡM16出土器物

1. 铜印章（ⅡM16：20） 2. 铜饰件（ⅡM16：01） 3. 铜鱼形饰件（ⅡM16：21） 4. 铜带钩（ⅡM16：1）

宽74、厚8、残高20～30厘米；木椁用宽40、厚20厘米的方木制作而成，呈长方形，长558、宽280、残高60～160厘米。木椁与墓室之间填有木炭，上下厚10～15厘米，四周厚20～40厘米。骨架2具，保存较差，头向不清，面向不清，葬式不清。随葬有铜车马具1套、釉陶井1件、釉陶烟囱1件、釉陶甑2件、石砚1件、骨环1件，置于椁内北部（图一三五）。

2. 随葬器物

该墓出土器物15件，质地有釉陶、铜、石、骨、铁等。

釉陶井 1套（2件）。ⅡM17：5，泥质红陶。口框平面近方形，上宽下窄呈梯形，井内有数周凸棱纹，平底。通体施黄绿釉，底无釉。吊瓶，平唇，束颈，蛋形腹，小平底。通体施黄绿釉，器内无釉，手制。口边长7.8、底边长4.2、高8.1厘米（图一三六，8）。

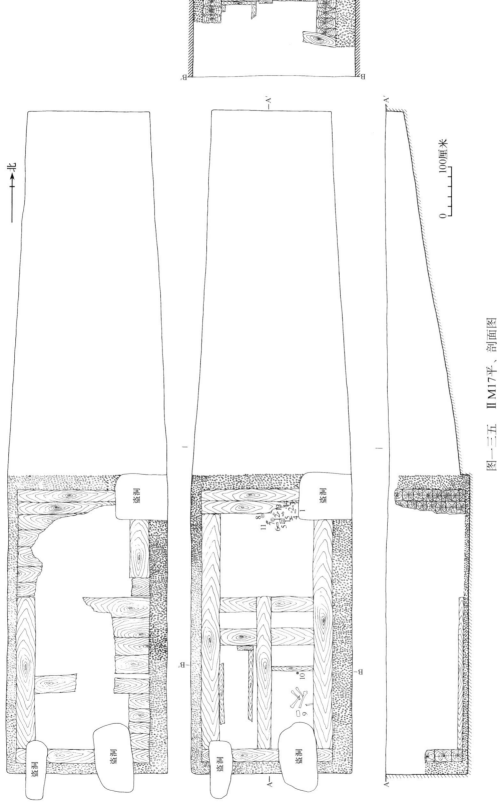

图一三五　ⅡM17平、剖面图

1. 铜车轴　2、3. 铜锗軎　4. 铜衔镳　5. 陶井　6. 烟囱　7、8. 陶瓿　9. 石砚　10. 骨环　11. 铁器　12、13. 铜饰件　14. 铜扣　15. 铜盖弓帽

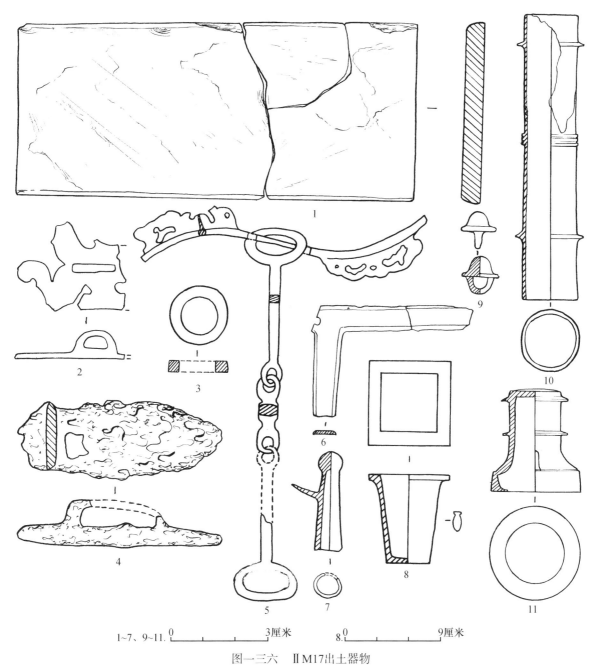

图一三六 ⅡM17出土器物

1. 石砚（ⅡM17：9） 2、6. 铜饰件（ⅡM17：13、ⅡM17：12） 3. 骨环（ⅡM17：10） 4. 铁器（ⅡM17：11）
5. 铜衔镳（ⅡM17：4） 7. 铜盖弓帽（ⅡM17：15） 8. 釉陶井（ⅡM17：5） 9. 铜扣（ⅡM17：14）
10. 铜车轴（ⅡM17：1） 11. 铜辖軎（ⅡM17：2、ⅡM17：3）

釉陶烟囱 1件。ⅡM17：6，红陶。圆柱形，中空，上有隆节，通体施黄绿釉，内无釉。
釉陶甑 2件，ⅡM17：7、8，红陶。侈口，尖圆唇，平沿，弧腹，平底。通体施黄绿釉。
铜车马具有铜车轴、铜辖軎、铜衔镳、铜饰件、铜盖弓帽等。

铜车轴　1件。ⅡM17：1，整体呈圆筒状，两端略粗，中部略细，中部饰三周、两端各饰一周凸棱，一侧略残。长8.7、直径1.6~1.8厘米（图一三六，10）。

铜辖害　2件。ⅡM17：2、3，略呈喇叭筒状，两端齐平，中空，一端较粗，粗端有辖孔，细端有两周凸棱。长3.2、直径1.5~2.7厘米。其一已残（图一三六，11）。

铜衔镳　1件。ⅡM17：4，衔为三节环，一侧衔残断，两长衔之间以一"8"字形短衔相连接，短衔中间有结节，镳呈"S"形，棒状，穿于衔两端的环内，中部呈片状有两小穿孔，两端呈鸡冠状突起，上有镂空花纹，缺另一端镳。衔长11.5、镳长9.2厘米（图一三六，5）。

铜饰件　2件。ⅡM17：12，残。呈条状"T"形，一侧带有圆孔。长8.4、宽3.5、厚1厘米（图一三六，6）。ⅡM17：13，残。整体形状不清，上带有弦纽。高0.9厘米（图一三六，2）。

铜扣　1件。ⅡM17：14，磨菇状，半圆形扣纽。高1.2、扣帽直径1.1厘米（图一三六，9）。

铜盖弓帽　1件。ⅡM17：15，呈上小下大圆筒状，顶端有半球形帽，一侧靠上方有倒钩。直径0.8、高3厘米（图一三六，7）。

骨环　1件。ⅡM17：10，磨制，截面呈方形。直径1.8厘米（图一三六，3）。

铁器　1件。ⅡM17：11，锈蚀严重，残。呈不规则形，底部带方形环。长6.4、宽2、厚3厘米（图一三六，4）。

石砚　1件。ⅡM17：9，黑石质。呈长方形薄片状，砚面光滑，背较粗糙，一侧残断。长12.5、宽5.4、厚0.6厘米（图一三六，1）。

ⅡM18

1. 墓葬形制

斜坡式墓道单砖室墓，方向0°，整体平面呈梯形，由墓道、墓室二部分组成。

墓道位于墓室北端，平面呈梯形，壁面较直，底呈斜坡状，墓底坡度为17°，高于墓室24厘米。长500、宽120~162、深30~190厘米。内填五花土，土质较软。

用单砖横砌错缝平砌略呈弧形封门。墓室为券顶单砖室。平面呈梯形，长346、宽162~184、高162厘米。东、西、南三壁用单砖错缝平砌至94厘米处，用单砖顺立对缝券顶；底用单砖横置错缝平铺，南壁略高于券顶；墓门两侧用单砖错缝平砌，顶部为双层券顶，高于券顶20厘米，深190厘米。砖长30、宽15、厚5厘米。骨架置于墓室西侧，扰乱严重，头骨置于墓室中部偏西处，面向东，葬式不清。随葬有陶壶3件、小陶罐4件，置于墓室东部；铜镜1件、陶灶1套、陶井1件，置于墓室北部靠近西壁处（图一三七）。

2. 随葬器物

该墓出土器物10件（套），质地有陶、铜等。

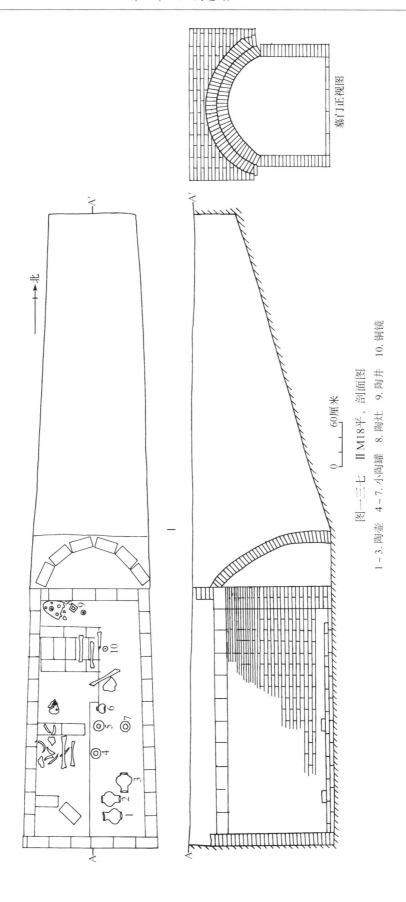

图一三七　ⅡM18平、剖面图

1～3. 陶壶　4～7. 小陶罐　8. 陶灶　9. 陶井　10. 铜镜

陶壶　3件，灰陶。ⅡM18：1，敞口，圆唇，沿下有凸棱，束颈，鼓腹，假圈足略内收，平底。肩部饰一周宽带纹，腹部饰对称铺首衔环，近底处有刮削痕。口径12.7、底径10.3、高24厘米（图一三八，2）。ⅡM18：2，敞口，圆唇，平沿，束颈，鼓腹，假圈足略内收，平底。肩部饰一周凹弦纹，腹部饰对称铺首衔环，腹下有刮削痕。口径12.3、底径9、高22.5厘米（图一三八，7）。ⅡM18：3，敞口，圆唇，斜折沿，鼓腹，假圈足较直，平底。肩部饰一周宽带纹，腹部饰对称铺首衔环，近底处有刮削痕。口径13、底径10、高23.4厘米（图一三八，8）。

小陶罐　4件，灰陶。ⅡM18：4，侈口，圆唇，圆肩，鼓腹，平底。腹部饰一周凹弦纹，近底处有刮削痕。口径6、底径5.3、高9.5厘米（图一三八，9）。ⅡM18：5，侈口，卷沿，沿面有一凹槽，矮领，折肩，鼓腹，平底。略有折棱，近底处有刮削痕。口径6.8、底径5.5、高11厘米（图一三八，5）。ⅡM18：6、7，敞口，圆唇，矮领，折肩，鼓腹，下腹斜收，平底。近底处有刮削痕。ⅡM18：6，口径6.3、底径5.3、高9.5厘米（图一三八，4）。ⅡM18：7，器表有烟炱。口径6.3、底径5、高9.7厘米（图一三八，6）。

陶灶　1套（7件）。ⅡM18：8，泥质灰陶。平面呈船形，灶面稍作弧形，三火眼置釜，附带二盆一甑。后有圆形烟囱眼，上置柱状烟囱，顶上有隆节，内空，前置长方形灶门，两侧置有挡风，平底。灶体有刮削痕。长23.4、宽19.4、高12.6～20.4厘米（图一三八，1）。

陶井　1套（2件）。ⅡM18：9，泥质灰陶。井框平面呈近方形，井身上宽下窄呈梯形，井内有数周凸棱纹，平底。口边长8.5、底边长4.8、高7.5厘米（图一三八，3）。

铜镜　1件。ⅡM18：10，昭明连弧纹镜。圆形，镜面微凸，半圆纽，圆纽座，座外短弧线条与短竖线条相间环列，连接一周凸弦纹。两周栉齿纹圈带将镜背分为内外区，内区为内向八连弧纹，连弧间饰三角纹与弧线纹，外区饰篆体铭文带："内而清而以而昭而明而光而象日月而不泄"。素窄缘。面径7.3、背径7.2、缘厚0.3厘米（图一三九；图版一〇九，2）。

ⅡM19

1. 墓葬形制

竖穴土坑木椁墓，方向90°，内填五花土，土质较硬，略夯打。平面呈长方形，四壁垂直，底较平。长480、宽170～260、深460厘米。在北壁有生土二层台，宽90、至墓底190、至墓口270厘米。有葬具木椁，残存部分椁木，木椁用宽10、厚5～30厘米的方木制做而成，呈长方形，长420、宽160、高160厘米。骨架2具，置于椁内西侧，保存较差，均头向东，南侧1具面向上，北侧1具面向不清，为仰身直肢葬，双人合葬墓。随葬有陶壶8件、陶罐3件、陶缶1件、陶井1件、陶灶1套，置于椁内南壁东半部；铜环3件、铜铃11件、骨饰件1件，置于南侧骨架上以及两侧（图一四〇；图版二〇，1～3；图版二一，1、2）。

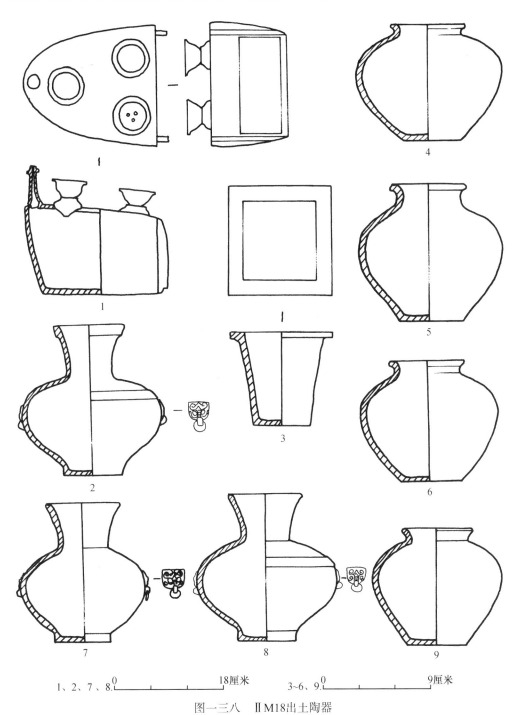

图一三八 ⅡM18出土陶器

1. 灶（ⅡM18：8） 2、7、8. 壶（ⅡM18：1、ⅡM18：2、ⅡM18：3） 3. 井（ⅡM18：9） 4~6、9. 小罐（ⅡM18：6、
ⅡM18：5、ⅡM18：7、ⅡM18：4）

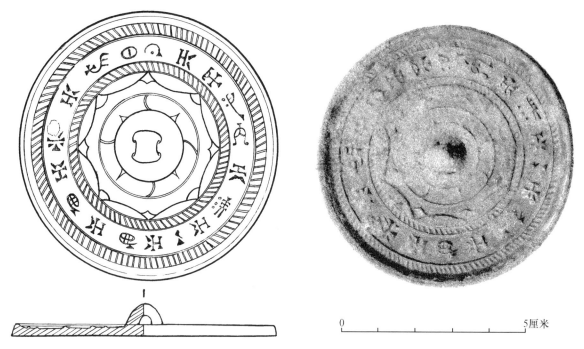

图一三九　ⅡM18出土铜镜

（ⅡM18：10）

2. 随葬器物

该墓出土器物29件，质地有陶、铜、骨等。

陶壶　8件。ⅡM19：1、6，灰陶。体大，敞口，平唇，束颈，鼓腹，高假圈足外撇，平底。颈部饰一周凹弦纹，肩部饰宽带纹，腹部饰对称铺首及一周凹弦纹，腹下有刮削痕。ⅡM19：1，足部有划痕，器表有烟炱。口径18、底径20、高40.5厘米（图一四一，14）。ⅡM19：6，口径18、底径20、高40.5厘米（图一四一，8）。ⅡM19：12，侈口，方圆唇，束颈，鼓腹，假圈足外撇，平底。肩部饰一周宽带纹，腹部饰对称铺首及一周凹弦纹，近底处有刮削痕，器表上部磨光。口径12.5、底径12.8、高30.7厘米（图一四一，2）。ⅡM19：10、11，侈口，尖圆唇，略作盘口状，粗短颈，沿下起棱，鼓腹，假圈足，大平底。肩部饰宽带纹，腹部饰对称铺首，器表磨光。ⅡM19：10，口径12.5、底径15.6、高29.5厘米（图一四一，7）。ⅡM19：11，口径12.3、底径19.3、高28.3厘米（图一四一，4）。ⅡM19：14，略作盘口状，方唇，细束颈，鼓腹，假圈足外撇，平底。颈部饰一周凹弦纹，肩部饰一周宽带纹，腹部饰对称铺首及一周凹弦纹，近底处有刮削痕。口径12.8、底径13、高30.5厘米（图一四一，5）。ⅡM19：4，体大，敞口，平唇，束颈，鼓腹，高假圈足外撇，平底。颈部饰一周凹弦纹，肩部饰宽带纹，腹部饰对称铺首及一周凹弦纹，腹下有刮削痕。口径18、底径20、高40厘米（图一四一，11；图版八六，1、2）。ⅡM19：13，敞口，方唇，细束颈，鼓腹，假圈足外撇，平底。颈部饰一周凹弦纹，肩部饰一周宽带纹，腹部饰对称铺首及一周凹弦纹，口内侧涂红彩带。口径12.5、底径12.2、高30厘米（图一四一，1）。

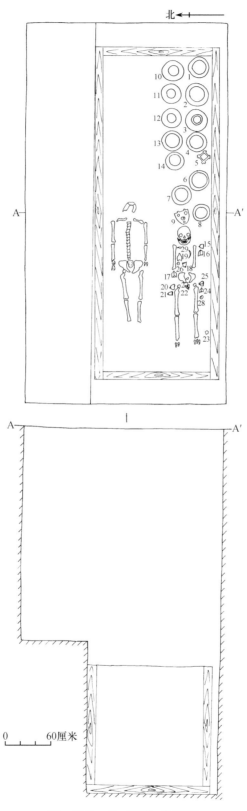

图一四〇 ⅡM19平、剖面图

1、4、6、10~14.陶壶 2、7、8.陶罐 3.陶缶 5.陶井 9.陶灶（1套） 15~25.铜铃 26~28.铜环 29.骨饰件

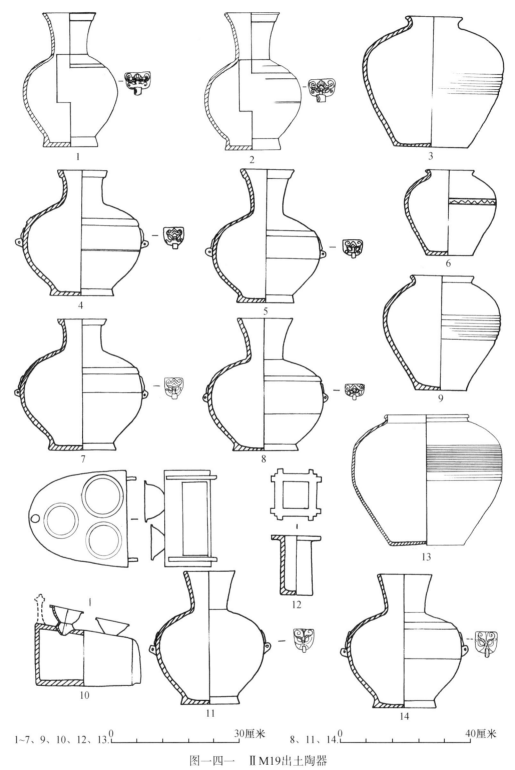

1~7、9、10、12、13 0 _____ 30厘米   8、11、14 0 _____ 40厘米

图一四一   ⅡM19出土陶器

1、2、4、5、7、8、11、14. 壶（ⅡM19：13、ⅡM19：12、ⅡM19：11、ⅡM19：14、ⅡM19：10、ⅡM19：6、ⅡM19：4、

ⅡM19：1）   3. 缶（ⅡM19：3）   6、9、13. 罐（ⅡM19：8、ⅡM19：7、ⅡM19：2）   10. 灶（ⅡM19：9）

12. 井（ⅡM19：5）

陶罐 3件。ⅡM19：2，灰陶。侈口，圆唇，折肩，鼓腹，下腹斜收，平底内凹。腹上部饰凹弦纹，腹下部饰弦断绳纹，近底处有刮削痕。口径20、底径17、高30.5厘米（图一四一，13;图版八七，4）。ⅡM19：7，灰陶。口微侈，方唇，唇部有一周凹槽，溜肩，鼓腹，下腹斜收，平底。腹部饰凹弦纹，腹下有刮削痕，肩部表皮局部脱落。口径14.6、底径14、高26厘米（图一四一，9）。ⅡM19：8，灰陶。侈口，方唇，唇部有一周凹槽，溜肩，鼓腹，下腹斜收，平底。腹部饰两周凹弦纹，其间夹一周水波纹，腹下有刮削痕。口径10.7、底径10.5、高19.4厘米（图一四一，6）。

陶缶 1件。ⅡM19：3，黑灰陶。侈口，圆肩，鼓腹，下腹斜收，平底。腹上部饰凹弦纹，腹下有刮削痕，器表有划痕。口径13.5、底径17、高29.7厘米（图一四一，3）。

陶灶 1套（4件）。ⅡM19：9，泥质黑灰陶。灶平面呈船形，灶面向前倾斜，三火眼呈"品"字形，各置一釜，附二盆一甑。后有圆形烟囱眼，烟囱残失，前置长方形灶门，两侧置有挡风。长24.9、宽22、高10.8～18厘米（图一四一，10）。

陶井 1件。ⅡM19：5，泥质灰陶。井框呈"井"字形，井身呈方柱体，平底。底部刻划"×"。口边长11.4、底边长7.5、高13.5厘米（图一四一，12）。

铜铃 11件。ⅡM19：15、17、19、21、25，整体略呈梯形，素面。平顶，半圆环形纽，菱形口，铃口内弧，铃舌已残。ⅡM19：15，高4.4、宽2.8～4.2、纽高0.6厘米（图一四二，6；图版一〇一，3）。ⅡM19：17，高5.4、宽3～5.1、纽高1.4厘米（图一四二，5）。ⅡM19：19，高4、宽2.1～2.9、纽高0.4厘米（图一四二，10；图版一〇一，6）。ⅡM19：21，铃口一侧残，高5、宽3～5.5、纽高0.9厘米（图一四二，4）。ⅡM19：25，铃舌为片状铁条，下部一侧凸起。高5.2、宽4.2～6.6、纽高0.8厘米（图一四二，9）。ⅡM19：16、22、23，整体略呈梯形，平顶，弓形纽，菱形口，铃口内弧，铃身铸有花纹，中部为竖直线纹分隔，两侧为菱形方格，内饰浮点纹，铃舌已残。ⅡM19：16，高5.4、宽3.4～5.3、纽高1.2厘米（图一四二，1；图版一〇一，1）。ⅡM19：22，铃舌呈"8"字形片状，下部一侧凸起。高5.5、宽3.6～5.8、纽高1.4厘米（图一四二，3；图版一〇一，2）。ⅡM19：23，高5、宽3.4～5.3、纽高1.1厘米（图一四二，2）。ⅡM19：20，整体呈梯形，平顶，纽残，铃身铸有花纹，中部为竖方框纹内饰云纹，左右两侧为菱形方格，内饰浮点纹，椭圆形口，铃口一侧略残，内弧，铃舌已残。残高3.1、宽2～3.8厘米（图一四二，8）。ⅡM19：18、24，整体略呈梯形，平顶，弓形纽，铃身铸有菱形方格，内饰浮点纹，菱形口，铃口一侧略残，内弧，铃舌已残。ⅡM19：18，高4、宽3～4.4、纽高0.9厘米（图一四二，7）。ⅡM19：24，铃舌为圆形铁条，下部一侧凸起。高4.2、宽2.2～3.8、纽高1.1厘米（图一四二，11；图版一〇一，4）。

铜环 3件。ⅡM19：26，圆形环，截面呈圆形。直径4.4、截面径0.4厘米（图一四三，2）。ⅡM19：27，椭圆形环，一侧中部略凸出，截面呈圆形。长径4.8、截面径0.6厘米（图一四三，4）。ⅡM19：28，圆形环，截面呈片状，侧面四脊纹相间环绕。直径5.2厘米（图一四三，1）。

骨饰件 1件。ⅡM19：29，磨制，截面呈三角形，中有圆形穿孔，面饰圆形纹饰。长2.2、宽1.2厘米（图一四三，3）。

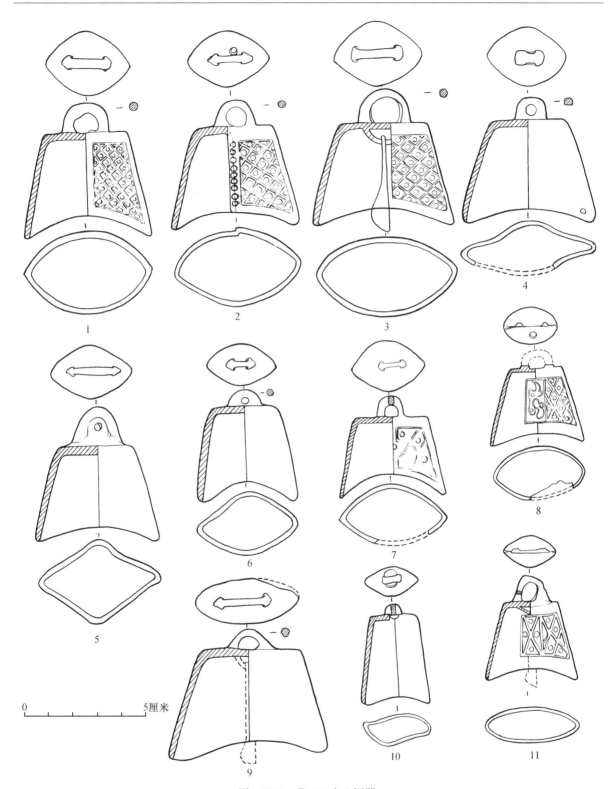

图一四二　ⅡM19出土铜器

1～11. 铜铃（ⅡM19：16、ⅡM19：23、ⅡM19：22、ⅡM19：21、ⅡM19：17、ⅡM19：15、ⅡM19：18、ⅡM19：20、
ⅡM19：25、ⅡM19：19、ⅡM19：24）

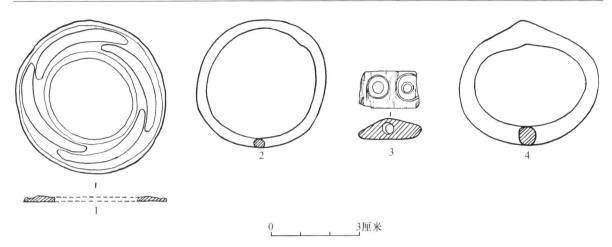

图一四三 ⅡM19出土器物

1、2、4. 铜环（ⅡM19：28、ⅡM19：26、ⅡM19：27） 3. 骨饰件（ⅡM19：29）

ⅡM20

1. 墓葬形制

竖穴土坑墓，方向0°，内填五花土，土质较硬，略夯打。平面略呈梯形，四壁垂直，底较平。长430、宽130～140、深290厘米。未发现骨架。随葬有陶壶3件、陶罐1件，置于墓室北部东侧（图一四四）。

2. 随葬器物

该墓出土陶器4件，器形有壶、罐等。

壶 3件，灰陶。ⅡM20：1，侈口，平唇，细长束颈，鼓腹，假圈足外撇，平底。肩部饰一周宽带纹，腹中部刮削呈二层台状，腹下有刮削痕。口径11、底径12.3、高31.4厘米（图一四五，1）。ⅡM20：2、3，灰陶。侈口，平唇，细束颈，鼓腹，假圈足外撇，平底。肩部饰一周宽带纹，腹部饰一周凹弦纹，近底处有刮削痕。ⅡM20：2，口径11.2、底径12.3、高31厘米（图一四五，2）。ⅡM20：3，口径11、底径12、高31厘米（图一四五，3）。

罐 1件。ⅡM20：4，灰陶。直口微侈，方唇，斜折沿，沿面有一周凹槽，直领，丰肩，鼓腹，腹下斜收，平底。肩部饰一周暗网格纹及暗弦纹，腹部饰一周凸弦纹，腹下有刮削痕。口径11.3、底径14、高25.3厘米（图一四五，4）。

ⅡM21

1. 墓葬形制

斜坡式墓道土坑木椁墓，方向0°，整体平面略呈"甲"字形，由墓道和墓室两部分组成。

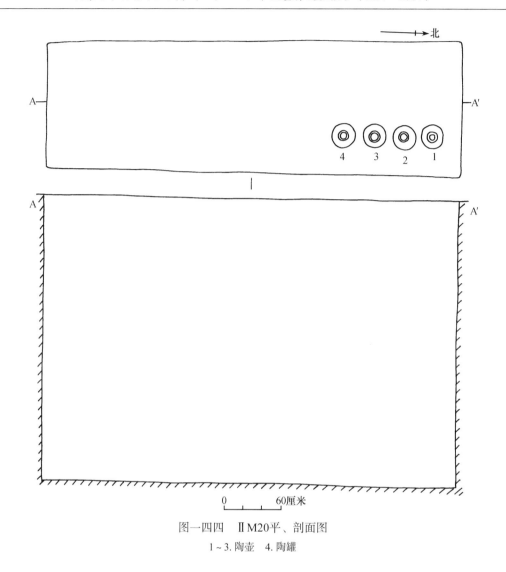

图一四四　ⅡM20平、剖面图
1～3.陶壶　4.陶罐

　　墓道位于墓室北端，平面呈梯形，壁面较直，底呈斜坡状，坡度为6°，墓道高于墓室40厘米。长886、宽140～340、深40～180厘米。

　　墓室为竖穴土坑。平面略呈长方形，壁面垂直，底较平。长634、宽360、深220厘米。在墓室四周有用红胶泥夯成的二层台，东西南侧各宽20厘米，北侧宽50厘米，高190厘米。墓内填五花土，土质较硬，略夯打。有葬具椁棺，呈长方形，木椁残存部分朽木，用宽20～40厘米，厚20～38厘米的方木搭建而成，顶部及底部各铺有一层木炭，底部厚5厘米，顶部厚7～10厘米；椁长610、宽320、残高170厘米；木棺仅存朽痕，长248、宽80、残高26厘米。骨架仅存头骨及部分肢骨，头向北，面向不清，葬式不清。随葬有铜铃1件、铜铺首衔环7件、铜车马具1套、铁环1件、釉陶灶1套、釉陶井1套、釉陶罐9件、釉陶壶3件、釉陶鼎1件、釉陶锜1件、釉陶熏炉1件、釉陶樽1件、釉陶盘2件、釉陶火盆1件、釉陶铿1件、釉陶博山炉1件、釉陶灯1件、贝壳1件、铁器1件、铜当卢2件，置于木椁内东部及北部。填土内出土铁铲1件（图一四六；图版二二，1～4）。

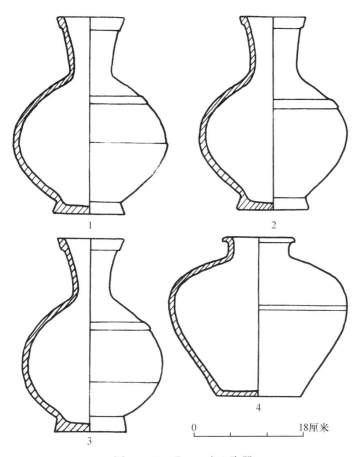

图一四五 ⅡM20出土陶器

1~3.壶（ⅡM20∶1～ⅡM20∶3） 4.罐（ⅡM20∶4）

2.随葬器物

该墓出土器物48件，质地有釉陶、铜、铁、贝壳等。

釉陶壶 3件，泥质红陶。敞口，方圆唇，粗颈微束，鼓腹，腹部有凸棱，假圈足略外撇，平底。肩部饰宽带纹，腹下有刮削痕，通体及口内颈饰黄绿釉。ⅡM21∶13，口径8.1、腹径14.8、底径7.9、高15厘米（图一四七，4）。ⅡM21∶18，口径8.7、腹径16、底径8、高16.2厘米（图一四七，3）。ⅡM21∶16，口径8.8、腹径13.6、底径8.3、高15.3厘米（图一四七，14；图版八一，3）。

釉陶罐 9件，泥质红陶。通体及口内颈饰黄绿釉，底及腹内无釉。M21∶7、10、15，侈口，圆唇，鼓腹，下腹斜收，平底。近底处有刮削痕。ⅡM21∶7，口径3.6、底径2.8、高5.8厘米（图一四八，7）。ⅡM21∶10，口径4.2、底径3.3、高6厘米（图一四八，1）。ⅡM21∶15，口径4、底径3.5、高5.7厘米（图一四八，3）。ⅡM21∶9，直口，圆唇，折肩，弧腹，平底。口径3.5、底径3、高5.4厘米（图一四八，9）。ⅡM21∶11，侈口，圆唇，折肩，鼓腹，平底。近底处有刮削痕。口径4、底径3.2、高6.3厘米（图一四八，8）。ⅡM21∶8、

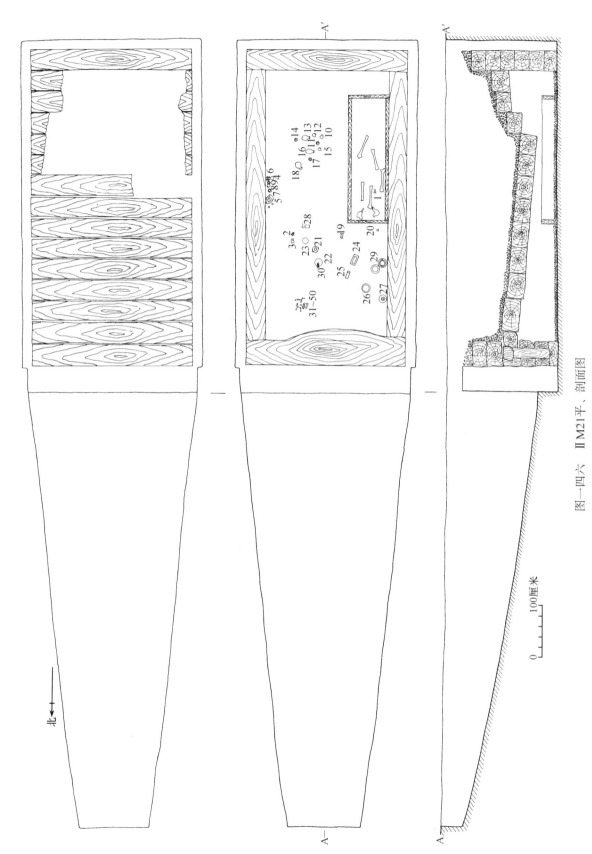

图一四六　Ⅱ M21平、剖面图

1. 铜铃　2、3. 铜铺首衔环　4. 釉陶小碗　5. 釉陶灶　6. 釉陶、吊瓶　7～12、14、15、17. 釉陶小罐　13、16、18. 釉陶壶　19. 釉陶灯　20. 蚌壳　21. 釉陶锜　22、23. 釉陶盘　24. 釉陶火盆　25. 釉陶鋞　26. 釉陶樽　27. 釉陶熏炉　28. 铁环　29. 釉陶鼎　30、31. 铜当卢　32. 铜车轴　33. 铜兽面形车饰　34、35. 铜环　36. 铜辖軎　37～39. 铜衡末饰　40、41. 铜铜钉　42. 铜车辖　43. 铜衔镳　44～50. 铜盖弓帽　01. 铁铲（填土出）

北→

0　100厘米

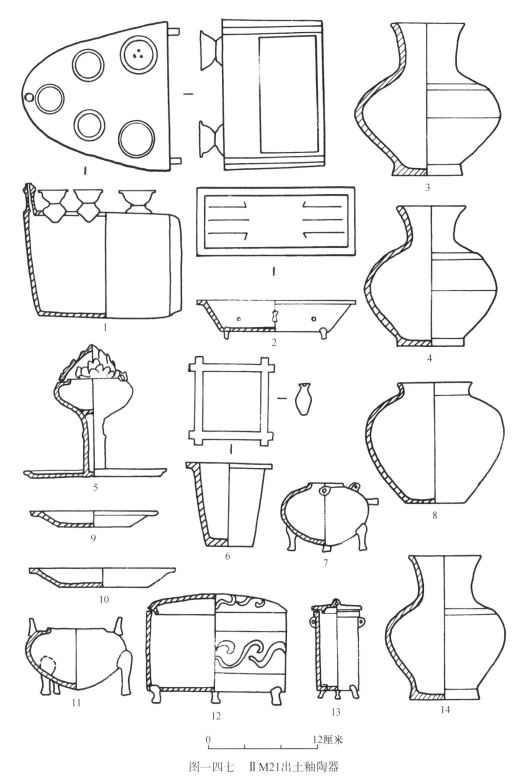

0　　　　　　　　　　　12厘米

图一四七　ⅡM21出土釉陶器

1.灶（ⅡM21：5）　2.火盆（ⅡM21：24）　3、4、14.壶（ⅡM21：18、ⅡM21：13、ⅡM21：16）　5.熏炉（ⅡM21：27）

6.井、吊瓶（ⅡM21：6）　7.锜（ⅡM21：21）　8.小罐（ⅡM21：12）　9、10.盘（ⅡM21：23、ⅡM21：22）

11.鼎（ⅡM21：29）　12.樽（ⅡM21：26）　13.鋞（ⅡM21：25）

ⅡM21：12、ⅡM21：14、ⅡM21：17，直口微侈，方唇，圆肩，鼓腹，下腹斜收，平底。ⅡM21：8，口径3.5、底径3、高5.4厘米（图一四八，4）。ⅡM21：12，口径4、底径3.2、高6.4厘米（图一四七，8）。ⅡM21：14，口径4、底径3.4、高6厘米（图一四八，6）。ⅡM21：17，口径3.3、底径3.7、高6厘米（图一四八，2）。

　　釉陶锜　1件，泥质红陶。ⅡM21：21，鼎形，小口略外侈，方唇，折肩，扁鼓腹，圜底，下承三蹄足，肩部并排置半椭圆形夹耳，耳上有小穿，耳下腹部置方形空柄，左侧肩部置一鸟头状注口。通体及口内侧饰黄绿釉，足底及腹内无釉。口径4、腹径9.6、通高8.5厘米（图一四七，7；图版八〇，2）。

　　釉陶鼎　1件，泥质红陶。ⅡM21：29，敛口，鼓腹，深圜底，下接三蹄足，肩部两侧附方形耳，中有长方孔，略外撇。通体及口内侧、内底施黄绿釉，足底及腹内无釉。无盖。口径7.1、腹径11.2、通高7厘米（图一四七，11；图版八〇，1）。

　　釉陶盘　2件，泥质红陶。敞口，方唇，平折沿，斜直腹微弧，浅盘，平底。通体饰黄绿釉，近底及底上有刮削痕。ⅡM21：22，口径16、底径10、高2.1厘米（图一四七，10）。ⅡM21：23，口径14、底径8、高1.7厘米（图一四七，9）。

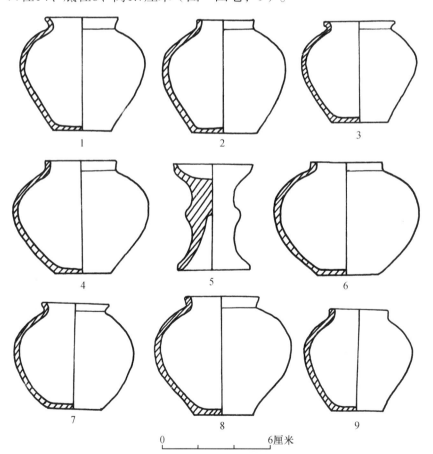

图一四八　ⅡM21出土釉陶器

1~4、6~9.小罐（ⅡM21：10、ⅡM21：17、ⅡM21：15、ⅡM21：8、ⅡM21：14、ⅡM21：7、ⅡM21：11、ⅡM21：9）

5.灯（ⅡM21：19）

釉陶火盆 1件。ⅡM21：24，泥质红陶。口底呈长方形，立面呈梯形，宽平沿，腹壁斜，底四角各有一矮蹄足，四壁有四个小圆孔，四个长条亚腰形镂孔，底有细长条镂孔，通体饰黄绿釉。长17.4、宽7.4、高4.2厘米（图一四七，2；图版八二，3）。

釉陶鋞 1件。ⅡM21：25，泥质红陶。盖为子口，略内敛，顶较平，中心附一半圆环形小纽。器身为高筒形，方唇，平底，下接三矮蹄足。沿下饰一周凹弦纹，附半圆形双纽，中有小孔，通体饰黄绿釉。口径5.4、底径5.4、高10.4厘米（图一四七，13；图版八一，1）。

釉陶樽 1件。ⅡM21：26，泥质红陶。盖面微隆，子口内敛，盖面中心饰双环凹弦纹，外侧饰刻划卷云纹。器身为直筒形，平底，带三矮蹄足，腹部饰两周凹弦纹，其间夹饰一周刻划卷云纹，通体黄绿釉，足底露胎。口径15.9、底径15.9、高13厘米（图一四七，12；图版八一，2）。

釉陶博山炉 1件。ⅡM21：27，泥质红陶。盖似博山形，上有四小孔。炉为子口内敛，鼓腹，圜底；细柄中空，饰一周节状纹，座为浅盘，平沿，平底，通体饰黄绿釉，底露胎，腹及底部有刮削痕。口径5.5、底径13.5、高14厘米（图一四七，5；图版八一，4）。

釉陶灯 1件。ⅡM21：19，泥质红陶。侈口，方唇，浅盘，折腹，内底近平，粗柄中空，中有节状棱，喇叭口座较大。通体饰黄绿釉，底近柄内无釉。口径4.4、底径4.2、高5.5厘米（图一四八，5）。

釉陶灶 1套（7件）。ⅡM21：5，红陶。平面呈船形，灶面微鼓，五火眼置釜，附带三盆二甑。后有圆形烟囱眼，上置短柱状形烟囱，顶上有隆节，上有三个三角形镂空，中空。前置长方形灶门，两侧置有挡风。通体施黄绿釉，器底露胎。长17.2、宽16.9、高11～14厘米（图一四七，1；图版八二，1）。

釉陶井 1套（2件）。ⅡM21：6，泥质红陶。井框平面呈"井"字形，井身上宽下窄呈梯形，平底。通体施黄绿釉，底及井内无釉。吊瓶，平口，束颈，弧腰，小平底。手制，通体施黄绿釉。口边长9.6、底边长5、高9厘米（图一四七，6；图版八二，2）。

铜铃 1件。ⅡM21：1，近梯形，平顶，弓形纽，铃身铸有花纹，中部为方格内饰重叠斜线纹，两侧饰浮点纹，下侧饰以方格纹，菱形口，铃口内弧，铃舌为圆形铁条，下侧呈圆形，锈蚀严重。高3.4、宽1.6～3.1、纽高0.6厘米（图一四九，2）。

铜铺首衔环 2件。ⅡM21：2，鎏金浮雕兽面，竖眉立目，额作三角形，双耳外撇，鼻回钩，下衔一环，铺首背面有一榫，榫端有小穿孔。兽面宽3、高3.3厘米，铜环直径1.8厘米（图一四九，14；图版一〇〇，2右）。ⅡM21：3，鎏金浮雕兽面，竖眉立目，额作山字形，双耳外撇，鼻回钩，环缺，铺首背面有一榫，榫端有小穿孔。兽面宽3.1、残高3.3厘米（图一四九，13）。

铜车轴 1件。ⅡM21：32，整体呈圆筒状，略呈亚腰形，中部饰三周、两端各饰一周凸棱，圆筒内残存有圆木。长9.7、直径1.8～2厘米（图一四九，10）。

铜当卢 2件。片状体，作马面形，上端两侧出两耳，中间为圆形，内有变形十字镂空，下端略窄，两侧内钩，背部上下端各有一鼻穿，下端残断。ⅡM21：31，长10.2、宽3.2、厚0.1、

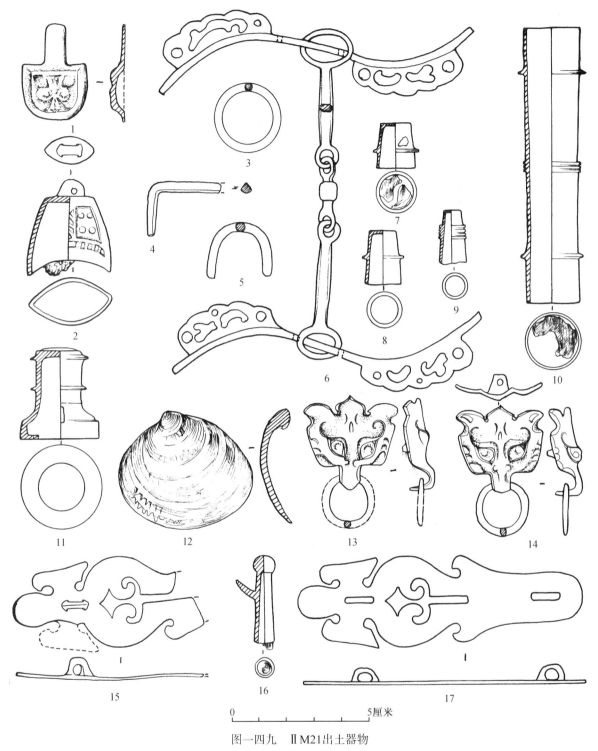

图一四九　ⅡM21出土器物

1. 兽面形车饰（ⅡM21：33）　2. 铜铃（ⅡM21：1）　3. 铜环（ⅡM21：34）　4. 铜锏钉（ⅡM21：42）

5. 铜车辖（ⅡM21：40）　6. 铜衔镳（ⅡM21：43）　7～9. 铜衡末饰（ⅡM21：37、ⅡM21：38、ⅡM21：39）

10. 铜车轴（ⅡM21：32）　11. 铜辖𫐉（ⅡM21：36）　12. 蚌壳（ⅡM21：20）

13、14. 铜铺首衔环（ⅡM21：3、ⅡM21：2）　15、17. 铜当卢（ⅡM21：52、ⅡM21：31）　16. 铜盖弓帽（ⅡM21：44）

背鼻穿高0.6厘米（图一四九，17）。ⅡM21：52，残长6.9、宽3.2、厚1、背鼻穿高0.7厘米（图一四九，15）。

铜兽面形车饰　1件。ⅡM21：33，半圆形兽面外鼓，背部内凹，上侧平边中部有长条形薄片，供插入车木之用。高3.4、宽2.3厘米（图一四九，1）。

铜环　2件，截面呈圆形。ⅡM21：34，直径2.4厘米（图一四九，3）。

铜辖軎　1件。ⅡM21：36，略呈喇叭筒状，两端齐平，中空，一端较粗，粗端有辖孔，辖穿于辖孔内，辖呈长条形，一端呈帽状，一端带有小孔，细端有两周凸棱。长3.2、直径1.5～2.9厘米（图一四九，11）。

铜衡末饰　3件。圆形筒状，一端封闭，中间饰一周凸棱，筒内残存圆木。ⅡM21：37，长1.9、直径0.9厘米（图一四九，7）。ⅡM21：38，长1.6、直径1.4厘米（图一四九，8）。ⅡM21：39，长1.9、直径1.2厘米（图一四九，9）。

铜车軎　2件。ⅡM21：40、41，铜条中间对弯呈"U"形，截面呈圆形。ⅡM21：40，宽2.3、高1.9厘米（图一四九，5）。

铜锔钉　1件。ⅡM21：42，铜条两端折钩，一端已残缺，截面呈四方棱形。残长2.7厘米（图一四九，4）。

铜衔镳　1件。ⅡM21：43，衔为三节环，两长衔之间以一"8"字形短衔相连接，短衔中间有结节，镳呈"S"形，棒状，穿于衔两端的环内，中部呈片状，有两小穿孔，两端呈鸡冠状突起，上有镂空花纹，另一侧镳残断。衔长11.4、镳长11.2厘米（图一四九，6）。

铜盖弓帽　7件。ⅡM21：44～50，呈上小下大圆筒状，圆筒内残存圆木，顶端有半球形帽，一侧靠上方有倒钩。ⅡM21：44，高3.1、直径0.7厘米（图一四九，16）。

铁环　1件。ⅡM21：28，圆形，两端对折拧在一起呈螺纹状。直径14、钉长9.4厘米（图一五○，1）。

铁器　ⅡM21：30，残碎，形制不清。

铁铲　1件。ⅡM21：01，整体呈长方形，截面呈三角形，长边上侧有长条形銎，銎口略残，下侧刃部尖锐锋利，略残。长14.2、宽6.2、銎长13.8、宽1、深4.7厘米（图一五○，2）。

蚌壳　1件。ⅡM21：20，蚌面布满红色折线纹理。长5、宽4.2厘米（图一四九，12）。

ⅡM24

1. 墓葬形制

斜坡式墓道单砖室墓，方向357°，整体平面略呈"甲"字形，由墓道、墓室两部分组成。

墓道位于墓室北端，竖穴墓道。平面呈梯形，壁面较直，底呈斜坡状，略带平底，斜坡坡度为18°。长590、宽120～140、深60～220厘米，内填五花土，土质较硬，略夯打。

墓室为单砖室。平面呈长方形，为券顶砖室。长330、宽142、高135厘米。东西南三壁用长

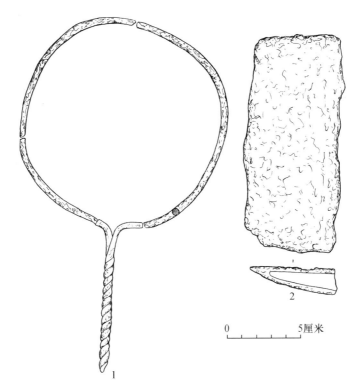

图一五〇　ⅡM21出土铁器
1. 环（ⅡM21：28）　2. 铲（ⅡM21：01）

条砖顺置错缝平砌至133厘米处，用长条砖顺立对缝券顶；底有条砖横置错缝平铺，后壁两端凸出于左右壁，顶部略高于券顶15厘米。墓门为砖砌拱形顶门洞。用砖单层纵横交错平砌至86厘米处，用侧砖砌券成拱形顶，近顶处单砖平砌5层略高于墓室。通高156、洞高124、宽112厘米。用砖横置错缝平砌呈弧形封门。砖长30厘米，宽15厘米，厚5厘米。骨架置于墓室南部，保存较差，头向北，面向不清，为仰身直肢单人葬。随葬有陶壶3件、陶罐3件、小陶罐5件、陶灶1套、陶井1套，置于墓室北部及骨架两侧（图一五一；图版二三，1、2）。

2. 随葬器物

该墓出土陶器13件，器形有壶、罐、灶、井、小罐等。

壶　3件，灰陶。ⅡM24：2，敞口，方唇，束颈，鼓腹，假圈足较直，平底内凹。器表有刮削痕。口径8、底径7.5、高19厘米（图一五二，13）。ⅡM24：4、6，喇叭口，方唇，束颈，鼓腹，假圈足内收，平底。ⅡM24：4，近底处有刮削痕。口径11.5、底径8.3、高19.5厘米（图一五二，2）。ⅡM24：6，肩部饰一周凹弦纹，器表有刮削痕。口径8、底径7.5、高18.5厘米（图一五二，10）。

罐　3件，黑灰陶。侈口，圆唇，丰肩，鼓腹，下腹斜收，平底。腹部饰一周绳纹，腹下有零散绳纹，近底处有刮削痕。ⅡM24：1，口径17.2、底径16.5、高21.5厘米（图一五二，9）。

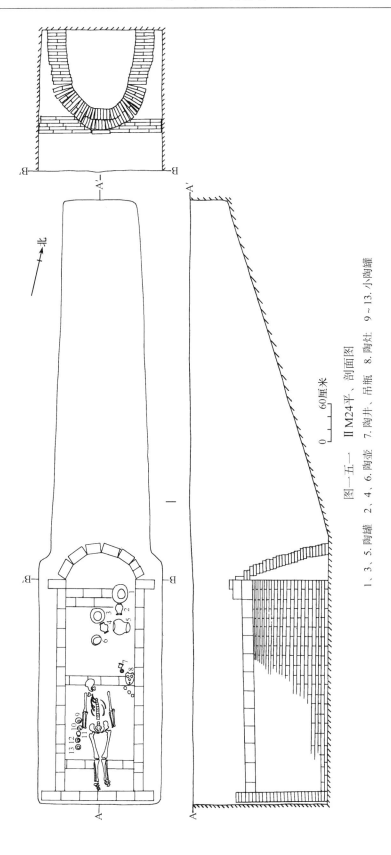

图一五一 ⅡM24平、剖面图

1、3、5.陶罐 2、4、6.陶壶 7.陶井、吊瓶 8.陶灶 9～13.小陶罐

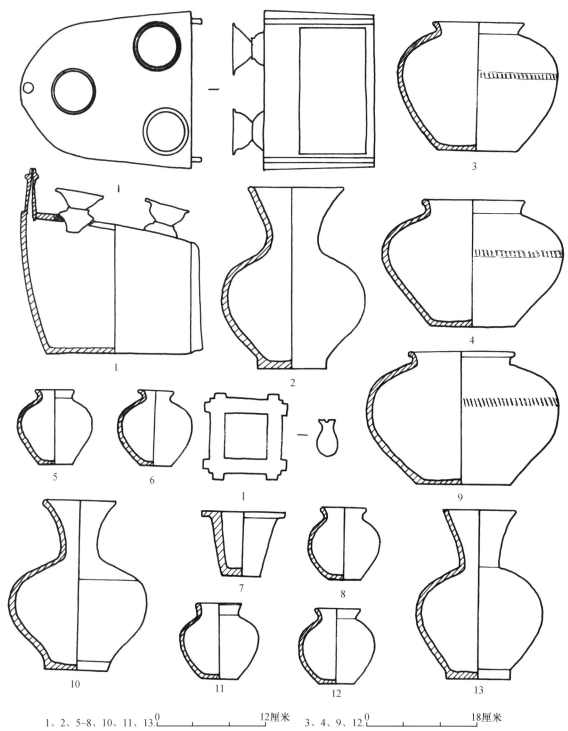

1、2、5～8、10、11、13. 0 _____ 12厘米   3、4、9、12. 0 _____ 18厘米

图一五二 ⅡM24出土陶器

1.灶（ⅡM24：8）   2、10、13.壶（ⅡM24：4、ⅡM24：6、ⅡM24：2）

3、4、9.罐（ⅡM24：3、ⅡM24：5、ⅡM24：1）

5、6、8、11、12.小罐（ⅡM24：11、ⅡM24：10、ⅡM24：12、ⅡM24：9、ⅡM24：13）   7.井（ⅡM24：7）

ⅡM24：3，口径15、底径13.5、高20.4厘米（图一五二，3）。ⅡM24：5，口径16.7、底径14、高20厘米（图一五二，4）。

小罐　5件，灰陶。ⅡM24：9~11、13，侈口，尖圆唇，折肩，鼓腹，平底。腹下部有刮削痕。ⅡM24：9，口径5、底径4.2、高8厘米（图一五二，11）。ⅡM24：10，口径4.2、底径3.7、高8.3厘米（图一五二，6）。ⅡM24：11，口径5、底径4、高8厘米（图一五二，5）。ⅡM24：13，器表有烟炱。口径4.8、底径4、高8厘米（图一五二，12）。ⅡM24：12，侈口，圆唇，溜肩，上腹较直，下腹斜收，折腹，平底。腹下有刮削痕。口径4.9、底径3.9、高7.7厘米（图一五二，8）。

灶　1套（5件）。ⅡM24：8，泥质灰陶。平面呈船形，灶面微鼓，三火眼各置一釜，呈"品"字形。后有圆形烟囱眼，上置柱状形烟囱，顶上有隆节，上有三角形镂孔，中空，前置长方形灶门，两侧置有挡风，平底。附带三盆一甑。长19、宽16.5、高12~15厘米（图一五二，1）。

井　1套（2件）。ⅡM24：7，泥质灰陶。井框呈"井"字形，上宽下窄呈梯形，浅腹，井内有数周凸棱纹，平底。吊瓶，敞口，束颈，卵圆腹，小平底，手制。口径8.4、底径4.5、高6.8厘米（图一五二，7）。

ⅡM27

1. 墓葬形制

竖穴土坑墓，方向7°，填五花土，土质较软。平面呈长方形，四壁垂直，底较平。长260、宽100、深120厘米。骨架保存较差，扰乱严重，头向不清，面向不清，葬式不清。随葬有陶罐1件、陶壶2件，置于头骨上方（图一五三）。

2. 随葬器物

该墓出土陶器3件，器形有壶、罐等。

壶　2件。ⅡM27：1，灰陶。敞口，方唇，平沿，细束颈，鼓腹，平底。颈部有刮削痕，腹下部有刮削痕。口径11、底径11.5、高29.3厘米（图一五四，3）。ⅡM27：2，灰陶。口残，折肩，弧腹，平底。腹部有零散绳纹，腹下有刮削痕。底径9.6、残高27厘米（图一五四，2）。

罐　1件。ⅡM27：3，灰陶。矮直领，圆唇，丰肩，鼓腹，腹最大径偏上，下腹斜收，小平底。腹下饰一周绳纹，器表粗糙，划痕较多，近底处有刮削痕。口径17、底径14、高25.2厘米（图一五四，1）。

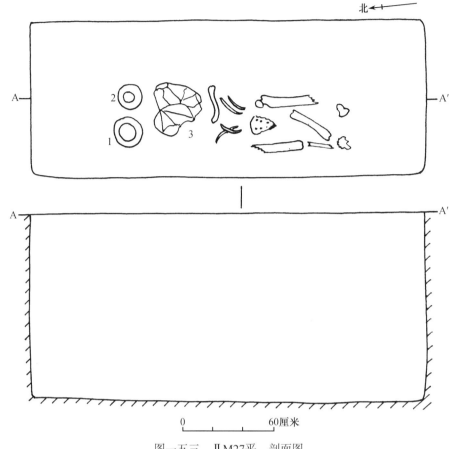

图一五三　ⅡM27平、剖面图

1、2.陶壶　3.陶罐

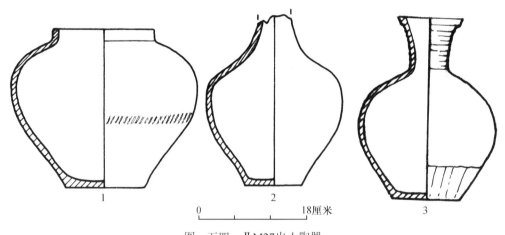

图一五四　ⅡM27出土陶器

1.罐（ⅡM27：3）　2、3.壶（ⅡM27：2、ⅡM27：1）

ⅡM98

1. 墓葬形制

竖穴墓道双室砖墓，方向255°，整体平面呈"中"字形，由墓道、甬道、前室、后室四部分组成。

墓道位于墓室西端，竖穴墓道。平面呈梯形，部分已破坏，壁面较直，底呈斜坡状，斜坡坡度为10°。残长130、宽80～120、深150～180厘米。内填五花土，土质较软，未经夯打。

甬道位于墓道与前室之间，顶部已塌陷，只残存部分墙壁。平面呈长方形，两壁为单砖顺置错缝平砌，平底。长140、宽124、残高60厘米。

墓室为双砖室，分为前后室，中间有甬道通连。前室呈方形，长324、宽322厘米，后室呈长方形，长450、宽198厘米；甬道长66、宽122厘米。墓室顶部已塌陷，只残存部分墙壁，周壁为单砖顺置错缝平砌；底用单砖横置平铺；残高10～125厘米。该墓盗扰严重。砖长33厘米，宽16厘米，厚5厘米。骨架2具，置于前室，扰乱严重，头向不清，面向不清，葬式不清。随葬有铜镜1枚、陶盘2件、陶罐3件、陶深腹盆1件、陶耳杯1件、陶灶1件、陶碗1件、陶勺1件，铜钱1枚，置于前室及与后室之间的甬道处（图一五五；图版二四，1、2）。

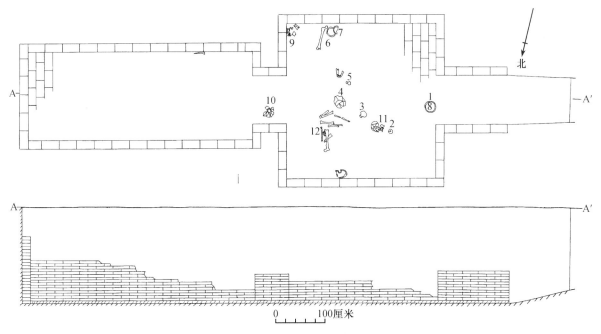

图一五五 ⅡM98平、剖面图
1、8.陶盘 2.铜镜 3～5.陶罐 6.陶深腹盆 7.陶耳杯 9.陶灶 10.陶碗 11.陶勺 12.铜钱

2. 随葬器物

该墓出土器物12件，质地有陶、铜等。

陶罐　3件，灰陶。ⅡM98：3，直口微侈，尖圆唇，矮领，广肩，扁鼓腹，腹部最大径偏上，大平底。器表皮局部脱落，划痕较多，近底处有刮削痕。口径7、底径9.5、高10厘米（图一五六，6）。ⅡM98：4，灰陶。残，侈口，方唇，高领，溜肩，斜直腹，平底。火候低，表皮脱落。口径9、残高11.6厘米（图一五六，5）。ⅡM98：5，直口微敛，方唇，广肩，扁鼓腹，大平底内凹。肩部钻对称两小圆孔，近底处有刮削痕。口径3.5、底径7、高6.5厘米（图一五七，2）。

陶深腹盆　1件。ⅡM98：6，灰陶。敞口，平唇，斜直深腹，平底内凹，内外壁均饰瓦棱纹，近底处有刮削痕。口径20.5、底径10.5、高14厘米（图一五六，2）。

陶耳杯　1件。ⅡM98：7，红陶。残，耳与沿平齐，斜腹微弧，平底。口径16.5、底径

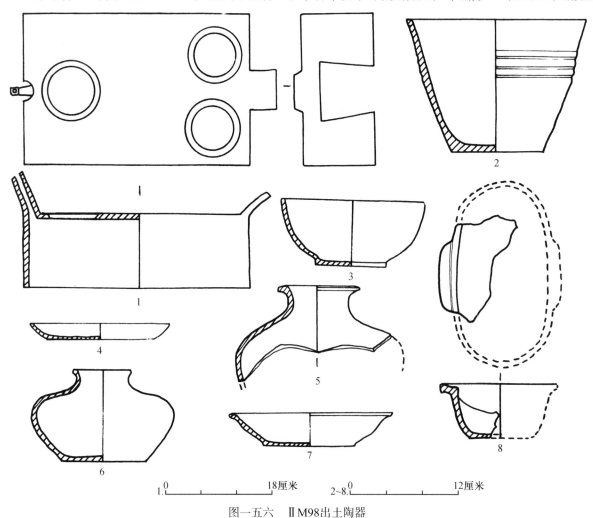

图一五六　ⅡM98出土陶器

1. 灶（ⅡM98：9）　2. 深腹盆（ⅡM98：6）　3. 碗（ⅡM98：10）　4、7. 盘（ⅡM98：8、ⅡM98：1）　5、6. 罐（ⅡM98：4、
ⅡM98：3）　8. 耳杯（ⅡM98：7）

12、高1.8厘米（图一五六，8）。

陶盘 2件。ⅡM98：1，灰陶。敞口，方圆唇，平沿，弧腹，平底内凹，外壁近底处有刮削痕。口径18.5、底径10.5、高3.5厘米（图一五六，7）。ⅡM98：8，灰褐陶。敞口，尖圆唇，斜直腹，平底内凹。内底饰一周凹弦纹，外壁及底部均有刮削痕。口径16.5、底径12、高1.8厘米（图一五六，4）。

陶碗 1件。ⅡM98：10，灰陶。直口微侈，圆唇，深弧腹，矮圈足，唇外侧饰两周凹弦纹，近底部有刮削痕。口径16、底径8、高7厘米（图一五六，3）。

陶灶 1件。ⅡM98：9，泥质灰陶。平面长方形，灶面较平，三火眼一大两小呈品字形。后有连体方柱状烟囱，外撇，灶前端上方外撇挡板，前置近方形灶门。无底。长43.2、宽24.6、高15.6～18.6厘米（图一五六，1）。

陶勺 1件。ⅡM98：11，灰陶。平面呈椭圆形，侈口，方唇，弧腹，圜底。在窄端上方斜置一把，把残，器表有刮削痕，手制。口径6～7.2、柄长3.4、通高8厘米（图一五七，4）。

铜镜 1枚。ⅡM98：2，龙纹镜。圆形，镜面微凸，圆纽，圆纽座，座外为首尾相接的变形四龙绕纽追逐，其外为双凸弦纹圈带和栉齿纹，近缘处饰三角锯齿纹。近三角形素缘。面径7.6、背径7.4、缘宽0.4厘米（图一五七，1；图版一一五，2）。

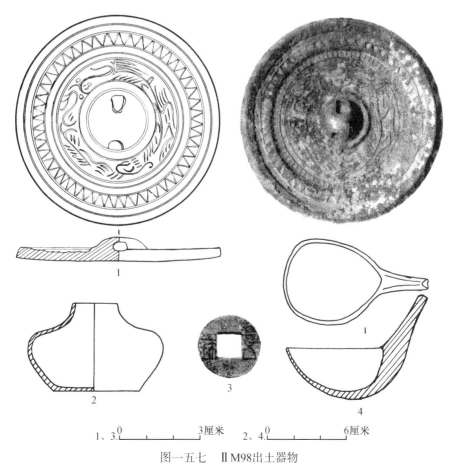

图一五七 ⅡM98出土器物

1.铜镜（ⅡM98：2） 2.陶罐（ⅡM98：5） 3.铜钱（ⅡM98：12） 4.陶勺（ⅡM98：11）

铜钱 1枚。Ⅱ M98：12，剪轮"五铢"（磨郭五铢）。五字偏宽，交笔弯曲。直径2.3、穿宽0.9厘米，重2.1克（图一五七，3；图版一一六，3下左）。

Ⅱ M102

1. 墓葬形制

竖穴墓道双砖室墓，方向253°，整体平面略呈"中"字形，由墓道、甬道、前室、后室四部分组成。

墓道位于墓室西端，竖穴墓道。平面呈梯形，部分已破坏，壁面较直，底呈斜坡状，略带平底，斜坡坡度为8°。长120、宽120～126、深80～140厘米。内填五花土，土质较软，未经夯打。

甬道位于墓道与前室之间，顶部已塌陷，只残存部分墙壁。平面呈长方形，两壁用单砖顺置错缝平砌，平底。长116、宽158、残高54厘米。

墓室为双砖室，有前室、后室。墓室平面均呈长方形，前室长336、宽310厘米；后室长446、宽192厘米。墓室顶部已坍塌，只残存部分墙壁，周壁用单砖顺置错缝平砌，底用单砖横置错缝平铺，墙壁残高60～90厘米。砖长35、宽15、厚5厘米。骨架仅残存大腿骨，置于前室中部，头向、面向、葬式均不清。随葬有小陶罐2件，置于前室中部；陶耳杯2件、陶碗、陶盆，置于后室入口处（图一五八）。

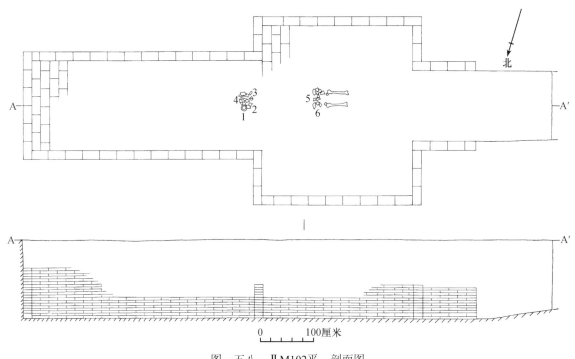

图一五八　Ⅱ M102平、剖面图

1、2. 陶罐　3、4. 陶耳杯　5. 陶碗　6. 陶盆

2. 随葬器物

该墓出土陶器6件，器形有小罐、碗、耳杯等。

小罐 2件。ⅡM102：1，灰陶。直口，圆唇，溜肩，扁鼓腹，平底。腹下有刮削痕。口径7.4、底径5.5、高5厘米（图一五九，5）。ⅡM102：2，灰陶。直口微侈，圆唇，溜肩，扁鼓腹，平底。腹下有刮削痕。口径7.5、底径6、高5.4厘米（图一五九，4）。

耳杯 2件，灰陶。平面呈椭圆形，双耳与沿平齐，月牙状耳，侈口，平沿，弧腹，底较平。手制。ⅡM102：3，口径10、底径3.8、高4.4厘米（图一五九，6）。ⅡM102：4，口径7.6~11.2、底径3.3~6.8、高3.8厘米（图一五九，3）。

碗 1件。ⅡM102：5，灰陶。敛口，圆唇，斜平折沿，斜直腹，平底，内底凹进。腹部偏下饰数周凹弦纹，近底处有刮削痕。口径17.5、底径7.5、高4.3厘米（图一五九，2）。

盆 1件。ⅡM102：6，灰陶。敞口，圆唇，平沿略斜，折腹，假圈足略内收，近底处有刮削痕。口径16.7、底径7.3、高5.9厘米（图一五九，1）。

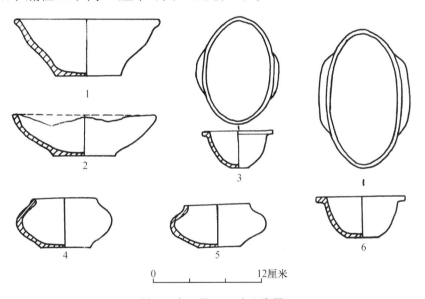

图一五九 ⅡM102出土陶器

1. 盆（ⅡM102：6） 2. 碗（ⅡM102：5） 3、6. 耳杯（ⅡM102：4、ⅡM102：3） 4、5. 罐（ⅡM102：2、ⅡM102：1）

ⅡM118

1. 墓葬形制

竖穴墓道多室砖墓，方向70°，整体平面略呈"十"字形，由墓道、甬道、前室、后室、左右耳室六部分组成。

墓道位于墓室东端，竖穴墓道。平面呈长方形，壁面较直，底呈斜坡状。长520、宽100、深175~200厘米。内填五花土，土质较软，未经夯打。

甬道位于墓道与前室之间，两壁用单砖顺置错缝平砌，顶部已塌陷，只残存部分墙壁。平面呈长方形，平底。长105、宽110、残高75～90厘米。

墓室为多砖室，有前室、后室及左、右耳室。前室平面呈近方形，长330、宽320厘米；后室平面呈长方形，长400、宽205厘米；左耳室平面呈长方形，长220、宽205厘米；右耳室平面长方形，长225、宽205厘米。墓室顶部已坍塌，只残存部分墙壁，周壁用单砖顺置错缝平砌，底用单砖横置平铺，墙壁残高150～175厘米。砖长33、宽16、厚5厘米。骨架3具，头向、面向、葬式不清。经鉴定，3具墓主人均为男性，成年。随葬出土有陶盒1件、陶案3件、陶灶1套、陶盘1件、铁铲1件，置于前室内；陶片1件，置于左耳室内（图一六〇）。

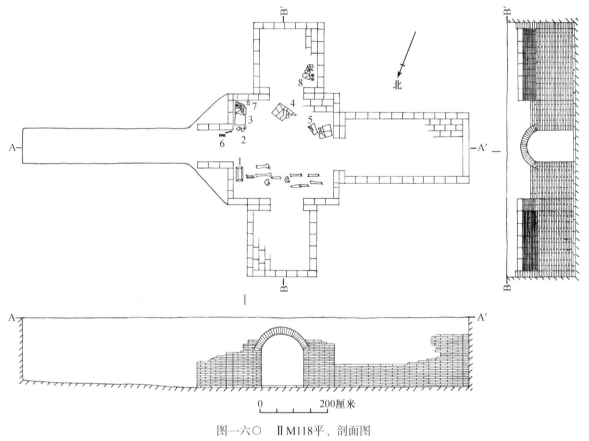

图一六〇　ⅡM118平、剖面图
1. 陶盒　2. 陶灶　3～5. 陶案　6. 铁铲　7. 残陶器　8. 陶盘

2. 随葬器物

该墓出土器物8件，质地有陶、铁等。

陶盒　1件。ⅡM118：1，褐陶，盒身平面呈长方形，直壁平底。盖平面呈长方形，折腹，平顶。长36、宽18、高13厘米（图一六一，3）。

陶案　3件，灰陶。ⅡM118：3，残，周边有凸棱，底不平。残长33、宽33.6、厚1.2厘米

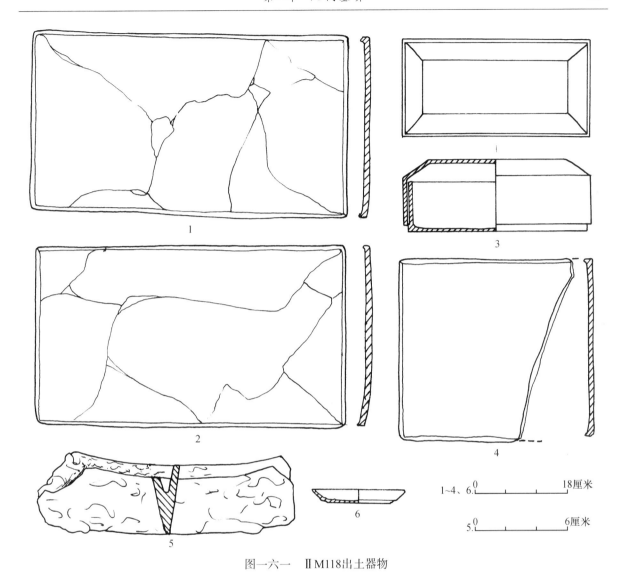

图一六一　ⅡM118出土器物

1、2、4.陶案（ⅡM118：5、ⅡM118：4、ⅡM118：3）　3.陶盒（ⅡM118：1）　5.铁铲（ⅡM118：6）

6.陶盘（ⅡM118：8）

（图一六一，4）。ⅡM118：4、ⅡM118：5，平面呈长方形，周边有凸棱，底不平，四周翘起。长58.8、宽33.6、厚1.2厘米（图一六一，2、1）。

　　陶盘　1件。ⅡM118：8，红陶。敞口，圆唇平沿，斜直腹，平底，底外侧略凹，内底有两周凸旋纹，外壁有刮削痕。口径17.8、底径12、高2.4厘米（图一六一，6）。

　　陶灶　1件。ⅡM118：2，红陶。灶残，为圆形火眼，无底。

　　陶片　1件。ⅡM118：7，形制不清。

　　铁铲　1件。ⅡM118：6，锈蚀严重，呈长方形，宽边上侧錾一侧边残，下侧刃部略残。长16.4、宽4.2厘米（图一六一，5）。

ⅡM130

1. 墓葬形制

斜坡式墓道土坑木椁墓，方向265°，整体平面略呈"甲"字形，由墓道、甬道、墓室三部分组成。

墓道位于墓室西端，竖穴墓道。平面呈梯形，壁面垂直，底呈台阶斜坡状，台阶为一级，斜坡坡度为35°。长410、宽72~100、深80~240厘米。

甬道位于墓道与墓室之间，为土洞。平面呈梯形，为拱形顶，平底。长130、宽100~120、高120厘米。

墓室为竖穴土坑。平面略呈梯形，壁面垂直，平底。长430、宽154~168、深240厘米。墓室东西两侧带生土二层台，宽20~24、至墓口200、至墓底40厘米。在东侧二层台上放有零散的石块。全墓内填五花土，土质较硬，略夯打。有葬具木椁，仅存朽痕，呈梯形，长386、宽120~148、厚10、残高40厘米。骨架位于木椁中西部偏北处，保存较差，头向东，面向不清，为单人仰身直肢葬。经鉴定，墓主人为男性，40~45岁。随葬有铜镜1枚、铁器1件、骨梳1件、陶壶3件、陶罐2件，殉牲骨，置于椁内东部（图一六二）。

2. 随葬器物

该墓出土器物8件，质地有陶、铁、骨、铜等。

陶壶 3件，灰陶。ⅡM130：4，侈口，方唇，粗颈微束，鼓腹，假圈足外撇，平底。颈部饰一周、肩部饰两周凹弦纹，腹部饰对称铺首及一周凹弦纹，近底处有刮削痕。口径13.5、底径13、高30厘米（图一六三，3）。ⅡM130：7、8，敞口，方唇，粗束颈，鼓腹，假圈足外撇，平底。颈部饰一周、肩部饰两周凹弦纹，腹部饰对称铺首及一周凹弦纹，近底处有刮削痕。ⅡM130：7，口径14、底径13、高30.5厘米（图一六三，1）。ⅡM130：8，口径14、底径15、高31厘米（图一六三，2）。

陶罐 2件，灰陶。ⅡM130：5，直口微侈，圆唇，高直领，溜肩，鼓腹，平底。颈部有一周凸棱，腹部饰弦断绳纹，近底处有修削痕。口径10.5、底径11.5、高20.5厘米（图一六三，4）。ⅡM130：6，直口微侈，圆唇，卷沿，高领，溜肩，鼓腹，平底。腹部饰一周凹弦纹，腹下有修削痕。口径8.5、底径7.3、高15.5厘米（图一六三，5）。

铜镜 1枚。ⅡM130：1，昭明连弧纹镜。圆形，镜面微凸，圆纽，圆纽座，座外短弧线纹与短竖线纹相间连接一周凸棱。两周栉齿纹圈带将镜背分为内外区，内区为内向八连弧纹，连弧间饰短弧线和三叉纹，外区环列篆体铭文带，铭文为"内而清而以而昭而明而光而象夫日月而心不泄"。素窄缘。面径8.5、背径8.4、缘宽0.3、缘厚0.4厘米（图一六四）。

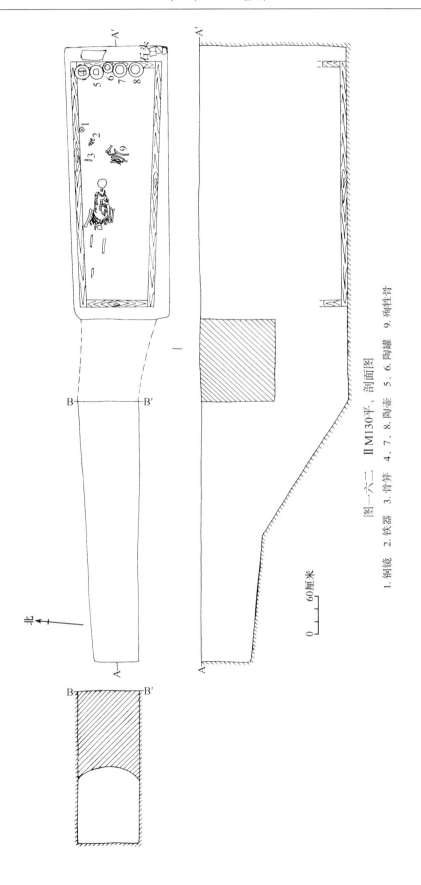

图一六二 ⅡM130平、剖面图

1. 铜镜 2. 铁器 3. 骨笄 4、7、8. 陶壶 5、6. 陶罐 9. 殉牲骨

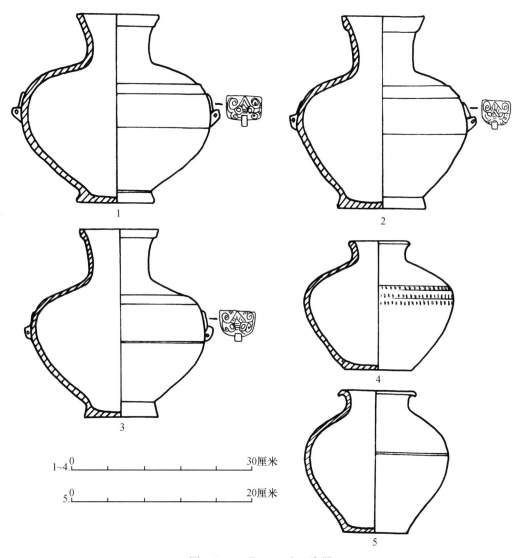

图一六三　ⅡM130出土陶器
1～3.壶（ⅡM130：7、ⅡM130：8、ⅡM130：4）　4、5.罐（ⅡM130：5、ⅡM130：6）

　　铁器　1件。ⅡM130：2，残断，形制不清。

　　骨梳　1件。ⅡM130：3，兽骨制成，只残存中部一段，呈片状，长条形，上端齐平，下部呈密齿状，齿残。残长9、残宽1厘米（图一六五）。

ⅡM131

1. 墓葬形制

　　斜坡式墓道土坑木椁墓，方向255°，整体平面略呈"甲"字形，由墓道、甬道、墓室三部分组成。

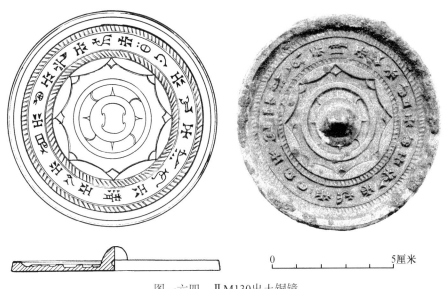

图一六四　ⅡM130出土铜镜
（ⅡM130∶1）

墓道位于墓室西端，竖穴墓道。平面呈梯形，壁面垂直，底呈台阶斜坡状，台阶为一级。长470、宽106～134、深50～258厘米。

甬道位于墓道与墓室之间，为土洞。平面呈梯形，两壁不甚规整，为拱形顶，平底。长120、宽102～134、高130～160厘米。高于墓室110厘米。

墓室为竖穴土坑。平面略呈梯形，壁面垂直，平底。长410、宽156～164、深380～420厘米。全墓内填五花土，土质较硬，略夯打。有葬具椁棺，仅存朽痕，呈长方形，椁长328、宽140、厚10、残高50厘米；棺长198、宽60、厚4、残高30厘米。骨架1具，保存较差，头向东，面向不清，为单人仰身直肢葬。经鉴定，墓主人为男性，25岁左右。随葬骨印章1枚、铜钱1枚、铜镜1件、铁器1件，置于骨架上；殉牲骨，置于木棺外东北角；陶壶3件、陶罐2件，置于木椁外与东壁之间（图一六六）。

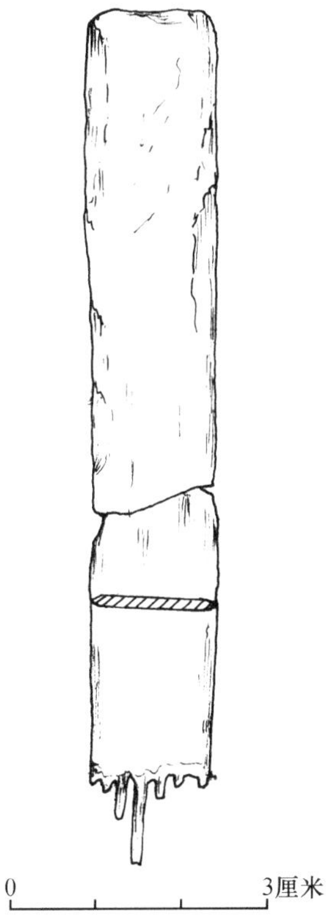

2. 随葬器物

该墓出土器物9件，质地有陶、铁、骨、铜等。

陶壶　3件，灰陶。侈口，平唇，略显盘口，粗颈微束，鼓腹，矮假圈足外撇，平底。颈部饰一周凹弦纹，肩部饰宽带纹，腹部饰对称铺首及一周凹弦纹，近底处有刮削痕。ⅡM131∶7，口径13、底径15、高33厘米（图一六七，1）。ⅡM131∶8，口径13、底径13.5、高32.5厘米（图一六七，3）。ⅡM131∶9，口径13.5、底

图一六五　ⅡM130出土骨梳
（ⅡM130∶3）

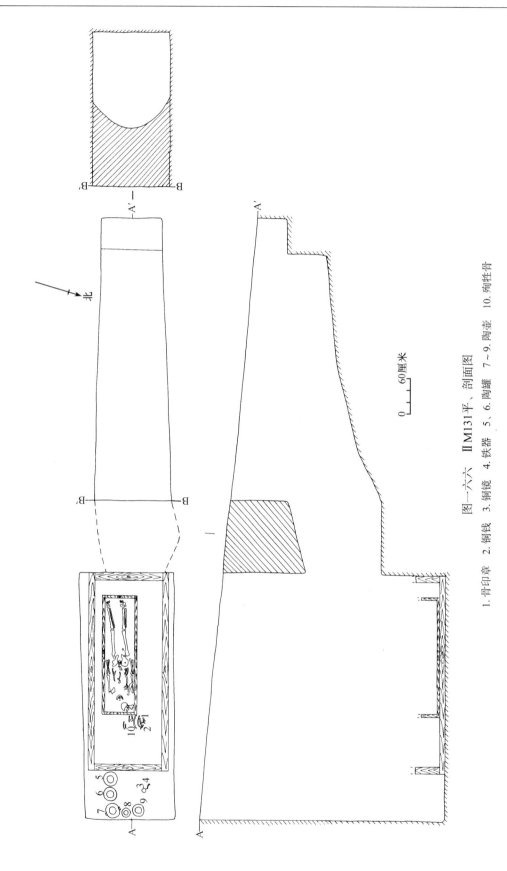

图一六六　Ⅱ M131平、剖面图

1. 骨印章　2. 铜钱　3. 铜镜　4. 铁器　5、6. 陶罐　7～9. 陶壶　10. 殉牲骨

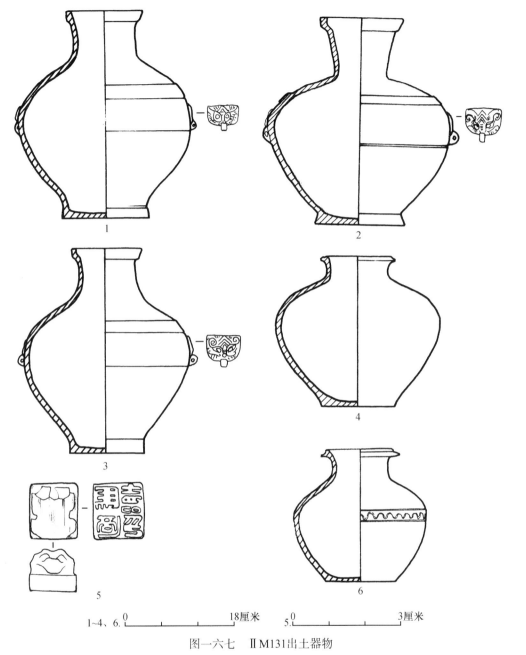

图一六七 ⅡM131出土器物

1~3.陶壶（ⅡM131：7、ⅡM131：9、ⅡM131：8） 4、6.陶罐（ⅡM131：6、ⅡM131：5） 5.骨印章（ⅡM131：1）

径15.5、高33.5厘米（图一六七，2）。

陶罐 2件，灰陶。ⅡM131：5，侈口，方唇，斜折沿，高领，溜肩，鼓腹，平底。腹部饰两周凹弦纹，其间夹饰重叠水波纹，腹下有修削痕。口径12.5、底径12、高21.5厘米（图一六七，6）。ⅡM131：6，直口微侈，尖圆唇，斜折沿，高领，溜肩，鼓腹，平底。近底处有修削痕。口径8.5、底径8、高16厘米（图一六七，4）。

骨印章 1枚。ⅡM131：1，兽骨制成，呈方形，伏兽纽，竖向阴刻篆纹"马适寿印"。边长1.5、高1.4厘米（图一六七，5）。

铜镜　1枚。ⅡM131：3，日光铭文镜。圆形，镜面微凸，圆纽，并蒂联珠纹纽座，座与其外凸棱之间以短竖线纹相接，其外为两周凸弦纹、栉齿纹圈带间为篆体铭文带，铭文为"见日之光长毋相忘"，每字间插有一"e"符号。宽素平缘。面径7.4、背径7.3、缘宽0.5、缘厚0.4厘米（图一六八；图版一〇七，1）。

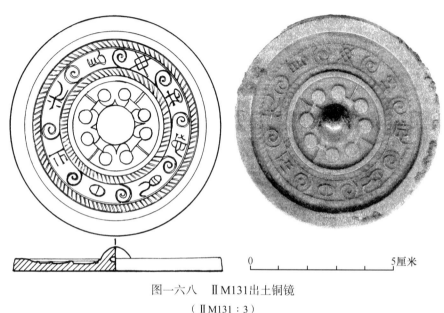

图一六八　ⅡM131出土铜镜
（ⅡM131：3）

铁器　1件。ⅡM131：4，残断，形制不清。

铜钱　1枚。ⅡM131：2，五字瘦长，交笔略直；铢字金字头呈三角形。直径2.5、穿宽1.05厘米，重2.1克。

ⅡM149

1. 墓葬形制

长斜坡式墓道土洞墓，方向350°，整体平面略呈"甲"字形，由墓道和墓室两部分组成。

墓道位于墓室北端，竖穴墓道。平面呈梯形，壁面较直，底呈二级斜坡状，第一级坡度10°，第二级坡度为28°。长634、宽60～120、深50～260厘米。内填五花土，土质较硬，略夯打。

墓室为土洞。平面略呈梯形，为拱形顶，底较平。长366、宽108～140、高110～176厘米。南北两侧带生土二层台，二层台宽6～24、至洞顶高70～140厘米。有葬具木椁，仅存朽痕，呈"Ⅱ"形，长336、宽100、厚6、残高40厘米。骨架保存较差，仅残存头骨及部分下肢骨，头向北，面向不清，为直肢单人葬。随葬有陶灶1套、陶壶3件、陶罐1件、陶吊瓶1件，置于木椁内东侧（图一六九）。

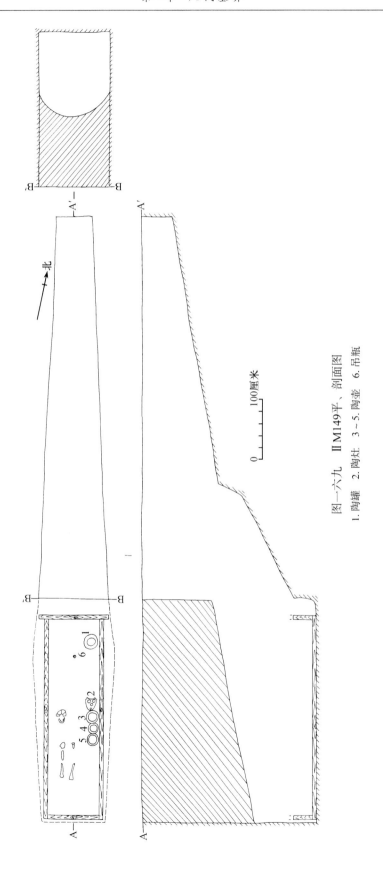

图一六九　ⅡM149平、剖面图

1. 陶罐　2. 陶灶　3～5. 陶壶　6. 吊瓶

2. 随葬器物

该墓出土陶器6件，器形有灶、罐、壶、吊瓶等。

壶　3件，灰陶。ⅡM149：3、5，盘口，方圆唇，短弧颈，鼓腹，假圈足较直，平底内凹。腹部饰对称铺首，器表有刮削痕。ⅡM149：3，口径14、底径11.5、高25.5厘米（图一七〇，6）。ⅡM149：5，下腹急收，口径14、底径11.5、高25.5厘米（图一七〇，5）。ⅡM149：4，盘口，方圆唇，短弧颈，鼓腹，假圈足较直，平底内凹。腹部饰对称铺首及一周凹弦纹，器表有刮削痕。口径12、底径10、高24厘米（图一七〇，4）。

罐　1件。ⅡM149：1，黑灰陶。侈口，方唇，折肩，斜直腹，平底。肩部饰一周弦断绳纹，近底处有修削痕。口径13.5、底径14.5、高19厘米（图一七〇，3）。

灶　1套（4件）。ⅡM149：2，泥质灰陶。平面呈船形，灶面稍作弧形，三火眼各置一釜，呈"品"字形，附带三盆。后有圆形烟囱眼，上置柱状形烟囱，顶上有隆节，前置长方形

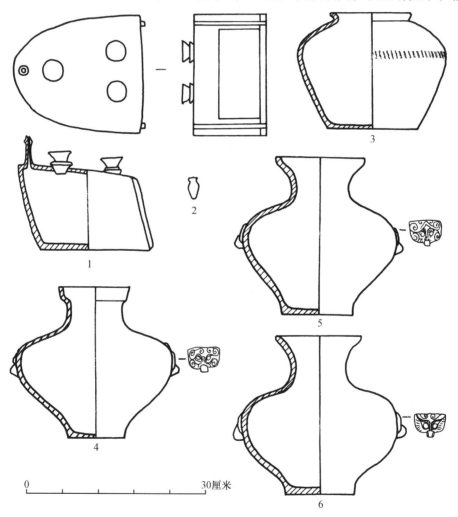

0　　　　　　　　　　　　　　30厘米

图一七〇　ⅡM149出土陶器

1.灶（ⅡM149：2）　2.吊瓶（ⅡM149：6）　3.罐（ⅡM149：1）　4～6.壶（ⅡM149：4、ⅡM149：5、ⅡM149：3）

灶门，两侧置有挡风。长21、宽19.8、高12～13.8厘米（图一七〇，1）。

吊瓶　1件。ⅡM149：6，灰陶。平口，束颈，弧腹，小圜底。手制（图一七〇，2）。

ⅡM150

1. 墓葬形制

斜坡式墓道土坑木椁墓，方向355°，整体平面呈"甲"字形，由墓道和墓室两部分组成。

墓道位于墓室北端，竖穴墓道。平面呈梯形，壁面较直，底呈斜坡平底状，斜坡坡度为28°。长530、宽60～140、深60～200厘米。

墓室为竖穴土坑。平面略呈梯形，壁面垂直，底较平。长470、宽240～260、深200厘米。南北两侧带生土二层台，二层台宽30～80、至墓口深160、至墓底40厘米。全墓内填五花土，土质较硬，略夯打。有葬具木椁，仅存朽痕，呈长方形，长350、宽200、厚10、残高40厘米。骨架2具，置于木椁南部东西两侧，保存较差，东侧1具仅存头骨，头向北，面向不清，葬式不清，西侧1具，头向北，面向不清，为仰身直肢葬，为双人合葬墓。经鉴定，西侧骨架为男性，45～50岁。随葬有铜镜1枚、陶壶3件、陶井1件、陶灶1件、陶罐3件、小陶罐5件，置于两具骨架之间（图一七一）。

2. 随葬器物

该墓出土器物15件，质地有陶、铜等。

陶壶　3件，灰陶。ⅡM150：2、10，敞口，圆唇，短束颈，鼓腹，平底。肩部饰一周凹弦纹，腹部饰对称铺首及一周凹弦纹，颈及近底处有刮削痕。ⅡM150：2，口径13.3、底径10.5、高24厘米（图一七二，12）。ⅡM150：10，口径13.3、底径10、高25厘米（图一七二，13）。ⅡM150：3，侈口，圆唇，唇内侧有一凹槽，粗短颈，鼓腹，矮假圈足内收，平底。肩部饰一周凹弦纹，腹部饰对称铺首及一周凹弦纹，颈腹部有刮削痕。口径13.3、底径10、高24.5厘米（图一七二，2）。

陶罐　3件。ⅡM150：6，灰陶。直口微侈，尖圆唇，沿斜折，高领，溜肩，卵形腹，大平底。器表有刮削痕。口径12、底径12、高21.5厘米（图一七二，4）。ⅡM150：8，灰陶。侈口，圆唇，鼓腹，大平底。肩部饰两周凹弦纹，腹部饰弦断绳纹，火候低，表皮有脱落现象。口径19.3、底径19、高24.5厘米（图一七二，11）。ⅡM150：9，黑灰陶。口微侈，圆唇，丰肩，鼓腹，大平底略内凹。腹部饰弦断绳纹，腹下有刮削痕。口径17、底径16.5、高24厘米（图一七二，3）。

小陶罐　5件，灰陶。ⅡM150：5、14，侈口，圆唇，折肩，鼓腹，平底。腹下部有修削痕。ⅡM150：5，口径3.7、底径3.7、高7厘米（图一七二，6）。ⅡM150：14，口径3.3、底径3.8、高7.3厘米（图一七二，9）。ⅡM150：11，侈口，圆唇，矮领，折肩起棱，折腹，斜底。

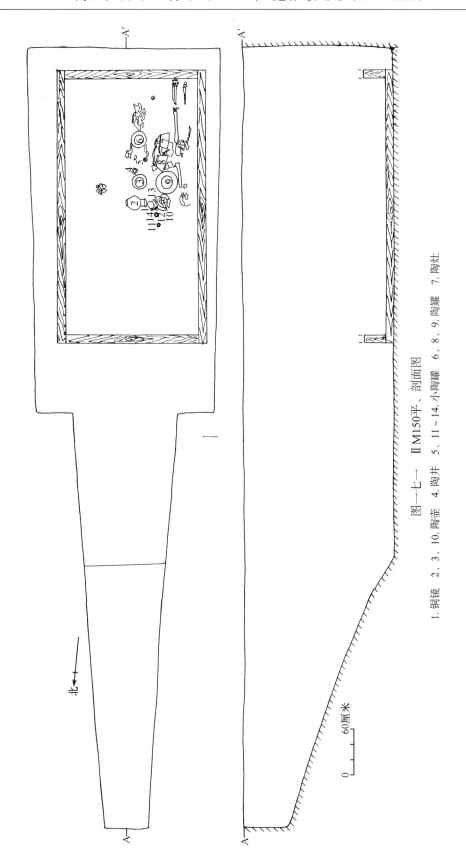

图一七　ⅡM150平、剖面图

1. 铜镜　2、3、10. 陶壶　4. 陶井　5、11～14. 小陶罐　6、8、9. 陶罐　7. 陶灶

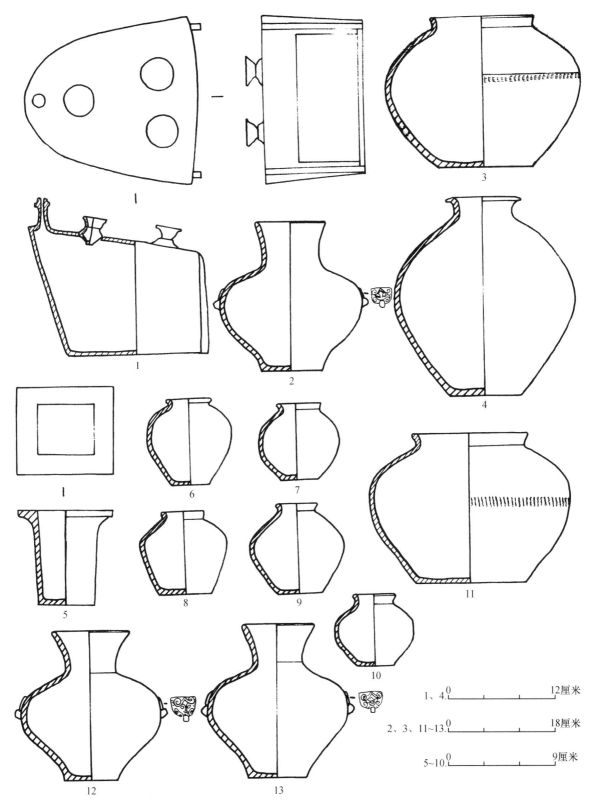

图一七二 ⅡM150出土陶器

1. 灶（ⅡM150∶7） 2、12、13. 壶（ⅡM150∶3、ⅡM150∶2、ⅡM150∶10） 3、4、11. 罐（ⅡM150∶9、ⅡM150∶6、ⅡM150∶8） 5. 井（ⅡM150∶4） 6～10. 小罐（ⅡM150∶5、ⅡM150∶13、ⅡM150∶12、ⅡM150∶14、ⅡM150∶11）

腹下有刮削痕，底削成斜面。口径3.3、底径3.5、高5.7厘米（图一七二，10）。ⅡM150：12，侈口，圆唇，折肩，斜腹，大平底。腹部以下有刮削痕。口径3.6、底径4.5、高6.7厘米（图一七二，8）。ⅡM150：13，侈口，圆唇，溜肩，鼓腹，平底。肩与腹部结合处刮出一泥棱，近底处有刮削痕。口径4、底径3.3、高6.5厘米（图一七二，7）。

陶灶　1套（6件）。ⅡM150：7，泥质灰陶。平面呈船形，灶面微弧，三火眼各置一釜，呈"品"字形。后有圆形烟囱眼，上置短柱状形烟囱，顶上有隆节，内空，前置长方形灶门，两侧置有挡风。附带二釜二盆一甑。长19.6、宽18、高10.8～17厘米（图一七二，1）。

陶井　1套（2件）。ⅡM150：4，泥质灰陶。井框呈近方形，井腹呈方柱体，井内有数周凸棱纹，平底。吊瓶，平口，束颈，弧腹，底未削平，手制。口径8、底径5、高7.4厘米（图一七二，5）。

铜镜　1枚。ⅡM150：1，昭明连弧纹镜。圆形，镜面微凸，圆纽座，座外四组短弧线纹与四组短竖三线纹相间连接内向十二连弧纹，之外两组短斜线纹和细凸弦纹之间为篆体铭文带，铭文右旋读为"内而清而以而昭而明而光而象而夫而日月"，首尾以"▬"符号相隔。宽素平缘。面径9.4、背径9.4、缘宽0.9、缘厚0.5厘米（图一七三；图版一一〇，2）。

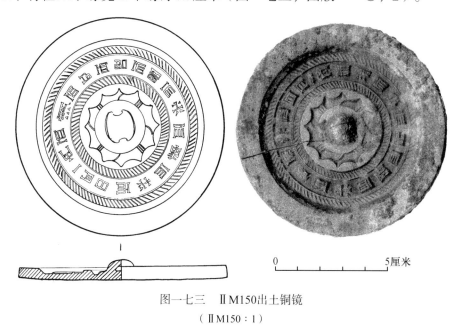

图一七三　ⅡM150出土铜镜
（ⅡM150：1）

ⅡM167

1. 墓葬形制

台阶式墓道土坑木椁墓，方向0°，整体平面略呈"甲"字形，由墓道、甬道、墓室三部分组成。

墓道位于墓室北端，竖穴墓道。平面呈梯形，壁面较直，底台阶为三级，呈斜坡状。长

360、宽60~120、深70~170厘米。

甬道位于墓道与墓室之间，土洞。平面呈梯形，拱形顶，东西壁与墓道齐平，底较平。长130、宽120~160、高130~160厘米。

墓室为竖穴土坑。平面呈长方形，壁面垂直，底较平。长450、宽200、深270厘米，全墓内填五花土，土质较硬，略夯打。有葬具椁棺，仅存朽痕，呈长方形，椁长306、宽190、厚10、残高40厘米；棺长186、宽48、厚4、残高20厘米。骨架保存较一般，头向北，面向不清，为单人仰身直肢葬。经鉴定，墓主人性别不详，成年。随葬有陶壶5件、陶缶1件、陶灶1套置于木椁内东半部，殉牲骨置于木椁内北部（图一七四）。

2. 随葬器物

该墓出土陶器7件，器形有罐、壶、灶等。

壶 5件，灰陶。ⅡM167∶2，盘口，平唇，粗颈，鼓腹，假圈足外撇，平底。颈部饰一周凹弦纹，肩部饰宽带纹，腹部饰对称铺首及一周凹弦纹，近底处有刮削痕。口径13.7、底径14、高33厘米（图一七五，6）。ⅡM167∶3~6，敞口，方唇，粗颈，鼓腹，假圈足外撇，平底。颈部饰一周凹弦纹，肩部饰宽带纹，腹部饰对称铺首及一周凹弦纹。ⅡM167∶3，口径13、底径14、高34.5厘米（图一七五，7）。ⅡM167∶4，口径15、底径15.5、高32.5厘米（图一七五，3）。ⅡM167∶5，口径14、底径14、高33.5厘米（图一七五，5）。ⅡM167∶6，口径14、底径15、高34厘米（图一七五，4）。

缶 1件。ⅡM167∶1，灰陶。敞口，尖唇，斜折沿，溜肩，鼓腹，平底。腹部饰一周水波纹，腹下修削痕明显。口径16、底径21、高34厘米（图一七五，2）。

灶 1套（5件）。ⅡM167∶7，泥质灰陶。平面呈船形，灶面稍作弧形，三火眼呈品字形，各置一釜。附带三盆一甑。后有圆形烟囱眼，上置柱状形烟囱，顶上有隆节，上有圆形镂孔，前置长方形灶门，两侧置有挡风。长20.8、宽18.4、高6.4~14.4厘米（图一七五，1）。

ⅡM169

1. 墓葬形制

竖穴土坑墓，方向0°，内填五花土，土质较软。平面呈长方形，四壁垂直，底较平。长280、宽80、深120厘米。骨架保存较好，头向北，面向上，为仰身直肢葬。随葬有陶罐1件、陶壶3件，置于墓室北壁（图一七六）。

2. 随葬器物

该墓出土陶器4件，器形有罐、壶等。

壶 3件，灰陶。ⅡM169∶2~4，喇叭口，方唇，束颈，鼓腹，平底。器表有划痕，腹

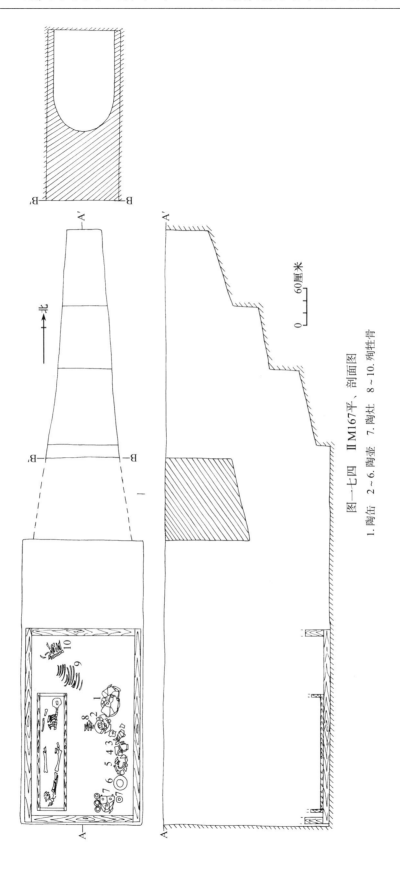

图一七四　ⅡM167平、剖面图

1. 陶缶　2～6. 陶壶　7. 陶灶　8～10. 殉牲骨

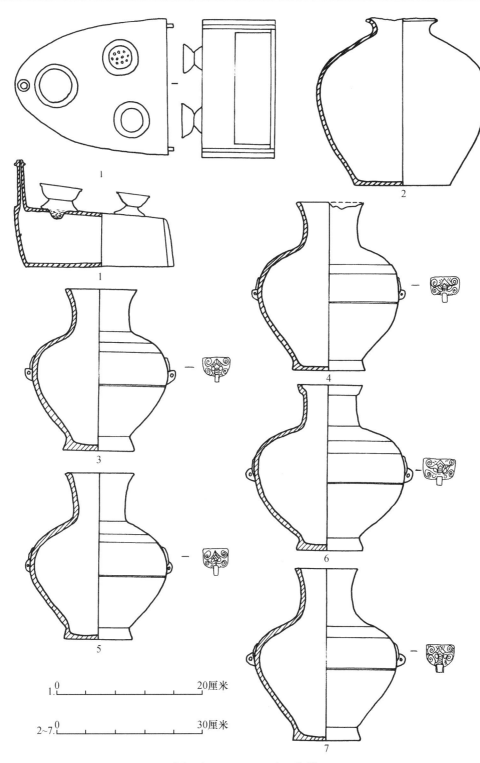

图一七五　ⅡM167出土陶器

1.灶（ⅡM167∶7）　2.缶（ⅡM167∶1）　3～7.壶（ⅡM167∶4、ⅡM167∶6、ⅡM167∶5、ⅡM167∶2、ⅡM167∶3）

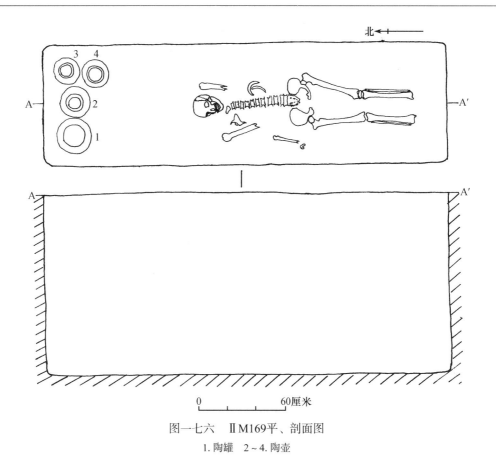

图一七六　ⅡM169平、剖面图
1.陶罐　2～4.陶壶

下有刮削痕。ⅡM169：2，口径12、底径12、高28厘米（图一七七，3）。ⅡM169：3，口径11、底径12、高26厘米（图一七七，2）。ⅡM169：4，口径11、底径12、高26厘米（图一七七，4）。

罐　1件。ⅡM169：1，侈口，圆唇，圆肩，鼓腹，腹最大径偏上，平底。腹部饰一周凸弦纹，腹下部有刮削痕。口径14.4、底径13.5、高23厘米（图一七七，1）。

ⅡM186

1.墓葬形制

台阶式墓道土坑木椁墓，方向0°，整体平面呈"甲"字形，由墓道、甬道、墓室三部分组成。

墓道位于墓室北端，竖穴墓道。平面呈梯形，壁面较直，底呈四级台阶状，第一级较平，第二、三、四级呈斜坡状。长480、宽108～128、深60～300厘米。

甬道位于墓道与墓室之间，为土洞。平面呈梯形，拱形顶，平底。长70、宽100～140、高100～120厘米。

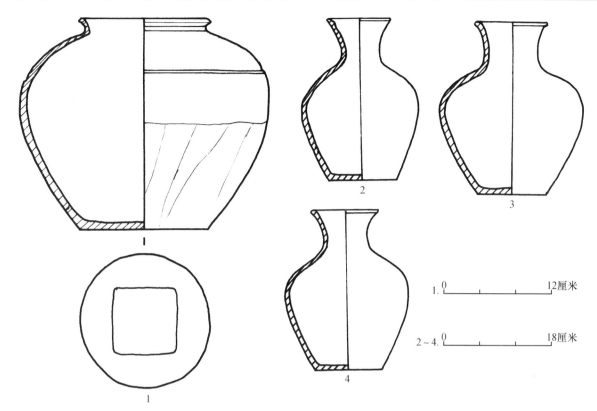

图一七七 ⅡM169出土陶器

1.罐（ⅡM169：1） 2~4.壶（ⅡM169：3、ⅡM169：2、ⅡM169：4）

墓室为竖穴土坑。平面呈长方形，壁面垂直，底较平。长420、宽160、深300厘米。全墓内填五花土，土质较硬，略夯打。有葬具木椁，仅存朽痕，呈长方形，长398、宽150、厚10、残高40厘米。发现骨架朽痕。随葬有陶壶3件、陶罐1件，置于木椁南部偏东；铜器1件、铜钱2枚、锡器1件、殉牲骨，置于木椁偏北部（图一七八）。

2. 随葬器物

该墓出土器物8件，质地有陶、铜、锡等。

陶壶　3件。ⅡM186：4，黑灰陶。喇叭口，方唇，细弧颈，鼓腹，大平底内凹。器表有轮旋纹，近底处有刮削痕。口径11.7、底径12、高26.5厘米（图一七九，1）。ⅡM186：5、6，灰陶。喇叭口，方唇，细弧颈，鼓腹，大平底内凹。近底处有刮削痕。ⅡM186：5，口径10.3、底径14.3、高25.5厘米（图一七九，4）。ⅡM186：6，口径12、底径15、高26.8厘米（图一七九，3）。

陶罐　1件。ⅡM186：7，灰陶。侈口，圆唇，丰肩，最大径靠上，下腹斜收，平底。腹部饰凹弦纹，腹下有刮削痕。口径13.4、底径13、高21厘米（图一七九，2）。

铜器　1件。ⅡM186：1，残，呈圆形杆状。长5、截面径0.6厘米（图一七九，5）。

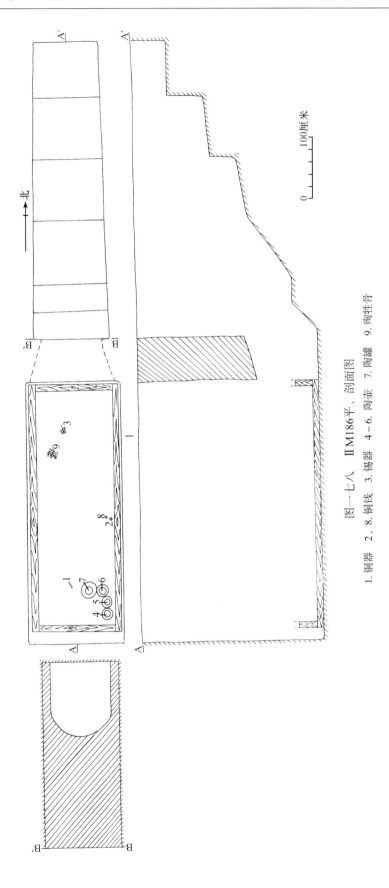

图一七八　ⅡM186平、剖面图

1. 铜器　2、8. 铜钱　3. 锡器　4~6. 陶壶　7. 陶罐　9. 殉牲骨

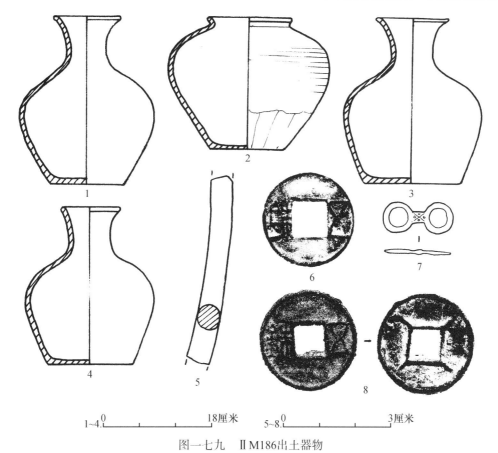

图一七九　ⅡM186出土器物

1、3、4.陶壶（ⅡM186：4、ⅡM186：6、ⅡM186：5）　2.陶罐（ⅡM186：7）　5.铜器（ⅡM186：1）

6、8.铜钱（ⅡM186：2、ⅡM186：8）　7.铅器（ⅡM186：3）

　　铅器　1件。ⅡM186：3，呈"8"字形，中间带有纹饰。长1.9厘米（图一七九，7）。

　　铜钱　2枚。ⅡM186：8，四出"五铢"。"五"字交笔弯曲，穿上横郭。直径2.6、穿宽0.9厘米，重4.4克（图一七九，8）。ⅡM186：2，"五"字交笔较直，"铢"字金字头有的呈三角形，"朱"字头为上方折，下圆折。穿上横郭。直径2.5、穿宽1厘米，重3.1克（图一七九，6；图版一一六，3下右）。

ⅡM197

1. 墓葬形制

　　竖穴土坑墓，方向130°，内填五花土，土质较软。平面呈长方形，四壁垂直，底较平。长340、宽100、深320厘米。骨架保存较差，头向东南，面向不清，为仰身直肢葬。经鉴定，墓主人为女性，成年。随葬有陶壶3件、陶罐2件，殉牲骨，置于头骨上方（图一八〇）。

图一八〇　ⅡM197平、剖面图
1~3.陶壶　4、5.陶罐　6.殉牲骨

2. 随葬器物

该墓出土陶器5件，器形有带盖壶、罐等。

带盖壶　3件，灰褐陶，器表施红色彩绘，脱落严重。ⅡM197：1，口残。细长颈，颈部与肩部接口明显，鼓腹，平底内凹，腹下有刮削痕。可辨纹饰为颈部饰锯齿纹。盖面微隆，子口较矮，顶上有削痕。口径9.5、底径9.5、高24厘米（图一八一，1）。ⅡM197：2，盘口，方唇，粗"八"形颈，鼓腹，矮假圈足，平底，腹下有刮削痕，器表有划痕。可辨纹饰为颈部饰锯齿纹。盖面稍隆，子口内敛，极短，顶上有刮削痕。口径10、底径10、高24厘米（图

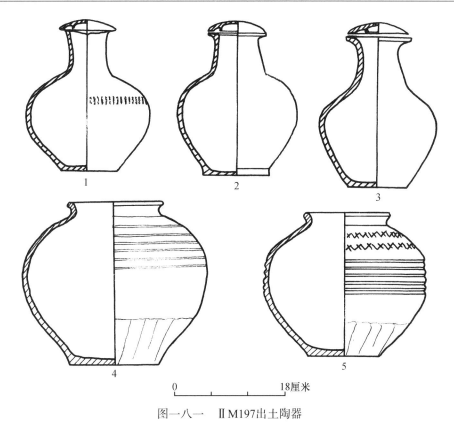

图一八一 ⅡM197出土陶器

1～3.壶（ⅡM197：1、ⅡM197：2、ⅡM197：3） 4、5.罐（ⅡM197：4、ⅡM197：5）

一八一，2）。ⅡM197：3，盘口，方圆唇，细长颈，鼓腹，平底略显内凹，腹下有刮削痕，器表有划痕。可辨纹饰为颈部饰锯齿纹。盖面较鼓，子口内敛，较短，顶上有刮削痕。口径10.7、底径9.5、高25.8厘米（图一八一，3）。

罐 2件。ⅡM197：4，灰陶。侈口，圆唇，圆肩，鼓腹，大平底。肩部表皮脱落，腹下修削痕明显。口径16.5、底径15.3、高26厘米（图一八一，4）。ⅡM197：5，黑灰陶。侈口，圆唇，折肩，上腹较直，下腹斜收，平底。肩部饰刻划网格纹及暗弦纹，腹下有刮削痕，口部变形。口径15、底径13.5、高23厘米（图一八一，5）。

ⅡM199

墓葬形制

竖穴墓道土洞墓，方向355°，整体平面呈长方形，由墓道和墓室两部分组成。内填五花土，土质松软。

墓道位于墓室南端，竖穴土坑。平面呈长方形，四壁垂直，底较平。长120、宽100、深120厘米。

墓室为土洞，土洞顶前端已坍塌，仅残存后部。平面呈长方形，拱形顶，底较平。残长

60、宽100、高30~50厘米。骨架保存较好，头向北，面向西，为仰身屈肢葬。经鉴定，墓主人为男性，20~25岁。无随葬品（图一八二）。

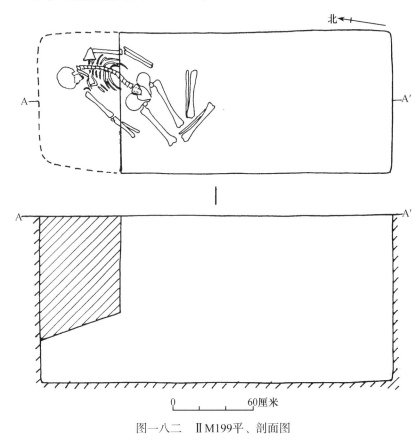

图一八二　ⅡM199平、剖面图

ⅡM214

1. 墓葬形制

竖穴土坑墓，方向355°，内填五花土，土质较硬，略夯打。平面呈长方形，四壁垂直，底较平。长210、宽70、深100厘米。骨架保存较好，头向北，面向东，为仰身直肢葬。经鉴定，墓主人为男性，45~50岁。随葬有铜钱1枚，置于大腿骨内侧（图一八三）。

2. 随葬器物

该墓出土铜钱1枚。ⅡM214：1，"半两"，字迹不清。直径2.4、穿宽0.85厘米，重3克。

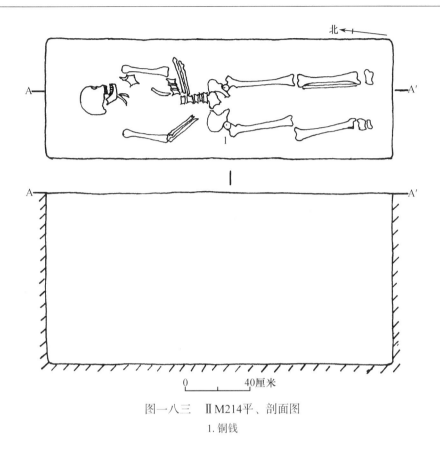

图一八三 ⅡM214平、剖面图
1. 铜钱

ⅡM222

1. 墓葬形制

竖穴土坑墓，方向10°，内填五花土，土质较软。平面呈长方形，四壁垂直，底较平。长250、宽80、深160厘米。骨架保存较一般，头向北，面向上，为单人仰身直肢葬。经鉴定，墓主人性别不详，成年。随葬有铜器1件，置于头骨左侧；陶罐1件、陶奁1件、漆耳杯1件，置于头骨上方（图一八四）。

2. 随葬器物

该墓出土器物4件，质地有陶、铜、漆器等。

陶罐　1件。ⅡM222：1，侈口，方唇，圆肩，鼓腹，大平底。底部有方形印记。肩部有轮旋划纹，近底处有刮削痕，口烧制变形。口径14.4、底径13.8、高21厘米（图一八五，1）。

陶奁　1件。ⅡM222：2，敛口，方唇，圆形筒状，直腹，平底。口径18、底径16.2、高15厘米（图一八五，2）。

铜器　1件。ⅡM222：3，残碎，形制不清。

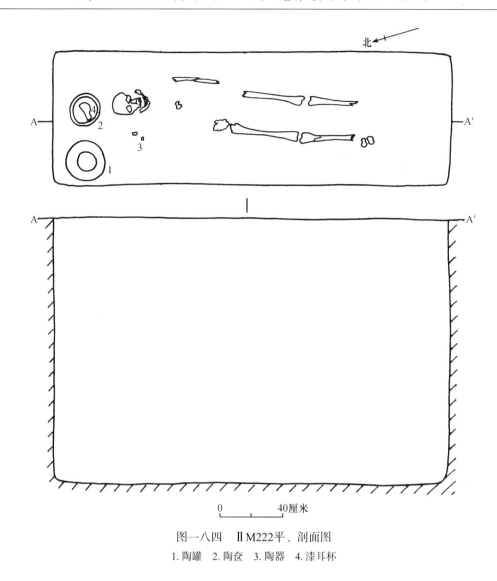

图一八四 ⅡM222平、剖面图
1. 陶罐 2. 陶奁 3. 陶器 4. 漆耳杯

漆耳杯 1件。ⅡM222：4，残，平面呈椭圆形，双耳与沿平齐，月牙状耳，侈口，平沿，弧腹，底较平。口径长12、宽10.8、高3厘米（图一八五，3）。

ⅡM241

1. 墓葬形制

斜坡式墓道单室砖墓，方向357°，整体平面呈"甲"字形，由墓道和墓室两部分组成。

墓道位于墓室北端，竖穴墓道。平面呈梯形，壁面较直，底呈斜坡状，略带平底，斜坡坡度为14°。长520、宽100、深30~206厘米。内填五花土，土质较软，未经夯打。

墓室为单砖室。平面呈长方形，券顶。长296、宽160、高140~168厘米。东、西、南三壁用单砖顺置错缝平砌至90厘米处，用单砖顺立对缝券顶；墓门顶部为双层券顶；底用单砖错缝

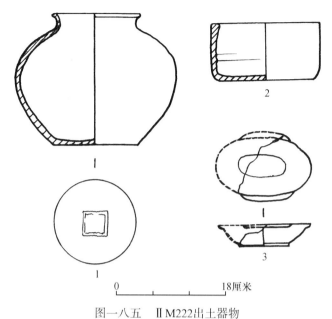

0   18厘米

图一八五 ⅡM222出土器物

1. 陶罐（ⅡM222：1） 2. 陶奁（ⅡM222：2） 3. 漆耳杯（ⅡM222：4）

平铺，南壁两端略宽于东西壁。用单砖横置错缝平砌，略呈弧形封门。砖长32、宽14、厚6厘米。骨架2具，扰乱严重，保存较差，仅残存头骨及部分肢骨，均头向北，面向、葬式不清。随葬有铜钱4枚、陶灶1套、陶井1件、陶壶3件、陶罐1件、小陶罐3件，多置于墓室内东北角（图一八六）。

2. 随葬器物

该墓出土器物13件，质地有陶、铜等。

陶壶 3件。ⅡM241：8，黑灰陶。盘口，圆唇，粗弧颈，鼓腹，下腹急收，假圈足较直，平底。肩部饰宽带纹，腹部饰一周凹弦纹。口径10、底径7.5、高16厘米（图一八七，3）。ⅡM241：9，灰陶。盘口，方唇，唇上有一周凹槽，粗直颈，鼓腹，假圈足较直，平底。肩腹部各饰一周凹弦纹，近底处有刮削痕。口径10.2、底径7.5、高16.3厘米（图一八七，5）。ⅡM241：10，盘口，方唇，唇上有一周凹槽，粗束颈，鼓腹，假圈足较直，平底。近底处有刮削痕。口径10、底径7.7、高16厘米（图一八七，4）。

陶罐 1件。ⅡM241：7，黑灰陶。侈口，尖圆唇，斜折沿，直领，溜肩，鼓腹，平底。腹部饰一周绳纹，腹下有刮削痕。口径9.3、底径9.5、高16.7厘米（图一八七，7）。

小陶罐 3件，灰陶。侈口，圆唇，折肩，弧腹，平底。肩部磨光，腹下有刮削痕。ⅡM241：11，口径5.3、底径4.5、高7.5厘米（图一八七，8）。ⅡM241：12，口径4.5、底径4.5、高6.5厘米（图一八七，9）。ⅡM241：13，腹部变形，器表有烟炱。口径4.7、底径5、高7厘米（图一八七，6）。

陶灶 1件。ⅡM241：5，泥质灰陶。平面呈船形，灶面稍作弧形，三火眼置釜，呈"品"

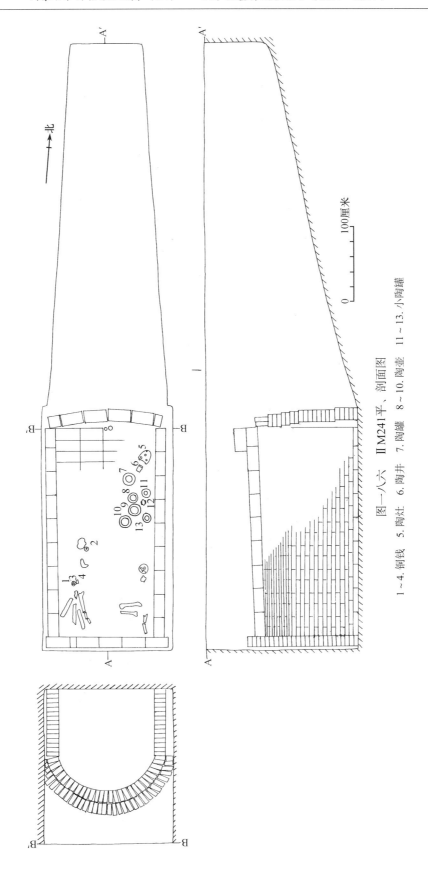

图一八六　ⅡM241平、剖面图

1～4. 铜钱　5. 陶灶　6. 陶井　7. 陶罐　8～10. 陶壶　11～13. 小陶罐

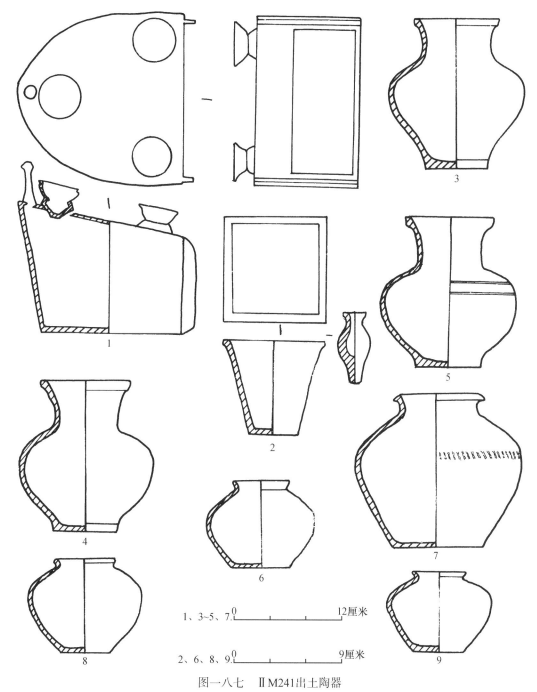

图一八七　ⅡM241出土陶器

1.灶（ⅡM241：5）　2.井、吊瓶（ⅡM241：6）　3～5.壶（ⅡM241：8、ⅡM241：10、ⅡM241：9）

6、8、9.小罐（ⅡM241：13、ⅡM241：11、ⅡM241：12）　7.陶罐（ⅡM241：7）

字形，附带二甑一盆。后有圆形烟囱眼，上置柱状形烟囱，顶上有隆节，中空，前置长方形灶门，两侧置有挡风。平底。长19.6、宽18、高10.4～18厘米（图一八七，1）。

陶井　1件。ⅡM241：6，泥质灰陶。平面呈近方形，器身上宽下窄呈梯形，平底，手制。口径8.5、底径5、高7.5厘米。吊瓶，褐陶，平沿，束颈，鼓腹，小平底，手制（图一八七，2）。

铜钱　4枚。ⅡM241：1～4，残碎，形制不清。

ⅡM312

1. 墓葬形制

斜坡式墓道土坑墓，方向355°，整体平面略呈梯形，由墓道和墓室两部分组成。

墓道位于墓室北端，竖穴墓道。平面呈梯形，东西壁与墓室齐平，壁面斜下内收，底呈斜坡状，斜坡坡度为8°。残长300、宽120～140、深120～160厘米。

墓室为竖穴土坑。平面呈长方形，壁面斜下内收，平底。墓口长390、宽140、底长380、宽120、深200厘米。全墓内填五花土，土质较软，未经夯打。有葬具木棺，仅存朽痕，呈长方形，长276、宽92、厚6、残高40厘米。骨架保存较好，头向北，面向上，为单人仰身直肢葬。经鉴定，墓主人为女性，45～50岁。随葬有陶壶3件，置于木棺中部（图一八八）。

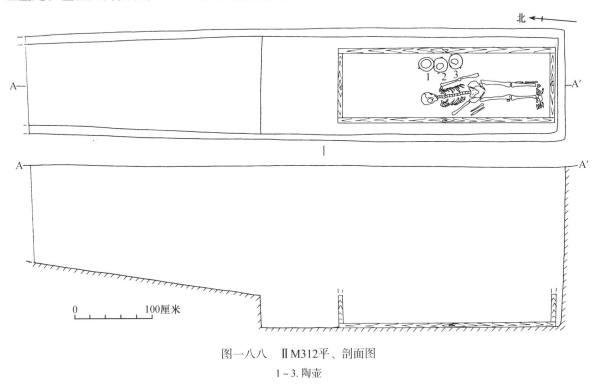

图一八八　ⅡM312平、剖面图
1～3.陶壶

2. 随葬器物

该墓出土陶壶3件，灰陶。敞口，平唇，束颈，鼓腹，假圈足外撇较甚，平底。颈部饰一周凹弦纹，肩部饰宽带纹，腹部饰对称铺首及一周凹弦纹，近底处有刮削痕。ⅡM312：1，口径13.3、底径12.5、高28厘米（图一八九，3）。ⅡM312：2，口径13.3、底径12.5、高27厘米（图一八九，2）。ⅡM312：3，口径13、底径11.5、高27厘米（图一八九，1）。

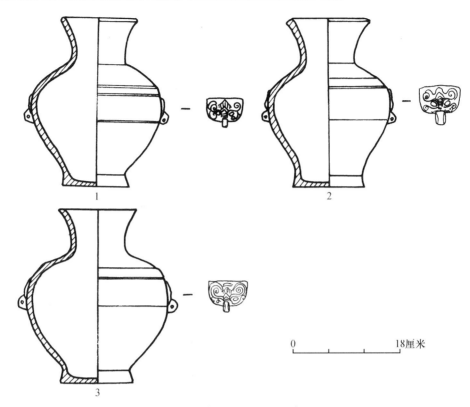

图一八九 ⅡM312出土陶器

1~3.壶（ⅡM312：3、ⅡM312：2、ⅡM312：1）

ⅡM316

1.墓葬形制

竖穴土坑木椁墓，方向355°，内填五花土，土质较软。平面呈长方形，四壁斜下内收，底较平。墓口长490、宽200、底长448、宽160、深300厘米。有葬具椁棺，仅存朽痕，呈长方形，椁长432、宽140、厚6、残高40厘米；棺长200、宽54、厚6、残高20厘米。骨架保存较好，头向北，面向上，为仰身直肢单人葬。经鉴定，墓主人为男性，30岁左右。随葬有铜勺1件，置于口内；陶壶3件、铜印章1件、铜刷1件、铜环1件，殉牲骨，置于椁内中部两侧（图一九〇）。

2.随葬器物

该墓出土随葬器物7件，质地有陶、铜等。

陶壶 3件，灰陶。ⅡM316：1，盘口，平唇，束颈，鼓腹，假圈足外撇，平底。腹部饰对称铺首，近底处有刮削痕。口径11、底径14.8、高28.5厘米（图一九一，3）。ⅡM316：2、ⅡM316：3，盘口，平唇，细颈，鼓腹，矮假圈足外撇较甚，平底内凹。肩部饰宽带纹，腹部饰对称铺首及一周凹弦纹，近底处有刮削痕。ⅡM316：2，口残，底径14、残高29厘米（图

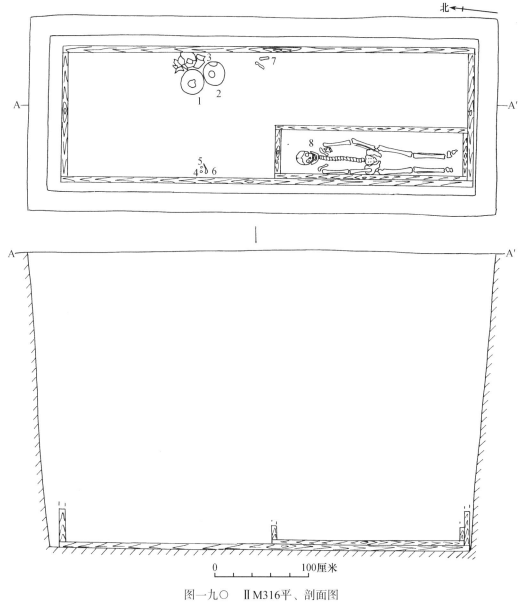

图一九〇　ⅡM316平、剖面图

1～3. 陶壶　4. 铜印坯　5. 铜环　6. 铜刷　7. 殉牲骨　8. 铜勺

一九一，4）。ⅡM316：3，口径11.5、底径15、高28.3厘米（图一九一，2）。

铜印章　1枚。ⅡM316：4，呈方形，上置宽弦纽，印面未刻字。边长1.4、高1.2厘米（图一九一，6）。

铜环　1件。ⅡM316：5，截面呈圆形。直径1.4厘米（图一九一，7）。

铜刷　1件。ⅡM316：6，通体鎏金，呈烟斗形，头残断，细长实柄，末端呈鸭首状，有圆孔。长13.1厘米（图一九一，1；图版一〇二，1、2）。

铜勺　1件。ⅡM316：8，锈蚀严重，长柄残断，一端作勺形。残长9.2厘米（图一九一，5）。

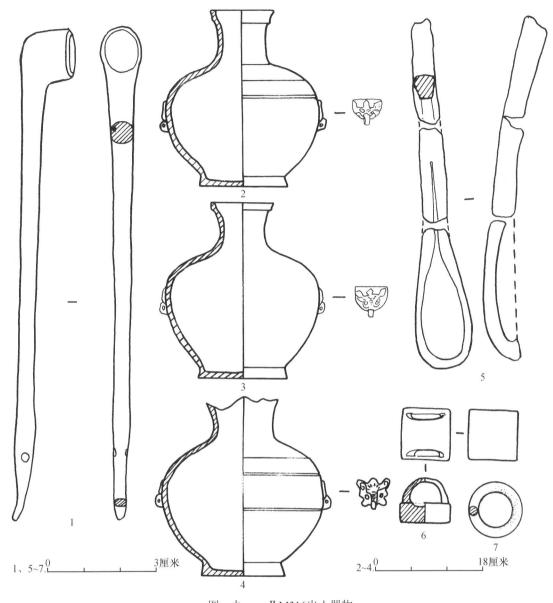

图一九一　ⅡM316出土器物

1. 铜刷（ⅡM316：6）　2～4. 陶壶（ⅡM316：3、ⅡM316：1、ⅡM316：2）　5. 铜勺（ⅡM316：8）
6. 铜印章（ⅡM316：4）　7. 铜环（ⅡM316：5）

ⅡM501

1. 墓葬形制

竖穴土坑墓，方向95°，内填五花土，土质较软。平面呈长方形，四壁斜下内收，底较平。墓口长380、宽170、底长340、宽130、深360厘米。有葬具木棺，仅存朽痕，呈长方形，长284、宽76、厚6、残高24厘米。骨架仅存小腿骨，头向不清，面向不清，葬式不清。随葬有铜镜1枚、铅钱1件，置于棺内北壁（图一九二）。

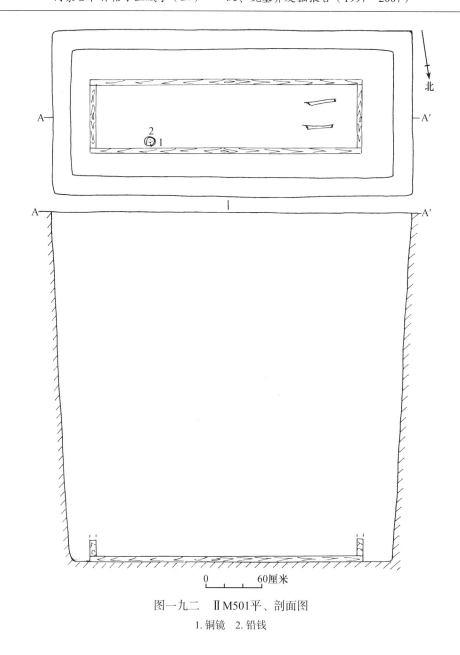

图一九二　ⅡM501平、剖面图
1. 铜镜　2. 铅钱

2. 随葬器物

该墓出土器物2件，质地是铜和铅。

铜镜　1枚。ⅡM501:1，四乳草叶纹镜。圆形，镜面微凸，圆纽，柿蒂纹纽座。纽座外两方框间有篆体铭文作四方连续排列，右旋读为"见日之光长毋相忘"，外框四角外各伸出一株双叶花枝，外框居中均饰带座乳钉及桃形花苞，两侧各有一对称二叠草叶纹。内向十六连弧纹缘。面径11.4、背径11.5、缘厚0.4厘米（图一九三）。

铅钱　1枚，残。ⅡM501:2，"辟兵莫当"，铅质，两面文字，厌胜钱，背为四柱。直径2.3厘米（图一九四）。

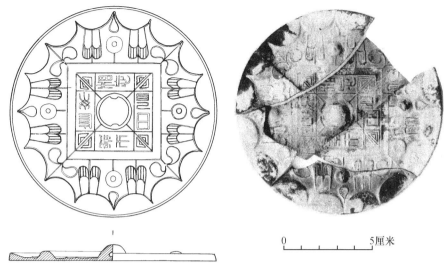

图一九三 ⅡM501出土铜镜
（ⅡM501：1）

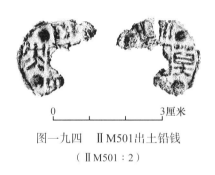

图一九四 ⅡM501出土铅钱
（ⅡM501：2）

ⅡM549

1. 墓葬形制

竖穴土坑墓，方向120°，内填五花土，土质较硬，略夯打。平面呈长方形，四壁斜下内收，底较平。墓口长290、宽180、底长270、宽160、深260厘米。有葬具木棺，置于墓坑中部，仅存朽痕，呈长方形，长200、宽80、厚5、残高30厘米。骨架仅存下肢骨，为直肢葬。经鉴定，墓主人性别不详，成年。随葬有铜器足2件，置于木棺东南角（图一九五）。

2. 随葬器物

该墓出土器物2件，质地是铜。

铜器足 2件。ⅡM549：1、ⅡM549：2，兽蹄形，背内凹，上侧有锥状形榫。高1.2厘米（图一九六，1、2）。

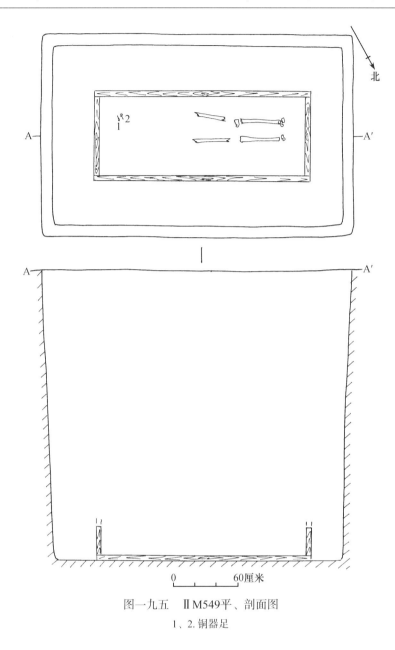

图一九五　ⅡM549平、剖面图

1、2. 铜器足

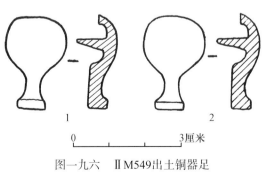

图一九六　ⅡM549出土铜器足

1. ⅡM549：1　2. ⅡM549：2

Ⅱ M588

墓葬形制

带墓道的竖穴土坑墓,方向355°。平面呈"日"字形,由墓道和墓室组成。全墓填黄褐色花土,土质较松,含有褐色斑点,无遗物(图一九七;图版二五,1)。

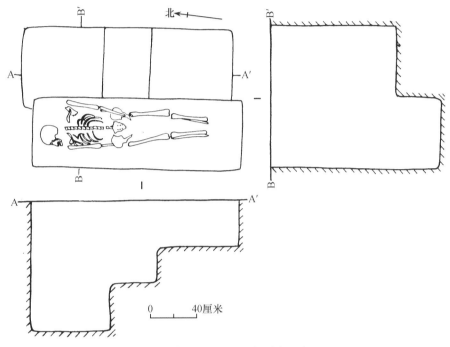

图一九七 Ⅱ M588平、剖面图

墓道位于墓室东侧,平面呈长方形,壁面较直,台阶式底。长180、宽60、深40~110厘米。

墓室位于墓道西侧,平面呈长方形,壁面较直,平底。长180、宽60、深150米。无葬具,单人,仰身直肢葬,头向北,面向西,尸骨保存较好。墓主人为35岁左右的女性。该墓无随葬器物。

Ⅱ M703

墓葬形制

带墓道的多室砖墓,方向80°,早期被盗。平面呈"十"字形,由墓道、墓门、甬道、前室、后室、左右耳室组成,纵长1115厘米。全墓填黄灰色花土,土质较硬,夹杂大量的砖块与陶器残片等(图一九八)。

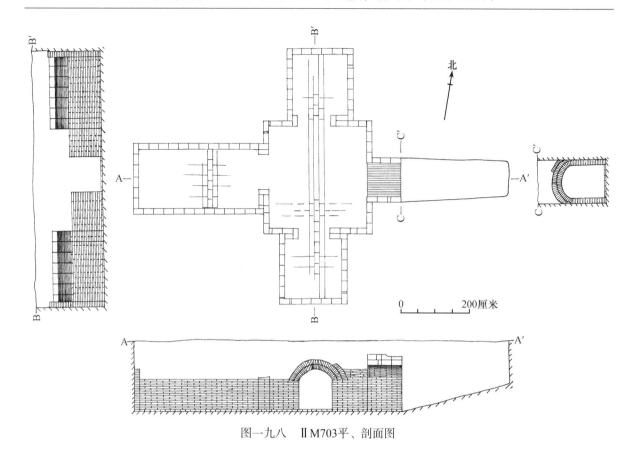

图一九八　ⅡM703平、剖面图

　　墓道位于墓室和甬道东侧，平面呈梯形，壁面较直，斜坡式底。长310、宽100～125、深125～200厘米。

　　墓门位于墓道和甬道之间，呈拱形，用条砖垒砌而成。宽95、高125厘米。甬道位于墓道与墓室之间，平面呈长方形，拱形顶，平底，两壁用单砖错缝平砌。长100、宽95、高125厘米。

　　墓室由前室、后室及左、右耳室组成。前室平面呈方形，用条砖错缝平砌，至底90厘米处起券，穹隆顶已坍塌，地面以条砖直行错缝平铺。边长290、残高90～125米。后室平面呈长方形，用条砖错缝平砌，拱形顶已坍塌，地面亦以条砖直行错缝平铺。长350、宽170、残高90厘米。左耳室位于前室南侧，平面呈方形，用条砖错缝平砌，拱形顶，地面亦以条砖直行错缝平铺。边长170、高130米。右耳室位于前室北侧，平面近方形，结构与南耳室相同。长170、宽165、高130米。因盗扰没有随葬器物出土。

ⅡM720

1. 墓葬形制

斜坡式墓道土坑墓，方向85°，整体平面略呈"甲"字形，由墓道和墓室两部分组成。

墓道位于墓室东端，竖穴墓道。平面呈梯形，壁面斜下内收，底呈斜坡状，坡度为25°。口长220、宽80~110、底长230、宽80~92、深110~120厘米。

墓室为竖穴土坑。平面略呈梯形，壁面斜下内收，平底。口长370、宽140、底长350、宽120、深210厘米。内填五花土，土质较硬，略夯打。有葬具木棺，仅存朽痕，呈长方形，长346、宽92、厚6、残高50厘米。骨架置于木棺西部偏南，保存较差，仅存部分肢骨与头骨，头向东，面向南，为单人仰身直肢葬。随葬有陶壶3件、陶罐1件，置于木棺东部靠近北壁处（图一九九）。

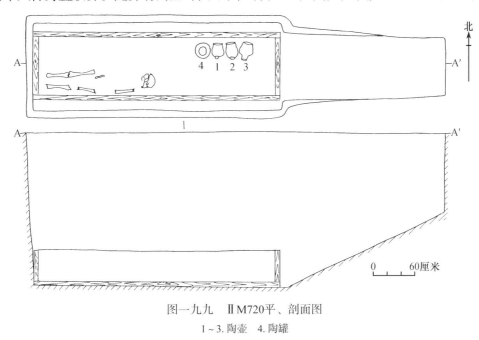

图一九九　ⅡM720平、剖面图
1~3.陶壶　4.陶罐

2. 随葬器物

该墓出土陶器4件。

壶　3件，灰陶。喇叭口，宽平沿，粗弧颈，鼓腹，下腹略内收，高假圈足外撇，大平底。近底部有刮削痕。ⅡM720：1，口径11.6、底径17.8、高26.7厘米（图二〇〇，1）。ⅡM720：2，口径11.4、底径17.8、高27.5厘米（图二〇〇，2）。ⅡM720：3，口部烧制变形，口径11.5、底径17.8、高26.8厘米（图二〇〇，3）。

罐　1件。ⅡM720：4，黑灰陶。小口微侈，方唇，斜折沿，广肩，鼓腹，大平底内凸。肩部饰暗网格纹，器表划痕较多，近底部有刮削痕。口径6.5、底径14.3、高28.5厘米（图二〇〇，4）。

ⅡM751

1. 墓葬形制

竖穴土坑墓，方向93°，内填五花土，土质较软。平面呈长方形，四壁斜下内收，底较

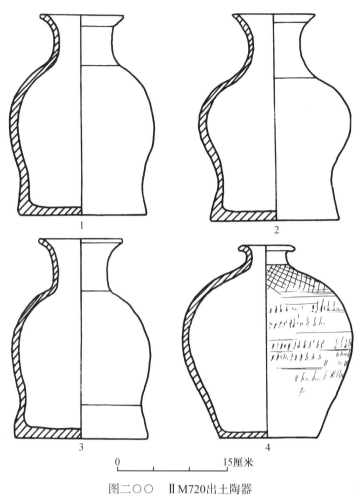

图二〇〇　ⅡM720出土陶器

1～3.陶壶（ⅡM720：1、ⅡM720：2、ⅡM720：3）　4.陶罐（ⅡM720：4）

平。墓口长360、宽160、底长320、宽120、深230厘米。骨架保存较好，头向东，面向北偏上，为单人仰身直肢葬。经鉴定，墓主人为女性，50岁以上。随葬有陶罐1件、陶壶3件、殉牲骨，置于墓室东部（图二〇一；图版二五，2、3；图版七六，2）。

2. 随葬器物

该墓出土陶器4件，器形有罐、壶等。

壶　3件。ⅡM751：1，黑灰陶。盘口，尖圆唇，细短颈，鼓腹，高直假圈足，大平底内凹。器表饰白色彩绘，腹部饰一周网格纹及云纹，腹部以上饰云纹及白点彩，颈部饰一周三角形纹。口径10.8、底径15.6、高25.4厘米（图二〇二，1）。ⅡM751：2，黑灰陶。侈口，方唇，束颈，鼓腹，高假圈足，大平底内凹。腹部以上饰白彩卷云纹，颈部饰三角形纹。口径10.9、底径16.4、高24.5厘米（图二〇二，2）。ⅡM751：3，灰褐陶。侈口，宽方唇，束颈，鼓腹，高假圈足较直，大平底。腹部饰白彩卷云纹，颈部饰两道白彩带夹一周锯齿纹。口径10.6、底径13.3、高24厘米（图二〇二，3）。

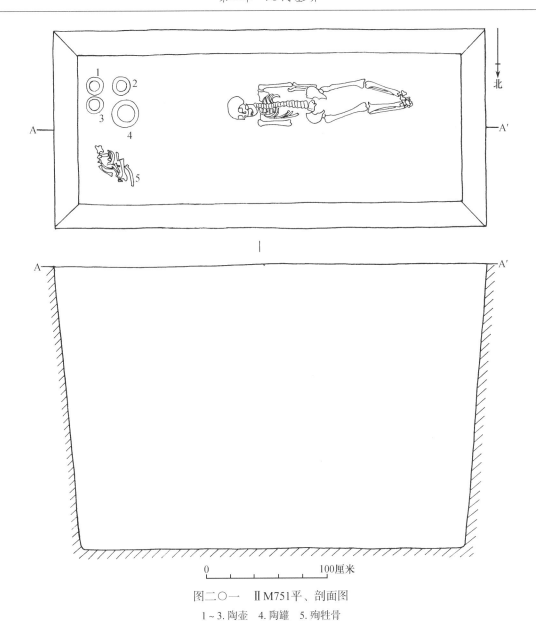

图二〇一 ⅡM751平、剖面图
1~3.陶壶 4.陶罐 5.殉牲骨

罐 1件。ⅡM751：4，灰陶。侈口，方唇，鼓腹，腹下斜收，平底内凹。腹部以上饰两周凹弦纹夹一周水波纹，器表不光滑，局部隐约可见斜绳纹。口径12.9、底径15.1、高22.1厘米（图二〇二，4）。

ⅡM753

1. 墓葬形制

竖穴土坑墓，方向90°，内填五花土，土质较软。平面呈长方形，四壁斜下内收，底较平。墓口长430、宽180、底长410、宽150、深330厘米。骨架保存一般，头向东，面向上略偏

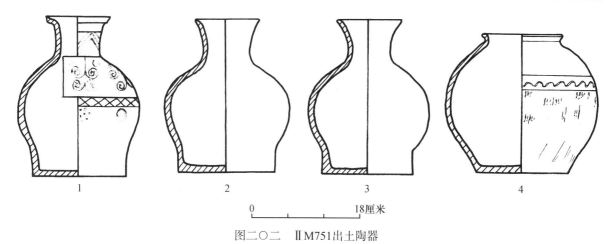

0 _____ 18厘米

图二〇二　ⅡM751出土陶器
1~3.陶壶（ⅡM751：1、ⅡM751：2、ⅡM751：3）　4.陶罐（ⅡM751：4）

北，为仰身直肢葬。经鉴定，墓主人为男性，50岁以上。随葬有陶罐2件、陶壶3件，置于头骨右上方；铜钱1枚，置于头骨正上方；铜泡钉1件，置于左腹部；铁带钩1件，置于大腿右侧（图二〇三；图版二六，1、2）。

2. 随葬器物

该墓出土随葬器物8件，质地有陶、铜、铁等。

陶壶　3件，形制相同，灰陶。盘口，方唇，短弧颈，鼓腹，大平底，近底处切削痕明显。器表涂白衣，以黑、橙黄两色彩绘，颈至上腹部绘卷云纹，腹部绘一周三角纹。ⅡM753：1，口径11.1、底径13.6、高26.4厘米（图二〇四，1）。ⅡM753：2，口径11.3、底径15.8、高27厘米（图二〇四，2）。ⅡM753：3，口径10.9、底径15.5、高26.3厘米（图二〇四，3；图版八四，2）。

陶罐　2件，灰陶。ⅡM753：4，侈口，方唇，唇面有一周凹槽，矮领，弧腹，平底内凹。肩部饰暗网格纹，腹部饰弦断绳纹。口径13.3、底径13.6、高20.4厘米（图二〇四，5）。ⅡM753：5，侈口，方圆唇，矮领，圆肩，鼓腹，腹下斜收，平底。近底处削割痕明显，火候低。肩部饰刻划网格纹，腹部饰弦断绳纹。口径14.6、底径13.5、高20.8厘米（图二〇四，4）。

铜泡钉　1件。ⅡM753：7，呈蘑菇状。高1、帽直径1.1厘米（图二〇四，7）。

铁带钩　1件。ⅡM753：8，残碎，形制不清。

铜钱　1枚。ⅡM753：6，"半两"，无内外郭，背素。直径2.5、穿宽0.7厘米，重2.9克（图二〇四，6）。

ⅡM777

1. 墓葬形制

竖穴土坑墓，方向23°，内填五花土，土质较软。平面呈长方形，四壁垂直，底较平。长

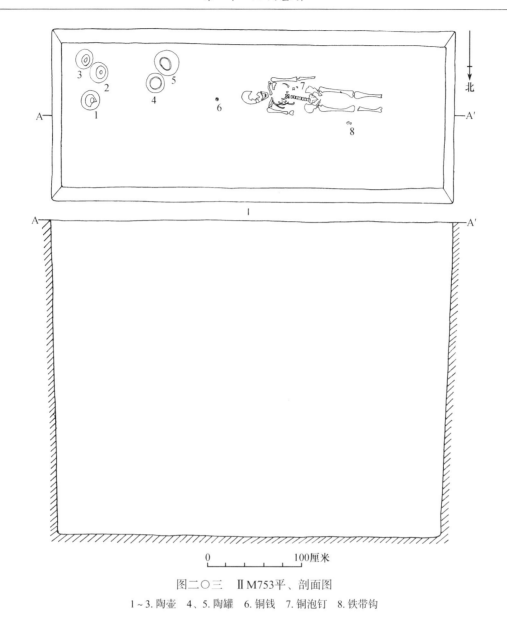

图二〇三 ⅡM753平、剖面图
1~3.陶壶　4、5.陶罐　6.铜钱　7.铜泡钉　8.铁带钩

210、宽100、深30厘米。骨架保存较差，头向北，面向上，为单人仰身直肢葬。经鉴定，墓主人性别不详，为成年。随葬有陶罐1件、陶钵1件，陶钵置于陶罐上，置于头骨左上方；铜钱2枚，置于盆骨一侧（图二〇五）。

2. 随葬器物

该墓出土随葬器物4件，质地有陶、铜等。

陶钵　1件。ⅡM777：1，敛口，尖唇外侈，深腹略折，平底。口径16.1、底径6、高6.6厘米（图二〇六，1）。

陶罐　1件。ⅡM777：2，口残。鼓腹，平底。肩腹部饰四周凹弦纹，近底处有削痕。口

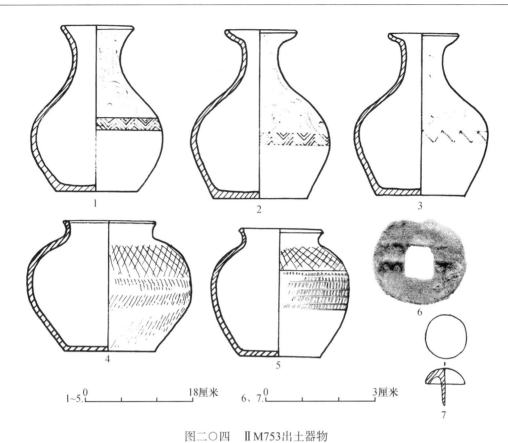

图二〇四　ⅡM753出土器物

1~3. 陶壶（ⅡM753：1、ⅡM753：2、ⅡM753：3）　4、5. 陶罐（ⅡM753：5、ⅡM753：4）　6. 铜钱（ⅡM753：6）
7. 铜泡钉（ⅡM753：7）

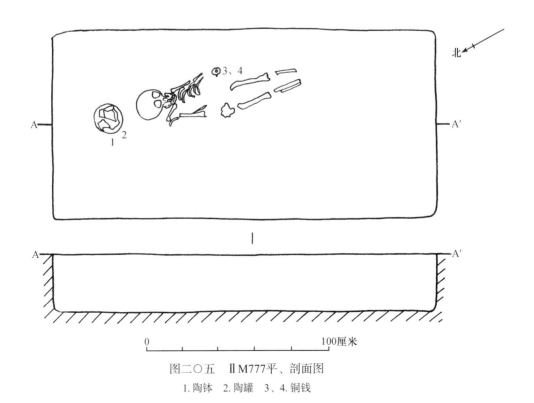

图二〇五　ⅡM777平、剖面图

1. 陶钵　2. 陶罐　3、4. 铜钱

残、底径6.6、残高12厘米（图二〇六，2）。

铜钱　2枚。ⅡM777：4，字迹不清。ⅡM777：3，皆无内外郭，钱文"半两"，背素面。直径2.4、穿宽0.6厘米，重2.5克（图二〇七）。

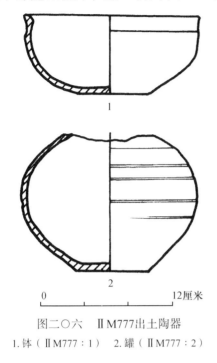

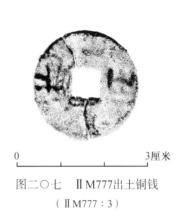

图二〇六　　ⅡM777出土陶器

1.钵（ⅡM777：1）　2.罐（ⅡM777：2）

图二〇七　　ⅡM777出土铜钱

（ⅡM777：3）

ⅡM778

1. 墓葬形制

斜坡式墓道单室砖墓，方向0°，整体平面略呈"甲"字形，由墓道、墓室两部分组成。

墓道位于墓室北端，竖穴墓道。平面呈梯形，壁面较直，底呈斜坡状略带平底，斜坡坡度为22°。长470、宽80～120、深90～250厘米。内填五花土，土质较软，未经夯打。

墓室为单室砖墓。平面呈长方形，券顶，底较平。墓室顶部已坍塌，只残存部分墙壁，墙壁残高110～170厘米。东、西、南三壁用单双砖纵横错缝平砌至140厘米处，用单砖顺立对缝起券；无铺地砖。长420、宽222、深250厘米。砖长32、宽16、厚5厘米。骨架1具，扰乱严重，保存较差，头骨置于墓室中部偏东处，面向北，葬式不清。经鉴定，墓主人为男性，35～40岁。随葬有铜环1件、陶壶（口沿）1件及陶灶残片，置于靠近墓门处（图二〇八）。

2. 随葬器物

该墓出土器物3件，质地有陶、铜等。

铜环　1件。ⅡM778：1，截面呈扁长方形。直径1.8厘米。

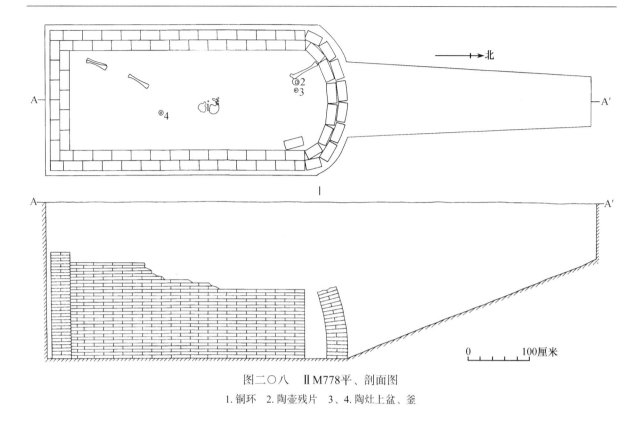

图二〇八　ⅡM778平、剖面图
1.铜环　2.陶壶残片　3、4.陶灶上盆、釜

陶壶　1件。残，口沿。

陶灶　残存盆、釜。

ⅡM781

1. 墓葬形制

竖穴土坑墓，方向353°，内填五花土，土质较软。平面呈长方形，四壁垂直，底较平。长280、宽100、深130厘米。北壁距墓口60厘米处设一壁龛，平面呈长方形，高34、宽100、进深36厘米。骨架保存较好，头向北，面向上，为仰身微屈肢单人葬。经鉴定，墓主人为女性，成年。随葬有陶罐2件、陶钵1件，置于壁龛内西角（图二〇九）。

2. 随葬器物

该墓出土陶器2件，器形有罐、钵等。

罐　2件。ⅡM781：1，黑灰陶。直口微侈，方圆唇，平折沿，鼓腹，平底。近底处有刮削痕。口径10.8、底径8.8、高15.2厘米（图二一〇，1）。ⅡM781：2，灰陶。口残，斜折肩，鼓腹，平底。肩部饰刻划网格纹，近底处有刮削痕。口残、底径8.2、残高12.7厘米（图二一〇，2）。

钵　1件。ⅡM781：3，残碎，形制不清。

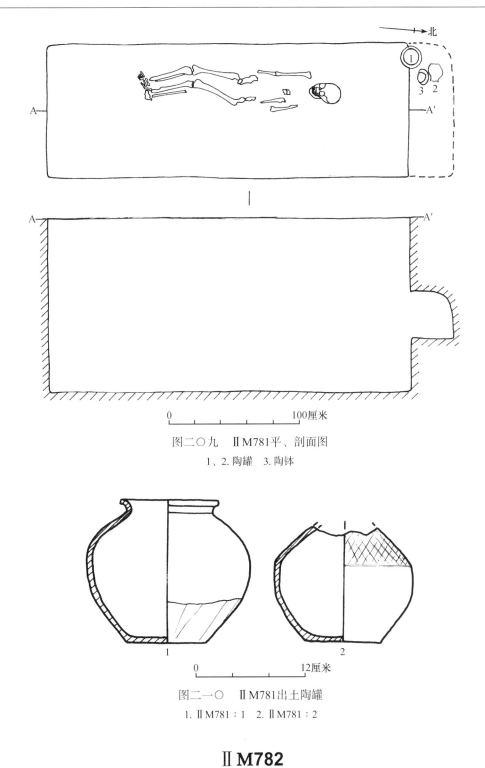

图二〇九　ⅡM781平、剖面图

1、2.陶罐　3.陶钵

图二一〇　ⅡM781出土陶罐

1. ⅡM781：1　2. ⅡM781：2

ⅡM782

1. 墓葬形制

竖穴土坑墓，方向90°，内填五花土，土质较硬，略夯打。平面呈长方形，四壁垂直，底较平。长210、宽70、墓深270厘米。尸骨保存较差，仅残存头骨及部分下肢骨，头向东，面向不清，为直肢葬。经鉴定，墓主人性别不详，成年。随葬有铜镜1枚，置于头骨左侧（图二一一）。

2. 随葬器物

该墓出土铜镜1枚。ⅡM782∶1，夔龙纹镜，残存近半面。圆形，薄胎，三弦纹纽，方纽座，纽座外素地凹面方框，其外凸弦纹方框内有篆体铭文作四方连续排列，框角对饰三角纹，残存铭文"幸□□□□……"框外四区各配一夔纹，夔纹由三个"C"形组成，中间大"C"形，内有乳钉纹，两侧小"C"形与大"C"形反向相接，匕缘。面径9.8、背径9.7、缘厚0.3厘米（图二一二）。

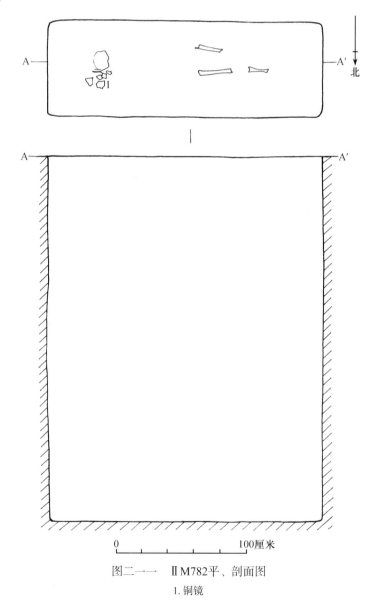

图二一一　ⅡM782平、剖面图
1. 铜镜

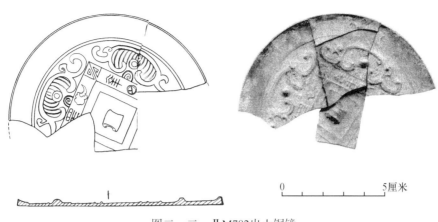

图二一二 ⅡM782出土铜镜
（ⅡM782∶1）

ⅡM784

1. 墓葬形制

竖穴土坑墓，方向355°。内填五花土，土质较软。平面呈长方形，四壁斜下内收，平底。墓口长240、宽100、底长220、宽80、深210厘米。在北壁墓底处有一拱形壁龛，平面呈长方形，长80、高60、进深60厘米。骨架保存较好，头向北，面向上，为仰身屈肢单人葬。经鉴定，墓主人为女性，25岁左右。随葬有陶壶3件，殉牲骨，置于壁龛内（图二一三；图版二七，1、2）。

2. 随葬器物

该墓出土陶壶3件，青灰陶。敞口，方唇，粗弧颈，溜肩，鼓腹，平底。肩及上腹部饰凹弦纹。器表不光滑，变形，刮削痕明显。ⅡM784∶1，口径10.2、底径9.8、高23.4厘米（图二一四，1）。ⅡM784∶2，口径9.5、底径9.2、高23.1厘米（图二一四，2）。ⅡM784∶3，口径9.6、底径9.4、高22.1厘米（图二一四，3）。

ⅡM785

1. 墓葬形制

斜坡式墓道多室砖墓，方向185°，整体平面略呈"十"字形，由墓道、甬道、前室、中室、后室、左右耳室七部分组成。

墓道位于墓室南端，竖穴墓道。平面呈梯形，壁面斜下内收，底呈斜坡状，略带平底，斜坡坡度为4°，高于甬道25厘米。墓口长690、宽100～120、底长680、宽80～100、深120～235厘米。内填五花土，土质较软，未经夯打。

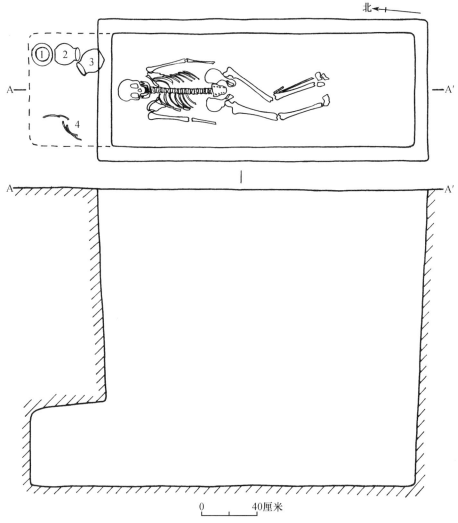

图二一三　　ⅡM784平、剖面图

1~3.陶壶　4.殉牲骨

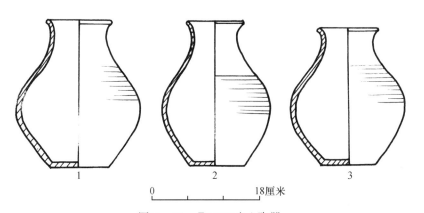

图二一四　　ⅡM784出土陶器

1~3.壶（ⅡM784：1、ⅡM784：2、ⅡM784：3）

甬道位于墓道与前室之间，为单砖平砌，顶部已塌陷，只残存东壁底部一层砖，平底。平面呈长方形，长185、宽140、残高50厘米。砖长33、宽15、厚5厘米。

墓室为多砖室，各室间有甬道相连。墓室顶部已坍塌，只残存部分墙壁，残高35~200厘米。墓室均呈长方形，前室长350、宽330厘米，中室长230、宽225厘米，后室长340、宽290厘米，左耳室长395、宽200、高180厘米，右耳室长400、宽200厘米。中室和后室东西壁用一组三块平砖，一组三块立砖交错平砌，其余均为单砖顺置错缝平砌；底用单砖"人"字形错缝平铺。左耳室保存较好，墓壁用单砖错缝平砌至105厘米处用单砖顺立对缝券顶，过道顶部券砖三层，西壁高于券顶20厘米。墓室之间的甬道平面呈长方形，东西耳室甬道长115、宽90厘米，中室、后室甬道长115、宽100厘米。该墓盗扰严重，骨架数目不清，置于前室以及中室。随葬陶奁1件、陶盒1件、陶案2件、陶火盆1件、陶灶1套、深腹陶盆1件、陶盆1件、砖灯2件、铜镜1件、铁器1件、铁盆1件、铜钱1枚，置于前室西北、东北角处、左耳室东北角及中室内（图二一五；图版二八，1~4）。

2. 随葬器物

该墓出土器物13件，质地有陶、铜、铁等。

陶奁　1件。ⅡM785：4，泥质灰陶。直口，浅直腹，平底。口径27.5、底径27.5、高10.4厘米（图二一六，9）。

陶盒　1件。ⅡM785：7，灰陶。器身平面呈长方形，直腹、平底。手制。盖呈盝顶状，手制。长28、高11.5厘米（图二一六，3）。

陶案　2件，灰陶。呈长方形，四边凸起，绘红彩，变形不平整，手制。ⅡM785：6，长45、宽31厘米（图二一六，2）。ⅡM785：10，长46.5、宽31.5厘米（图二一六，4）。

陶火盆　1件。ⅡM785：8，灰陶。器身平面呈长方形，上大下小呈梯形，沿面较平，底不大平整，盘内底四角有四个小坑。口长34.5、口宽15.2、高5.5厘米（图二一六，12）。

深腹陶盆　1件。Ⅱ785：5，泥质灰陶。敞口，尖圆唇，斜直腹，平底。腹部饰三周凹弦纹。口径24、底径15、高15.8厘米（图二一六，8）。

陶盆　1件。Ⅱ785：12，泥质灰陶。敞口，平折沿，斜腹，平底。口径12.6、底径5.4、高4.8厘米（图二一六，7）。

陶灶　1套（4件）。Ⅱ785：9，泥质灰陶。平面呈船形，灶面倾斜微隆，五火眼，其中三火眼置釜，附一盆二甑。后有圆形烟囱眼，上置柱状烟囱，中空，顶部有隆节，上有圆形镂孔，前置长方形灶门，两侧有挡风。灶长25.2、宽22.8、高13.2~25.8厘米（图二一六，1）。

砖灯　2件。ⅡM785：13，砖制。台面呈扇形，中间有圆形凹槽为灯窝，截面呈长方形。长9~9.6、厚3.6厘米；灯窝直径6、深1.2厘米（图二一六，11）。ⅡM785：14，台面呈扇形，中间有圆形凹槽为灯窝，截面呈袋状。长9、厚3.6厘米；窝口径8.4、底径8.8、深1.2厘米（图二一六，6）。

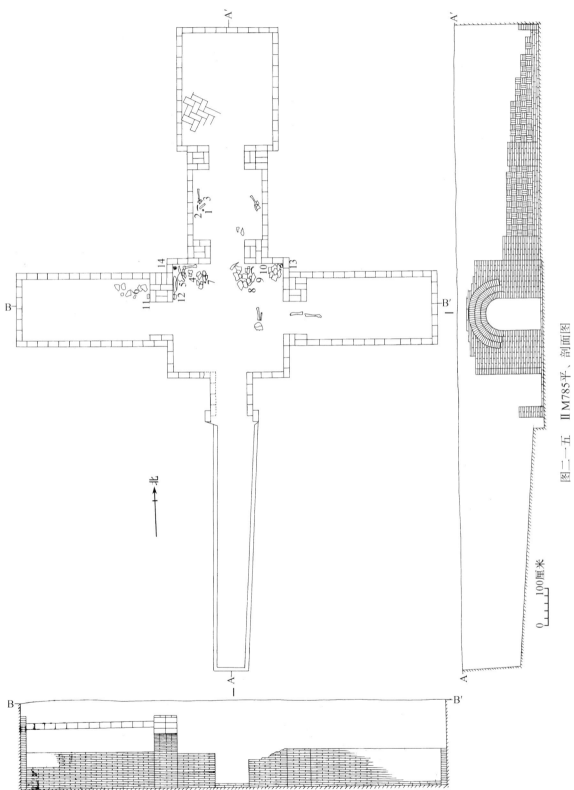

图二一五　ⅡM785平、剖面图

1. 铜钱　2. 铜镜　3. 铁器　4. 陶径　5. 陶井　6、10. 陶案　7. 陶盒　8. 陶火盆　9. 陶灶　11. 铁盆　12. 陶盆　13、14. 陶灯

图二一六 ⅡM785出土器物

1. 陶灶（ⅡM785：9） 2、4. 陶案（ⅡM785：6、ⅡM785：10） 3. 陶盒（ⅡM785：7） 5. 铜镜（ⅡM785：2）

6、11. 陶灯（ⅡM785：14、ⅡM785：13） 7. 陶盆（ⅡM785：12） 8. 陶井（ⅡM785：5） 9. 陶仓（ⅡM785：4）

10. 铁器（ⅡM785：3） 12. 陶火盆（ⅡM785：8）

铜镜　1件。ⅡM785：2，残，仅存铜镜外缘，锯齿纹缘。残径5.2厘米（图二一六，5）。

铁器　1件。ⅡM785：3，锈蚀严重，呈方形，长条状，残断。长13、宽0.9、厚0.6厘米（图二一六，10）。

铁盆　1件。ⅡM785：11，残碎，形制不清。

铜钱　1枚。ⅡM785：1，残碎，形制不清。

Ⅱ M787

1. 墓葬形制

竖穴土坑墓，方向90°，内填五花土，土质较硬，略夯打。平面呈长方形，四壁垂直，底较平。长230、宽70、深140厘米。在东壁距墓口80厘米处有一拱形壁龛，平面呈长方形，长70、进深40、高60厘米。骨架保存一般，头向东，面向上，为单人仰身直肢葬。经鉴定，墓主人为男性，30岁左右。随葬有陶罐3件、铜镜1件，殉牲骨，置于壁龛内（图二一七）。

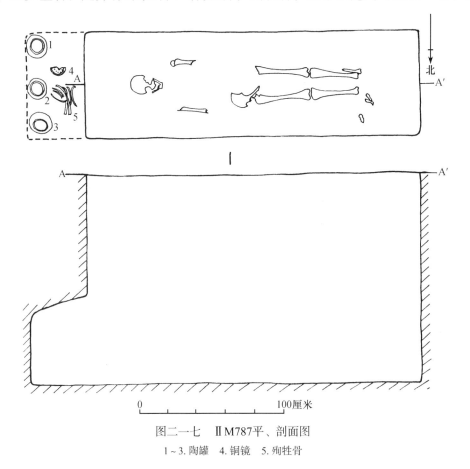

图二一七　ⅡM787平、剖面图
1~3.陶罐　4.铜镜　5.殉牲骨

2.随葬器物

该墓出土器物4件，质地有陶、铜等。

陶罐 3件。ⅡM787：1、2，灰陶。直口微侈，平折沿，方唇，高直领，溜肩，鼓腹，平底内凸。近底处有刮削痕。ⅡM787：1，口径9.6、底径7.1、高15.3厘米（图二一八，2）。ⅡM787：2，口径8.6、底径6.5、高13.1厘米（图二一八，1）。ⅡM787：3，黑灰陶。直口微侈，方圆唇，高直领，鼓腹，平底。器表划痕较多，近底处有刮削痕。口径8.2、底径6.6、高14.1厘米（图二一八，3）。

铜镜 1件。ⅡM787：4，残存近一半，星云纹镜。内向连弧纹缘。残面径10、背径9.8、缘宽1.2、缘厚0.5厘米（图二一九）。

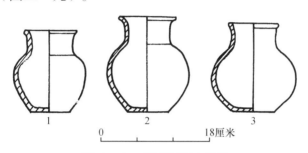

图二一八 ⅡM787出土陶器
1~3.罐（ⅡM787：2、ⅡM787：1、ⅡM787：3）

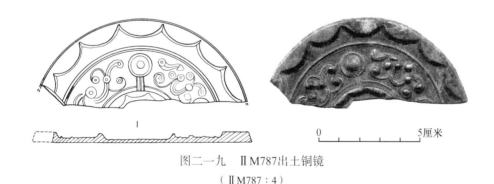

图二一九 ⅡM787出土铜镜
（ⅡM787：4）

ⅡM803

1.墓葬形制

斜坡式墓道土坑墓，方向0°，整体平面呈“甲”字形，由墓道和墓室两部分组成。

墓道位于墓室北端，竖穴墓道。平面呈梯形，壁面较直，底呈平底斜坡状，斜坡坡度为16°。长688、宽80~150、深120~180厘米。

墓室为竖穴土坑。平面呈长方形，壁面垂直，底较平。长412、宽210、深170~180厘米。全墓内填五花土，土质较硬，略夯打。骨架2具，保存较好，均头向北，东侧1具面向西，西侧

1具面向东，为仰身直肢双人合葬墓。随葬有陶罐3件、陶灶1套，陶井1件，置于墓室北部靠近东壁处；陶壶6件、陶罐6件，置于骨架间（图二二〇；图版二九，1、2）。

2. 随葬器物

该墓出土陶器17件，器形有小罐、壶、罐、井、灶等。

壶　6件，灰陶。ⅡM803：1、2，盘口，方圆唇，粗束颈，鼓腹，腹下斜收，高假圈足外撇，平底。腹部饰对称铺首，铺首用赭黄色涂兽头及画环。ⅡM803：1，口径12.6、底径12、高23.7厘米（图二二一，13）。ⅡM803：2，口径13、底径12、高23.6厘米（图二二一，9）。ⅡM803：12、13、15，盘口，方圆唇，粗短颈，鼓腹，高假圈足外撇，平底。腹部饰对称铺首。ⅡM803：12，口径12.9、底径11.3、高23.4厘米（图二二一，7）。ⅡM803：13，口径13、底径11、高23.5厘米（图二二一，10）。ⅡM803：15，口径12.9、底径11.2、高23.4厘米（图二二一，6）。ⅡM803：16，敞口，尖圆唇，束颈，鼓腹，高假圈足，平底。腹部饰对称铺首。口径13.9、底径12、高24.7厘米（图二二一，12）。

罐　4件，灰陶。ⅡM803：3，直口微侈，沿斜折，尖圆唇，鼓腹，平底稍内凸。腹部饰一周弦断绳纹。口径11.8、底径13.6、高23.2厘米（图二二一，8）。ⅡM803：11，侈口，方唇，鼓腹，平底。腹部饰一周绳纹，腹下有刀削痕。口径19、底径17、高27.9厘米（图二二一，5）。ⅡM803：14、17，侈口，沿外折，尖圆唇，高领，鼓腹，平底。腹部饰一周绳纹。ⅡM803：14，口径12.6、底径11.3、高23.1厘米（图二二一，11）。ⅡM803：17，口径11.6、底径12、高20.6厘米（图二二一，14）。

小罐　5件，灰陶。ⅡM803：6，直口，尖圆唇，平沿，鼓腹，腹下急收，小平底。口径4.5、底径3.6、高6厘米（图二二一，16）。ⅡM803：7～10，侈口，尖圆唇，平沿，鼓腹，腹下急收，小平底。腹部饰一周戳印纹。口径4.5、底径3.6、高6厘米（图二二一，3、15、17、4）。

灶　1套（6件）。ⅡM803：4，泥质灰陶。平面呈船形，灶面微隆，五火眼上各置一釜，配三盆二甑。后有圆形烟囱眼，上置柱状烟囱，中空，前置长方形灶门，两侧有挡风。长25.8、宽24、高15～24.6厘米（图二二一，1）。

井　1件。ⅡM803：5，灰陶。平面呈方框形，上宽下窄呈梯形，平底，井内有凸棱数周。口径8、底径5.5、高6.8厘米（图二二一，2）。

ⅡM829

1. 墓葬形制

竖穴土坑墓，方向95°，内填五花土，土质较硬，略夯打。平面呈长方形，四壁垂直，底较平。长230、宽80、深170厘米。在东壁墓底处有一拱形壁龛，平面呈长方形，长80、进深

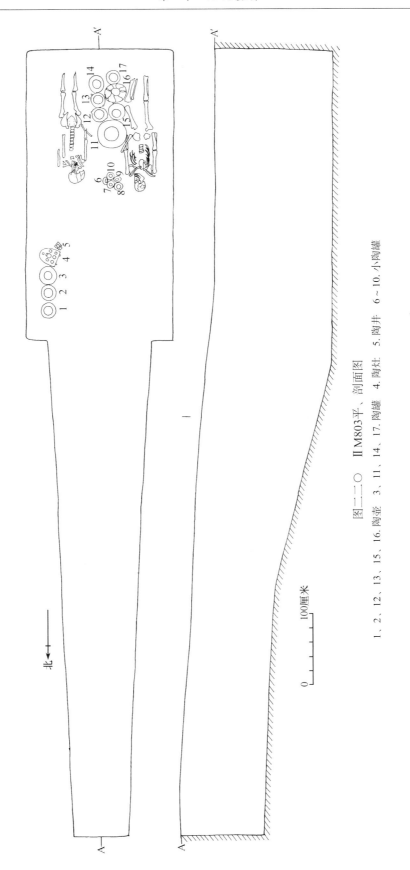

图二一〇　ⅡM803平、剖面图

1、2、12、13、15、16. 陶壶　3、11、14、17. 陶罐　4. 陶罐　5. 陶井　6～10. 小陶罐

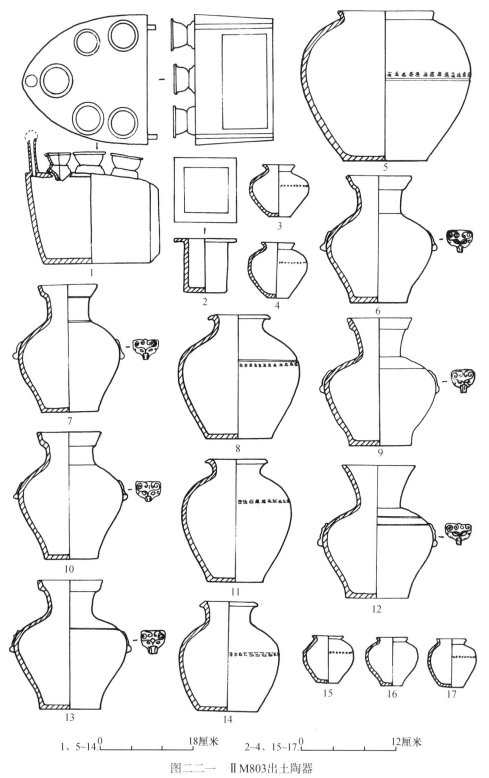

图二二一　Ⅱ M803出土陶器

1. 灶（Ⅱ M803：4）　2. 井（Ⅱ M803：5）　3、4、15～17. 小罐（Ⅱ M803：7、Ⅱ M803：10、Ⅱ M803：8、Ⅱ M803：6、
Ⅱ M803：9）　5、8、11、14. 罐（Ⅱ M803：11、Ⅱ M803：3、Ⅱ M803：14、Ⅱ M803：17）　6、7、9、10、12、13. 壶
（Ⅱ M803：15、Ⅱ M803：12、Ⅱ M803：2、Ⅱ M803：13、Ⅱ M803：16、Ⅱ M803：1）

60、高100厘米。骨架保存较好，头向东，面向上，为仰身直肢单人葬。经鉴定，墓主人为男性，成年。随葬有陶壶3件、陶罐1件，置于壁龛内；铜镜1枚，置于头骨右侧（图二二二；图版三〇，1、2；图版七七，1）。

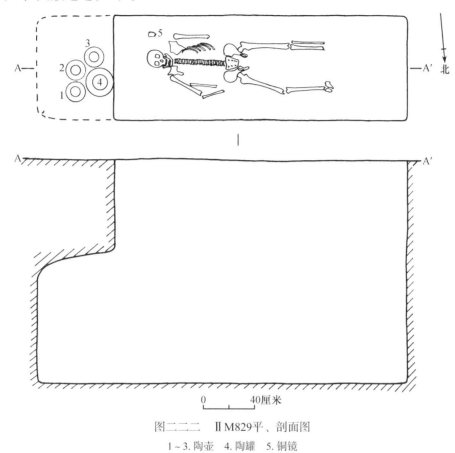

图二二二　ⅡM829平、剖面图
1~3.陶壶　4.陶罐　5.铜镜

2. 随葬器物

该墓出土器物5件，质地有陶、铜等。

陶壶　3件。灰陶。盘口，尖唇，细"八"形颈，鼓腹，平底。近底处有刮削痕。器表施四周红彩带，其间对向三角形内填网格纹，菱形纹内饰圆圈纹、竖水波纹及白点彩。ⅡM829：1，口径10.5、底径13.2、高24.1厘米（图二二三，3）。ⅡM829：2，口径10.3、底径10.2、高24.7厘米（图二二三，2）。ⅡM829：3，口径10.1、底径12.5、高23.3厘米（图二二三，1）。

陶罐　1件。ⅡM829：4，灰陶。直口微侈，平折沿，尖唇，高领，鼓腹，平底内凹。腹下有刮削痕。腹部饰一周绳纹，器表有轮弦纹。口径9.6、底径12、高22.8厘米（图二二三，4）。

铜镜　1枚。ⅡM829：5，蟠螭纹镜。残径1.8、缘宽0.4、缘厚0.5厘米（图二二三，5）。

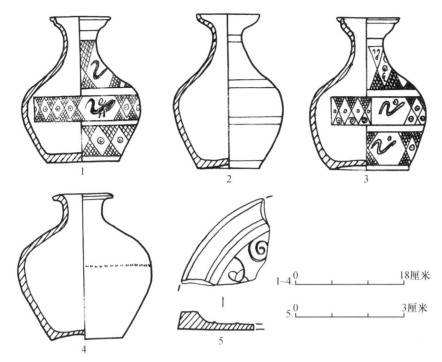

图二二三　ⅡM829出土器物

1 ~ 3. 陶壶（ⅡM829∶3、ⅡM829∶2、ⅡM829∶1）　4. 陶罐（ⅡM829∶4）　5. 铜镜（ⅡM829∶5）

Ⅱ M859

1. 墓葬形制

斜坡式墓道土坑墓，方向0°，整体平面略呈"甲"字形，由墓道和墓室两部分组成。

墓道位于墓室北端，竖穴墓道。平面呈梯形，壁面斜下内收，底呈台阶斜坡状，台阶为三级，第二、三级呈斜坡状。长640、宽100 ~ 230、底宽100 ~ 190、深60 ~ 300厘米。

墓室为竖穴土坑。平面呈长方形，壁面斜下内收，平底。墓口长270、宽230、底长260、宽190、深300厘米。全墓内填五花土，土质较硬，略夯打。骨架2具，保存较好，均头向北，东侧1具面向东，为仰身直肢式，西侧1具面向上偏西，为仰身微屈肢式，双人合葬墓。随葬有陶壶6件、陶罐2件、小陶罐5件、陶灶1套，置于墓室北部偏西靠近墓道处，铜钱1枚，置于西侧人骨头部（图二二四；图版三一，1、2）。

2. 随葬器物

该墓出土器物15件，质地有陶、铜等。

陶壶　6件。ⅡM859∶1、4，灰陶。盘口，圆唇，粗短颈，鼓腹，假圈足，平底。腹部饰对称铺首，修坯痕迹明显。工艺粗糙。ⅡM859∶1，口径13.3、底径11.3、高25.7厘米（图二二五，5）。ⅡM859∶4，口径14.7、底径11.9、高26.5厘米（图二二五，6）。ⅡM859∶2，

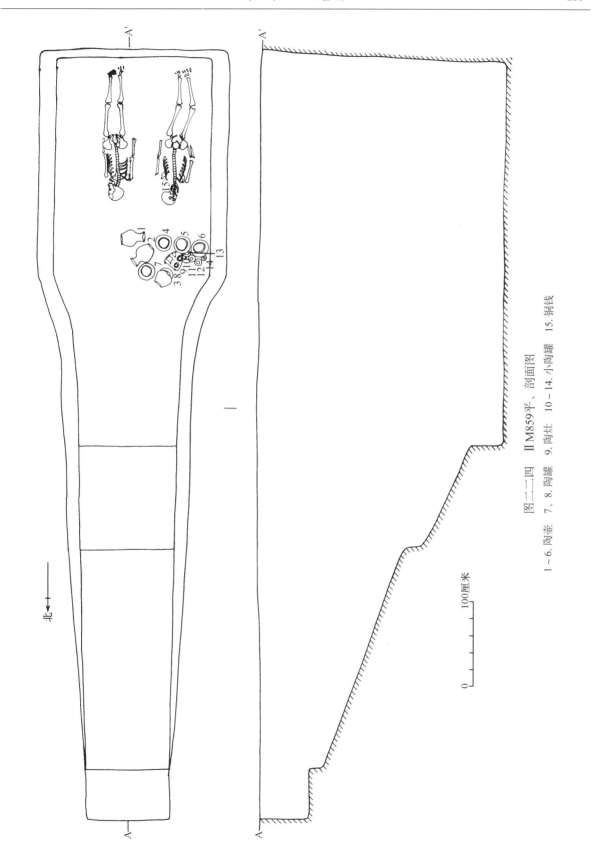

图二二四　ⅡM859平、剖面图

1~6.陶壶　7、8.陶罐　9.陶灶　10~14.小陶罐　15.铜钱

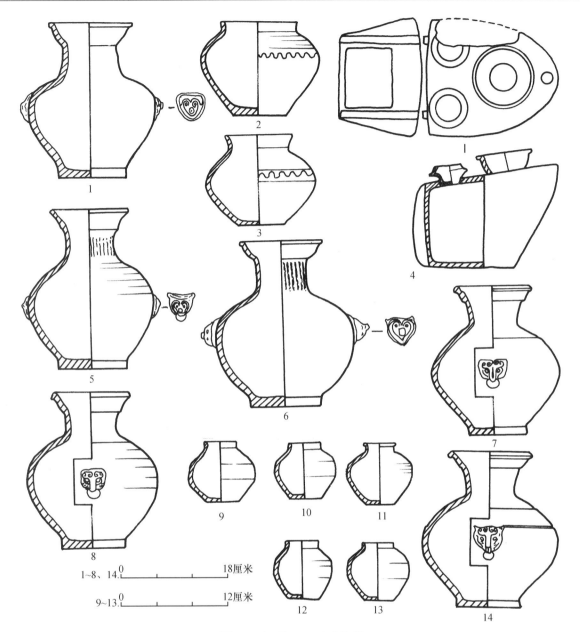

图二二五　ⅡM859出土陶器

1、5~8、14.壶（ⅡM859：2、ⅡM859：1、ⅡM859：4、ⅡM859：6、ⅡM859：3、ⅡM859：5）　2、3.罐（ⅡM859：7、
ⅡM859：8）　4.灶（ⅡM859：9）　9~13.小罐（ⅡM859：13、ⅡM859：11、ⅡM859：12、ⅡM859：10、ⅡM859：14）

黑灰陶。盘口，圆唇，粗短颈，鼓腹，矮假圈足略外撇，平底。腹部饰对称铺首及凹弦纹一
周，颈部饰竖向压光暗纹。口径14、底径12.2、高24.8厘米（图二二五，1）。ⅡM859：3，灰
陶。盘口，方唇，粗短颈，鼓腹，矮假圈足，较直，平底。腹部饰对称铺首及两周凹弦纹，口
沿下起棱。口径14.5、底径10.4、高25.1厘米（图二二五，8）。ⅡM859：5、6，灰陶。盘口，
方圆唇，粗短颈，鼓腹，矮假圈足，较直，平底稍内凹。腹部饰对称铺首，颈腹部饰凹弦纹。
ⅡM859：5，口径14、底径10.6、高24.8厘米（图二二五，14）。ⅡM859：6，口径13.5、底径

10.1、高23.9厘米（图二二五，7）。

陶罐 2件，黑灰陶。ⅡM859：7，侈口，尖圆唇，鼓腹，腹下急收，平底。腹部最大径处饰一周水波纹，近底处有削切痕迹。口径12.6、底径9、高15.3厘米（图二二五，2）。ⅡM859：8，侈口，尖圆唇，鼓腹，底未削平。腹部饰两周凹弦纹夹一周水波纹，近底处有切削痕迹。口径11.3、底径7、高14.1厘米（图二二五，3）。

小陶罐 5件，灰陶。ⅡM859：10，口微侈，方圆唇，鼓腹，平底。腹上部素光。口径3.9、底径3.3、高6.2厘米（图二二五，12）。ⅡM859：11，侈口，方圆唇，扁鼓腹，平底。腹部素光。口径3.8、底径3.3、高6.1厘米（图二二五，10）。ⅡM859：12，口微侈，方圆唇，鼓腹，平底。腹部以上素光。口径3.9、底径3、高6.5厘米（图二二五，11）。ⅡM859：13，直口，方圆唇，鼓腹，小平底。腹以上素光。口径3.9、底径3.2、高6.5厘米（图二二五，9）。ⅡM859：14，直口，圆唇，鼓腹，腹下斜收，小平底。腹部以上素光。口径3.8、底径2.9、高6.35厘米（图二二五，13）。

陶灶 1套（2件）。ⅡM859：9，泥质灰陶。平面呈船形，灶面稍作弧形，三火眼呈"品"字形，两火眼上置釜，后有圆形烟囱眼，前置长方形灶门，两侧置有挡风。附带一甑，灰陶。敞口，平沿，圆唇，沿面有一周凹弦纹，斜直腹，平底。三圆形箅孔。近底处有明显的刮削痕。口径22.2、底径18.6、高13.2～16.2厘米（图二二五，4）。

铜钱 1枚。ⅡM859：15，"五铢"，"五"字瘦长，交笔略弯曲，下部一横右部下斜；"铢"字金字头作箭镞形，"朱"字头上方折，下圆折。直径2.5、穿宽1厘米，重2.3克（图二二六）。

图二二六 ⅡM859出土铜钱
（ⅡM859：15）

ⅡM863

1. 墓葬形制

斜坡式墓道土坑墓，方向100°，整体平面略呈"甲"字形，由墓道和墓室两部分组成。

墓道位于墓室东端，平面呈梯形，壁面垂直，底呈斜坡台阶状，台阶为一级。长480、宽100～118、深55～150厘米。墓道被ⅡM849打破。

墓室为竖穴土坑。平面呈长方形，四壁垂直，平底。长210、宽125、深150厘米。全墓内填五花土，土质较硬，略夯打。骨架保存较好，头向东，面向北，双手放在盆骨处，为仰身直肢葬。经鉴定，墓主人为男性，35岁左右。随葬有陶壶3件、陶罐1件、陶灶1套、陶井1套，置于墓室南部（图二二七）。

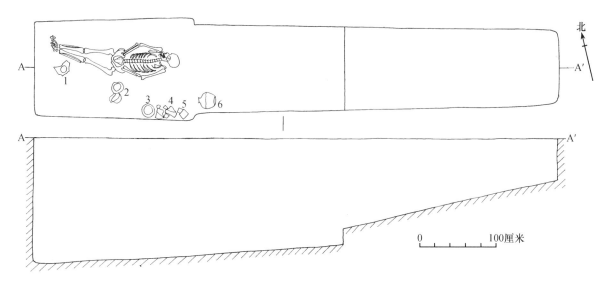

图二二七　ⅡM863平、剖面图
1～3.陶壶　4.陶灶　5.陶井　6.陶罐

2. 随葬器物

该墓出土陶器6件，器形有壶、罐、灶、井等。

壶　3件，灰陶。ⅡM863：1，口残。鼓腹，假圈足较直，平底。腹部饰对称铺首衔环，衔环用赭黄绘画。底径12、残高20.7厘米（图二二八，5）。ⅡM863：2，敞口，圆唇，束颈，假圈足较直，平底。腹部饰对称铺首衔环，铺首用赭黄色涂抹。口径12.9、底径12、高24.3厘米（图二二八，6）。ⅡM863：3，盘口，圆唇，粗束颈，假圈足较直，鼓腹，平底。腹部饰对称铺首衔环，衔环用赭黄色颜料绘画出假环，唇及铺首眉眼都用赭黄色涂抹。口径13.1、底径11.5、高24.1厘米（图二二八，3）。

罐　1件。ⅡM863：6，黑灰陶。侈口，沿面外撇，尖唇，上鼓腹，下斜收，平底。腹部最大径处饰一周弦断竖绳纹，近底处刮削痕明显。口径13.3、底径13、高25.7厘米（图二二八，4）。

灶　1套（4件）。ⅡM863：4，泥质灰陶。平面呈船形，灶面稍作弧形，三火眼呈"品"字形，上各置一釜，附带二盆一甑。后有圆形烟囱眼，上置短柱状形烟囱，烟囱顶上有一隆节，中空，前置长方形灶门，两侧置有挡风。灶内底有网格纹。甑，灰陶。敞口，平沿，方唇，沿面有一周凹槽，平底，斜直腹。素面，底部有刮削痕。长28.2、宽24、高15.6～26.4厘米。小盆，灰陶。小敞口，平折沿，沿面有一周凹槽，斜直腹，平底。素面底部有刮痕，与灶配套。口径6、底径3.6、高3厘米（图二二八，1）。

井　1套（2件）。ⅡM863：5，泥质灰陶。口部平面呈方形，器身剖面呈梯形，井内有数周凸棱纹，底部不规整，四壁磨制后黏接，手制。口径9.6、底径6、高10.2厘米（图二二八，2）。吊瓶，平口，卵圆腹，平底。

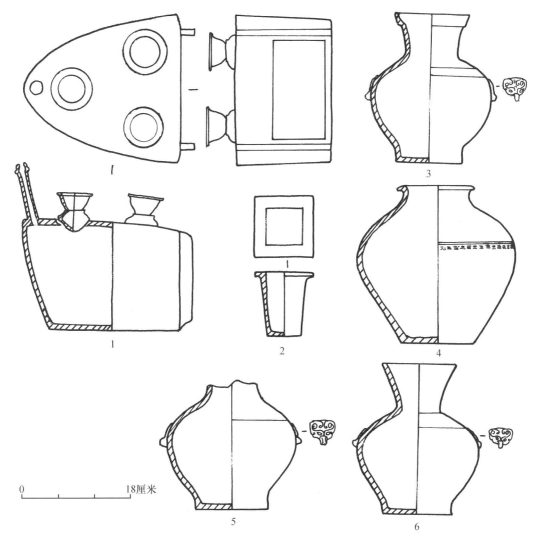

图二二八 ⅡM863出土陶器

1.灶（ⅡM863：4） 2.井（ⅡM863：5） 3、5、6.壶（ⅡM863：3、ⅡM863：1、ⅡM863：2） 4.罐（ⅡM863：6）

ⅡM877

1.墓葬形制

斜坡式墓道土坑墓，方向0°，整体平面略呈"甲"字形，由墓道、甬道、墓室三部分组成。

墓道位于墓室北端，竖穴墓道。平面呈长方形，壁面较直，底呈台阶斜坡状，台阶为二级，斜坡坡度为22°。长470、宽100、深30～200厘米。

甬道位于墓道与墓室之间，为土洞。平面呈长方形，拱形顶，底呈斜坡状。长110、宽100、高90～110厘米。

墓室为竖穴土坑，深于甬道30厘米。平面呈长方形，壁面斜下内收底较平。墓口长420、宽160、底长400、宽120、深270厘米。全墓内填五花土，土质较软，未经夯打。有葬具木棺，仅存朽痕，呈长方形，长386、宽110、厚8、残高30厘米。骨架置于木棺中南部偏西处，保存较差，仅存头骨及部分肢骨，头向北，面向不清，为直肢单人葬。经鉴定，墓主人为男性，30岁左右。随葬有陶壶3件、陶罐3件，殉牲骨，置于木棺中南部靠近东壁处（图二二九；图版三二，1、2）。

2. 随葬器物

该墓出土陶器6件，器形有罐、壶等。

壶　3件，灰陶。敞口，舌状唇，粗长颈，假圈足外撇，平底。腹部饰对称铺首及一周凹弦纹，上腹部施一周凸宽带纹。ⅡM877：2，口径13.9、底径12.2、高29厘米（图二三〇，5）。ⅡM877：4，口径13.4、底径12、高29.4厘米（图二三〇，4）。ⅡM877：7，口径13.7、底径11.9、高29.5厘米（图二三〇，6）。

罐　3件，灰陶。ⅡM877：1，侈口，圆唇，高领较直，圆肩，鼓腹，平底。腹部施一周凸弦纹，肩部以"//"为首，竖排阴刻"日入千户车马"六字，轮制。口径10、底径11.2、高20.4厘米（图二三〇，1；图版八七，1、2）。ⅡM877：3，口残。鼓腹。腹部饰一周凹弦纹，平底，轮制。底径9.8、残高18.1厘米（图二三〇，3）。ⅡM877：5，侈口，平折沿，圆唇，鼓腹，腹下斜收，平底。腹部饰两周绳纹，近底处有刮削痕。口径17.2、底径15.5、高27厘米（图二三〇，2）。

Ⅱ M878

1. 墓葬形制

斜坡式墓道土坑墓，方向5°，整体平面略呈"甲"字形，由墓道和墓室两部分组成。

墓道位于墓室北端，平面呈梯形，壁面较直，底呈斜坡状，斜坡坡度为17°，高于墓室60厘米。长240、宽60~80、深20~110厘米。

墓室为竖穴土坑。平面呈长方形，壁面垂直，底较平。长300、宽120、深170厘米。全墓内填五花土，土质较软，未经夯打。骨架保存较好，胸部及头部扰乱严重，头向北，面向东北，为仰身屈肢单人葬。经鉴定，墓主人为男性，40岁左右。随葬有陶罐1件，置于墓室的东北角；陶壶3件，置于墓室的西南角；陶灶1套、陶井1件，置于头骨的西边（图二三一；图版三三，1、2）。

2. 随葬器物

该墓出土陶器6件，器形有壶、罐、灶、井等。

壶　3件，灰陶。ⅡM878：4、5，喇叭口，方唇，短束颈，鼓腹，矮假圈足，平底内凹。腹部饰对称铺首及一周凹弦纹，腹部偏上以赭黄彩绘锯齿纹一周。ⅡM878：4，口径15.8、

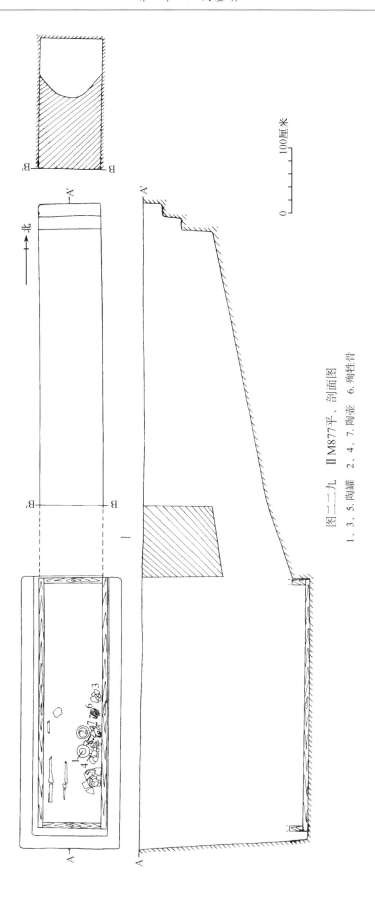

图二二九　ⅡM877平、剖面图
1、3、5.陶罐　2、4、7.陶壶　6.殉牲骨

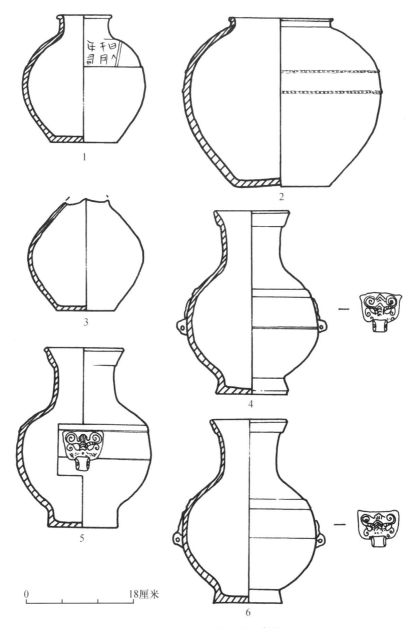

图二三〇　ⅡM877出土陶器

1~3.罐（ⅡM877：1、ⅡM877：5、ⅡM877：3）　4~6.壶（ⅡM877：4、ⅡM877：2、ⅡM877：7）

底径11.5、高23.3厘米（图二三二，6）。ⅡM878：5，口径16、底径11.3、高23.6厘米（图二三二，4）。ⅡM878：6，大敞口，粗束颈，鼓腹，矮假圈足较直，平底。腹部饰对称铺首及一周凹弦纹。口径15、底径12、高23.7厘米（图二三二，5）。

罐　1件。ⅡM878：1，灰陶。口微侈，圆唇，沿外撇，矮领，丰肩，鼓腹，平底。腹部饰一周绳纹，肩部有轮旋纹，近底处有削坯痕。口径17.4、底径19.4、高27.6厘米（图二三三，1）。

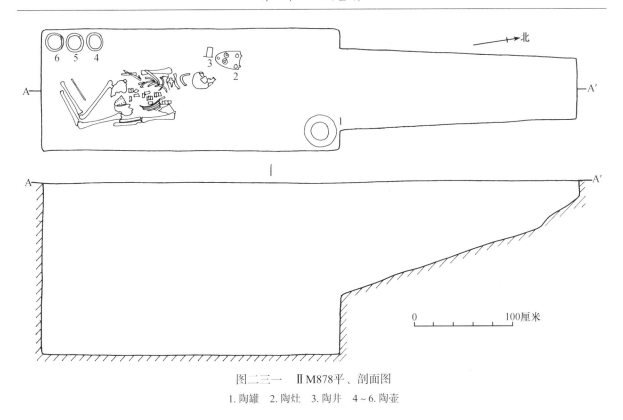

图二三一　ⅡM878平、剖面图
1. 陶罐　2. 陶灶　3. 陶井　4~6. 陶壶

灶　1套（4件）。ⅡM878：2，泥质灰陶。平面呈船形，灶面稍作弧形，三火眼呈"品"字形，其中两火眼置釜，附带二盆一甑。后有圆形烟囱眼，上置柱状形烟囱，中空，前置长方形灶门，两侧置有挡风。长22.8、宽19.8、高14.4~16.8厘米（图二三二，3）。

井　1件。ⅡM878：3，泥质灰陶。平面呈方框形，井腹呈方柱状，井内有数周凸棱纹，平底。口径8.8、底径6、高9.3厘米（图二三二，2）。

ⅡM898

1. 墓葬形制

竖穴土坑墓，方向85°，内填五花土，土质较软。平面呈长方形，四壁斜下内收，底较平。墓口长270、宽110、底长250、宽90、深200厘米。骨架保存较好，头向东，面向东南，为侧身屈肢葬。经鉴定，墓主人为男性，17~18岁。随葬有陶罐1件，置于东壁处（图二三三）。

2. 随葬器物

该墓出土陶罐1件。ⅡM898：1，灰陶。侈口，方唇，斜折沿，高领，圆肩，鼓腹，平底。腹部饰一周绳纹。口径11.4、底径14、高24.6厘米（图二三四）。

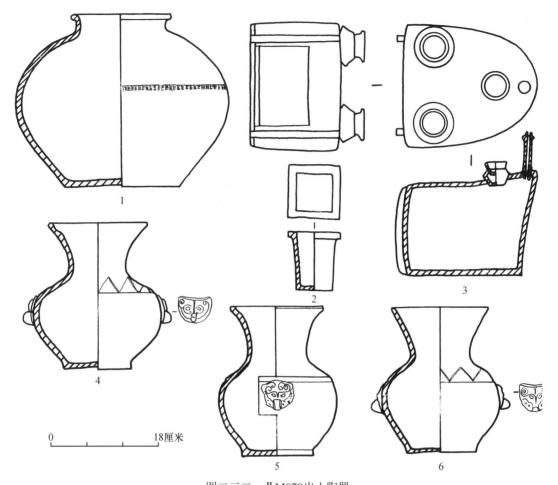

0 _____ 18厘米

图二三二　ⅡM878出土陶器

1.罐（ⅡM878：1）　2.井（ⅡM878：3）　3.灶（ⅡM878：2）　4~6.壶（ⅡM878：5、ⅡM878：6、ⅡM878：4）

ⅡM899

1. 墓葬形制

竖穴土坑墓，方向5°，内填五花土，土质较硬，略夯打。平面呈长方形，四壁垂直，底较平。长250、宽80、深130厘米。北壁距墓口70厘米处有一拱形壁龛，平面呈长方形，长80、进深40、高40厘米。骨架保存较好，头向北，面向东偏上，为仰身直肢单人葬。经鉴定，墓主人为男性，35岁左右。随葬有陶罐3件，置于壁龛内；铜钱3枚，置于小腿骨之间（图二三五）。

2. 随葬器物

该墓出土器物6件，质地有陶、铜等。

陶罐　3件。ⅡM899：1，灰陶。直口微侈，圆唇，沿外撇，矮领，溜肩，略折腹，平底内凹。肩部饰三周弦纹夹暗网格纹，近底部有刮削痕。口径9、底径9、高15.6厘米（图二三六，3）。

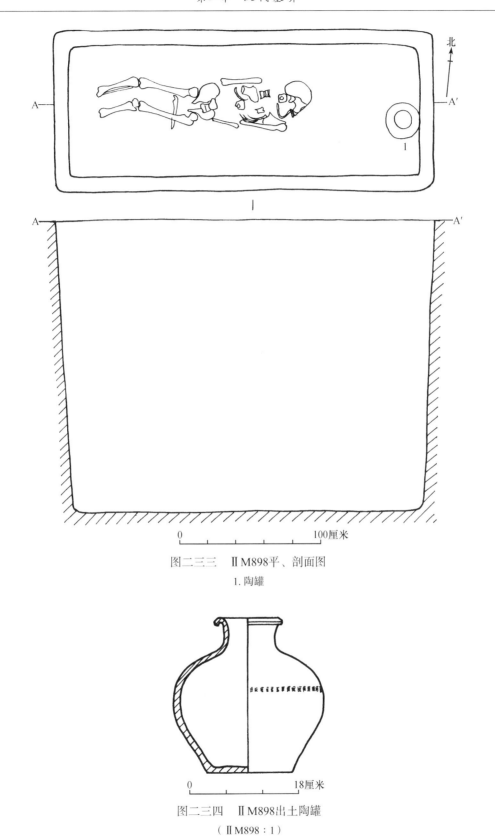

图二三三 ⅡM898平、剖面图

1.陶罐

图二三四 ⅡM898出土陶罐

（ⅡM898：1）

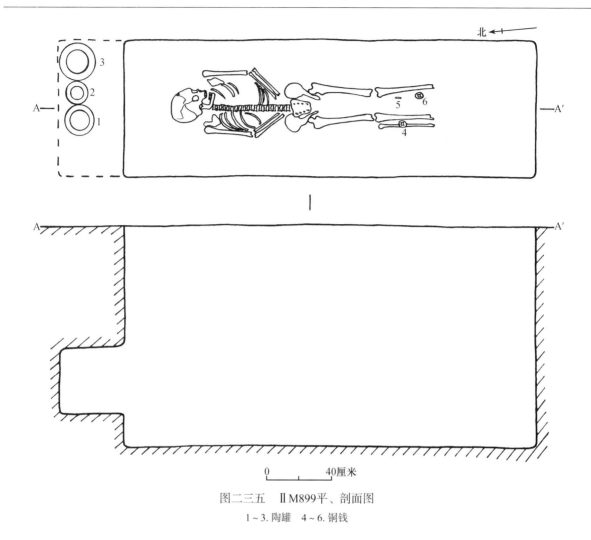

图二三五　ⅡM899平、剖面图

1~3.陶罐　4~6.铜钱

ⅡM899：2，灰陶。直口微侈，平沿，沿面有一周凹槽，高直领，溜肩，微鼓腹，大平底。腹部有刮削痕，粗糙。口径9.6、底径9.6、高16.8厘米（图二三六，2）。ⅡM899：3，黑灰陶。侈口，方圆唇，沿外撇，矮领，溜肩，鼓腹，平底。腹部饰数周凹弦纹，肩部饰刻划网格纹及暗弦纹，近底部有刮削痕。口径11.4、底径11.2、高19.2厘米（图二三六，1）。

铜钱　3枚。ⅡM899：4~6，"五"字交笔略弯曲，"铢"字金字头有的呈三角形，"朱"字头上下皆为圆折。直径2.55、穿宽0.9厘米，重3.2~3.4克（图二三六，4~6）。

ⅡM901

1. 墓葬形制

斜坡式墓道单砖室墓，方向95°，整体平面略呈"甲"字形，由墓道、墓室两部分组成。墓道位于墓室东端，竖穴墓道。平面呈梯形，壁面较直，底呈三级台阶状，第三级呈斜坡

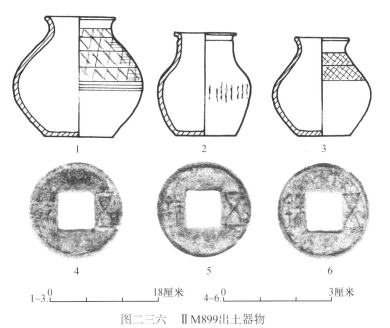

图二三六 ⅡM899出土器物

1~3. 陶罐（ⅡM899：3、ⅡM899：2、ⅡM899：1） 4~6. 铜钱（ⅡM899：4、ⅡM899：5、ⅡM899：6）

状。长350、宽80~232、深30~210厘米。内填五花土，土质较软，未经夯打。

墓室为单砖室。平面呈长方形，券顶。长435、宽200、高170厘米，底距墓口深210厘米。南、北、西三壁用单砖错缝平砌至125厘米处，用单砖顺立对缝券顶，墓门处南北两壁为单砖纵横交错平砌，两端略宽于西部；底用单砖对缝平铺。用单砖横置错缝平砌呈弧形封门。封门右侧顶部有盗洞，呈不规则形，长100、宽40厘米。该墓盗扰严重，骨架2具，扰乱严重，保存较差，遍布墓室中南部，头向、面向、葬式不详，为双人合葬墓。随葬有陶灶1套、陶井1件、小陶罐底部，置于墓室东侧（图二三七）。

2. 随葬器物

该墓出土陶器3件（套），器形有灶、井、小罐等。

小罐 1件。ⅡM901：3，罐底部，弧腹，假圈足，小平底（图二三八，2）。

灶 1套（4件）。ⅡM901：2，泥质灰陶。平面呈船形，三火眼呈"品"字形，上各置一釜。后有烟囱眼，上置柱形烟囱，顶上有隆节，中空，前置长方形灶门，两侧有挡风。长24.6、宽22.8、高13.2~22.2厘米。配二盆一甑。甑，灰陶，敞口，平沿，斜折腹，平底。不规则圆形箅孔七眼。小盆，灰陶，敞口，平沿，斜折腹，底部刮削不平。素面（图二三八，1）。

井 1件。ⅡM901：1，泥质灰陶。口部平面呈方形，器身呈上宽下窄的方体，剖面呈梯形，井内有数周凸棱纹，平底。口径9.6、底径4.8、高7.8厘米（图二三八，3）。

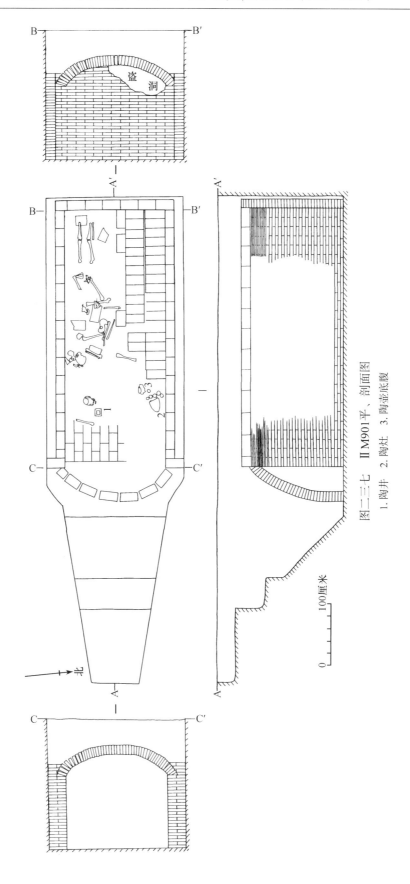

图二三七　ⅡM901平、剖面图

1. 陶井　2. 陶灶　3. 陶壶底腹

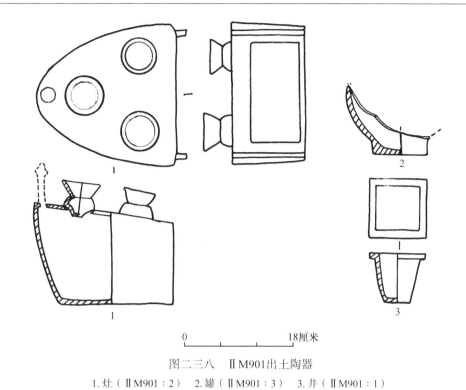

图二三八　ⅡM901出土陶器
1.灶（ⅡM901：2）　2.罐（ⅡM901：3）　3.井（ⅡM901：1）

ⅡM909

1. 墓葬形制

竖穴土坑墓，方向350°，内填五花土，土质较软。平面呈长方形，四壁垂直，底较平。长200、宽80、深170厘米。在北壁墓底处有一拱形壁龛，平面呈长方形，深于墓室30厘米，长80、进深40～50、高70厘米。骨架保存一般，头向北，面向东北，为单人仰身直肢葬。经鉴定，墓主人为男性，50岁左右。随葬有陶罐3件，置于壁龛内；铜刷1件，置于头骨旁（图二三九）。

2. 随葬器物

该墓出土器物4件，质地有陶、铜等。

陶罐　3件，灰陶。口微侈，方圆唇，平沿稍折，高弧领，溜肩，鼓腹，腹下急收，小底内凹。肩部饰暗网格纹，近底部有刮削痕。ⅡM909：1，口径7.8、底径7.9、高15.6厘米（图二四〇，3）。ⅡM909：2，口径8.3、底径7.8、高20.4厘米（图二四〇，2）。ⅡM909：3，口径8.4、底径9、高19.8厘米（图二四〇，1）。

铜刷　1件。ⅡM909：4，呈烟斗形，圆形细柄，柄残。残长3.9厘米（图二四〇，4）。

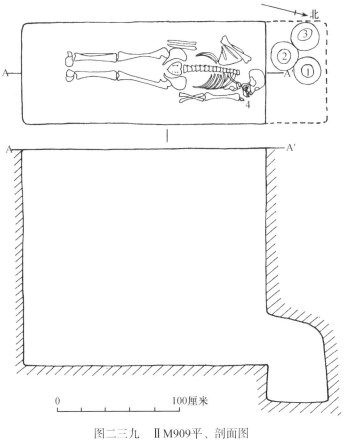

图二三九　ⅡM909平、剖面图

1~3.陶罐　4.铜刷

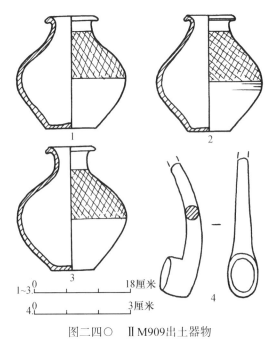

图二四〇　ⅡM909出土器物

1~3.陶罐（ⅡM909∶3、ⅡM909∶2、ⅡM909∶1）　4.铜刷（ⅡM909∶4）

ⅡM911

1. 墓葬形制

竖穴土坑墓，方向5°，内填五花土，土质较软。平面呈长方形，四壁垂直，底较平。长300、宽92、深120厘米。骨架保存较好，无头骨，为单人仰身直肢葬。经鉴定，墓主人为女性，成年。随葬有陶罐1件、陶壶3件，殉牲骨，置于北壁处（图二四一；图版三四，1、2）。

2. 随葬器物

该墓出土陶器4件，器形有罐、壶等。

罐 1件。ⅡM911：1，灰陶。侈口，方圆唇，平沿，圆肩，鼓腹，腹下斜收，平底。腹部饰一周绳纹，腹下有修削痕。口径11.1、底径11.6、高23.9厘米（图二四二，1）。

壶 3件，黑灰陶。喇叭口，方唇，弧颈，鼓腹，高假圈足外撇，大平底。腹部饰白彩卷云纹，颈上饰白彩三角纹，内填云纹。近底处有刮削痕。ⅡM911：2，口径12.3、底径15.3、高25.8厘米（图二四二，2）。ⅡM911：3，器表不光滑。口径11.9、底径15.1、高24.4厘米（图二四二，3）。ⅡM911：4，器表不规整，口变形。口径10.5、底径15、高26.4厘米（图二四二，4）。

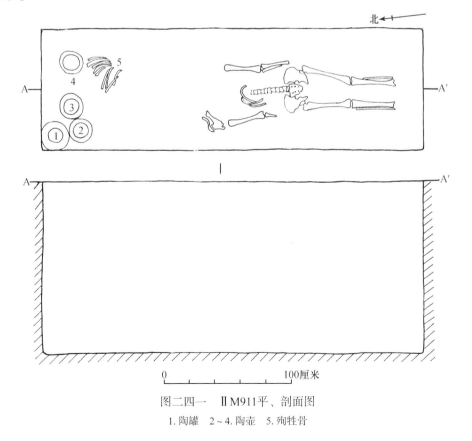

图二四一 ⅡM911平、剖面图
1.陶罐 2~4.陶壶 5.殉牲骨

图二四二　Ⅱ M911出土陶器

1.罐（Ⅱ M911：1）　2~4.壶（Ⅱ M911：2、Ⅱ M911：4、Ⅱ M911：3）

Ⅱ M920

1. 墓葬形制

竖穴土坑木椁墓，方向350°，内填五花土，土质较软。平面呈亚腰长方形，四壁垂直，底较平。长460、宽162~172、深240厘米。有葬具椁棺，仅存朽痕，椁呈亚腰形，椁长450、宽142~170、厚12、残高56厘米；棺呈长方形，棺长210、宽74、厚8、残高16厘米，位于椁室东南。骨架保存较好，头向北，面向上，为单人仰身直肢葬。经鉴定，墓主人为男性，25~30岁。随葬有陶壶3件、陶罐2件、铜盆1件、铜铺首衔环2件、铜拉手1件，铁器1件、铜带钩1件，置于木椁北部（图二四三；图版三五，1、2）。

2. 随葬器物

该墓出土随葬器物11件，质地有陶、铜、铁等。

陶壶　3件，形制相同，灰陶。盘口，尖唇，细弧颈，鼓腹，平底。腹下部有刮削痕。Ⅱ M920：1，器表彩绘脱落不清。口径10.8、底径9.6、高21.8厘米（图二四四，7）。Ⅱ M920：3，器表彩绘脱落不清。口径11.2、底径9.4、高21.7厘米（图二四四，4）。Ⅱ M920：2，以红、黑彩绘制纹饰，颈部饰锯齿纹，内外填卷云纹，肩部饰两周条带纹夹一周

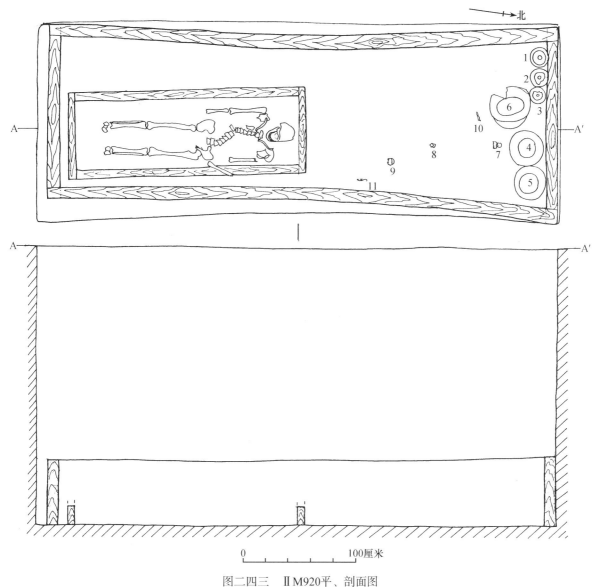

图二四三 ⅡM920平、剖面图

1～3.陶壶 4、5.陶罐 6.铜盆 7、8.铜铺首衔环 9.铜拉手 10.铁器 11.铜带钩

水波纹，水波纹上下饰半圆点彩，腹部饰两组锯齿纹，内外填卷云纹。口径10.2、底径9.2、高20.7厘米（图二四四，8）。

陶罐 2件，灰陶。ⅡM920：4，侈口，沿外撇，圆唇，鼓腹，腹下斜收，平底内凹。腹上部饰一周绳纹，腹下有刮削痕。口径14.7、底径16.3、高25.9厘米（图二四四，6）。ⅡM920：5，侈口，方唇，鼓腹，腹下斜收，平底。腹部饰一周凹弦纹，肩部饰网格纹，腹下有刮削痕，器表粗糙。口径15.3、底径15、高23.5厘米（图二四四，3）。

铜铺首衔环 2件。ⅡM920：7、8，浮雕兽面，竖眉立目，额作三角形，双耳内曲，鼻回钩，下衔一环，铺首背面有一片状条形榫。兽面宽4.3、高6、铜环直径3.5厘米（图二四四，2、1）。

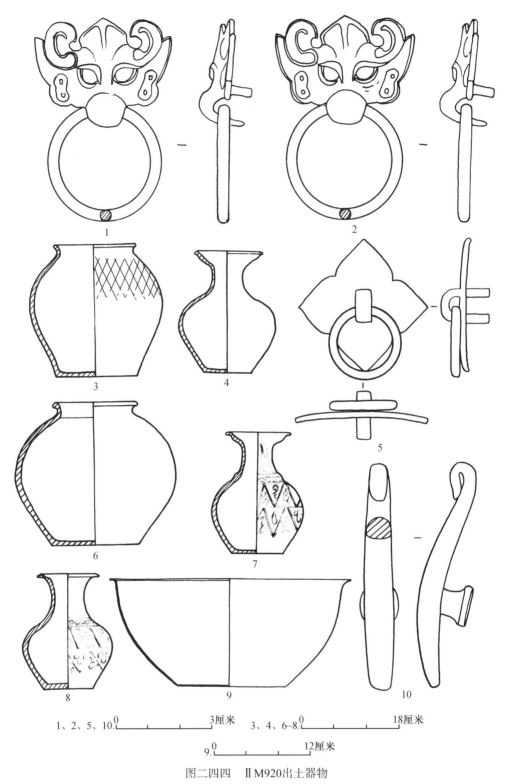

图二四四　ⅡM920出土器物

1、2. 铜铺首衔环（ⅡM920：8、ⅡM920：7）　3、6. 陶罐（ⅡM920：5、ⅡM920：4）　4、7、8. 彩绘陶壶（ⅡM920：3、
ⅡM920：1、ⅡM920：2）　5. 铜拉手（ⅡM920：9）　9. 铜盆（ⅡM920：6）　10. 铜带钩（ⅡM920：11）

铜拉手 1件。ⅡM920：9，呈柿蒂形，中部有竖向桥形穿孔，内穿一环，衔为长条形铜片对弯而成。高4.2、对角宽3.9、铜环直径2.2厘米（图二四四，5）。

铜带钩 1件。ⅡM920：11，曲棒形，素面，体中部略粗，颈及尾部略细，颈截面呈椭圆形，小钩，略变形，圆纽宽于钩体，位于腹背略粗处。长6.8、厚0.6、钩长1.2、宽0.5厘米（图二四四，10）。

铜盆 1件。ⅡM920：6，侈沿，敞口，斜腹微弧，平底。口径30、底径12.8、高12.8厘米（图二四四，9）。

铁器 1件。ⅡM920：10，残碎，形制不清。

ⅡM932

1. 墓葬形制

竖穴土坑木椁墓，方向5°，内填五花土，土质较硬，略夯打。整体平面呈"中"字形，壁面斜下内收，底较平。墓口长540、宽280、底长460、宽160、深520厘米。在东、西壁中部各有二层台，平面呈长方形，长260、宽110厘米，至墓口深190、至底深330厘米。有葬具椁棺，木椁呈"Ⅱ"形，长440、宽140、厚6、残高40厘米；木棺呈长方形，长246、宽80、厚6、残高24厘米；木棺带有头箱，呈长方形，长124、宽80、厚6、残高20厘米。骨架置于木棺中北部，保存较差，头向北，面向不清，为直肢葬。经鉴定，墓主人为女性，成年。随葬有漆器1件、铁器1件，置于头箱内；铜器1件、铜镜1枚，置于木棺内南部；陶罐1件，木棺外东北角；殉牲骨，置于木棺与头箱之间（图二四五）。

2. 随葬器物

该墓出土器物5件，质地有陶、铁、铜、漆等。

陶罐 1件。ⅡM932：3，灰陶。侈口、卷沿、矮领、鼓肩、垂腹、平底。肩、腹部饰几何纹，中间磨光，腹下至底部饰错乱划纹。口径15、底径10.2、26.8高厘米（图二四六，1；图版八八，2）。

铁器 1件。ⅡM932：1，残碎，形制不清。

漆器 1件。ⅡM932：2，已朽。

铜器 1件。ⅡM932：4，呈椭圆形环状，两端较尖，截面呈长方形。长3.7、宽1.7、厚1.2厘米（图二四六，2）。

铜镜 1枚。ⅡM932：5，星云（多乳）镜。圆形，镜面微凸，连峰纽，柿蒂纹纽座，之外为一周细凸弦纹和内向十六连弧纹圈带。两组短斜线纹和细凸弦纹之间为主纹，四枚并蒂联珠的大乳环列四方，将镜背分为四区，每区各有九枚小乳，由长短不同的曲线连接形成星云状，之外为四组短竖线纹与四组重线三角纹相间环列。内向的十六连弧纹缘。面径15.8、背径15.7、缘厚0.7厘米（图二四七）。

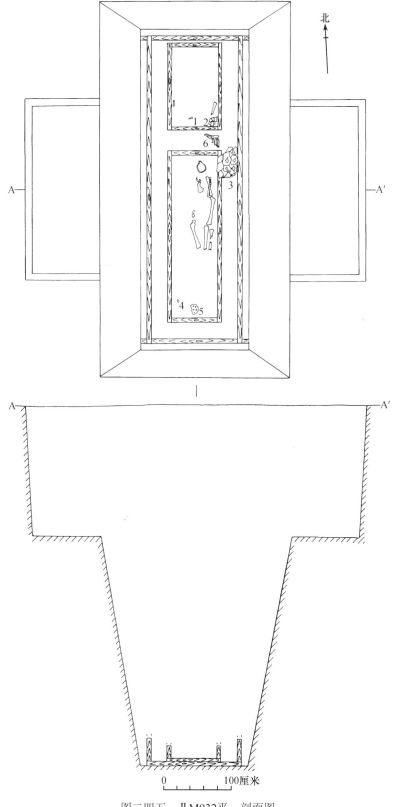

图二四五　ⅡM932平、剖面图

1.铁器　2.漆器　3.陶罐　4.铜剑镡　5.铜镜　6.殉牲骨

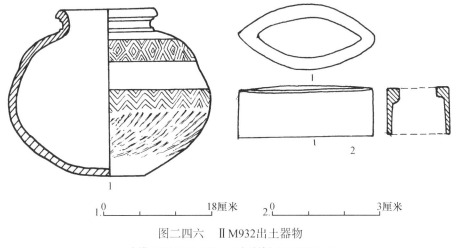

图二四六　ⅡM932出土器物

1. 陶罐（ⅡM932：3）　2. 铜剑镡（ⅡM932：4）

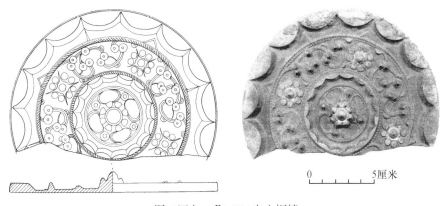

图二四七　ⅡM932出土铜镜

（ⅡM932：5）

ⅡM936

1. 墓葬形制

竖穴土坑墓，方向5°，内填五花土，土质较软。平面呈长方形，四壁垂直，底较平。长310、宽110、深100厘米。骨架保存一般，头向北，面向上，为仰身直肢葬。经鉴定，墓主人为男性，50岁以上。随葬有陶罐1件、陶壶3件、殉牲骨，置于墓室北壁（图二四八）。

2. 随葬器物

该墓出土陶器4件，器形有壶、罐等。

壶　3件，形制相同。黑灰陶。盘口，方唇，细颈，鼓腹，大平底。近底处有刮削痕。颈部饰红彩三角纹，腹部以上饰卷云纹和三角纹，腹部饰红彩云纹及网格纹。ⅡM936：1，器表不

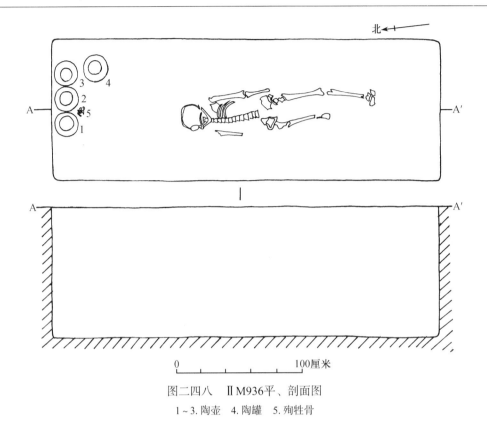

图二四八　ⅡM936平、剖面图

1～3. 陶壶　4. 陶罐　5. 殉牲骨

光滑。口径10、底径14、高22.2厘米（图二四九，1）。ⅡM936：2，口径10.5、底径15.3、高24.6厘米（图二四九，2）。ⅡM936：3，口径10.6、底径15.2、高25.4厘米（图二四九，3）。

罐　1件。ⅡM936：4，黑灰陶。直口，方唇，鼓腹，下腹斜收，平底。腹上部饰弦断绳纹。口径11.2、底径10.7、高18.4厘米（图二四九，4）。

ⅡM937

1. 墓葬形制

斜坡式墓道土坑木椁墓，方向20°，整体平面略呈梯形，由墓道和墓室两部分组成。

墓道位于墓室北端，竖穴墓道。平面呈梯形，壁面斜下内收，底呈斜坡状，斜坡坡度为10°。口长710、宽110～230、底宽90～170、深220～340厘米。

墓室为竖穴土坑。平面呈长方形，壁面斜下内收，底较平。墓口长460、宽230、底长440、宽170、深340厘米。全墓内填五花土，土质较软，未经夯打。有葬具木椁，仅存朽痕，呈长方形，椁长370、宽170、厚10、残高46厘米。骨架置于木椁内南部靠近西壁处，保存较差，头向北，面向不清，为直肢葬。经鉴定，墓主人为女性，成年。随葬有陶罐2件、石口琀1件、铜耳环2件、铜制品1件、铅制品5件，置于木椁内东南角和西北部（图二五〇）。

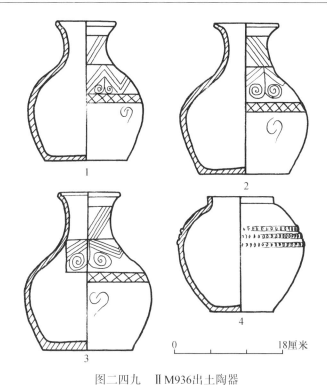

图二四九　ⅡM936出土陶器

1~3.壶（ⅡM936：1、ⅡM936：2、ⅡM936：3）　4.罐（ⅡM936：4）

2. 随葬器物

该墓出土器物9件，质地有陶、石、铜、铅等。

陶罐　2件。ⅡM937：1，灰褐陶。侈口，尖圆唇，沿外撇，矮领，圆肩，鼓腹，平底。腹部饰两周凹弦纹夹一周波浪纹。口径10.9、底径12.6、高17.3厘米（图二五一，9）。ⅡM937：2，灰陶。侈口，方唇，沿外翻，唇部有一周凹槽，高直领，鼓腹，平底。腹部饰一周绳纹及凹弦纹，肩部饰一周压光纹。口径9.6、底径12.6、高27厘米（图二五一，6）。

铅柿蒂形饰件　3件。ⅡM937：6~8，略残。呈片状四叶蒂形，面中部微下凹，饰交错三角形纹，内饰斜线纹，叶饰卷云纹，中心底部呈圆形，均残。两叶对角3.5厘米（图二五一，4、5、3）。

铜柿蒂形饰件　1件。ⅡM937：9，呈薄片状柿蒂形，一叶残断，四叶有尖残，中心有圆孔，截面微弧。两叶对角残长5.3厘米（图二五一，2）。

铅车軎　2件。ⅡM937：4、5，呈"U"形，其一略变形，两端较尖，体截面呈菱形。ⅡM937：4，宽1.7、高1.9厘米（图二五一，7）。ⅡM937：5，变形。宽1.6、高2厘米（图二五一，8）

石口琀　1件。ⅡM937：3，蝉形，头部呈弧形，尾上翘，背部起棱，双眼外鼓。长5、宽2.8、厚1厘米（图二五一，1；图版一一七，1）。

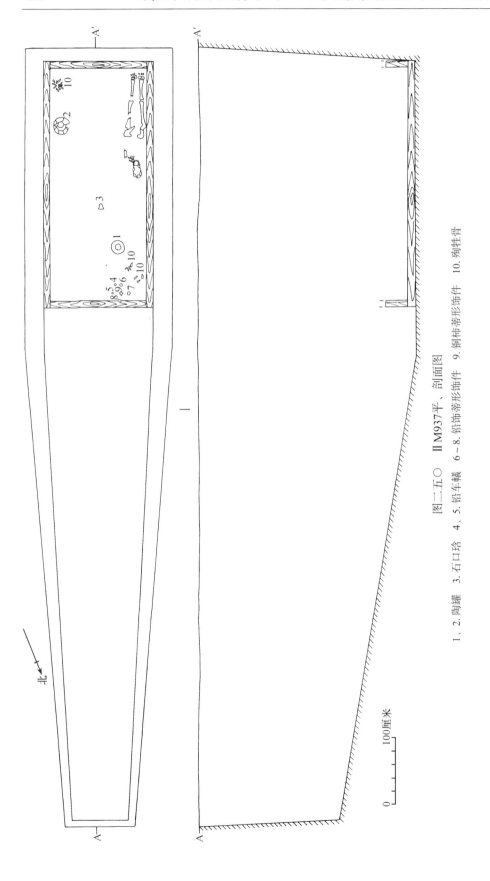

图二五○ ⅡM937平、剖面图

1、2. 陶罐 3. 石口琀 4、5. 铅车辖 6~8. 铅饰蒂形饰件 9. 铜柄蒂形饰件 10. 殉牲骨

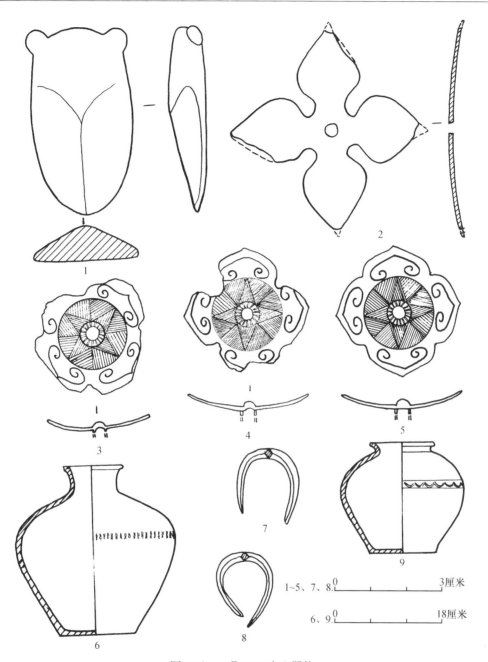

图二五一 ⅡM937出土器物

1. 石口琀（ⅡM937：3） 2. 铜柿蒂形饰件（ⅡM937：9） 3~5. 铅柿蒂形饰件（ⅡM937：8、ⅡM937：6、ⅡM937：7）

6、9. 陶罐（ⅡM937：2、ⅡM937：1） 7、8. 铅车軎（ⅡM937：4、ⅡM937：5）

ⅡM944

1. 墓葬形制

竖穴土坑墓，方向355°，内填五花土，土质较硬，略夯打。平面呈长方形，四壁斜下内收，底较平。墓口长440、宽180、底长400、宽140、深140厘米。有葬具木棺，仅存朽痕，呈长方形，长390、宽108、厚10、残高30厘米。未发现尸骨。随葬有陶壶3件、陶罐1件、殉牲骨，置于木棺内北部（图二五二；图版七七，2）。

2. 随葬器物

该墓出土陶器4件，器形有壶、罐等。

壶　3件，灰褐陶。喇叭口，方唇，细弧颈，鼓腹，平底。ⅡM944：1，腹部以上有轮制弦纹，腹下有刮削痕。口径12、底径11.6、高30.3厘米（图二五三，1）。ⅡM944：2，肩部饰白彩卷云纹及圆点纹，颈部饰一周三角纹。口径12.1、底径10.9、高29.2厘米（图二五三，3；图版八四，4）。ⅡM944：3，器表制作粗糙，不光滑，腹下部刮削痕明显。口径12.3、底径11.7、高30.4厘米（图二五三，2）。

罐　1件。ⅡM944：4，灰褐陶。侈口，圆唇，矮领，鼓腹，下腹斜收，平底，器表划痕及切削痕明显，口径15.5、底径14、高22.4厘米（图二五三，4）。

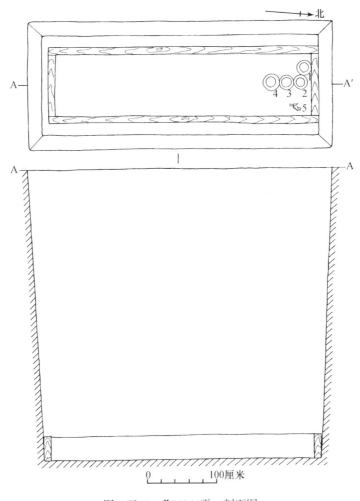

图二五二　ⅡM944平、剖面图

1～3.陶壶　4.陶罐　5.殉牲骨

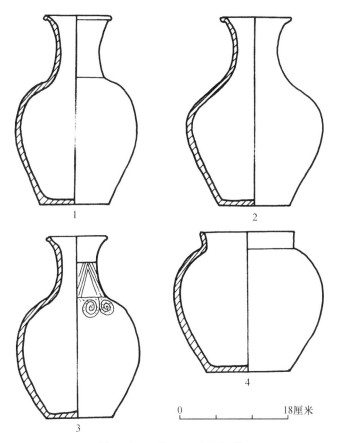

图二五三　Ⅱ M944出土陶器

1～3.壶（Ⅱ M944：1、Ⅱ M944：3、Ⅱ M944：2）　4.罐（Ⅱ M944：4）

Ⅱ M974

1. 墓葬形制

斜坡式墓道土坑墓，方向180°，整体平面略呈“甲”字形，由墓道、甬道、墓室三部分组成。

墓道位于墓室南端，竖穴墓道。平面呈梯形，壁面较直，底呈斜坡状，斜坡坡度为26°。长440、宽100～152、深70～220厘米。

甬道位于墓道与墓室之间，土洞。平面呈不规则形，拱形顶，底呈斜坡状。长60～70、宽90～120、高100厘米。高于墓室20厘米。

墓室为竖穴土坑。平面略呈梯形，壁面斜下内收，平底。墓口长430、宽180、底长410、宽160、深260厘米。全墓内填五花土，土质较硬，略夯打。有葬具木棺，仅存朽痕，呈长方形，长390、宽136、厚6、残高20厘米。骨架保存较差，位于木棺南部，仅存少量碎骨，头向不清，面向不清，葬式不清。随葬有铜带钩1件、陶壶3件、陶罐2件、陶缶2件、陶井1件、陶灶1套，殉牲骨，置于木棺内中北部（图二五四；图版三六，1、2）。

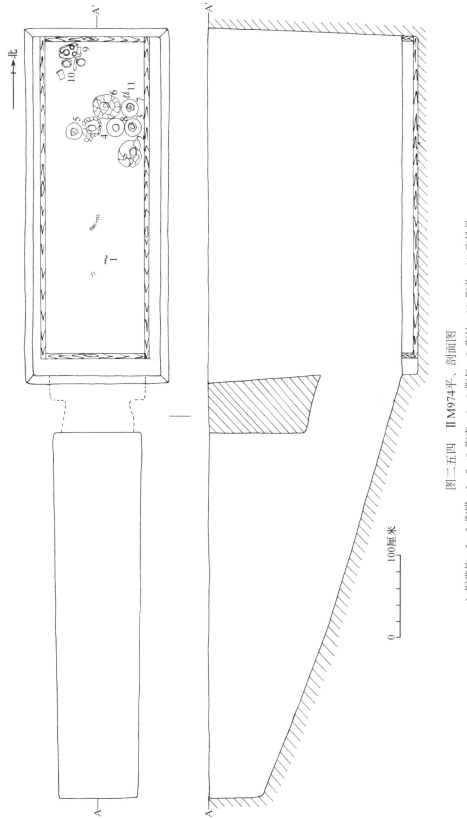

图二五四　ⅡM974平、剖面图

1.铜带钩　2、5.陶罐　3、7、8.陶壶　4、6.陶缶　9.陶灶　10.陶井　11.殉牲骨

2. 随葬器物

该墓出土器物10件，质地有陶、铜等。

陶壶　3件，泥质灰陶。ⅡM974：3、ⅡM974：7，敞口，平唇，粗束颈，鼓腹，高假圈足，外撇较甚，平底。肩部饰宽带纹，腹部饰对称铺首及一周凹弦纹，近底部有刮削痕。ⅡM974：3，口径15、底径16.2、高32.4厘米（图二五五，3）。ⅡM974：7，口径13.8、底径15、高32厘米（图二五五，4）。ⅡM974：8，舌状唇，平沿，束颈，颈部有一周凹槽，鼓腹，高假圈足，外撇较甚，平底内凹。肩部饰宽带纹，腹部饰对称铺首及一周凹弦纹。口径14.6、底径16.6、高33.1厘米（图二五五，6）。

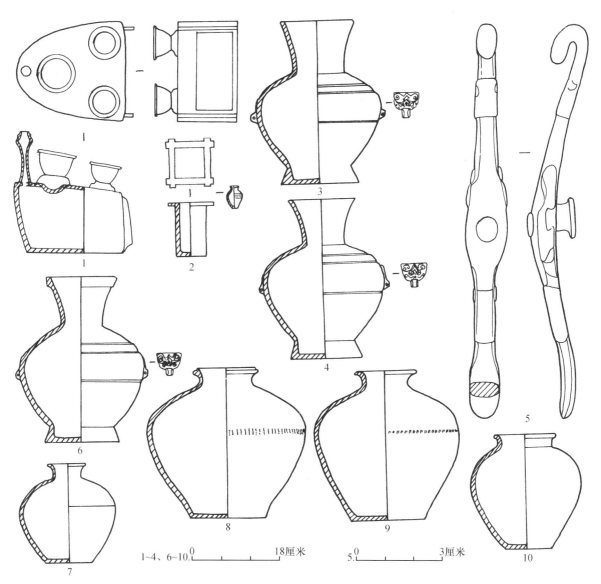

图二五五　ⅡM974出土器物

1. 陶灶（ⅡM974：9）　2. 陶井（ⅡM974：10）　3、4、6. 陶壶（ⅡM974：3、ⅡM974：7、ⅡM974：8）

5. 铜带钩（ⅡM974：1）　7、10. 陶罐（ⅡM974：5、ⅡM974：12）　8、9. 陶缶（ⅡM974：6、ⅡM974：4）

陶罐　2件，灰陶。ⅡM974：12，侈口，圆唇，矮领，圆肩，弧腹，平底。口径12、底径9.5、高22.6厘米（图二五五，10）。ⅡM974：5，侈口，圆唇，平折沿，沿面有一凹槽，高领，鼓腹，平底稍内凹。近底部有刮削痕。口径10.6、底径9.6、高20.7厘米（图二五五，7）。

陶缶　2件，灰陶。ⅡM974：4，侈口，尖圆唇，平折沿，广肩，鼓腹，平底。腹部饰一周戳印纹。近底部有刮削痕。口径13、底径15.5、高29.8厘米（图二五五，9）。ⅡM974：6，侈口，圆唇，斜折沿，沿面有一周凹槽，广肩，鼓腹，平底。腹部饰一周绳纹，腹下饰零散的绳纹，近底部有刮削痕。口径13.6、底径16、高30.2厘米（图二五五，8）。

陶灶　1套（4件）。ⅡM974：9，泥质灰陶。平面呈船形，灶面稍作弧形，三火眼上各置一釜，附带二盆一甑。后有圆形烟囱眼，上置柱状形烟囱，中空，烟囱顶上有一隆节，前置长方形灶门，两侧置有挡风。器表有修削痕。长24、宽19.8、高12～24厘米（图二五五，1）。

陶井　1套（2件）。ⅡM974：10，泥质灰陶。平面呈"井"字形，立体呈方柱形，平底。井内饰凸棱。吊瓶，平口，弧腹，平底。肩腹部饰凹弦纹。手制。口边长8.4、底边长6、高10.8厘米（图二五五，2）。

铜带钩　1件。ⅡM974：1，整体呈曲棒形，钩面腹下部及颈中部各有凸箍，腹部较宽，中部呈圆点状突起，尾部呈椭圆形片状，长颈，钩首略呈兽头形，平背，圆纽位于腹背中部。长13.1、厚0.5厘米，钩长1.2、宽0.7厘米（图二五五，5；图版一〇二，3）。

ⅡM975

1. 墓葬形制

斜坡式墓道土坑墓，方向185°，整体平面略呈"甲"字形，由墓道和墓室两部分组成。

墓道位于墓室南端，竖穴墓道。平面呈梯形，壁面较直，底呈缓坡状。长560、宽100～140、深70～210厘米。

墓室为竖穴土坑。平面呈长方形，壁面斜下内收，平底。墓口长420、宽200、底长400、宽180、深210厘米。全墓内填五花土，土质较硬，略夯打。骨架置于墓室西南部，保存一般，头向东，面向上，为仰身直肢单人葬。经鉴定，墓主人为女性，25岁左右。随葬有陶灶1套、陶井1套、陶壶3件、陶罐4件、小陶罐6件、铜钱3枚，置于墓室东部（图二五六；图版三七，1、2）。

2. 随葬器物

该墓出土器物21件，质地是陶、铜等。

陶壶　3件，泥质灰陶。ⅡM975：3、4，敞口，方唇，束颈，鼓腹，高假圈足外撇，平底，近底有刮削痕。肩部饰宽带纹，腹部饰对称铺首。ⅡM975：3，口径13.8、底径13.8、高30.9厘米（图二五七，11）。ⅡM975：4，口径13.2、底径14.8、高33厘米（图二五七，9）。

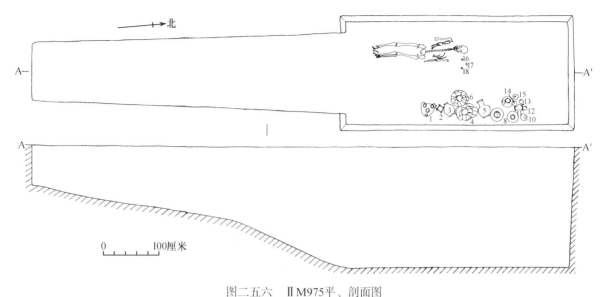

图二五六　ⅡM975平、剖面图

1. 陶灶　2. 陶井（吊瓶）　3～5. 陶壶　6、10～14. 小陶罐　7～9、15. 陶罐　16～18. 铜钱

ⅡM975：5，外显盘口，方唇，长颈，鼓腹，假圈足外撇较甚，平底稍内凸。肩部饰宽带纹，腹部饰对称铺首及一周凹弦纹，近底有修削痕。口径13.8、底径13、高32.4厘米（图二五七，10）。

陶罐　4件。ⅡM975：7，灰陶。侈口，方唇，丰肩，鼓腹，平底。腹部饰两周弦断绳纹，肩部刻划"十"字，近底有刮削痕。口径13、底径12、高15厘米（图二五七，4）。ⅡM975：8，灰陶。侈口，尖圆唇，斜折沿，高领圆肩，鼓腹，平底。腹部饰一周绳纹，肩部饰哑光暗弦纹，颈部饰暗印竖道，腹下有刮削痕。口径10.2、底径11.4、高20.4厘米（图二五七，7）。ⅡM975：15，红褐陶。直口，尖唇，斜折沿，圆肩，鼓腹，平底。腹部饰一周凹弦纹，肩部刻划"张朋""邓"字，近底有刮削痕，火候低，表皮脱落。口径11.6、底径14.8、高25.8厘米（图二五七，15）。ⅡM975：9，灰陶。侈口，尖唇，斜折沿，高领，鼓腹，平底内凹。腹部饰两周凹弦纹夹一周水波纹。近底有刮削痕。口径8.6、底径12、高21厘米（图二五七，3）。

小陶罐　6件。ⅡM975：6，灰褐陶。侈口，尖圆唇，斜折沿，高领，鼓腹，平底。腹部饰凹弦纹，肩部刻划"×"字，近底有刮削痕。口径3.6、底径3.2、高7.8厘米（图二五七，12）。ⅡM975：10，敞口，圆唇，束颈，鼓腹，平底。颈部及腹下有刮削痕。口径6、底径6.4、高12厘米（图二五七，6）。ⅡM975：11，喇叭口，方唇，束颈，鼓腹，平底。近底有刮削痕。口径8.4、底径6、高12.6厘米（图二五七，5）。ⅡM975：12，小口，方唇，束颈，鼓腹，平底。腹部以下有刮削痕。口径3、底径3.4、高7厘米（图二五七，14）。ⅡM975：13，小口，方唇，束颈，鼓腹，平底。近底有刮削痕。口径3.6、底径4、高9厘米（图二五七，8）。ⅡM975：14，灰陶。侈口，尖圆唇，斜折沿，高领，丰肩，鼓腹，平底。近底有刮削痕。口径3.8、底径3.2、高8厘米（图二五七，13）。

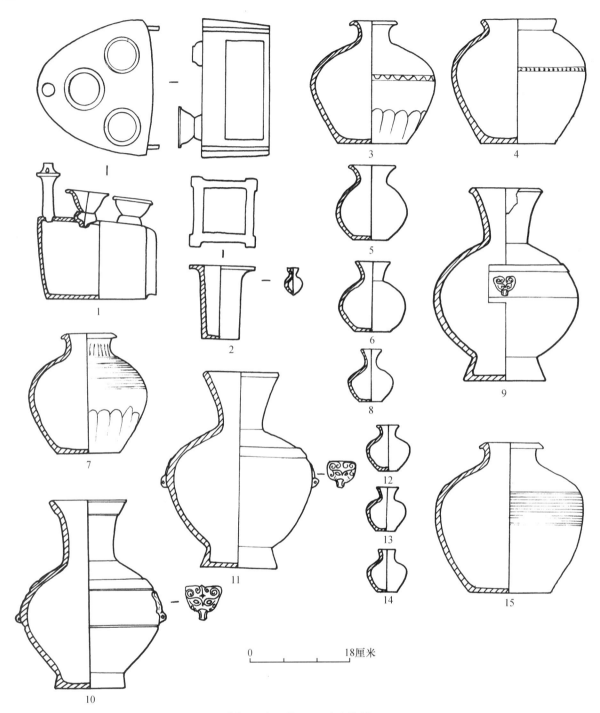

图二五七　ⅡM975出土陶器

1. 灶（ⅡM975∶1）　2. 井、吊瓶（ⅡM975∶2）　3、4、7、15. 罐（ⅡM975∶9、ⅡM975∶7、ⅡM975∶8、ⅡM975∶15）

5、6、8、12～14. 小罐（ⅡM975∶11、ⅡM975∶10、ⅡM975∶13、ⅡM975∶6、ⅡM975∶14、ⅡM975∶12）

9～11. 壶（ⅡM975∶4、ⅡM975∶5、ⅡM975∶3）

陶灶　1套（3件）。ⅡM975：1，泥质灰陶。平面呈船形，灶面稍作弧形，三火眼上各置一釜，附带二盆。后有圆形烟囱眼，上置柱状形烟囱，烟囱顶上有一隆节，上有三角形、圆形镂孔，前置长方形灶门，两侧置有挡风。器表有修削痕。长22.2、宽23.4、高12.6～23.4厘米（图二五七，1）。

陶井　1套（2件）。ⅡM975：2，泥质灰陶。平面呈"井"字形，剖面呈梯形，平底。井内饰凹弦纹。吊瓶，平口，束颈，弧腹，平底。手制。口边长9.5、底边长7、高12.5厘米（图二五七，2）。

铜钱　3枚。ⅡM975：16～18，"五铢"，篆书，横读。ⅡM975：16、18，"五"字略小，交笔弯曲，上下两横较长，"铢"字金字头呈三角形，"朱"字头为上方折，下圆折。穿下半星。直径2.55、穿宽0.9厘米，重3.5克（图二五八，1、3）。ⅡM975：17，笔体较细，"五"字交笔弯曲，上下两横较长，五字较大，"铢"字金字头呈三角形，"朱"字头为上方折，下圆折。直径2.6、穿宽1厘米，重3.8克（图二五八，2）。

图二五八　ⅡM975出土铜钱

1. ⅡM975：16　2. ⅡM975：17　3. ⅡM975：18

ⅡM986

1. 墓葬形制

斜坡式墓道土坑木椁墓，方向185°，整体平面略呈"甲"字形，由墓道、甬道、墓室三部分组成。

墓道位于墓室南端，竖穴墓道。平面略呈长方形，壁面较直，中部略宽于南北两侧，底呈二级斜坡状，第一级坡度为33°，第二级坡度为13°。长320、宽100～120、深120～300厘米。

甬道位于墓道与墓室之间，为土洞。平面略呈"凸"字形，拱形顶，底呈斜坡状。长140、宽100～140、高140厘米。高于墓室30厘米。

墓室为竖穴土坑。平面呈长方形，壁面斜下内收，平底。墓口长500、宽220、底长480、宽180、深360厘米。全墓内填五花土，土质较软，未经夯打。有葬具木椁，仅存朽痕，呈长方形，长450、宽160、厚8、残高30厘米。骨架置于木椁内南部偏东，保存较差，仅存部分左侧下肢骨，头向、面向、葬式不清。经鉴定，墓主人为男性，35岁左右。随葬有铜镜1枚、铜环1件、陶壶6件、陶罐7件、陶豆1件，置于木椁中、北部（图二五九）。

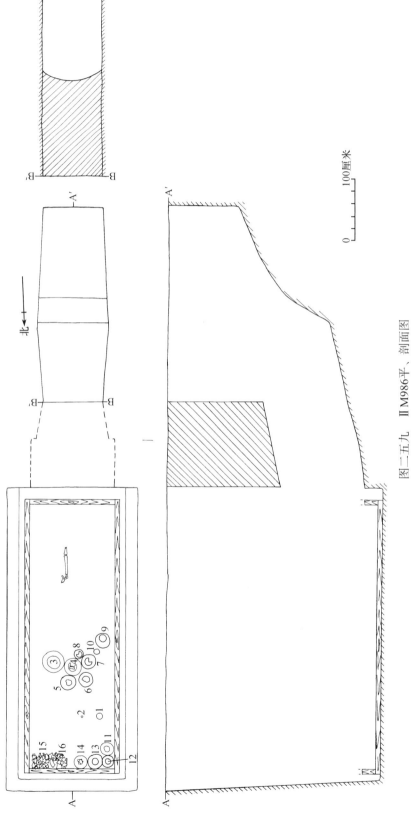

图二五九　ⅡM986平、剖面图

1. 铜镜　2. 铜环　3、4、8、9、11～13. 陶罐　5～7、14～16. 陶壶　10. 陶豆

2. 随葬器物

该墓出土器物16件，质地有陶、铜等。

陶壶 6件，灰陶。ⅡM986：5，敞口，方唇，束颈，高假圈足外撇，鼓腹，平底。肩部饰宽带纹，腹部饰对称铺首及一周凹弦纹。口径13.5、底径13.4、高32.6厘米（图二六○，7）。ⅡM986：6，敞口，方唇，束颈，高假圈足外撇，鼓腹，平底。肩部饰宽带纹，腹部饰对称铺首衔铁环及一周凹弦纹。口径13.3、底径13.3、高32.5厘米（图二六○，8）。ⅡM986：7，口残。鼓腹，假圈足外撇，平底。肩部饰宽带纹，腹部饰对称铺首衔铁环及一周凹弦纹。口残、底径13、高30厘米（图二六○，9）。ⅡM986：14～16，灰陶。敞口，方唇，束颈，鼓腹，高假圈足外撇较甚，平底。肩部饰宽带纹，腹部饰对称铺首衔环，下饰一周凹弦纹。ⅡM986：14，口残，铺首用粉红色描绘。底径13.2、残高29.3厘米（图二六○，10）。ⅡM986：15，口残。器表磨光。底径12、残高27厘米（图二六○，12）。ⅡM986：16，口径14、底径14、高30.7厘米（图二六○，11）。

陶罐 7件。ⅡM986：3，灰陶。侈口，矮领，丰肩，鼓腹，下腹斜收，平底。腹部最大径处饰一周绳纹，近底处有刮削痕。口径20.4、底径18、高32厘米（图二六○，15）。ⅡM986：4，灰陶。侈口，尖唇，沿面外翻，上有一道浅凹弦纹，溜肩，鼓腹，腹下斜收，平底。腹部饰弦断绳纹，腹下有刮削痕。口径13.7、底径18.2、高31.1厘米（图二六○，13）。ⅡM986：8，灰陶。侈口，圆唇，矮领，折肩，腹壁斜收，平底稍凹。火候低，器表刮落严重。口径11、底径8、高16.5厘米（图二六○，5）。ⅡM986：9，灰陶。侈口，沿稍外翻，方唇，矮领，鼓腹，腹下斜收，平底。腹部饰一周竖绳纹，腹下有切削痕。口径12、底径12.5、高24.9厘米（图二六○，2）。ⅡM986：11，灰陶。口微侈，沿面外撇，尖唇，矮领，广肩，腹下斜收，平底。肩部有数周暗弦纹，腹部饰两周凹弦纹夹一周波浪纹，腹下有切削痕。口径11、底径14、高23.5厘米（图二六○，14）。ⅡM986：12，灰陶。侈口，圆唇，矮领，广肩，鼓腹，腹下急收，平底。腹部饰数周暗弦纹，近底部有切削痕，火候较低，表皮脱落。口径10.5、底径9.6、高17.8厘米（图二六○，3）。ⅡM986：13，红褐陶。直口微侈，平沿斜折，方唇，矮领，鼓腹，腹下弧收，平底。腹部饰一周绳纹，火候较低，表皮脱落严重，肩部刻划"王八"二字。口径11.2、底径14.2、高25.8厘米（图二六○，1）。

陶豆 1件。ⅡM986：10，灰陶。直口微敛，圆唇，深盘，柄短粗，喇叭口座，制作工艺粗糙。口径11、底径6.9、高5.8厘米（图二六○，4）。

铜镜 1枚。ⅡM986：1，重圈铭文镜。圆形，圆纽，并蒂联珠纹纽座，纽座外四组短竖线纹与四组短竖三线纹相间环列，之外两组凸棱将镜背分为内外两区，均环列铭文，内区铭文为"见日之光长毋相忘"，外区铭文为"内清质以昭明光象夫日月心忽而雍塞不泄"，外接栉齿纹圈带。宽素平缘。面径9.8、背径9.7、缘宽0.7、缘厚0.4厘米（图二六一；图版一一一，1）。

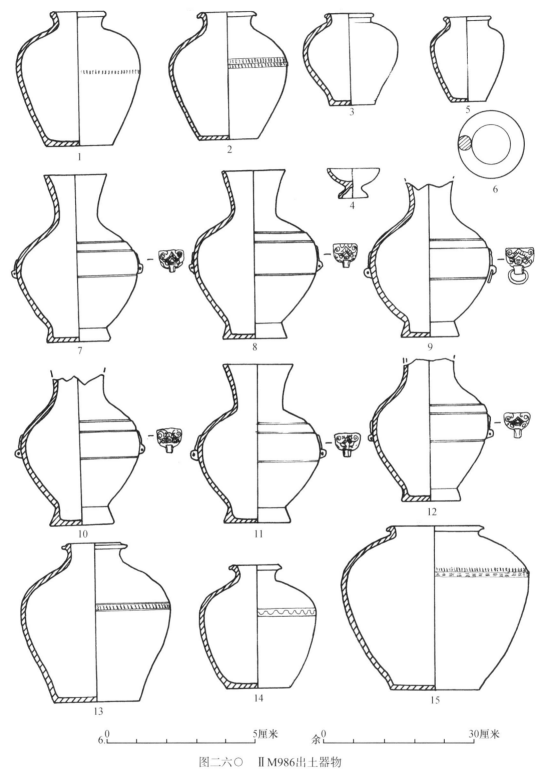

图二六〇　ⅡM986出土器物

1~3、5、13~15.陶罐（ⅡM986：13、ⅡM986：9、ⅡM986：12、ⅡM986：8、ⅡM986：4、ⅡM986：11、ⅡM986：3）

4.陶豆（ⅡM986：10）　6.铜环（ⅡM986：2）　7~12.陶壶（ⅡM986：5、ⅡM986：6、ⅡM986：7、ⅡM986：14、

ⅡM986：16、ⅡM986：15）

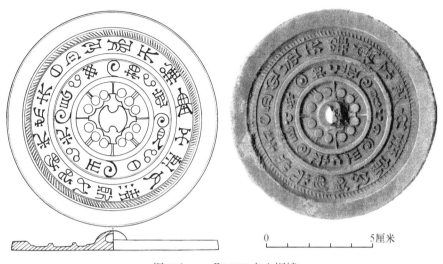

图二六一 ⅡM986出土铜镜

（ⅡM986∶1）

铜环 1件。ⅡM986∶2，截面呈圆形。直径2.2厘米（图二六〇，6）。

ⅡM1007

1. 墓葬形制

斜坡式墓道土坑木椁墓，方向10°，整体平面略呈"甲"字形，由墓道和墓室两部分组成。

墓道位于墓室北端，竖穴墓道。平面呈梯形，壁面斜下内收，底呈二级斜坡状，第一级坡度为32°，第二级为15°。口长730、宽120～350、底长720、宽100～210、深120～420厘米。

墓室为竖穴土坑。平面略呈长方形，壁面斜下内收，平底。墓口长640、宽490、底长580、宽260、深420厘米。在东西壁各有生土台，东壁为一级台，宽50厘米，至口360、至底80厘米；西壁为三级，第一级台宽30、高250厘米，第二级宽20、高30厘米，第三级宽20、高60、至底深80厘米。全墓内填五花土，土质较软，未经夯打。有葬具木椁，仅存朽痕，呈长方形，长520、宽210、厚10、残高30厘米。骨架置于木椁内南部靠近西壁处，保存较差，仅残存部分下肢骨，头向不清，面向不清，葬式不清。随葬有铜盆1件、铜带钩1件、陶壶5件，殉牲骨，置于木椁内（图二六二）。

2. 随葬器物

该墓出土器物7件，质地有陶、铜等。

陶壶 5件，灰陶。ⅡM1007∶2、4、6，口微侈，方唇，细颈较直，鼓腹，圈足，平底。素面，磨光。ⅡM1007∶2，口径9.6、底径12、高25厘米（图二六三，4；图版八五，3）。

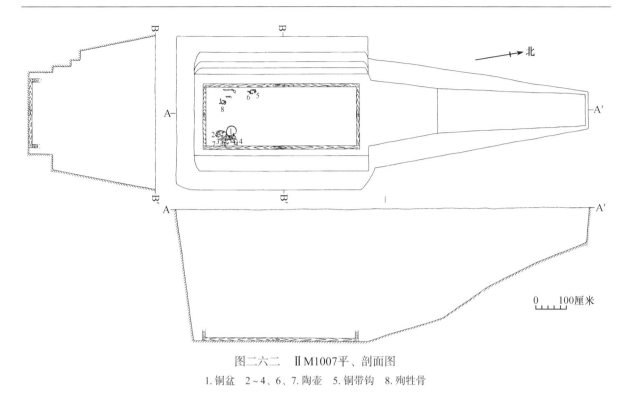

图二六二　ⅡM1007平、剖面图

1. 铜盆　2~4、6、7. 陶壶　5. 铜带钩　8. 殉牲骨

ⅡM1007：4，口径9.7、底径13.5、高26.2厘米（图二六三，5）。ⅡM1007：6，口径10.4、底径13.2、高25.9厘米（图二六三，6）。ⅡM1007：3、7，灰陶。盘口，方唇，鼓腹，圈足外撇，平底。腹部饰两组凹弦纹。ⅡM1007：3，口径11.6、底径16、高31.7厘米（图二六三，1）。ⅡM1007：7，口径12、底径14.8、高33厘米（图二六三，2）。

铜带钩　1件。ⅡM1007：5，残。颈截面呈半圆形，平背，圆纽宽于钩体。残长2.6、宽1厘米（图二六三，7）。

铜盆　1件。ⅡM1007：1，敞口，平折沿，尖唇，斜折腹，平底。口径33.4、底径13.6、高5.6厘米（图二六三，3）。

ⅡM1011

1. 墓葬形制

竖穴土坑墓，方向15°，内填五花土，土质较软。平面呈长方形，四壁垂直，底较平。长160、宽70、深50厘米。骨架保存较好，头向北，面向不清，为仰身直肢葬。经鉴定，墓主人为男性，30岁左右。随葬有陶器2件，置于腿骨膝盖处（图二六四）。

2. 随葬器物

该墓出土陶轮2件，ⅡM1011：1、ⅡM1011：2，形制相同，灰褐陶。中部呈圆形，两端弧

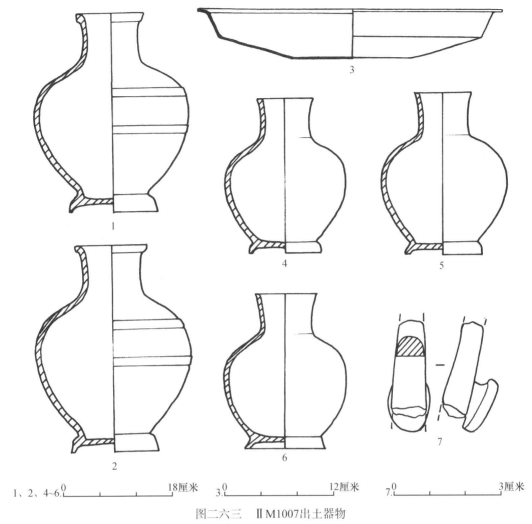

图二六三 ⅡM1007出土器物

1、2、4~6.陶壶（ⅡM1007：3、ⅡM1007：7、ⅡM1007：2、ⅡM1007：4、ⅡM1007：6） 3.铜盆（ⅡM1007：1）
7.铜带钩（ⅡM1007：5）

收，中空，外围有长条形镂孔。ⅡM1011：1，直径8、长10.8厘米（图二六五）。

ⅡM1017

1. 墓葬形制

斜坡式墓道土坑墓，方向180°，整体平面略呈"刀"形，由墓道和墓室两部分组成。

墓道位于墓室南端，竖穴墓道。平面呈长方形，壁面较直，西壁与墓室齐平，底呈斜坡状，坡度为23°。长310、宽110、深110~170厘米。

墓室为竖穴土坑，深于墓道20厘米。平面略呈长方形，壁面垂直，平底。长330、宽160、深190厘米。全墓内填五花土，土质较硬，略夯打。骨架保存一般，扰乱严重，头骨在靠近北

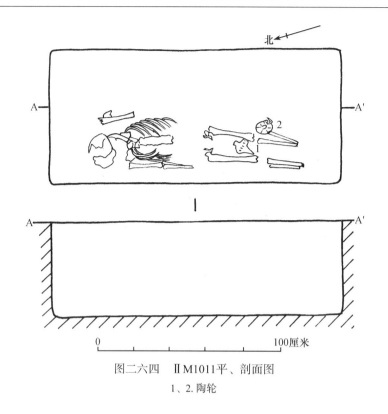

图二六四　ⅡM1011平、剖面图
1、2.陶轮

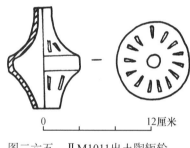

图二六五　ⅡM1011出土陶轭轮
（ⅡM1011∶1）

壁处，面向下，为直肢单人葬。经鉴定，墓主人为男性，30岁左右。随葬有铜钱1枚、铁器1件、陶灶1套、陶壶3件、陶罐2件、小陶罐6件、陶井1件，置于墓室东部（图二六六）。

2.随葬器物

该墓出土器物15件，质地有陶、铁、铜等。

陶壶　3件，灰陶。ⅡM1017∶4，灰陶。外显盘口，方唇，粗短颈，扁鼓腹，高假圈足外撇，平底。颈、肩部饰宽带纹，腹部饰对称铺首及一周凹弦纹。口径14.2、底径12.4、高13.1厘米（图二六七，8）。ⅡM1017∶5，侈口，方圆唇，粗束颈，鼓腹，高假圈足外撇，平底。肩部饰宽带纹，腹部饰对称铺首及一周凹弦纹。口径14.8、底径13.6、高31.6厘米（图二六七，1）。ⅡM1017∶6，侈口，方圆唇，粗束颈，鼓腹，高假圈足外撇，平底。肩部饰宽带纹，腹部饰对称铺首及一周凹弦纹。口径14.5、底径13、高30.5厘米（图二六七，2）。

陶罐　2件。ⅡM1017∶3，灰陶。侈口，方圆唇，广肩，鼓腹，下腹斜收，平底。腹部饰一周绳纹。口径15、底径15.9、高23.3厘米（图二六七，14）。ⅡM1017∶15，灰褐陶。直口，尖唇，沿外折，高直领，溜肩，鼓腹，平底。腹部饰一周绳纹，腹下修削痕明显。口径9、底径9.6、高18厘米（图二六七，3）。

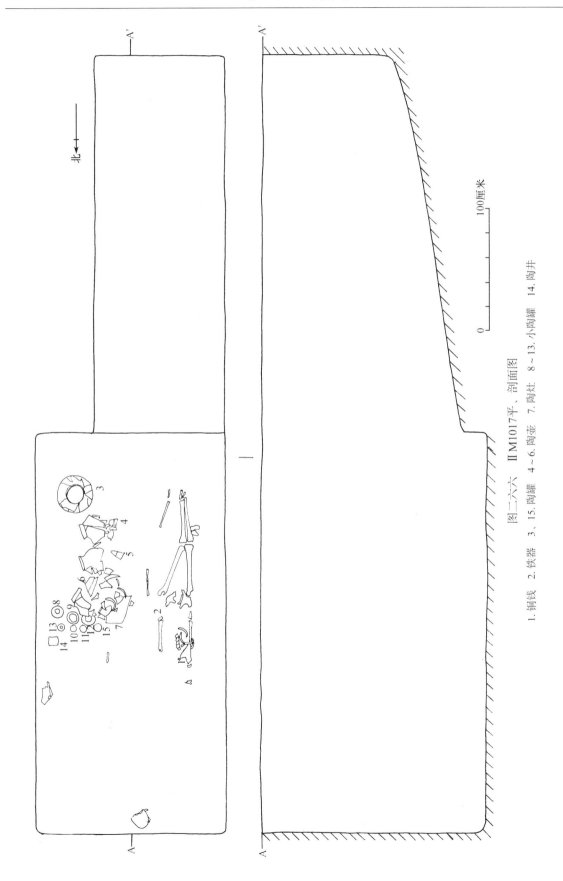

图二六六　ⅡM1017平、剖面图

1.铜钱　2.铁器　3、15.陶罐　4～6.陶壶　7.陶灶　8～13.小陶罐　14.陶井

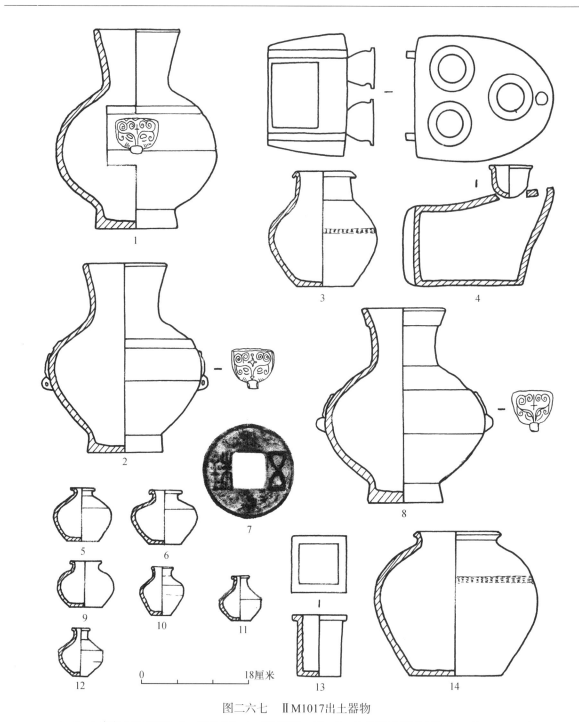

图二六七　ⅡM1017出土器物

1、2、8.陶壶（ⅡM1017：5、ⅡM1017：6、ⅡM1017：4）　3、14.陶罐（ⅡM1017：15、ⅡM1017：3）
4.陶灶（ⅡM1017：7）　5、6、9～12.小陶罐（ⅡM1017：9、ⅡM1017：8、ⅡM1017：10、ⅡM1017：11、ⅡM1017：13、ⅡM1017：12）　7.铜钱（ⅡM1017：1）　13.井（ⅡM1017：14）

小陶罐　6件。ⅡM1017：8，灰褐陶。口微侈，圆唇，折肩，鼓腹，下腹斜收，平底。腹下有削痕。口径5.5、底径6.1、高8.6厘米（图二六七，6）。ⅡM1017：9，灰陶。侈口，圆唇，矮领，折肩，鼓腹，平底。口径5、底径5.1、高8.5厘米（图二六七，5）。ⅡM1017：10，灰陶。侈口，圆唇，矮领，鼓腹，平底。口径6.2、底径6.2、高7.7厘米（图二六七，9）。ⅡM1017：11，灰陶。侈口，圆唇，高领，折肩，鼓腹，下腹斜收，底不平。腹部有一凸棱，腹下削痕明显。口径3.6、底径3.2、高8.2厘米（图二六七，10）。ⅡM1017：12，灰陶。口微侈，尖圆唇，高直领，斜折肩，鼓腹，平底。腹部饰一凸棱，近底部有削切痕。口径3.6、底径2.8、高8厘米（图二六七，12）。ⅡM1017：13，灰陶。直口，圆唇，高领，折肩，鼓腹，平底。腹部饰一凸棱。口径3.3、底径2.8、高7.3厘米（图二六七，11）。

陶灶　1套（4件）。ⅡM1017：7，泥质灰陶。平面呈船形，灶面稍作弧形，三火眼呈"品"字形，其中一火眼置釜，后有圆形烟囱眼，前置长方形灶门，两侧置有挡风。附带二盆一甑。长24、宽19.8、高12.6～19.2厘米（图二六七，4）。

陶井　1套（2件）。ⅡM1017：14，泥质灰陶。口部平面呈方形，井身呈方柱体，井内有数周凸棱纹，平底，手制。口边长9、高13厘米（图二六七，13）。吊瓶，平口，束颈，弧腹，圜底。

铁器　1件。ⅡM1017：2，残碎，形制不清。

铜钱　1枚。ⅡM1017：1，"五铢"，圆形方孔。"五"字交笔弯曲，"铢"字金字头呈箭镞形，"朱"字头为上方折，下圆折。直径2.5、穿宽0.9厘米，重3克（图二六七，7）。

ⅡM1028

1. 墓葬形制

竖穴土坑墓，方向5°，内填五花土，土质较软。平面呈长方形，四壁斜下内收，底较平。墓口长310、宽120、底长290、宽100、深160厘米。骨架保存较好，头向北，面向上，为仰身直肢葬。经鉴定，墓主人为男性，40岁左右。随葬有带盖陶壶3件、殉牲骨，置于墓室西北角（图二六八）。

2. 随葬器物

该墓出土陶壶3件，灰陶。ⅡM1028：1，喇叭口，圆唇，粗弧颈，弧腹，假圈足略外撇，平底稍内凹。器表划痕较多，盖顶稍隆，有刮削痕。口径12、底径16.1、高29.2厘米（图二六九，2）。ⅡM1028：2，喇叭口，方圆唇，唇外略有一周凸棱，粗弧颈，鼓腹，假圈足，大平底。器表划痕较多。口径12、底径15、高30厘米（图二六九，1）。ⅡM1028：3，喇叭口，平唇，粗弧颈，弧腹，假圈足，大平底。及底处削刮痕明显。盖顶较平，盖内略作子口状。口径12、底径14.2、高27.7厘米（图二六九，3）。

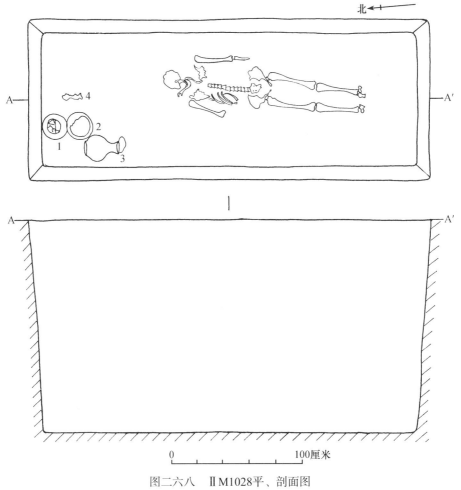

图二六八　ⅡM1028平、剖面图

1~3.陶壶　4.殉牲骨

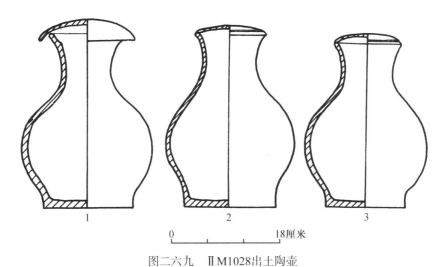

图二六九　ⅡM1028出土陶壶

1.ⅡM1028：2　2.ⅡM1028：1　3.ⅡM1028：3

Ⅱ M1035

1. 墓葬形制

竖穴土坑木椁墓，方向355°，内填五花土，土质较软。平面呈长方形，四壁斜下内收，底较平。墓口长500、宽210、底长460、宽170、深300厘米。有葬具棺椁，仅存朽痕，呈长方形，椁长380、宽130、厚6、残高60厘米；棺长200、宽80、厚4、残高20厘米，位于椁内西南。骨架保存较差，仅存部分碎骨，头向北，面向不清，葬式不清。经鉴定，墓主人为女性，成年。随葬有陶罐1件、铜盆2件、铜镜1枚、漆器1件、殉牲骨，置于木椁内北部（图二七〇；图版三八，1、2）。

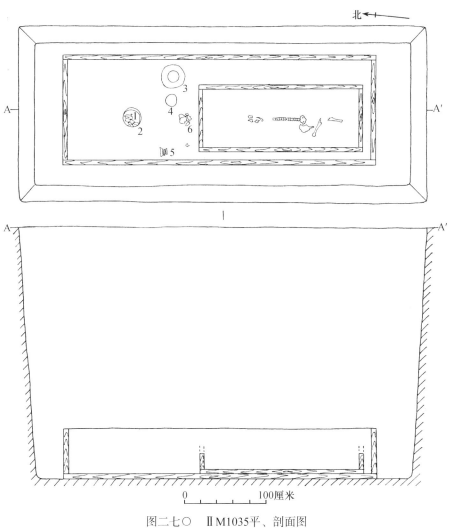

图二七〇　Ⅱ M1035平、剖面图

1、2. 铜盆　3. 陶罐　4. 铜镜　5. 殉牲骨　6. 漆器

2. 随葬器物

该墓出土随葬器物5件，质地有陶、铜等。

陶罐 1件。ⅡM1035：3，直口微侈，方唇，圆肩，鼓腹，平底。肩部饰网格及暗弦纹，腹部饰弦断绳纹，器表有划痕及表皮脱落现象，近底部有刮削痕。口径16.5、底径15.4、高24.2厘米（图二七一，1）。

铜盆 2件。ⅡM1035：1，平折沿，尖唇，敞口，斜腹微弧，平底。口径24.3、底径10.5、高7.2厘米（图二七一，2；图版九九，2）。ⅡM1035：2，侈沿，尖唇，直口，深腹，平底。口径21.8、底径13.2、高7厘米（图二七一，3）。

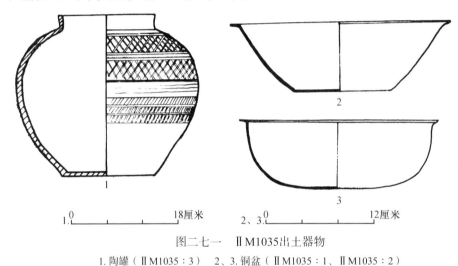

图二七一 ⅡM1035出土器物

1.陶罐（ⅡM1035：3） 2、3.铜盆（ⅡM1035：1、ⅡM1035：2）

铜镜 1枚。ⅡM1035：4，四乳草叶纹镜。圆形，镜面微凸，圆钮，柿蒂纹钮座，钮座外两方框间有篆体铭文作四方连续排列，右旋读为"见日之光长乐未央"。外框四角各伸出一株双叶花枝，边框外居中均饰带座乳钉和桃形花苞，乳钉两侧对称饰二叠草叶纹。内向十六连弧纹缘。面径13.7、背径13.6、缘厚0.4厘米（图二七二；图版一〇四，1）。

漆器 1件。ⅡM1035：6，腐朽严重，形制不清。

ⅡM1043

1. 墓葬形制

竖穴土坑墓，方向5°，内填五花土，土质较软。平面呈长方形，四壁斜下内收，底较平。墓口长320、宽140、底长280、宽100、深220厘米。骨架保存较好，头向北，面向上，为仰身直肢葬。经鉴定，墓主人为男性，25~30岁。随葬有陶壶3件、陶罐1件、陶钵残片1件，置于头骨上方；铁器1件，置于头骨左侧（图二七三）。

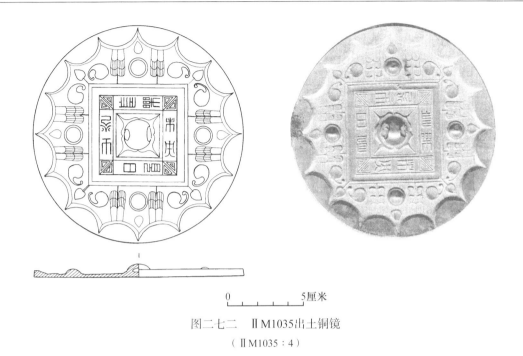

图二七二　ⅡM1035出土铜镜

（ⅡM1035：4）

2. 随葬器物

该墓出土随葬器物6件，质地有陶、铁等。

陶壶　3件，灰陶。ⅡM1043：1，盘口，方唇，细弧颈，鼓腹，平底。肩部饰宽带纹，器表划痕较多，近底部有刮削痕。盖为浅盘形，盘内底较平，宽平沿，无捉手，盖上疤痕较多，手制。口径11.4、底径12、高26.2厘米（图二七四，1）。ⅡM1043：2、3，盘口，方唇，细弧颈，弧腹，平底。近底部有刮削痕。ⅡM1043：2，口径10、底径11.4、高28厘米（图二七四，2）。ⅡM1043：3，口径10、底径10.5、高26.4厘米（图二七四，3）。

陶罐　1件。ⅡM1043：4，直口微敛，方唇，斜折沿，高领，鼓腹，平底内凹。腹部饰两周弦断绳纹。近底部有刮削痕。口径11.4、底径103、高25.9厘米（图二七四，4）。

陶钵　1件。ⅡM1043：5，灰陶。残碎，形制不清。

铁器　1件。ⅡM1043：6，残碎，形制不清。

ⅡM1087

1. 墓葬形制

竖穴土坑墓，方向90°，内填五花土，土质较硬，略夯打。平面呈梯形，四壁斜下内收，底较平。墓口长450、宽174～190、底长430、宽158～170、深220厘米。有葬具木棺，仅存朽痕，呈长方形，长400、宽130、厚6、残高14厘米。骨架仅残存头骨，头向东，面向不清，葬式不清。经鉴定，墓主人性别不详，20～25岁。随葬有陶罐1件、陶钵1件、铜鍩1件、铜镜1

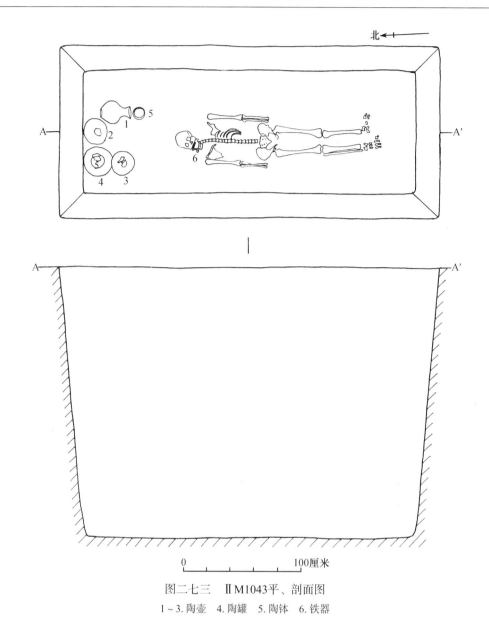

图二七三　Ⅱ M1043平、剖面图

1～3.陶壶　4.陶罐　5.陶钵　6.铁器

枚、铜铃1件、铁带饰1件、漆器1件，殉牲骨，置于木棺中部及东部（图二七五；图版二九，1、2）。

2. 随葬器物

该墓出土随葬器物7件，质地有陶、铜、铁、漆器等。

陶钵　1件。Ⅱ M1087：3，灰褐陶。直口，圆唇，平折沿，折腹，折棱下凸，深腹，假圈足，平底。口径22、底径8.3、高10.2厘米（图二七六，3）。

陶罐　1件。Ⅱ M1087：1，灰陶。小口，圆唇，平折沿，沿下有一周凸棱，鼓腹，平底稍内凹。腹部饰弦断绳纹，近底部有刮削痕。口径11.6、底径16、高28.8厘米（图二七六，1）。

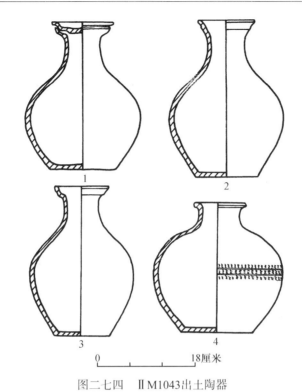

图二七四 ⅡM1043出土陶器

1～3.壶（ⅡM1043：1、ⅡM1043：2、ⅡM1043：13） 4.罐（ⅡM1043：4）

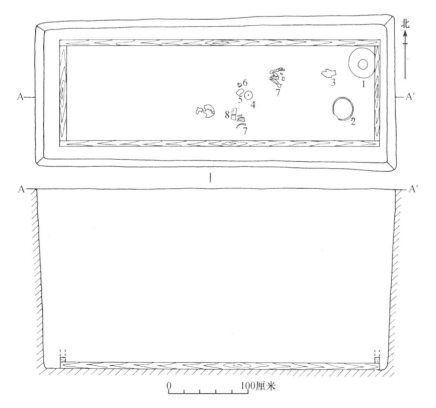

图二七五 ⅡM1087平、剖面图

1.陶缶 2.铜锏 3.陶钵 4.铜镜 5.铁带扣 6.铜铃 7.殉牲骨 8.漆器

铜镜　1枚。ⅡM1087：4，星云纹镜。圆形，镜面微凸，连峰纽，圆纽座之外为内向十六连弧纹圈。其外两组栉齿纹、细凸弦纹圈带之间为主纹，四枚圆座大乳环列于四方，将镜背分为四区，每区各有五枚小乳，每两乳间由三条细曲线相连接，形成星云状。内向十六连弧纹缘。直径10、缘厚0.4厘米（图二七七）。

铜铃　1件。ⅡM1087：6，整体呈梯形，平顶，弓形纽，铃身铸有不规则几何纹，内饰浮点纹，铃口内弧，铃舌呈片状，底部呈椭圆形。高4.4、宽2~2.6、纽高1.2厘米（图二七六，4；图版一〇一，5）。

铜铞　1件。ⅡM1087：2，平折沿，尖唇，直口，深弧腹，平底呈圈足状，腹中部饰四道凸弦纹，两侧附对称的兽面形铺首衔环。口径28、底径14、高11.9厘米（图二七六，2）。

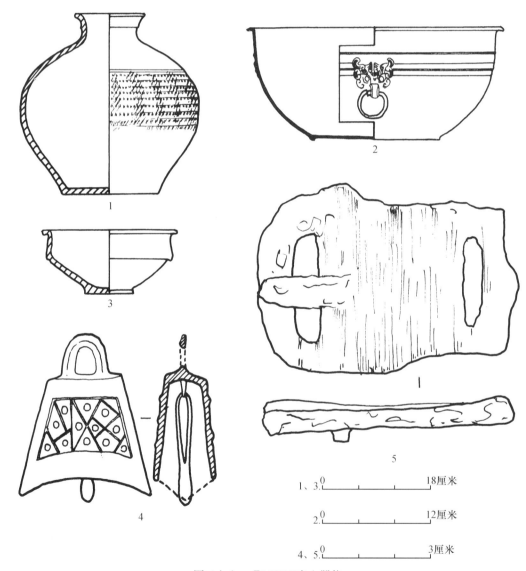

1、3 0 ⊢——⊢——⊢——⊢——⊢——⊣ 18厘米	
2 0 ⊢——⊢——⊢——⊢ 12厘米	
4、5 0 ⊢——⊢——⊣ 3厘米	

图二七六　ⅡM1087出土器物

1. 陶罐（ⅡM1087：1）　2. 铜铞（ⅡM1087：2）　3. 陶钵（ⅡM1087：3）　4. 铜铃（ⅡM1087：6）　5. 铁带扣（ⅡM1087：5）

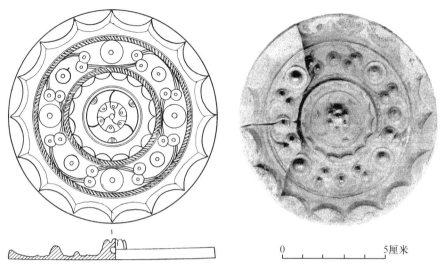

图二七七　ⅡM1087出土铜镜

（ⅡM1087：4）

铁带饰　1件。ⅡM1087：5，锈蚀严重，为铊头和铊尾组成，底边有横向古眼，中部有扣舌。长7、宽4、厚0.5厘米（图二七六，5）。

漆器　1件。ⅡM1087：8，腐朽，形制不清。

ⅡM1093

1. 墓葬形制

斜坡式墓道土坑墓，方向90°，整体平面略呈"中"字形，由墓道、墓室两部分组成。

墓道位于墓室东端，竖穴墓道，东壁打破ⅡM1094。平面呈梯形，壁面较直，底呈斜坡状，坡度为10°。长430、宽76～124、深86～162厘米。

墓室为竖穴土坑。平面呈梯形，壁面垂直，底较平。长380、宽86～124、深170厘米。在墓室南北两侧与墓道相连处各有一拱顶壁龛，呈对称状，平面呈不规则半圆形，南侧壁龛宽40、进深30、高40厘米；北侧壁龛宽40、进深20、高40厘米。全墓内填五花土，土质较软，未经夯打。骨架保存较差，仅残存头骨及部分下肢骨，头向东，面向南，葬式不清。随葬有陶壶3件、陶井1套、陶灶1套，置于墓室南壁中部（图二七八）。

2. 随葬器物

该墓出土陶器5件（套），器形有壶、灶、井等。

壶　3件，灰陶。喇叭口，方唇，粗颈微束，鼓腹，假圈足外撇，平底。肩部饰宽带纹，腹部饰对称铺首及一周凹弦纹。ⅡM1093：1，口径12.6、底径11.9、高25.1厘米（图二七九，2）。ⅡM1093：2，口径13.3、底径11.8、高27.2厘米（图二七九，5）。ⅡM1093：3，口径

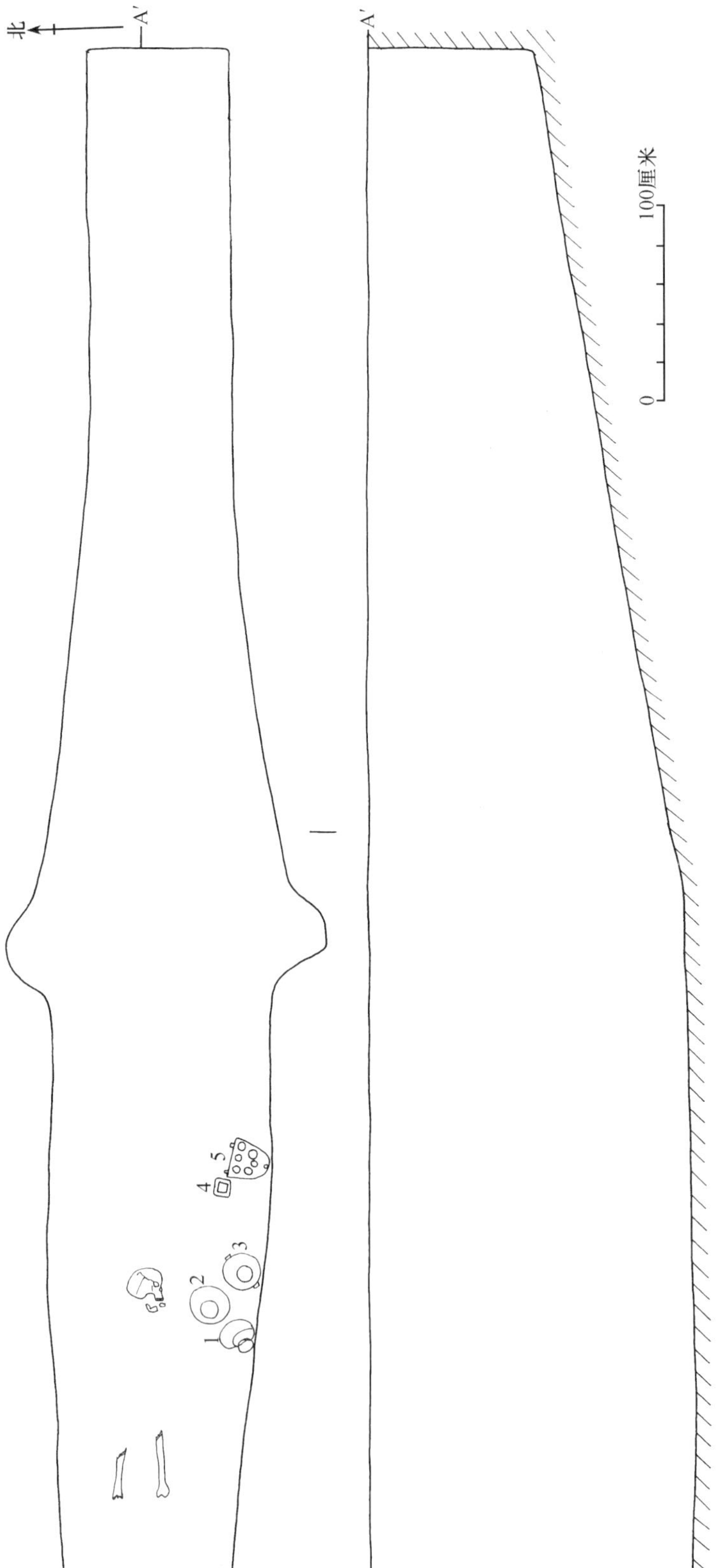

图二七八　ⅡM1093平、剖面图
1～3. 陶壶　4. 陶井　5. 陶灶

13、底径11、高26.95厘米（图二七九，1）。

灶　1套（4件）。ⅡM1093：5，泥质灰陶。平面呈船形，三火眼呈"品"字形，上各置一釜。后有圆形烟囱眼，置柱形烟囱，中空，前置长方形灶门，两侧置有挡风。配二盆一甑。小盆（灶上）灰陶。口微侈，平折沿，斜直腹，尖圆唇，平底，沿面上一周凹槽。甑，侈口，平折沿，圆唇，斜直腹，平底，为三孔眼。口径6、底径3.6、高2.4厘米。陶灶长23.4、宽20.4、高14.4～23.4厘米（图二七九，4）。

井　1套。ⅡM1093：4，泥质黑灰陶。平面呈方框形，井腹部为方柱形，平底，井内有数周凸棱纹。口径8.2、底径5.8、高9厘米（图二七九，3）。吊瓶，手工制作，不规整，束颈，平底。

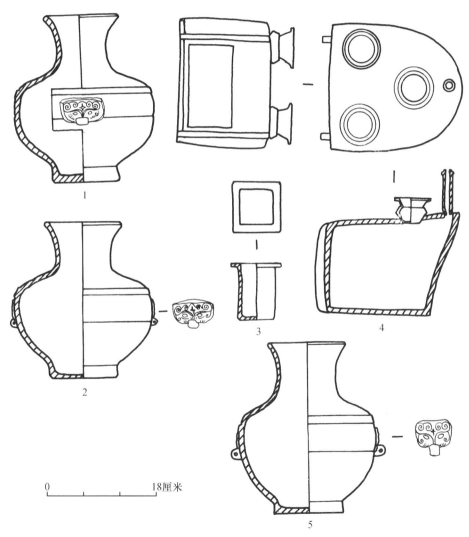

图二七九　ⅡM1093出土陶器

1、2、5.壶（ⅡM1093：3、ⅡM1093：1、ⅡM1093：2）　3.井（ⅡM1093：4）　4.灶（ⅡM1093：5）

Ⅱ M1095

1. 墓葬形制

竖穴土坑墓，方向95°，内填五花土，土质较软。平面呈长方形，四壁斜下内收，底较平。墓口长460、宽180、底长440、宽160、深260厘米。有葬具木棺，仅存朽痕，呈长方形，长412、宽112、厚6、残高30厘米。骨架置于木棺西北，保存较差，仅存部分残骨。随葬有陶壶3件、陶罐2件，置于木棺的东北角（图二八〇）。

2. 随葬器物

该墓出土陶器5件，器形有壶、罐等。

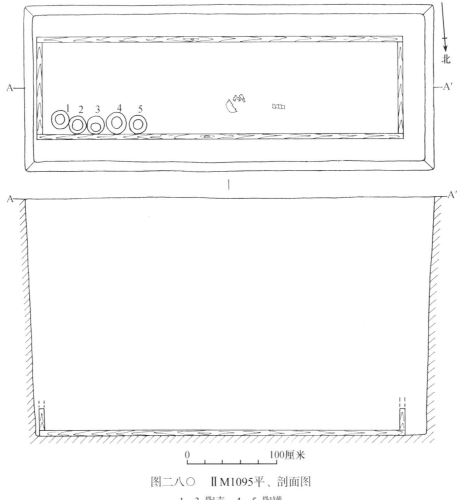

图二八〇　ⅡM1095平、剖面图

1～3.陶壶　4、5.陶罐

壶　3件，灰褐陶，器表黑。ⅡM1095：1，喇叭口，略显盘口，方唇，弧颈，鼓腹，平底。局部有戳印纹、弦纹及刮削痕。口径12.2、底径12.9、高27.8厘米（图二八一，1）。ⅡM1095：2，喇叭口，方唇，细弧颈，鼓腹，平底。口径11.8、底径12.2、高28.5厘米（图二八一，3）。ⅡM1095：3，喇叭口，方唇，细弧颈，鼓腹，平底。口径11.5、底径12.7、高28.1厘米（图二八一，2）。

罐　2件，灰陶。ⅡM1095：4，直口微侈，方唇，沿斜折，直领，鼓腹，平底内凹。腹部以上饰暗网格纹，腹下有刮削痕，器物变形。口径11、底径11.1、高24.2厘米（图二八一，4）。ⅡM1095：5，口微侈，圆唇，沿稍斜折，领较直，鼓腹，下腹斜收，平底。腹部饰四周凹弦纹，腹下有刮削痕。口径9.9、底径11.4、高20.6厘米（图二八一，5）。

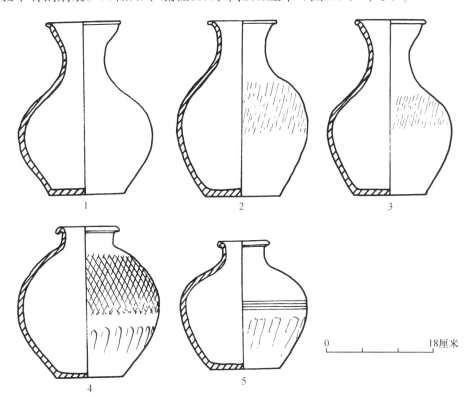

图二八一　ⅡM1095出土陶器

1～3.壶（ⅡM1095：1、ⅡM1095：3、ⅡM1095：2）　　4、5.罐（ⅡM1095：4、ⅡM1095：5）

ⅡM1119

1. 墓葬形制

土坑竖穴墓，方向15°，填红色五花土，土质较软。平面呈长方形，口略大于底，平底。墓口长240、宽120、底长220、宽100、深160厘米。北壁墓底有一头龛，平面呈长方形，长60、进深30、高60厘米。有葬具木棺，仅存痕迹，呈长方形，长190、宽64、后4、残高24厘米。骨架保存一般，头向北，面向上，为仰身直肢葬。经鉴定，墓主人为男性，成年。随葬有陶罐2件，置于壁龛内；铜带钩1件，置于盆骨东侧（图二八二）。

2. 随葬器物

该墓出土器物3件，质地有陶、铜等。

陶罐　2件。ⅡM1119：1，灰陶。大口微侈，圆唇，圆肩，鼓腹，平底内凹。肩部饰网格纹及暗压弦纹，腹部饰数周凹弦纹，腹下近底部有刮削痕。口径16.8、底径15.6、高22.2厘米（图二八三，1）。ⅡM1199：2，黑灰陶。敞口，方圆唇，粗颈，鼓腹，平底。近底部有刮削痕，烧制变形。口径8.4、底径7.8、高14.4厘米（图二八三，2）。

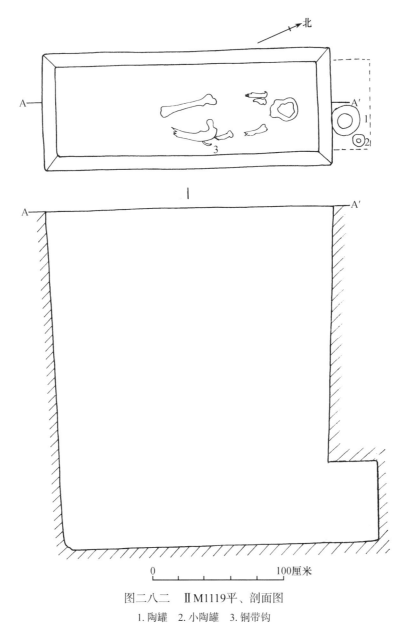

图二八二　ⅡM1119平、剖面图

1. 陶罐　2. 小陶罐　3. 铜带钩

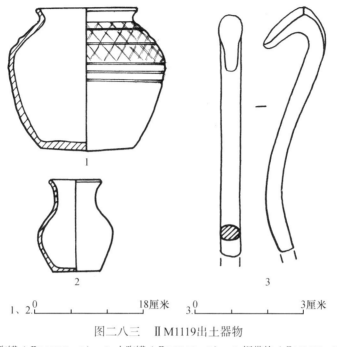

图二八三　ⅡM1119出土器物

1. 陶罐（ⅡM1119：1）　　2. 小陶罐（ⅡM1119：2）　　3. 铜带钩（ⅡM1119：3）

铜带钩　1件，残。M1119：3，为短颈及钩首部分，颈截面呈椭圆形，兽头形钩首。残长15.5、宽1.7厘米（图二八三，3）。

ⅡM1124

1. 墓葬形制

竖穴土坑墓，方向110°，内填五花土，土质较软。平面呈长方形，西壁被ⅡM1122打破，四壁斜下内收，底较平。墓口长260、宽110、底长240、宽90、深280厘米。东壁墓底处有一拱形头龛，平面呈长方形，长90、进深50、高60厘米。骨架保存较差，仅存部分肢骨，头向不清，面向不清，为直肢葬。随葬有陶罐1件、陶壶3件，置于头龛内（图二八四）。

2. 随葬器物

该墓出土陶器4件，器形有壶、罐等。

壶　3件，灰陶。口残，细弧颈，溜肩，鼓腹，假圈足，平底。器表刮削痕明显，制作较为粗糙。ⅡM1124：1，底径9.6、残高20.2厘米（图二八五，3）。ⅡM1124：2，底径9.6、残高20.2厘米（图二八五，2）。ⅡM1124：3，底径9、残高20.7厘米（图二八五，4）。

罐　1件。ⅡM1124：4，黑灰陶。侈口，尖圆唇，鼓腹，下腹急收，平底。近底处有刮削痕。口径15、底径12.8、高22.8厘米（图二八五，1）。

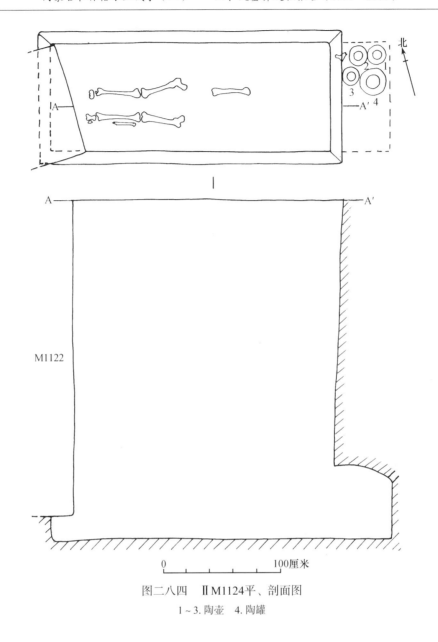

图二八四 Ⅱ M1124平、剖面图

1~3.陶壶 4.陶罐

Ⅱ M1134

1.墓葬形制

竖穴土坑墓，方向10°，内填五花土，土质较软。平面呈长方形，四壁斜下内收，底较平。墓口长240、宽100、底长220、宽80、深300厘米。在北壁墓底有一拱形头龛，平面呈长方形，长90、进深50、高50厘米。骨架保存较好，头向北，面向上，为仰身直肢葬。经鉴定，墓主人为女性，20~25岁。随葬有陶壶3件，殉牲骨，置于头龛内（图二八六；图版四〇，1、2）。

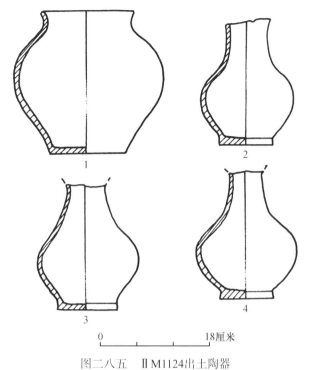

图二八五　ⅡM1124出土陶器
1. 罐（ⅡM1124：4）　　2~4. 壶（ⅡM1124：2、ⅡM1124：1、ⅡM1124：3）

2. 随葬器物

该墓随葬陶壶3件，黑灰陶。ⅡM1134：1，喇叭口，方唇，细弧颈，鼓腹，平底。沿下饰两红两黑四周彩带，颈肩部饰黑彩云纹，其间填红点彩，腹部饰两周红彩及两周黑彩夹锯齿纹，近底处有刮削痕。口径11.4、底径13.3、高24.7厘米（图二八七，2）。ⅡM1134：2，盘口，方唇，细"八"形颈，鼓腹，平底稍内凹。唇外侧饰两周黑彩夹一周红彩带，颈肩部饰黑红彩卷云纹，腹部饰两周红彩及两周黑彩夹锯齿纹，近底处有刮削痕。器表不规整。口径11.8、底径12、高27.7厘米（图二八七，1）。ⅡM1134：3，喇叭口，方唇，粗弧颈，鼓腹，平底内凹。唇外侧饰两周红彩带，颈肩部饰黑红彩云纹，腹部饰一周红彩及两周黑彩夹一周锯齿纹，近底处有刮削痕。器表不规整。口径10.6、底径13.3、高24厘米（图二八七，3）。

ⅡM1136

1. 墓葬形制

竖穴土坑木椁墓，方向5°，内填五花土，土质较硬，略夯打。平面呈长方形，四壁斜下内收，底较平。墓口长430、宽192、底长390、宽152、深298厘米。有葬具椁棺，仅存朽痕，呈长方形，椁长370、宽132、厚6、残高28厘米；棺长338、宽100、厚4、残高12厘米。骨架保存

图二八六　Ⅱ M1134平、剖面图

1～3.陶壶　4.殉牲骨

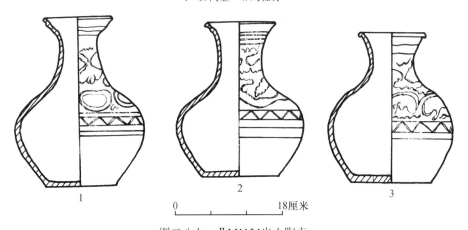

图二八七　Ⅱ M1134出土陶壶

1. Ⅱ M1134：2　2. Ⅱ M1134：1　3. Ⅱ M1134：3

较差，只残存肢骨及部分碎骨，头向不清，面向不清，为直肢葬。随葬有陶壶3件，陶罐1件，置于木棺内北部（图二八八）。

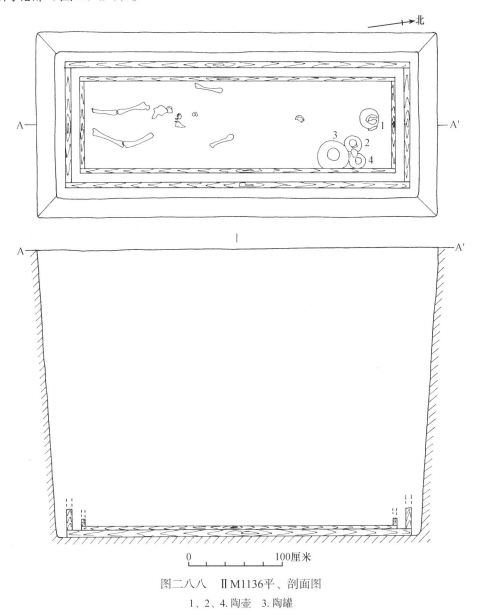

图二八八　ⅡM1136平、剖面图
1、2、4.陶壶　3.陶罐

2. 随葬器物

该墓出土陶器4件，器形有带盖陶壶、壶、罐等。

壶　3件。ⅡM1136：1、2，形制相同，灰褐陶。盘口，方圆唇，细短颈，鼓腹，矮假圈足，平底。近底处有削切痕，器表黑。盖子母口，微上隆。ⅡM1136：1，口径10.4、底径9.9、高25厘米（图二八九，4）。ⅡM1136：2，口径10.4、底径10.1、高25.3厘米（图二八九，3）。ⅡM1136：4，口残。方唇，细颈，鼓腹，矮假圈足，平底。器表黑，近底处有削切痕。

底径10.5、残高21.3厘米（图二八九，2）。

罐　1件。ⅡM1136：3，侈口，方唇，鼓腹，腹下斜收，平底。腹部饰一周凸弦纹。腹下近底处削切痕明显。口径14.3、底径17.1、高22.6厘米（图二八九，1）。

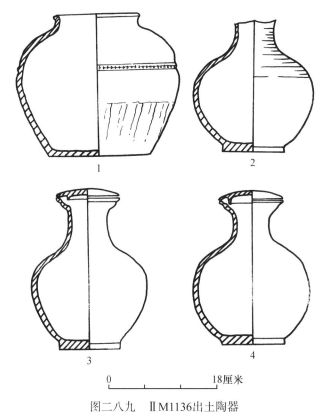

图二八九　ⅡM1136出土陶器

1. 陶罐（ⅡM1136：3）　2～4. 陶壶（ⅡM1136：4、ⅡM1136：2、ⅡM1136：1）

ⅡM1141

1. 墓葬形制

斜坡式墓道单室砖墓，方向350°，整体平面略呈"甲"字形，由墓道、墓室二部分组成。

墓道位于墓室北端，竖穴墓道。平面呈梯形，壁面斜下内收，底呈斜坡状，斜坡坡度为22°。长680、宽80～300、底宽80～200、深70～260厘米。内填五花土，土质较软，未经夯打。

墓室为竖穴砖室。平面呈梯形，墙壁已坍塌，长390、宽200～210、深260厘米。墓室南、北两壁用单砖错缝平砌，残高130～200厘米；东、西两壁用碎陶片垒砌，残高15厘米；墓底中间用边长30厘米的方格纹方砖对缝平铺，东西两边用一面细绳纹，另一面素面，长30、宽16、厚5厘米的长条砖顺置对缝平铺；墓门呈拱形，宽172、高140厘米。用单砖横置错缝平砌呈弧形封门，顶部垒砌有陶片。骨架2具，置于墓室南部，保存较差，仅残存头骨及部分肢骨，均头向北，东侧1具面向东偏上，西侧1具面向上，均为直肢葬，双人合葬墓。经鉴定，西侧骨架为男性，25岁左右；东侧骨架不详，20岁左右。随葬有陶罐4件、陶釜口沿1件，置于墓室北侧靠近墓门处；小陶罐5件、陶壶6件、陶井1件、陶灶1套、铜钱2枚、陶托1件，置于两具骨架之间（图二九〇；图版四一，1、2）。

2. 随葬器物

该墓出土器物25件，质地有陶、铜等。

陶壶　6件，灰陶。ⅡM1141：2，盘口，方唇，弧颈，鼓腹，假圈足，平底内凹。圈足上饰一周绳纹，器表不光滑，划痕较多。口径13、底径13、高25.3厘米（图二九一，18）。ⅡM1141：6，直口微侈，方圆唇，粗直颈，鼓腹，假圈足，平底。器表不规整，腹部以下刮削痕明显。口径12、底径12、高25.4厘米（图二九一，16）。ⅡM1141：7、8、10，盘口，圆唇，短束颈，鼓腹，假圈足外撇，平底。腹部饰对称铺首衔环及两周凹弦纹。ⅡM1141：7，口径13.5、底径10.5、高24.9厘米（图二九一，1）。ⅡM1141：8，口径14.2、底径12、高24.3厘米（图二九一，2）。ⅡM1141：10，口径14.4、底径12、高25.9厘米（图二九一，3）。ⅡM1141：9，侈口，方唇，短颈，鼓腹，假圈足，平底。器物制作不精细，颈部接口明显，圈足削割高低不平。口径12、底径12.2、高26厘米（图二九一，15）。

陶罐　4件，灰陶。ⅡM1141：1，直口，尖圆唇，弧领，鼓腹，平底。腹下有修削痕。口径9、底径11.5、高16.6厘米（图二九一，17）。ⅡM1141：4，敞口，圆唇，丰肩，鼓腹，下腹斜收，平底。腹部饰一周绳纹。口径15.7、底径16.8、高22.5厘米（图二九一，5）。ⅡM1141：3、ⅡM1141：5，敞口，圆唇，丰肩，鼓腹，下腹斜收，平底。腹下饰两道凹弦纹夹一周波浪纹。ⅡM1141：3，制作工艺粗糙，划痕多。口径23、底径18、高22.9厘米（图二九一，8；图版八七，3）。ⅡM1141：5，口径22.8、底径18.6、高23.4厘米（图二九一，7）。

小陶罐　5件，灰陶。侈口，圆唇，折肩，弧腹，平底。ⅡM1141：13～17，口径4.7、底径4.6、高7.4厘米（图二九一，10～14）。

釜口　1件。ⅡM1141：20，夹砂灰陶。大口微侈，平唇，肩部有戳印，字迹不识（图二九一，9）。

陶托　1件。ⅡM1141：21，灰陶。口束成子母口，大平底，近底处有刮削痕。口径18、底径23、高43厘米。

陶灶　1套（6件）。Ⅱ1141：12，泥质灰陶。平面呈船形，灶面微隆，五火眼上各置一釜，后有圆形烟囱眼，上置柱状烟囱，中空，前置长方形灶门，两侧有挡风。配三盆二甑。甑，灰陶。侈口，平折沿，方唇，平底。三圆形箅孔。口径4.5、底径3、高2.8厘米。小盆，灰陶。侈口，平折沿，方唇，斜直腹，平底。口径5.1、底径3.2、高3厘米。灶长25.8、宽21、高15～23.4厘米（图二九一，6）。

陶井　1件。ⅡM1141：11，泥质灰陶。口部平面呈"井"字形，剖面呈方柱体，井内有数周凸棱纹，平底，手制。口径8.4、底径6.2、高9.6厘米（图二九一，4）。

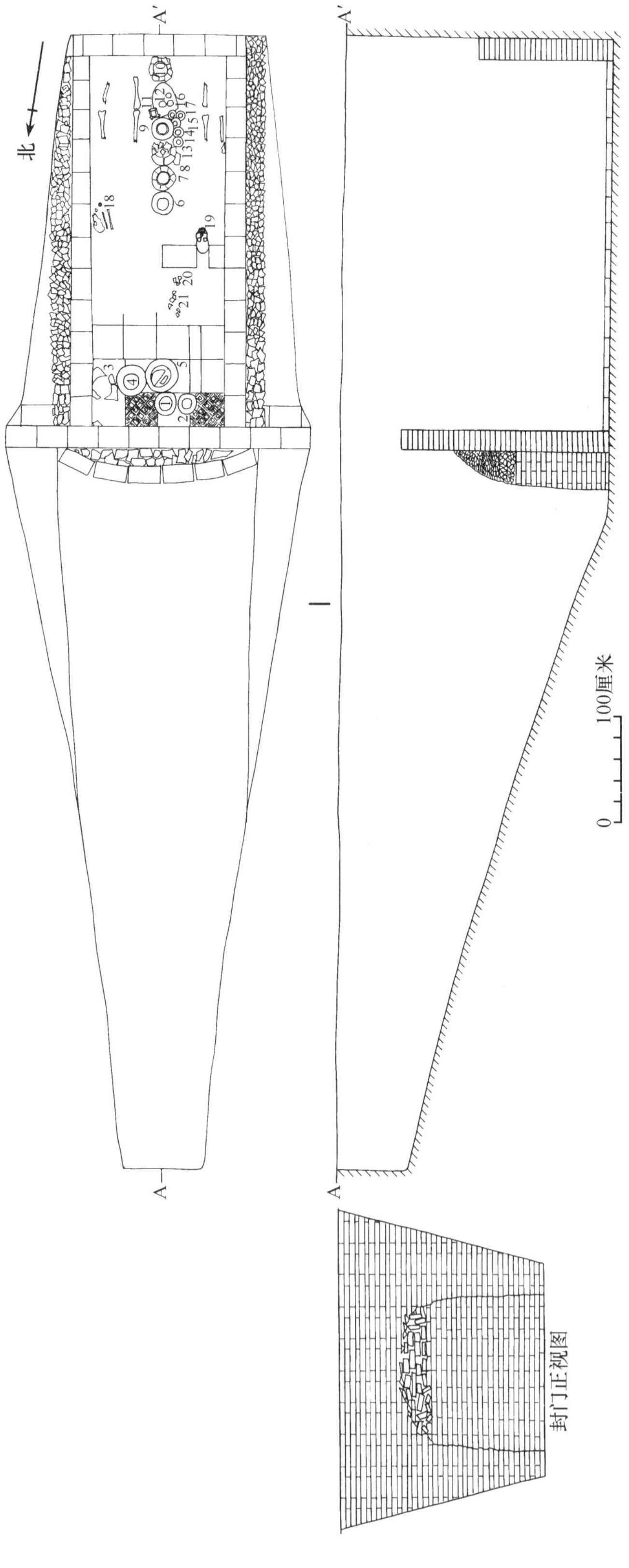

图二九〇　ⅡM1141平、剖面图

1、3～5. 陶罐　2、6～10. 陶壶　11. 陶井　12. 陶灶　13～17. 小陶罐　18、19. 铜钱　20. 陶釜　21. 陶器座

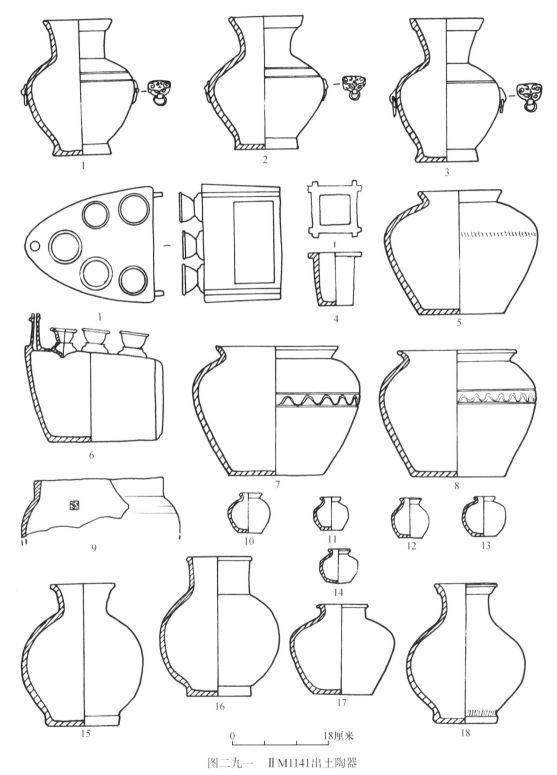

图二九一　ⅡM1141出土陶器

1~3、15、16、18.壶（ⅡM1141：7、ⅡM1141：8、ⅡM1141：10、ⅡM1141：9、ⅡM1141：6、ⅡM1141：2）
4.井（ⅡM1141：11）　5、7、8、17.罐（ⅡM1141：4、ⅡM1141：5、ⅡM1141：3、ⅡM1141：1）　6.灶（ⅡM1141：12）
9.釜（ⅡM1141：20）　10~14.小罐（ⅡM1141：13、ⅡM1141：15、ⅡM1141：14、ⅡM1141：16、ⅡM1141：17）

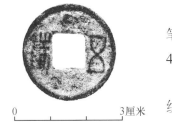

图二九二　ⅡM1141出土铜钱
（ⅡM1141：18）

铜钱　2枚。ⅡM1141：18，字迹清晰，笔划纤细，"五"字交笔弯曲，"铢"字的金头略小，呈矢镞形。直径2.5、穿0.9宽，重4.1克（图二九二）。ⅡM1141：19，残碎，形制不清。

长方形砖　1件。ⅡM1141：33，长方形，一面施凸斜棱斜方格纹，一面为素面，经磨光。长28.5、宽21、厚5厘米（图二九三）。

方砖　1件。ⅡM1141：34，平面为正方形，正面施凸棱斜方格纹，背面磨光。边长32、厚4.5厘米（图二九四）。

0　　　　　5厘米

图二九三　ⅡM1141出土长方形砖拓片
（ⅡM1141：33）

0　　　　　5厘米

图二九四　ⅡM1141出土长方形砖拓片
（ⅡM1141：34）

ⅡM1153

1. 墓葬形制

竖穴土坑墓，方向15°，内填五花土，土质较硬，略夯打。平面呈长方形，四壁垂直，平底。长200、宽80、深200厘米。北壁墓底处有一拱形头龛，平面呈长方形，长80、进深40、高40厘米。骨架保存较好，头向北，面向东偏上，为仰身直肢葬。经鉴定，墓主人为女性，30岁左右。随葬有陶壶3件，置于头龛内；铜钱1枚，置于头骨左侧（图二九五）。

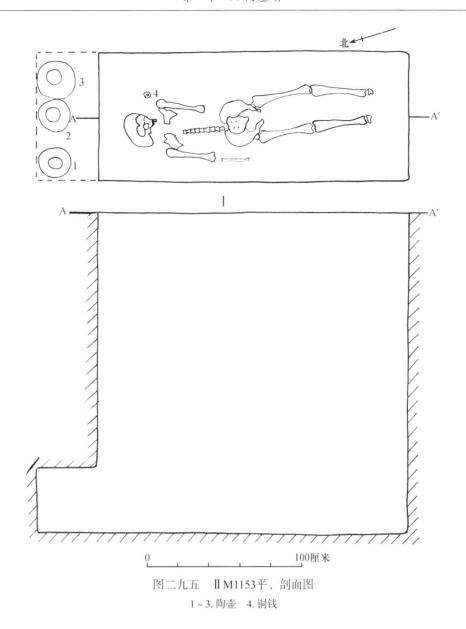

图二九五   ⅡM1153平、剖面图

1~3.陶壶   4.铜钱

2. 随葬器物

该墓出土随葬器物4件，质地有陶、铜等。

陶壶   3件，黑灰陶。ⅡM1153：1，盘口，平沿，方唇，细弧颈，鼓腹，平底。腹下有刮削痕，口及腹部变形，器表不光滑，划痕较多。口径9.6、底径9.6、高23.1厘米（图二九六，3）。ⅡM1153：2，盘口，平沿，方唇，细"八"形颈，鼓腹，平底。近底处有刮削痕，器表不光滑，颈部与器身接口明显。口径11.8、底径11.1、高24.5厘米（图二九六，2）。ⅡM1153：3，直口微敛，沿面曲折，尖圆唇，粗"八"形颈，鼓腹，下腹斜收，平底。颈部饰数周凹弦纹，腹上部饰弦断绳纹，近底处有刮削痕，器表高低不平，烧制变形。口径10.5、底径9.1、高26.3厘米（图二九六，1）。

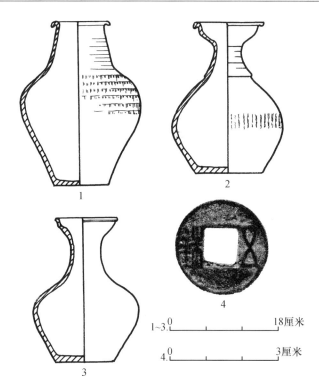

图二九六　ⅡM1153出土器物
1～3.陶壶（ⅡM1153：3、ⅡM1153：2、ⅡM1153：1）　4.铜钱（ⅡM1153：4）

铜钱　1枚。ⅡM1153：4，"五铢"。"五"字瘦长，交笔略弯曲；"铢"字金字头呈三角形，"朱"字头为上方折，下圆折。钱面有穿，上横郭。直径2.5、穿宽0.9厘米，重4.3克（图二九六，4）。

ⅡM1172

1. 墓葬形制

斜坡式墓道土坑木椁墓，方向90°，整体平面略呈酒瓶形，由墓道和墓室两部分组成。

墓道位于墓室东端，竖穴墓道。平面呈梯形，壁面斜下内收，西侧与墓室相连处壁面已塌陷，底呈台阶斜坡状。台阶为四级，斜坡坡度为22°。长1080、宽100～360、底宽100～140、深40～360厘米。

墓室为竖穴土坑。平面略呈不规则形，南、北壁已塌陷，壁面斜下内收，底较平。墓口长700、宽360～500、底长600、宽280～320、深440厘米。在西壁有生土二层台，宽100厘米，至墓口180、至底深260厘米。全墓内填五花土，土质较软。有葬具棺椁，仅存朽痕，呈长方形，椁长500、宽200、厚10、残高80厘米；木棺置于椁内西侧，长210、宽160、厚6、残高50厘米；东侧设有头箱，平面呈长方形，长190、宽170、厚6、残高50厘米。骨架置于木棺北侧，保存较差，仅存骨架朽痕，头向东，面向不清，为直肢葬；南侧骨架仅存朽痕。经鉴定，北侧骨架性别不详，成年。随葬有铜镜3枚、铜环10件、陶猴1件、银柿蒂形饰3件、金箔饰1件、铜刷2件、漆器1件，殉牲骨，置于木棺内东北部以及木棺与头箱之间（图二九七；图版四二，1~3）。

2. 随葬器物

该墓出土器物21件，质地有铜、陶、银、漆器等。

陶猴　1件。ⅡM1172：10，泥质红陶，体面施绿釉，略脱落，昂首、仰目，呈下蹲状，两前爪一爪抱膝，一爪伸向嘴部，两眼及鼻呈红色。高3.8厘米（图二九八，1）。

铜镜　3枚。ⅡM1172：1，重圈铭文镜。圆形，圆纽，并蒂联珠纹纽座，三线纹和人字纹各四组相间环列于纽周，其外两周凸棱及内外的栉齿纹圈带将镜背分为内外两区，两区均铸有铭文，内区铭文为"内清质以昭明光辉象夫日月心忽扬而愿忠然雍塞而不泄"，外区铭文为"如皎光而耀美挟佳都而无间，慷骧察而性宁，志存神而不迁，得并观而不弃精昭折而伴君"。宽素平缘。直径19.4、缘宽1.2、缘厚0.7厘米（图二九九；图版一一二，2）。ⅡM1172：11，重圈铭文镜。圆形，圆纽，并蒂联珠纹纽座，两周凸棱及短斜线纹将镜背分为内外两区，均铸有铭文，内区铭文为"见日之光长毋相忘"，铭文之间有涡纹符号，外区铭文为"内清质以昭明光辉象夫日月心忽扬而愿忠然雍塞而不泄"，其外为·周短斜线纹。宽素平缘。面径12.8、背径12.6、缘宽0.8、缘厚0.6厘米（图三〇〇，1）。ⅡM1172：20，星云纹镜。圆形，连峰纽，短弧线与三线纹相间环列于纽外，之外为内向十六连弧纹圈。两周细凸弦纹、栉齿纹圈带之间为四枚圆座大乳将镜背分为四区，每区各有五枚小乳和曲线组成星云图案。内向十六连弧纹缘。直径10、缘厚0.4厘米（图三〇〇，2；图版一〇五，2）。

铜环　10件。ⅡM1172：2~9、12、13，截面呈圆形。ⅡM1172：2、12，直径2厘米（图二九八，2、8）。ⅡM1172：13，直径1.6厘米（图二九八，3）。

铜刷　2件。ⅡM1172：18、19，仅存刷头部分，呈烟斗形。ⅡM1172：18，残长2.4厘米（图二九八，4）。

银柿蒂花形饰件　3件。ⅡM1172：14，呈薄片状柿蒂形。两叶对角长10.2厘米（图二九八，6）。ⅡM1172：15，呈薄片状柿蒂形，中部有圆孔，四叶呈桃形，一叶残。两叶对角长4.3厘米（图二九八，7）。ⅡM1172：16，呈薄片状柿蒂形，一叶尖残。两叶对角长5.8厘米（图二九八，5）。

金箔饰　1件。ⅡM11172：17，残，形制不清。

漆器　1件。ⅡM1172：22，残，形制不清。

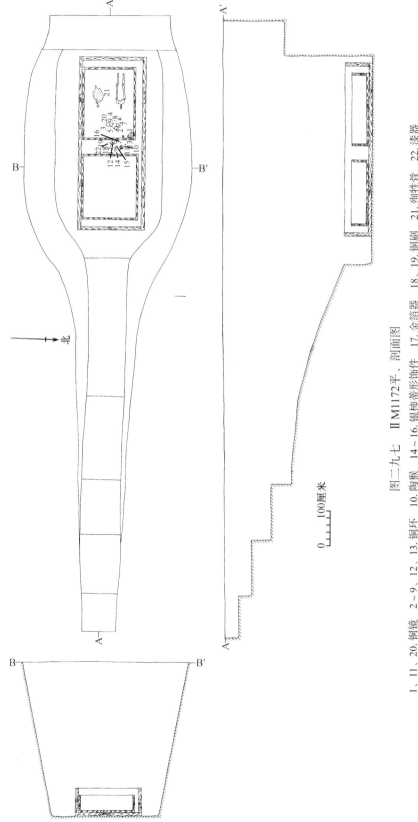

图二九七　ⅡM1172平、剖面图

1、11、20. 铜镜　2～9、12、13. 铜环　10. 陶猴　14～16. 银柿蒂形饰件　17. 金箔器　18、19. 铜刷　21. 殉牲骨　22. 漆器

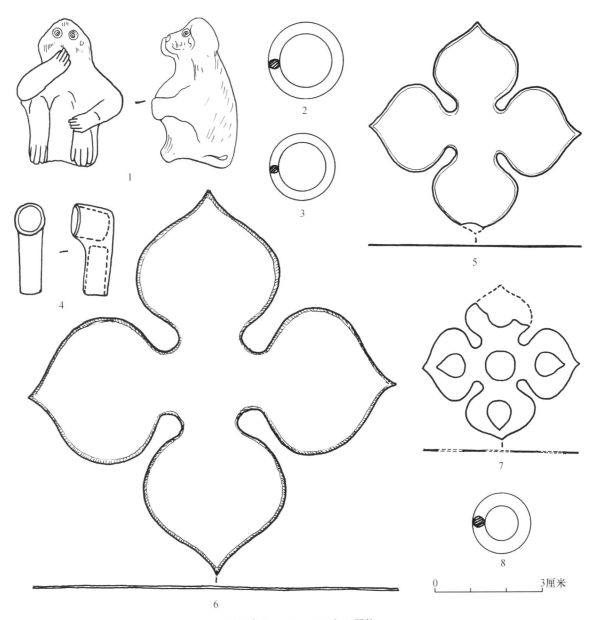

图二九八　ⅡM1172出土器物

1. 陶猴（ⅡM1172：10）　2、3、8. 铜环（ⅡM1172：2、ⅡM1172：13、ⅡM1172：12）　4. 铜刷（ⅡM1172：18、ⅡM1172：19）　5~7. 银柿蒂形饰件（ⅡM1172：16、ⅡM1172：14、ⅡM1172：15）

ⅡM1174

1. 墓葬形制

斜坡式墓道双室砖墓，方向100°，整体平面略呈"甲"字形，由墓道、甬道、前室、后室组成。

墓道位于墓室东端，竖穴墓道。平面呈梯形，壁面较直，底呈斜坡状，坡度为15°。长

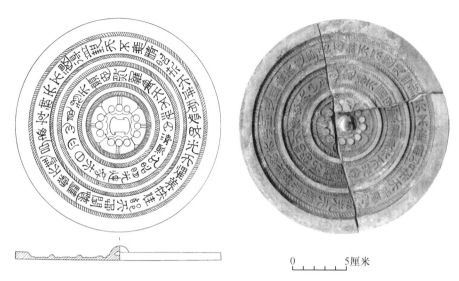

图二九九　ⅡM1172出土铜镜
（ⅡM1172：1）

图三〇〇　ⅡM1172出土铜镜
1. ⅡM1172：11　2. ⅡM1172：20

300、宽100~124、深100~180厘米。内填五花土，土质较软，未经夯打。

墓门为砖砌拱形门洞，顶部已坍塌。用单砖顺置错缝平砌至100厘米处，用侧砖起券成拱形。残高120、宽124厘米。砖长32、宽16、厚5厘米。

甬道位于墓道与前室之间，两壁用单砖错缝平砌至100厘米处，用单砖顺立对缝券顶；底用单砖人字形错缝平铺。平面呈长方形，顶部已塌陷，只残存部分墙壁。长124、宽90、残高120厘米。

墓室为双砖室，有前室、后室两部分，中间有甬道相连。顶部已坍塌，只残存部分墙壁，周壁用单砖顺置错缝平砌，残高10~80厘米；底用单砖人字形错缝平铺。前室平面呈方形，边长220厘米，后室平面呈长方形，长312、宽184厘米；甬道平面呈长方形，长66、宽120厘米。骨架2具，置于后室内，盗扰严重，保存较差，头向东，面向不清。经鉴定，两具骨架均为成年男性。随葬有陶井1件、陶灶1套、陶盆3件、陶魁1件、陶盘1件、甑1件、罐1件、陶耳杯2件、陶奁1件、陶案1件、铁钉1件，置于前室西侧（图三〇一；图版四三，1、2；图版七九，2）。

2. 随葬器物

该墓出土器物17件，质地有陶、铁等。

陶盆　3件，灰陶。ⅡM1174：3，敛口，方唇，深腹，呈亚腰形，平底。外壁饰瓦棱纹。口径19.4、底径11.5、高13.8厘米（图三〇二，6）。ⅡM1174：15，侈口，尖唇，深斜直腹，平底。内外壁饰瓦棱纹。口径18、底径10.8、高12.6厘米（图三〇二，18）。ⅡM1174：9，敞口，圆唇，沿外撇，深折腹，平底稍内凹。腹部饰瓦棱纹。口径20.5、底径9.5、高8.4厘米（图三〇二，17）。

陶魁　1件。ⅡM1174：4，灰陶。平面近方形，平底内凹。器身窄侧一端斜出一柄，呈弯形鸟首状，短柄，手制。口径16、底径10、高9.2厘米（图三〇二，9；图版九一，2）。

陶勺　3件。ⅡM1174：8、18、19，灰褐陶。平面呈椭圆形，器底呈圆形，器身一端斜出一柄，呈弯形长颈鸟状，手制。ⅡM1174：8，口径4.6~6.6、柄长4、高2.6厘米（图三〇二，7）。ⅡM1174：18，口径4.6~6.4、柄长4.2、高2.4厘米（图三〇二，14）。ⅡM1174：19，口径4.4~6.4、柄长4、高2.4厘米（图三〇二，8）。

陶盘　2件。ⅡM1174：7，灰陶。敞口，平唇，腹壁微弧，假圈足，平底。内底凹，饰两周凹弦纹。口径18、底径7.1、高4.3厘米（图三〇二，4）。ⅡM1174：14，灰陶。敞口，平唇，腹壁微弧，假圈足，平底。内底凹，饰两周凹弦纹，近底处有削痕。口径17.8、底径6.5、高3.9厘米（图三〇二，5）。

陶耳杯　2件。ⅡM1174：5，红陶。平面呈椭圆形，耳位于杯口沿下方，上翘，深腹，平底，手制。口径9.6、底径4.5、高4.8厘米（图三〇二，10）。ⅡM1174：10，灰陶。平面呈椭圆形，双耳与沿平，浅腹，平底，手制。口径7.2、底径2、高2.8厘米（图三〇二，2）。

陶奁　1件。ⅡM1174：11，灰陶。直口，方圆唇，直筒腹，平底。下腹接三蹄形足，唇外

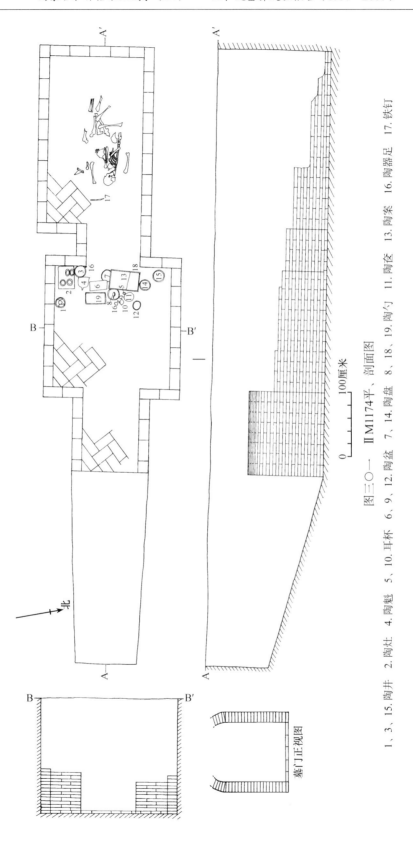

图三〇一　ⅡM1174平、剖面图

1、3、15. 陶井　2. 陶灶　4. 陶魁　5、10. 耳杯　6、9、12. 陶盆　7、14. 陶盘　8、18、19. 陶勺　11. 陶奁　13. 陶案　16. 陶器足　17. 铁钉

图三〇二　ⅡM1174出土器物

1. 陶灶（ⅡM1174：2）　2、10. 耳杯（ⅡM1174：10、ⅡM1174：5）　3. 陶案（ⅡM1174：13）　4、5. 陶盘（ⅡM1174：7、
ⅡM1174：14）　6、17、18. 陶盆（ⅡM1174：3、ⅡM1174：9、ⅡM1174：15）　7、8、14. 勺（ⅡM1174：8、ⅡM1174：19、
ⅡM1174：18）　9. 陶魁（ⅡM1174：4）　11. 器足（ⅡM1174：16）　12. 陶井（ⅡM1174：1）　13. 斻（ⅡM1174：11）
15. 陶甑（ⅡM1174：12）　16. 铁钉（ⅡM1174：17）　19. 陶盒（ⅡM1174：6）

饰数周凹弦纹。口径16.3、底径16.3、高8.4厘米（图三〇二，13）。

　　陶瓿　1件。ⅡM1174：12，灰陶。敞口，平折沿，方圆唇，斜直腹，平底。近底处有削痕。内壁饰凹弦纹。口径14.5、底径4.4、高8.8厘米（图三〇二，15）。

　　陶案　1件。M1174：13，灰陶。呈长方形，四边凸起，变形不平整，手制。长48、宽32、厚1.2厘米（图三〇二，3）。

　　陶盒　1件。ⅡM1174：6，盒盖和盒身都作立体长方形，盒身可以全部被套入盖里，而且二者之间有间隙。盒身平底，盒盖上部呈梯形凸起，平顶。盒盖长33.6、宽16、高15.6厘米；盒身长29、宽14、高11.4厘米（图三〇二，19；图版九一，3）。

　　陶井　1套（2件）。ⅡM1174：1，泥质灰陶。井体呈亚腰圆柱状，井口出沿，井架为半球形，上部削为圆口，两侧椭圆形口，平底。井架顶部及两侧有刮削痕，带一尖底形吊瓶，两侧有小孔。口径6、底径15.2、高19.3厘米（图三〇二，12；图版九一，1）。

　　陶灶　1套（4件）。Ⅱ1174：2，泥质灰陶。平面呈梯形，灶面较平，三火眼呈"品"字形，前两小后一大，各置一釜，后有圆形烟囱眼，上置柱状烟囱，中空，前置长方形小口灶门，无底，灶面与四壁后黏接，手制。长36、宽18.6～21.6、高15.6厘米（图三〇二，1；图版九二，2）。

　　器足　1件。ⅡM1174：16，泥质灰陶。截面呈长方形，体上宽下窄，面饰方格纹与穗纹。高7.1厘米（图三〇二，11）。

　　铁钉　1件。ⅡM1174：17，钉帽呈圆形，周边残，钉身截面呈方形，尖圆钝。长24.4厘米（图三〇二，16）。

Ⅱ M1189

1. 墓葬形制

　　斜坡式墓道土坑墓，方向105°，整体平面略呈"甲"字形，由墓道和墓室两部分组成。

　　墓道位于墓室东端，竖穴墓道。平面略呈梯形，壁面斜下内收，底呈三级台阶状，第二、三级呈斜坡状。口长710、宽120～220、底宽100～148、深120～340厘米。

　　墓室为竖穴土坑，深于墓道30厘米。平面呈长方形，壁面斜下内收，底较平。墓口长350、宽220、底长320、宽160、深370厘米。全墓内填五花土，土质较硬，略夯打。骨架2具，置于墓室西部，保存较好，均头向东，面向北偏上，为仰身直肢葬，双人合葬墓。经鉴定，北侧骨架为男性，30岁左右；南侧骨架性别不详，12～13岁。随葬有陶罐1件，置于东部靠近北壁处；陶罐3件，陶灶1套，置于墓室西壁；陶壶2件、陶罐2件、铜带钩1件，置于两具骨架上（图三〇三；图版四四，1、2）。

2. 随葬器物

　　该墓出土器物11件，质地有陶、铜等。

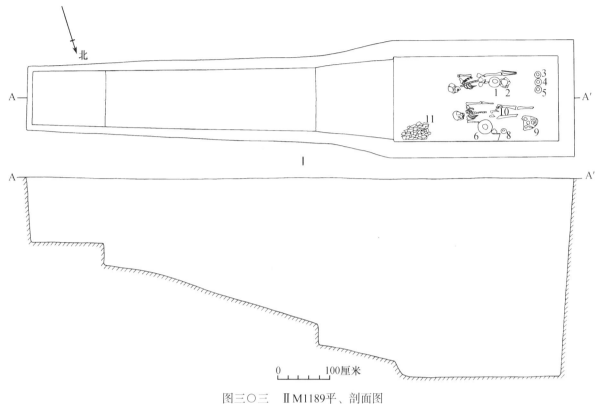

图三〇三 ⅡM1189平、剖面图

1、11. 陶罐 2、6. 陶壶 3~5、7、8. 小陶罐 9. 陶灶 10. 铜带钩

陶壶 2件，灰陶。敞口，方唇，粗短颈，鼓腹，高假圈足稍外撇，平底。肩部饰宽带纹，腹部饰对称铺首及一周凹弦纹。ⅡM1189：2，口径15、底径13.5、高29.8厘米（图三〇四，1）。ⅡM1189：6，口径13、底径13.8、高30.9厘米（图三〇四，11）。

陶罐 2件。ⅡM1189：1，黑灰陶。侈口，尖唇，沿外撇，高直领，鼓腹，平底。腹部凹弦纹与水波纹间填以压印纹一周。口径11.9、底径11.2、高22.4厘米（图三〇四，7）。ⅡM1189：11，灰陶。侈口，圆唇，矮颈，圆肩，鼓腹，平底。腹部饰一周戳印纹，腹下修削痕明显。口径10.8、底径13.6、高22.9厘米（图三〇四，8）。

小陶罐 5件，灰陶。ⅡM1189：3，侈口，圆唇，高领，鼓腹，平底。腹部饰一周凸棱。口径5.8、底径5.8、高10.8厘米（图三〇四，6）。ⅡM1189：4，侈口，圆唇，广肩，鼓腹，平底。腹部饰一周凹弦纹。口径6.3、底径5.2、高10.7厘米（图三〇四，10）。ⅡM1189：5，口残，溜肩，鼓腹，平底。腹部饰一周凹弦纹。底径6、残高7.7厘米（图三〇四，4）。ⅡM1189：7、8，侈口，圆唇，斜直领，鼓腹，平底。腹部饰一周凸棱。腹下有修削痕。ⅡM1189：7，口径5.8、底径5.6、高10.3厘米（图三〇四，9）。ⅡM1189：8，口径6、底径5.2、高8.7厘米（图三〇四，5）。

陶灶 1套（4件）。ⅡM1189：9，泥质灰陶。平面呈船形，灶面稍作弧形，五火眼上各置一釜，后有圆形烟囱眼，上置柱状形烟囱，中空，前置长方形灶门，两侧置有挡风。附带二盆一甑。长31.2、宽25.2、高16.8~27厘米（图三〇四，2）。

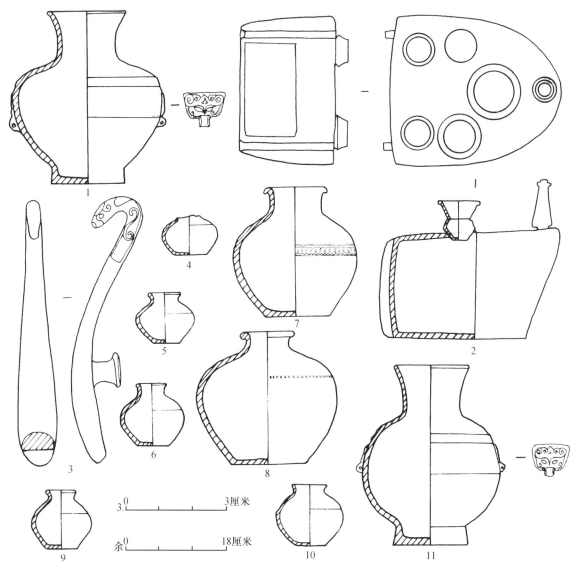

图三〇四　ⅡM1189出土器物

1、11. 陶壶（ⅡM1189∶2、ⅡM1189∶6）　2. 陶灶（ⅡM1189∶9）　3. 铜带钩（ⅡM1189∶10）　4～6、9、10. 小陶罐
（ⅡM1189∶5、ⅡM1189∶8、ⅡM1189∶3、ⅡM1189∶7、ⅡM1189∶4）　7、8. 陶罐（ⅡM1189∶1、ⅡM1189∶11）

　　铜带钩　1件。ⅡM1189∶10，整体平面呈琵琶形，侧面弯曲呈弓形，素面，宽体截面呈半圆形，长颈，上部两侧略饰卷云纹，兽头形钩首，平背，圆纽位于钩背尾部。长7.6、宽1.2、厚0.5厘米，钩长1.1、宽0.3厘米（图三〇四，3）。

ⅡM1249

1. 墓葬形制

　　竖穴土坑木椁墓，方向355°，平面呈长方形，四壁斜下内收，底较平。口长380、宽250、底长340、宽210、深350厘米。在南壁底部有一拱形土洞,平面呈长方形,宽330、高140、进深70厘米,距墓口200厘米。有葬具棺椁,仅存朽痕,呈长方形,木椁南半部置于土洞内,长374、宽170、厚6、残高40厘米;木棺2具,并排置于木椁内南部,东侧木棺长204、宽70厘米,西侧木棺长204、宽68厘米,均厚4、残高20厘米。骨架2具,保存一般,东侧1具无头骨,面向不清,为仰身直肢式,西侧1具头向北,面向东,为侧身直肢式,双人合葬墓。经鉴定西侧骨架为男性,25岁左右;东侧骨架为女性,16～17岁。随葬有陶罐3件、陶井1件、陶灶1套、陶壶3件、铜铺首衔环1件,置于木椁内北部(图三〇五;图版四五,1、2)。

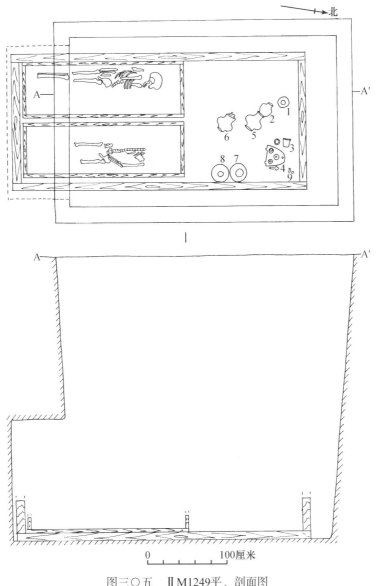

图三〇五 ⅡM1249平、剖面图
1、2、8.陶罐 3.陶井 4.陶灶 5～7.陶壶 9.铜铺首衔环

2. 随葬器物

该墓出土器物9件（套），质地有陶、铜等。

陶壶 3件，灰陶。ⅡM1249：5，喇叭口，舌状唇，束颈，鼓腹，高假圈足外撇，平底。肩部饰宽带纹，腹部饰对称铺首及一周凹弦纹。口径16、底径15.4、高32.8厘米（图三○六，

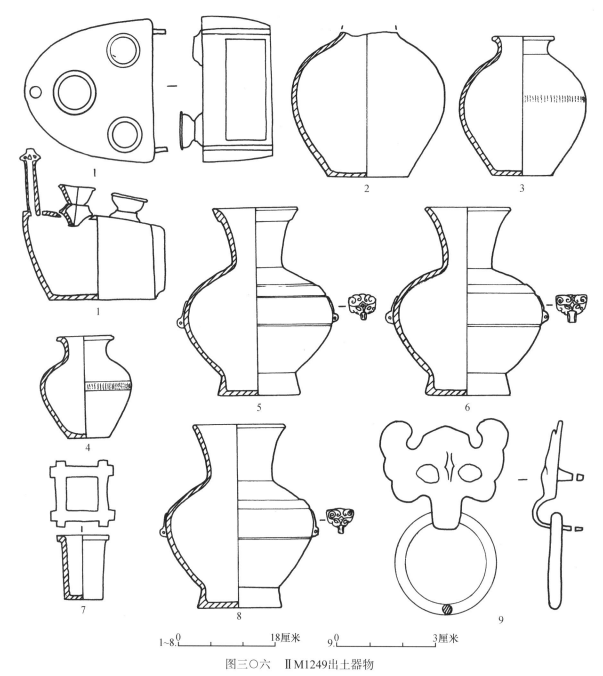

图三○六　ⅡM1249出土器物

1. 陶灶（ⅡM1249：4）　2~4. 陶罐（ⅡM1249：8、ⅡM1249：2、ⅡM1249：1）　5、6、8. 陶壶（ⅡM1249：5、ⅡM1249：6、
ⅡM1249：7）　7. 陶井（ⅡM1249：3）　9. 铜铺首衔环（ⅡM1249：9）

5）。ⅡM1249：6、7，灰陶。喇叭口，方唇，束颈，鼓腹，高假圈足略外撇，平底。肩部饰宽带纹，腹部饰对称铺首及一周凹弦纹。ⅡM1249：6，口径16.3、底径16、高33厘米（图三〇六，6；图版八六，3、4）。ⅡM1249：7，口径16.6、底径15.6、高32.4厘米（图三〇六，8）。

陶罐　3件，灰陶。ⅡM1249：1，侈口，尖圆唇，沿外卷，高领，鼓腹，腹下斜收，平底。腹部饰弦断竖绳纹带。腹下有刮削痕。口径10.2、底径8.5、高19厘米（图三〇六，4）。ⅡM1249：2，侈口，卷沿，圆唇，领较直，鼓腹，下腹斜收，平底。腹部饰竖绳纹，腹下有刮削痕。口径11、底径11.9、高24.7厘米（图三〇六，3）。ⅡM1249：8，口残。鼓腹，平底。腹部饰数周凹弦纹，近底处有刮削痕。底径15.5、残高25.4厘米（图三〇六，2）。

陶灶　1套（4件）。ⅡM1249：4，泥质灰陶。平面呈船形，灶面稍作弧形，三火眼呈"品"字形，上各置一釜，附带二盆一甑。后有圆形烟囱眼，上置柱状形烟囱，中空，烟囱顶上有一隆节，上有三角形镂孔，前置长方形灶门，两侧置有挡风。长26.4、宽25.2、高13.2~27厘米（图三〇六，1）。

陶井　1套（2件）。ⅡM1249：3，泥质灰陶。口部平面呈井字形，剖面呈梯形，井内有数周凸棱纹，平底，手制。口边长12、底边长7.2、高11.4厘米（图三〇六，7）。吊瓶，平口，弧腰，蛋圆腹，平底。

铜铺首衔环　1件。ⅡM1249：9，面鎏金，刻划简单，呈兽面形，两眼外鼓，双耳内曲，额头略呈三角形，鼻下长条形，带有下穿，回钩，下衔一环，铺首背面有一榫，榫端有小穿孔。兽面宽3.9、高5.7厘米，铜环直径3厘米（图三〇六，9）。

ⅡM1274

1. 墓葬形制

竖穴土坑墓，方向10°，内填五花土，土质较软。平面呈长方形，四壁垂直，底较平。长240、宽120、深200厘米。未发现骨架。随葬有陶罐2件，置于墓室东壁偏北（图三〇七）。

2. 随葬器物

该墓出土陶罐2件。ⅡM1274：1，侈口，方圆唇，圆肩，扁鼓腹，平底。腹部饰一周绳纹。口径14.6、底径14.2、高16厘米（图三〇八，2）。ⅡM1274：2，直口微侈，尖圆唇，沿外撇，高领，鼓腹，平底。腹部饰两周凹弦纹夹一周绳纹，近底处有修削痕。口径10.6、底径13、高21厘米（图三〇八，1）。

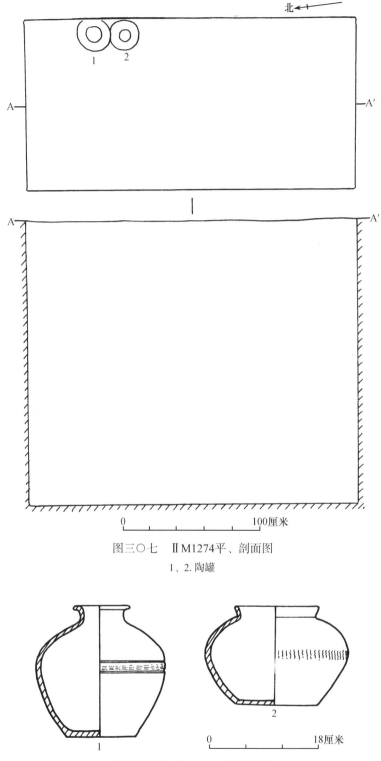

图三〇七　ⅡM1274平、剖面图
1、2.陶罐

图三〇八　ⅡM1274出土陶罐
1. ⅡM1274：2　2. ⅡM1274：1

ⅡM1275

1. 墓葬形制

斜坡式墓道土坑木椁墓，方向5°，整体平面略呈"甲"字形，由墓道和墓室两部分组成。

墓道位于墓室北端，竖穴墓道。平面呈长方形，北部已遭破坏，壁面斜下内收，底呈斜坡状，坡度为12°。残长170、宽140、底宽100、深220~260厘米。

墓室为竖穴土坑，深于墓道60厘米。平面略呈梯形，壁面斜下内收，平底。墓口长490、宽240~330、底长450、宽200~290、深320厘米。全墓内填五花土，土质较软，未经夯打。有葬具木椁，仅存朽痕，呈梯形，长330、宽164~190、厚10、残高50厘米。骨架2具，置于木椁内东西两侧，保存较差，均头向北，东侧1具，仅存头骨及1段肢骨，面向上，葬式不清；西侧1具，仅存头骨及部分肢骨，面向南，为仰身直肢，双人合葬墓。经鉴定，墓主人性别不详，老年。随葬有陶灶1套、陶井1件、陶罐3件，置于骨架北侧；陶壶8件，置于木椁内两具骨架之间（图三〇九；图版四六，1、2）。

2. 随葬器物

该墓出土陶器13件，器形有罐、井、灶、壶等。

壶 8件，灰陶。ⅡM1275：6、11，敞口，方圆唇，粗束颈，鼓腹，高假圈足外撇，平底。肩部饰宽带纹，腹部饰对称铺首及一周凹弦纹。ⅡM1275：6，口径13.6、底径12.7、高27.6厘米（图三一〇，12）。ⅡM1275：11，口径14.5、底径14、高32.4厘米（图三一〇，10）。ⅡM1275：7~10、12，敞口，方唇，束颈，鼓腹，高假圈足，平底。肩部饰宽带纹，腹部饰对称铺首。ⅡM1275：7，口径14.7、底径13.3、高27.9厘米（图三一〇，11）。ⅡM1275：8，口径13.7、底径13.4、高27.4厘米（图三一〇，9）。ⅡM1275：9，口径14、底径14.2、高32.3厘米（图三一〇，7）。ⅡM1275：10，口径14.5、底径14、高31.5厘米（图三一〇，8）。ⅡM1275：12，口径14.5、底径13.7、高31.5厘米（图三一〇，4）。ⅡM1275：13，口残。蛋形腹，高假圈足外撇，平底。肩部饰宽带纹，腹部饰对称铺首，器表发黑。底径15.1、残高29.4厘米（图三一〇，13）。

罐 3件，灰陶。ⅡM1275：1，侈口，圆唇，圆肩，鼓腹，下腹斜收，平底。腹部饰两周弦断绳纹，腹下近底处修削痕明显。口径15.8、底径14.5、高27.7厘米（图三一〇，1）。ⅡM1275：2，侈口，圆唇，沿外迭，鼓腹，平底。腹部饰一周绳纹，腹下修削痕明显。口径13.4、底径14.5、高20.7厘米（图三一〇，3）。ⅡM1275：5，侈口，沿稍斜折，圆唇，鼓腹，腹下斜收，平底。腹部饰一周弦断绳纹，腹下修削痕明显。口径12.7、底径14.8、高28.1厘米（图三一〇，6）。

灶 1套（4件）。Ⅱ1275：4，泥质灰陶。平面呈船形，灶面微隆，三火眼呈"品"字形，

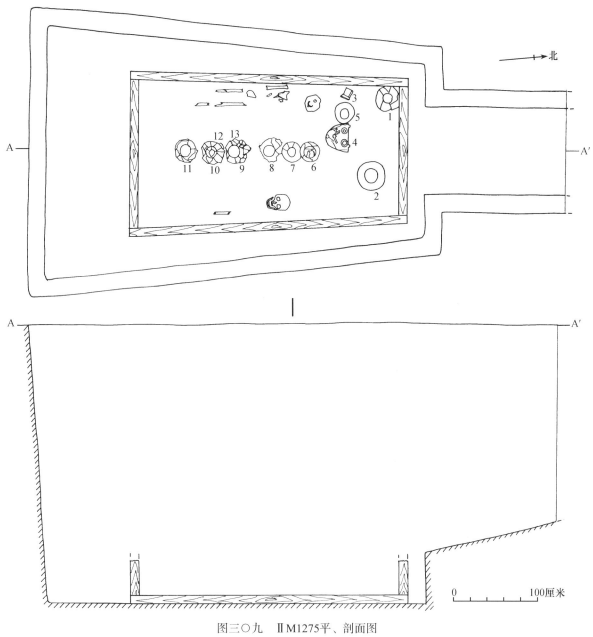

图三〇九　Ⅱ M1275平、剖面图
1、2、5.陶罐　3.陶井　4.陶灶　6~13.陶壶

上各置一釜，后有圆形烟囱眼，上置柱状烟囱，中空，前置长方形灶门，两侧有挡风。配二盆一甑。长27、宽26.4、高13.2~27厘米。甑，侈口，平折沿，沿面有一周凹槽，直腹，小平底。六箅孔。口径9、底径4.6、高3.2厘米。小盆，侈口，平折沿，圆唇，斜直腹，平底。素面。长6、宽3、高3.2厘米（图三一〇，5）。

井　1件。Ⅱ M1275：3，泥质灰陶。口部平面呈"井"字形，立面呈方柱形，井内有数周凸棱纹，平底。口边长11.2、底边长4.8、高11.4厘米（图三一〇，2）。

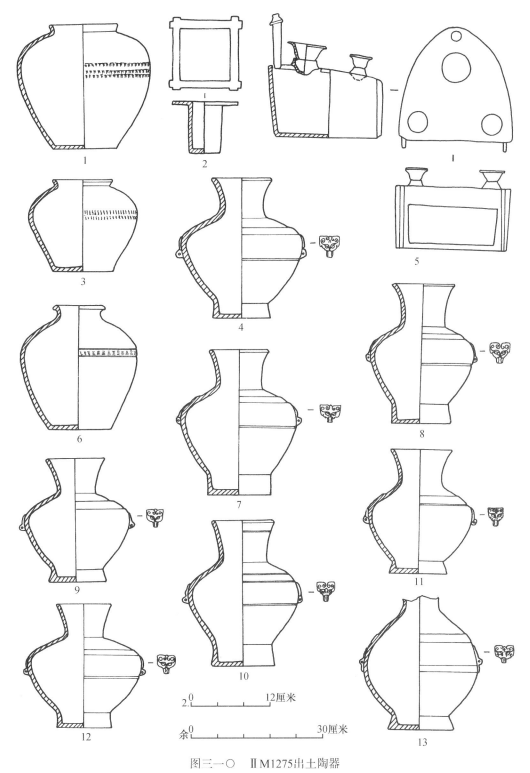

图三一〇 ⅡM1275出土陶器

1、3、6.罐（ⅡM1275：1、ⅡM1275：2、ⅡM1275：5） 2.井（ⅡM1275：3） 4、7～13.壶（ⅡM1275：12、ⅡM1275：9、
ⅡM1275：10、ⅡM1275：8、ⅡM1275：11、ⅡM1275：7、ⅡM1275：6、ⅡM1275：13） 5.灶（ⅡM1275：4）

Ⅱ M1282

1. 墓葬形制

台阶式墓道土坑墓，方向95°，整体平面略呈"甲"字形，由墓道、甬道、墓室三部分组成。

墓道位于墓室东端，竖穴墓道。平面呈梯形，壁面斜下内收，底呈台阶斜坡状，台阶为五级。长580、宽100～192、底宽100～140、深40～270厘米。

甬道位于墓道与墓室之间，为拱形顶土洞。立面呈倒梯形，底略带斜坡。长40、宽140～160、高126～130厘米。

墓室为竖穴土坑。平面呈长方形，壁面斜下内收，底较平。墓口长360、宽200、底长340、宽160、深280厘米。全墓内填五花土，土质较硬，略夯打。有葬具木棺，仅存朽痕，呈长方形，长312、宽132、厚6、残高30厘米。骨架置于木棺内南侧，保存较好，头向东，面向上，为仰身直肢单人葬。经鉴定，墓主人为男性，50岁以上。随葬有陶灶1套、陶井1件、陶壶3件、陶罐3件、锡器1件、铜钱1枚，殉牲骨，置于骨架北侧及东侧（图三一一）。

2. 随葬器物

该墓出土器物10件，质地有陶、锡、铜等。

陶壶　3件，灰陶。盘口，方唇，粗短颈，圆鼓腹，矮假圈足略外撇，平底。肩部饰宽带纹，腹部饰对称铺首，用赭黄色涂眉眼。Ⅱ M1282：5，口径12.2、底径14.5、高28.5厘米（图三一二，5）。Ⅱ M1282：6，口径12.4、底径14.7、高28厘米（图三一二，9；图版八五，4）。Ⅱ M1282：7，口径12.4、底径15.2、高27.2厘米（图三一二，6；图版八五，4）。

陶罐　3件，灰陶。Ⅱ M1282：4，侈口，圆唇，鼓腹，腹下斜收，平底。腹部饰一周竖绳纹，近底处有刮削痕。口径13.9、底径12.5、高20厘米（图三一二，8）。Ⅱ M1282：8，直口微侈，尖唇，沿面外卷，高直领，鼓腹，平底。腹部饰一周竖绳纹，近底处有刮削痕。口径9.6、底径8.2、高16.8厘米（图三一二，2）。Ⅱ M1282：9，侈口，圆唇，小平折沿，高领，折肩，方鼓腹，平底内凹。肩腹部饰一周凹弦纹。口径5.4、底径5.3、高12厘米（图三一二，3）。

陶灶　1套（6件）。Ⅱ M1282：1，泥质灰陶。平面呈船形，灶面稍作弧形，五火眼上各置一釜，附带三盆二甑。后有圆形烟囱眼，上置柱状形烟囱，顶上有隆节，中空，前置长方形灶门，两侧置有挡风。长25.2、宽19.8、高13.8～29.6厘米。甑，2件，灰陶。敞口，平折沿，方唇，唇面有凹弦纹，平底。不规则圆形箅孔。上部轮制，下部手制（有刮削痕）。口径10、底径4.8、高4.6厘米。小盆，3件，灰陶。侈口，平沿，方圆唇，浅腹，底不平，上部为轮制，下部及底部有刮削痕。素面。长7.5、宽4、高4厘米（图三一二，1）。

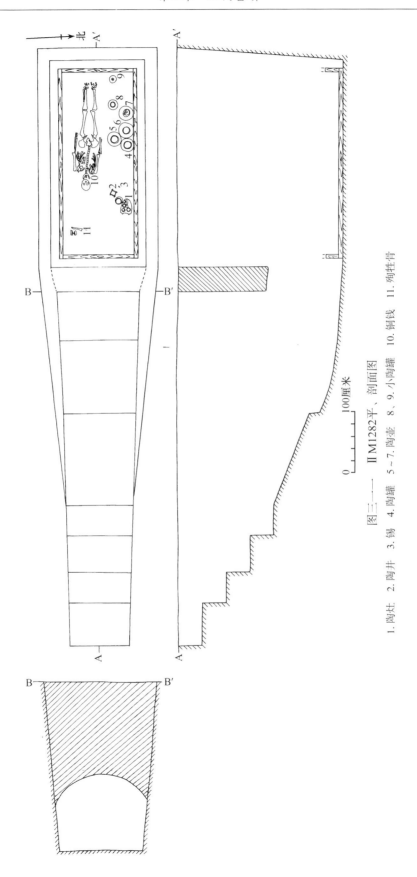

图三一一　ⅡM1282平、剖面图

1. 陶灶　2. 陶井　3. 锡　4. 陶罐　5~7. 陶壶　8、9. 小陶罐　10. 铜钱　11. 殉牲骨

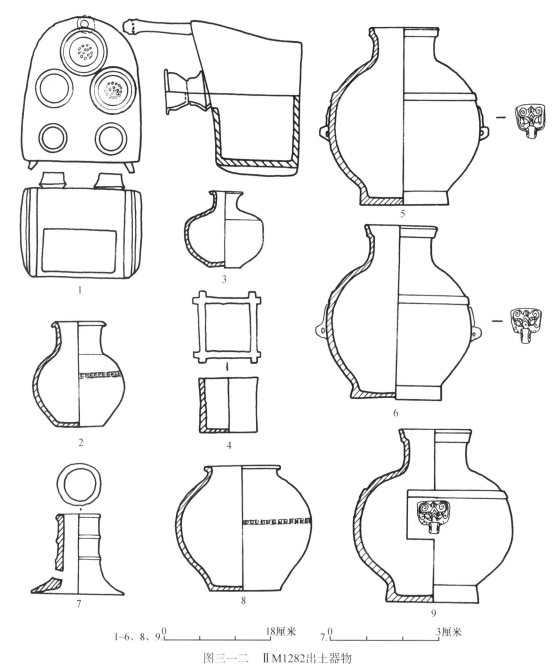

1~6、8、9. ├─────────────────18厘米   7. ├──────────3厘米
0   0

图三一二　ⅡM1282出土器物

1.灶（ⅡM1282：1）　2、3.小罐（ⅡM1282：8、ⅡM1282：9）　4.井（ⅡM1282：2）

5、6、9.壶（ⅡM1282：5、ⅡM1282：7、ⅡM1282：6）　7.锡器（ⅡM1282：3）　8.罐（ⅡM1282：4）

陶井　1套（2件）。ⅡM1282：2，泥质灰陶。口部平面呈井字形，器身呈方体，井内有数周凸棱纹，平底，手制。口边长9.9、底边长9.9、高8.9厘米（图三一二，4）。

锡器　1件。ⅡM1282：3，呈喇叭形筒状，两端略残，中部饰两道凸棱，在粗端一侧有圆孔。残长2.1、直径1.2～2.6厘米（图三一二，7）。

铜钱　1枚。ⅡM1282：10，残碎，形制不清。

Ⅱ M1284

1. 墓葬形制

竖穴墓道土坑墓，方向185°，整体平面略呈梯形，由墓道和墓室两部分组成。

墓道位于墓室南端，竖穴墓道。平面呈梯形，壁面较直，底呈斜坡状，坡度为4°。长280、宽100～110、深100～120厘米。

墓室为竖穴土坑，深于墓道30厘米。平面略呈梯形，壁面垂直，平底。长220、宽110～120、深150厘米。全墓内填五花土，土质较软。骨架2具，保存较好，均头向北，面向上，为仰身直肢葬，双人合葬墓。经鉴定，东侧骨架为女性，22岁左右；西侧骨架为男性，20岁左右。随葬有铜钱1枚，置于东侧骨架口内（图三一三）。

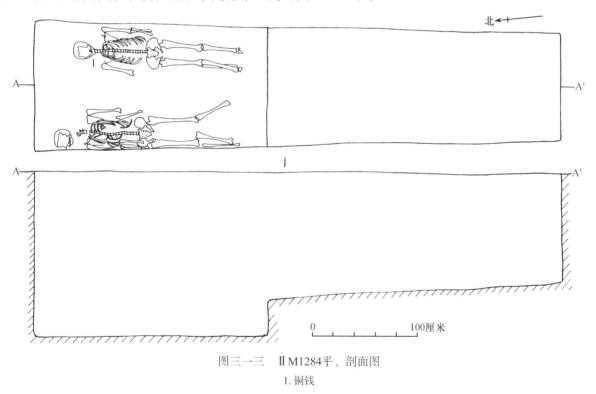

图三一三 ⅡM1284平、剖面图
1.铜钱

2. 随葬器物

该墓出土铜钱1枚。ⅡM1284：1，"五铢"，篆书，横读。笔体较细，"五"字交笔弯曲，上下两横较长；"铢"字金字旁作箭镞形。直径2.35、穿宽0.9厘米，重3.6克。

Ⅱ M1309

1. 墓葬形制

斜坡式墓道单室砖墓，方向10°，整体平面呈"甲"字形，由墓道、墓室两部分组成。

墓道位于墓室北部，竖穴墓道。平面呈梯形，部分已破坏，壁面斜下内收，底呈台阶斜坡状，台阶为一级略斜。斜坡坡度为15°。残长540、宽170～220、底宽140～180、深180～380厘米。内填五花土，土质较软，未经夯打。

墓室为单砖室。平面呈长方形，券顶。长416、宽192、高180厘米，底距墓口深380厘米。东、西、南三壁用单砖错缝平砌至112厘米，用单砖顺立对缝券顶；底用单砖顺置对缝平铺。墓门东西两壁为单砖纵横交错平砌，两端略宽于南部。用单砖横置错缝砌成弧形封门。长条砖，一面施横向粗绳纹，一面为素面。长31、宽15.5、厚5厘米。墓门顶部有盗洞，近圆形，直径40厘米。骨架1具，盗扰严重，头置于墓室西北角，面向上，葬式不清。经鉴定，墓主人为男性，20～25岁。随葬有陶壶2件、陶井1件、陶灶1套，置于靠近西壁处（图三一四；图版四七，1～3）。

2. 随葬器物

该墓出土陶器4件，器形有壶、灶、井等。

壶　2件，灰陶。ⅡM1309：1，喇叭口，方唇，粗弧颈，鼓腹，矮假圈足，平底。腹上部饰一周凹弦纹。口径13.3、底径9.6、高21厘米（图三一五，2）。ⅡM1309：4，敞口，圆唇，粗束颈，鼓腹，矮假圈足内收，平底。腹部偏上饰宽带纹。口径13、底径9.5、高21.1厘米（图三一五，4）。

灶　1套（4件）。ⅡM1309：3，泥质灰陶。平面呈船形，灶面稍作弧形，三火眼呈"品"字形，其中一火眼置釜，附带二盆一甑。后有圆形烟囱眼，上置柱状形烟囱，顶上有一隆节，中空，前置长方形灶门，两侧置有挡风。长18.6、宽16.8、高12～21厘米（图三一五，1）。

井　1套（2件）。ⅡM1309：2，泥质灰陶。平面呈方形，剖面呈梯形，井内有数周凸棱纹。吊瓶，泥质灰陶，束颈，圜底。口边长8.8、底边长4.2、高8厘米（图三一五，3）。

Ⅱ M1310

1. 墓葬形制

台阶式墓道土坑墓，方向95°，整体平面略呈"刀"形，由墓道和墓室两部分组成。

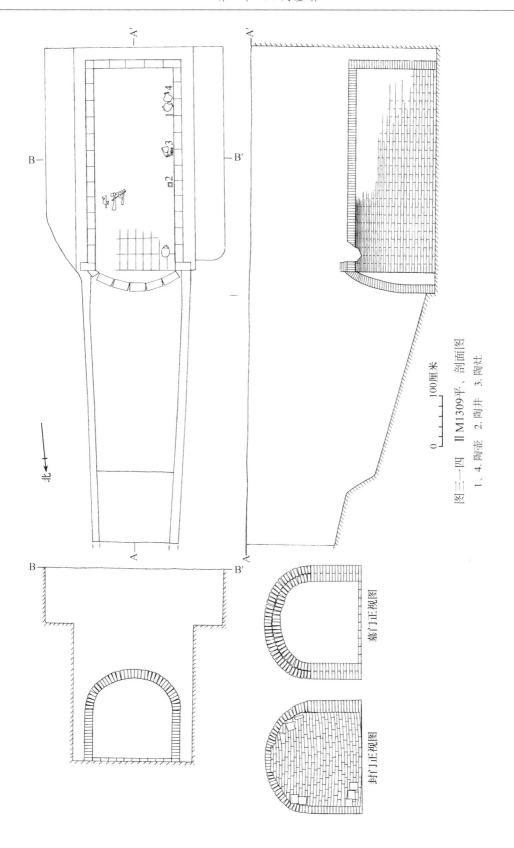

图三—四　ⅡM1309平、剖面图
1、4. 陶壶　2. 陶井　3. 陶灶

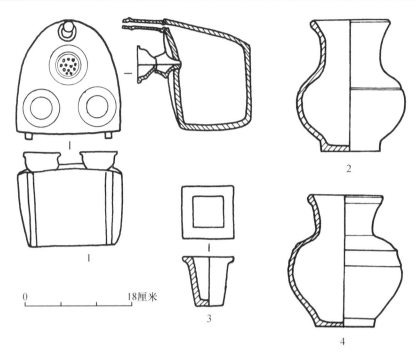

图三一五　ⅡM1309出土陶器

1. 灶（ⅡM1309：3）　2、4. 壶（ⅡM1309：1、ⅡM1309：4）　3. 井（ⅡM1309：2）

墓道位于墓室东端，竖穴墓道。平面呈梯形，南壁与墓室齐平，壁面垂直，底呈台阶略带斜坡状，台阶为三级。长460、宽70～100、深30～180厘米。

墓室为竖穴土坑。平面略呈长方形，壁面垂直，平底。长310、宽100、深180厘米。墓内填五花土，土质较硬，略夯打。骨架保存较完好，头向东，面向上偏北，为仰身直肢单人葬。经鉴定，墓主人为男性，20～25岁。随葬有陶壶3件，殉牲骨，置于骨架东侧及南侧（图三一六）。

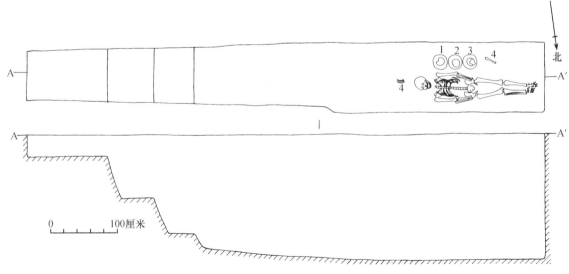

图三一六　ⅡM1310平、剖面图

1～3. 陶壶　4. 殉牲骨

2. 随葬器物

该墓出土陶壶3件。ⅡM1310：1，灰陶。敞口，舌状唇，束颈，鼓腹，假圈足外撇，平底。肩部饰宽带纹，腹部饰对称铺首，刮削痕迹明显。口径12.8、底径13、高26.2厘米（图三一七，2）。ⅡM1310：2，黑灰陶。盘口，方唇，束颈，鼓腹，假圈足略外撇，平底。肩部饰宽带纹，腹部饰对称铺首及一周凹弦纹，器表制作粗糙，划痕较多，颈和肩接口处明显。口径12.5、底径12.6、高27厘米（图三一七，3）。ⅡM1310：3，灰陶。盘口，方唇，束颈，鼓腹，假圈足外撇，平底。肩部饰数道细弦纹，腹部饰对称铺首，颈部和近底处刮削痕明显。口径12.8、底径13.5、高28.6厘米（图三一七，1）。

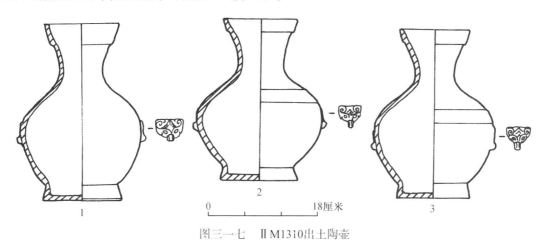

图三一七　ⅡM1310出土陶壶
1. ⅡM1310：3　2. ⅡM1310：1　3. ⅡM1310：2

ⅡM1375

1. 墓葬形制

斜坡式墓道土坑墓，方向5°，整体平面略呈"甲"字形，由墓道和墓室两部分组成。

墓道位于墓室北端，竖穴墓道。平面呈梯形，北壁已破坏，壁面斜下内收，底略深于墓室，呈斜坡状，坡度为10°。残长600、宽140～200、底宽112～140、深230～330厘米。在墓道与墓室相连处有一宽60厘米的生土台阶，台阶为二级，第一级宽40、高20厘米，第二级宽20、高80厘米。

墓室为竖穴土坑。平面呈长方形，壁面斜下内收，底较平。墓口长440、宽280、底长420、宽180、深300厘米。在西壁有生土二层台，宽70厘米、至墓口130、至底170厘米。内填五花土，土质较硬，略夯打。骨架2具，置于墓室南部，保存一般，均头向北，东侧1具面向东，西侧1具面向不清，为仰身直肢葬，双人合葬墓。经鉴定，西侧骨架为男性，老年；东侧骨架为女性，老年。随葬有陶壶6件、陶井2件、陶灶1套、陶罐4件，置于墓室北部；铜铺兽2件、铜钱1枚，置于西侧骨架上（图三一八；图版四八，1、2）。

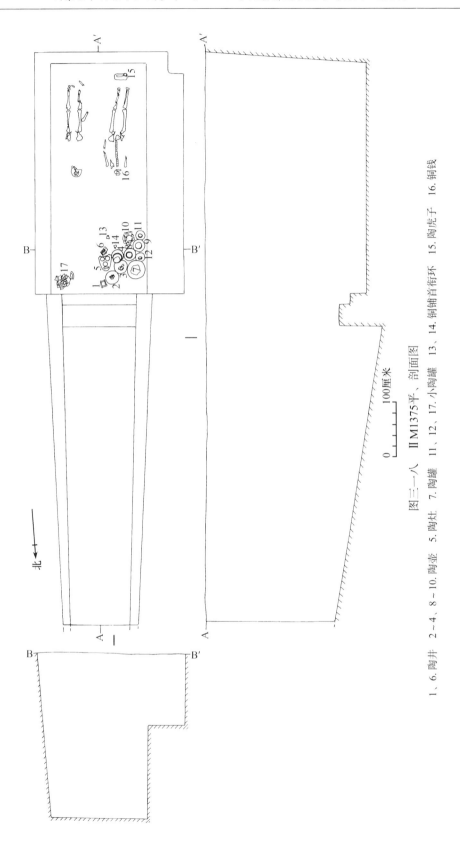

图三一八　ⅡM1375平、剖面图

1、6. 陶井　2～4、8～10. 陶壶　5. 陶灶　7. 陶罐　11、12、17. 小陶罐　13、14. 铜铺首衔环　15. 陶虎子　16. 铜钱

2. 随葬器物

该墓出土器物16件，质地有陶、铜等。

陶壶　6件，灰陶。ⅡM1375：2、4、8、9，喇叭口，方唇，粗弧颈，鼓腹，假圈足外撇，平底。肩部饰宽带纹，腹部饰对称铺首及一周凹弦纹。ⅡM1375：2，口径15.6、底径13.2、高30.2厘米（图三一九，4）。ⅡM1375：4，口径13.3、底径13.2、高30.6厘米（图三一九，2）。ⅡM1375：8，口径13.3、底径11.3、高25.7厘米（图三一九，7）。ⅡM1375：9，口径13.2、底径11.5、高25.7厘米（图三一九，13）。ⅡM1375：3，喇叭口，方唇，粗颈，鼓腹，假圈足外撇，平底。肩部饰宽带纹，腹部饰对称铺首及一周凹弦纹。口径12.2、底径13.3、高29.1厘米（图三一九，1）。ⅡM1375：10，喇叭口，舌状唇，粗短颈，鼓腹，假圈足外撇，平底稍内凹。肩部饰宽带纹，腹部饰对称铺首及一周凹弦纹。口径12.3、底径10.8、高25.6厘米（图三一九，3）。

陶罐　4件。ⅡM1375：7，灰褐陶。侈口，尖圆唇，斜沿，领较高，鼓腹，平底。腹部饰一周绳纹带。口径15.6、底径19.6、高30.2厘米（图三一九，15）。ⅡM1375：11，灰陶。直口微侈，平折沿，圆唇，鼓腹，平底。肩部饰三道细凹弦纹，近底处削切痕明显。口径7.3、底径8.3、高15.6厘米（图三一九，11）。ⅡM1375：12，灰陶。口微侈，沿外翻，圆唇，高领，鼓腹，平底。腹部饰一周绳纹，器物变形，腹以下削切痕明显。口径9.6、底径9、高18.2厘米（图三一九，12）。ⅡM1375：17，褐陶。直口微敛，方圆唇，扁鼓腹，平底。肩部饰网格纹，腹部饰一周绳纹，腹下近底处有削切痕。口径9.2、底径9.2、高12.5厘米（图三一九，8）。

陶虎子　1件。ⅡM1375：15，灰陶。平面略作椭圆形，一侧顶部置圆形柱口，口与尾部以圆把提梁连接，腹中空，底内凹，手制。口径7.1、长22.8、宽11.5、高12厘米（图三一九，10）。

陶灶　1套（8件）。ⅡM1375：5，泥质灰陶。平面呈船形，灶面稍作弧形，三火眼置釜，前两小后一大，呈"品"字形，附带二盆一甑。后有圆形烟囱眼，上置柱状形烟囱，中空，顶上有一隆节，前置长方形灶门，两侧置有挡风。陶灶长25.8、宽22.2、高13.2～24.6厘米（图三一九，6）。

陶井　2套（4件），1套2件，泥质灰陶。ⅡM1375：1，平面呈方框形，立面为方柱形，平底，井内有数周凸棱纹。吊瓶，平口，弧腹，平底。口边长8.4、底边长7.5、高9厘米（图三一九，9）。ⅡM1375：6，平面呈"井"字形，井腹为方柱形，平底，底部饰细绳纹，井内有数周凸棱纹。吊瓶，平口，弧腹，平底。口边长12、底边长9、高10.8厘米（图三一九，5）。

铜铺首衔环　2件。ⅡM1375：13、14，刻划简单，呈兽面形，两眼呈圆形，额作三角形，双耳内曲，鼻下长条形，带有小穿孔，回钩，下衔一环，铺首背面有一榫，榫端有小穿孔。ⅡM1375：14，鎏金，兽面宽3.9、高5.7厘米，铜环直径3厘米（图三一九，14）。

铜钱　1枚。ⅡM1375：16，"五铢"，字迹不清。

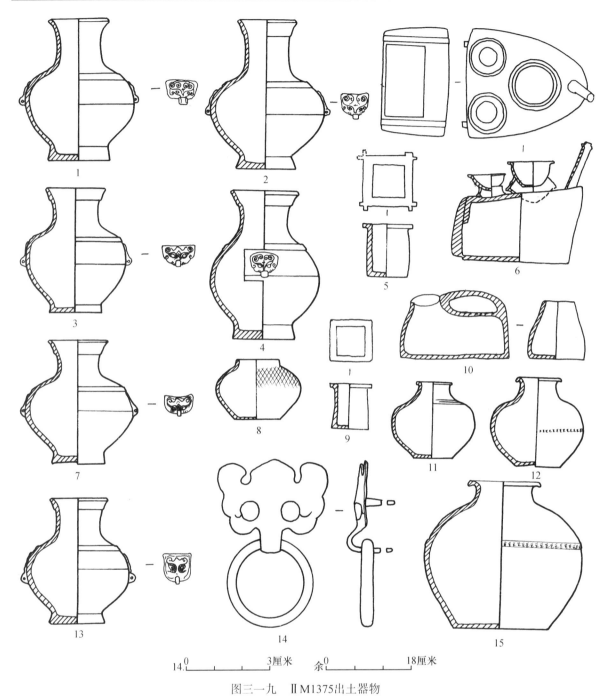

图三一九　ⅡM1375出土器物

1～4、7、13.陶壶（ⅡM1375：3、ⅡM1375：4、ⅡM1375：10、ⅡM1375：2、ⅡM1375：8、ⅡM1375：9）
5、9.陶井（ⅡM1375：6、ⅡM1375：1）　6.陶灶（ⅡM1375：5）　8、11、12.小陶罐（ⅡM1375：17、ⅡM1375：11、ⅡM1375：12）　10.陶虎子（ⅡM1375：15）　14.铜铺首衔环（ⅡM1375：13、ⅡM1375：14）　15.陶罐（ⅡM1375：7）

Ⅱ M1423

1. 墓葬形制

竖穴土坑墓，方向355°，内填五花土，土质较软。平面呈长方形，四壁斜下内收，底较平。墓口长250、宽100、底长230、宽80、深240厘米。在北壁墓底有头龛，呈拱形顶，宽130、高80、进深90厘米。骨架保存较好，头向北，面向东，为仰身直肢葬。随葬有陶罐1件、陶壶3件、铜镜1枚，置于头龛内（图三二〇）。

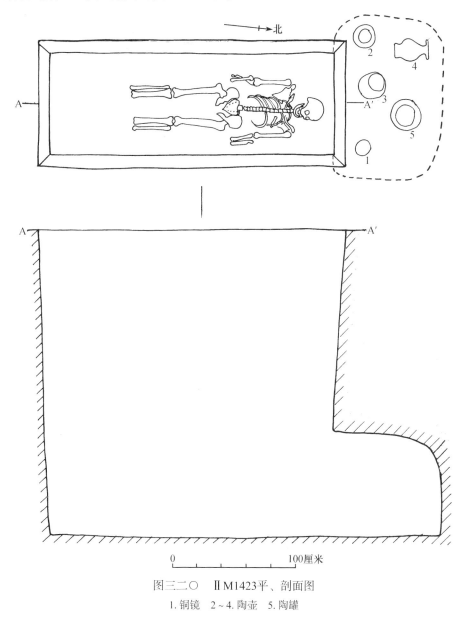

图三二〇　Ⅱ M1423平、剖面图

1. 铜镜　2~4. 陶壶　5. 陶罐

2. 随葬器物

该墓出土器物5件，质地有陶、铜等。

陶壶　3件，形制相同。盘口，较平，内有一周凸棱，圆唇，细弧颈，溜肩，鼓腹，高假圈足外撇，大平底。彩绘脱落不清。ⅡM1423：2，泥质灰陶。口径12.3、底径14.9、高26.4厘米（图三二一，2）。ⅡM1423：3，泥质黑灰陶。口径11.6、底径14.4、高24.7厘米（图三二一，1）。ⅡM1423：4，泥质灰陶。口径10.6、底径15.8、高24.2厘米（图三二一，3）。

陶罐　1件。ⅡM1423：5，泥质灰陶。口微敛，方唇，折肩，方鼓腹，下弧收，平底稍内凹。肩部饰网格纹，腹部饰数周凹弦纹。口径13.6、底径10.8、高18.9厘米（图三二一，4）。

铜镜　1枚。ⅡM1423：1，星云纹镜。圆形，连峰纽，纽外均匀伸出四条短竖线连接凸弦纹。内向十六连弧纹和凸弦纹、栉齿纹圈带外为四枚带座乳钉，将镜背分为四区，每区都是由五枚小乳和曲线组成星云状。内向十六连弧纹缘。面径11.5、背径11.3、缘厚0.4厘米（图三二二）。

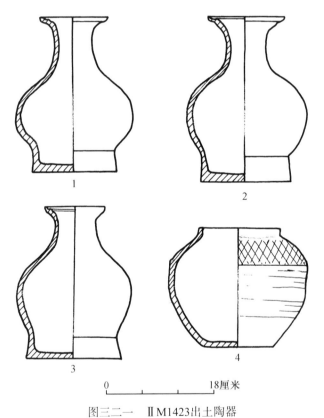

图三二一　ⅡM1423出土陶器

1～3.壶（ⅡM1423：3、ⅡM1423：2、ⅡM1423：4）　4.罐（ⅡM1423：5）

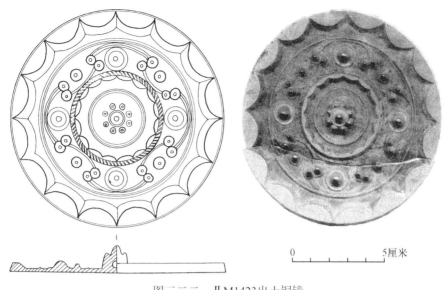

图三二二　Ⅱ M1423出土铜镜

（Ⅱ M1423：1）

Ⅱ M1428

1. 墓葬形制

竖穴墓道土洞墓，整体平面呈"刀"形，方向355°，由墓道和墓室两部分组成。

墓道位于墓室的北端，竖穴墓道。平面呈长方形，壁面较直，底部呈台阶斜坡状，台阶为三级，第二、三级略带斜坡。长180、宽120、深200～260厘米。内填五花土，土质较软。

墓室为土洞。平面呈"刀"形，拱形顶，底较平。长340、宽60～110、高30～130厘米。骨架保存一般，头向北，面向不清，为仰身直肢单人葬。随葬有陶罐4件，置于东壁及东壁北侧的拐角处（图三二三）。

2. 随葬器物

该墓出土陶罐4件。Ⅱ M1428：1，灰陶。侈口，圆唇，沿略外撇，鼓腹，平底。肩部饰暗网格纹，腹部饰一周绳纹，表皮有脱落现象。口径15.8、底径17、高22.2厘米（图三二四，1）。Ⅱ M1428：2，黑灰陶。直口微侈，尖圆唇，沿斜折，高直领，广肩，鼓腹，平底。腹上部饰一周绳纹，腹部以上磨光，腹下有刮削痕。口径10、底径9、高16.8厘米（图三二四，3）。Ⅱ M1428：3、4，黑灰陶。侈口，尖圆唇，沿斜折，高直领，广肩，鼓腹，平底。腹上部饰一周绳纹，腹以上磨光。Ⅱ M1428：3，口径10.4、底径9、高17厘米（图三二四，2）。Ⅱ M1428：4，口径10.4、底径9、高17厘米（图三二四，4）。

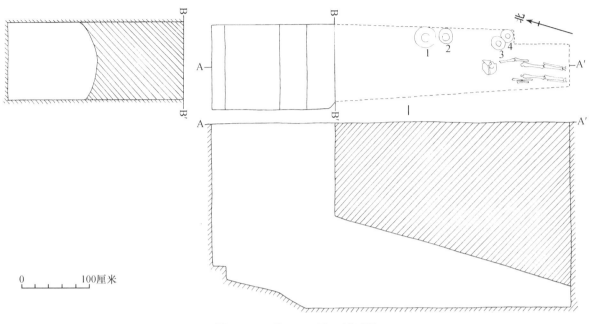

图三二三　ⅡM1428平、剖面图
1～4.陶罐

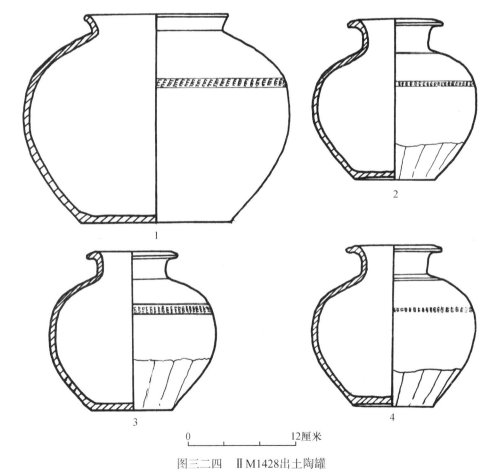

图三二四　ⅡM1428出土陶罐
1.ⅡM1428：1　2.ⅡM1428：3　3.ⅡM1428：2　4.ⅡM1428：4

Ⅱ M1461

1. 墓葬形制

竖穴土坑墓，方向355°，内填五花土，土质较软。平面呈长方形，四壁斜下内收，底较平。墓口长440、宽220、底长400、宽180、深370厘米。有葬具木棺，仅存朽痕，呈长方形，长360、宽124、厚6、残高30厘米。骨架保存较差，仅存头骨及部分肢骨，头向北，面向西，为直肢葬。经鉴定，墓主人为男性，30～35岁。随葬有陶壶4件、铜盆1件，殉牲骨，置于棺内北部（图三二五；图版四九，1、2）。

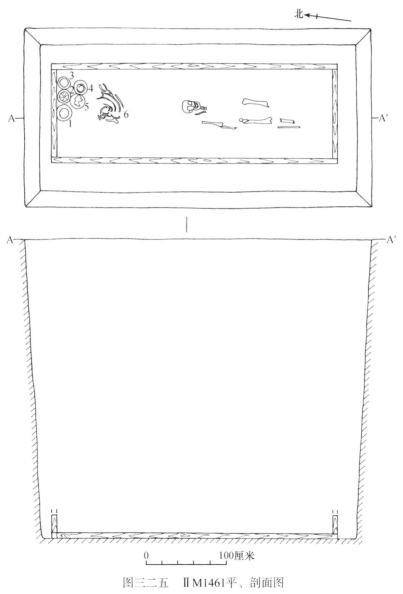

图三二五　Ⅱ M1461平、剖面图

1～4.陶壶　5.铜盆　6.殉牲骨

2. 随葬器物

该墓出土随葬器物5件，质地有陶、铜等。

陶壶　　4件。ⅡM1461：1、ⅡM1461：3，形制相同。喇叭口，圆唇，平沿，细"八"形颈，溜肩，鼓腹，高假圈足外撇，平底。ⅡM1461：1，器表彩绘已脱落，可辨纹饰有：颈部饰红彩锯齿纹，内外填红黑彩卷云纹，肩腹部饰红黑彩卷云纹。口径12.6、底径17.8、高35.2厘米（图三二六，1）。ⅡM1461：3，颈部饰黑彩锯齿纹，内外填饰红黑彩卷云纹，之下饰两周黑彩带夹一周黑彩水波纹，水波纹上下有半圆形红彩，肩腹部上下饰红白彩卷云纹夹一周黑彩带，假圈足上饰黑彩锯齿纹。口径8.5、底径15、高29厘米（图三二六，3；图版八三，

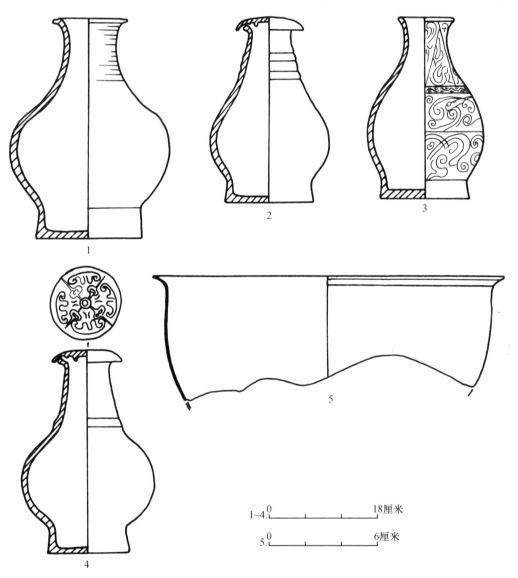

图三二六　　ⅡM1461出土器物

1～4. 陶壶（ⅡM1461：1、ⅡM1461：2、ⅡM1461：3、ⅡM1461：4）　5. 铜盆（ⅡM1461：5）

1）。ⅡM1461：2、4，形制相同。侈口，尖唇，平沿，长"八"形颈，溜肩，鼓腹，高假圈足外撇，平底。颈部饰黑彩锯齿纹，内外填饰红黑彩卷云纹，之下饰两周黑彩条夹一周黑彩水波纹，水波纹上下有半圆形红彩，肩腹部上下饰红白彩卷云纹夹一周黑彩条，假圈足上饰黑彩锯齿纹。盖似浅盘，顶较平，内有两圈子口。ⅡM1461：2，盖上彩绘已脱落。口径8.4、底径14.6、通高29.4厘米（图三二六，2）。ⅡM1461：4，盖顶中部饰红彩圈，外圈黑彩圈。内饰红黑彩圈卷云纹，外侧饰红白彩条。口径9.6、底径13.6、通高32.5厘米（图三二六，4；图版八三，2）。

铜盆　1件。ⅡM1461：5，直口，宽沿外侈，尖唇，弧腹，底残。口径19.2、残高6.6厘米（图三二六，5）。

ⅡM1488

1. 墓葬形制

竖穴土坑墓，方向0°，内填五花土，土质较软。平面呈长方形，东壁被ⅡM1469打破，四壁垂直，底较平。长340、宽100、深260厘米。骨架保存较好，头向北，面向不清，仰身直肢葬。经鉴定，墓主人为男性，25岁左右。随葬有陶壶3件，置于墓室北部；铜带钩1件，置于盆骨处（图三二七）。

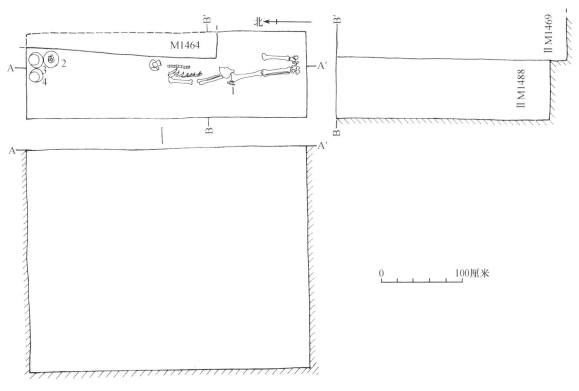

图三二七　ⅡM1488平、剖面图

1. 铜带钩　2~4. 陶壶

2. 随葬器物

该墓出土随葬器物4件，质地有陶、铜等。

陶壶　3件。ⅡM1488：2，灰褐陶。喇叭口，方唇，细弧颈，鼓腹，平底内凸。腹下削切痕明显，制作粗糙，火候低。口径11.3、底径15、高26.6厘米（图三二八，2）。ⅡM1488：3，灰褐陶。侈口，方唇，短弧颈，溜肩，鼓腹，平底。腹下削切痕明显，制作粗糙。口径9.9、底径12.6、高25.8厘米（图三二八，4）。ⅡM1488：4，黑灰陶。敞口，方唇，粗束颈，弧腹，平底稍内凸。腹下削切痕明显，器表划痕较多，器物变形。口径11.6、底径13.2、高24.8厘米（图三二八，3）。

铜带钩　1件。ⅡM1488：1，整体平面呈曲棒形，钩颈及尾部较细，素面。体截面呈椭圆形，宽钩，折钩处磨损严重，圆纽宽于钩体，位于钩背较粗处。长9.2厘米，体截面0.7厘米，钩长1.2厘米，宽0.5厘米（图三二八，1）。

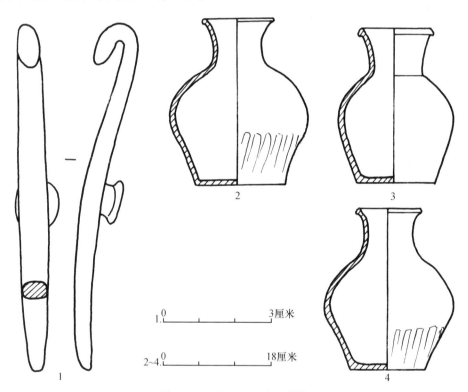

图三二八　ⅡM1488出土器物

1.铜带钩（ⅡM1488：1）　2~4.陶壶（ⅡM1488：2、ⅡM1488：4、ⅡM1488：3）

ⅡM1509

1. 墓葬形制

竖穴土坑墓，方向0°，内填五花土，土质较软。平面呈长方形，四壁垂直，底较平。长

210、宽80、深150厘米。骨架保存一般，头向北，面向上，为仰身直肢葬。经鉴定，墓主人为男性，20～25岁。随葬有铜钱1枚，置于头骨西侧（图三二九）。

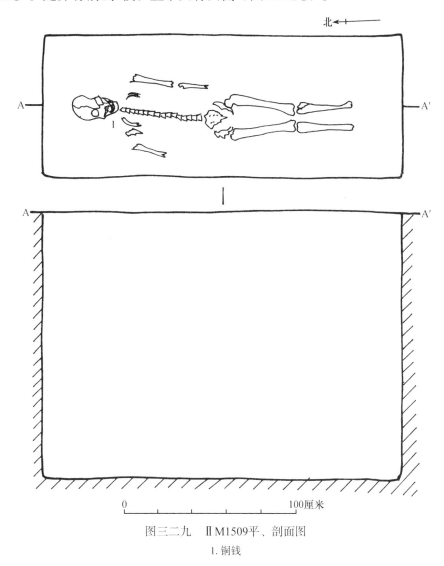

图三二九　ⅡM1509平、剖面图

1. 铜钱

2. 随葬器物

该墓出土铜钱1枚。ⅡM1509：1，字迹清晰，笔划钎细，"五"字交笔较直，"铢"字的金头略小，呈矢镞形。穿上横郭。直径2.6、穿宽1厘米，重3.8克（图三三〇）。

图三三〇　ⅡM1509出土铜钱

（ⅡM1509：1）

Ⅱ M1511

1. 墓葬形制

斜坡式墓道土坑木椁墓，方向275°，整体平面略呈"甲"字形，由墓道和墓室两部分组成。

墓道位于墓室西端，竖穴墓道。平面呈梯形，壁面斜下内收，底呈斜坡状。长1100、宽160～180、底宽120～160、深30～300厘米。

墓室为竖穴土坑，深于墓道140厘米。平面呈不规则长方形，壁面斜下内收，底较平。墓口长580、宽520、底长500、宽280、深440厘米。在南、北、东壁各有生土台，南壁两级土台，第一级宽60、深130厘米，第二级宽90、深170厘米，至底深140厘米；北壁两级土台，第一级宽50、深130厘米，第二级宽40、深170厘米，至底深140厘米；东壁为一级土台，宽80、深130厘米，至底深310厘米。东壁土台与南壁第一级土台连接。在东壁距墓口240～250厘米处的南北两侧各有一拱形顶壁龛，平面呈长方形，南侧壁龛长50、进深30、高50厘米，北侧壁龛长40、进深30、高40厘米。内填五花土，土质较硬，略夯打。有葬具棺椁，仅存朽痕，呈长方形，椁长470、宽200、厚10、残高110厘米；棺长190、宽60、厚5、残高10厘米，位于椁内西北。骨架腐蚀严重，葬式不清。经鉴定，墓主人性别不详，成年。随葬有铜锤2件、铜镜1枚、铜熏炉1件、石斗2件、铜瓺1件、铜器足3件、铜铺首衔环2件、铜盆2件、玉璧2件、铜提手1件、银柿蒂形饰4件、骨玎珥笄1件、铜环1件，猪、羊、鸡殉牲骨，置于木棺中部，及木椁中部环木棺放置（图三三一；图版五〇，1、2）。

2. 随葬器物

该墓出土器物25件，质地有铜、石、银、骨等。

铜镜　1枚。Ⅱ M1511：2，重圈铭文镜。圆形，圆纽，并蒂联珠纹纽座，纽座外以两组弦纹、栉齿纹夹凸棱圈带为界，将镜背分为内外两区，均环列篆体铭文，内区铭文为"内清质以昭明光辉象夫日月心忽扬而愿然雍塞而不泄"，外区铭文为"洁清白而事君窓（患）沄骦之弇明彶玄锡之流泽恐远而日忘怀糜（靡）美之穷皑外丞（承）骦之可说慕窔佻之灵景愿永思而毋绝"，首尾字以两小乳相隔。宽素平缘。面径15.5、背径15.4、缘宽1、缘厚0.6厘米（图三三二；图版一一二，1）。

铜器足　3件。Ⅱ M1511：6、7、20，呈兽蹄形，背内凹，上侧有圆形锥状榫。高5厘米（图三三三，3、1、7）。

铜铺首衔环　2件。Ⅱ M1511：8，鎏金浮雕兽面，竖眉立目，额作三角形，双耳内曲，鼻回钩，下衔一环，铺首背面有方形榫。兽面宽4.4、高6.7、铜环直径3.8厘米（图三三三，4；图版一〇〇，2左）。Ⅱ M1511：9，呈柿蒂形，一侧残断，中部有竖向桥形穿孔，内穿一衔环，

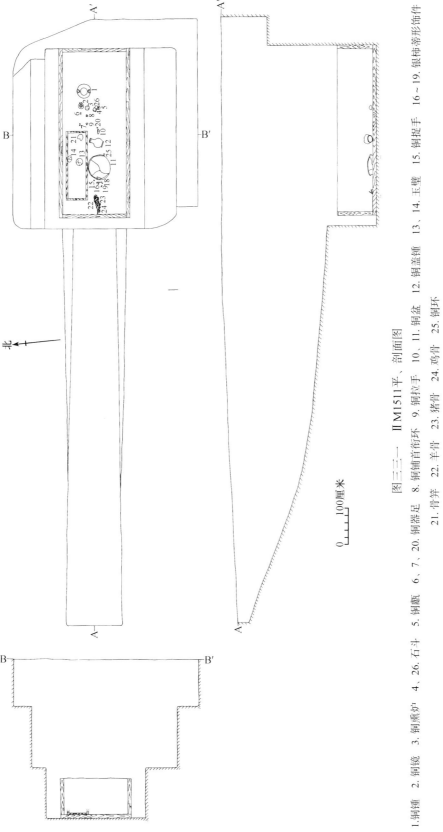

图三二一　ⅡM1511平、剖面图

1. 铜锺　2. 铜镜　3. 铜熏炉　4、26. 石斗　5. 铜甂　6、7、20. 铜器足　8. 铜铺首衔环　9. 铜拉手　10、11. 铜盆　12. 铜盖锺　13、14. 玉璧　15. 铜捉手　16~19. 银柿蒂形饰件　21. 骨笄　22. 羊骨　23. 猪骨　24. 鸡骨　25. 铜环

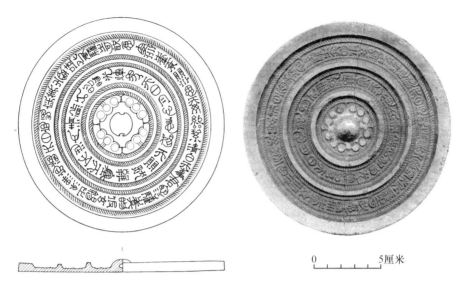

图三三二　Ⅱ M1511出土铜镜
（Ⅱ M1511：2）

衔为条形铜片对弯而成。高4.5、对角宽4、铜环直径2.6厘米（图三三三，12）。

铜盆　2件。Ⅱ M1511：10，残。敞口，平折沿，深弧腹，平底。口径15.5、底径6.6、高6.6厘米（图三三四，4）。Ⅱ M1511：11，敞口，侈沿，尖唇，斜直壁，圜底。口径69.5、底径60、高13厘米（图三三四，2）。

铜环　1件。Ⅱ M1511：25，椭圆形，截面呈圆形，一侧外缘磨制较平。直径6.6厘米（图三三三，6）。

铜提手　1件。Ⅱ M1511：15　圆形，一侧带有双卡，卡上有一穿孔。直径2厘米（图三三三，9）。

铜甗　1件。Ⅱ M1511：5，由铜甑和铜罐组成。甑作盆状，宽沿外侈，尖唇，直口，深弧腹，圈足，平底，底有圆形箅孔。腹部饰对称兽面形铺首衔环，圈足与罐口吻合。罐作敛口，鼓腹，平底，肩部饰对称兽面形铺首衔环，腹中部饰一周凸棱。口径11.7、腹径10.4、底径5.4、通高15.6厘米（图三三四，5；图版九七，4）。

铜锺　2件。Ⅱ M1511：1，侈口，方唇，粗弧颈，鼓腹，高圈足。口沿外、肩、中腹及下腹部各饰一周宽带纹，腹上部饰对称兽面铺首衔环，圈足内有篆书铭文“日利”二字。口径18、腹径37、底径22.2、高45.2厘米（图三三五，1；图版九五，1~3）。Ⅱ M1511：12，附盖，盖子口，盖面隆起，呈伞形，顶中部有钮衔环。锺敞口，方唇，弧颈，鼓腹，圈足微外撇。口沿外、肩、中腹及下腹部各饰一周宽带纹，腹上部饰对称兽面铺首衔环，环已残。口径13.6、腹径28.8、底径17.6、通高38.2厘米（图三三五，3；图版九六，1）。

铜熏炉　1件。Ⅱ M1511：3，盖面隆起，顶部较平，呈蟠螭纹镂孔。炉为敛口，圆唇，深鼓腹，细实柄下接饼状圈足底座，底座有篆书铭文“日利千斤金”五字。口径7.5、腹径12.5、底径10.1、通高16.6厘米（图三三五，2；图版九六，2、3）。

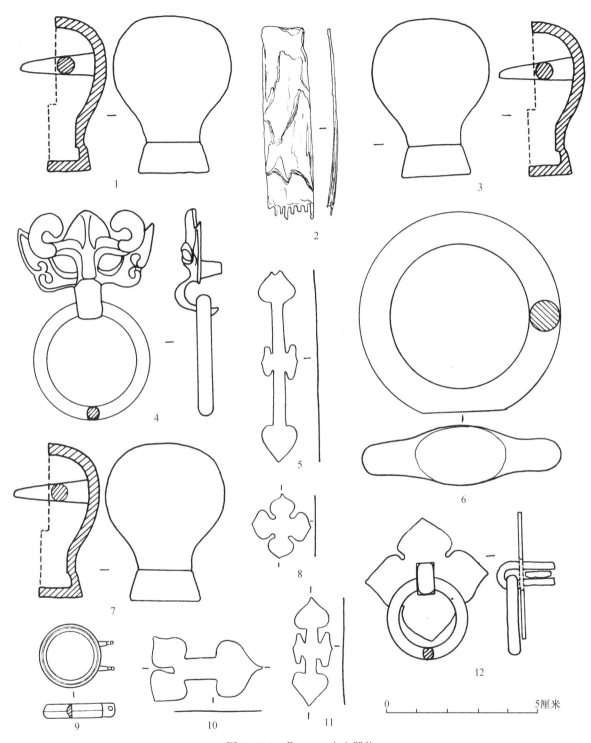

图三三三　ⅡM1511出土器物

1、3、7.铜器足（ⅡM1511：7、ⅡM1511：6、ⅡM1511：20）　2.骨玳瑁笄（ⅡM1511：21）

4、12.铜铺首衔环（ⅡM1511：8、ⅡM1511：9）　5、8、10、11.银柿蒂形饰件（ⅡM1511：16、ⅡM1511：18、ⅡM1511：19、

ⅡM1511：17）　6.铜环（ⅡM1511：25）　9.铜提手（ⅡM1511：15）

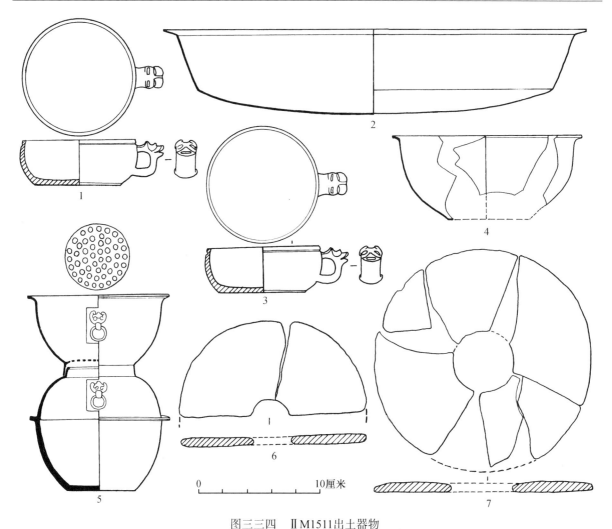

图三三四　ⅡM1511出土器物

1、3.石斗（ⅡM1511：4、ⅡM1511：26）　2、4.铜盆（ⅡM1511：11、ⅡM1511：10）　5.铜瓿（ⅡM1511：5）

6、7.玉璧（ⅡM1511：14、ⅡM1511：13）

玉璧　2件。ⅡM1511：13、14，呈片状圆形，残断，中间有圆孔，截面近长方形。ⅡM1511：13，直径17.6、孔径4.8、厚0.8厘米（图三三四，7）。ⅡM1511：14，残。直径15.6、孔径3、厚0.6厘米（图三三四，6）。

石斗　2件。ⅡM1511：4、26，石质，直口微敛，方唇，弧腹，腹饰单个兽首桥形耳，平底，口外饰一周凹弦纹。口径9.2、底径6.8、高3.6厘米（图三三四，1、3；图版一一七，2）。

银柿蒂形饰　4件。ⅡM1511：16、17、19，呈薄片状，变形柿蒂，一侧尖略残。ⅡM1511：16。残长6.1、宽1.2厘米（图三三三，5）。ⅡM1511：17，长3.4、宽1.3厘米（图三三三，11）。ⅡM1511：19，长3.6厘米（图三三三，10）。ⅡM1511：18，呈薄片状，柿蒂形。两叶对角长2厘米（图三三三，8）。

骨玳瑁笄　1件。ⅡM1511：21，为骨梳中部，呈薄片状长条形，一端呈密齿状，齿残。残长5.8、宽1.5厘米（图三三三，2）。

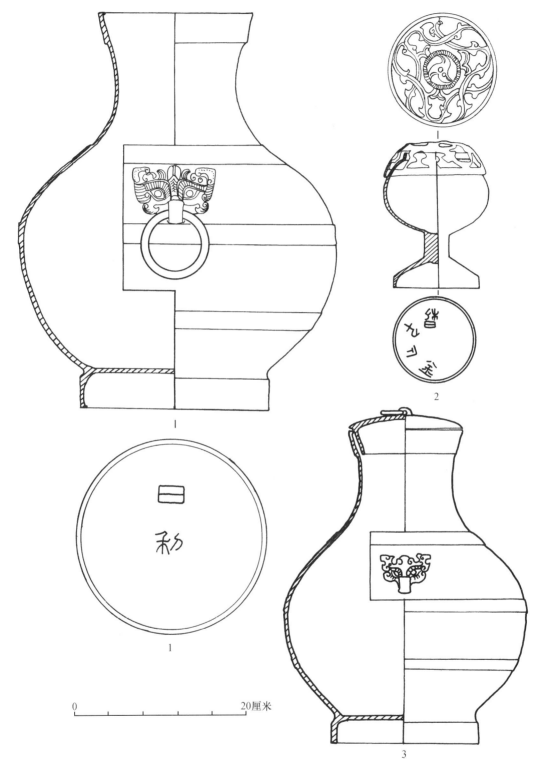

图三三五 ⅡM1511出土铜器

1、3.锺（ⅡM1511∶1、ⅡM1511∶12） 2.熏炉（ⅡM1511∶3）

ⅡM1524

墓葬形制

斜坡式墓道浅洞式墓，平面呈长方形，由墓道、墓门、墓室组成，纵长320厘米，方向5°。全墓填黄花土，土质较松，无遗物。

墓道位于墓室北侧，平面呈长方形，直壁，斜坡状底。长260、宽110、深20～90厘米。

墓门宽110、高60厘米。墓室平面呈长方形，拱形顶，斜坡底。长60、宽110、高40～60厘米。单人葬，仅存部分头骨（图三三六）。

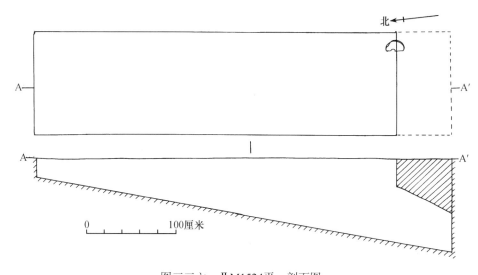

图三三六　　ⅡM1524平、剖面图

ⅡM1529

1. 墓葬形制

斜坡式墓道土坑墓，方向0°，整体平面略呈"刀"形，由墓道、甬道、墓室三部分组成。

墓道位于墓室北端，竖穴墓道。平面呈长方形，壁面较直，北壁斜下收，底呈斜坡状，坡度为18°。长390、宽110、底宽130、深120～230厘米。

甬道位于墓道与墓室之间，为土洞。平面呈长方形，拱形顶，平底。长110、宽110、高120厘米。

墓室为竖穴土坑。平面略呈长方形，壁面垂直，底较平。长300、宽140、深230厘米。内填五花土，土质较软。骨架位于墓室东南部，保存较好，头向北，面向西偏上，为仰身直肢单人葬。随葬有陶罐3件，陶缶1件，置于骨架西侧（图三三七）。

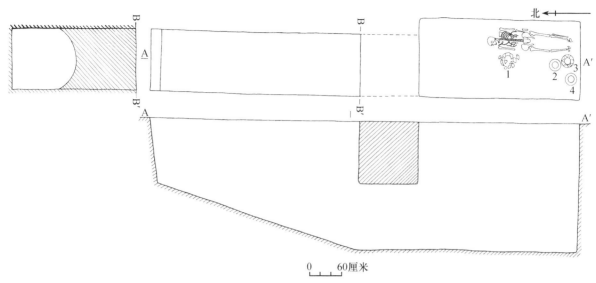

图三三七　ⅡM1529平、剖面图
1. 陶缶　2 ~ 4. 陶罐

2. 随葬器物

该墓出土陶器4件，器形有缶、罐。

陶缶　1件。ⅡM1529∶1，灰陶。侈口，卷沿，方唇，矮领，鼓腹，平底。口径15.7、底径19、高31.3厘米（图三三八，1）。

罐　3件，灰陶。ⅡM1529∶2，直口微侈，沿斜折，尖唇，高直领，鼓腹，平底稍内凹。腹上部饰一周绳纹，近底处有刮削痕。口径11.6、底径14.4、高25.3厘米（图三三八，3）。ⅡM1529∶3，侈口，斜折沿，尖圆唇，高领，圆肩，鼓腹，平底。腹下近底处削痕明显，火候较低。器表黑，磨制。口径12.6、底径15、高24.3厘米（图三三八，2）。ⅡM1529∶4，侈口，沿外撇，尖圆唇，高领，鼓腹，平底。腹部饰一周凹弦纹，器表不光滑，修削痕明显。口径12.8、底径14.83、高24.3厘米（图三三八，4）。

ⅡM1530

1. 墓葬形制

斜坡式墓道土坑墓，方向10°，整体平面略呈"甲"字形，由墓道、甬道、墓室三部分组成。

墓道位于墓室北端，竖穴墓道。平面呈梯形，壁面较直，底呈台阶斜坡状，台阶为三级，斜坡坡度为13°。长420、宽50 ~ 100、深60 ~ 220厘米。

甬道位于墓道与墓室之间，为土洞。平面呈长方形，拱形顶，底呈斜坡状。长100、宽100、高110 ~ 160厘米。

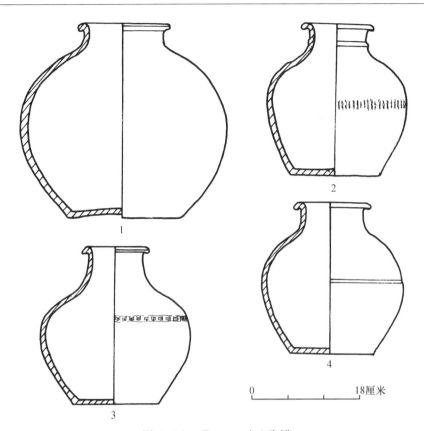

0   18厘米

图三三八　Ⅱ M1529出土陶罐
1. Ⅱ M1529：1　2. Ⅱ M1529：3　3. Ⅱ M1529：2　4. Ⅱ M1529：4

墓室为竖穴土坑。平面略呈梯形，壁面垂直，底较平。长420、宽140、深270厘米。内填五花土，土质较硬，略夯打。骨架2具，位于墓室中南部，保存较好，均头向北，西侧1具面向不清，东侧1具面向东，为仰身直肢双人合葬墓。随葬有陶灶1套、陶壶6件、陶缶2件、小陶罐1件、铜带扣1件，置于墓室西北角、东壁中部及南部（图三三九；图版五一，1、2）。

2. 随葬器物

该墓出土器物11件，质地有陶、铜等。

陶灶　1套（4件）。Ⅱ M1530：1，泥质灰陶。平面呈近圆形，灶面稍作弧形，五火眼上各置一釜，附带二盆一甑。后有圆形烟囱眼，上置方柱形烟囱，前置长方形灶门，无底，器表呈黑色。长33、宽31.2、高9~21厘米（图三四〇，2）。

陶缶　2件，灰陶。侈口，沿外撇，方唇，高领，鼓腹，平底。颈部及腹部饰数周凹弦纹，肩部饰网格纹。腹下有削坯痕。Ⅱ M1530：2，口径15、底径17.4、高33厘米（图三四一，1）。Ⅱ M1530：3，口径15、底径17.4、高33厘米（图三四一，2）。

陶壶　6件。Ⅱ M1530：4~6，黑灰陶。喇叭口，方唇，粗束颈，圆鼓腹，高假圈足外撇，平底稍内凹。口部饰一周凹弦纹。Ⅱ M1530：4，口径11.4、底径12.8、高23厘

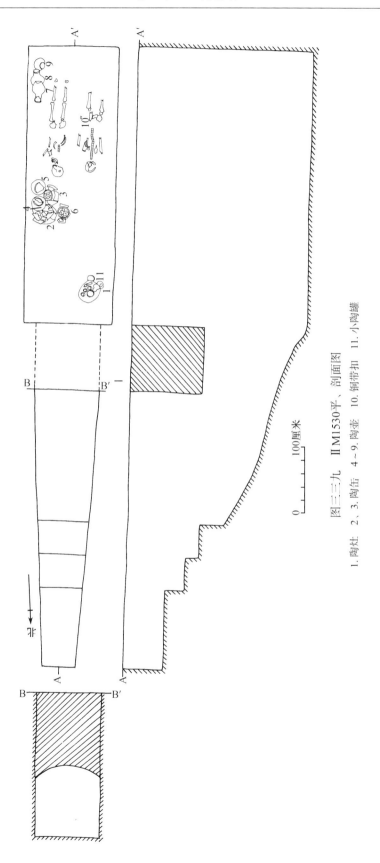

图三三九 ⅡM1530平、剖面图

1. 陶灶 2、3. 陶缶 4~9. 陶壶 10. 铜带扣 11. 小陶罐

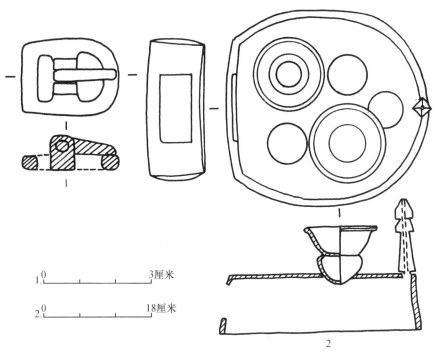

图三四〇　ⅡM1530出土器物
1.铜带扣（ⅡM1530：10）　　2.陶灶（ⅡM1530：1）

米（图三四一，6）。ⅡM1530：5，圈足处有削切痕。口径14.1、底径14.7、高29.8厘米（图三四一，7）。ⅡM1530：6，口径15.2、底径14.8、高29.6厘米（图三四一，4）。ⅡM1530：7～ⅡM1530：9，黑灰陶。侈口，方唇，束颈，鼓腹，平底。腹下有削切痕。ⅡM1530：7，口径11.6、底径12.8、高23厘米（图三四一，9）。ⅡM1530：8，口径11.2、底径11.4、高23厘米（图三四一，5）。ⅡM1530：9，口径11、底径10.8、高23厘米（图三四一，8）。

小陶罐　1件。ⅡM1530：11，黑灰陶。直口，沿稍外撇，圆唇，矮领，广肩，斜直腹，底不平。器表制作粗糙，刀削痕明显，器物变形。口径5.5、底径8、高7.3厘米（图三四一，3）。

铜带扣　1件。ⅡM1530：10，呈长方形，前边呈圆形，中部较宽，上侧呈凹字形，两侧带有圆孔，中间有扣舌，孔内有铁轴心穿过。长2.7、宽2.1厘米（图三四〇，1）。

ⅡM1531

1. 墓葬形制

斜坡式墓道土洞墓，方向0°，整体平面略呈"刀"形，由墓道和墓室两部分组成。

墓道位于墓室北端，竖穴墓道。平面呈长方形，东壁与墓室齐平，壁面较直，底呈斜坡平底状，坡度为16°。长600、宽120、深20～120厘米。

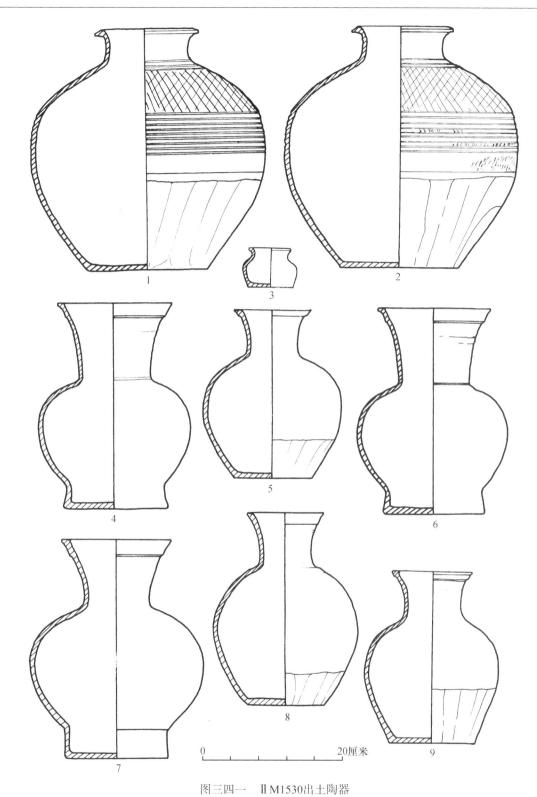

图三四一　ⅡM1530出土陶器

1、2.缶（ⅡM1530：2、ⅡM1530：3）　3.小罐（ⅡM1530：11）　4～9.壶（ⅡM1530：6、ⅡM1530：8、ⅡM1530：4、

ⅡM1530：5、ⅡM1530：9、ⅡM1530：7）

　　墓室为土洞。平面略呈梯形，为拱形顶土洞，四壁垂直，平底。长200、宽120~130、深40~80厘米。内填五花土，土质较软。骨架保存较差，仅存头骨，头向北，面向不清，葬式不清。经鉴定，墓主人性别不详，成年。随葬有陶罐3件，置于墓室东侧中部（图三四二）。

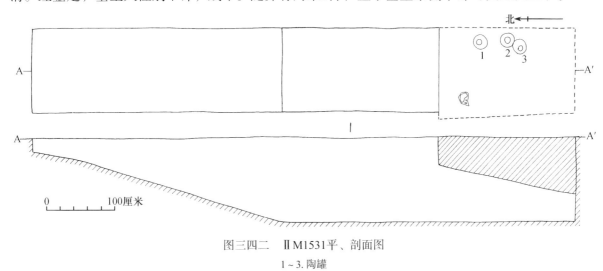

图三四二　ⅡM1531平、剖面图
1~3.陶罐

2. 随葬器物

　　该墓出土陶罐3件，灰陶。ⅡM1531：1，侈口，圆唇，沿斜折，高直领，广肩，鼓腹，平底。上腹部饰一周绳纹。器表不光滑，近底处有刮削痕。口径9.1、底径11.6、高21.3厘米（图三四三，3）。ⅡM1531：2，侈口，尖唇，沿斜折，广肩，鼓腹，平底。肩部饰一周绳纹。腹部不光滑，刮削痕明显，烧制变形。口径8、底径9.7、高21.1厘米（图三四三，2）。ⅡM1531：3，侈口，尖圆唇，沿斜折，高直领，广肩，鼓腹，平底。上腹部饰一周凸弦纹。器表有刮削痕。口径9.6、底径10.4、高22.3厘米（图三四三，1）。

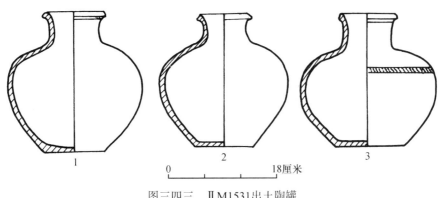

图三四三　ⅡM1531出土陶罐
1.ⅡM1531：3　2.ⅡM1531：2　3.ⅡM1531：1

ⅡM1543

1. 墓葬形制

竖穴土坑墓，方向10°，内填五花土，土质较硬，略夯打。平面呈长方形，四壁垂直，底较平。长240、宽80、深160厘米。在北壁墓底有一拱形头龛，平面呈长方形，平底状。长80、进深50、高70厘米。未发现骨架。随葬有陶罐1件、陶壶3件，殉牲骨，置于头龛内（图三四四）。

2. 随葬器物

该墓出土陶器4件，器形有罐、壶等。

罐　1件。ⅡM1543：1，泥质灰陶。大口微侈，方唇，鼓腹，平底稍内凹。腹上部饰弦断绳纹，口内外侧表皮脱落。口径15.9、底径12.7、高25.1厘米（图三四五，3）。

壶　3件。ⅡM1543：2，泥质灰陶。喇叭口，宽平唇，细长颈，鼓腹，假圈足外撇，平底。口径9.8、底径11.8、高22.9厘米（图三四五，1）。ⅡM1543：3，泥质黑灰陶。喇叭口，

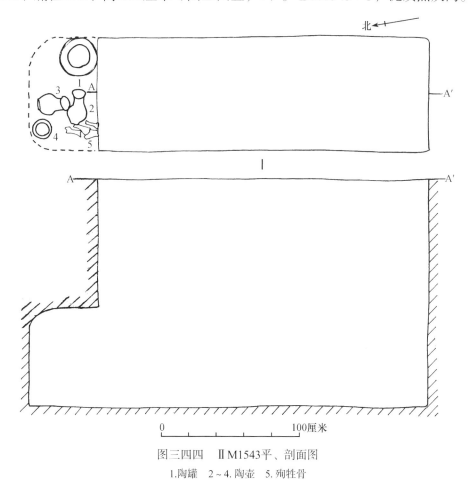

图三四四　ⅡM1543平、剖面图

1.陶罐　2~4.陶壶　5.殉牲骨

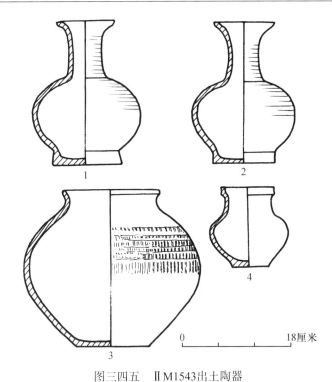

图三四五　Ⅱ M1543出土陶器
1、2、4.壶（Ⅱ M1543：2、Ⅱ M1543：3、Ⅱ M1543：4）　3.罐（Ⅱ M1543：1）

宽平唇，细长颈，鼓腹，矮假圈足较直，平底。口径10、底径10、高22.5厘米（图三四五，2；图版八五，1）。Ⅱ M1543：4，泥质黑灰陶。大盘口，方唇，粗颈，扁鼓腹，平底。近底处有刮削痕，变形。口径8.9、底径6、高12.9厘米（图三四五，4）。

Ⅱ M1560

1. 墓葬形制

斜坡式墓道土坑木椁墓，方向180°，整体平面略呈"甲"字形，由墓道、甬道、墓室三部分组成。

墓道位于墓室南端，竖穴墓道。平面呈梯形，壁面垂直，底呈斜坡状，坡度为10°。长340、宽80～120、深140～200厘米。

甬道位于墓道与墓室之间，为土洞。平面呈梯形，拱形顶，底呈斜坡状。长150、宽120～150、高110～140厘米。

墓室为竖穴土坑，深于甬道20厘米。平面略呈长方形，壁面垂直，平底。内填五花土，土质较硬，略夯打。长430、宽180、深260厘米。有葬具木椁，仅存朽痕，呈长方形，长400、宽140、厚6、残高20厘米。骨架位于木椁西南部，保存较好，头向北，面向不清，为仰身直肢葬。经鉴定，墓主人为男性，35～40岁。随葬有陶灶1套、陶盆1件、陶壶5件、陶罐3件，置于木椁东南及东北部（图三四六；图版五一，3）。

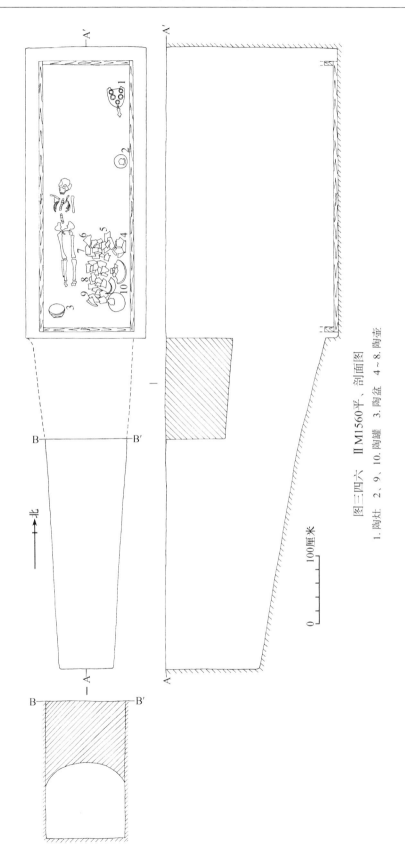

图三四六　ⅡM1560平、剖面图
1.陶灶　2、9、10.陶罐　3.陶盆　4~8.陶壶

2. 随葬器物

该墓出土陶器10件，器形有灶、盆、壶、罐等。

灶　1套（4件）。ⅡM1560∶1，泥质灰陶。平面呈船形，灶面稍作弧形，五火眼上各置一釜，附带二盆一甑。后有圆形烟囱眼，上置柱状形烟囱，中空，顶上有一隆节，前置长方形灶门，两侧置有挡风。长29.4、宽25.8、高14.4~29.4厘米（图三四七，4）。

罐　3件。ⅡM1560∶2，灰陶。侈口，平沿，圆唇，高直领，鼓腹，平底。近底部有刮削痕。口径10.5、底径8.7、高23.6厘米（图三四七，10）。ⅡM1560∶9，灰陶。侈口，方圆唇，沿稍外撇，鼓腹，平底。口径12.8、底径9.8、高16.5厘米（图三四七，9）。ⅡM1560∶10，灰陶。直口微侈，尖唇，沿外撇，领较直，鼓腹，平底。器表上有轮制弦纹。火候低。口径11.6、底径13.9、高28.2厘米（图三四七，5）。

盆　1件。ⅡM1560∶3，灰陶。直口微侈，卷沿，方唇，折腹，下腹斜收，小平底。腹上部饰宽凹弦纹和绳纹。近底处器表不光滑，刮削痕明显。盆内底有凸纽。口径22.6、底径7.6、高10厘米（图三四七，8）。

壶　5件。ⅡM1560∶4，黑灰陶。盘口，圆唇，粗短颈，鼓腹，大平底。腹部以上饰哑光暗弦纹。口径13.8、底径13.8、高25.3厘米（图三四七，7）。ⅡM1560∶5，盘口，粗短颈，圆鼓腹，圈足。腹部饰暗弦纹。口径15.2、底径17、高35厘米（图三四七，6）。ⅡM1560∶6、8，灰陶。盘口，方唇，粗弧颈，鼓腹，高假圈足外撇，平底。肩部饰宽带纹，腹部饰对称铺首。ⅡM1560∶6，口径16、底径14.7、高32厘米（图三四七，1）。ⅡM1560∶8，口径13.4、底径15.2、高32.9厘米（图三四七，2）。ⅡM1560∶7，黑灰陶。口颈残，弧腹，高圈足外撇。腹上部饰宽带纹。底径15.6、残高24.2厘米（图三四七，3）。

ⅡM1561

1. 墓葬形制

斜坡式墓道土坑木椁墓，方向0°，内填五花土，土质较软。平面呈长方形，四壁斜下内收，底较平。墓口长410、宽180、底长390、宽160、深350厘米。有葬具椁棺，仅存朽痕，呈长方形，椁长356、宽130、厚4、残高60厘米；棺长198、宽80、厚4、残高6厘米。骨架保存极差，仅存少量碎骨，头向不清，面向不清，葬式不清。经鉴定，墓主人为男性，成年。随葬有陶罐2件、铜带钩1件、铜镜1枚、铜扁壶1件、铜鐎1件，置于木椁内，铁带钩1件、铜钱3枚，置于棺内（图三四八；图版五二，1、2）。

2. 随葬器物

该墓出土随葬器物12件，质地有陶、铁、铜等。

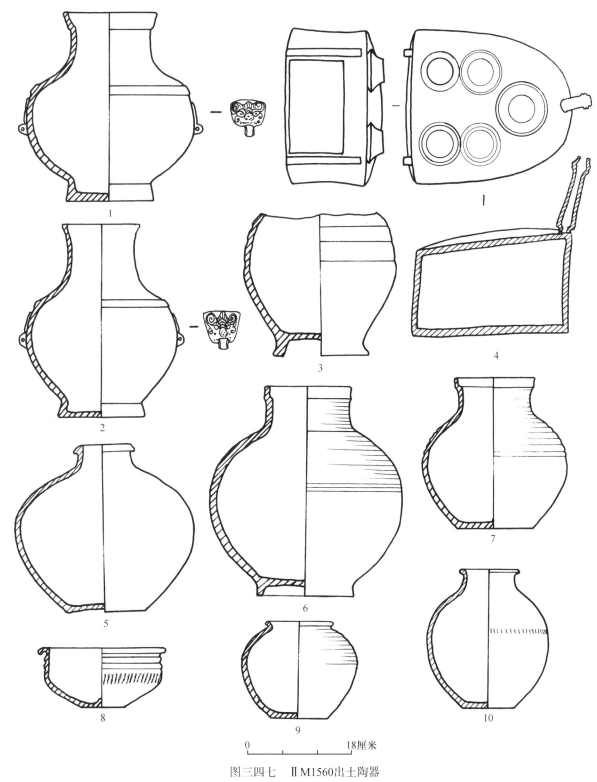

图三四七　ⅡM1560出土陶器

1~3、6、7.壶（ⅡM1560：6、ⅡM1560：8、ⅡM1560：7、ⅡM1560：5、ⅡM1560：4）　4.灶（ⅡM1560：1）

5、9、10.罐（ⅡM1560：10、ⅡM1560：9、ⅡM1560：2）　8.盆（ⅡM1560：3）

图三四八　ⅡM1561平、剖面图

1.铜带钩　2. 铜镜　3. 铜扁壶　4、5. 陶罐　6. 铜提梁卣　7. 铁带钩　8～10. 铜钱

陶罐　2件。ⅡM1561∶4，褐陶。侈口，圆唇，沿斜折，丰肩，鼓腹，平底。腹上部饰宽带纹，器表划痕较多，近底有刮削痕。口径14、底径13.7、高27.2厘米（图三四九，4）。ⅡM1561∶5，灰褐陶。侈口，平沿，尖圆唇，鼓腹，下腹斜收，平底内凹。腹下有修削痕。口径18、底径14.4、高26.2厘米（图三四九，5）。

铜带钩　1件。ⅡM1561∶1，整体呈鸟形，钩面浮雕呈鸟形，奓尾，体截面呈片状，嘴部前出作钩颈，根部有一道凹箍，钩首残，腹背内凹。圆纽，边略残，位于钩背中部。残长10.2、颈厚0.3厘米（图三四九，3；图版一〇三，1）。

铜镜　1枚。ⅡM1561∶2，星云纹镜。圆形，镜面微凸，连峰纽，纽座外为内向十六连弧纹，其外两周细凸弦纹之间为主纹。四枚带座乳钉环列四方，将镜背分为四区，每区内各有六

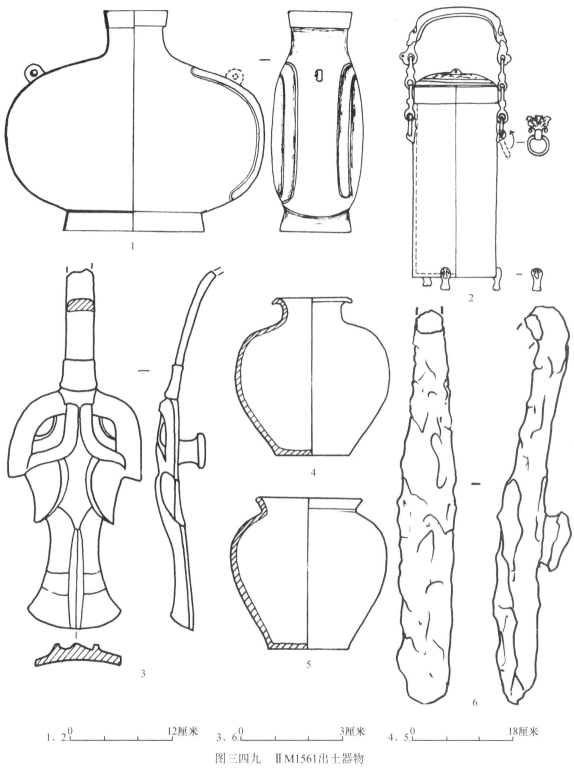

1、2 0 _____ 12厘米　　　3、6 0 _____ 3厘米　　　4、5 0 _____ 18厘米

图三四九　ⅡM1561出土器物

1.铜扁壶（ⅡM1561：3）　2.铜鐎（ⅡM1561：6）　3.铜带钩（ⅡM1561：1）

4、5.陶罐（ⅡM1561：4、ⅡM1561：5）　6.铁带钩（ⅡM1561：7）

枚小乳（两乳为一组，每区三组），每组小乳钉以曲线连接，形成星云状。内向十六连弧纹缘。面径10.3、背径10.1、缘厚0.4厘米（图三五〇；图版一〇四，2）。

铜鋞　1件。ⅡM1561：6，器体为方唇，高筒腹，平底，三矮兽面形蹄足。盖面隆起，顶中部带有提纽，提梁两端作龙首状，龙首各衔两节"8"字形环，与器身沿下的兽面形铺首衔环相连接。口径10、通高25.2厘米（图三四九，2；图版九七，3）。

铜扁壶　1件。ⅡM1561：3，侈口，方唇，椭圆形扁腹，长方形圈足微外撇。口沿外一周宽带纹，肩部饰对称半圆形穿耳，一侧已残，腹部沿弧棱边饰凹宽带纹。口径7.6、底径16.6、通高25.4厘米，腹宽30.6、腹厚10.6厘米（图三四九，1；图版九七，1）。

铁带钩　1件。ⅡM1561：7，锈蚀严重，整体平面呈曲棒形，钩颈及尾部较细，中部较粗。素面，钩首残，圆纽位于钩背较粗处。长11.3厘米，截面径1.2厘米（图三四九，6）。

铜钱　3枚，"五铢"，篆书，横读。"五"字交笔斜直或缓曲，"铢"字金字头呈三角形，"朱"字头为上方折，下圆折。ⅡM1561：8，"五"字交笔斜直。直径2.55、穿宽1厘米，重4克（图三五一，3）。ⅡM1561：10，"五"字交笔缓曲。直径2.55、穿宽1厘米，重4克（图三五一，1；图版一一六，3上右）。ⅡM1561：9，直径2.55、穿宽1厘米，重3.4克（图三五一，2；图版一一六，3上左）。

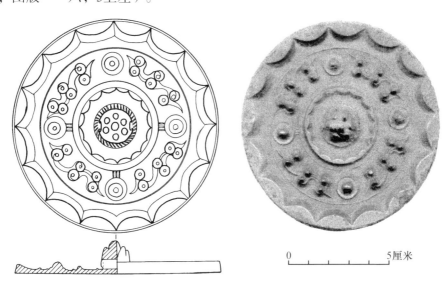

图三五〇　ⅡM1561出土铜镜

（ⅡM1561：2）

图三五一　ⅡM1561出土铜钱

1.ⅡM1561：10　2.ⅡM1561：9　3.ⅡM1561：8

ⅡM1583

1. 墓葬形制

斜坡式墓道土坑墓，方向0°，整体平面呈"甲"字形，由墓道、甬道、墓室组成。

墓道位于墓室北端，竖穴墓道。平面呈梯形，周壁平整，底呈台阶斜坡状，台阶为一级，以南为斜坡。清理长350、宽90~100、深150~280厘米。

甬道位于墓室与墓道之间，为土洞。平面呈梯形，拱形顶，底部较平整。长160、宽100~110、高120厘米。

墓室为竖穴土坑。平面呈长方形，四壁垂直，底较平。长380、宽140、深280厘米。内填五花土，土质较软。有葬具木棺，仅存痕迹，平面呈长方形，长312、宽112、厚6、残高30厘米。骨架放棺内西南，仅存下肢骨，头向北，仰身直肢葬。随葬有铜印坯1枚、铜饰件1件、陶缶1件、陶罐1件、陶壶3件，置于棺内东部（图三五二）。

2. 随葬器物

该墓出土器物7件，质地有陶、铜等。

陶缶　1件。ⅡM1583：3，泥质红褐陶。小直口，平折沿，尖圆唇，高直颈，鼓腹，大平底，器表隐约可见绳纹。口径13、底径21、高34.3厘米（图三五三，1）。

陶罐　1件。ⅡM1583：4，泥质灰褐陶。侈口，圆唇，卷沿，矮领，折肩，上腹较直，下腹斜收，平底。肩部饰两周暗锯齿纹，上腹部饰弦断绳纹，下腹有刮削痕。口径15、底径14.5、高23厘米（图三五三，2）。

陶壶　3件。ⅡM1583：5，泥质黑灰陶。喇叭口，方唇，斜折沿，细长颈，束颈，鼓腹，

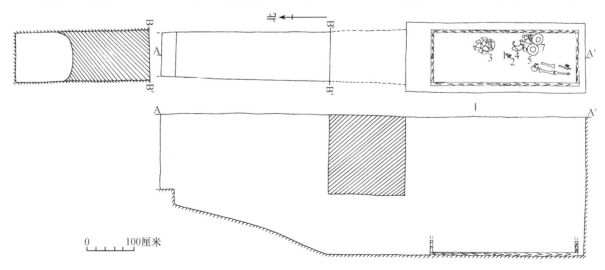

图三五二　ⅡM1583平、剖面图

1.铜印坯　2.铜饰件　3、4.陶缶　5~7.陶壶

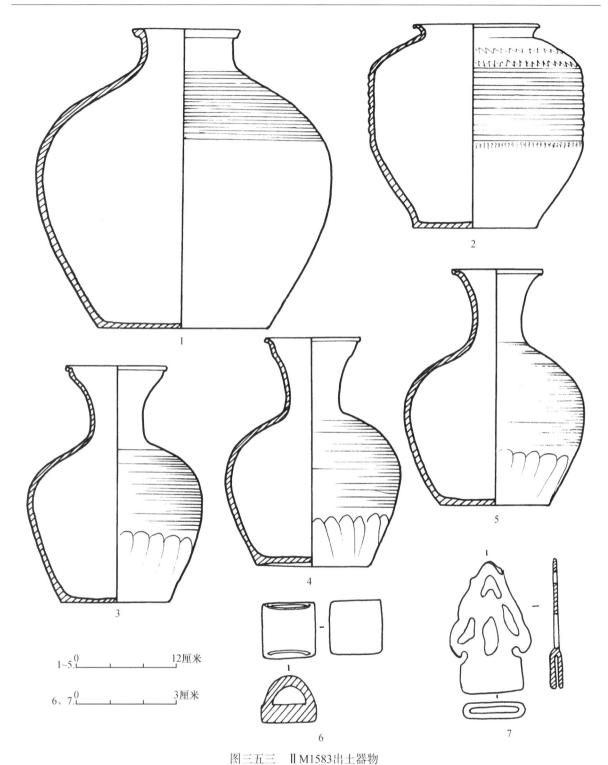

图三五三　ⅡM1583出土器物

1.陶缶（ⅡM1583∶3）　2.陶罐（ⅡM1583∶4）　3～5.陶壶（ⅡM1583∶6、ⅡM1583∶7、ⅡM1583∶5）

6.铜印坯（ⅡM1583∶1）　7.铜饰件（ⅡM1583∶2）

1～5. 0 ⊢⊢⊢⊢⊢⊣ 12厘米

6、7. 0 ⊢⊢⊢⊣ 3厘米

大平底，下腹有刮削痕，器表有烟炱，器底有一方形戳印。口径10.9、底径13.5、高27厘米（图三五三，5）。ⅡM1583：6，泥质深灰陶。盘口，方唇，平折沿，束颈，鼓腹，平底，下腹有刮削痕，器表有划痕，器底有一方形戳印。口径12、底径12.5、高26.9厘米（图三五三，3）。ⅡM1583：7，泥质深灰陶。盘口，方唇，斜折沿，细束颈，鼓腹，大平底内凹，下腹有刮削痕，器表有烟炱，器底有一方形戳印。口径11.5、底径14、高26厘米（图三五三，4）。

铜印坯　1枚。ⅡM1583：1，方形，桥形纽，印面无字。边长1.6、高1.3厘米（图三五三，6）。

铜饰件　1件。ⅡM1583：2，前端呈片状三角形，带镂孔，近尖部微凸起，尾端呈长条形銎孔。长3.7、銎长1.4、宽1.5厘米（图三五三，7）。

ⅡM1605

1. 墓葬形制

台阶式墓道土坑墓，方向105°，内填五花土，土质较硬，略夯打。整体平面略呈"甲"字形，由墓道、甬道与墓室组成。

墓道位于墓室东端，为台阶斜坡式墓道。平面略呈梯形，口大于底，壁面斜下内收，墓道底为三节台阶和斜坡，坡度为15°。长390、宽90～110、深70～210厘米。

甬道位于墓道与墓室之间，平面呈方形，拱形顶，斜底。长70、宽70、高100～110厘米。

墓室为竖穴土坑。平面略呈梯形，四壁垂直，平底。长280、宽120～146、深220厘米。骨架保存较好，头向东，面向北，单人葬，仰身直肢葬。随葬有陶壶3件，置于墓室中部偏南（图三五四）。

2. 随葬器物

该墓出土陶壶3件，泥质灰陶。ⅡM1605：1，敞口，方唇，束颈，鼓腹，假圈足外撇，平底略内凹。肩部饰宽带纹，腹部饰一道凹弦纹及对称铺首衔环。口径13、底径11.6、高27.6厘米（图三五五，3）。ⅡM1605：2、3，敞口，方唇，细束颈，鼓腹，假圈足外撇，平底内凹，肩部饰宽带弦纹，腹饰一道凹弦纹及对称铺首，圈足上有削痕。ⅡM1605：2，口径12、底径11.7、高26.8厘米（图三五五，1）。ⅡM1605：3，口径11.7、底径12、高26.5厘米（图三五五，2）。

ⅡM1606

1. 墓葬形制

竖穴土坑墓，方向85°，内填五花土，土质较硬。平面呈长方形，四壁斜下内收，底较平。墓口长270、宽110、底长250、宽90、深200厘米。骨架保存一般，头向东，面向北，仰身直肢葬。在东壁底部有一头龛，平面呈长方形，拱形顶，长90、进深36、高30～50厘米。随葬陶壶3件、陶罐1件，置于头龛内（图三五六）。

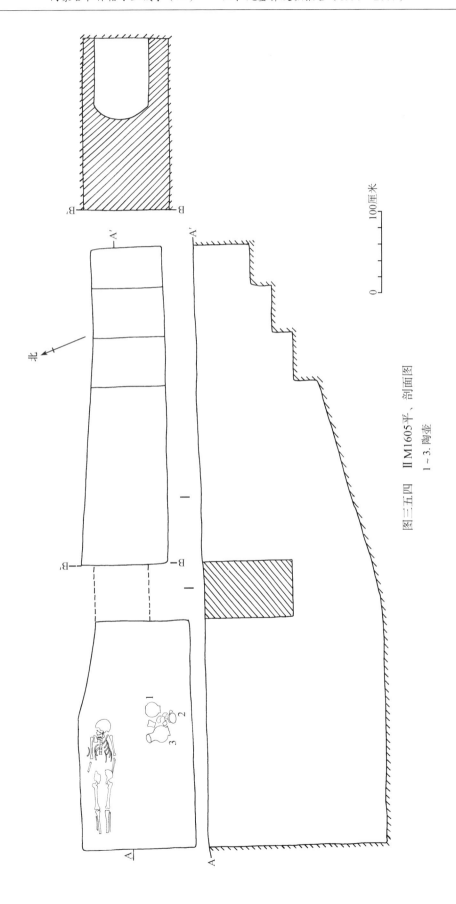

图三五四　ⅡM1605平、剖面图
1~3. 陶壶

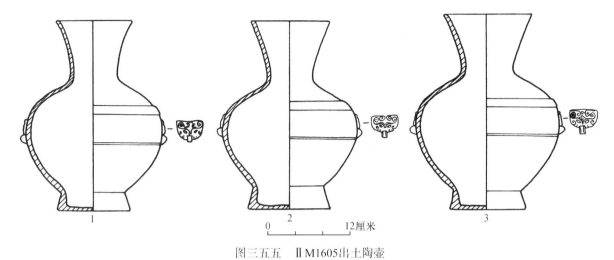

图三五五　ⅡM1605出土陶壶

1. ⅡM1605：2　2. ⅡM1605：3　3. ⅡM1605：1

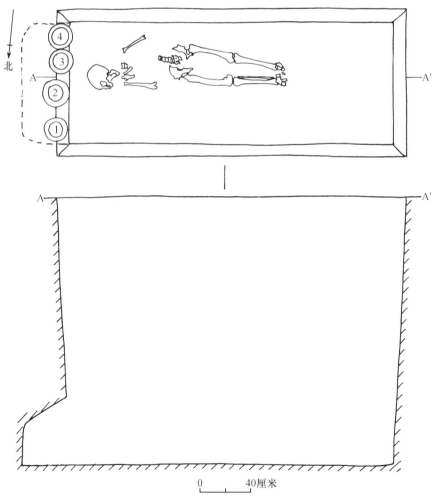

图三五六　ⅡM1606平、剖面图

1. 陶罐　2~4. 陶壶

2. 随葬器物

该墓出土陶器4件，器形有罐、壶等。

壶　3件。喇叭口，束颈，鼓腹，平底内凹，器表绘红黑彩卷云纹，下腹有刮削痕。ⅡM1606：2，口径11、底径11.8、高24.1厘米（图三五七，1）。ⅡM1606：3，口径11.1、底径10、高23厘米（图三五七，3）。ⅡM1606：4，口径12、底径10、高24厘米（图三五七，2）。

罐　1件。ⅡM1606：1，侈口，方唇，鼓腹，下腹急收，平底。上腹部饰凹弦纹，下腹有刮削痕。口径12.7、底径11、高18.2厘米（图三五七，4）。

0　　　　　　12厘米

图三五七　ⅡM1606出土陶器

1～3.壶（ⅡM1606：2、ⅡM1606：4、ⅡM1606：3）　4.罐（ⅡM1606：1）

Ⅱ M1608

1. 墓葬形制

竖穴土坑墓，方向270°，内填五花土，土质较软。平面呈长方形，四壁垂直，底较平。长190、宽80、深40厘米。骨架仅存头骨与下肢骨，头向西，面向上，葬式不清。随葬有陶罐2件，置于头骨两侧，铁削1件，置于右腿外侧（图三五八；图版五三，1、2）。

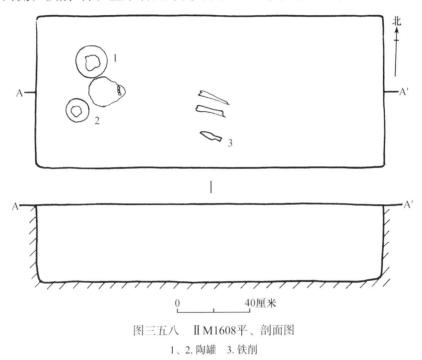

图三五八　Ⅱ M1608平、剖面图
1、2. 陶罐　3. 铁削

2. 随葬器物

该墓出土器物3件，质地有陶、铁等。

陶罐　2件。Ⅱ M1608：1，夹砂灰褐陶，口残，溜肩，卵形腹，平底略内凹。肩部饰一周泥条附加堆纹，上饰指甲纹。底径8、残高20.5厘米（图三五九，1）。Ⅱ M1608：2，泥质红褐陶，侈口，方唇，弧颈，鼓腹，以下残碎。

铁削　1件。M1608：3，刀柄为楔形，应另有套柄。刀身由尖部开始逐渐变宽，直刃，平背微弧，截面呈三角形，尖部残损。连柄残长7.7厘米（图三五九，2）。

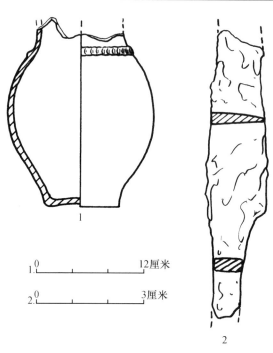

图三五九　ⅡM1608出土器物

1. 陶罐（ⅡM1608：1）　2. 铁削（ⅡM1608：3）

ⅡM1609

1. 墓葬形制

竖穴土坑墓，方向90°，内填五花土，土质较硬。平面呈长方形，四壁斜下内收，底较平。墓口长306、宽126、底长290、宽108、深220厘米。骨架保存较好，头向东，面向上，单人仰身直肢葬。随葬有陶罐3件，置于墓室的东南角（图三六〇）。

2. 随葬器物

该墓出土陶罐3件，泥质灰陶。ⅡM1609：1，侈口，尖圆唇，斜折沿，矮直领，扁鼓腹，平底内凹。腹部饰一周绳纹，腹下有刮削痕。底部有一方形印记。口径10.3、底径11.6、高18.2厘米（图三六一，3）。ⅡM1609：2，烧制变形。侈口，圆唇，矮领，鼓腹，下腹斜收，平底。腹上部饰一周绳纹，腹下有刮削痕。口径11、底径10.5、高19.6厘米（图三六一，1）。ⅡM1609：3，侈口，圆唇，斜折沿，矮直领，圆肩，鼓腹，腹下斜收，平底。肩部饰刻划网格纹，腹部饰水波纹，腹下有刮削痕。口径10.2、底径9.4、高18.5厘米（图三六一，2）。

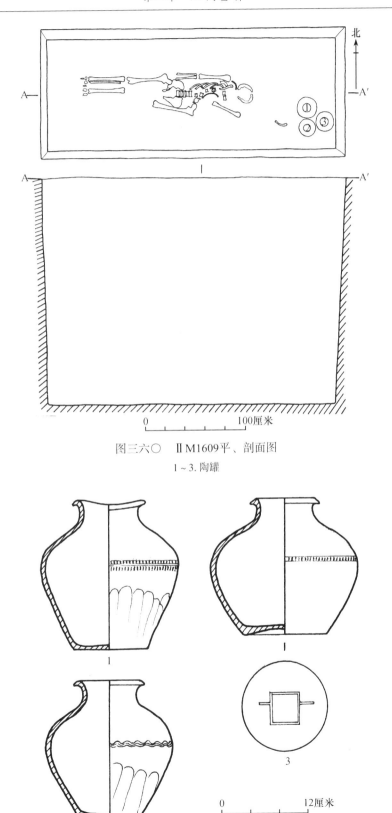

图三六〇　ⅡM1609平、剖面图

1~3.陶罐

图三六一　ⅡM1609出土陶罐

1.ⅡM1609：2　2.ⅡM1609：3　3.ⅡM1609：1

Ⅱ M1610

1. 墓葬形制

竖穴土坑木椁墓，方向0°，内填五花土，土质较硬。平面呈长方形，四壁斜下内收，底较平。墓口长442、宽200、底长404、宽160、深440厘米。有葬具棺椁，仅存朽痕，呈长方形，椁长382、宽140、厚6、残高30厘米，棺位于木椁南侧中部，长198、宽70、厚4、残高20厘米。骨架保存一般，头向北，面向上，单人仰身直肢葬。经鉴定，墓主人为女性，老年。随葬有陶壶3件、陶罐2件、铜扁壶1件，殉牲骨，置于木椁内北侧（图三六二；图版五四，1、2）。

图三六二　Ⅱ M1610平、剖面图

1、2、5. 陶壶　3、4. 陶罐　6. 铜扁壶　7. 殉牲骨

2. 随葬器物

该墓出土器物6件，质地有陶、铜等。

陶壶　3件。ⅡM1610：1，泥质黑灰陶。喇叭口，方唇，唇上有凹槽，细束颈，圆肩，鼓腹，腹下斜收，平底，器表深黑色，颈饰红彩倒三角纹，腹部隐约可见有白彩绘，下腹有刮削痕。口径11.5、底径12、高25.7厘米（图三六三，3）。ⅡM1610：2，泥质红褐陶。喇叭口，沿略斜折，尖圆唇，细弧颈，溜肩，鼓腹，平底。肩、腹部隐约可见有红色彩绘，下腹有刮削痕。口径13、底径11.7、高27.4厘米（图三六三，2）。ⅡM1610：5，泥质褐陶。喇叭口，平沿，细弧颈，溜肩，鼓腹，平底。器表涂黑衣，隐约可见有红彩绘，下腹有刮削痕。口径13、底径12.6、高26.5厘米（图三六三，1）。

陶罐　2件。ⅡM1610：3，泥质灰褐陶。侈口，圆唇，卷沿，高领，溜肩，鼓腹，平底。下腹有刮削痕。口径13.5、底径13.6、高27.5厘米（图三六三，6）。ⅡM1610：4，泥质黑灰陶。侈口，方唇，斜折沿，高领，圆肩，鼓腹，平底。下腹有刮削痕。口径12.2、底径13、高25.9厘米（图三六三，5）。

铜扁壶　1件。ⅡM1610：6，侈口，方唇，唇内侧已残损，口沿外有一周宽凸棱，颈较直，椭圆形扁腹，上腹部黏附对称铺首衔环，一侧无环，长方形圈足微外撇。口径7.8、底径16、高26.8厘米，腹宽31.2、腹厚8.4厘米（图三六三，4；图版九七，2）。

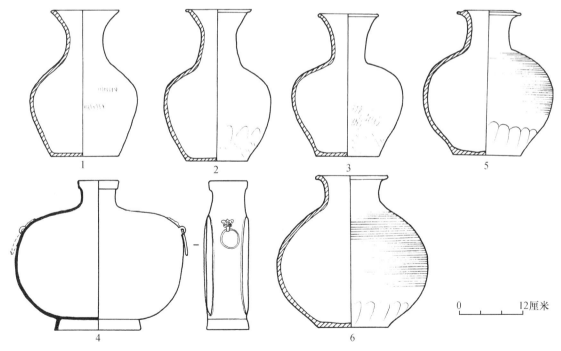

图三六三　ⅡM1610出土器物

1～3.陶壶（ⅡM1610：5、ⅡM1610：2、ⅡM1610：1）　4.铜扁壶（ⅡM1610：6）　5、6.陶罐（ⅡM1610：4、ⅡM1610：3）

Ⅱ M1647

1. 墓葬形制

斜坡式墓道土洞墓，方向0°，整体平面略呈梯形，由墓道和墓室两部分组成。

墓道位于墓室北端，竖穴墓道。平面呈梯形，壁面较直，底呈斜坡状，坡度为17°。长310、宽80~130、深194~250厘米。

墓室为土洞，低于墓道10厘米。平面呈长方形，拱形顶，进深10厘米，壁面垂直，平底。长310、宽158、高120厘米。内填五花土，土质较硬，略夯打。骨架2具，均下半身置于土洞内，西边骨架保存较好，头向北，面向西，为仰身直肢葬；东边骨架仅存下肢骨，头向北，面向不清，为仰身直肢葬，双人合葬墓。随葬有陶壶6件、小陶罐5件、陶罐1件、陶灶2套、陶井2套、铜钱1枚，置于墓室北部（图三六四；图版五五，1、2）。

2. 随葬器物

该墓出土器物17件，质地有陶器、铜钱等。

陶壶　6件，泥质灰陶。ⅡM1647：1、ⅡM1647：2，盘口，圆唇，短粗颈较直，扁鼓腹，矮假圈足，平底。腹部饰一道凹弦纹及对称铺首衔环，环用红彩绘制，并绘有鬃毛及胡须。ⅡM1647：1，口径13.2、底径11、高23.1厘米（图三六五，2）。ⅡM1647：2，口径12.6、底径11、高22.6厘米（图三六五，4）。ⅡM1647：3，盘口，圆唇，短粗颈较直，扁鼓腹，平底。腹部饰宽带纹及对称铺首衔环，环用红彩绘制，并绘有鬃毛及胡须。口径13.2、底径10、高22.8厘米（图三六五，5）。ⅡM1647：4，敞口，舌状唇，粗束颈，鼓腹，假圈足较直，平底。肩部饰宽带纹，腹部饰一道凹弦纹及对称铺首衔环。口径13、底径9.5、高23.1厘米（图三六五，1）。ⅡM1647：11，敞口，方唇，沿外有宽棱，束颈，鼓腹，假圈足略内收，平底。肩部饰宽带纹，腹饰对称铺首衔环。口径12.4、底径9.5、高24.3厘米（图三六五，6）。ⅡM1647：12，敞口，方唇，沿外有一宽带纹，短束颈，鼓腹，假圈足，平底。肩部饰一道凹弦纹，腹部饰一道凹弦纹及对称铺首衔环，铺首上涂红彩，器表磨光。口径12.4、底径9.8、高22.8厘米（图三六五，3）。

陶罐　1件。ⅡM1647：5，泥质灰陶。侈口，圆唇，斜折沿，高领，鼓腹，平底。肩腹交界处饰一周绳纹。口径10.7、底径12.7、高21.5厘米（图三六六，3）。

陶灶　2套，泥质灰陶。ⅡM1647：7，平面呈船形，灶面微鼓，后端残损，三火眼呈品字形，上置一罐两釜，附带两盆。前置长方形灶门，两侧有挡风，平底。长20.9、宽18、高11.2~13.6厘米（图三六六，1）。ⅡM1647：8，平面呈船形，灶面微鼓，三釜眼各置一釜，呈品字形，附带两盆一甑。后有圆形烟囱眼，上置圆柱形烟囱，顶有隆节，前端置长方形灶门，两侧有挡风，平底。长22.4、宽20、高12.4~22厘米（图三六六，8）。

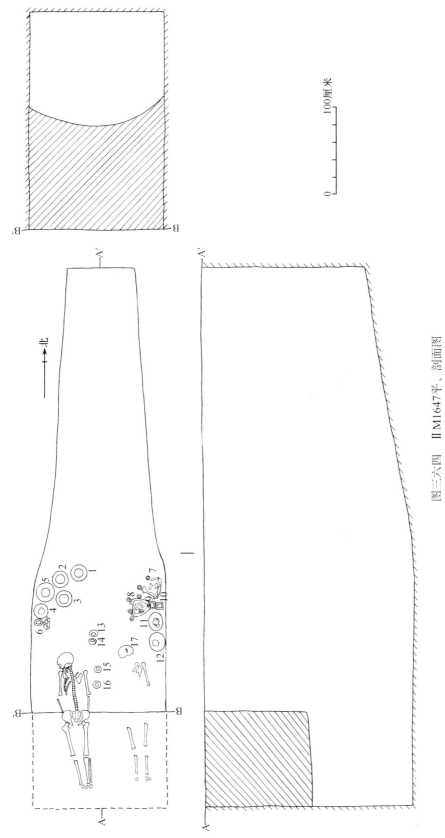

图三六四 ⅡM1647平、剖面图

1～4、11、12. 陶壶 5. 陶罐 6、13～16. 小陶罐 7、8. 陶桩 9、10. 陶井、吊瓶 17. 铜钱

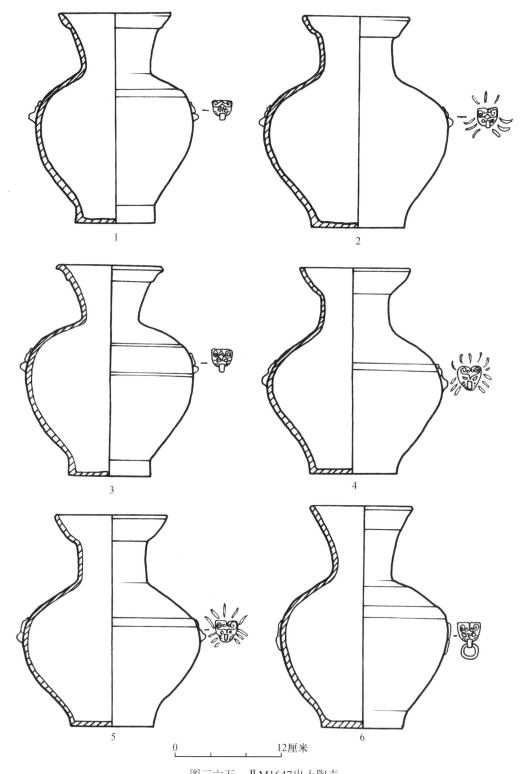

图三六五　　Ⅱ M1647出土陶壶

1. Ⅱ M1647：4　2. Ⅱ M1647：1　3. Ⅱ M1647：12　4. Ⅱ M1647：2　5. Ⅱ M1647：3　6. Ⅱ M1647：11

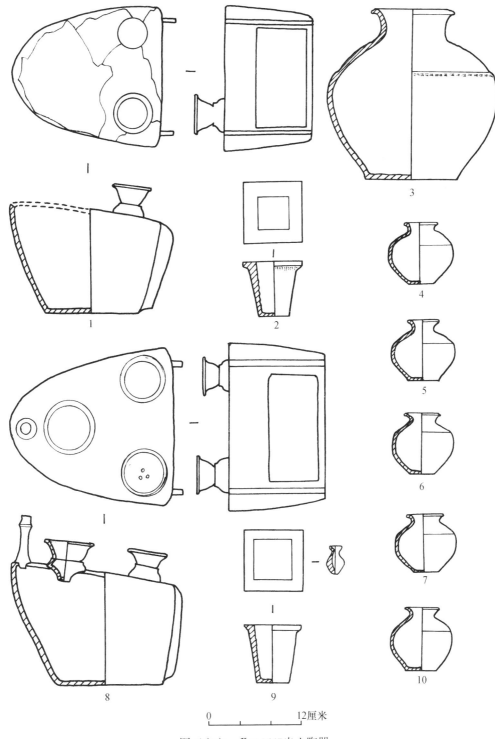

图三六六　ⅡM1647出土陶器

1、8.灶（ⅡM1647∶7、ⅡM1647∶8）　　2、9.井（ⅡM1647∶9、ⅡM1647∶10）　　3.罐（ⅡM1647∶5）

4～7、10.小罐（ⅡM1647∶13、ⅡM1647∶16、ⅡM1647∶15、ⅡM1647∶14、ⅡM1647∶6）

　　陶井　2套，泥质灰陶。ⅡM1647：9，平面呈方形，截面呈梯形，上大下小，平底，内壁有凸棱纹。口边长7.6、底边长4.5、高6.9厘米（图三六六，2）。ⅡM1647：10，平面呈方形，截面呈梯形，平底。底上有划痕，内壁有凸棱纹。吊瓶，敞口，束颈，鼓腹，圜底。口边长7.6、底边长4.5、高7.2厘米（图三六六，9）。

　　小陶罐　5件，泥质灰陶。敞口，圆唇，折肩，方鼓腹，腹下斜收，小平底。ⅡM1647：6，口径4.7、底径4、高8厘米（图三六六，10）。ⅡM1647：13，口径4.8、底径4、高7.8厘米（图三六六，4）。ⅡM1647：14，口径4.8、底径3.8、高7.2厘米（图三六六，7）。ⅡM1647：15，口径4.5、底径3.7、高7.8厘米（图三六六，6）。ⅡM1647：16，口径4.5、底径4.2、高7.6厘米（图三六六，5）。

ⅡM1648

1. 墓葬形制

　　台阶式墓道土坑墓，方向5°，整体平面略呈"甲"字形，由墓道和墓室两部分组成。被ⅡM1643打破。

　　墓道位于墓室北侧，竖穴墓道。平面呈梯形，壁面较直，底呈台阶斜坡状。台阶三级，南端为斜坡。清理长330、宽80～140、深200～280厘米。内填五花土，土质较软。

　　墓室为竖穴土坑。平面呈长方形，四壁垂直，平底。长330、宽160、深280厘米。骨架2具，保存较差，仅存下肢骨，头向北，面向不清，直肢葬。随葬有陶灶残片，置于墓室。填土出土铜钱1枚（图三六七）。

2. 随葬器物

　　该墓出土器物2件，质地有陶、铜等。

　　陶灶　残片，灰陶，形制不清。

　　铜钱　1枚。ⅡM1648：01，"五铢"，横读，郡国五铢，穿上横郭，"五"字交笔微弯曲，"铢"字金字旁上部呈箭镞形，朱字上部方折，钱面规整，窄轮。直径2.6、穿宽1厘米，重4克（图三六八）。

ⅡM1673

1. 墓葬形制

　　长斜坡式墓道土洞墓，方向5°，内填五花土。平面呈甲字形，由墓道和墓室两部分组成。

　　墓道位于墓室北侧，竖穴墓道。平面呈梯形，底为台阶斜坡状。台阶为三级，南端为长斜坡。长1100、宽100～160、深80～240厘米。

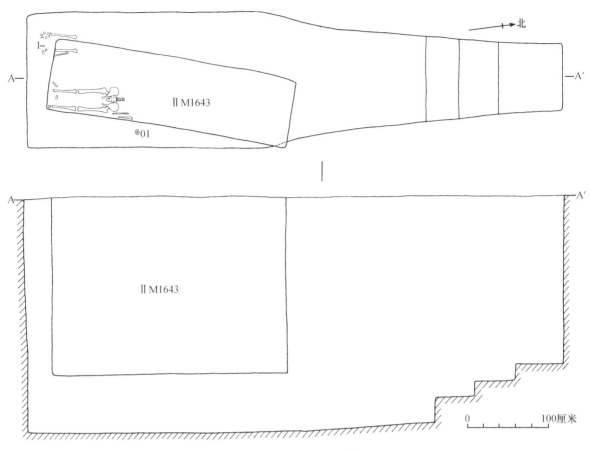

图三六七　ⅡM1648平、剖面图
01.铜钱（填土出）　1.陶灶残片

墓室为土洞。平面呈长方形，拱形顶，洞内底部为斜坡，北高南低。长230、宽120、高120厘米，骨架保存一般，头向南，面向上，仰身直肢。随葬有陶壶3件、陶罐3件、陶灶1件、陶井1件，置于墓室东北角及东南角（图三六九）。

2. 随葬器物

该墓出土陶器8件，器形有壶、罐、灶、井等。

罐　3件，泥质灰陶。ⅡM1673：1，敞口，方圆唇，广肩，弧腹斜收，大平底。腹部饰一周绳纹带，近底有刮削痕，底部有一方形戳印。口径14.6、底径15.6、高19.8厘米（图三七〇，3）。ⅡM1673：2，口部烧制变形，矮领，广肩，弧腹斜收，平底。腹部饰一周绳纹带，腹下有刮削痕。口径17、底径17、高27.5厘米（图三七〇，1）。ⅡM1673：6，侈口，圆唇，溜肩，鼓腹，平底。颈部饰凸棱一周，腹部饰两周压印纹。口径9.4、底径8.8、高14.8厘米（图三七〇，7）。

图三六八　ⅡM1648出土铜钱
（ⅡM1648：01）

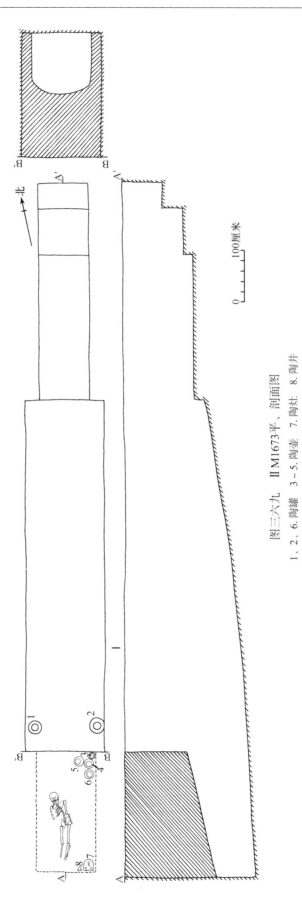

图三六九　ⅡM1673平、剖面图

1、2、6. 陶罐　3～5. 陶壶　7. 陶灶　8. 陶井

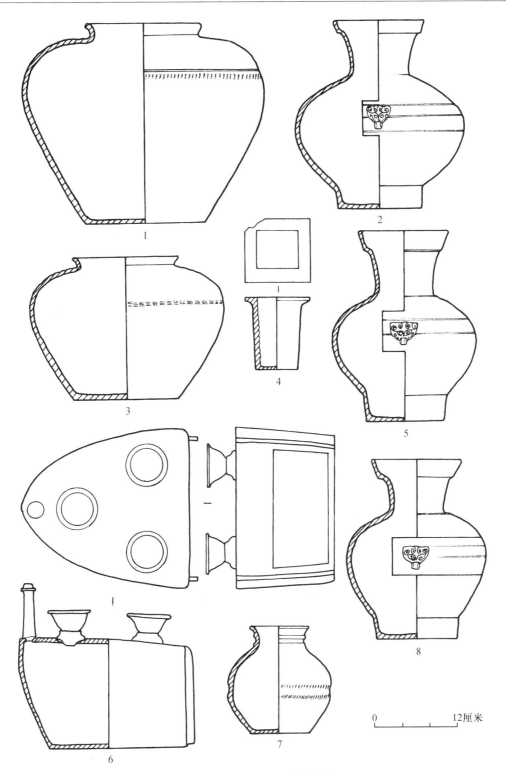

图三七〇　ⅡM1673出土陶器

1、3、7.罐（ⅡM1673：2、ⅡM1673：1、ⅡM1673：6）　2、5、8.壶（ⅡM1673：4、ⅡM1673：3、ⅡM1673：5）
4.井（ⅡM1673：8）　6.灶（ⅡM1673：7）

壶　3件。泥质灰陶。盘口，圆唇，束颈，扁鼓腹，高假圈足略内收，平底略内凹。腹部饰对称兽面铺首衔环，环为红色彩绘，并绘制鬃毛。ⅡM1673：3，口径13.5、底径11.7、高26.6厘米（图三七〇，5）。ⅡM1673：4，口径12.8、底径12.3、高26厘米（图三七〇，2）。ⅡM1673：5，口径13、底径12、高25厘米（图三七〇，8）。

灶　1套。ⅡM1673：7，泥质灰陶。平面呈船形，灶面微鼓，三火眼各置一釜，呈"品"字形，后置圆形烟囱眼，置一柱形烟囱，上端有隆节，前置长方形灶门，两侧有挡风，平底，附带2盆1甑。长24.8、宽22.4、高14~22.8厘米（图三七〇，6）。

井　1件。ⅡM1673：8，泥质灰陶。平面呈长方形，截面呈方柱体，平底，内侧有瓦棱。口边长9.7、底边长6.4、高10.3厘米（图三七〇，4）。

ⅡM1701

1. 墓葬形制

竖穴墓道单室砖墓，方向10°，整体平面略呈"甲"字形，由墓道、墓室两部分组成。

墓道位于墓室北端，未清理。

墓室为单砖室。平面呈长方形，券顶。长360、宽180、残高120厘米。东西南三壁用长条砖顺置错缝平砌至100厘米处；底有条砖横置平铺。墓门为砖砌拱形顶门洞。通高220、洞高120、宽38厘米。砖长30厘米、宽15厘米、厚5厘米。双人合葬墓，骨架并列置于墓室南部，保存较好，西侧人骨头向北，面向东，为仰身直肢葬，男性，35~40岁；东侧人骨头向北，面向上，为仰身直肢葬，女性，老年。随葬有陶壶3件、陶罐8件、陶灶1套、陶井1套，置于墓室北部及骨架之间（图三七一）。

2. 随葬器物

该墓出土陶器6件，器形有小罐、灶、井等。

井　1套（2件）。ⅡM1701：1，泥质灰陶。平面呈方形，井腹呈方柱体，平底，内壁有凸棱。吊瓶，灰陶，侈口，束颈，溜肩，折腹，平底。手制。口径8、底径4.6、高7.3厘米（图三七二，2）。

灶　1套。ⅡM1701：2，泥质灰陶。平面呈船形，灶面微鼓，三釜眼各置一釜，呈"品"字形，后有圆形烟囱眼，缺烟囱，前置长方形灶门，两侧有挡风，平底。附带一盆一甑。长22、宽18.4、高12.8~17.2厘米（图三七二，1）。

小罐　4件。ⅡM1701：3，泥质深灰陶。侈口，钝方唇，折肩，折肩处起泥棱，方鼓腹，腹下急收，小平底。肩部饰暗三角纹，近底有刮削痕。口径4.4、底径3.8、高6.6厘米（图三七二，4）。ⅡM1701：4，泥质灰陶。敞口，圆唇，高领，折肩，折棱明显，鼓腹，平底。肩部磨光。口径4.6、底径4、高8.3厘米（图三七二，3）。ⅡM1701：5、6，泥质灰陶。侈口，

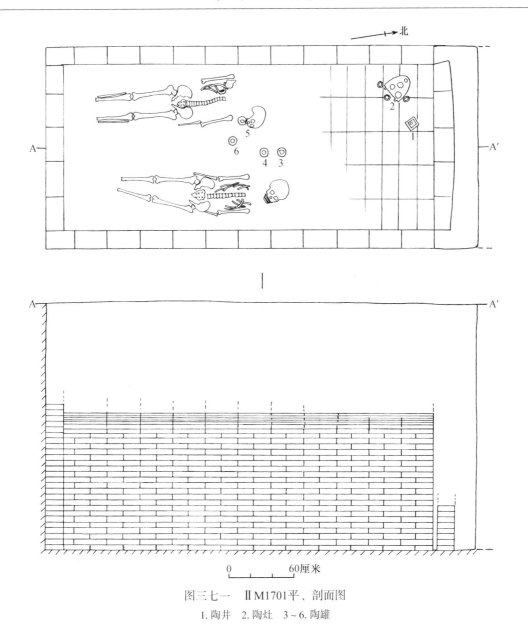

图三七一　ⅡM1701平、剖面图
1. 陶井　2. 陶灶　3 ~ 6. 陶罐

圆唇，折肩，方鼓腹，小平底。肩部磨光，近底处有刮削痕。ⅡM1701：5，口径4.4、底径3.5、高7厘米（图三七二，6）。ⅡM1701：6，口径4.4、底径3.6、高7厘米（图三七二，5）。

ⅡM1730

1. 墓葬形制

斜坡式墓道双室砖墓，方向90°，整体平面呈"甲"字形，由墓道、甬道、前室、后室组成。

墓道位于墓室东侧，竖穴墓道。平面呈梯形，底呈斜坡状。长380、宽80 ~ 100、深90 ~ 210

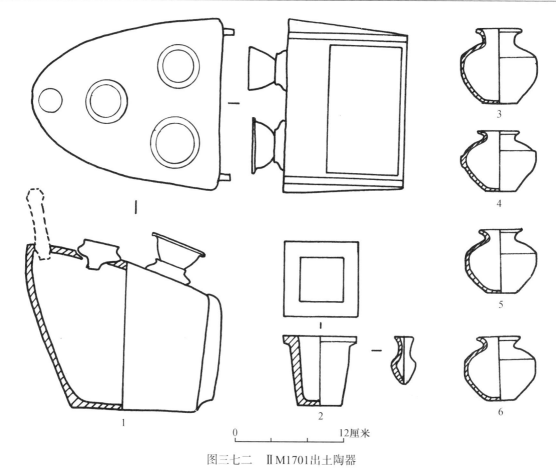

图三七二　ⅡM1701出土陶器

1.灶（ⅡM1701：2）　2.井（ⅡM1701：1）　3～6.小罐（ⅡM1701：4、ⅡM1701：3、ⅡM1701：6、ⅡM1701：5）

厘米。内填五花土，土质较硬。

甬道位于墓道与前室间，南北两壁用单砖平砌，距底82厘米处起券，到124厘米处成拱形顶。平面呈长方形，长130、宽88厘米。

墓室为双砖室，前、后室。前室周壁用单砖平砌为穹隆顶，现已坍塌，地面砖呈"人"字形排列。平面呈长方形，长276、宽270、残高194厘米。后室周壁用单砖平砌至距底40厘米处，用三块平砖与三块立砖交错而砌，且间隔两层平砖，以上为平砌砖，距底100厘米处起券，到130厘米处成拱形顶。平面呈长方形，长318、宽160厘米。前后室之间有长68厘米的甬道相接。骨架较为凌乱，置于前室。随葬有陶罐残片2件，置于前室中（图三七三）。

2. 随葬器物

该墓出土器物5件。

长条砖　3件，长方形，制作不甚规整，火候较高，一面施绳纹，一面为素面。ⅡM1730：1，长31.5、宽15.5、厚5厘米。ⅡM1730：2，长31.5、宽15.5、厚4厘米（图三七四，1）。ⅡM1730：3，长31、宽15、厚5厘米。

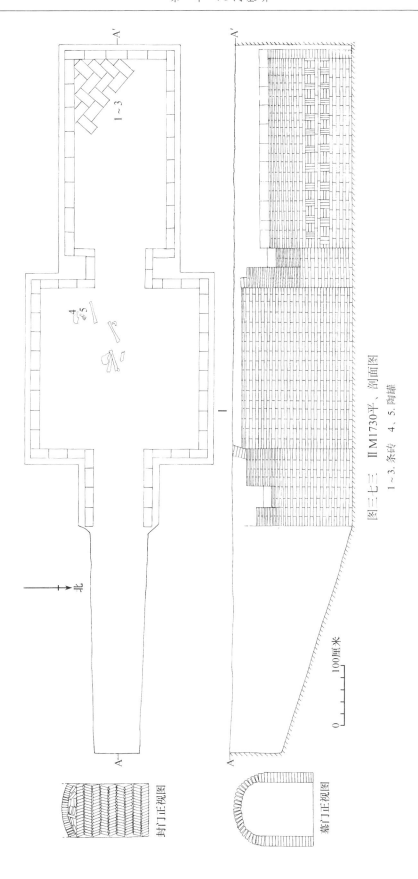

图三七三 ⅡM1730平、剖面图
1～3.条砖 4、5.陶罐

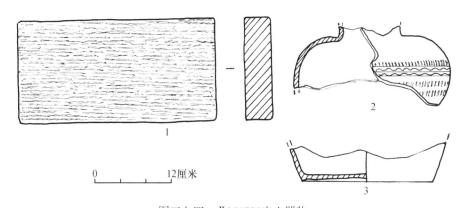

图三七四　Ⅱ M1730出土器物

1.长条砖（Ⅱ M1730：2）　2.陶罐口腹残片（Ⅱ M1730：4）　3.陶罐底残片（Ⅱ M1730：5）

陶罐口腹残片　1件。Ⅱ M1730：4，敞口，鼓腹。腹部饰有水波纹以及抹断绳纹。残高10.4厘米（图三七四，2）。

陶罐底残片　1件。Ⅱ M1730：5，平底稍内凹。底径20、残高6厘米（图三七四，3）。

Ⅱ M1739

1. 墓葬形制

斜坡式墓道土坑瓦椁室墓，方向80°，整体平面略呈"甲"字形，由墓道和墓室两部分组成。

墓道位于墓室东端，竖穴墓道。平面呈梯形，壁面较直，底呈斜坡状，坡度为17°。长480、宽120~216、深120~260厘米。

墓室为竖穴土坑。平面呈长方形，壁面斜下内收，平底。墓口长320、宽230厘米，底长300、宽210、深190厘米。内填五花土，土质较软。有葬具木棺，仅存朽痕，呈长方形，长160、宽60、厚4、残高10厘米。在木棺与墓室之间填充砖瓦陶片的碎块，宽30、残高40厘米。骨架保存较差，仅存头骨及部分碎骨，头向东，面向北，仰身直肢葬。经鉴定，墓主人为女性，20岁左右。随葬有陶壶3件、陶罐2件、陶灶1套、陶井1件，置于墓室的东南角（图三七五）。

2. 随葬器物

该墓出土陶器7件，器形有罐、壶、井、灶等。

罐　2件，泥质灰陶。Ⅱ M1739：1，侈口，方圆唇，圆肩，鼓腹，腹最大径偏上，平底。腹部饰一周绳纹带，下腹有刮削痕。口径15.5、底径16、高22.5厘米（图三七六，7）。Ⅱ M1739：2，侈口，圆唇，鼓腹，平底。肩部饰数道凹弦纹，腹部饰一周弦断绳纹，下腹有刮削痕。口径13.3、底径14、高19.8厘米（图三七六，6）。

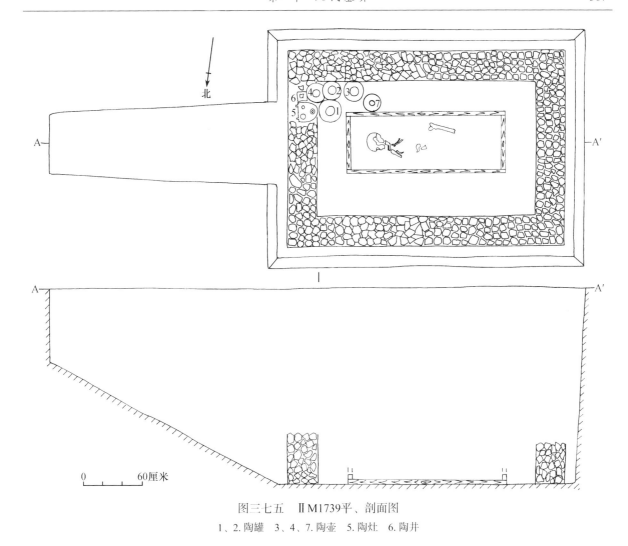

图三七五　Ⅱ M1739平、剖面图
1、2. 陶罐　3、4、7. 陶壶　5. 陶灶　6. 陶井

　　壶　3件。Ⅱ M1739：3，敞口，方唇，束颈，鼓腹，假圈足外撇，平底。肩部饰宽带纹，腹部饰一道凹弦纹及对称铺首衔环，铺首及口内涂红彩，圈足上有削痕。口径11、底径11.2、高23.8厘米（图三七六，5）。Ⅱ M1739：4，敞口，方唇，束颈，鼓腹，假圈足外撇，平底。肩部饰宽带纹，腹部饰一道凹弦纹及对称铺首衔环，铺首及口内则涂红彩。口径11.6、底径11、高25.2厘米（图三七六，3）。Ⅱ M1739：7，敞口，方唇，束颈，鼓腹，假圈足外撇，平底。肩部饰宽带纹，腹部饰一道凹弦纹及对称铺首衔环，铺首及口内涂红彩。口径11.8、底径11.3、高25.5厘米（图三七六，4）。

　　灶　1套。Ⅱ M1739：5，泥质灰陶。平面呈船形，灶面微鼓，三火眼呈“品”字形，上置一釜，附一盆一甑。后有圆形烟囱眼，置锥形烟囱，顶部隆起，前置长方形灶门，两侧有挡风，平底。长20、宽18、高9.2～18.8厘米（图三七六，1）。

　　井　1套。Ⅱ M1739：6，泥质浅灰陶。平面呈方形，井腹呈方柱体，平底，内饰瓦棱纹。吊瓶，平底，束颈，鼓腹，尖底，手制。口边长9.2、底边长5.3、高9厘米（图三七六，2）。

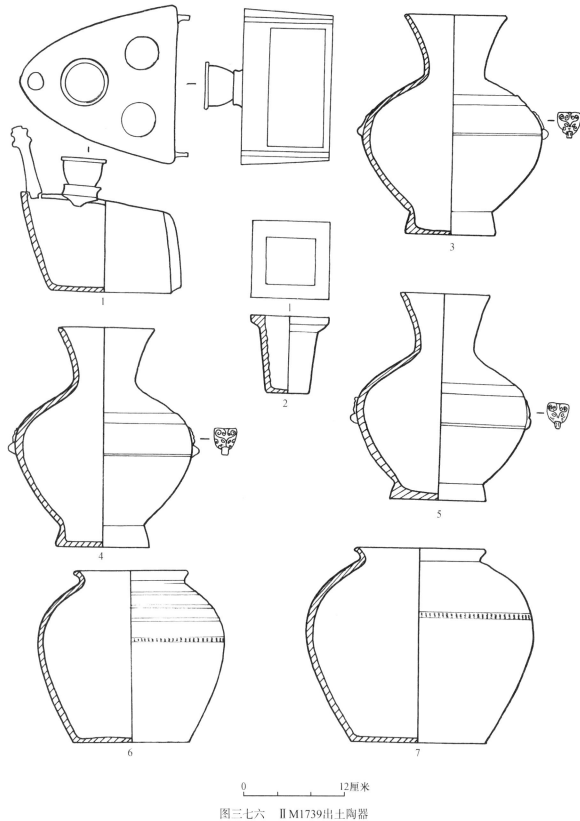

图三七六　ⅡM1739出土陶器

1. 灶（ⅡM1739：5）　2. 井（ⅡM1739：6）　3～5. 壶（ⅡM1739：4、ⅡM1739：7、ⅡM1739：3）

6、7. 罐（ⅡM1739：2、ⅡM1739：1）

ⅡM1744

1. 墓葬形制

竖穴土坑墓，方向270°，内填五花土，土质较松。平面呈长方形，四壁垂直，底较平。长220、宽60、深80厘米。骨架保存一般，头向西，面向南，仰身直肢葬。随葬有铜镜1枚，置于头骨下侧（图三七七；图版五六，1、2）。

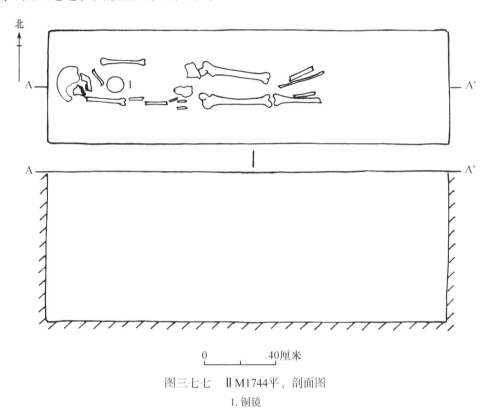

图三七七　ⅡM1744平、剖面图
1.铜镜

2. 随葬器物

该墓出土铜镜1件。ⅡM1744：1，圆形，圆纽，圆纽座。纽座外四枚带座小乳钉间饰以四组草叶纹，每组六叶，呈"八"字形，之外饰两周凸弦纹和一周栉齿纹。三角锯齿纹缘。直径7、缘厚0.4厘米（图三七八；图版一一五，1）。

ⅡM1821

1. 墓葬形制

斜坡式墓道多室砖墓，方向90°，平面呈"十"字形，由墓道、前室、左右耳室、中室、

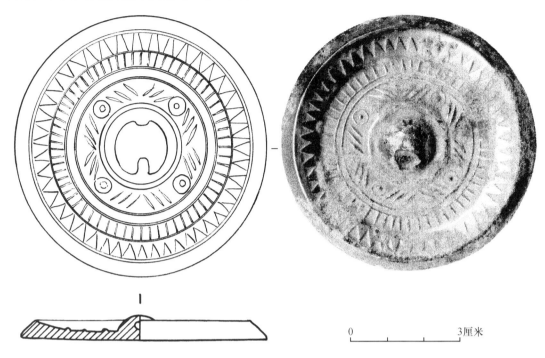

图三七八　ⅡM1744出土铜镜
（ⅡM1744∶1）

甬道、后室组成。

墓道位于墓室东侧，竖穴墓道。平面呈梯形，底呈斜坡状。清理部分长420、宽100～120、深120～160厘米。

墓室为多砖室，有前室、中室、后室以及左右耳室，墓室之间有甬道相通。墓顶、墙体已坍塌，残高40～120厘米。前室、中室周壁皆单砖错缝平砌，底铺砖为"人"字形排列。后室位于中室西侧，仅北壁距底40厘米处有一层立砖外，其他均平砌，地面铺砖两层，高出中室一层，以"人"字形排列。左右耳室位于前室的两侧，与前室相接的甬道稍偏西侧，甬道宽90、长80厘米；北耳室北墙为三层立砖上平砌三层交错而砌，南耳室西墙有部分立砌砖。前室呈方形，边长284厘米；中室平面呈长方形，长190、宽188厘米；后室平面呈长方形，长344、宽166厘米，左右耳室平面呈长方形，北耳室长300、宽154厘米；南耳室长278、宽170厘米。

此墓由于盗扰严重，未见骨架与任何遗物（图三七九）。

2. 随葬器物

长条砖　3块，长方形，制作规整，火候较高，一面施绳纹，一面为素面。ⅡM1821∶3，长32、宽16、厚6厘米。ⅡM1821∶1，长32.5、宽16、厚5.5厘米（图三八〇）。ⅡM1821∶2，长32.5、宽16、厚5.5厘米。

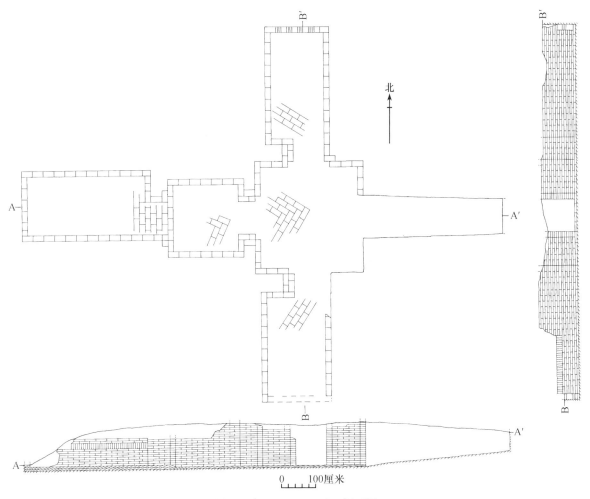

图三七九　ⅡM1821平、剖面图

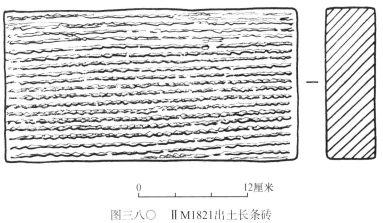

图三八〇　ⅡM1821出土长条砖

（ⅡM1821∶1）

ⅡM1850

墓葬形制

斜坡式墓道土坑墓，方向350°，整体平面略呈"甲"字形，由墓道和墓室两部分组成。

墓道位于墓室北端，竖穴墓道。平面呈梯形，壁面较直，底呈斜坡状。长200、宽62~80、深40~160厘米。

墓室为竖穴土坑。平面呈长方形，壁面较直，平底。长220、宽120、深160厘米。内填五花土，土质较软，未经夯打。骨架保存一般，头向北，面向西，仰身直肢葬。经鉴定，墓主人为女性，成年。无随葬品（图三八一）。

ⅡM1857

墓葬形制

斜坡式墓道土坑墓，方向170°，整体平面略呈"甲"字形，由墓道、甬道和墓室三部分组成。

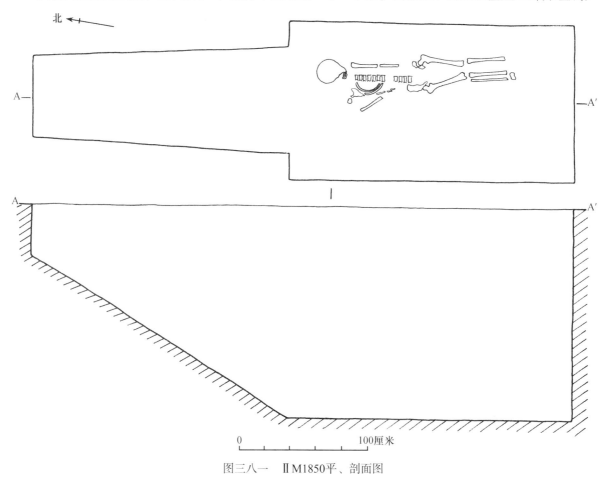

图三八一　ⅡM1850平、剖面图

墓道位于墓室南端，竖穴墓道。平面呈长方形，壁面较直，底呈斜坡状。长200、宽60、深80～130厘米。

甬道位于墓道与墓室之间，为土洞。平面呈长方形，拱形顶，底呈斜坡状。长40、宽60、高100～110厘米。

墓室为竖穴土坑。平面呈长方形，壁面较直，平底。长180、宽90、深140厘米。内填五花土，土质较软。骨架保存较好，头向南，面向西，仰身屈肢葬。经鉴定，墓主人性别不详，20岁左右。无随葬品（图三八二；图版五六，3）。

ⅡM1938

1. 墓葬形制

斜坡式墓道多室砖墓，方向90°，平面呈"十"字形，整体由墓道、封门、甬道、前室、南北耳室、中室、后室组成，用长34、宽16、厚6厘米，一面施粗绳纹，一面为素面的青砖，红泥作浆垒砌；为防止松动，墓室顶部较宽的缝隙用碎陶片填充。纵长20.56米，横宽11.8米。

该墓在原地表开挖竖穴墓圹，圹内用砖垒砌，砖室上用黄土掩埋形成封土堆。封土堆平面为不规则圆形，高出原地表50～300厘米，层层夯筑，夯层厚20～35厘米，土质较硬。

墓道位于墓室东侧，为竖穴墓道。平面呈梯形，底呈台阶斜坡状。长840、宽80～170、底宽90～110、深20～210厘米。底东端有五级台阶，宽40～70、高20～40厘米，西端底部为长斜

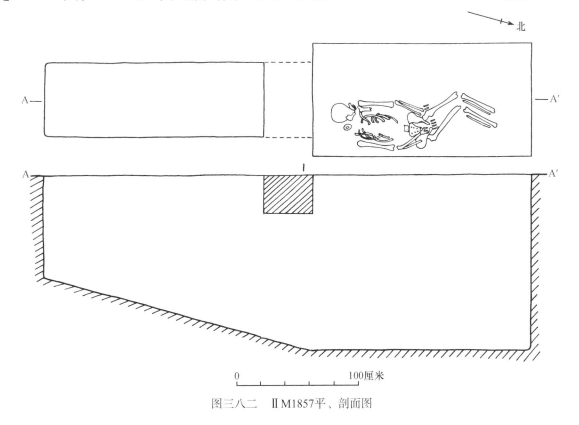

图三八二　ⅡM1857平、剖面图

坡，较平缓。内填五花土，夹杂大量的残砖、碎陶片、草木灰、木炭颗粒，土质疏松。

封门被盗扰破坏，仅存下部三层，作横"人"字形封堵。残高64厘米。

甬道位于墓道与前室间，部分顶部已坍塌，平面为长方形，拱形券顶，底为生土。长334、宽88、高120厘米。两侧单砖平砌，至78厘米处起券，顶部部分地方有三层券顶。南壁中部砌有一洞龛，龛内平砌纵砖，将龛分为两部分，龛平面为长方形，拱形券顶，长58、宽34、高48厘米。

前室平面呈长方形，长280、宽276厘米。周壁皆用单砖平砌，至90厘米处向内弧收，到高288厘米处成穹隆顶，底部铺地砖呈"人"字形排列。距底部90厘米高处的墓室四角，分别有一块砖平插入墙内，并且外露二分之一。

中室平面呈长方形，长170、宽168、高126厘米。距底120厘米处起券向内弧收，到高224厘米处成穹隆顶，顶部弧收成正方形；底部为斜向并列错缝平铺。距底108厘米的墓室四角，分别有一块砖平插入墙内，并且外露二分之一；南壁中部距底102厘米凸出一排纵置砖，凸出于墙壁20厘米。前室与中室有宽88、长70厘米的甬道，距底94厘米处起券成拱形，为三层券顶。

后室平面呈长方形，拱形顶，长280、宽160厘米。周壁皆单砖错缝平砌，距底部94厘米处起券，到顶部高166厘米；地面为斜向错缝平铺。中室与后室间有长70、宽88、高126厘米的甬道相接，距底86厘米处起券成拱形顶，为二层券顶。

耳室位于前室左右两侧，平面均呈长方形，拱形顶，均距底120厘米处起券，底部为斜向并列错缝平铺。北耳室长320、宽188厘米，南耳室长340、宽166厘米。前室与耳室间均有宽84、长80、高120厘米的拱形顶甬道相接，拱形顶为三层砖砌。

该墓盗扰严重，未见骨架。随葬有石砚1、陶罐底残片1件及陶灯1件，置于南耳室北部。墓道填土及封土堆出土有陶研磨器、陶灶、陶壶、陶盆、陶灯、陶案及铁器等。（图三八三；图版五七，1～3；图版五八，1、2）。

2. 随葬器物

该墓出土器物14件，质地有陶、铁、砖、石等。

陶灶　1件。ⅡM1938：02，泥质灰陶。残片。呈长方形，灶面较平，三火眼呈"品"字形，前置灶门，无底。长36、残宽21、残高9.2厘米（图三八四，3）。

陶壶　1件。ⅡM1938：03，泥质灰陶，残。高假圈足，平底内凹。底径15.6、残高12厘米（图三八四，2）。

陶盆　2件。ⅡM1938：04，泥质灰陶，口腹残片。敞口，方唇，宽平沿，折腹，腹部饰抹断细绳纹。口径36、残高7.6厘米（图三八四，6）。ⅡM1938：07，泥质灰陶。侈口，平沿，斜直腹，平底。腹部饰瓦棱纹。口径15.6、底径10、高13.2厘米（图三八四，4）。

釉陶灯　1件。ⅡM1938：05，泥质红褐陶。敛口，平沿，浅盘，平底，盘内心有一乳突，柄残，施黄绿釉。口径14、残高4厘米（图三八四，7）。

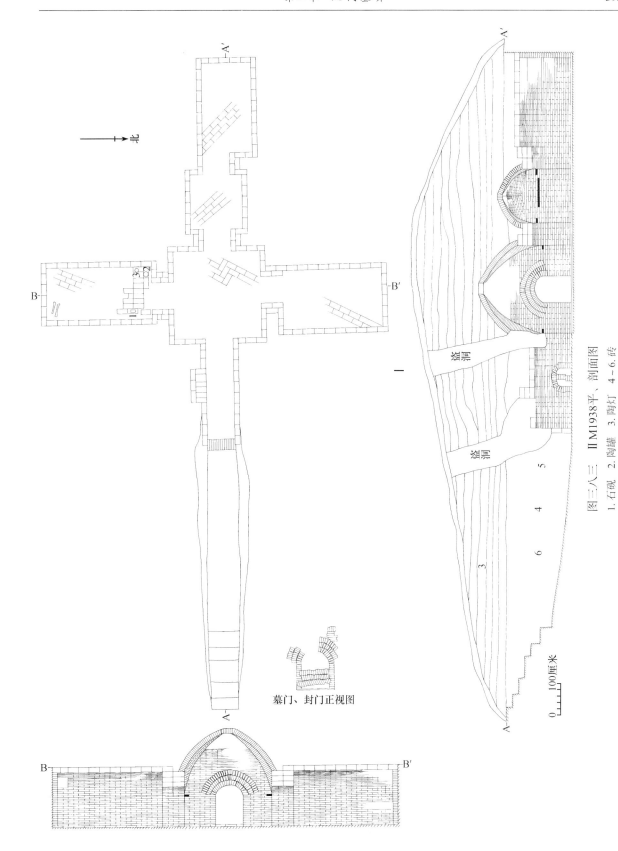

图三八三　ⅡM1938平、剖面图

1. 石砚　2. 陶罐　3. 陶灯　4~6. 砖

墓门、封门正视图

填土出: 01. 陶研磨器　02. 陶灶　03. 陶壶　04、07. 陶盆　05. 釉陶灯　06. 陶案　08. 铁器

图三八四　ⅡM1938出土器物

1. 陶案（ⅡM1938：06）　2. 陶壶（ⅡM1938：03）　3. 陶灶（ⅡM1938：02）　4、6. 陶盆（ⅡM1938：07、ⅡM1938：04）
5. 陶研磨器（ⅡM1938：01）　7. 釉陶灯（ⅡM1938：05）　8. 砖（ⅡM1938：6）　9. 陶灯（ⅡM1938：3）
10. 石砚（ⅡM1938：1）

陶案　1件。ⅡM1938：06，泥质灰陶。平面呈长方形，周边有凸棱，底较平，微翘。长28、宽20、厚1.2厘米（图三八四，1）。

陶罐底　1件。ⅡM1938：2，泥质灰褐陶。平底内凹，内底有拉坯痕。

陶研磨器　1件。ⅡM1938：01，红陶制作，内夹不规则白色纹饰。片状方形底磨，研面磨制光滑。研上部为扁圆形纽状。边长3.5、高2.6厘米（图三八四，5）。

陶灯　1件。ⅡM1938：3，灰色。用砖制成，平面近圆形，内有圆形浅坑，平底。直径11、厚4.4、坑径6.4、深2厘米（图三八四，9）。

砖　3块，长方形，制作规整，火候较高，一面施斜向绳纹，一面为素面。ⅡM1938：4，长33.5、宽16.5、厚4.8厘米。ⅡM1938：5，长33.5、宽16.5、厚5厘米。ⅡM1938：6，长33.5、宽16.5、厚5厘米（图三八四，8）。

铁器　1件。ⅡM1938：08，铁锅口腹。敛口，尖圆唇，鼓腹。

石砚　1件。ⅡM1938：1，黑色，片状长方形，通体磨制光滑。长10.3、宽5.6、厚0.4厘米（图三八四，10）。

ⅡM1941

1. 墓葬形制

竖穴土坑墓，方向0°，内填黄黑五花土，土质较软。平面呈梯形，四壁规整，底略呈斜坡状。长220、宽70~80、深180~190厘米。未见骨架。在墓室北壁底部带有头龛，呈长方形，宽180、进深80、高86厘米。随葬有陶壶3件，陶罐1件，铜錾手1件，有殉牲骨，置于头龛内（图三八五；图版五九，1、2）。

2. 随葬器物

该墓出土器物5件，质地有陶、铜等。

陶壶　3件。ⅡM1941：2，泥质黑灰陶。盘口，尖唇，细长颈，球形腹，高假圈足外撇较甚，平底。口径11、底径13、高25厘米（图三八六，2）。ⅡM1941：3，泥质黑灰陶。浅盘口，斜折沿，尖圆唇，鼓腹，平底。素面磨光，下腹有削切痕。口径11、底径10.1、高23.2厘米（图三八六，4）。ⅡM1941：4，泥质黑灰陶。盘口，尖唇，细长颈，球形腹，高假圈足外撇较甚，大平底，底部有方形印记。腹部饰绳纹被抹。口径12.4、底径14、高25厘米（图三八六，5）。

陶罐　1件。ⅡM1941：1，泥质灰陶。侈口，尖圆唇，平沿，鼓腹，平底，底部有方形印记。腹部饰一周压印泥条堆纹，下腹有削切痕。口径18.5、底径18、高28厘米（图三八六，1）。

铜錾手　1件。ⅡM1941：5，圆形指状，表面鎏金，一侧带有双卡，卡口有穿孔，长4厘米（图三八六，3）。

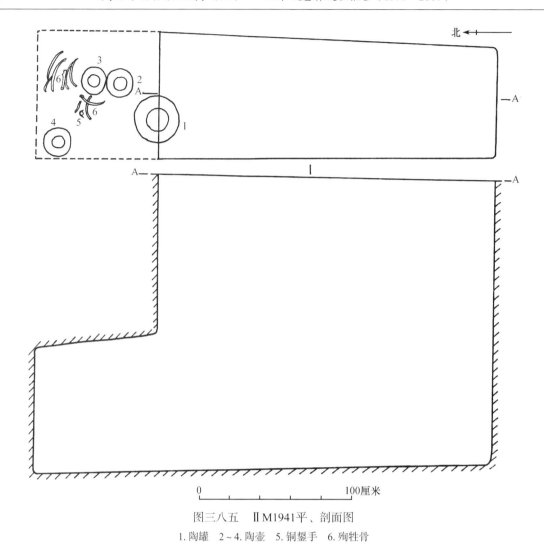

图三八五　ⅡM1941平、剖面图
1. 陶罐　2~4. 陶壶　5. 铜錾手　6. 殉牲骨

ⅡM1942

1. 墓葬形制

竖穴土坑木椁墓，方向90°，内填黄黑五花土，土质较软。平面呈长方形，壁面斜收，三壁规整，一壁坍塌，平底。口长540、宽200~340、底长500、宽160、深320厘米。有葬具棺椁，呈长方形，椁长430、宽120、厚8、残高30厘米；棺长208、宽68、厚4、残高10厘米，位于椁内西部偏中。尸骨已朽。随葬有铜樽1件，殉牲骨，置于椁内东部。填土内出土了3件器物口沿残片（图三八七）。

2. 随葬器物

该墓出土器物4件，质地有陶、铜等。

陶罐口沿　1件。ⅡM1942：01，泥质灰陶。口沿残部，敞口，折沿，圆唇（图

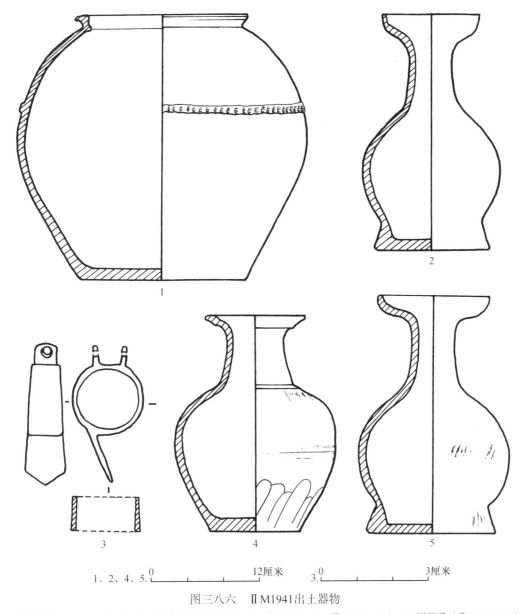

图三八六　ⅡM1941出土器物

1. 陶罐（ⅡM1941：1）　2、4、5. 陶壶（ⅡM1941：2、ⅡM1941：3、ⅡM1941：4）　3. 铜鍪手（ⅡM1941：5）

三八八，3）。

陶盆口沿　1件。ⅡM1942：02，泥质灰陶。口外侈，平沿，内斜腹。沿外饰六周凹弦纹，之下饰抹断细绳纹（图三八八，4）。

陶釜口沿　1件。ⅡM1942：03，泥质灰陶。口沿残部。敞口，圆肩。肩部饰绳纹（图三八八，2）。

铜樽　1件。ⅡM1942：1，侈口，平沿，器身似銷，深弧腹，矮圈足，下腹部接三叉腰站立人形足。腹部饰对称兽面纹铺首衔环及三周凸弦纹。口径26.6、底径13.2、通高14.5厘米（图三八八，1；图版九八，1~3）。

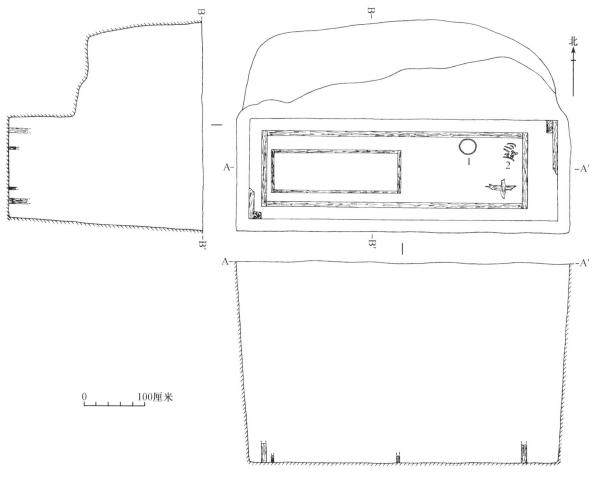

图三八七　ⅡM1942平、剖面图

1. 铜樽　2. 殉牲骨

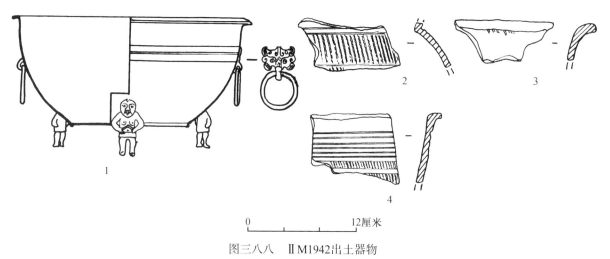

图三八八　ⅡM1942出土器物

1. 铜樽（ⅡM1942：1）　2. 陶釜口沿（ⅡM1942：03）　3. 陶罐口沿（ⅡM1942：01）　4. 陶盆口沿（ⅡM1942：02）

Ⅱ M1943

1. 墓葬形制

斜坡式墓道土洞墓，方向90°，整体平面略呈梯形，由墓道和墓室两部分组成。

墓道位于墓室东端，平面呈梯形，壁面垂直，底为台阶斜坡状，台阶为二级。内填黄黑五花土，土质较软。长340、宽100～120、深30～146厘米。

墓室为土洞，部分坍塌。墓室平面呈梯形，拱形顶，底呈斜坡状。长80、宽100～120、高40～86厘米。2具骨架保存较好，头朝东，面向北，仰身直肢葬，为双人合葬墓。随葬有陶罐4件，置于墓室南壁头骨上方（图三八九）。

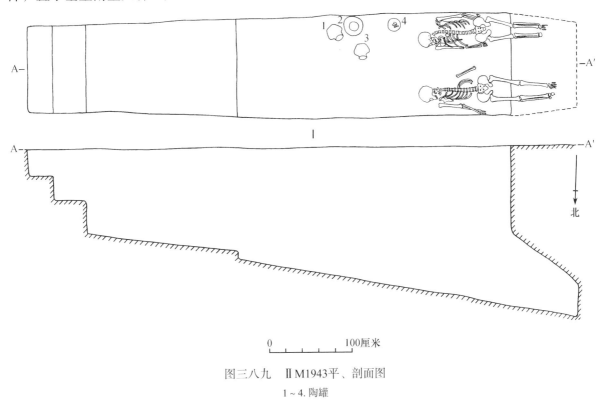

图三八九　Ⅱ M1943平、剖面图

1～4. 陶罐

2. 随葬器物

该墓出土陶罐4件，泥质深灰陶。Ⅱ M1943：1，口部不规整。侈口，斜折沿，圆唇，高领，溜肩，鼓腹，平底。肩部、腹部饰有暗弦纹。口径10.4、底径9.2、高18厘米（图三九〇，1）。Ⅱ M1943：3，侈口，斜折沿，高领，溜肩，鼓腹，平底。肩部饰有暗弦纹。口径9.4、底径8.2、高17厘米（图三九〇，2）。Ⅱ M1943：4，侈口，斜折沿，圆唇，高领，丰肩，鼓腹，平底。颈部饰有两周弦纹，肩部有戳印纹。口径9.5、底径9.6、高17.4厘米（图三九〇，3）。

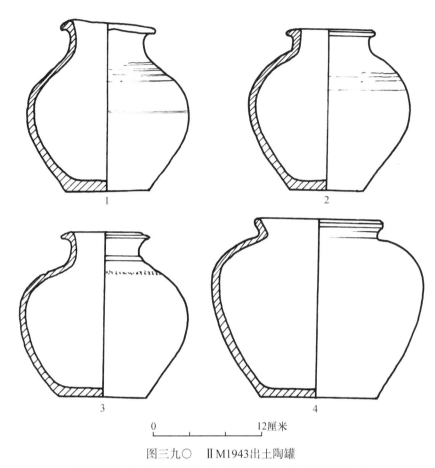

图三九〇　Ⅱ M1943出土陶罐

1. Ⅱ M1943：1　2. Ⅱ M1943：3　3. Ⅱ M1943：4　4. Ⅱ M1943：2

Ⅱ M1943：2，泥质深灰陶。侈口，圆唇，丰肩，鼓腹，下腹斜收，平底。口沿外饰两周弦纹。口径14、底径13.4、高18.8厘米（图三九〇，4）。

Ⅱ M1944

1. 墓葬形制

竖穴墓道土坑墓，方向5°，整体平面略呈"甲"字形，由墓道和墓室两部分组成。

墓道位于墓室北端。平面呈梯形，壁面垂直，平底略呈斜坡状。长300、宽80～106、深80～100厘米。内填黄黑五花土，土质较软。

墓室为竖穴土坑。平面呈梯形，壁面垂直，平底。长330、宽126～160、深100厘米。骨架2具，东侧骨架保存较好，头朝北，面向东，仰身直肢葬；西侧骨架保存一般，头朝北，面向不清，仰身直肢葬，双人合葬墓。随葬有陶罐1件、陶壶3件、陶灶1套、陶井1件、小陶罐3件，置于墓室的东壁北侧（图三九一）。

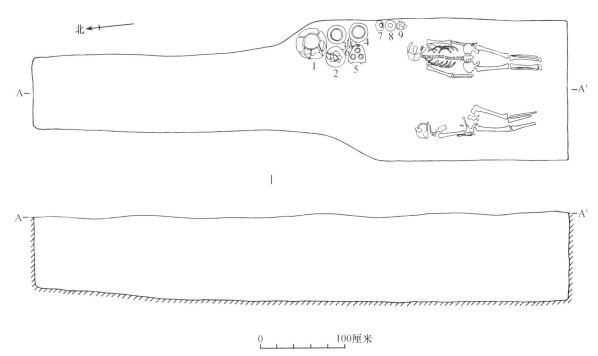

图三九一 ⅡM1944平、剖面图
1.陶罐 2～4.陶壶 5.陶灶 6.陶井 7～9.小陶罐

2. 随葬器物

该墓出土陶器9件，器形有罐、壶、小罐、灶、井等。

罐 1件。ⅡM1944：1，形体较大，泥质灰陶。侈口，圆唇，鼓腹，下腹斜收，平底。肩部饰有几周暗弦纹，腹部饰一周戳印纹。口径20、底径18.2、高25.5厘米（图三九二，9）。

壶 3件。泥质灰陶。大喇叭口，粗束颈，鼓腹，假圈足较直。肩部饰宽带纹，腹部饰对称铺首衔环，器表有刮削痕。ⅡM1944：2，口径15、底径11.5、高25.5厘米（图三九二，1）。ⅡM1944：3、4，口径14.5、底径10.5、高24.8厘米（图三九二，3、2）。

小罐 3件。ⅡM1944：7、8，泥质灰陶。敞口，尖圆唇，折肩，方鼓腹，平底。口径4.8、底径2.8、高7.8厘米（图三九二，4、6）。ⅡM1944：9，泥质灰陶。侈口，圆唇，鼓腹，平底稍内凹。口径5、底径4.5、高7.3厘米（图三九二，5）。

井 1件。ⅡM1944：6，泥质灰陶。井框呈方形，井身略呈梯形，井内有数周凸棱纹，平底。口边长8、底边长5.6、高8厘米（图三九二，8）。

灶 1套（5件）。ⅡM1944：5，泥质灰陶。平面呈船形，灶面稍作弧形，三火眼呈"品"字形，各置一釜，后有圆形烟囱眼，上置柱状形烟囱，顶上有隆节，中空；前置长方形灶门，两侧置有挡风。长20.6、宽19.5、高12～22.4厘米（图三九二，7）。

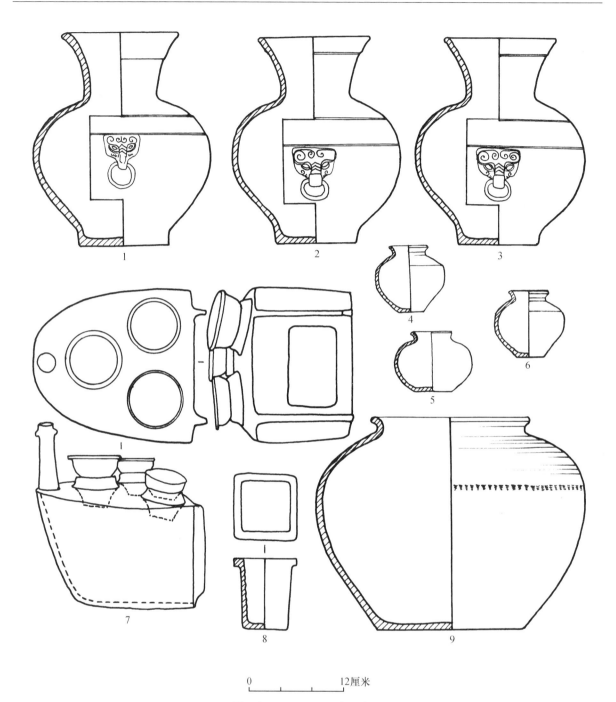

图三九二　ⅡM1944出土陶器

1~3.壶（ⅡM1944∶2、ⅡM1944∶4、ⅡM1944∶3）　4~6.小罐（ⅡM1944∶7、ⅡM1944∶9、ⅡM1944∶8）

7.灶（ⅡM1944∶5）　8.井（ⅡM1944∶6）　9.罐（ⅡM1944∶1）

ⅡM1946

1. 墓葬形制

竖穴土坑墓，方向90°，内填黄黑五花土，质较软，被ⅡM1942打破。平面呈长方形，口大底小呈斗状，壁面规整，平底。墓口长500、宽200、底长460、宽160、深340厘米。有葬具双椁单棺，棺椁呈长方形，外椁长426、宽142、厚6、残高70厘米，内椁长384、宽100、厚4、残高30厘米；棺长270、宽84、厚8、残高10厘米。骨架保存一般，头向东，面向不清，仰身直肢葬。随葬有铁钉1件，置于木棺一侧（图三九三）。

2. 随葬器物

该墓出土铁钉1件。ⅡM1946：1，截面呈方形，一端折成圆状穿孔，一端尖状。长7.2厘米（图三九三，1）。

ⅡM1948

1. 墓葬形制

台阶式墓道土坑木椁墓，方向5°，平面略呈"甲"字形，由墓道、甬道和墓室三部分组成。

墓道为台阶式墓道。平面呈梯形，壁面垂直，底为五级台阶。长440、宽80～100、深30～200厘米。

墓道与墓室之间有甬道，为土洞。平面呈长方形，拱形顶，平底。长120、宽100、高130厘米。

墓室为竖穴土坑。平面呈长方形，壁面垂直，平底。长440、宽200、深200厘米。有葬具木椁，椁呈长方形，长392、宽180、厚6、残高20厘米。骨架保存较好，头向北，面向上，仰身直肢葬。随葬有陶罐3件、陶壶3件，置于椁内西南侧；铜钱4枚，置于头骨附近（图三九四；图版六〇，1）。

2. 随葬器物

该墓出土器物10件，质地有陶、铜等。

陶壶　3件，泥质灰陶。ⅡM1948：1、3，喇叭口，束颈，鼓腹，高假圈足外撇，平底。肩部饰宽带纹，下腹部饰一周凹弦纹。上腹磨光。ⅡM1948：1，口径11.5、底径12.4、高29.5厘米（图三九五，1）。ⅡM1948：3，口径11.8、底径12.8、高30.5厘米（图三九五，2）。ⅡM1948：2，喇叭口，细颈微束，鼓腹，假圈足外撇，平底。肩部饰宽带纹，下腹饰一周宽凹

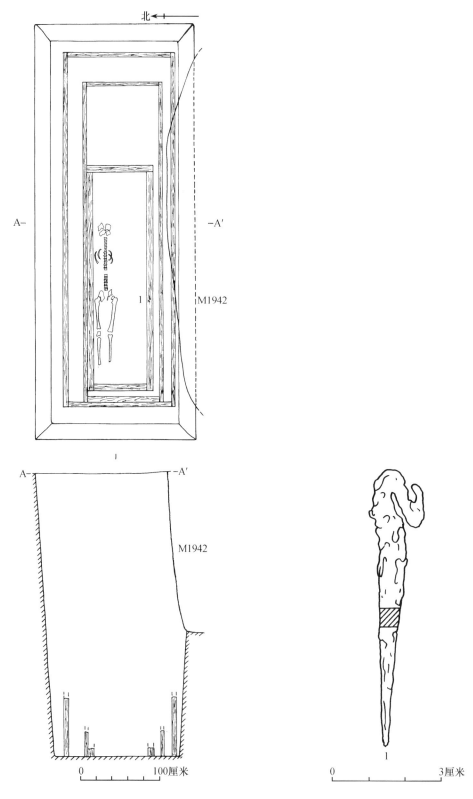

图三九三　ⅡM1946平、剖面图

1. 铁钉（ⅡM1946：1）

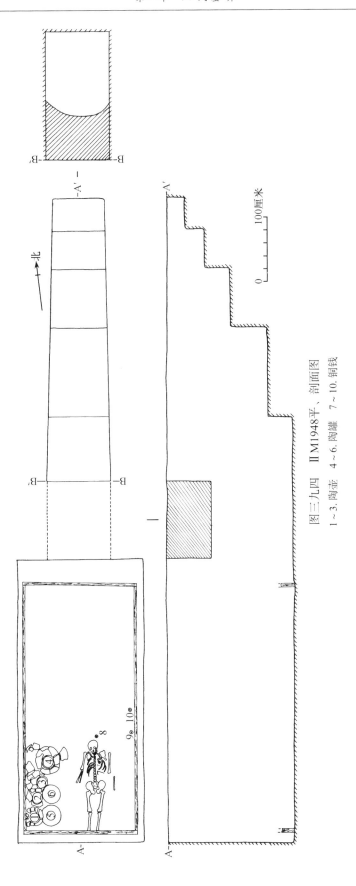

图三九四　ⅡM1948平、剖面图
1～3.陶壶　4～6.陶罐　7～10.铜钱

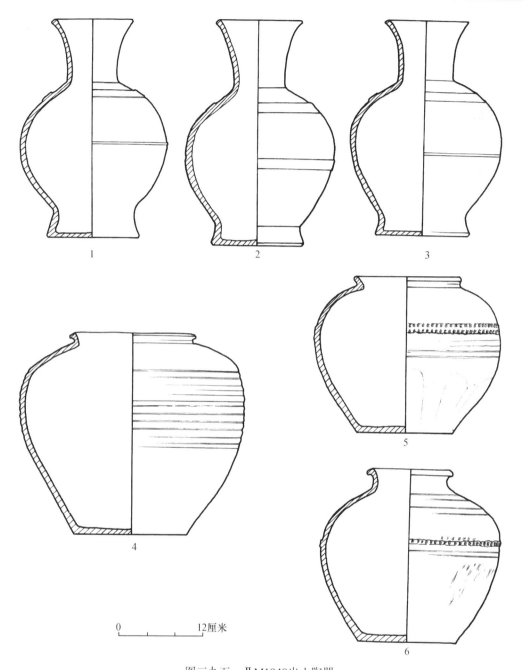

图三九五　ⅡM1948出土陶器

1~3.壶（ⅡM1948：1、ⅡM1948：3、ⅡM1948：2）　4~6.罐（ⅡM1948：4、ⅡM1948：5、ⅡM1948：6）

弦纹。上腹磨光。口径11.8、底径12.4、高29.2厘米（图三九五，3）。

　　陶罐　3件。ⅡM1948：4，泥质灰陶。侈口，沿面斜直，尖圆唇，广肩，鼓腹，下腹斜收，平底略内凹。腹部饰有数道凹弦纹。口径17.5、底径16、高27.3厘米（图三九五，4）。ⅡM1948：5，泥质灰陶。侈口，圆唇，鼓腹，平底。肩部饰有一周压印纹。口径14.8、底径13.6、高21厘米（图三九五，5）。ⅡM1948：6，泥质灰陶。敞口，沿面斜直，方唇，鼓腹，平底。肩部饰暗弦纹，腹部饰一周泥条压印附加堆纹。口径12、底径13.7、高23.5厘米（图三九五，6）。

铜钱 4枚。皆"五铢"钱，钱文篆书，横读。ⅡM1948：7，"五"字交笔弯曲，"铢"字的"金"字头为三角形，"朱"字头上部方折，字迹较清晰。直径2.55、穿宽0.9厘米，重4.2克（图三九六，1）。ⅡM1948：8，"五"字交笔弯曲，与上下两横接近垂直；"铢"字的"金"字头为三角形，"朱"字头上部方折，字迹较清晰。直径2.55、穿宽0.9厘米，重3.2克（图三九六，2）。ⅡM1948：10，形制同上。直径2.55、穿宽0.9厘米，重3.4克。ⅡM1948：9，"五"字交笔缓曲，上下与两横笔交接处略向内收。"铢"字的"金"字头为三角形，"朱"字头上部方折，下垂笔基本为圆折，笔画粗细一致。直径2.6、穿宽0.9厘米，重4克（图三九六，3）。

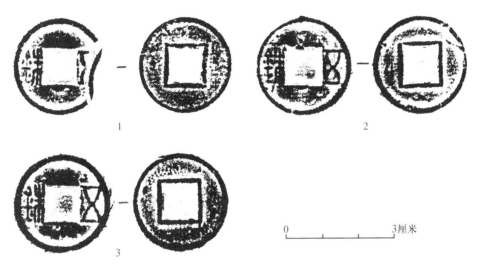

图三九六 ⅡM1948出土铜钱
1. ⅡM1948：7 2. ⅡM1948：8 3. ⅡM1948：9

ⅡM1949

1. 墓葬形制

台阶式墓道土坑墓，方向350°，平面略呈"甲"字形，由墓道和墓室两部分组成。

墓道为台阶式。平面呈梯形，壁面垂直，底为四级台阶。长360、宽60～80、深10～130厘米。内填黄黑五花土，土质较软。

墓室为竖穴土坑。平面呈长方形，壁面垂直，平底。长330、宽130、深130厘米。有葬具木棺，呈长方形，长300、宽80、厚4、残高40厘米。骨架保存较好，头朝北，面向上，仰身直肢葬。随葬有陶罐1件，置于棺内北侧；铜带钩1件，置于骨架的西侧；铜钱1枚，置于骨架的口部（图三九七）。

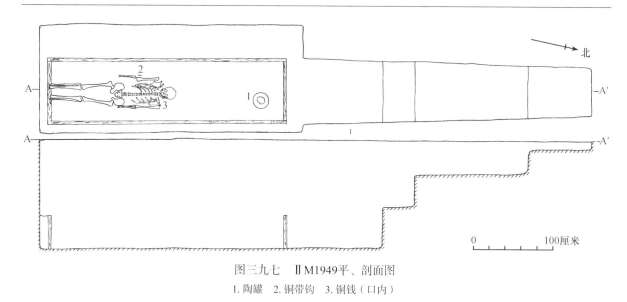

图三九七　ⅡM1949平、剖面图

1. 陶罐　2. 铜带钩　3. 铜钱（口内）

2. 随葬器物

该墓出土器物3件，质地有陶、铜等。

陶罐　1件。ⅡM1949：1，泥质灰陶。口微侈，沿面斜折，尖圆唇，高直领，鼓腹，平底。肩部饰有暗弦纹，腹部饰有一周戳印纹。下腹有削切痕。口径11.6、底径11、高22.2厘米（图三九八，1）。

铜带钩　1件。ⅡM1949：2，仅残存钩纽。残长1.2、残宽0.5厘米（图三九八，2）。

铜钱　1枚。ⅡM1949：3，残碎，形制不清。

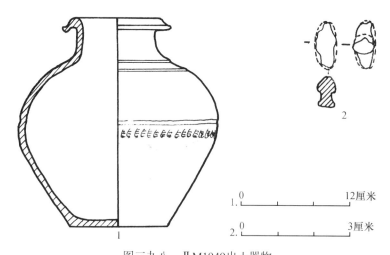

图三九八　ⅡM1949出土器物

1. 陶罐（ⅡM1949：1）　2. 铜带钩（ⅡM1949：2）

ⅡM1956

1. 墓葬形制

斜坡式墓道土坑木椁墓，方向180°，平面呈"甲"字形，由墓道、甬道和墓室三部分组成。

墓道位于墓室的南端，平面呈梯形，壁面较直，底部呈斜坡状。长780、宽100～120、深20～300厘米。墓道内填五花土，土质较软。

墓道与墓室之间有甬道，平面呈长方形，口大底小，口长100、宽220、底长90、宽200、深300厘米。

墓室为竖穴土坑。平面呈"凸"字形，四壁斜下内收，底部较平。墓口长830、宽220～280、底长810、宽200～260、深300厘米。有葬具双椁单棺，椁呈长方形，外椁长658、宽240、厚10、残高80厘米；内椁长610、宽192、厚6、残高10～30厘米；棺长200、宽90、厚4、残高12厘米，棺置于椁内西南角。骨架保存较好，头向北，面向上，为仰身直肢单人葬。随葬有陶壶5件、陶灶1套、铜合页1件，置于内椁北部居中排列；骨玳瑁笄1件及殉牲骨，置于棺外北侧；石口琀1件，置于骨架口内；石耳塞1件，置于头骨处（图三九九；图版六〇，2）。

2. 随葬器物

该墓出土器物10件，质地有陶、铜、骨、石等。

陶灶　1套（5件）。ⅡM1956：6，泥质灰陶。平面呈船形，灶面稍作弧形，五火眼各置一釜；后有圆形烟囱眼，上置柱状形烟囱，顶上有隆节；前置长方形灶门，两侧置有挡风。长42.8、宽33.6、高14～36.4厘米（图四〇〇，4）。

陶壶　5件。浅盘口，舌状唇，粗弧颈，鼓腹，高假圈足外撇，平底。肩部饰宽带纹，腹部饰一周凹弦纹及对称铺首衔环。ⅡM1956：1，底径14.2、残高34.4厘米（图四〇〇，5）。ⅡM1956：2，口径16、底径15.2、高37.2厘米（图四〇〇，4）。ⅡM1956：3，底径14.8、高36厘米（图四〇〇，6）。ⅡM1956：4，口径15、底径14.2、高37.5厘米（图四〇〇，2）。ⅡM1956：5，口径15、底径14.2、高36厘米（图四〇〇，1）。

铜合页　1件。ⅡM1956：7，呈长方形，为两组尖片对折，合成书页状，对折处呈半圆形，并置圆形对咬转轴，中有穿孔。长9.3、宽2.6厘米（图四〇一，4）。

骨玳瑁笄　1件。ⅡM1956：8，残。柄呈长条状，梳齿作针状。长18、宽1.5厘米（图四〇一，3）。

石口琀　1件。ⅡM1956：9，石制。蝉形，略作刻划，方头，尖尾，平腹。长3.8、宽2厘米（图四〇一，1）。

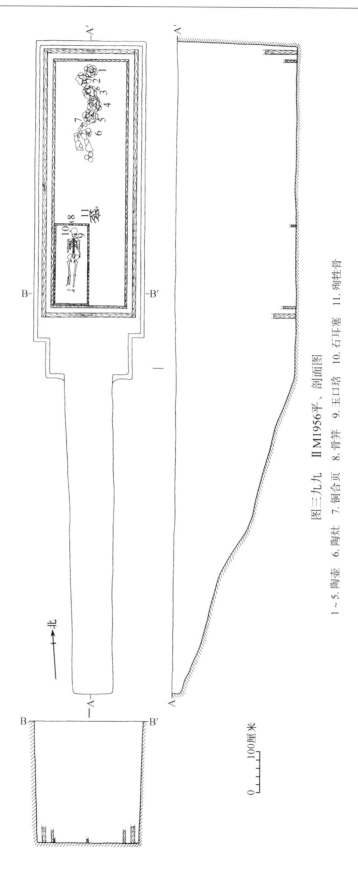

图三九九　ⅡM1956平、剖面图

1~5. 陶壶　6. 陶灶　7. 铜合页　8. 骨笄　9. 玉口玲　10. 石耳塞　11. 殉牲骨

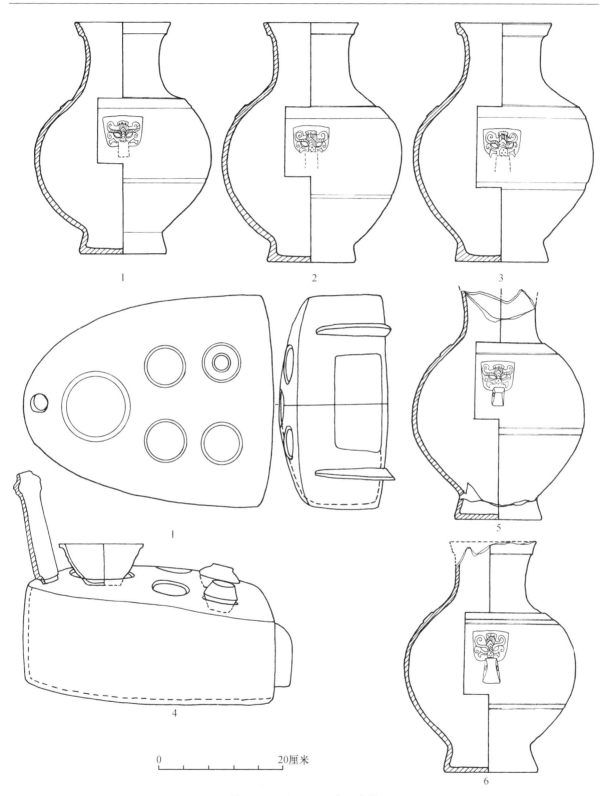

图四〇〇　ⅡM1956出土陶器

1~3、5、6.陶壶（ⅡM1956：5、ⅡM1956：4、ⅡM1956：2、ⅡM1956：1、ⅡM1956：3）

4.陶灶（ⅡM1956：6）

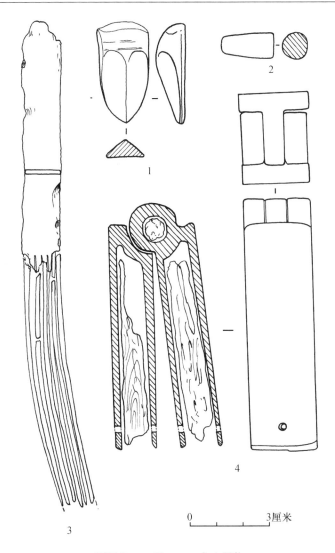

图四〇一　ⅡM1956出土器物

1. 石口琀（ⅡM1956：9）　2. 石耳塞（ⅡM1956：10）　3. 骨玭瑁笄（ⅡM1956：8）　4. 铜合页（ⅡM1956：7）

石耳塞　1件。ⅡM1956：10，石制。梯形，截面呈圆形，两头平齐。长2厘米（图四〇一，2）。

ⅡM1957

1. 墓葬形制

斜坡式墓道土坑墓，方向90°，平面略呈"甲"字形，由墓道和墓室两部分组成。

墓道位于墓室东端。平面呈梯形，壁面垂直，底为台阶斜坡式，台阶为二级。长290、宽100～130、深30～140厘米。内填黄黑五花土，土质较软。

墓室为竖穴土坑。平面呈长方形，壁面垂直，平底。长380、宽180、深140厘米。骨架2具，保存较好，头朝东，面向北，双手放在盆骨两侧，仰身直肢葬，双人合葬墓。随葬有陶罐2件、陶壶3件、陶灶1套、陶井1件、小陶罐4件，置于墓室的东南部（图四〇二；图版六一，1）。

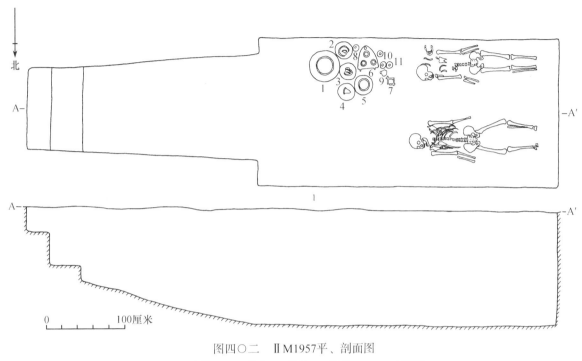

图四〇二　ⅡM1957平、剖面图

1、5.陶罐　2~4.陶壶　6.陶灶　7.陶井　8~11.小陶罐

2. 随葬器物

该墓出土陶器11件，器形有罐、壶、灶、井、小罐等。

罐　2件。ⅡM1957：1，泥质灰陶。形体较大。侈口，尖圆唇，鼓腹，下腹斜收，平底略内凹。腹部饰一周压印纹。口径20.6、底径20.5、高33厘米（图四〇三，2）。ⅡM1957：5，泥质灰陶。侈口，鼓腹，平底。腹部饰有一周戳印纹，下腹有削切痕。口径13.6、底径13、高20厘米（图四〇三，11）。

壶　3件，泥质灰陶。ⅡM1957：2、3，喇叭口，舌状唇，粗颈微束，圆鼓腹，假圈足略外撇，平底。肩部饰宽带纹，腹部饰一周凹弦纹及对称铺首衔环。口径13.5、底径13.2、高29.5厘米（图四〇三，3、10）。ⅡM1957：4，喇叭口，舌状唇，粗颈微束，鼓腹，假圈足略外撇，平底。肩部饰宽带纹，腹部饰一周凹弦纹及对称铺首衔环。口径13.2、底径13、高29厘米（图四〇三，1）。

灶　1套（5件）。ⅡM1957：6，泥质灰陶。平面呈船形，灶面稍作弧形，三火眼呈"品"字形，置两釜一甑，后有圆形烟囱眼，上置柱状形烟囱，顶上有隆节，中空；前置长方形灶门，两侧置有挡风。长28、宽23.2、高12~26.4厘米（图四〇三，4）。

井　1件。ⅡM1957：7，泥质灰陶，口部残。平面呈方形，立面呈梯形，井内有数周凸棱纹，平底。口边长9.8、底边长7、高11.5厘米（图四〇三，5）。

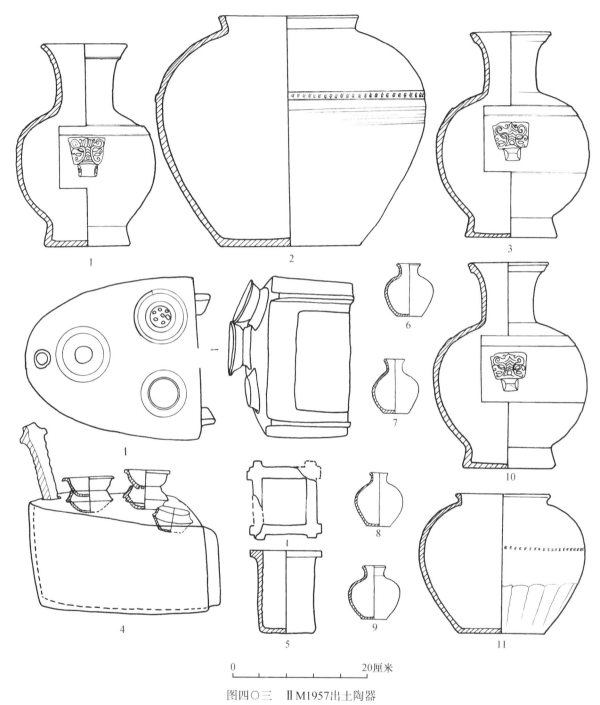

图四○三　ⅡM1957出土陶器

1、3、10. 壶（ⅡM1957：4、ⅡM1957：2、ⅡM1957：3）　2、11. 罐（ⅡM1957：1、ⅡM1957：5）　4. 灶（ⅡM1957：6）

5. 井（ⅡM1957：7）　6~9. 小罐（ⅡM1957：8、ⅡM1957：10、ⅡM1957：9、ⅡM1957：11）

　　小罐　4件。ⅡM1957：8，泥质灰陶。侈口，平沿，尖圆唇，高领，鼓腹，下腹斜收，平底。口径3.6、底径3.6、高7.8厘米（图四○三，6）。ⅡM1957：9~11，泥质灰陶。敞口，尖圆唇，高领，鼓腹，平底。ⅡM1957：9，口径3、底径3.4、高7.8厘米（图四○三，8）。

ⅡM1957：10，口径3.2、底径3.2、高7.6厘米（图四〇三，7）。ⅡM1957：11，口径3.4、底径3.6、高7.5厘米（图四〇三，9）。

ⅡM1981

1. 墓葬形制

斜坡式墓道土坑木椁墓，方向270°，平面呈"甲"字形，由墓道和墓室两部分组成。

墓道位于墓室西部。平面呈梯形，壁面较直，底呈斜坡状，入口有二级台阶。长1130、宽100～160、深40～380厘米。内填五花土，土质较软。

墓室为竖穴土坑。平面呈长方形，口大底小，底部较平。墓口长520、宽240、底长500、宽220、深400厘米。有葬具棺椁，仅存朽痕，呈长方形，椁长460、宽196、厚6、残高60～90厘米；棺长380、宽150、厚4、残高10～15厘米。骨架已朽。随葬有陶壶3件、铅剑镡1件、锡盖弓帽8件、铜带钩1件，置于棺内（图四〇四）。

2. 随葬器物

该墓出土器物13件，质地有陶、锡、铜等。

陶壶 3件。ⅡM1981：2、3，喇叭口，尖圆唇，长颈微弧，鼓腹，假圈足外撇。颈部饰有水波纹。素面磨光。ⅡM1981：2，口径9.5、底径12、高29.5厘米（图四〇五，3）。ⅡM1981：3，口径9.5、底径11.6、高30.5厘米（图四〇五，1）。ⅡM1981：1，浅盘口，细长颈，鼓腹，假圈足外撇。颈部饰有水波纹。素面磨光。口径9.5、底径11.6、高29、腹径20厘米（图四〇五，2）。

锡盖弓帽 8件。ⅡM1981：6～13，圆筒状，一侧有倒钩，顶端为柿蒂形帽顶，中心饰花蕊纹，四角随叶形绘卷云纹。高2、直径0.8厘米，帽顶宽2.5厘米（图四〇六，7、8、5、2、6、3、4、9）。

铜带钩 1件。ⅡM1981：5，琵琶形，截面呈半圆形，短颈，小钩，平背，圆纽，位于钩背偏尾部。长7.8、体宽0.5、厚0.5厘米（图四〇六，1）。

铅剑镡 1件。ⅡM1981：4，飞禽状，截面略呈弯形片状，中有穿孔，内有铁钉穿过，长6.1厘米（图四〇六，10）。

ⅡM1982

1. 墓葬形制

竖穴土坑墓，方向100°，内填黄黑五花土，质较软。平面呈长方形，壁面规整垂直，平底。长220、宽60、深50厘米。骨架保存较好，头向东，面向上，双手放在盆骨两侧，仰身直

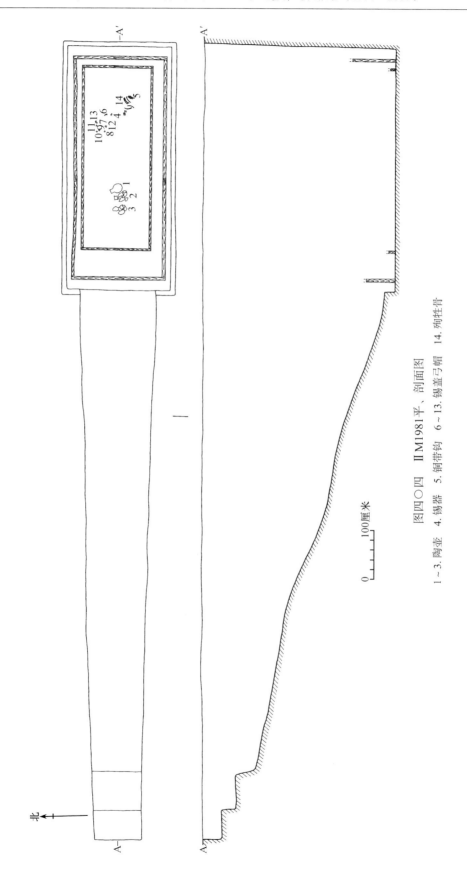

图四〇四　ⅡM1981平、剖面图

1~3. 陶壶　4. 锡器　5. 铜带钩　6~13. 锡盖弓帽　14. 殉牲骨

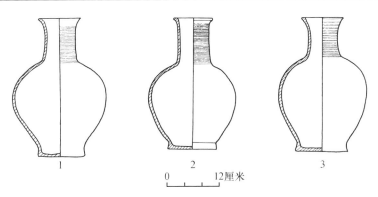

图四〇五 ⅡM1981出土陶壶
1. ⅡM1981：3 2. ⅡM1981：1 3. ⅡM1981：2

肢葬。随葬有铁带钩1件、陶罐1件，有殉牲骨，置于墓室的东侧（图四〇七）。

2. 随葬器物

该墓出土器物2件，质地有陶、铁等。

陶罐 1件。ⅡM1982：1，泥质深灰陶。烧制变形，侈口，尖圆唇，鼓腹，平底。上腹部饰有暗弦纹，下腹部有削切痕。口径15.6、底径14.5、高23.8厘米（图四〇八，1）。

铁带钩 1件。ⅡM1982：2，锈蚀严重。长条状，钩部弯曲平直，小纽位于钩背中部。长11.8、宽3、厚0.5厘米，钩长4.3厘米（图四〇八，2）。

ⅡM1983

1. 墓葬形制

竖穴土坑墓，方向90°，内填黄黑五花土，质较软。平面呈长方形，壁面规整垂直，平底。长270、宽80、深50厘米。在墓室东壁底部有一头龛，平面呈长方形，宽80、进深30、高46厘米。骨架保存较好，头向东，面向上，仰身直肢葬。随葬有铜镦1件、陶罐1件、陶壶3件，置于头龛内（图四〇九；图版六一，2）。

2. 随葬器物

该墓出土器物5件，质地有陶、铜等。

陶壶 3件。形制相同，泥质黑灰陶。深盘口，平沿，长直颈，鼓腹，平底，底部有方形印记。涂白衣后施红彩，图案已脱落，下腹有削切痕。ⅡM1983：1，口径13.3、底径11.8、高28.5厘米（图四一〇，3）。ⅡM1983：2，口径12.5、底径11.8、高28.5厘米（图四一〇，1）。ⅡM1983：3，口径13、底径12、高27厘米（图四一〇，2）。

陶罐 1件。ⅡM1983：4，泥质深灰陶，烧制变形。侈口，圆唇，鼓腹，平底。上腹部饰

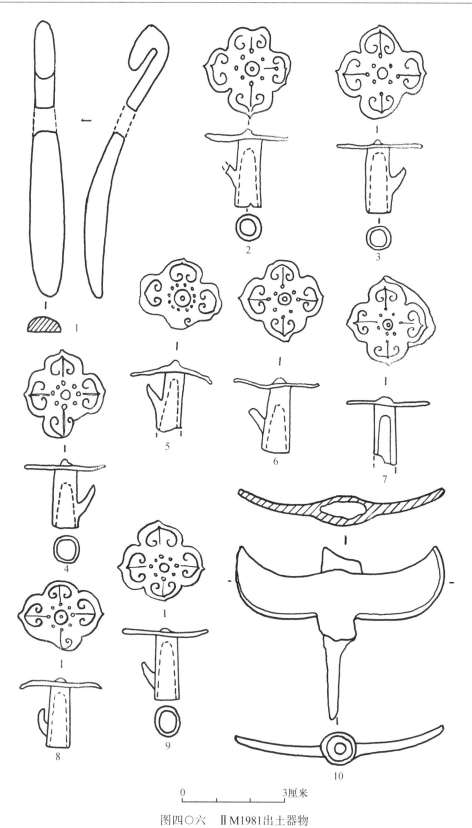

图四〇六　ⅡM1981出土器物

1.铜带钩（ⅡM1981：5）　2～9.锡盖弓帽（ⅡM1981：9、ⅡM1981：11、ⅡM1981：12、ⅡM1981：8、ⅡM1981：10、
ⅡM1981：6、ⅡM1981：7、ⅡM1981：13）　10.铅剑镡（ⅡM1981：4）

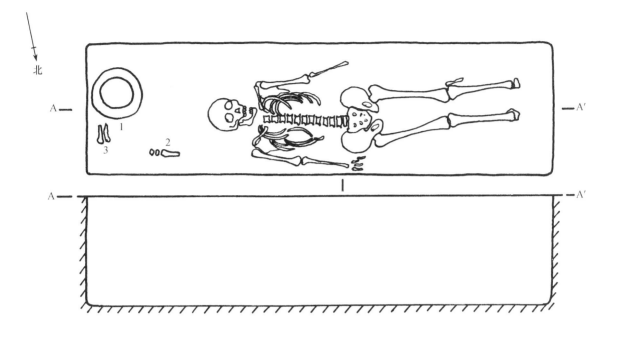

图四〇七 ⅡM1982平、剖面图

1.陶罐 2.铁带钩 3.殉牲骨

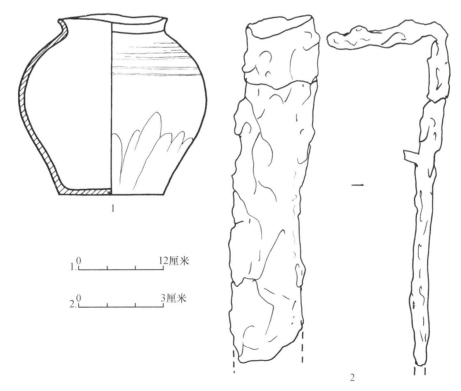

图四〇八 ⅡM1982出土器物

1.陶罐（ⅡM1982：1） 2.铁带钩（ⅡM1982：2）

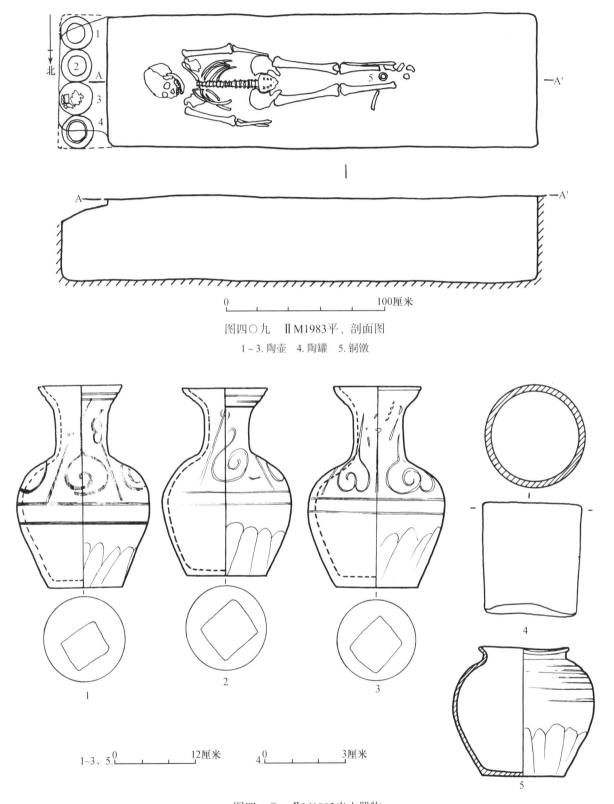

图四〇九　ⅡM1983平、剖面图

1~3.陶壶　4.陶罐　5.铜镦

图四一〇　ⅡM1983出土器物

1~3.陶壶（ⅡM1983：2、ⅡM1983：3、ⅡM1983：1）　4.铜镦（ⅡM1983：5）　5.陶罐（ⅡM1983：4）

暗弦纹，下腹有削切痕。口径13.2、底径12、高18.2厘米（图四一〇，5）。

铜镦　1件。ⅡM1983：5，圆形筒状，一端封闭。直径3.7、高4厘米（图四一〇，4）。

ⅡM1984

1. 墓葬形制

竖穴土坑墓，方向100°，内填黄黑五花土，质较软。平面呈长方形，壁面规整垂直，平底。长220、宽80、深140厘米。在墓室东壁近底部设有头龛，平面近椭圆形，宽95、进深50、高40～60厘米。骨架仅存肢骨，头向东，面向、葬式不清。随葬陶罐1件、陶壶3件，置于头龛内（图四一一）。

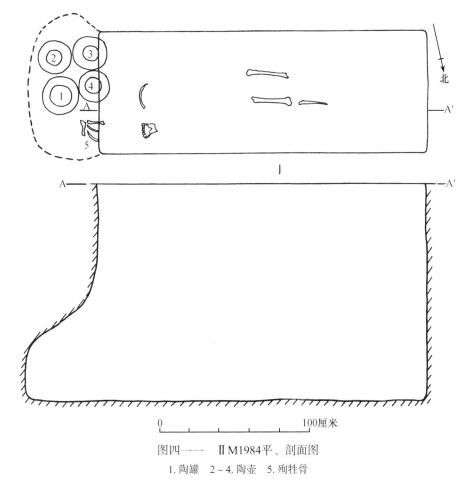

图四一一　ⅡM1984平、剖面图
1. 陶罐　2～4. 陶壶　5. 殉牲骨

2. 随葬器物

该墓出土陶器4件，器形有罐、壶等。

罐　1件。ⅡM1984：1，泥质黑灰陶。侈口，圆唇，折肩，鼓腹斜收，平底。肩部饰暗网格纹，腹部饰有数周凹弦纹。口径15.8、底径12、高22.4厘米（图四一二，4）。

　　壶　3件。泥质黑灰陶。敞，折沿，圆唇，粗"八"字形颈，鼓腹，平底。腹部饰数周弦断绳纹，下腹有削切痕。ⅡM1984：2，口径11.5、底径10.2、高26.5厘米（图四一二，2）。ⅡM1984：3、4，口径11.8、底径11、高26.5厘米（图四一二，1、3）。

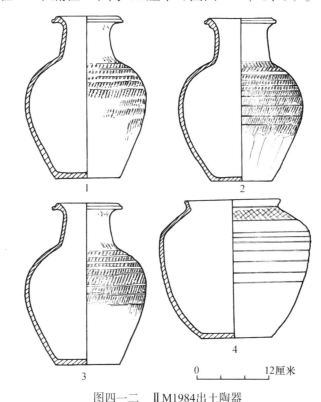

图四一二　　ⅡM1984出土陶器
1～3.壶（ⅡM1984：3、ⅡM1984：2、ⅡM1984：4）　4.罐（ⅡM1984：1）

ⅡM1986

1. 墓葬形制

　　竖穴土坑墓，方向0°，内填黄黑五花土，质较软。平面呈长方形，壁面规整垂直，平底。长210、宽80、深130厘米。在墓室北壁底部有一头龛，平面呈梯形，宽50～80、进深50、高50～80厘米。骨架保存较好，头向北，面向上，双手放在盆骨两侧，仰身直肢葬。随葬有陶罐1件、陶壶3件，置于头龛内（图四一三；图版六二，1）。

2. 随葬器物

　　该墓出土陶器4件，器形有罐、壶等。

　　壶　3件，泥质黑灰陶。ⅡM1986：1，浅盘口，沿略斜折，圆唇，"八"字形长弧颈，卵鼓腹，小平底。腹部饰抹断绳纹，下腹有削切痕。口径10.6、底径7、高27.6厘米（图四一四，

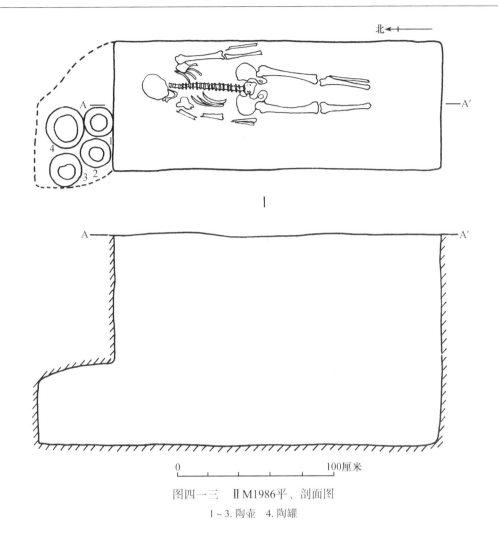

图四一三　ⅡM1986平、剖面图

1~3.陶壶　4.陶罐

1）。ⅡM1986：3，口径10.5、底径8.4、高28厘米（图四一四，3）。ⅡM1986：2，喇叭口，斜沿，圆唇，“八”字形长弧颈，卵鼓腹，小平底。腹部饰抹断绳纹，下腹有削切痕。口径11、底径8.4、高29厘米（图四一四，2）。

　　罐　1件。ⅡM1986：4，泥质深灰陶。侈口，方唇，鼓腹，平底，底部有方形印记。腹部饰抹断绳纹，下腹有削切痕。口径12.8、底径12.5、高23.5厘米（图四一四，4）。

ⅡM1987

1. 墓葬形制

　　竖穴土坑墓，方向5°，内填黄黑五花土，土质较软。平面呈长方形，壁面规整垂直，平底。长320、宽90、深200厘米。骨架保存较好，头向北，面向上，仰身直肢葬。随葬有陶壶3件、陶罐1件，置于墓室北部的东侧；铜钱1枚，置于头骨口部（图四一五）。

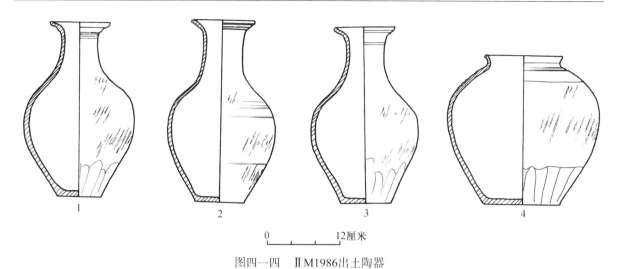

图四一四　Ⅱ M1986出土陶器

1～3.壶（Ⅱ M1986：1、Ⅱ M1986：2、Ⅱ M1986：3）　4.罐（Ⅱ M1986：4）

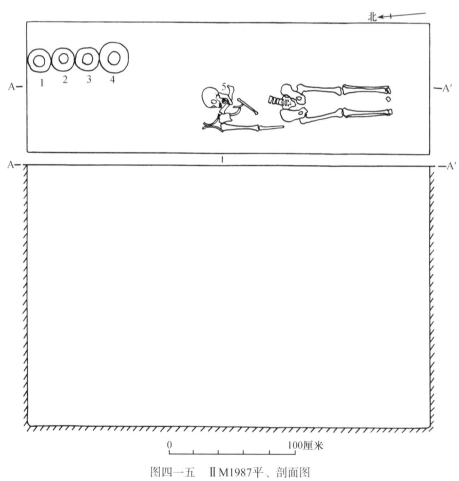

图四一五　Ⅱ M1987平、剖面图

1～3.陶壶　4.陶罐　5.铜钱

2. 随葬器物

该墓出土器物5件，质地有陶、铜等。

壶 3件。ⅡM1987：1，泥质深灰陶。大喇叭口，细束颈，鼓腹，大平底。涂黑衣，素面磨光，下腹有削切痕。口径11.6、底径12.5、高24.6厘米（图四一六，1）。ⅡM1987：2、3，泥质深灰陶。喇叭口，细弧颈，鼓腹，平底。涂黑衣，素面抹光，下腹有削切痕。颈部饰数周暗弦纹。ⅡM1987：2，口径10.2、底径11.6、高26.2厘米（图四一六，2）。ⅡM1987：3，口径11.5、底径12、高24.8厘米（图四一六，3）。

陶罐 1件。ⅡM1987：4，泥质深灰陶。侈口，折沿，方唇，高领，鼓腹，平底。肩部饰暗弦纹，腹部饰一周泥条压印附加堆纹，下腹有削切痕。口径12.2、底径14、高26.2厘米（图四一六，4）。

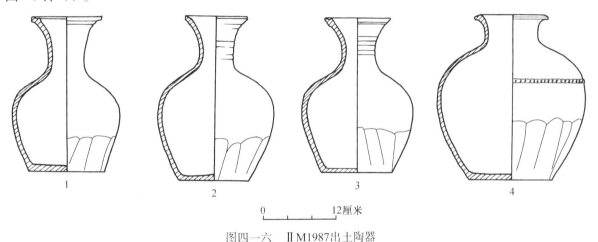

图四一六 ⅡM1987出土陶器

1~3.壶（ⅡM1987：1、ⅡM1987：2、ⅡM1987：3） 4.罐（ⅡM1987：4）

铜钱 1枚。五铢钱。ⅡM1987：5，"五"字交笔缓曲，"铢"字金字头呈三角形，"朱"字头为上方折，下圆折。直径2.5、穿宽0.9厘米，重2.8克（图四一七）。

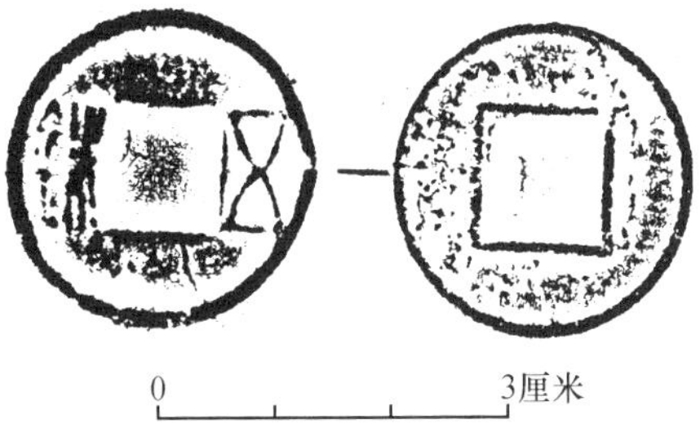

图四一七 ⅡM1987出土铜钱

（ⅡM1987：5）

ⅡM1988

1. 墓葬形制

竖穴土坑墓，方向90°，内填黄黑五花土，质较软。平面呈长方形，壁面规整垂直，平底。墓长210、宽80、深140厘米。在墓室东壁底部有一头龛，平面呈长方形，宽80、进深10、高40厘米。骨架保存较好，头向东，面向上，仰身直肢葬。随葬有陶罐1件、小陶罐3件，置于头龛内（图四一八）。

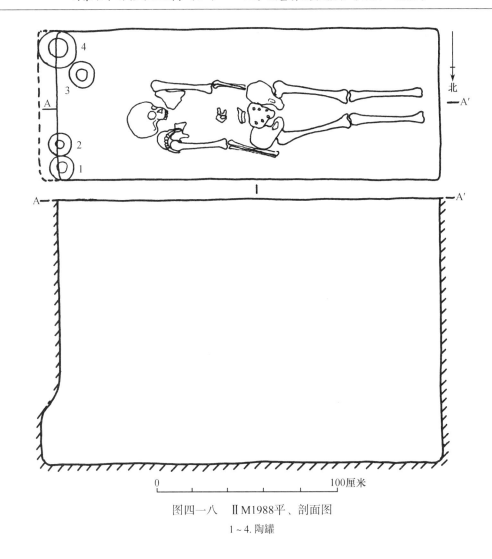

图四一八　ⅡM1988平、剖面图
1~4. 陶罐

2. 随葬器物

该墓出土陶器3件，器形有罐、小罐等。

小罐　3件。ⅡM1988：1，泥质黑灰陶。侈口，圆唇，折肩，鼓腹，平底。上腹部饰暗弦纹，下腹有削切痕。口径8.2、底径7、高13.4厘米（图四一九，4）。ⅡM1988：2、3，泥质黑灰陶。敞口，方唇，折肩，鼓腹，平底。腹部饰暗弦纹，下腹有削切痕。ⅡM1988：2，口径7.6、底径6.6、高14.6厘米（图四一九，2）。ⅡM1988：3，口径8、底径8、高13.6厘米（图四一九，3）。

罐　1件。ⅡM1988：4，泥质深灰陶。侈口，圆唇，圆鼓腹，平底。腹部饰暗弦纹，下腹有削切痕。口径14、底径12.2、高18厘米（图四一九，1）。

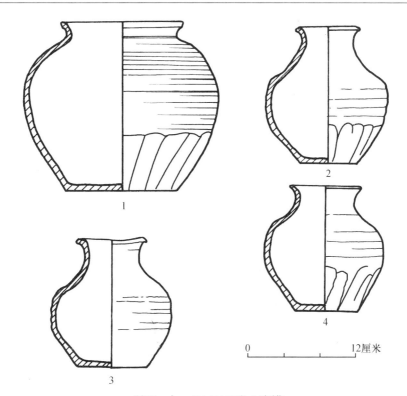

图四一九　ⅡM1988出土陶罐

1. ⅡM1988：4　2. ⅡM1988：2　3. ⅡM1988：3　4. ⅡM1988：1

ⅡM1989

1. 墓葬形制

竖穴土坑墓，方向355°，内填黄黑五花土，土质较软。平面呈长方形，壁面规整垂直，平底。墓长190、宽70、深80厘米。在墓室北壁底部有头龛，平面呈长方形，宽70、进深50、高50厘米。骨架保存较好，头向北，面向上，仰身直肢葬。随葬有陶罐2件、陶壶1件，置于头龛内（图四二〇）。

2. 随葬器物

该墓出土陶器3件，器形有罐、壶等。

壶　1件。ⅡM1989：1，泥质灰陶。大喇叭口，宽平沿，圆唇，粗颈，鼓腹，平底。上腹部素面磨光，下腹有削切痕。口径10.5、底径6.2、高16.6厘米（图四二一，1）。

罐　2件。ⅡM1989：3，泥质灰陶。敞口，方唇，矮领，溜肩，垂腹，平底。上腹部素面磨光，下腹有削切痕。口径9.2、底径7.6、高13.6厘米（图四二一，2）。ⅡM1989：2，泥质灰陶。敞口，圆唇，矮领，溜肩，鼓腹，平底内凹。上腹部素面磨光。口径9.5、底径8.5、高12.5厘米（图四二一，3）。

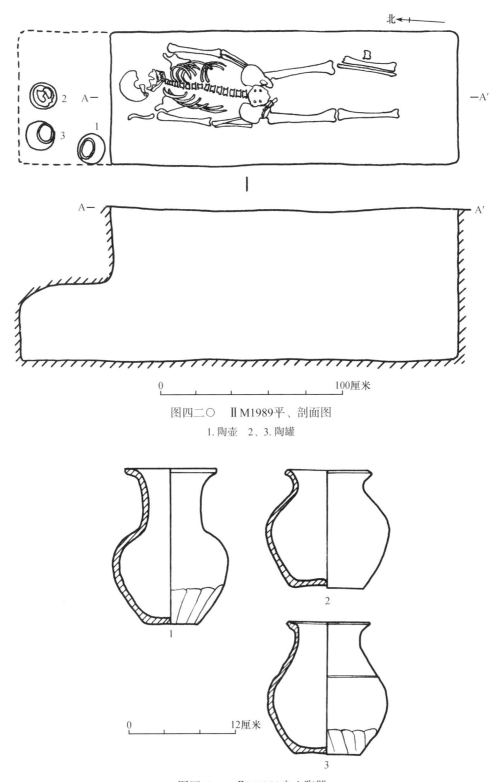

图四二〇　ⅡM1989平、剖面图
1.陶壶　2、3.陶罐

图四二一　ⅡM1989出土陶器
1.壶（ⅡM1989：1）　2、3.罐（ⅡM1989：3、ⅡM1989：2）

ⅡM1990

1. 墓葬形制

竖穴土坑木椁墓，方向0°，内填黄黑五花土，土质较软。平面呈长方形，壁面规整斜收，平底。东壁坍塌。口长440、宽160~185、底长420、宽140、深210厘米。有葬具棺椁，皆长方形，椁长386、宽96、厚6、残高30厘米；棺长208、宽68、厚4、残高10~20厘米，置于椁内南部。骨架保存一般，头朝北，面向东，仰身直肢葬。随葬有陶壶3件、陶罐1件，置于木椁内北部（图四二二；图版六二，2）。

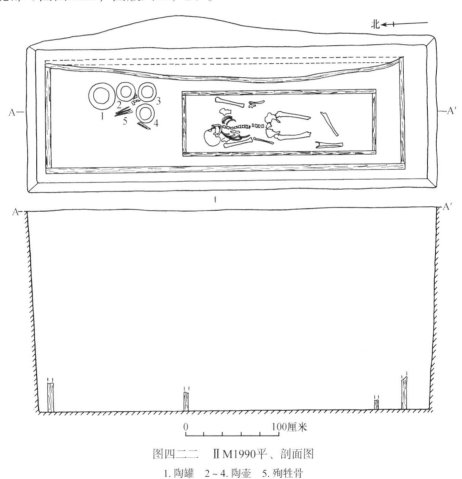

图四二二　ⅡM1990平、剖面图
1. 陶罐　2~4. 陶壶　5. 殉牲骨

2. 随葬器物

该墓出土陶器4件，器形有罐、壶等。

罐　1件。ⅡM1990：1，泥质灰陶。大口微侈，尖圆唇，鼓腹，平底。肩部饰暗划纹，腹部饰凹弦纹，下腹饰抹断绳纹。口径15.6、底径15、高23.8厘米（图四二三，4）。

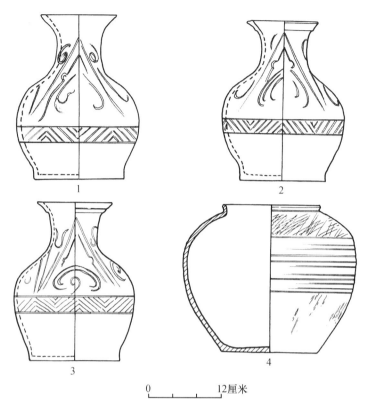

图四二三　ⅡM1990出土陶器

1～3.壶（ⅡM1990：2、ⅡM1990：3、ⅡM1990：4）　4.罐（ⅡM1990：1）

壶　3件，泥质灰陶。ⅡM1990：2，喇叭口，粗弧颈，鼓腹，假圈足略外撇，大平底。腹部施红黑色几何纹、云气纹，下腹有削切痕。口径12.5、底径15.5、高26.5厘米（图四二三，1）。ⅡM1990：3、4，深盘口，粗弧颈，鼓腹，假圈足略外撇，平底。腹部施红黑色几何纹、云气纹，下腹有削切痕。ⅡM1990：3，口径12、底径14.5、高25.6厘米（图四二三，2）。ⅡM1990：4，口径12.6、底径15.5、高25.6厘米（图四二三，3）。

ⅡM1991

1. 墓葬形制

竖穴土坑墓，方向355°，内填黄黑五花土，质较软，被ⅡM1942打破。平面呈长方形，口大底小呈斗状，壁面规整，平底。墓口长330、宽100、底长310、宽80、深140厘米。骨架保存较好，头朝北，面向西，仰身直肢葬。随葬有陶壶3件、陶罐1件，殉牲骨，置于墓室北部（图四二四；图版六三，1）。

2. 随葬器物

该墓出土陶器4件，器形有罐、壶等。

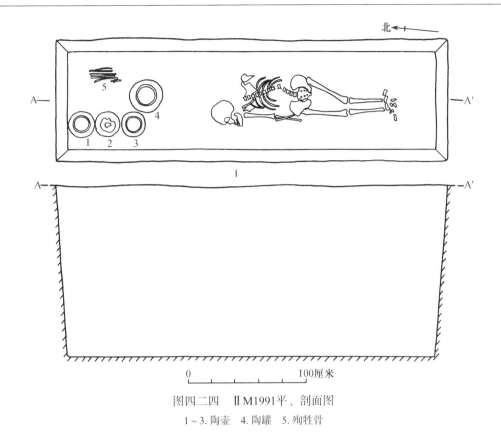

图四二四 ⅡM1991平、剖面图
1～3.陶壶 4.陶罐 5.殉牲骨

壶 3件。ⅡM1991：1～3，泥质灰褐陶。深盘口，平折沿，弧颈，鼓腹，平底。器表施红色彩绘已脱落，下腹有削切痕。ⅡM1991：1，口径11.6、底径12.5、高26.5厘米（图四二五，2）。ⅡM1991：3，口径11、底径12、高26.5厘米（图四二五，1）。ⅡM1991：2，腹部施红黑色云气纹，底部有方形印记。口径11.5、底径12.5、高27.2厘米（图四二五，3）。

罐 1件。ⅡM1991：4，直口微侈，圆唇，鼓腹，下腹斜收，平底。腹部饰弦纹，下腹有削切痕。口径14.5、底径15、高20厘米（图四二五，4）。

ⅡM1993

1. 墓葬形制

竖穴土坑墓，方向0°，内填黄黑五花土，质较软。平面呈长方形，壁面规整垂直，平底。长400、宽100、深160厘米。骨架保存一般，头向北，面向上，仰身直肢葬。随葬有陶壶3件、陶罐2件、殉牲骨，置于墓室北部（图四二六；图版六三，2）。

2. 随葬器物

该墓出土陶器5件，器形有罐、壶等。

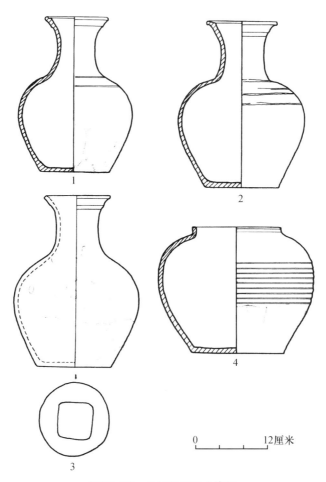

图四二五　　ⅡM1991出土陶器

1~3.壶（ⅡM1991：3、ⅡM1991：1、ⅡM1991：2）　4.罐（ⅡM1991：4）

壶　3件。ⅡM1993：1，泥质灰褐陶。喇叭口、束颈、鼓腹、平底。腹部饰抹断绳纹，下腹有削切痕，底部有方形印记。口径11.5、底径12、高25厘米（图四二七，1）。ⅡM1993：2，泥质灰陶。喇叭口，细颈，鼓腹，平底。口径11.6、底径15、高27厘米（图四二七，3）。ⅡM1993：3，泥质灰褐陶。喇叭口，细颈，鼓腹，平底，底部有方形印记。腹部饰抹断绳纹，下腹有削切痕。口径10.8、底径11.6、高23厘米（图四二七，2）。

罐　2件。ⅡM1993：4，泥质灰陶。侈口，方唇，鼓腹，平底。上腹部饰弦断绳纹，下腹有削切痕。口径11、底径10.8、高19.5厘米（图四二七，4）。ⅡM1993：5，泥质灰褐陶。侈口，圆唇，鼓腹，下腹斜收，平底。肩部饰暗网格纹，腹部饰弦纹，下腹有削切痕。口径12、底径14.2、高20.4厘米（图四二七，5）。

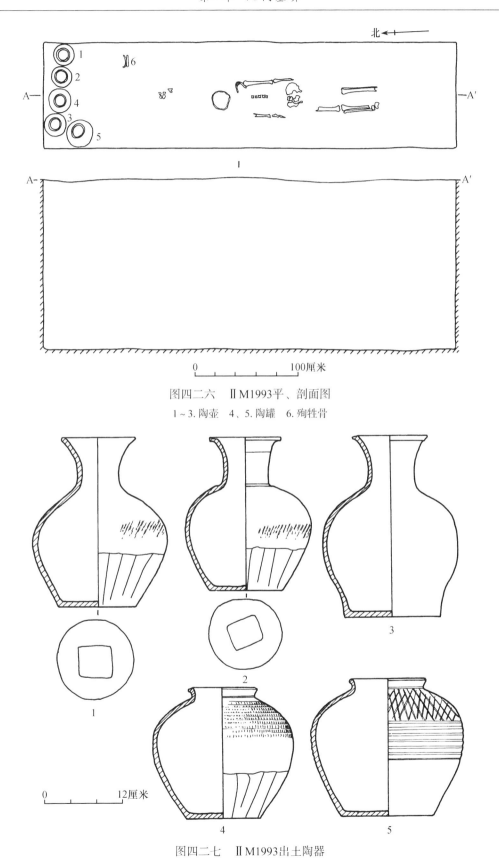

图四二六　ⅡM1993平、剖面图

1~3.陶壶　4、5.陶罐　6.殉牲骨

图四二七　ⅡM1993出土陶器

1~3.壶（ⅡM1993：1、ⅡM1993：3、ⅡM1993：2）　4、5.罐（ⅡM1993：4、ⅡM1993：5）

ⅡM1995

1. 墓葬形制

竖穴土坑木椁墓，方向85°，内填黄黑五花土，质较软。平面呈长方形，壁面规整垂直，平底。长320、宽120、深130厘米。有葬具棺椁，椁呈长方形，长310、宽80、厚4、残高10厘米；棺呈梯形，长204、宽60～80、厚4、残高10厘米，置于椁内中部偏西侧。骨架仅存下肢骨，头向与面向不清，直肢葬。随葬有陶壶3件，置于木棺外东侧；铜带钩1件，置于肢骨一侧（图四二八）。

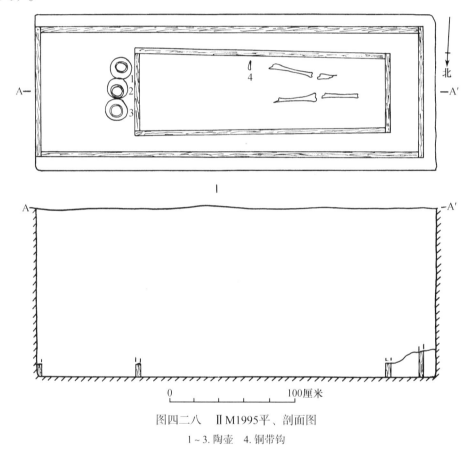

图四二八　ⅡM1995平、剖面图

1～3.陶壶　4.铜带钩

2. 随葬器物

该墓出土器物4件，质地有陶、铜。

陶壶　3件，泥质灰褐陶。喇叭口，圆唇，粗颈较直，鼓腹，假圈足较直，平底。颈部至上腹部饰暗弦纹，下腹素面磨光。ⅡM1995：1，口径9.6、底径10、高20、腹径17厘米（图四二九，4）。ⅡM1995：2，口径9.5、腹径16.6、底径10.8、高21.4厘米（图四二九，2）。ⅡM1995：3，口径10.4、底径11、高21.6厘米（图四二九，1）。

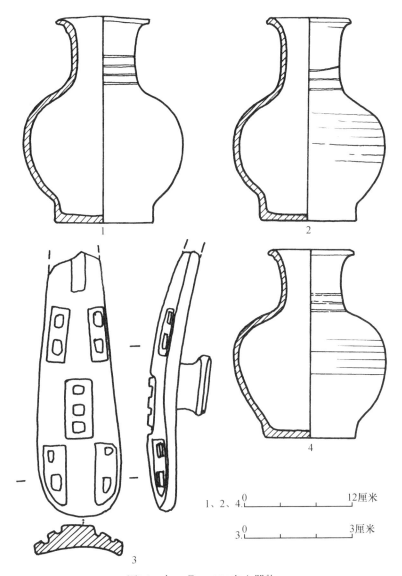

图四二九　ⅡM1995出土器物

1、2、4. 陶壶（ⅡM1995：3、ⅡM1995：2、ⅡM1995：1）　3. 铜带钩（ⅡM1995：4）

　　铜带钩　1件。ⅡM1995：4，琵琶形，钩面铸竖条形凹槽，呈单、双排列，单条形有三枚方点，双条形两枚方点，凹槽内镶嵌绿松石，已脱落，宽体截面呈片状，颈及钩残断，圆纽位于体近三分之一处。残长7.1、宽2.3、厚0.6厘米（图四二九，3）。

ⅡM1996

1. 墓葬形制

　　竖穴土坑墓，方向0°，内填黄黑五花土，质较软。平面呈长方形，壁面规整，平底。墓口长340、宽160、底长320、宽140、深300厘米。有葬具木棺，呈长方形，长250、宽120、残高

30、厚4厘米。未见骨架。随葬有铁钉1件，殉牲骨，置于木棺内（图四三〇）。

2. 随葬器物

该墓出土铁钉1件。ⅡM1996：2，锈蚀严重，长条形，圆形钉帽，钉身下部较尖。残长7厘米（图四三一）。

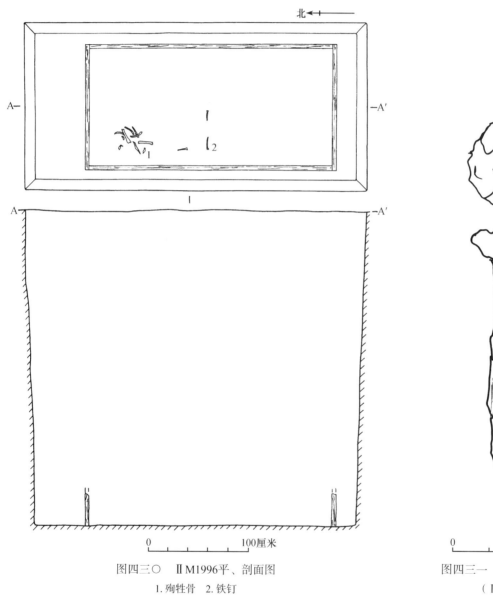

图四三〇　ⅡM1996平、剖面图
1.殉牲骨　2.铁钉

图四三一　ⅡM1996出土铁钉
（ⅡM1996：2）

Ⅱ M1999

1. 墓葬形制

竖穴土坑墓，方向0°，内填黄黑五花土，质较软。平面呈长方形，壁面规整垂直，平底。长220、宽75、深180厘米。在墓室北壁底部有头龛，平面呈近长方形，宽80、进深50、高30～40厘米。骨架保存较好，头向北，面向上，仰身直肢葬。随葬有陶罐1件、陶壶3件，殉牲骨，置于头龛内；铜带钩1件，置于头骨处；铜钱1枚，置于手指骨处（图四三二）。

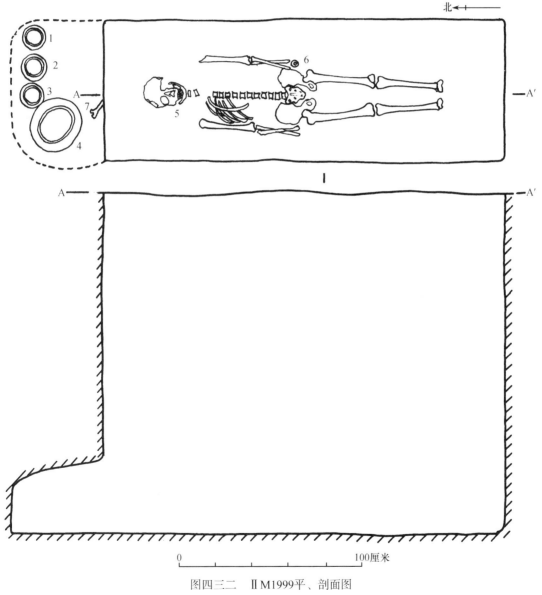

图四三二　Ⅱ M1999平、剖面图

1~3.陶壶　4.陶罐　5.铜带钩　6.铜钱　7.殉牲骨

2. 随葬器物

该墓出土器物6件，质地有陶、铜等。

陶壶　3件，泥质黑灰陶。ⅡM1999：1，敞口，圆唇，粗颈，鼓腹，平底稍内凹。腹部饰暗弦纹，下腹有削切痕。口径9、底径6.8、高14.5厘米（图四三三，5）。ⅡM1999：2、3，敞口，圆唇，粗"八"字形颈，溜肩，圆鼓腹，平底。腹部饰暗弦纹，下腹有削切痕。ⅡM1999：3，口径9、底径6.5、高15.5厘米（图四三三，3）。ⅡM1999：2，口径9、底径7、高16厘米（图四三三，4）。

陶罐　1件。ⅡM1999：4，泥质深灰陶。烧制变形，侈口，圆唇，鼓腹，平底。肩饰暗弦纹，腹饰凹弦纹，下腹有削切痕。口径17～18、底径15.5、高22厘米（图四三三，1）。

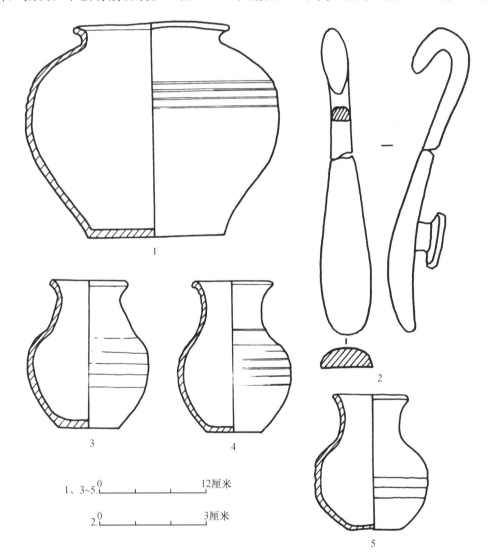

1、3～5. ⎯⎯⎯⎯⎯⎯⎯ 0　　　　　　12厘米

2. ⎯⎯⎯⎯⎯⎯⎯ 0　　　　　　3厘米

图四三三　ⅡM1999出土器物

1.陶罐（ⅡM1999：4）　2.铜带钩（ⅡM1999：5）　3～5.陶壶（ⅡM1999：3、ⅡM1999：2、ⅡM1999：1）

铜带钩　1件。ⅡM1999：5，琵琶形，素面，截面呈半圆形，短颈，残断，小钩，平背，圆纽，位于钩背尾部。长8.1、宽1.4、厚0.5厘米（图四三三，2）。

铜钱　1枚五铢钱。ⅡM1999：6，"五铢"，圆形方孔，"五"字交笔弯曲，呈弹头形，"金"字头作三角形，"朱"字上部方折。直径2.5、穿宽1厘米，重3.6克（图四三四）。

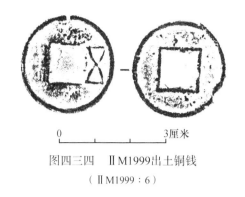

图四三四　ⅡM1999出土铜钱
（ⅡM1999：6）

ⅡM2000

1. 墓葬形制

竖穴土坑墓，方向95°，内填黄黑五花土，土质较软。平面呈长方形，壁面规整垂直，平底。长230、宽80、深180厘米。在墓室东壁底部有头龛，低于墓室底部15厘米，平面呈长方形，宽70、进深50、高60厘米。骨架保存一般，头向东，面向上，仰身直肢葬。随葬有陶罐1件，陶壶3件，置于头龛内（图四三五）。

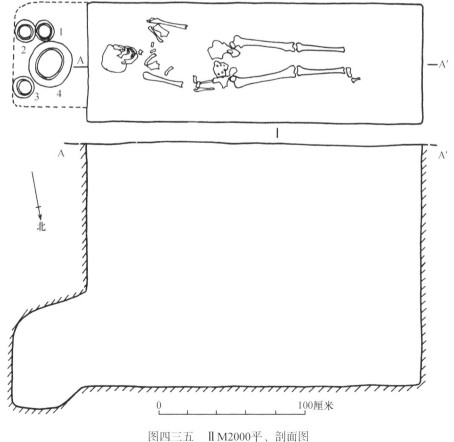

图四三五　ⅡM2000平、剖面图

1～4. 陶罐

2. 随葬器物

该墓出土陶器4件，器形有罐、小罐等。

小罐　3件，泥质深灰陶。ⅡM2000：1，口微侈，圆唇，圆腹，小平底。素面抹光。口径9.5、底径6.4、高13.6厘米（图四三六，1）。ⅡM2000：2，侈口，圆唇，圆腹，小平底。腹部抹光，饰瓦棱纹。下腹有旋削痕。口径10、底径6.2、高14厘米（图四三六，2）。ⅡM2000：3，侈口，圆唇，圆鼓腹，平底。口径9.6、底径6.4、高14.6厘米（图四三六，3）。

罐　1件。ⅡM2000：4，烧制变形。侈口，圆唇，圆鼓腹，平底。肩部饰暗弦纹，腹部饰凹弦纹，下腹有削切痕。口径16、底径18.6、高25厘米（图四三六，4）。

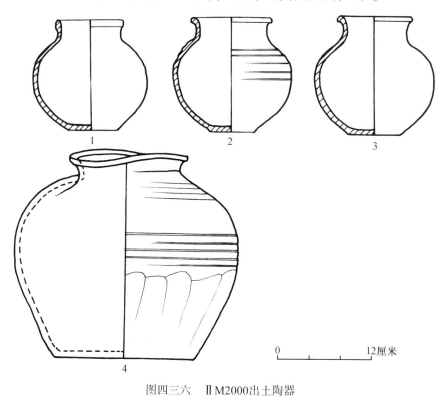

图四三六　ⅡM2000出土陶器

1~3. 小罐（ⅡM2000：1、ⅡM2000：2、ⅡM2000：3）　4. 罐（ⅡM2000：4）

ⅡM2001

1. 墓葬形制

竖穴土坑木椁墓，方向90°，内填黄黑五花土，土质较软。平面呈长方形，壁面规整，平底。口长450、宽180、底长430、宽160、深270厘米。有葬具棺椁，呈长方形，椁长374、宽104、厚4、残高30厘米；棺长198、宽64、厚4、残高10厘米，置于椁内北壁西侧。骨架保存一般，头向东，面向上，仰身直肢葬。随葬有陶罐2件、陶壶3件，置于椁内东侧；料珠1枚，置于头骨处（图四三七）。

2. 随葬器物

该墓出土器物6件，质地有陶、石等。

壶　3件。ⅡM2001：1、2，泥质黑灰陶。喇叭口，平沿，弧颈，鼓腹，平底，底部有方形印记。肩腹部饰绳纹被抹后，施白色三角纹、卷云纹，下腹有削切痕。ⅡM2001：1，口径12.4、底径13、高26.5厘米（图四三八，1）。ⅡM2001：2，口径12、底径13、高28厘米（图四三八，2）。ⅡM2001：3，泥质黑灰陶。浅盘口，平沿，弧颈，鼓腹，平底。腹部饰数周凹弦纹和斜向绳纹，下腹有削切痕。口径12、底径11、高27.5厘米（图四三八，4）。

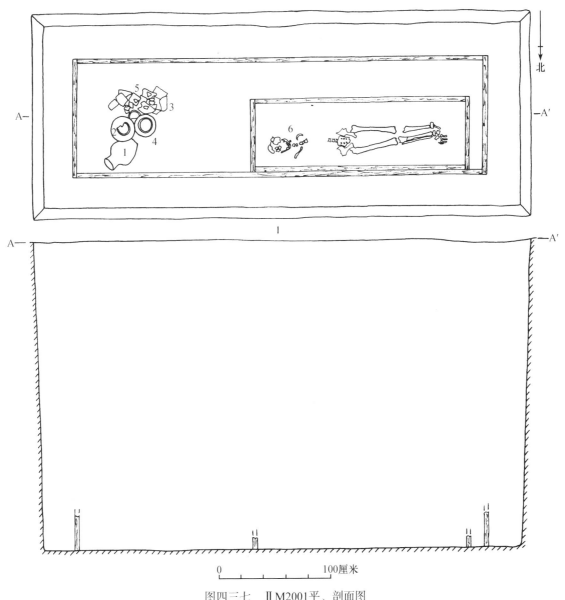

图四三七　ⅡM2001平、剖面图

1~3.陶壶　4、5.陶罐　6.料珠

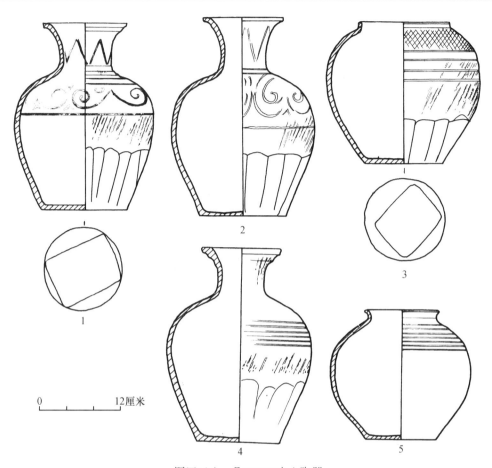

图四三八　ⅡM2001出土陶器

1、2、4.壶（ⅡM2001∶1、ⅡM2001∶2、ⅡM2001∶3）　3、5.罐（ⅡM2001∶5、ⅡM2001∶4）

罐　2件。ⅡM2001∶5，泥质黑灰陶。直口，方唇，鼓腹，平底，底部有方形印记。肩部饰暗网格纹，腹部饰绳纹被抹后，饰以凹弦纹，下腹有削切痕。口径13.5、底径11.6、高20厘米（图四三八，3）。ⅡM2001∶4，泥质黑灰陶。侈口，圆唇，鼓腹，平底。肩部饰暗弦纹，下腹有削切痕。口径11、底径10.4、高18.2厘米（图四三八，5）。

料珠　1枚。ⅡM2001∶6，石制。白色，鼓状，六边形，中有穿孔。

ⅡM2002

1. 墓葬形制

竖穴土坑墓，方向90°，内填黄黑五花土，质较软。平面呈长方形，壁面规整垂直，平底。墓长220、宽70、深180厘米。在墓室东壁底部有头龛，头龛低于墓室底部20厘米，平面呈近梯形，进深60、宽30～70、高70厘米。骨架保存一般，头向东，面向北，仰身直肢葬。随葬有陶罐3件、骨器1件，置于头龛内（图四三九）。

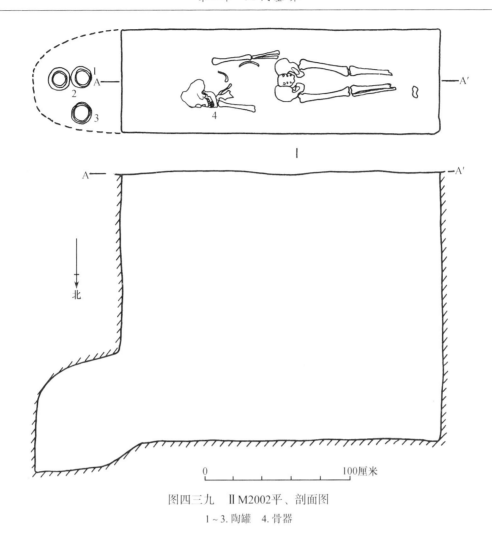

图四三九　　ⅡM2002平、剖面图

1~3.陶罐　4.骨器

2. 随葬器物

该墓出土器物4件，质地是陶、骨器等。

陶罐　3件。ⅡM2002：1，泥质黑灰陶。侈口，圆唇，圆腹，平底，有旋削痕。素面磨光。口径9、底径7.2、高10厘米（图四四〇，1）。ⅡM2002：2，泥质灰陶。侈口，圆唇，鼓腹，平底略向内凹，有旋削痕。上腹部饰有弦纹。口径9.2、底径6.5、高11厘米（图四四〇，2）。ⅡM2002：3，泥质灰褐陶。侈口，圆唇，圆腹，平底略向内凹，有旋削痕。素面磨光。口径9、底径8.4、高11.2厘米（图四四〇，3）。

骨器　1件。ⅡM2002：4，长条状，截面呈方形。残长3.4厘米（图四四〇，4）。

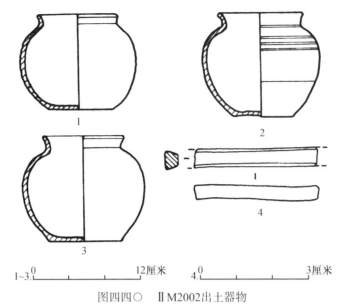

图四四〇　Ⅱ M2002出土器物

1~3. 陶罐（Ⅱ M2002：1、Ⅱ M2002：2、Ⅱ M2002：3）　4. 骨器（Ⅱ M2002：4）

Ⅱ M2003

1. 墓葬形制

竖穴土坑墓，方向95°，内填黄黑五花土，土质较软。平面呈长方形，壁面规整垂直，平底。墓长400、宽160、深140厘米。骨架仅存肢骨，头向与面向不清。随葬有陶缶1件、陶壶3件，殉牲骨，置于墓室东北角；铜带钩1件，置于肢骨一侧（图四四一）。

2. 随葬器物

该墓出土器物5件，质地有陶、铜等。

陶壶　3件。Ⅱ M2003：1、3，泥质灰陶。喇叭口，方唇，弧颈，鼓腹，假圈足，平底。腹部施红黑色三角纹、云气纹。Ⅱ M2003：1，口径11.6、底径14.2、高25.5厘米（图四四二，2）。Ⅱ M2003：3，口径11.5、底径14、高25.2厘米（图四四二，4）。Ⅱ M2003：2，泥质灰陶。浅盘口，方圆唇，弧颈，鼓腹，假圈足，平底。腹部施红黑色三角纹、云气纹。口径11.6、底径14.2、高25.5厘米（图四四二，3）。

陶缶　1件。Ⅱ M2003：4，泥质灰陶。口略外侈，沿面斜直，方唇，高领，丰肩，鼓腹，平底。肩部饰暗网格纹，腹部饰两周压印纹，下腹有旋削痕。口径13、底径17.6、高32厘米（图四四二，1）。

铜带钩　1件。Ⅱ M2003：5，琵琶形，素面，细长颈，截面呈三角形，钩残，平背，圆纽位于钩背尾部。残长3.3、宽1.1、厚0.5厘米（图四四二，5）。

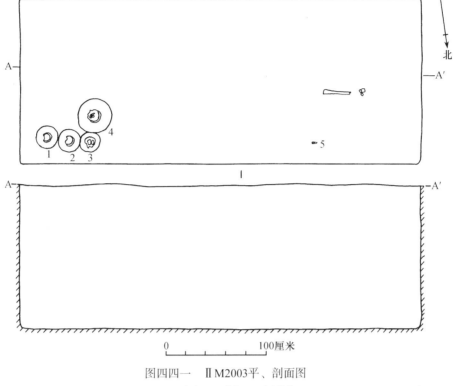

图四四一 ⅡM2003平、剖面图

1~3.陶壶 4.陶缶 5.铜带钩

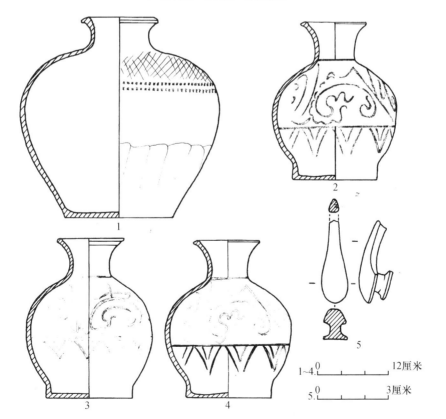

图四四二 ⅡM2003出土器物

1.陶缶（ⅡM2003：4） 2~4.陶壶（ⅡM2003：1、ⅡM2003：2、ⅡM2003：3） 5.铜带钩（ⅡM2003：5）

Ⅱ M2004

1. 墓葬形制

竖穴土坑墓，方向0°，内填黄黑五花土，土质较软。平面呈长方形，壁面规整垂直，平底。墓长230、宽100、深140厘米。在墓室北壁底部有头龛，平面呈长方形，进深60、宽90、高50厘米。骨架保存较好，头向北，面向西，仰身直肢葬。随葬有陶壶3件，置于头龛内（图四四三；图版六四，1；图版七八，2）。

2. 随葬器物

该墓出土陶壶3件。Ⅱ M2004：2，泥质灰陶。喇叭口，尖圆唇，细弧颈，鼓腹，大平底。涂黑衣，颈部饰有暗弦纹，下腹有修削痕。底部有方形印记。口径12、底径12.5、高27.5厘米（图四四四，1）。Ⅱ M2004：1，喇叭口，方唇，细长颈，鼓腹，大平底。素面磨光，涂黑衣，下腹有旋削痕。底部有方形印记。口径12、底径12、高26.5厘米（图四四四，2）。

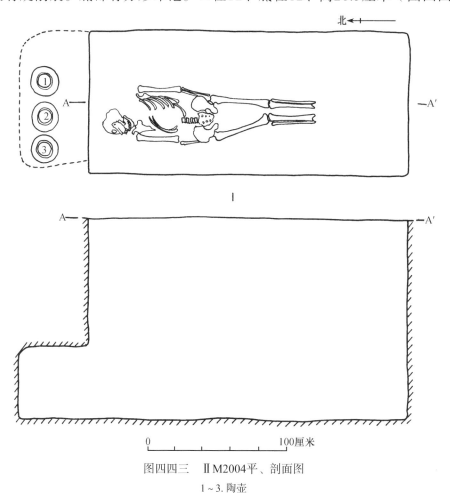

图四四三　Ⅱ M2004平、剖面图

1～3.陶壶

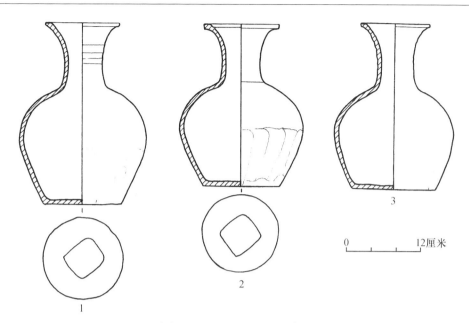

图四四四　ⅡM2004出土陶壶
1.ⅡM2004：2　2.ⅡM2004：1　3.ⅡM2004：3

ⅡM2004：3，喇叭口，尖圆唇，细长颈，鼓腹，大平底。素面抹光，下腹有旋削痕。口径11.4、底径13.8、高25厘米（图四四四，3）。

ⅡM2005

1. 墓葬形制

竖穴土坑墓，方向0°，内填黄黑五花土，土质较软。平面呈长方形，壁面规整垂直，平底。长330、宽120、深220厘米。骨架保存一般，头向北，面向上，仰身直肢葬。随葬有陶罐1件、陶壶3件，殉牲骨，置于墓室北部（图四四五；图版六四，2）。

2. 随葬器物

该墓出土陶器4件，器形有壶、罐等。

罐　1件。ⅡM2005：1，直口，方唇，圆鼓腹，平底。上腹部饰暗弦纹，下腹有削切痕，肩部刻划"×"一处。口径14、底径14、高20厘米（图四四六，1）。

壶　3件。ⅡM2005：2，泥质黑灰陶，烧制变形，喇叭口，细颈，弧腹，平底。颈、腹部施红黑色三角纹、卷云纹，下腹有旋削痕。口径11、底径12、高25厘米（图四四六，3）。ⅡM2005：3、4，泥质黑灰陶。喇叭口，圆唇，细弧颈，鼓腹，平底。素面磨光。颈、腹部施红黑色三角纹、云纹，下腹有旋削痕。ⅡM2005：3，口径10.5、底径11、高26厘米（图四四六，2）。ⅡM2005：4，底部有方形印记。口径10.5、底径11.5、高23.5厘米（图四四六，4）。

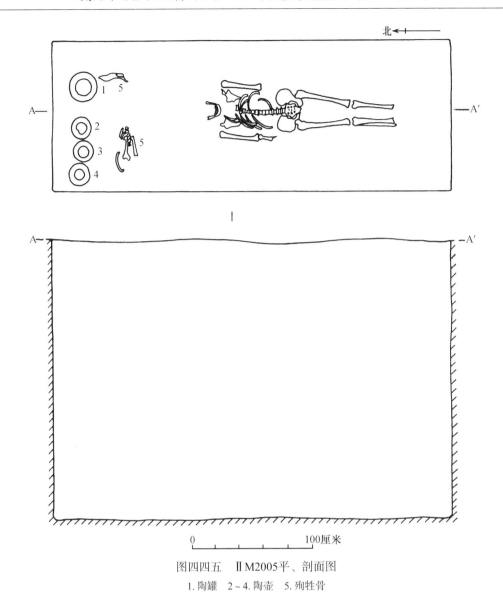

图四四五　ⅡM2005平、剖面图
1.陶罐　2～4.陶壶　5.殉牲骨

ⅡM2007

1. 墓葬形制

竖穴土坑墓，方向0°，内填五花土，土质较软。平面呈长方形，四壁垂直，底较平。长220、宽100、深260厘米。在北壁底部设有头龛，平面呈梯形，进深100、宽100～110、高90～100厘米。葬具为木棺，仅存朽痕，呈梯形，长190、宽60～70、厚4、残高20厘米。骨架保存较差，头向北，面向不清，为直肢葬。随葬有陶罐1件，置于头龛内（图四四七）。

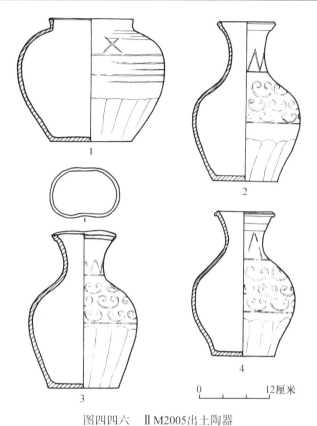

图四四六 ⅡM2005出土陶器

1. 罐（ⅡM2005：1） 2~4. 陶壶（ⅡM2005：3、ⅡM2005：2、ⅡM2005：4）

2. 随葬器物

该墓出土陶罐1件。ⅡM2007：1，泥质深灰陶。形体较大。侈口，圆唇，弧腹，平底。肩部饰暗网格纹，腹部饰弦断绳纹，下腹近底部有削切痕。口径18、底径16.8、高28厘米（图四四八）。

ⅡM2009

1. 墓葬形制

斜坡墓道土坑墓，方向0°，平面近长条形，由墓道和墓室两部分组成。

墓道平面呈梯形，壁面较直，底部呈斜坡状。长360、宽50~90、深20~100厘米。

墓室为竖穴土坑，平面呈长方形，壁面较直，底部略呈斜坡状。长250、宽90、深100厘米。骨架保存一般，头向北，面向东，为仰身直肢葬。随葬有陶罐3件，置于墓室西壁北侧（图四四九）。

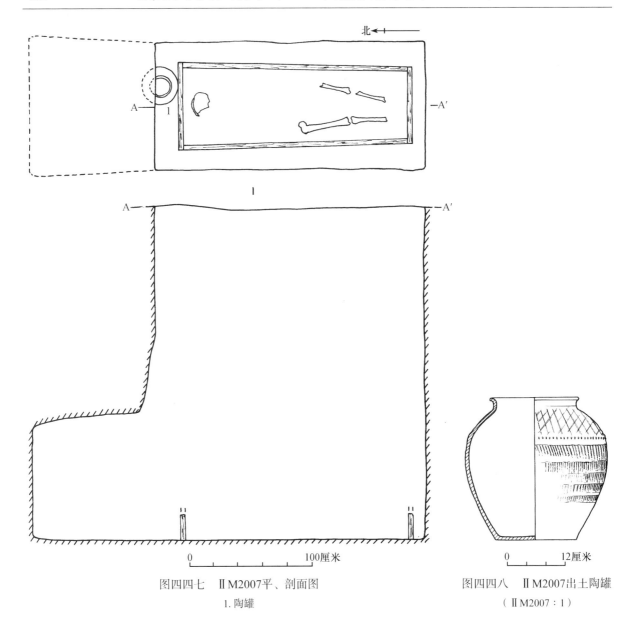

图四四七　ⅡM2007平、剖面图
1. 陶罐

图四四八　ⅡM2007出土陶罐
（ⅡM2007：1）

2. 随葬器物

该墓出土陶罐3件。ⅡM2009：1，泥质灰陶。直口，折沿，方唇，高领，圆鼓腹，平底。腹部饰两周凹弦纹，下腹部有削切痕。口径11.5、底径13.5、高26.5厘米（图四五〇，1）。ⅡM2009：2，泥质灰陶。敞口，折沿，方唇，鼓腹，平底。腹饰一周泥条压印附加堆纹，下腹有削切痕。口径11、底径12、高21.2厘米（图四五〇，3）。ⅡM2009：3，泥质灰陶。敞口，沿面斜直，方圆唇，圆鼓腹，平底。肩、腹部各饰一周凹弦纹。口径11.5、底径12.8、高23.2厘米（图四五〇，2）。

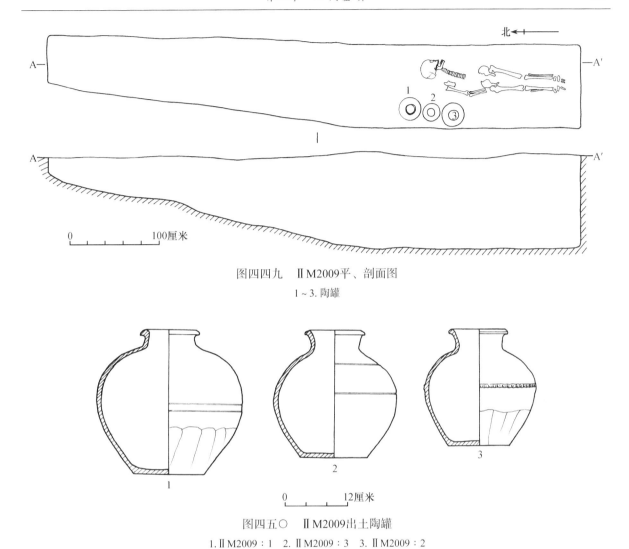

图四四九　ⅡM2009平、剖面图

1～3.陶罐

图四五〇　ⅡM2009出土陶罐

1.ⅡM2009：1　2.ⅡM2009：3　3.ⅡM2009：2

ⅡM2010

1. 墓葬形制

竖穴土坑墓，方向0°，内填五花土，土质较软。平面呈长方形，四壁垂直，底较平。长380、宽80、深300厘米。在墓室北壁底部设有头龛，平面呈长方形，进深40、宽60、高50厘米。未见骨架。随葬有陶罐1件、陶盆1件，置于头龛内；陶壶2件、铜镜1件，殉牲骨，置于墓室中部靠东壁（图四五一）。

2. 随葬器物

该墓出土器物5件，质地有陶、铜等。

陶罐　1件。ⅡM2010：1，泥质灰陶。侈口，尖圆唇，鼓腹，平底。肩部饰暗弦纹，腹部

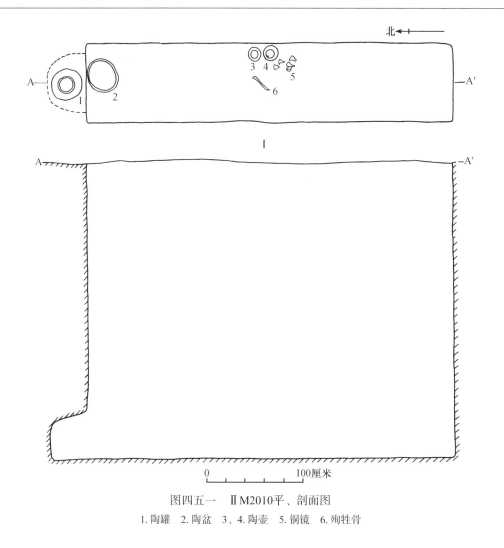

图四五一　ⅡM2010平、剖面图
1.陶罐　2.陶盆　3、4.陶壶　5.铜镜　6.殉牲骨

饰凹弦纹，下腹饰绳纹被削，有削切痕。口径17.2、底径17.6、高30厘米（图四五二，1）。

陶盆　1件。ⅡM2010：2，泥质灰陶。烧制变形，敞口，宽平沿略外斜，圆唇，深腹，平底。上腹饰凹弦纹，腹部饰抹断绳纹，下腹有削切痕。口径34～35.5、底径14、高17.6厘米（图四五二，3）。

陶壶　2件。ⅡM2010：3、4，泥质灰陶。喇叭口，平沿，长颈较直，鼓腹，高假圈足外撇，平底。素面磨光。ⅡM2010：3，颈部及腹部饰暗弦纹。口径10.2、底径14、高22.8厘米（图四五二，2）。ⅡM2010：4，颈部饰暗弦纹。口径10、底径13.5、高22.8厘米（图四五二，4）。

铜镜　1件，四乳草叶纹镜。ⅡM2010：5，残，圆形，纽及座残，座外两方框间有篆体铭文作四方连续排列，残存"见口口光长乐未央"，外框四角各伸出一株双叶花枝，边框外居中均饰带座乳钉和桃形花苞，两侧各饰有对称二叠草叶纹。内向十六连弧纹缘。直径14.4、厚0.5厘米（图四五三）。

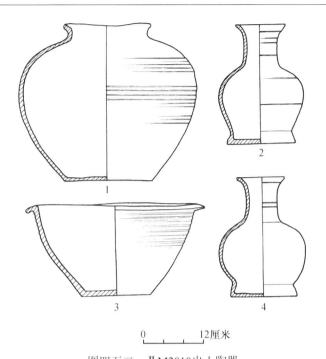

0　　　　　12厘米

图四五二　ⅡM2010出土陶器

1.罐（ⅡM2010：1）　2、4.壶（ⅡM2010：3、ⅡM2010：4）　3.盆（ⅡM2010：2）

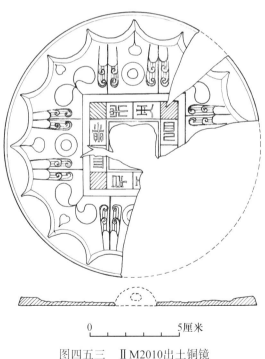

0　　　　　5厘米

图四五三　ⅡM2010出土铜镜

（ⅡM2010：5）

ⅡM2011

1. 墓葬形制

竖穴土坑墓，方向5°，内填五花土，土质较软。平面呈长方形，四壁垂直，平底。长240、宽70、深120厘米。骨架保存较好，头向北，面向东，为仰身直肢葬。随葬陶罐3件，置于墓室北部；铜带钩1件，置于骨架一侧（图四五四）。

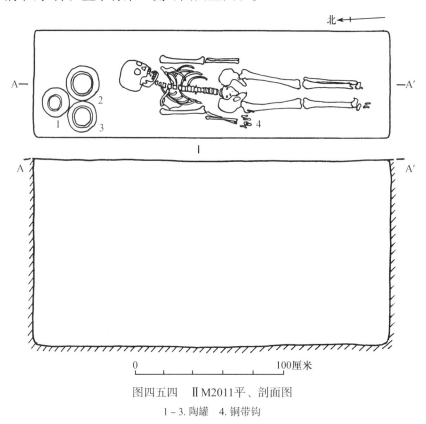

图四五四　ⅡM2011平、剖面图

1～3. 陶罐　4. 铜带钩

2. 随葬器物

该墓出土器物4件，质地有陶、铜等。

陶罐　3件。ⅡM2011：1，泥质浅灰陶，烧制变形。小口略外侈，矮领，圆鼓腹，平底。腹部饰有暗弦纹，下腹部有削切痕。口径9、底径10、高18.4厘米（图四五五，4）。ⅡM2011：2，泥质浅灰陶。敞口，圆唇，矮领，鼓腹，平底。肩部饰暗网格纹、凹弦纹，下腹部有修削痕。口径16、底径13、高23厘米（图四五五，1）。ⅡM2011：3，泥质灰陶。侈口，圆唇，鼓腹，平底。肩部饰有几周暗弦纹，下腹部有修削痕。口径13.3、底径12.5、高20厘米（图四五五，3）。

铜带钩　1件。ⅡM2011：4，琵琶形，素面，截面呈半圆形，颈及钩残，平背，圆纽位于钩背尾部。残长3.1、宽1.5、厚0.9厘米（图四五五，2）。

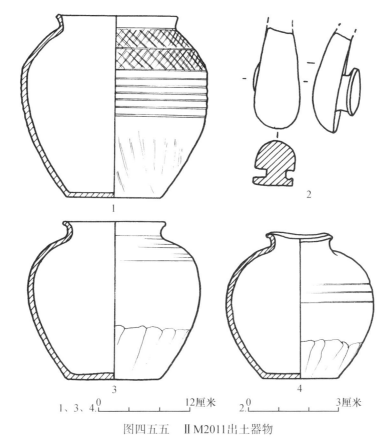

图四五五　ⅡM2011出土器物

1、3、4.陶罐（ⅡM2011：2、ⅡM2011：3、ⅡM2011：1）　2.铜带钩（ⅡM2011：4）

三、Ⅳ　　区

ⅣM1

1. 墓葬形制

斜坡式墓道单室砖墓，方向355°，平面呈"甲"字形，由墓道、墓室两部分组成。

墓道位于墓室北端，内填黄褐色花土，土质较硬，夹杂大量的碎砖块和少量的瓦块陶片等。平面呈梯形，壁面较直，底呈斜坡状，坡度为16°。长820、宽129～180、深50～210厘米。封门用单砖错缝平砌，略呈弧形，宽204、残高160厘米。

墓室为单砖室，平面呈长方形，长446、宽170、高166、底距开口深206厘米。墙壁用单砖顺置错缝平砌，东西两壁向内弧收，距墓底至164厘米处用单砖顺立对缝券顶，呈拱形顶；底用单砖顺置对缝平铺，铺地砖略宽于墓室两壁进入墓道内，南壁高于券顶；墓门顶部为双层券顶，坍塌，两侧距墓底110厘米起券，用单砖错缝平砌与券顶齐平。砖长32、宽16、厚4厘米。在墓室西部有不规则长方形的盗洞，长60、宽40厘米。

在墓室的西南用26块砖横铺成尸床，呈长方形，长210、宽64、高4厘米。骨架扰乱严重，置于墓室内中部靠近东壁处，面向东，葬式不清。随葬有陶壶4件、陶井1套、陶灶1套、小陶罐1件、铜车马具1套（铜车轴1件、铜盖弓帽2件、铜衔镳1件、铜锔钉1件、铜轭饰1件、铜辖軎）、铁环1件、铁钉1件，置于墓室北部（图四五六）。

2. 随葬器物

该墓出土器物10件（套），质地有陶、铜、铁等。

陶壶　4件，均为灰陶。ⅣM1：1，大喇叭口，圆唇，短粗颈，鼓腹，矮假圈足略外撇，平底。颈部饰一周凹弦纹，肩部饰宽带纹，腹下有刮削痕。口径12、底径9.3、高19.5厘米（图四五七，1）。ⅣM1：2，大喇叭口，圆唇，粗束颈，鼓腹，矮假圈足略外撇，平底。颈部饰一周凹弦纹，肩部饰宽带纹，腹下有刮削痕。口径11.8、底径8.5、高18.5厘米（图四五七，2）。ⅣM1：3，略作盘口状，大敞口，方唇，粗束颈，鼓腹，矮假圈足较直，平底内凹。颈部饰一周凹弦纹，肩部饰宽带纹，器表有明显的刮削痕。口径12、底径9、高19厘米（图四五七，3）。ⅣM1：4，大敞口，圆唇，粗束颈，鼓腹，矮假圈足略外撇，平底内凹。颈部、肩部各饰宽带纹，腹下有刮削痕。口径11.8、底径9、高19.5厘米（图四五七，5）。

小陶罐　1件。ⅣM1：5，灰陶。侈口，圆唇，鼓腹，小平底，略有内凹。腹下有刮削痕。口径4.5、底径3.5、高7.2厘米（图四五七，8）。

陶灶　1套（11件）。ⅣM1：6，泥质灰陶。平面呈船形，灶面较鼓，五火眼置釜，后有圆形烟囱眼，置柱形烟囱，中空，顶上有隆节，前置长方形灶门，两侧有挡风。平底，现有五釜四盆一瓿，手制。长25.6、宽22.5、高16.5～24厘米（图四五七，4）。

陶井　1套（2件）。ⅣM1：7，泥质灰陶。井框平面呈近方形，上宽下窄，呈梯形，平底。井内有数周凸棱。口边长7.5、底边长4.4、高6.6厘米。吊瓶大口，束颈，弧腹，尖底，手制（图四五七，6）。

陶灯　1件。ⅣM1：9，泥质灰陶。侈口，圆唇，浅盘，折腹，内底较平，粗柱状柄，上细下粗，内空，中部有一节状棱，喇叭口底座，座较大，柄上有刮削痕。口径5.2、底径7.3、高6.1厘米（图四五七，7）。

铜车马具　1套（7件），有铜车轴1件，铜盖弓帽2件，铜衔镳1件，铜锔钉1件，铜车轭饰1件，铜辖軎1件等。

铜车轴　1件。ⅣM1：11，轴身略残，呈亚腰形圆筒状，中部饰两周、两端各饰一周凸棱。长8、直径1.5～1.6厘米（图四五八，1）。

铜盖弓帽　2件。ⅣM1：12、ⅣM1：8，残，呈上小下大圆筒状，顶端有半球形帽，一侧靠上方有倒钩。ⅣM1：8，直径0.8、高2.9厘米（图四五八，4）。ⅣM1：12，直径0.9、高3.1厘米（图四五八，3）。

铜衔镳　1件。ⅣM1：14，残，呈棒状，中部呈片状，有圆形穿孔，一端呈鸡冠状凸起，上有镂空花纹。残长5.8厘米（图四五八，2）。

铜锔钉　1件。ⅣM1：15，残，两端折钩，截面呈菱形。残长5厘米（图四五八，9）。

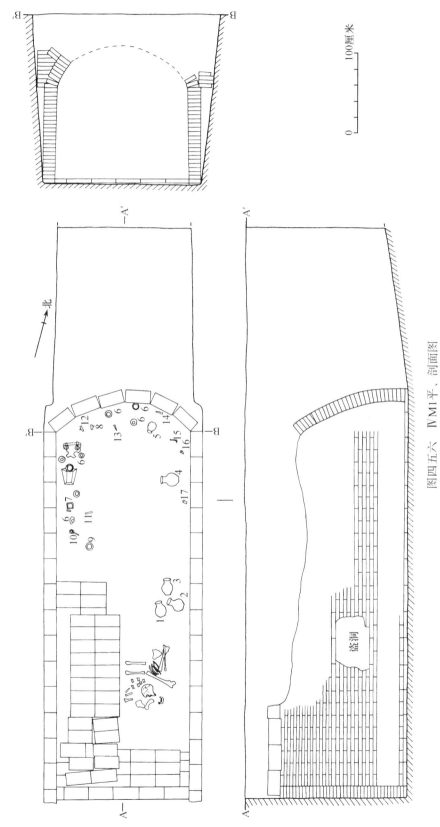

图四五六　ⅣM1平、剖面图

1~4. 陶壶　5. 小陶罐　6. 陶灶　7. 陶井　8、12. 铜羊弓帽　9. 陶灯　10. 铁环　11. 铜车轴　13. 铁钉　14. 铜衔镳　15. 铜镝钉　16. 铜车軏饰　17. 铜辖軎

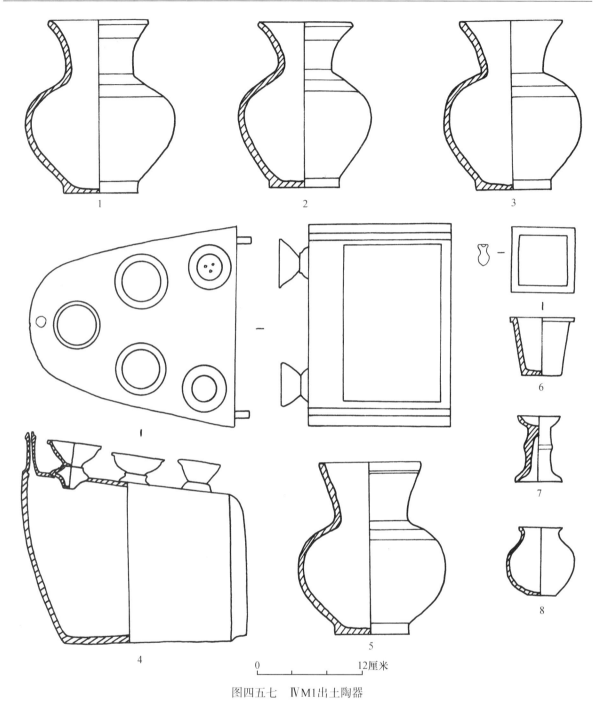

图四五七　ⅣM1出土陶器

1~3、5.壶（ⅣM1：1、ⅣM1：2、ⅣM1：3、ⅣM1：4）　4.灶（ⅣM1：6）　6.井（ⅣM1：7）　7.灯（ⅣM1：9）

8.小罐（ⅣM1：5）

铜车軏饰　1件。ⅣM1：16，呈弯曲半圆形管状，一端封闭，一端齐平。长2、直径1.1厘米（图四五八，6）。

铜辖書　1件。ⅣM1：17，略呈喇叭筒状，两端齐平，中空，一端较粗，粗端有辖孔，细端有两周凸棱。长3.1、直径1.4~2.8厘米（图四五八，5）。

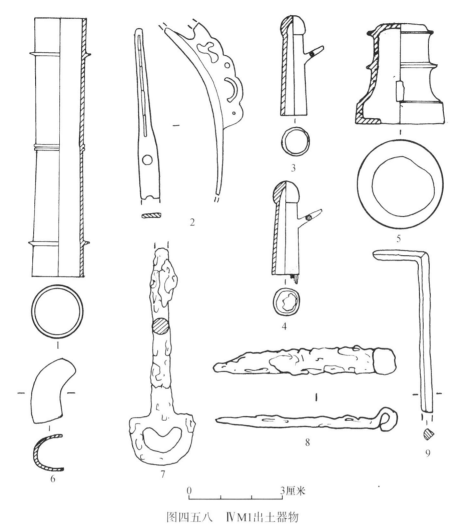

图四五八　ⅣM1出土器物

1.铜车轴（ⅣM1∶11）　2.铜衔鑣（ⅣM1∶14）　3、4.铜盖弓帽（ⅣM1∶12、ⅣM1∶8）
5.铜辖軎（ⅣM1∶17）　6.铜车轭饰（ⅣM1∶16）　7.铁环（ⅣM1∶10）　8.铁钉（ⅣM1∶13）　9.铜锡钉（ⅣM1∶15）

　　铁环　1件。ⅣM1∶10，锈蚀严重，残断，整体呈钉形，一端呈半圆形环状，一端呈圆形，长条状，尖残。残长6.7厘米（图四五八，7）。

　　铁钉　1件。ⅣM1∶13，锈蚀严重，钉帽呈环状弯向一侧，钉身截面呈台面状，下部较尖。长5.8厘米（图四五八，8）。

ⅣM2

1. 墓葬形制

　　竖穴墓道单室砖墓，方向5°，平面呈"甲"字形，由墓道、墓室两部分组成。

　　墓道位于墓室北端，内填五花土，土质较软。平面呈梯形，壁面较直，底呈斜坡状，斜坡坡度为13°。长780、宽136～180、深40～190厘米。封门用单砖错缝平砌16层，之上用砖乱封，略呈弧形。宽220、高196厘米。

墓室为单砖室，平面呈梯形，长425、宽180～190、高158、底距开口深198厘米。墙壁用单砖顺置错缝平砌，东西两壁向内弧收，距墓底104厘米用单砖顺立对缝券顶，呈拱形顶；底用单砖顺置对缝平铺；墓门顶部为双层券顶，两侧起券处用单砖错缝平砌与券顶齐平。砖长32、宽16、厚4厘米，一侧素面，一侧粗绳纹。在墓室的西北角有盗洞，平面呈不规则圆形，直径52厘米。骨架2具，扰乱严重，保存较差，头向、面向、葬式均不清，应为双人合葬墓。随葬有陶灶1套、陶壶3件、陶熏炉1件、小陶罐3件、陶井1套、铜车马具1套、铜环4件、铜泡钉3件、铜镜1件、铜盖弓帽1件、铁器2件，置于墓室中（图四五九）。

2. 随葬器物

该墓出土器物33件（套），质地有陶、石等。

陶灶　1套（11件）。ⅣM2：1，泥质灰陶。平面呈船形，灶面微隆，五火眼置釜，后有圆形烟囱眼，置柱形烟囱，顶上有一隆节，饰三个三角形镂孔。前置长方形灶门，两侧有挡风，平底。现有五釜三盆二甑，手制。长25.8、宽20、高15～24厘米（图四六〇，1）。

陶壶　3件，形制相同，灰陶。敞口，方唇，粗束颈，鼓腹，假圈足略外撇，平底内凹。肩部饰一周凹弦纹，腹部饰对称铺首衔环，器表有刮削痕。ⅣM2：2，口径12.2、底径10.5、高21.4厘米（图四六〇，9）。ⅣM2：3，侈口，舌状唇，粗短颈，鼓腹，假圈足较直，平底。腹部饰对称铺首及两周凹弦纹，近底处有刮削痕。口径13、底径9.6、高23.8厘米（图四六〇，3）。ⅣM2：4，敞口，舌状唇，唇上一周凹槽，粗短颈，鼓腹，假圈足较直，平底内凹。腹部饰对称铺首及两周凹弦纹，近底处有刮削痕。口径12.7、底径10.8、高22.8厘米（图四六〇，5）。

陶熏炉　1件。ⅣM2：5，灰陶。盖呈博山形，上有五个小圆孔。炉为子母口，深腹，腹部饰一周凸棱，空心柄，上有一竹节状纹，浅盘式座，平沿略下撇，盘内有两周凸弦纹，平底，盘外壁削出一凸棱。口径5.8、底径11.5、高15厘米（图四六〇，7；图版九〇，3）。

小陶罐　3件。ⅣM2：7、10，黑灰陶。敞口，圆唇，鼓腹，小平底。腹下有刮削痕。ⅣM2：7，口径4.7、底径3.8、高7.7厘米（图四六〇，4）。ⅣM2：10，口径4.8、底径4、高7.8厘米（图四六〇，2）。ⅣM2：8，灰陶。侈口，圆唇，鼓腹，平底，近底处有刮削痕。口径4.8、底径4、高7.7厘米（图四六〇，8）。

陶井　1套（2件）。ⅣM2：9，泥质灰陶。井框平面呈"井"字形，上宽下窄，呈梯形，平底。井内有数周凸棱。口边长8.8、底边长4.5、高7厘米（图四六〇，6）。

陶片　ⅣM2：01，纹饰是水波纹。

漆盒　ⅣM2：6，已朽。

铜器　9件（套），器形有环、镜、车马具、盖弓冒等。

铜环　4件，ⅣM2：11、19，截面呈圆形。带有铁衔，铁衔残。直径1.6厘米（图四六一，5、4）。ⅣM2：20、21，截面呈片状长方形。直径1.6～1.7厘米（图四六一，6、7）。

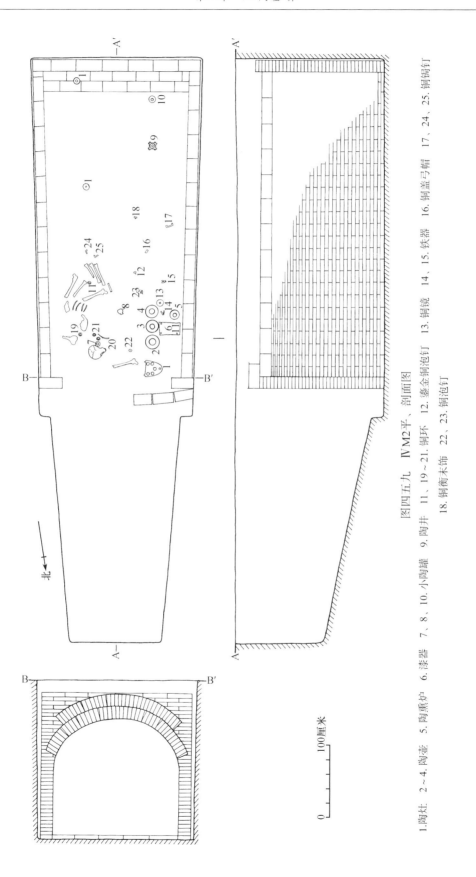

图四五九 IVM2平、剖面图

1.陶灶 2~4.陶壶 5.陶熏炉 6.漆器 7、8、10.小陶罐 9.陶井 11、19~21.铜环 12.鎏金铜泡钉 13.铜镜 14、15.铁器 16.铜盖弓帽 17、24、25.铜铜钉 18.铜衡末饰 22、23.铜泡钉

0 100厘米

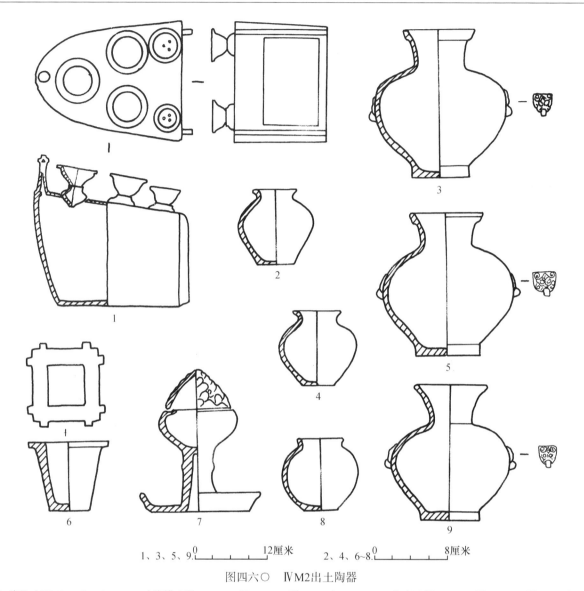

1、3、5、9：0 ————————— 12厘米　　2、4、6~8：0 ————————— 8厘米

图四六〇　ⅣM2出土陶器

1. 陶灶（ⅣM2：1）　2、4、8. 小陶罐（ⅣM2：10、ⅣM2：7、ⅣM2：8）　3、5、9. 陶壶（ⅣM2：3、ⅣM2：4、ⅣM2：2）

6. 陶井（ⅣM2：9）　7. 薰炉（ⅣM2：5）

　　铜泡钉　3件，表面鎏金，蘑菇状，呈锥形。ⅣM2：22，钉长1.5、钉帽直径1.8厘米（图四六一，9）。ⅣM2：23，尖略残。钉残长1.1、钉帽直径1.8厘米（图四六一，1）。ⅣM2：12，钉长1.5、钉帽直径1.8厘米（图四六一，2）。

　　铜镜　1件。ⅣM2：13，四乳四虺镜。圆形，镜面微凸，圆纽，圆纽座，纽座以短竖三线纹和单线纹相间连接两周凸弦纹，其外以四枚带座乳钉为界分为四区，四虺相间环绕，躯体呈钩形，腹、背以禽鸟纹补白。宽素平缘。面径8.8、背径8.5、缘宽1.4、缘厚0.3厘米（图四六二）。

　　铜盖弓帽　1件。ⅣM2：16，呈上小下大圆筒状，顶端有半球形帽，一侧靠上方有倒钩。

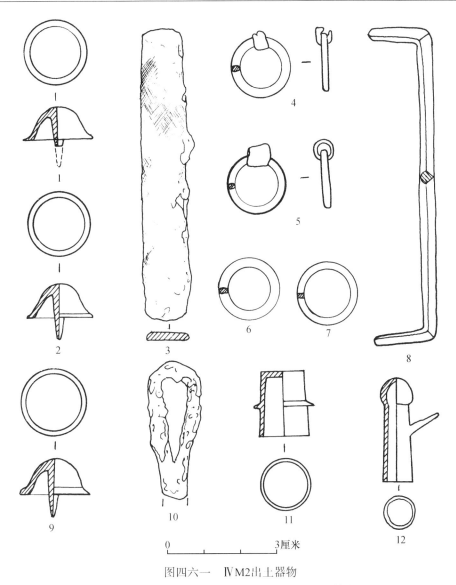

图四六一　ⅣM2出土器物

1、9.铜泡钉（ⅣM2∶23、ⅣM2∶22）　2.鎏金铜泡钉（ⅣM2∶12）　3、10.铁器（ⅣM2∶15、ⅣM2∶14）

4～7.铜环（ⅣM2∶19、ⅣM2∶11、ⅣM2∶20、ⅣM2∶21）　8.铜锔钉（ⅣM2∶17、ⅣM2∶24、ⅣM2∶25）

11.铜衡末饰（ⅣM2∶18）　12.铜盖弓帽（ⅣM2∶16）

高2.8、直径0.9厘米（图四六一，12）。

铜锔钉　3件。ⅣM2∶17、24、25，其一残断，铜条做成，两端折钩，截面呈菱形。长8.4厘米（图四六一，8）。

铜衡末饰　1件。ⅣM2∶18，圆形筒状，一端封闭，中间饰一周凸棱。长1.7、直径1.2～1.4厘米（图四六一，11）。

铁器　2件，锈蚀严重。ⅣM2∶14，为铁条对弯而成，一端残。残长3.6厘米（图四六一，10）。ⅣM2∶15，呈宽片状，两端残，中部残断。残长7.8、宽1.2、厚0.2厘米（图四六一，3）。

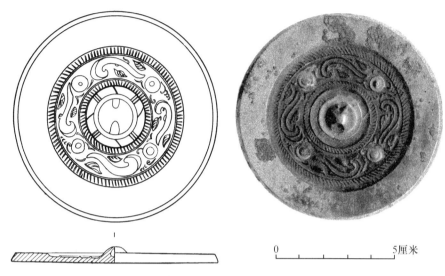

图四六二　ⅣM2出土铜镜

（ⅣM2：13）

ⅣM3

1. 墓葬形制

斜坡式墓道土坑木椁墓，方向5°，平面略呈"甲"字形，由墓道和墓室两部分组成。

墓道位于墓室北端，平面呈梯形，壁面较直，底呈斜坡状，坡度为12°。长1120、宽50～230、深94～352厘米。

墓室为竖穴土坑，内填黄褐色花土，土质较软，夹杂有大量的碎陶片与砖瓦碎块等。平面呈长方形，四壁较直，平底。长68、宽256、深310厘米。在墓室的东南角有盗洞，平面呈不规则圆形，直径60厘米。有葬具木椁，仅存朽痕，呈梯形，长434、宽214～224、厚20、残高120厘米。在葬具木椁与土坑之间填充碎瓦砖块陶片等，在木棺下垫有砖瓦碎块陶片等。骨架保存较好，头向南，面向上，为仰身直肢葬，置于木椁内西北。随葬有陶灶1套（8件）、小陶罐2件、陶井1套（2件）、陶托2件、铜车马具1套、铜盖弓帽9件、小铜扣4件、铜环3件、铜铺首衔环2件、铜钱2件等，置于木椁内东部和南部（图四六三）。另有瓦当残片若干（图四六七）。

2. 随葬器物

该墓出土器物21件，质地有陶、铜等。在墓葬的填土中出土了部分陶器，这里一并介绍。

陶器　6件（套），泥质灰陶，器形有壶、罐、灶、井等。

灶　1套（8件）。ⅣM3：1，泥质灰陶。平面呈船形，灶面微隆，五火眼置釜，后有圆形烟囱眼，前置梯形灶门，两侧有挡风。灶上有刮削痕。现存四釜二盆一甑，手制。长21.9、宽18、高15～20.4厘米（图四六四，1）。

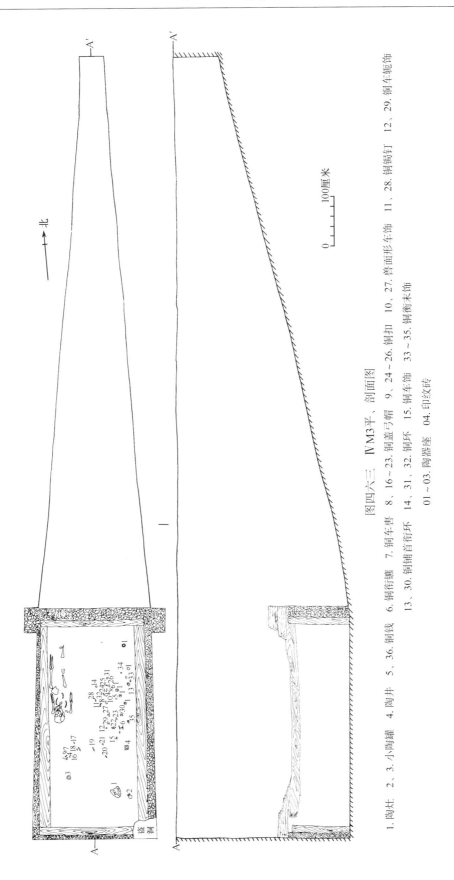

图四六三　ⅣM3平、剖面图

1. 陶灶　2、3. 小陶罐　4. 陶井　5、36. 铜钱　6. 铜衔镳　7. 铜车辔　8、16～23. 铜盖弓帽　9、24～26. 铜扣　10、27. 兽面形车饰　11、28. 铜锅钉　12、29. 铜车轭饰　13、30. 铜铺首衔环　14、31、32. 铜环　15. 铜车饰　33～35. 铜衡末饰　01～03. 陶器座　04. 印纹砖

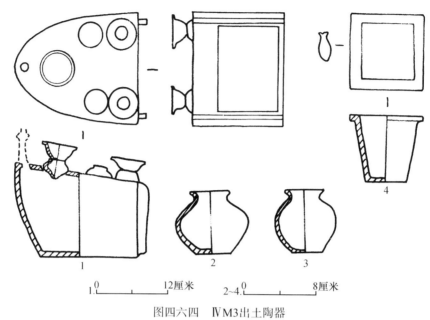

图四六四　ⅣM3出土陶器
1.灶（ⅣM3：1）　2、3.小罐（ⅣM3：2、ⅣM3：3）　4.井（ⅣM3：4）

小罐　2件，形制相同，灰陶。敞口，圆唇，鼓腹，小平底。腹下有刮削痕。ⅣM3：2，口径4.7、底径3.7、高7厘米（图四六四，2）。ⅣM3：3，口径4.5、底径3.7、高6.7厘米（图四六四，3）。

井　1套（2件）。ⅣM3：4，泥质灰陶。井框平面呈近方形，井腹呈方柱形，平底。井内有数周凸棱，底部饰绳纹。口边长8.3、底边长5、高7厘米。吊瓶，小平口，束颈，弧腹，平底，手制（图四六四，4）。

陶托　3件，形制相同。灰陶。口内束，呈子母口，大平底。器残可复原，底部钻两小孔。ⅣM3：01，口径15、底径30、高4.8厘米（图四六五，3）。ⅣM3：02，残，器残可复原。口径21、底径25.5、高5.6厘米（图四六四，2）。ⅣM3：03，残（图四六四，1）。

砖　ⅣM3：04，青砖，残，一面饰重菱纹，一面为素面。残长19.2、宽13.8厘米（图四六四，5）。

瓦当　4件。ⅣM3：04，"千秋万岁"瓦当，残。当面以双线为界格，外绕两条环线，残存"秋""岁"两字。当厚0.9、边轮宽1.1厘米（图四六七，1）。ⅣM3：03，云纹瓦当，残。当面以单环线划分内外区。内区当心饰乳凸，环绕一周栉齿纹；外区以双线为界格，格内饰蘑菇形云纹。当厚0.9、边轮宽1.3厘米（图四六七，4）。ⅣM3：02，云纹瓦当，残。当面以单环线划分内外区。内区当心饰乳凸；外区以弧线纹为界格，每格内饰蝌蚪形云纹。当厚2、边轮宽0.7厘米（图四六七，2）。ⅣM3：01，当面以单环线划分内外区。内区微凸，饰"人"字形卷云纹；外区以两两相背、两两相对"羊角"形云纹为界分为四格，每格内饰"S"形云纹。当直径13.5、厚0.9、边轮宽1厘米（图四六七，3）。

铜车马具　1套，有铜衔镳、兽面形车饰、铜铜钉、铜车軑饰、铜车饰、铜衡末饰等。

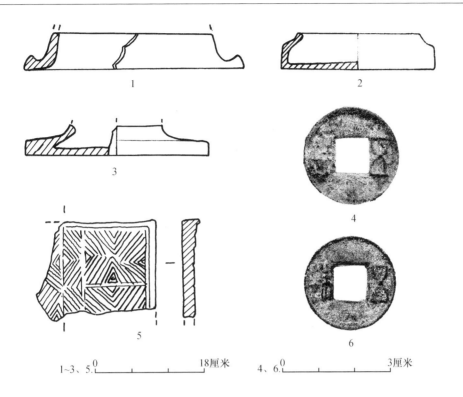

图四六五　ⅣM3出土器物

1～3. 器座（ⅣM3：03、ⅣM3：02、ⅣM3：01）　4、6. 铜钱（ⅣM3：5、ⅣM3：36）　5. 砖（ⅣM3：04）

铜衔镳　ⅣM3：6，衔为三节环，两长衔之间以一"8"字形短衔相连接，短衔一侧残，中间有结节，镳呈"S"形，片状，残断，穿于衔两端的环内，中部有两小穿孔。衔长9.8、镳长8.5厘米（图四六六，9）。

铜辖𫔧　ⅣM3：7，略呈喇叭筒状，两端齐平，中空，一端较粗，粗端有辖孔，辖穿于辖孔内，辖呈长条形，一端呈帽状，一端有小孔，细端有两周凸棱。长3.2、直径1.5～2.8、辖长3厘米（图四六六，13）。

兽面形车饰　2件。ⅣM3：10、27，呈长方形，底边呈弧形，兽面部外鼓，背部内凹，上侧中部有长条形薄片，其一薄片残，供插入车木之用。残高3.5～4.1、宽2.8厘米（图四六六，1、12）。

铜锏钉　2件，ⅣM3：11、28，铜条做成，两端折钩，截面呈菱形。ⅣM3：11，长10.5厘米（图四六六，16）。

铜车軛饰　2件。ⅣM3：12、29，呈弯曲半圆形管状，一端封闭，一端呈三角形，封闭端做兽面，似一蛇首。ⅣM3：12，长2.8、直径1.4厘米（图四六六，6）。

铜车饰　1件。ⅣM3：15，一端略呈方形，一端为"T"形，向后弯曲。长2.2厘米（图四六六，14）。

铜衡末饰　3件。ⅣM3：33、34，形制尺寸相同。圆形筒状，一端封闭，中间饰三周凸

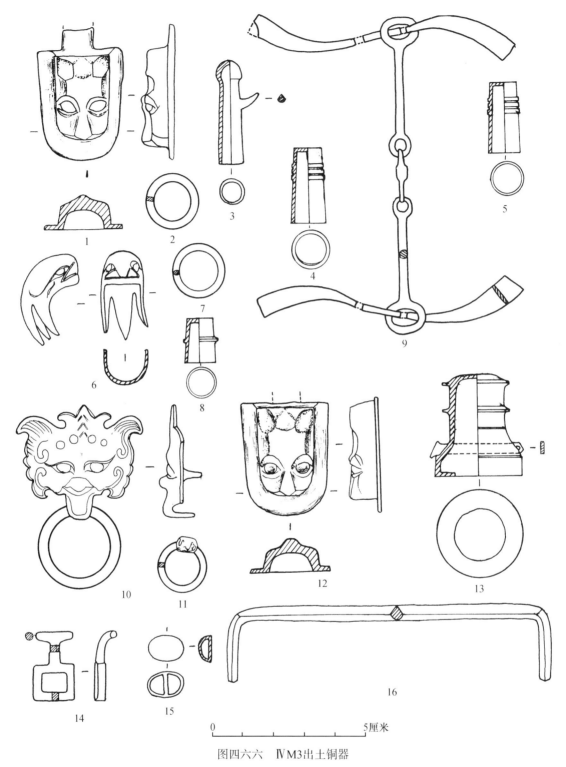

图四六六　　ⅣM3出土铜器

1、12. 兽面形车饰（ⅣM3：10、ⅣM3：27）　　2、7、11. 铜环（ⅣM3：14、ⅣM3：32、ⅣM3：31）　　3. 盖弓帽（ⅣM3：8）

4、5、8. 衡末饰（ⅣM3：33、ⅣM3：34、ⅣM3：35）　6. 车轭饰（ⅣM3：12）　9. 衔镳（ⅣM3：6）

10. 铺首衔环（ⅣM3：13）　13. 辖軎（ⅣM3：7）　14. 车饰（ⅣM3：15）　15. 小铜扣（ⅣM3：9）　16. 铜锔钉（ⅣM3：11）

棱。长2.2～2.3、直径1～1.1厘米（图四六六，4、5）。ⅣM3：35，圆形筒状，一端封闭，中间饰一周凸棱。长1.4、直径1厘米（图四六六，8）。

铜盖弓帽　9件。ⅣM3：8、16～23，呈上小下大圆筒状，顶端有半球形帽，一侧靠上方有倒钩。ⅣM3：8，高3.2、直径0.8厘米（图四六六，3）。

小铜扣　4件。ⅣM3：9、24、25、26，呈椭圆形，底连一条形横杠作穿。ⅣM3：9，长1.2厘米（图四六六，15）。

铜铺首衔环　2件。ⅣM3：13、30，鎏金浮雕兽面，竖眉立目，额作山字形，双耳外撇，鼻回钩，下衔一环，铺首背面有一长条形榫（图版一〇〇，1）。ⅣM3：13，兽面宽4.1、通高5.7、铜环直径2.6厘米（图四六六，10）。

铜环　3件。ⅣM3：14，截面呈片状长方形。直径1.7厘米（图四六六，2）。ⅣM3：31，

图四六七　ⅣM3出土瓦当拓片

1. 文字瓦当（ⅣM3：04）　　2～4.云纹瓦当（ⅣM3：02、ⅣM3：01、ⅣM3：03）

截面呈扁圆形，带有铁衔，铁衔残。直径1.6厘米（图四六六，11）。ⅣM3：32，截面呈半圆形。直径1.7厘米（图四六六，7）。

铜钱　2枚，"五铢"，篆书，横读。ⅣM3：5、36，"五"字瘦长，交笔弯曲，"铢"字金字头呈三角形，"朱"字头为上方折，下圆折。ⅣM3：5，直径2.6、穿宽1厘米、重3.7克（图四六五，4）。ⅣM3：36，直径2.5、穿宽1厘米、重4.3克（图四六五，6）。

ⅣM6

1. 墓葬形制

斜坡式墓道多室砖墓，方向10°，平面呈"十"字形，由墓道、甬道、前室、后室以及左、右耳室组成。

墓道位于墓室北端，土坑竖穴，内填五花土，土质较硬，略夯打。平面呈梯形，底呈斜坡状，坡度为19°。长225、宽80～100、深175～250。

墓道与墓室之间有甬道，顶部已塌陷，只残存部分墙壁。平面呈长方形，用单砖顺置错缝平砌，平底。长115、宽135、残高100厘米。用单砖顺置斜立平砌封门，宽100、残高65厘米。

墓室由前室、后室及左、右耳室组成，之间有甬道相连。前室呈长方形，长345、宽320厘米；后室呈方形，边长315厘米；前后室之间甬道，平面呈长方形，长100、宽165厘米；前后室底用单砖对角错缝平铺。墓室顶部已坍塌，只残存部分墙壁，用单砖顺置错缝平砌至100厘米处起券，残高100～125厘米。

左右耳室位于前室的东西两边，保存完整，平面呈长方形，长360、宽215、高185～200厘米。耳室门两侧墙壁用单砖横置交错平砌，宽125、高100厘米；壁用单砖错缝平砌，至100厘米处用单砖顺立对缝券顶，呈拱形，两耳室后壁高于券顶；底用单砖顺置对缝平铺。砖长30、宽15、厚5厘米，一面绳纹，一面素面。骨架6具，盗扰严重，保存较差，头向、面向、葬式不清。随葬有陶罐1件、陶奁1件、陶盘2件、陶井1件、陶灶1件、石砚1件，遍布前室内（图四六八）。

2. 随葬器物

该墓出土器物7件，质地有陶、石等。

陶器　6件，泥质灰陶。器形有罐、奁、盘、灶、井等。

罐　1件。ⅣM6：1，直口，广肩，扁鼓腹，大平底。腹上部饰宽带纹，近底处有刮削痕。口径13.2、底径19.2、高18厘米（图四六九，6）。

奁　1件。ⅣM6：2，直口，直腹微弧，三蹄足，唇外侧、近底处各饰两周凹弦纹，蹄足上有刮削痕。口径20.3、底径17、高10.8厘米（图四六九，7）。

盘　2件，形制相同。敞口，方唇，平折沿，弧腹，矮假圈足，平底，内底凹进，近底处有修削痕。ⅣM6：3，口径22、底径10.5、高5厘米（图四六九，4）。ⅣM6：4，内腹饰一周凹弦

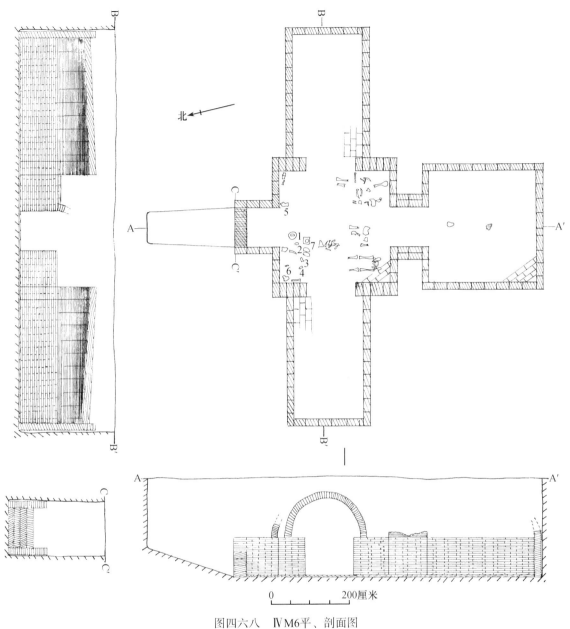

图四六八 ⅣM6平、剖面图
1.陶罐 2.陶奁 3、4.陶盘 5.陶井 6.石砚 7.陶灶

纹。口径24、底径10.5、高6.5厘米（图四六九，5）。

井 1件。ⅣM6：5，圆柱形，上细下粗，宽平沿，上置井架，井架已残，深腹，平底。器表有修削痕。口径14、底径13.8、高17厘米（图四六九，3）。

灶 1件。ⅣM6：7，灶残，残存一火眼（图四六九，2）。

石砚 1件。ⅣM6：6，青石。平面呈长方形，一面磨光。长11、宽5.5厘米（图四六九，1）。

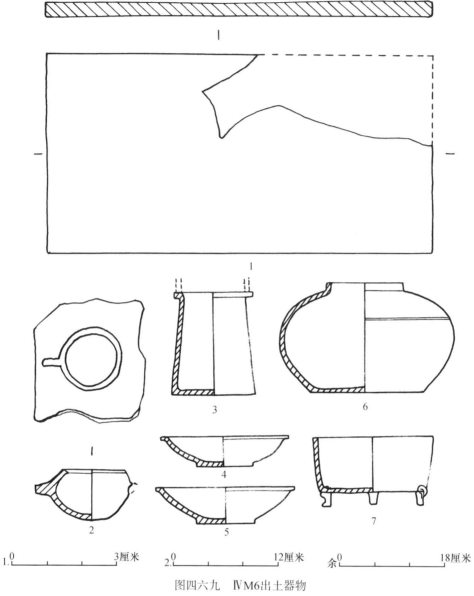

图四六九　ⅣM6出土器物

1. 石砚（ⅣM6：6）　2. 陶灶（ⅣM6：7）　3. 陶井（ⅣM6：5）　4、5. 陶盘（ⅣM6：3、ⅣM6：4）

6. 陶罐（ⅣM6：1）　7. 陶奁（ⅣM6：2）

ⅣM7

1. 墓葬形制

斜坡式墓道多室砖墓，方向340°，平面呈"甲"字形，由墓道、甬道、前室、后室组成。

墓道位于北端，内填黄灰花土，土质较硬，夹杂碎砖块。平面呈长方形，壁面斜下，底呈斜坡状，坡度为17°。长390、宽140、深50~360厘米。

墓道与墓室之间有甬道，平面呈长方形，用单砖顺置对缝平砌，距墓底100厘米起券呈拱形顶。长108、宽84、残高100厘米。

墓室由前室、后室组成，之间有甬道相连。平面均呈长方形，前室长280、宽258厘米；后室长296、宽188厘米。墙壁用单砖顺置错缝平砌，两壁略向内倾斜，距墓底90厘米处，用单砖顺立对缝券顶，底用单砖顺置对缝平铺。后室要高于前室5厘米。砖长30、宽15、厚5厘米。顶部已坍塌，墙残高100厘米。前室东壁有盗洞，平面呈不规则形，长280、宽140厘米。未发现骨架。随葬有陶罐1件、陶井1件，置于前室西南（图四七〇）。

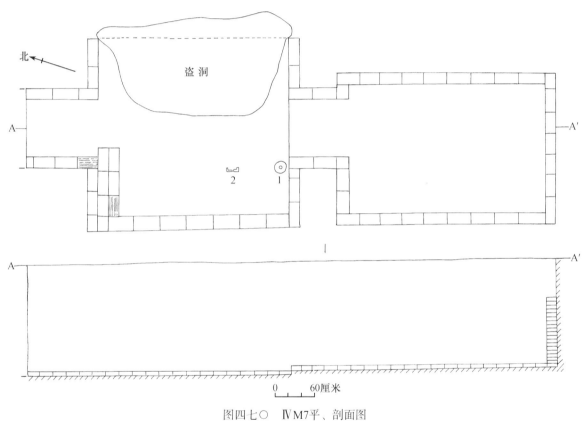

图四七〇 ⅣM7平、剖面图
1.陶罐 2.陶井

2. 随葬器物

该墓出土陶器2件，器形有罐、井。

陶罐1件。ⅣM7:1，侈口，卷沿，圆唇，折腹，大平底略内凹，肩部和腹下饰数周凹弦纹。近底处有刮削痕，底部有刮削旋纹。口径10.8、底径12、高12.6厘米（图四七一）。

陶井 1件。残片。

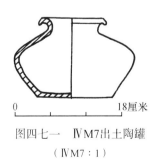

图四七一 ⅣM7出土陶罐
（ⅣM7:1）

Ⅳ M8

墓葬形制

带墓道的砖室墓，方向355°。因遭破坏仅存过道与墓室，平面呈凸字形。全墓填黄褐色花土夹碎砖块，土质较硬（图四七二）。

过道位于墓室北侧，平面呈长方形，两壁用条砖错缝平砌，距底100厘米起券，拱形顶已坍塌，平底。长100、宽85、残高110厘米。

墓室位于过道之后，平面呈长方形，用条砖错缝平砌，距底100厘米起券，拱形顶已坍塌，平底，以条砖直行平铺。长304、宽164、残高110厘米。未见人骨及随葬品。

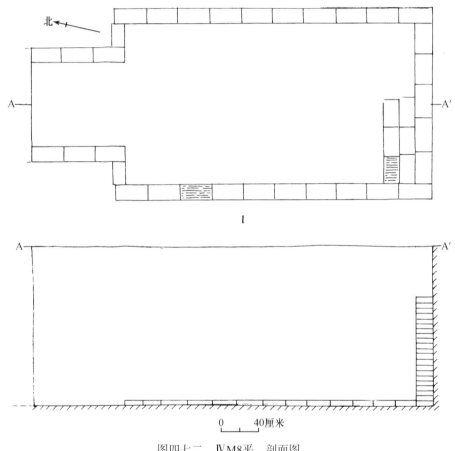

图四七二　ⅣM8平、剖面图

Ⅳ M9

1. 墓葬形制

斜坡式墓道单室砖墓，方向85°，平面呈"甲"字形，由墓道、墓室两部分组成。

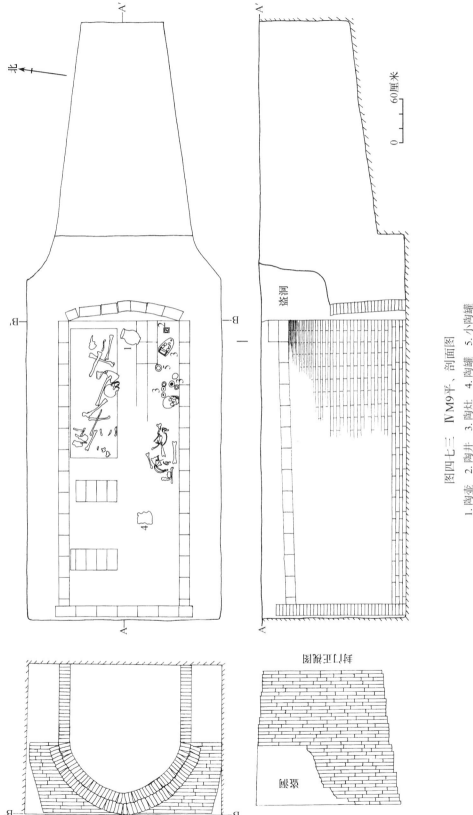

图四七三　ⅣM9平、剖面图

1. 陶壶　2. 陶井　3. 陶灶　4. 陶罐　5. 小陶罐

填土出：01、02. 陶罐　03、04. 陶釜　05、06. 陶盆　07. 绳纹砖　08. 板瓦

墓道位于墓室东端，土坑竖穴，部分已遭破坏，内填五花土，土质较软。平面呈梯形，壁面较直，底呈斜坡平底状，斜坡坡度为8°。残长420、宽120～180、深130～210厘米，平底低于斜坡40厘米。

墓室为券顶砖室，平面呈长方形，南、北、西三壁用单砖顺置错缝平砌，距墓底110、用单砖顺立对缝券顶，底用单砖顺置对缝平铺；西壁高于墓室，墓门顶部为双层券顶，两侧起券处用单砖错缝平砌与券顶齐平。长416、宽190、高176～185、底距开口深240厘米。砖长30、宽15、厚5厘米。用单砖错缝平砌略呈弧形封门，宽180、高190厘米。封门顶部有盗洞，平面呈不规则圆形，直径80厘米。骨架被扰乱严重，保存较差，头向、面向、葬式均不清。随葬有陶壶1件、陶井1件、陶灶1套、陶小罐1件以及陶罐残片1件，置于墓室东南部（图四七三）。

2. 随葬器物

该墓出土陶器5件（套），泥质灰陶，器形有小罐、罐、壶、灶、井等。

壶　1件。ⅣM9：1，灰陶。盘口，方圆唇，束颈，鼓腹，矮假圈足略外撇，平底。腹部饰凹弦纹一周及对称铺首，颈部及近底处有刮削痕。口径14.8、底径11.5、高23.5厘米（图四七四，5）。

陶井　1套（2件）。ⅣM9：2，井平面呈方形，截面呈梯形，平底。内有数周凸棱。口边长7.5、底边长5、高7厘米。吊瓶侈口，束颈，弧腹，尖底（图四七四，12）。

灶　1套（8件）。ⅣM9：3，平面呈船形，灶面微隆，五火眼置釜，后有圆形烟囱眼，前置梯形灶门，上宽下窄，两侧有挡风。现存四釜二盆一甑。长22.5、宽17.5、高12.6～21厘米（图四七四，1）。

罐　1件。ⅣM9：4，残，灰陶。侈口，鼓腹，底残。口径12、残高10.8厘米（图四七四，2）。

小罐　1件。ⅣM9：5，灰陶。侈口，圆唇，折腹，小平底。近底处有刮削痕。口径5、底径3.5、高7.5厘米（图四七四，6）。

另填土中出土部分陶器残片，分述如下。

陶罐　ⅣM9：01，泥质灰陶。喇叭口，圆唇，斜沿，高领，溜肩，肩腹部饰弦断绳纹。口径13.8、残高12厘米（图四七四，8）。ⅣM9：02，泥质灰陶。侈口，圆唇，卷沿，高领，鼓腹，腹部饰弦断绳纹，下腹有刮削痕。口径13.8、残高19.8厘米（图四七四，13）。

陶釜　ⅣM9：03，釜腹部以上为泥质灰陶，以下为夹砂灰褐陶。侈口，圆唇，溜肩，鼓腹，腹部饰竖绳纹。口径24、残高11.8厘米（图四七四，3）。ⅣM9：04，釜腹部以上为泥质灰陶，腹及底部为夹砂灰褐陶。侈口，圆唇，溜肩，深鼓腹，圜底。上腹部饰竖绳纹，下腹及底饰交错绳纹。口径26.4、高25.8厘米（图四七四，4）。

陶盆　ⅣM9：05，泥质灰陶。直口，宽平沿，方唇，上腹部饰凹弦纹。口径30、残高3厘米（图四七四，7）。ⅣM9：06，泥质灰陶。侈口，圆唇，斜折沿，沿下有凹槽，弧腹。口径18.6、残高6.6厘米（图四七四，10）。

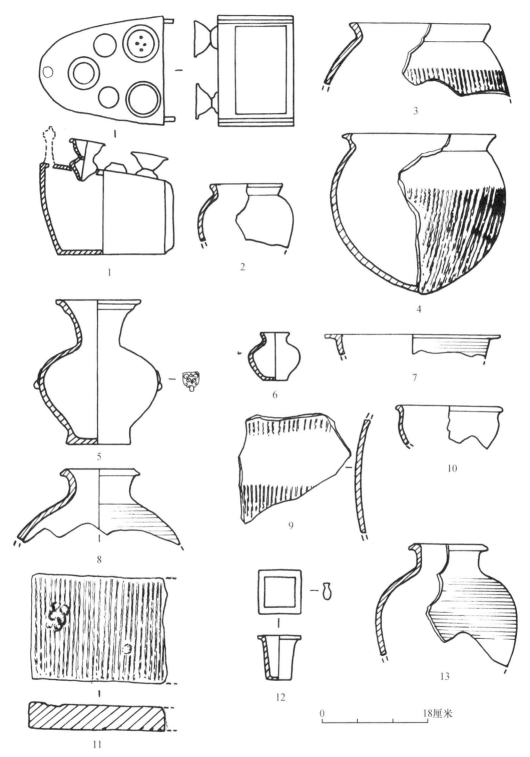

图四七四　ⅣM9出土器物

1. 陶灶（ⅣM9：3）　2. 陶罐（ⅣM9：4）　3、4. 陶釜（ⅣM9：03、ⅣM9：04）　5. 陶壶（ⅣM9：1）　6. 小陶罐（ⅣM9：5）

7、10. 陶盆（ⅣM9：05、ⅣM9：06）　8、13. 陶罐（ⅣM9：01、ⅣM9：02）　9. 板瓦（ⅣM9：08）

11. 绳纹砖（ⅣM9：07）　12. 陶井（ⅣM9：2）

绳纹砖　ⅣM9：07，泥质灰陶。内饰布纹，外为抹断绳纹。残长21.6、宽16.8、厚3.6厘米（图四七四，11）。

板瓦　ⅣM9：08，泥质灰陶。内饰布纹，外为抹断绳纹。残长19.2、宽18、厚1.2厘米（图四七四，9）。

ⅣM14

1. 墓葬形制

斜坡式墓道单室砖墓，方向3°，平面呈"甲"字形，由墓道、墓室两部分组成。

墓道位于墓室北端，平面呈梯形，壁面较直，长420、宽120~180、深180~220厘米。底呈斜坡状，坡度为12°。内填五花土，土质较软。

墓室平面呈长方形，为券顶砖室墓，东、西、南三壁用单砖顺置错缝平砌，距墓底120厘米处，用单砖顺立对缝券顶，底用单砖顺置对缝平铺，南壁略高于券顶。长474、宽210、高195、底距开口深260厘米。砖长30、宽15、厚5厘米。用单砖错缝平砌略呈弧形封门，宽180、高300厘米。骨架扰乱严重，保存较差，仅残存头骨，靠近南壁中部，面向东，葬式不清。盗洞两处，位于墓室顶部，平面呈不规则圆形，直径80厘米。随葬品有铜镜1枚、陶壶3件、小陶罐1

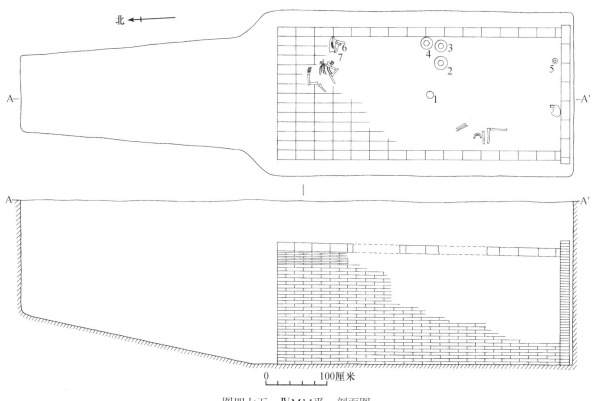

图四七五　ⅣM14平、剖面图

1.铜镜　2~4.陶壶　5.小陶罐　6.骨器　7.殉牲骨

件、骨器1件，殉牲骨，置于墓室中部及北部靠近东壁处（图四七五）。

2. 随葬器物

该墓出土器物6件，质地有陶、铜、骨等。

陶器　4件，泥质灰陶或黑灰陶。器形有壶、罐等。

壶　3件，形制相同。大喇叭口，舌状唇，粗弧颈，鼓腹，高假圈足稍外撇，平底。腹部饰对称的铺首衔环及两周凹弦纹。ⅣM14：2，泥质灰陶。口径13.5、底径11.4、高23.5厘米（图四七六，2）。ⅣM14：3，泥质黑灰陶。口径14.2、底径11.5、高24.7厘米（图四七六，3）。ⅣM14：4，泥质灰陶。口径13.8、底径11、高23.6厘米（图四七六，1）。

小罐　1件。ⅣM14：5，泥质灰陶。直口微侈，方唇，折肩，鼓腹，平底。口径4.5、底径5、高6厘米（图四七六，4）。

铜镜　1件。ⅣM14：1，四乳羽人禽兽镜。圆形，镜面微凸，圆纽，圆纽座，纽座与其外的凸弦纹之间以四组短竖线条（一组三条）与四组短斜线纹（一组三条）相间连接，之外两周栉齿纹、凸弦纹圈带之间为主纹，由四枚带座乳钉分为四组：羽人和龙、白虎和鸟、龙和鸟、白虎和小草。宽素平缘。面径12.2、背径12、缘宽1.6、缘厚0.6厘米（图四七七；图版一一四，1）。

骨器　1件。ⅣM14：6，骨制，呈圆柱形，一端有圆孔。长2.1、直径0.8、孔深0.8、孔径0.5厘米（图四七六，5）。

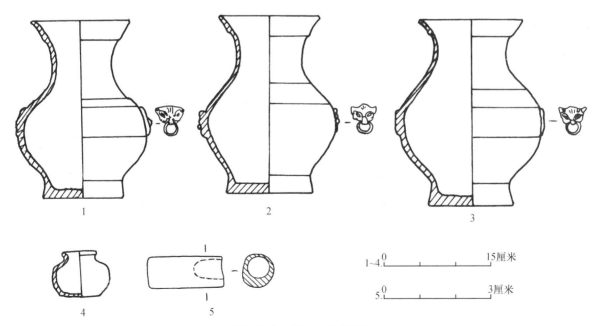

图四七六　ⅣM14出土器物

1～3.陶壶（ⅣM14：4、ⅣM14：2、ⅣM14：3）　4.小陶罐（ⅣM14：5）　5.骨器（ⅣM14：6）

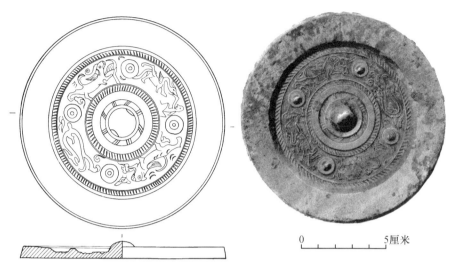

图四七七　　Ⅳ M14出土铜镜

（Ⅳ M14∶1）

Ⅳ M23

1. 墓葬形制

竖穴土坑墓，方向90°，内填五花土，土质较硬，略夯打。平面呈长方形，四壁斜下内收，底较平。墓口长450、宽210、底长420、宽170、深380厘米。在东壁距墓口100、墓底深280厘米处设有生土二层台，二层台平面呈长方形，长170、宽70厘米。有葬具木棺，仅存朽痕，呈长方形，长380、宽140、厚8、残高30厘米。骨架保存较差，仅存部分残骨，头向、面向、葬式不清。随葬品有铁带钩1件、陶壶5件、陶井1件、陶灶1套、铁环1件，置于木棺内西南部（图四七八；图版六五，1、2）。

2. 随葬器物

该墓出土器物8件，质地有陶、铁等。

陶器　7件（套），泥质灰陶，器形有壶、井、灶等。

壶　5件，形制相同。喇叭口，舌状唇，弧颈，鼓腹，假圈足稍外撇，平底。颈部饰一周凹弦纹，肩部饰宽带纹，腹部饰对称铺首衔铁环（铁环已残）及一周凹弦纹，近底处有修削痕。Ⅳ M23∶2，口径14、底径14.2、高33.2厘米（图四七九，6）。Ⅳ M23∶3，口径14.9、底径14.4、高34厘米（图四七九，2）。Ⅳ M23∶4，口径14.6、底径14、高33.6厘米（图四七九，1）。Ⅳ M23∶5，口径14.7、底径14、高35.1厘米（图四七九，9）。Ⅳ M23∶6，口径14.5、底径14.5、高32厘米（图四七九，5）。

井　1套（2件）。Ⅳ M23∶7，平面呈"井"字形，上大下小呈梯形，平底内凹。井内饰数道凸棱，器底部施交错细绳纹。口边长9.6、底边长7.2、高12.5厘米。手制。吊瓶，平口，弧

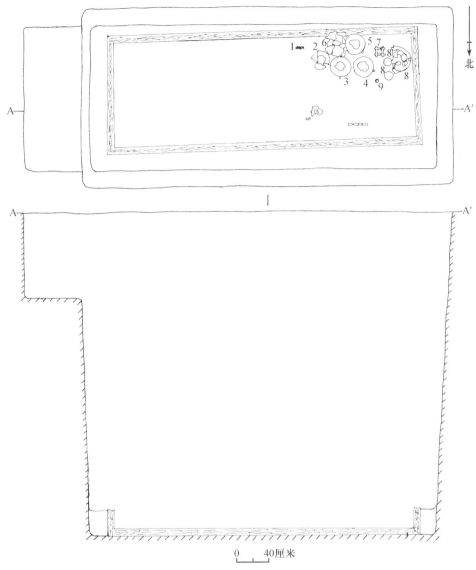

图四七八　ⅣM23平、剖面图
1.铁带钩　2~6.陶壶　7.陶井　8.陶灶　9.铁环

腹，平底（图四七九，3）。

灶　1套（6件）。ⅣM23：8，平面呈船形，灶面稍作弧形，五火眼各置一釜，附带三盆二甑。后有圆形烟囱眼，烟囱残失。前置长方形灶门，两侧置有挡风。内底有压印网格纹。长31.2、宽34.8、高14.4~24厘米（图四七九，4）。

铁器　2件。器形有铁带钩、铁环等。

铁带钩　1件。ⅣM23：1，锈蚀严重。平面略呈琵琶形，侧面微弯曲，窄体，短颈，钩首略残，纽位于钩背偏尾部。长6.7、宽1.7、钩残长1.2厘米（图四七九，8）。

铁环　1件。ⅣM23：9，锈蚀严重，截面呈圆形。直径3.2厘米（图四七九，7）。

1、2、5、6、9 0 21厘米   3、4 0 18厘米   7、8 0 3厘米

图四七九　ⅣM23出土器物

1、2、5、6、9.陶壶（ⅣM23：4、ⅣM23：3、ⅣM23：6、ⅣM23：2、ⅣM23：5）　3.陶井（ⅣM23：7）

4.陶灶（ⅣM23：8）　7.铁环（ⅣM23：9）　8.铁带钩（ⅣM23：1）

ⅣM30

1. 墓葬形制

斜坡式墓道单室砖墓，方向7°，平面呈"甲"字形，由墓道和墓室两部分组成。

墓道位于墓室北端，平面呈梯形。内填五花土，土质较硬，略夯打。壁面较直，底呈斜坡状，坡度为18°。长310、宽90～150、深160～240厘米。

墓室平面呈长方形，为券顶砖室墓，东、南、西三壁用单砖顺置错缝平砌，距墓底至125厘米处用单砖顺立对缝券顶，底用单砖顺置对缝平铺，铺地砖略宽于墓室两壁进入墓道内，南壁高于券顶。长280、宽160、高180～182、底距开口深240厘米。砖长30、宽15、厚5厘米。该墓扰乱严重，仅残存头骨，置于墓室内中部靠近东壁处，面向东，葬式不清。盗洞位于墓门顶部，平面呈不规则圆形，直径60厘米。随葬品有陶壶1件、陶井1件、陶灶1套、小陶罐1件，置于墓室东部（图四八〇）。

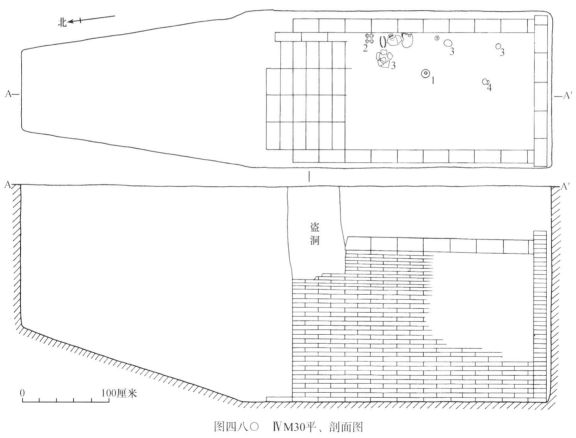

图四八〇　ⅣM30平、剖面图
1. 陶壶　2. 陶井　3. 陶灶　4. 陶罐

2. 随葬器物

该墓出土陶器4件（套），泥质灰陶，器形有小罐、壶、灶、井等。

壶　1件。ⅣM30：1，喇叭口，方圆唇，粗束颈，鼓腹，假圈足较直，平底内凹。颈腹部饰凹弦纹，近底处有刮削痕。口径11.3、底径8、高16.7厘米（图四八一，1）。

井　1套（2件）。ⅣM30：2，平面呈"井"字形，上大下小呈梯形，平底。井内饰网格纹，下饰数道凸棱。口边长8.9、底边长4.8、高8厘米（图四八一，2）。

灶　1套（6件）。ⅣM30：3，平面呈船形，灶面稍作弧形，五火眼均置一釜。后有圆形烟囱眼，前置长方形灶门，两侧置有挡风。附带三盆二甑。长27、宽18.6、高16.2～23.4厘米（图四八一，4）。

小罐　1件。ⅣM30：4，侈口，圆唇，方鼓腹，近底处有刮削痕。口径4.5、底径3.5、高7厘米（图四八一，3）。

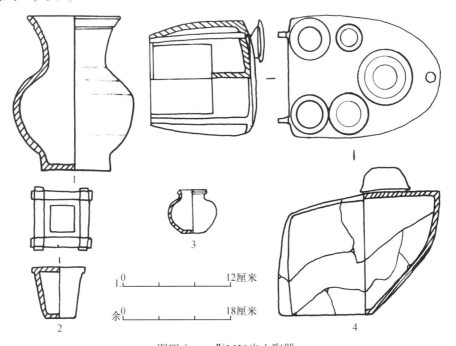

图四八一　ⅣM30出土陶器

1.壶（ⅣM30：1）　2.井（ⅣM30：2）　3.小罐（ⅣM30：4）　4.灶（ⅣM30：3）

ⅣM31

1. 墓葬形制

斜坡式墓道土坑木椁墓，方向7°，平面略呈"甲"字形，由墓道和墓室两部分组成。

墓道位于墓室北端，平面呈梯形，壁面斜下内收，底呈斜坡状，坡度为15°。长380、宽180～300、底宽120～200、深340～440厘米。

墓室为竖穴土坑，内填黑灰五花土，土质较硬。平面呈长方形，壁面斜下内收，平底。墓口长600、宽320、底长560、宽280、深440厘米。东西两壁距南壁90厘米处设有二层台，平面呈长方形，东二层台长300、西二层台长280、宽80、距墓口160、距墓底280厘米。有葬具木椁，仅存朽痕，呈长方形，长520、宽260、厚14、残高80厘米。骨架仅存几块碎骨，头向、葬式不清。随葬有陶壶1件、陶鼎3件、陶灶1套、陶罐2件、小陶罐2件、陶熏炉1件、铜刷1件、铜镜1枚、铜环2件、铁锥1件、铜钱1枚、骨器2件、金银饰件4件，置于木椁的中部和南部（图四八二；图版六六，1~3）。

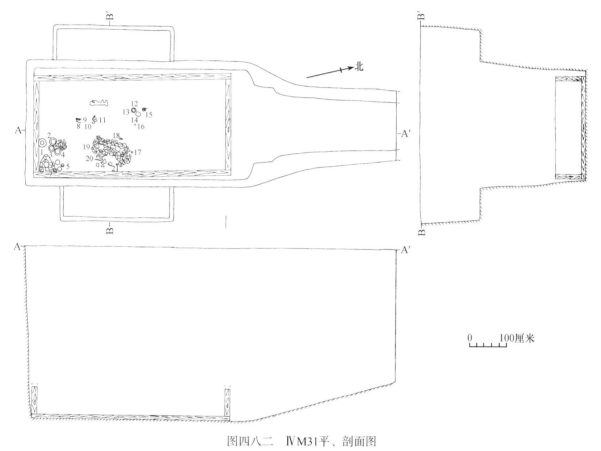

图四八二 Ⅳ M31平、剖面图

1、21. 陶罐　2~4. 陶鼎　5、7. 小陶罐　6. 陶灶　8. 铁锥　9. 铜刷　10. 陶熏炉　11. 铜钱　12. 铜镜　13. 银圈
14. 银柿蒂花形饰件　15. 金箔饰件　16、17. 铜环　18. 陶壶　19. 骨梳　20. 骨器

2. 随葬器物

该墓出土随葬器物19件（套），质地有铜、陶、铁、骨、金银等。

陶器 10件（套），泥质灰陶，器形有灶、壶、鼎、小陶罐、香炉等。

壶 1件。Ⅳ M31：18，盘口，方唇，细长颈，鼓腹，矮假圈足外撇，平底。腹部偏上饰对称兽面铺首，肩、腹部各饰宽带纹。底部有刮削痕。口径12、底径16、高36.6厘米（图四八三，9）。

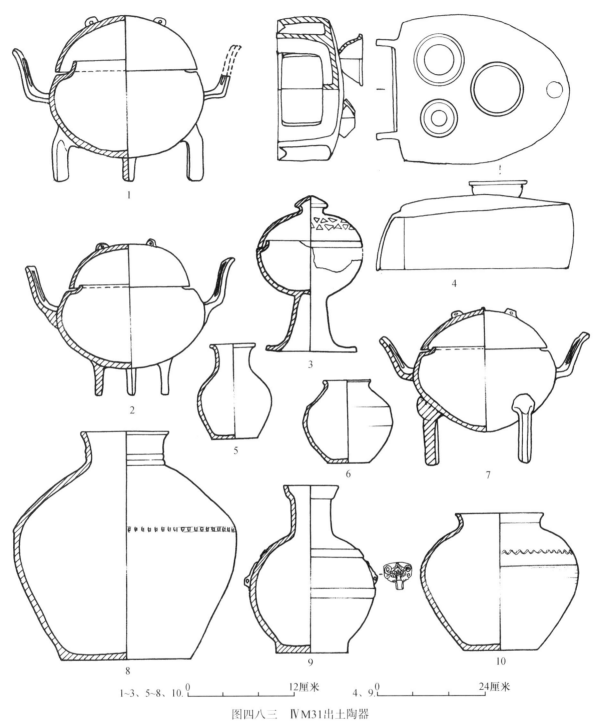

1~3、5~8、10. 0 ⎯⎯⎯⎯ 12厘米   4、9. 0 ⎯⎯⎯⎯ 24厘米

图四八三　ⅣM31出土陶器

1、2、7. 鼎（ⅣM31：4、ⅣM31：3、ⅣM31：2）　3. 薰炉（ⅣM31：10）　4. 灶（ⅣM31：6）　5、6. 小罐（ⅣM31：5、
ⅣM31：7）　8、10. 罐（ⅣM31：1、ⅣM31：21）　9. 壶（ⅣM31：18）

罐　2件。ⅣM31：1，泥质灰陶。侈口，圆唇，高领，上有两周凹槽，溜肩，鼓腹，平底。腹部饰一周绳纹。近底部有刮削痕。口径10、底径15、高24.9厘米（图四八三，8）。ⅣM31：21，敞口，圆唇，鼓腹，平底。腹部饰两周凸弦纹及水波纹。近底部有刮削痕。口径9.9、底径8、高14.9厘米（图四八三，10）。

小罐　2件。ⅣM31：5，泥质灰陶。侈口，圆唇，高领，鼓腹，平底内凹。近底部有刮削痕。口径5.4、底径5.2、高10.4厘米（图四八三，5）。ⅣM31：7，泥质灰陶。直口微侈，圆唇，折肩，弧腹，平底。近底处有刮削痕。口径5.4、底径4.5、高9.4厘米（图四八三，6）。

鼎　3件，形制相同。鼎子口，深腹，圜底，双耳微曲，外撇较甚，远离腹部，耳有细长条状穿，三个高蹄足。盖顶高隆，上附三个半圆形纽，上有圆穿。ⅣM31：2，底部及耳足上有削痕，鼎身磨光。口径12、通高16.9厘米（图四八三，7）。ⅣM31：3，鼎足为矮柱状足。底部及顶、耳足部均有削痕。口径11.6、通高16.5厘米（图四八三，2）。ⅣM31：4，器表有刮削痕。口径12、通高18厘米（图四八三，1）。

熏炉　1件。ⅣM31：10，盖面高隆，顶部有蘑菇状纽，中空，盖面饰三角形镂孔。器身子口，圆唇，深腹，粗柄中空，喇叭口座。口径9、底径10.3、通高17厘米（图四八三，3）。

灶　1套（3件）。ⅣM31：6，平面呈船形，灶面稍作弧形，三火眼呈"品"字形，其中一火眼上置釜。后有圆形烟囱眼，上置粗柱状形烟囱，中空，烟囱顶上有一隆节，有三角形镂空，前置长方形灶门，两侧置有挡风。附带二盆。长43.2、宽32、高13.6～19.2厘米（图四八三，4）。

铜器　4件。器形有铜刷、铜镜、铜环等。

铜镜　1件。ⅣM31：12，日光连弧纹镜。圆形，镜面微凸，圆纽，圆纽座，纽座向外伸出四条短竖线纹，间为月牙纹，连接内向八连弧纹。其外两组栉齿纹、凸弦纹圈带间为篆体铭文带，铭文为"见日之光长毋相忘"，字间依次以"◎"与"⊗"相隔。宽素平缘。面径7.8、背径7.6、缘宽0.7、缘厚0.3厘米（图四八四；图版一〇六，1）。

铜刷　1件。ⅣM31：9，呈烟斗状，斗内残存刷毛朽痕，细长实柄，末端呈鸭首状，有圆孔。长13厘米（图四八五，7；图版一〇二，1-1）。

铜环　2件，截面呈圆形。ⅣM31：16，直径2.2厘米（图四八五，9）。ⅣM31：17，直径1.4厘米（图四八五，8）。

金银饰件　3件。

银圈　3件。ⅣM31：13-1，呈薄片状环形，上边内收。直径9.4～10.4、厚0.8厘米（图四八五，10）。ⅣM31：13-2、3，呈环形。ⅣM31：13-2，直径5.5厘米（图四八五，4）。ⅣM31：13-3，直径9.5厘米（图四八五，11）。

银柿蒂花形饰件　1件。ⅣM31：14，呈薄片状柿蒂形。两叶对角长4.3厘米（图四八五，1）。

金箔饰件　1件。ⅣM31：15，残碎。

骨器　2件。器形有骨梳、骨片等。

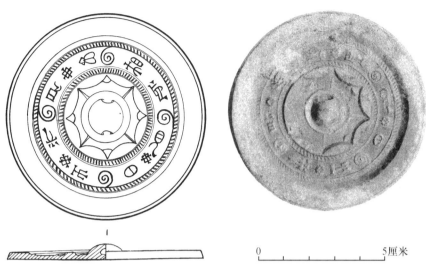

图四八四　ⅣM31出土铜镜
（ⅣM31：12）

骨梳　1件。ⅣM31：19，兽骨制成，片状长条形，下部呈密齿状，齿残，体截面微弧，残长7.4、宽1.5、体厚0.2厘米（图四八五，2）。

骨器　1件。ⅣM31：20，兽骨制成，片状长条形，边已残。残长3、宽1.5、厚0.2厘米（图四八五，3）。

铁锥　1件。ⅣM31：8，用圆形铁条对弯成圆形锥帽，两端对折拧在一起呈螺纹状锥身。长11.6厘米（图四八五，6）。

铜钱　1枚。ⅣM31：11，"五铢"，"五"字交笔斜直，"铢"字金字头呈三角形，"朱"字头为上方折，下圆折。直径2.6、穿宽1、重4.2克（图四八五，5）。

ⅣM32

1. 墓葬形制

斜坡式墓道土坑墓，方向90°，平面略呈"甲"字形，由墓道和墓室两部分组成。

墓道位于墓室东端，平面呈梯形，壁面斜下内收，底呈斜坡状，坡度为25°。长480、宽120～270、底宽100～110、深110～330厘米。

墓室为竖穴土坑，内填五花土，土质较硬，略夯打。平面呈长方形，壁面较直，平底，呈梯形。墓口长520、宽300、底长500、宽170～180、深330厘米。在南北两壁距墓口深150厘米处设有二层台，南台宽70、北台宽56、高均为180厘米。有葬具木棺，仅存朽痕，呈梯形，长460、宽150～180、厚10、残高40厘米。骨架保存较差，头向东，面向南，为仰身直肢葬。随葬有陶壶3件、陶罐2件、陶灶1套，置于木棺南壁西侧（图四八六；图版六七，1、2）。

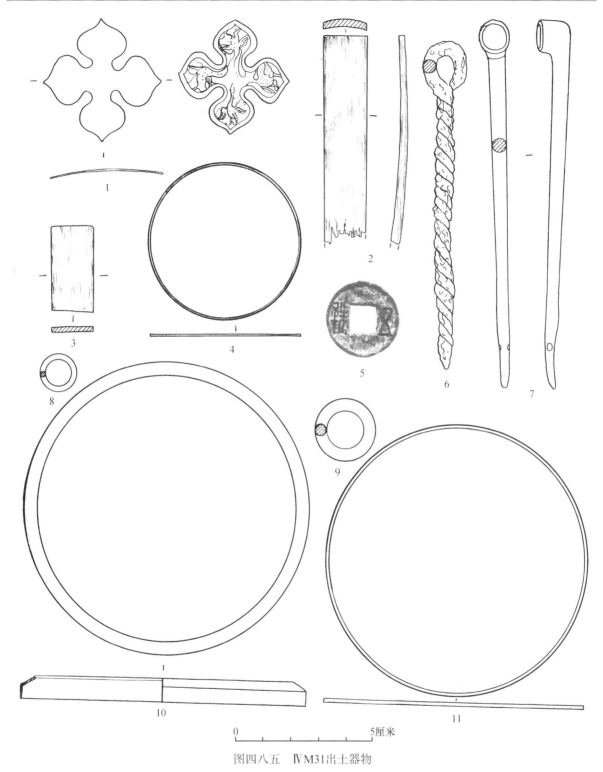

图四八五　ⅣM31出土器物

1. 银柿蒂花形饰件（ⅣM31∶14）　2. 骨梳（ⅣM31∶19）　3. 骨器（ⅣM31∶20）

4、10、11. 银圈（ⅣM31∶13-2、ⅣM31∶13-1、ⅣM31∶13-3）　5. 铜钱（ⅣM31∶11）

6. 铁锥（ⅣM31∶8）　7. 铜刷（ⅣM31∶9）　8、9. 铜环（ⅣM31∶17、ⅣM31∶16）

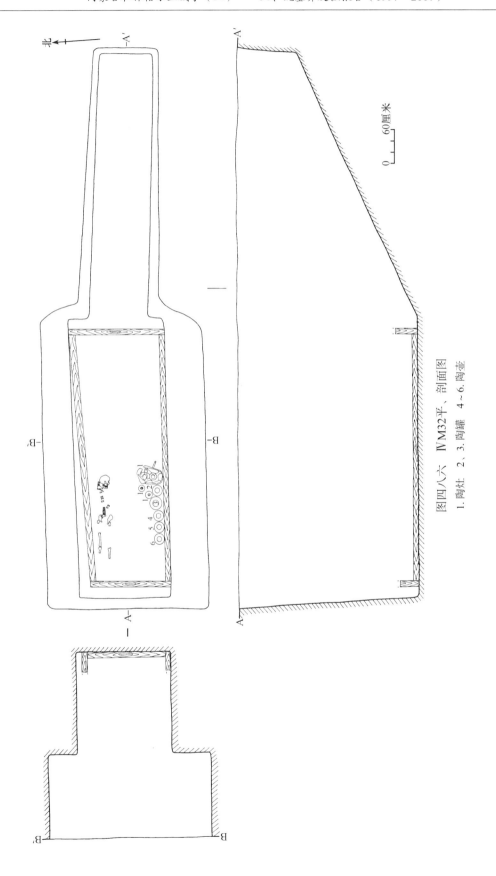

图四八六　ⅣM32平、剖面图

1. 陶灶　2、3. 陶罐　4～6. 陶壶

2. 随葬器物

该墓出土陶器6件（套），泥质灰陶或黑灰陶，器形有罐、壶、灶等。

灶 1套（4件）。ⅣM32：1，泥质黑灰陶。平面呈船形，灶面稍作弧形，三火眼呈"品"字形，各置一釜，附带二盆一甑。后有圆形烟囱眼，上置粗柱状形烟囱，中空，烟囱顶上有两隆节，有两层三角形镂空，前置长方形灶门，两侧置有挡风，无底。长38.7、宽27、高12.6～30.9厘米（图四八七，4；图版九二，1）。

罐 2件，泥质灰陶。ⅣM32：2，侈口，卷沿，方唇，鼓腹，平底内凹。腹部饰一周绳纹，近底处有刮削痕。口径10.2、底径13.8、高22.8厘米（图四八七，5）。ⅣM32：3，直口微侈，方唇，鼓腹，平底。肩部饰一周暗锯齿纹，腹部饰数周弦纹，磨光。口径9.6、底径13.8、

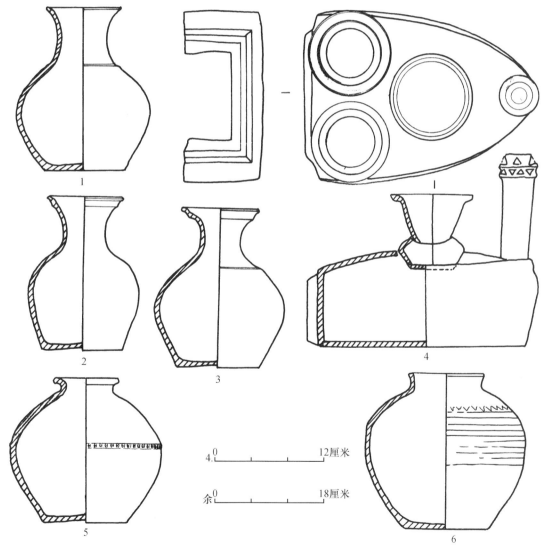

图四八七 ⅣM32出土陶器

1～3. 壶（ⅣM32：6、ⅣM32：4、ⅣM32：5） 4. 灶（ⅣM32：1） 5、6. 罐（ⅣM32：2、ⅣM32：3）

高18.6厘米（图四八七，6）。

壶　3件，形制相同，泥质灰陶。喇叭口，方圆唇，细弧颈，鼓腹，平底，近底处有刮削痕。ⅣM32：4，舌状唇。口径12.3、底径13.5、高24.6厘米（图四八七，2）。ⅣM32：5，口径12.6、底径14、高26.2厘米（图四八七，3）。ⅣM32：6，器表粗糙，划痕较多，器表黑。口径12.2、底径13.5、高26.2厘米（图四八七，1）。

ⅣM35

1. 墓葬形制

斜坡式墓道土坑木椁墓，方向355°，平面略呈"甲"字形，由墓道和墓室两部分组成。

墓道位于墓室北端，平面呈梯形，壁面较直，底呈斜坡状，坡度为19°。长1100、宽160～300、深60～420厘米。在墓道与墓室间填充砖瓦碎块和陶片形成封门，宽284、厚50厘米。

墓室为竖穴土坑，内填灰花土，土质较硬。平面呈长方形，壁面斜下内收，平底。墓口长920、宽610、底长880、宽400、深420厘米。东西两壁设有二层台，平面呈长方形，长610、宽80、距墓口120、墓底300厘米。在墓室的东南角有盗洞，平面呈不规则圆形，直径60厘米。葬具木椁用厚30厘米的木板垒券而成，用厚20～30、宽30～70厘米的木板作为椁盖。木椁保存一般，呈梯形，长830、宽320、厚30、高136～176厘米。葬具木椁与土坑之间填充砖瓦碎块陶片等，厚20厘米，木椁底下垫厚4厘米的砖瓦碎块陶片。骨架保存较差，头向、葬式不清。随葬有陶壶6件、陶罐2件，置于墓道南侧西壁，陶灶1套、陶井2套、铜车具1套、铜盖弓帽16件、铜刷1件、铜镟1件、铜环9件、铜钱1枚、铁叉1件、石砚1件，置于木椁内北部（图四八八；图版六八，1、2）。

2. 随葬器物

该墓出土随葬器物38件（套），质地有铜、陶、铁、石等。

陶器　11件（套），泥质灰陶，器形有灶、井、壶、罐等。

壶　6件，形制相同。泥质灰陶。喇叭口，舌状唇，微束颈，鼓腹，高假圈足外撇，平底，肩部饰宽带纹，腹部饰对称铺首及一周凹弦纹，近底部有刮削痕。ⅣM35：1，口径15.8、底径16.4、高34.5厘米（图四八九，1）。ⅣM35：2，颈部饰细弦纹。口径16、底径17、高39.3厘米（图四八九，2）。ⅣM35：4，颈部饰细绳纹。口径15.3、底径15.6、高40.4厘米（图四八九，6）。ⅣM35：6，口径15.4、底径16.1、高39厘米（图四八九，8）。ⅣM35：7，口径16.3、底径16、高39.8厘米（图四八九，7）。ⅣM35：8，口径15.4、底径15.8、高39.2厘米（图四八九，3）。

罐　2件，形制相同。泥质灰陶。小口，方唇，折沿，高领，鼓腹，下腹斜收，平底。

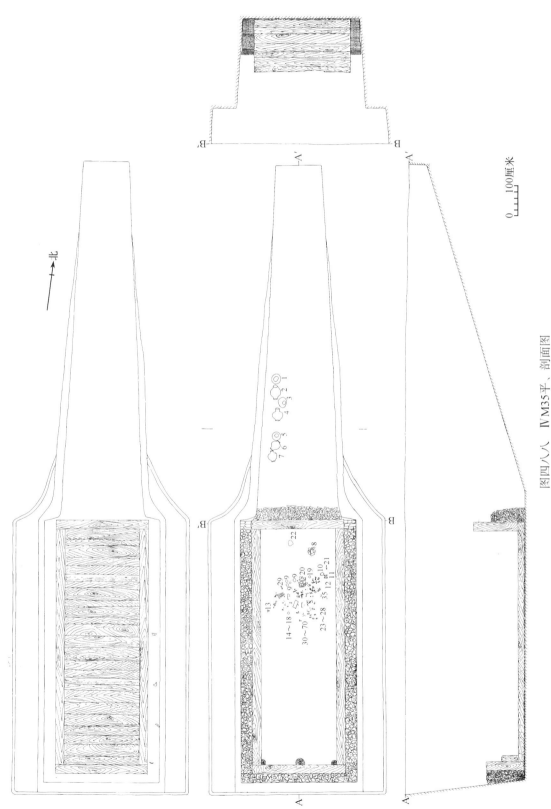

图四八八　ⅣM35平、剖面图

1、2、4、6～8.陶壶　3、5.陶罐　9-1.烟囱　10、11.陶井　12.熏炉　13.陶灯　14、19、48～54.铜环　15.铜削　16.铁叉　17、25.铜当卢
18、26.兽面形车饰　20.铜钱　21、29.铜车轴　22.铜盆　23.石砚　24.铜镞　27、28.铜辖害　30～34.铜衡末饰　35.铜车轭饰　36、37.铜泡灯　38、39.铜铜钉
40～42.铜衔镳　43.铜衔　44.铜车饰　45～47.铜车饰　55～70.铜盖弓帽
填土出：01～016.瓦当　017.建筑构件　018、025.陶釜　019～021.陶盆　022、026.陶罐　023.陶瓷　024.陶壶　027.陶器座　028.陶甑

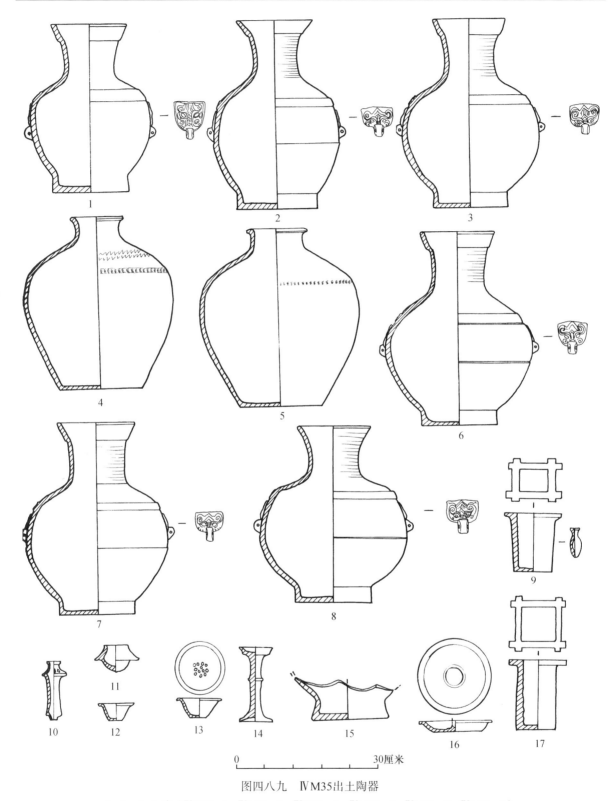

图四八九　ⅣM35出土陶器

1～3、6～8.壶（ⅣM35：1、ⅣM35：2、ⅣM35：8、ⅣM35：4、ⅣM35：7、ⅣM35：6）

4、5.罐（ⅣM35：3、ⅣM35：5）　9、17.井（ⅣM35：10、ⅣM35：11）　10.烟囱（ⅣM35：9-1）　11.釜（ⅣM35：9-2）

12.盆（ⅣM35：9-3）　13.甑（ⅣM35：9-4）　14.灯（ⅣM35：13）　15.壶底（ⅣM35：22）　16.熏炉（ⅣM35：12）

ⅣM35∶5，肩部饰一周绳纹。口径12.5、底径17.8、高36.8厘米（图四八九，5）。ⅣM35∶3，肩部饰暗锯齿纹及一周绳纹，近底部有刮削痕。口径11.3、底径17.4、高35.7厘米（图四八九，4）。

　　灶　1套（4件）。ⅣM35∶9，为陶灶残存的烟囱、釜、盆、甑（图四八九，10～13）等。

　　井　2套（3件），泥质灰陶。井的形制相同，平面呈"井"字形，截面呈方柱体，平底。内有数周凸棱。ⅣM35∶10，附吊瓶。口长12、宽8.7、底边长7.2、高12厘米。吊瓶，平口，束颈，弧腹，平底。手制（图四八九，9）。ⅣM35∶11，口边长12、底边长7.4、高14.4厘米（图四八九，17）。

　　熏炉　1件。ⅣM35∶12，仅残存座。敞口，平沿，圆唇，浅斜腹，平底。在座中有残柄。口径15.6、底径9.6、残高2.9厘米（图四八九，16）。

　　灯　1件。ⅣM35∶13，侈口，方圆唇，折腹，竹节形高柄，喇叭形底座。柄中间饰有一周竹节棱。口径7.2、底径7.2、高15.2厘米（图四八九，14；图版九〇，4）。

　　壶底　1件。ⅣM35∶22，假圈足外撇。底径16.2、残高9厘米（图四八九，15）。

　　铜器　28件（套），器形有铜刷、铜镞、铜环、铜盖弓帽、铜车马具套等。

　　铜刷　1件。ⅣM35∶15，呈烟斗状，细长实柄，末端有圆孔。长12.6厘米（图四九〇，16；图版一〇二，1～3）。

　　铜镞　1件。ⅣM35∶24，截面略呈三翼形，前锋较钝，圆挺残。残长4.4厘米（图四九〇，14；图版一〇三，2）。

　　铜环　9件。ⅣM35∶14、19，形制相同。截面呈圆形。直径1.9～2.9厘米（图四九一，8、6）。ⅣM35∶48、54，形制相同。截面呈扁长方形。直径1.9～2.4厘米（图四九一，7、9）。

　　铜盖弓帽　16件。ⅣM35∶55～70，个别略残，呈上小下大圆筒状，顶端有半球形帽，一侧靠上方有倒钩。ⅣM35∶55，高2.7、直径0.8厘米（图四九〇，18；图版一一六，2下）。

　　铜车马具　1套。有铜当卢、兽面形车饰、铜车轴、铜辖害、铜衡末饰、铜车軛饰、铜泡钉、铜锅钉、铜衔镳、铜衔、铜车饰、铜车辕等。

　　铜当卢　2件，片状体，作马面形。ⅣM35∶17，上端呈山字形，中间为弧形内收，内有变形十字镂孔，下端略窄长，背上下各端有一鼻穿。长14.2、宽4.1、厚0.3、背穿鼻高0.5厘米（图四九一，10；图版一一六，1左上）。ⅣM35∶25，上端两侧出双耳，中间为弧形内收，内有变形十字镂孔，下端略窄，背上下各端有一鼻穿，下端残断。长11、宽3.1、厚0.2、背穿鼻高0.6厘米（图四九一，2）。

　　兽面形车饰　2件。ⅣM35∶18，半圆形，兽面部外鼓，背部内凹，上侧中部接长条形薄片，供插入车木之用。高4、宽2.8厘米（图四九一，3；图版一一六，1左中）。

　　铜车轴　2件。整体呈圆筒状，中部饰三周、两端各饰一周凸棱。ⅣM35∶21，圆筒内残存有圆木。长10.1、直径1.9厘米（图四九〇，9）。ⅣM35∶29，圆筒内残存有铁心。长10.2、直径1.9厘米（图四九〇，10；图版一一六，1左下）。

　　铜辖害　2件。ⅣM35∶27，略呈喇叭筒状，两端齐平，中空，一端较粗，粗端有辖孔，细

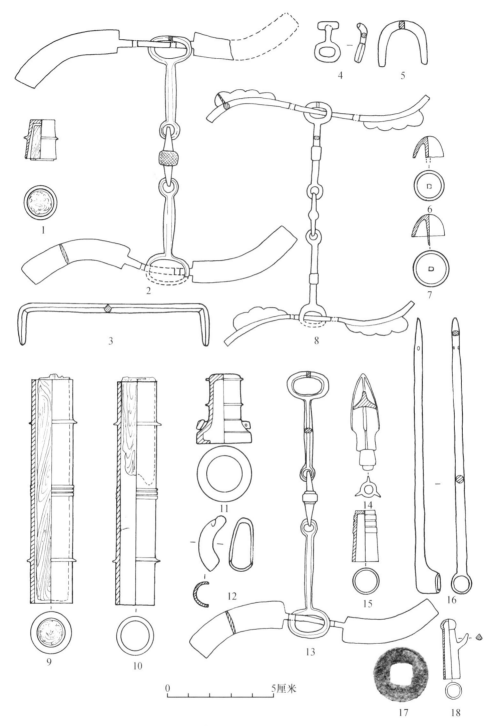

图四九〇　ⅣM35出土铜器

1、15. 衡末饰（ⅣM35：30、ⅣM35：34）　2、8、13. 衔镳（ⅣM35：41、ⅣM35：42、ⅣM35：40）

3. 锔钉（ⅣM35：38）　4. 车饰（ⅣM35：44）　5. 车辕（ⅣM35：45）　6、7. 泡钉（ⅣM35：37、ⅣM35：36）

9、10. 车轴（ⅣM35：21、ⅣM35：29）　11. 辖軎（ⅣM35：27）　12. 车轭饰（ⅣM35：35）

14. 镞（ⅣM35：24）　16. 刷（ⅣM35：15）　17. 钱（ⅣM35：20）　18. 盖弓帽（ⅣM35：55）

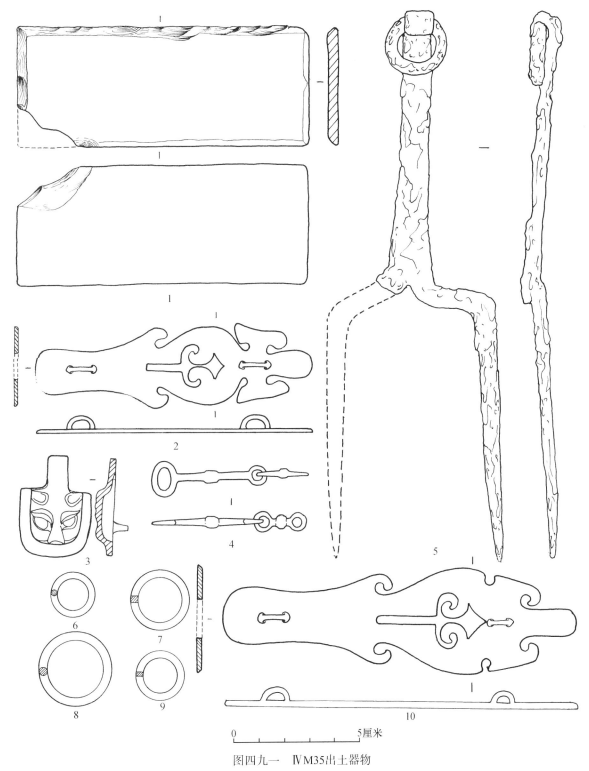

图四九一　ⅣM35出土器物

1. 石砚（ⅣM35：23）　2、10. 铜当卢（ⅣM35：25、ⅣM35：17）　3. 兽面形车饰（ⅣM35：18）　4. 铜衔（ⅣM35：43）
5. 铁叉（ⅣM35：16）　6～9. 铜环（ⅣM35：19、ⅣM35：48、ⅣM35：14、ⅣM35：54）

端有两周凸棱。辖穿于辖孔内，辖呈长条形，一端呈帽状，一端有小孔，其一辖残。长3.2、直径1.4～2.6厘米（图四九〇，11；图版一一六，1右下）。

铜衡末饰　5件。ⅣM35：30，圆形筒状，一端封闭，中间饰一周凸棱，筒内残存圆木。长1.8、直径1.5厘米（图四九〇，1）。ⅣM35：34，圆形筒状，一端封闭，近封闭端饰三周凸棱，圆筒内残存圆木。长2.3、直径1.2厘米（图四九〇，15）。

铜车軛饰　1件。ⅣM35：35，呈弯曲半圆形管状，一端齐平，一端封闭，封闭端做兽面。长2.5、宽1.2厘米（图四九〇，12）。

铜泡钉　2件。ⅣM35：36、37，蘑菇状，钉呈锥形，残。钉残长0.9～1.4、钉帽直径1.4～1.6厘米（图四九〇，7、6）。

铜锔钉　2件。ⅣM35：38，铜条两端折钩，截面呈菱形。长9厘米（图四九〇，3）。

铜衔镳　4件。衔为三节环，两长衔之间以一"8"字形短衔相连接，短衔中间有结节，镳呈"S"形片状，穿于衔两端的环内，中部呈片状有两小穿孔。ⅣM35：41，长衔一端环残。衔长11.3、镳长13厘米（图四九〇，2）。ⅣM35：40，一端镳残失。衔长12、镳长11.6厘米（图四九〇，13；图版一一六，1右上）。ⅣM35：42，镳呈"S"形条状，两端饰鸡冠状凸起，衔长10.2、镳长10.4厘米（图四九〇，8）。

铜衔　1件。ⅣM35：43，应为三节环，两长衔之间以一"8"字形短衔相连接，短衔中间有结节，缺另一端长衔。衔残长6.2厘米（图四九一，4）。

铜车饰　1件。ⅣM35：44，一端呈椭圆形，一端"T"形，向后弯曲。长1.9厘米（图四九〇，4）。

铜车輠　3件。ⅣM35：45，铜条中间对弯呈"U"形，截面呈圆形。宽2.3～3、高2厘米（图四九〇，5）。

石砚　1件。ⅣM35：23，灰色石质，长方形，为薄片状，体周边残，砚面光滑，背较粗糙。长11.6、宽4.7、厚0.4厘米（图四九一，1）。

铁叉　1件。ⅣM35：16，锈蚀严重，为二股叉，一侧叉股残，柄长端有铁衔环。长21.6、衔环直径2.4厘米（图四九一，5）。

铜钱　1枚。ⅣM35：20，"五铢"，"五"字交笔较直，铢字迹不清。直径2.5、穿宽1厘米，重3.1克（图四九〇，17）。

该墓填土中出土瓦当残片、陶器残片若干。

"千秋万岁"瓦当（残）。ⅣM35：01，泥质灰陶，外围以双环线围绕，当面以双线为界格，残存"千万"两字，自右至左上下读，篆书，当面涂朱。直径16、边轮宽1.1、当厚1厘米（图四九二，1）。ⅣM35：02，泥质灰陶，当面以单环线划分为内外区。内区以十字分为四格，每格内饰小乳凸；外区以双线为界分为四格，对应内区四格，格内填"千秋万岁"，残存"万岁"，篆书，当面涂朱。直径14.6、边轮宽1.2、当厚1厘米（图四九二，2）。ⅣM35：03，泥质灰陶，当面外侧以双环线环绕，中间以竖双线、横单线为界，残存"秋岁"两字，自右至左上下读，当面涂朱。边轮宽1.1、当厚1.1厘米（图四九三，3）。ⅣM35：04，

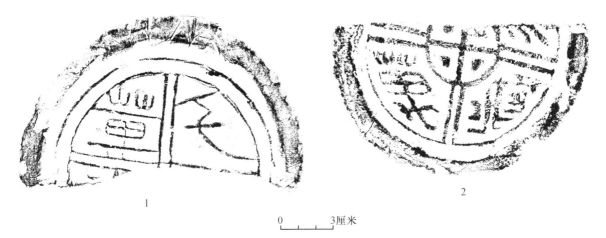

0 ———— 3厘米

图四九二　ⅣM35出土"千秋万岁"瓦当拓片
1. ⅣM35：01　2. ⅣM35：02

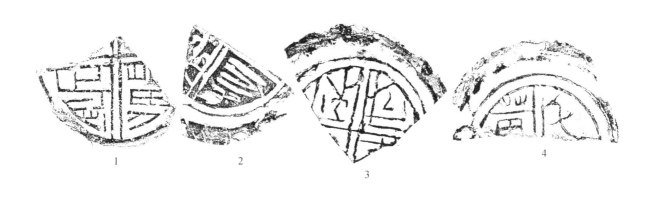

0 ———— 3厘米

图四九三　ⅣM35出土"千秋万岁"瓦当拓片
1. ⅣM35：05　2. ⅣM35：06　3. ⅣM35：03　4. ⅣM35：04

泥质灰陶，当面外环绕双环线，以双线为界格，残存"千万"两字，自右至左上下读，当面涂朱（图四九三，4）。ⅣM35：05，泥质灰陶，当面以双线为界格，残存"万岁"两字，右旋读（图四九三，1）。ⅣM35：06，泥质深灰陶，外圈以单环线环绕，残留一字不清（图四九三，2）。ⅣM35：07，泥质灰陶，当面以双线为界格分格，残存"万"字，右旋读（图四九四，2）。ⅣM35：09，泥质灰陶，当面外侧以双环线环绕，以单线为界格，残存"万岁"两字，自右至左上下读（图四九四，1）。ⅣM35：010，泥质灰陶，当面以单环线环绕，当心饰乳凸，以双线为界格，残存"千秋"两字，左旋读（图四九四，3）。ⅣM35：012，泥质灰陶，当面外以单环线环绕，以双线为界，残存"千秋"两字，左旋读（图四九四，4）。ⅣM35：013，泥质灰陶，外围以双环线环绕，残存"秋"字（图四九五，1）。ⅣM35：016，泥质灰陶，当面外侧以单环线环绕，以双线为界分格，残存"秋"字（图四九五，2）。

云纹瓦当（残）　ⅣM35：08，泥质灰陶，饰"工"字形云纹，间以"T""⌒"形云纹相

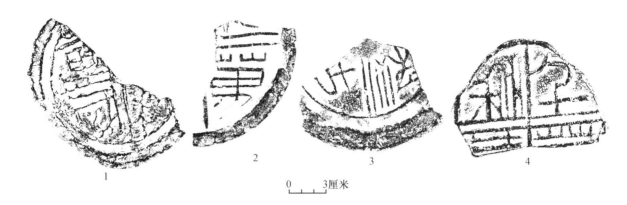

图四九四　ⅣM35出土"千秋万岁"瓦当拓片
1.ⅣM35：09　2.ⅣM35：07　3.ⅣM35：010　4.ⅣM35：012

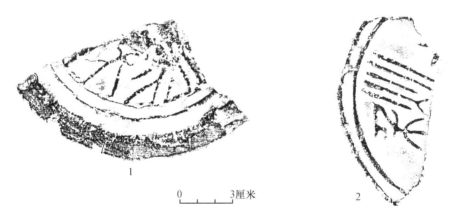

图四九五　ⅣM35出土"千秋万岁"瓦当拓片
1.ⅣM35：013　2.ⅣM35：016

隔。边轮宽1、当厚0.9厘米（图四九六，2）。ⅣM35：014，泥质灰陶，饰弧形和"羊角"形云纹。边轮宽0.8、当厚1.2厘米（图四九六，4）。ⅣM35：015，泥质灰陶，当面以单环线划分内中外三区，内区已残，中区饰"〰"形云纹，外区饰"〰"形云纹间以"T"形云纹相隔，当面涂朱。边轮宽1、当厚0.8厘米（图四九六，1）。

云鹿纹瓦当（残）　ⅣM35：011，泥质灰陶，以单环线将当面分为内外区，区内用线条勾勒出鹿的形象，外区以"羊角"形卷云纹为界，以"〰"形云纹及线条勾勒出动物纹饰。直径13.5、边轮宽1.1、当厚1厘米（图四九六，3）。

空心砖（残）　ⅣM35：017，泥质灰褐陶，有一面较平，上饰菱形几何纹。残长13.6厘米（图四九七）。

陶釜　ⅣM35：025，泥质灰褐陶。侈口，平沿，圆唇，唇缘外凸。口径21.8、残高6厘米（图四九八，10）。ⅣM35：018，泥质黑灰陶，敛口，圆唇，唇缘外凸，肩部有一戳印纹（图五六八，2）。

陶盆　ⅣM35：019，泥质灰褐陶，直口微敛，方圆唇，宽沿，沿面微弧，外侧有一凹槽，

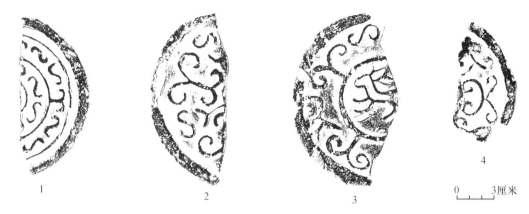

图四九六　ⅣM35出土瓦当拓片

1、2、4.云纹瓦当（ⅣM35：015、ⅣM35：08、ⅣM35：014）　3.云鹿纹瓦当（ⅣM35：011）

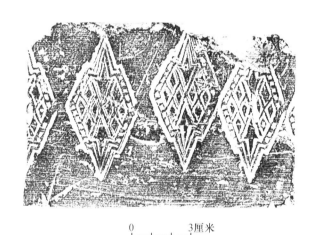

图四九七　ⅣM35出土空心砖拓片

（ⅣM35：017）

上腹直，饰凹弦纹。口径42、残高6厘米（图四九八，2）。ⅣM35：020，泥质灰陶，直口微敛，方唇，宽沿斜折，上腹直，腹饰两周绳纹带夹一周泥条附加堆纹。口径37.2、残高7.2厘米（图四九八，8）。ⅣM35：021，口腹残片。泥质灰褐陶，敛口，平沿，方唇，唇上有两周凹槽，上腹直，饰凹弦纹。口径36.6、残高5.4厘米（图四九八，7）。

　　陶瓮　ⅣM35：022，泥质灰陶，直口微敛，平沿，圆唇，唇缘外凸，肩腹饰细绳纹。口径31.2、残高7.2厘米（图四九八，3）。ⅣM35：026，泥质灰褐陶，侈口，平沿，圆唇，唇缘外凸，广肩，肩饰细绳纹。口径42、残高11.4厘米（图四九八，1）。

　　陶罐　ⅣM35：023，泥质灰陶，侈口，圆唇，圆肩。口径15.9、残高6厘米（图四九八，5）。ⅣM35：024，泥质黑灰陶，直口，尖圆唇，平沿，束颈。口径14.4、残高5.4厘米。

　　陶器座　ⅣM35：027，泥质灰陶，口颈收束成子母口，矮子口，内敛，浅腹，平底。口径24、底径31.2、高3.6厘米（图四九八，4）。

　　陶甑　ⅣM35：028，泥质灰陶，下底较平，上底略内凹，密集圆孔箅（图四九八，6）。

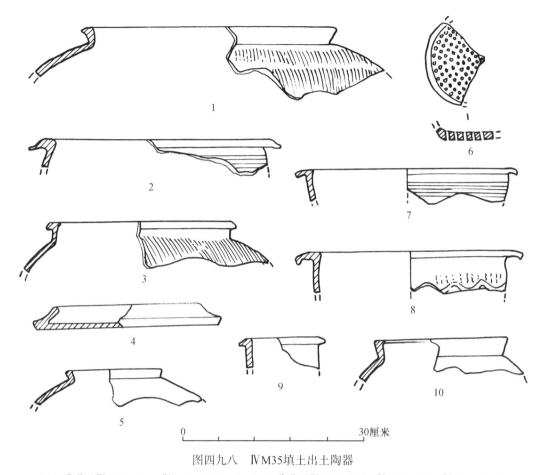

图四九八　IVM35填土出土陶器

1、3. 陶瓮（IVM35：026、IVM35：022）　2、7、8. 陶盆（IVM35：019、IVM35：021、IVM35：020）

4. 陶器座（IVM35：027）　5. 陶罐（IVM35：023）　6. 陶甑（IVM35：028）　9. 陶壶（IVM35：024）　10. 陶釜（IVM35：025）

IVM40

1. 墓葬形制

斜坡式墓道单室砖墓，方向355°，平面呈"甲"字形，由墓道和墓室两部分组成。

墓道位于墓室北端，内填五花土，土质较软。平面呈梯形，壁面较直，底呈斜坡状，坡度为24°。长360、宽100~140、深80~240厘米。封门用单砖错缝平砌，略呈梯形。宽160~180、高200厘米。

墓室为单砖室，平面呈长方形，长420、宽180、高240厘米。两壁用单砖顺置错缝平砌，略向内弧收，距墓底110厘米用单砖顺立对缝券顶，呈拱形顶；底用单砖顺置对缝平铺。砖长30、宽15、厚5厘米。未发现骨架。随葬有铜镜1件、陶井1件、陶灶1套，置于墓室中部（图四九九）。

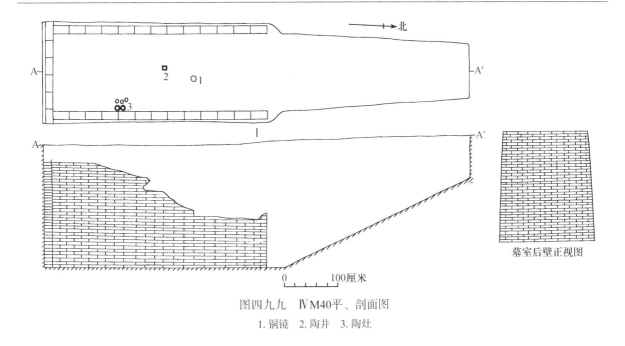

图四九九　ⅣM40平、剖面图

1. 铜镜　2. 陶井　3. 陶灶

2. 随葬器物

该墓出土随葬器物3件（套），质地有铜、陶等。

陶器　2件（套），泥质灰陶。器形有灶、井等。

井　1件。ⅣM40：2，井平面呈方形，截面呈方柱体，平底。内有数周凸棱。口边长7.9、底边长4.4、高6.6厘米（图五〇〇，6）。

灶　1套（5件）。ⅣM40：3，为陶灶残存的釜和盆5件（图五〇〇，1～5）。

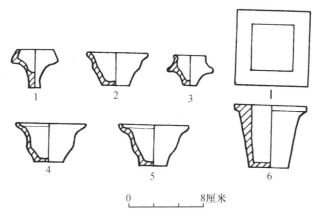

图五〇〇　ⅣM40出土陶器

1、3. 陶釜（ⅣM40：3-1、ⅣM40：3-2）　2、4、5. 陶盆（ⅣM40：3-3、ⅣM40：3-4、ⅣM40：3-5）　6. 陶井（ⅣM40：2）

铜镜　1件。ⅣM40：1，禽兽博局镜。圆形，圆钮，柿蒂纹钮座，座外凹面方框和凸弦纹、栉齿纹圈带间以四枚带座乳钉和博局纹将镜背分为四区，分饰一凤一兽二虎，均昂首穿越于"T"与"L"纹之间，四神周围以云纹及其他纹饰补空，故又称为四神规矩镜。镜缘中凹，内饰双线波折纹间隔珠点纹。面径10、背径9.9、缘宽0.4、缘厚0.3厘米（图五〇一；图版一一四，2）。

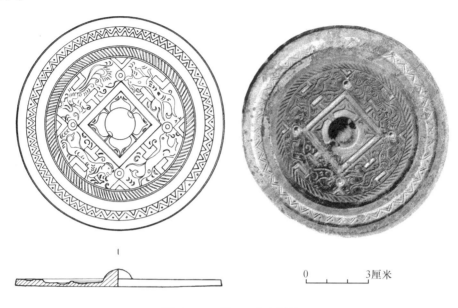

图五〇一　ⅣM40出土铜镜
ⅣM40∶1

ⅣM48

1. 墓葬形制

竖穴土坑木椁墓，方向185°，内填五花土，土质较软。平面呈长方形，四壁斜下内收，底较平。墓口长410、宽200、底长670、宽160、深400厘米。有葬具棺椁，仅存朽痕，呈长方形，椁长350、宽120、厚6、残高40厘米；棺长230、宽80、厚6、残高40厘米。未发现骨架。随葬有陶罐3件、铜镜1件，置于木椁西南角（图五〇二）。

2. 随葬器物

该墓出土器物4件，质地有陶、铜等。

陶罐　3件，泥质灰陶。ⅣM48∶1，侈口，圆唇，唇上有一周凹弦纹，鼓腹，平底稍内凹。肩腹部饰暗印网格纹及暗弦纹，近底部有刮削痕。口径10.6、底径10.3、高22厘米（图五〇三，2；图版八八，3）。ⅣM48∶2，侈口，沿面略弧折，尖唇，鼓腹，平底。腹部饰一周绳纹，腹下有刮削痕。口径11.15、底径14.7、高25厘米（图五〇三，1）。ⅣM48∶3，小口微侈，圆唇，沿稍折，沿面有一凹槽，高领，鼓腹，平底。腹部饰两道弦纹，近底部有刮削痕。口径10.2、底径12、高24.8厘米（图五〇三，3）。

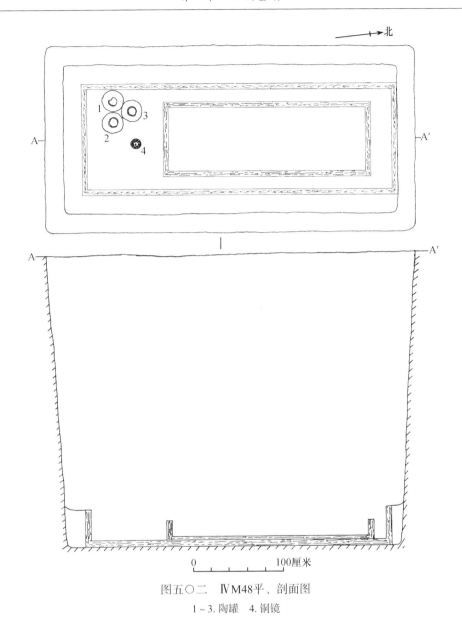

图五〇二　ⅣM48平、剖面图

1～3.陶罐　4.铜镜

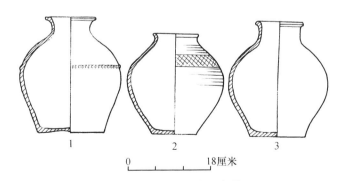

图五〇三　ⅣM48出土陶器

1～3.陶罐（ⅣM48∶2、ⅣM48∶1、ⅣM48∶3）

铜镜　1件。ⅣM48：4，重圈铭文镜。圆形，镜面微凸，圆纽，并蒂联珠纹纽座，纽座外两组凸弦纹圈将镜背分为内外两区，均环列篆体铭文，内区铭文为"见日之光长毋相忘"，字间以"〇"与"〇"符号相隔，外区铭文为"内清质以昭明光辉象夫日月心忽扬而愿忠然雍而不泄"。宽素平缘。面径10、背径9.8、缘宽0.9、缘厚0.4厘米（图五〇四）。

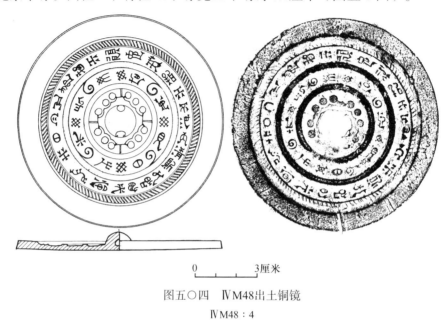

图五〇四　ⅣM48出土铜镜
ⅣM48：4

ⅣM52

墓葬形制

斜坡式墓道土洞墓，方向95°，平面略呈"甲"字形，由墓道、甬道、墓室三部分组成。

墓道位于东端，被ⅣM41、ⅣM49打破。平面呈梯形，壁面斜下内收，底呈斜坡状，斜坡坡度为13°。长490、口宽80~146、底宽80~120、深160~320厘米。

墓室与墓道之间有甬道，为土洞，平面呈长方形，拱形顶，底较平。长70、宽100、高160厘米。

墓室为土洞，平面呈梯形，拱形顶，壁面较直，平底。长220、宽120~160、洞高150~180厘米。未发现骨架。无随葬品（图五〇五）。

ⅣM53

1. 墓葬形制

斜坡式墓道土坑木椁墓，方向90°，平面略呈"甲"字形，由墓道和墓室两部分组成。

墓道位于墓室东端，平面呈梯形，壁面较直，底呈斜坡状，坡度为17°。长480、宽

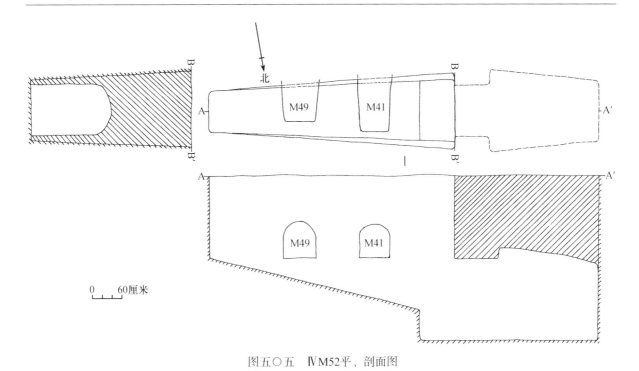

图五〇五　ⅣM52平、剖面图

120～216、底宽120～160、深120～260厘米。

　　墓室为竖穴土坑，内填五花土，土质较软。平面呈长方形，壁面斜下内收，平底。墓口长430、宽220、底长420、宽200、深260厘米。有葬具木椁，仅存朽痕，呈长方形，长380、宽150、厚10、残高46厘米。骨架2具，仅存头骨及部分碎骨，均头向东，面向上，双人合葬墓。随葬有铜镜1件，置于南侧骨架的头骨右侧；陶壶3件、陶罐3件、陶灶1套、陶井1件，置于木椁内东部（图五〇六；图版六九，1～3）。

2. 随葬器物

　　该墓出土器物9件，质地有陶、铜等。

　　陶器　8件（套），泥质灰陶。器形有壶、罐、灶、井等。

　　罐　3件，泥质灰陶。ⅣM53：2，侈口，方唇，沿外撇，沿面有一凹槽，鼓腹，平底，近底部有刮削痕。口径12.8、底径13.4、高21厘米（图五〇七，7）。ⅣM53：6、7，形制相同。侈口，圆唇，折肩，弧腹，平底，近底部有刮削痕。ⅣM53：6，口径8.1、底径10、高14.9厘米（图五〇七，6）。ⅣM53：7，口径7.5、底径8.3、高14.7厘米（图五〇七，8）。

　　壶　3件，形制相同。泥质灰陶。敞口，方圆唇，粗短颈，鼓腹，高假圈足外撇，平底。肩部饰宽带纹，腹部饰对称铺首及一周凹弦纹。ⅣM53：3，近底部有刮削痕。口径13.5、底径15.5、高28.6厘米（图五〇七，5）。ⅣM53：4，近底部有刮削痕。口径13.6、底径12.5、高29.7厘米（图五〇七，3）。ⅣM53：5，底径12.5、残高26.4厘米（图五〇七，1）。

　　灶　1套（4件）。ⅣM53：9，泥质灰陶。平面呈船形，灶面微隆，三火眼呈"品"字形，

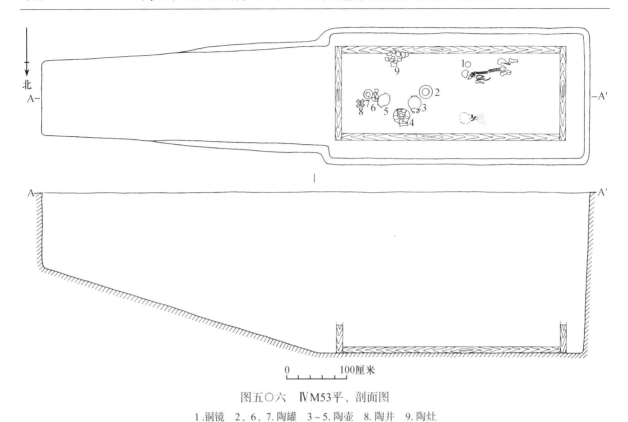

图五〇六　ⅣM53平、剖面图

1.铜镜　2、6、7.陶罐　3~5.陶壶　8.陶井　9.陶灶

其中两火眼置釜，后有圆形烟囱眼，上置柱状烟囱，中空，前置长方形灶门，两侧有挡风。配二盆一甑。长24.9、宽23.4、高15~24厘米（图五〇七，2）。

井　1套（2件）。ⅣM53：8，井平面呈"井"字形，截面呈方柱体，平底。内有数周凸棱。口边长10.8、底边长6.9、高11.1厘米。吊瓶，手制。平口，束颈，弧腹，平底（图五〇七，4）。

铜镜　1件。ⅣM53：1，连弧纹镜。圆形，镜面微凸，圆纽，圆纽座，座外环列三组"e"纹，连接内向十二连弧纹圈，连弧纹间饰三角纹、月牙纹与短弧线纹等，之外两组栉齿纹和细凸弦纹圈带之间为篆体铭文带，铭文为"日有熹月有富乐毋事常得意美人"。宽素平缘。直径9.4、缘宽0.7、缘厚0.3厘米（图五〇八；图版一〇八，1）。

ⅣM54

1. 墓葬形制

竖穴墓道土坑木椁墓，方向355°，平面呈"甲"字形，由墓道和墓室两部分组成。

墓道位于墓室北端，平面略呈梯形，壁面斜下内收，底呈斜坡平底状，斜坡坡度为15°。长720、宽180~520、底宽180~270、深260~420厘米。

墓室为竖穴土坑墓，内填五花土，土质较软。平面呈长方形，壁面斜下内收，底较平。墓口长680、宽520、底长640、宽270、深420厘米。在东西壁各有生土二层台，平面呈长方形，

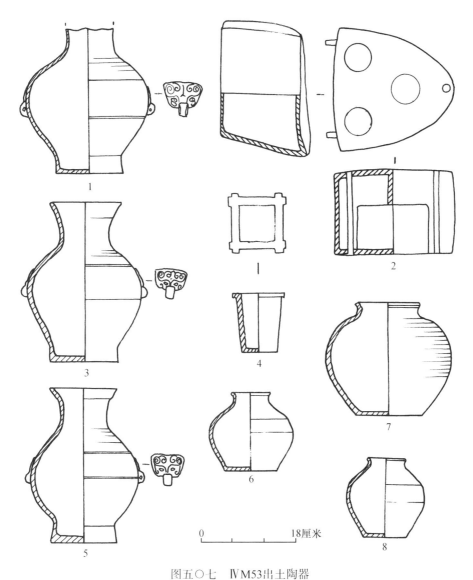

图五〇七　ⅣM53出土陶器

1、3、5.壶（ⅣM53：5、ⅣM53：4、ⅣM53：3）　2.灶（ⅣM53：9）　4.井（ⅣM53：8）

6~8.罐（ⅣM53：6、ⅣM53：2、ⅣM53：7）

长640、宽80、距墓口180、墓底240厘米。有葬具木椁，仅存朽痕，略呈"Ⅱ"字形，长560、宽262、东西厚16、南北厚20、残高80厘米。未发现骨架。随葬有铜车马具1套、铜灯1件、陶熏炉1件、铜镜2件、陶壶7件、陶鼎1件、陶灶1套、陶井1件、铜扣1枚，置于木椁内（图五〇九；图版七〇，1、2；图版七一，1~6）。

2. 随葬器物

该墓出土器物37件，质地有陶、铜、银漆器等。

陶器　10件（套），泥质灰陶或黑灰陶。器形有壶、鼎、灶、井、博山炉等。

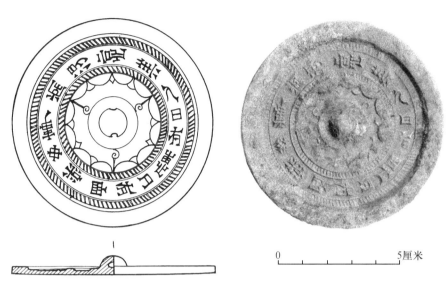

图五〇八　ⅣM53出土铜镜
（ⅣM53∶1）

熏炉　1件。ⅣM54∶3，泥质灰陶。炉，子口稍内敛、浅腹，粗高柄，中空，座为圆柄状。盖面高隆，盖顶较尖，透雕三角镂孔。口径9.6、底径10.2、通高21.2厘米（图五一〇，10）。

壶　7件，形制相同。敞口，舌状唇，粗颈，鼓腹，假圈足外撇，平底。腹部饰对称铺首及一周凹弦纹。近底部有刮削痕。ⅣM54∶6、9、11，泥质灰陶。ⅣM54∶6，口径16.2、底径16.8、高37.2厘米（图五一〇，4）。ⅣM54∶9，口径15.2、底径15.5、高32.8厘米（图五一〇，3）。ⅣM54∶11，口径14.2、底径15、高32.9厘米（图五一〇，2）。ⅣM54∶7、8、10、12，泥质黑灰陶。ⅣM54∶7，口径15、底径15、高34厘米（图五一〇，5）。ⅣM54∶8，口径15、底径15.6、高35.6厘米（图五一〇，7）。ⅣM54∶10，口径15.4、底径16、高36.6厘米（图五一〇，1）。ⅣM54∶12，口径14、底径15、高32.8厘米（图五一〇，6）。

鼎　1件。ⅣM54∶14，泥质灰黑衣陶。盖为浅钵形，顶部较隆，捉手已残。鼎为子口内敛，两錾耳稍外撇，耳中有长方形穿，弧腹，下腹残。口径13.2、残高12.6厘米（图五一〇，8）。

灶　1套（7件）。ⅣM54∶15，泥质灰陶。平面呈船形，灶面微隆，五火眼上各置一釜，配三盆三甑。后有圆形烟囱眼，上置柱状烟囱，中空，顶部有隆节，上有两层镂孔，一层三角形，一层为圆形，前置长方形灶门，两侧有挡风。长37.5、宽36、高15.6～31.8厘米（图五一〇，11）。

井　1套（2件）。ⅣM54∶16，泥质灰陶。井平面呈"井"字形，截面呈方柱体，平底。内有数周凸棱。口边长10.8、底边长10.2、高12.6厘米。吊瓶，平口，束颈，鼓腹，平底，近底部有刮削痕。手制（图五一〇，9）。

铜器　24件（套）。器形有铜车马、铜灯、铜泡钉、铜盖弓帽等。

铜车马具　1套，包括铜车轴、铜车轭饰、铜衡末饰、铜辖害等。

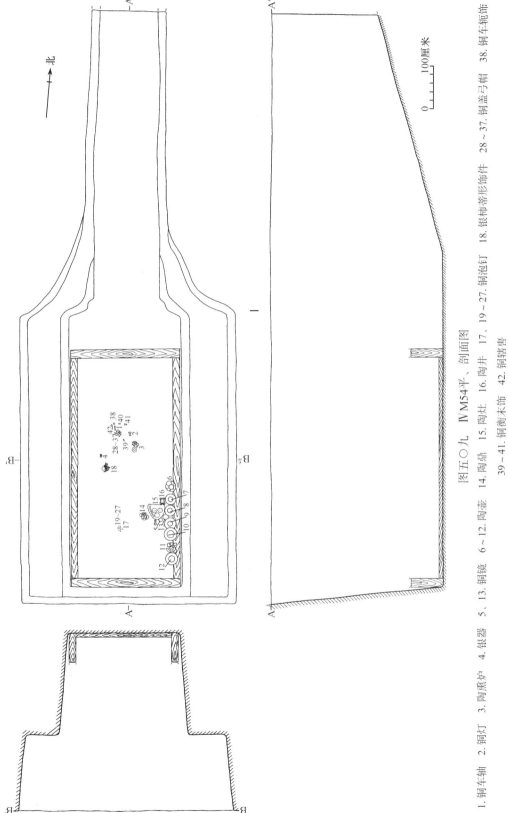

图五〇九 IVM54平、剖面图

1. 铜车轴 2. 铜灯 3. 陶熏炉 4. 银器 5、13. 铜镜 6～12. 陶壶 14. 陶鼎 15. 陶灶 16. 陶井 17、19～27. 铜泡钉 18. 银柿蒂形饰件 28～37. 铜盖弓帽 38. 铜车軏饰 39～41. 铜衡末饰 42. 铜辖專

图五一〇　ⅣM54出土陶器

1～7.壶（ⅣM54：10、ⅣM54：11、ⅣM54：9、ⅣM54：6、ⅣM54：7、ⅣM54：12、ⅣM54：8）　8.鼎（ⅣM54：14）

9.井（ⅣM54：16）　10.熏炉（ⅣM54：3）　11.灶（ⅣM54：15）

铜车轴　1件。ⅣM54：1，整体呈圆筒状，中部残断，中部饰三周、两端各饰一周凸棱，圆筒内残存有圆木。长10、直径1.7厘米（图五一一，1）。

铜车軏饰　1件。ⅣM54：38，呈弯曲半圆形管状，一端封闭，一端齐平，封闭端做兽面，管内残存有朽木。长2.6、直径1.2厘米（图五一一，7）。

铜衡末饰　3件。ⅣM54：41，圆形筒状，一端封闭，近封闭端饰三周凸棱。长1.8、直径1.2厘米（图五一一，5）。ⅣM54：39、40，形制尺寸相同。圆形筒状，一端封闭，近中部饰一周凸棱，筒内残存有圆木。ⅣM54：39，长1.5、直径1.2厘米（图五一一，8）。

铜辖軎　1件。ⅣM54：42，略呈喇叭筒状，两端齐平，中空，内残存有铁芯，一端较粗，粗端有辖孔，辖穿于辖孔内，辖呈长条形，一端呈帽状，一端有小孔，细端有两周凸棱。长2.3、直径1.2～2.2厘米（图五一一，6）。

铜灯　1件。ⅣM54：2，盘口，斜腹内凹，盘中为圆柱形灯芯，盘腹外侧饰有火焰纹，柄较短，两端较粗，中部饰有一周凸棱，下部带有喇叭口底座，座外饰有纹饰，残高8.2、盘径8厘米（图五一一，4）。

铜镜　2件。ⅣM54：5，"昭明"连弧纹镜。圆形，镜面微凸，圆纽，并蒂联珠纹纽座，纽座外四条短竖线纹与四组三线纹相间环列，连接一周凸棱。内区饰内向八连弧纹圈，"🌀"与"𢆶"符号相间于连弧间。外区两周凸弦纹、栉齿纹间为篆体铭文带，铭文为"内清而之以而昭明而光而象夫日月而心忽忠塞而不泄"，首尾以"ㄋ"符号相隔。窄素平缘。面径11.8、背径11.6、缘宽0.6、缘厚0.6厘米（图五一二；图版一〇八，2）。ⅣM54：13，重圈铭文镜。圆形，镜面微凸，圆纽，并蒂联珠纹纽座，纽座外两组凸棱接两周栉齿纹圈将镜背分为内外两区，均环列篆体铭文，内区铭文为"见日之光长毋相忘"，字间以"🌀"符号相隔，外区铭文为"君行有日反有时，端心政行如妾在。时心不端行不政，妾亦为之，君能何治"。宽素平缘。面径11.3、背径11.1、缘宽0.8、缘厚0.5厘米（图五一三；图版一一一，2）。

铜泡钉　10件，形制尺寸相同。蘑菇状。ⅣM54：17，钉长0.7、帽直径0.8厘米（图五一一，3）。

铜盖弓帽　10件，其中6件残，1件略残。形制尺寸相同，呈上小下大圆筒状，顶端为四瓣花形帽顶，一侧靠上方有倒钩，内残存有朽木。ⅣM54：28，高3、直径0.8、帽顶宽2.5厘米（图五一一，2；图版一一六，2上）。

银柿蒂花形饰件　1件。ⅣM54：18，呈薄片状柿蒂形。两叶对角长5.9厘米（图五一一，9）。

银器　1件。ⅣM54：4，残碎，形制不清。

漆器　2件。ⅣM54：43、44，呈琵琶形，木胎刷灰后涂漆加朱绘图案（图版七一，5、6）。

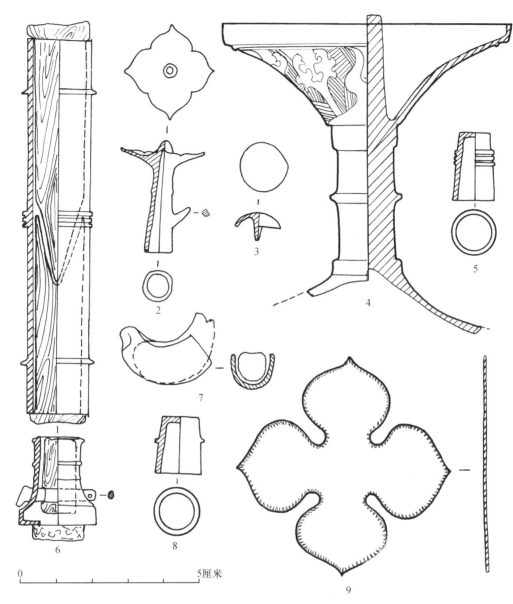

图五一一　ⅣM54出土器物

1.铜车轴（ⅣM54：1）　2.铜盖弓帽（ⅣM54：28）　3.铜泡钉（ⅣM54：17）　4.铜灯（ⅣM54：2）　5、8.铜衡末饰
（ⅣM54：41、ⅣM54：39）　6.铜辖軎（ⅣM54：42）　7.铜车軏饰（ⅣM54：38）　9.银柿蒂形饰件（ⅣM54：18）

ⅣM55

1. 墓葬形制

　　斜坡式墓道土坑墓，方向100°，平面略呈"甲"字形，由墓道和墓室两部分组成。墓道被ⅣM43打破，墓室被ⅣM51打破。

　　墓道位于墓室东侧，平面呈梯形，靠近墓室处，口大于底，底呈斜坡状，坡度为15°。长460、宽120～192、底宽120～172、深120～240厘米。

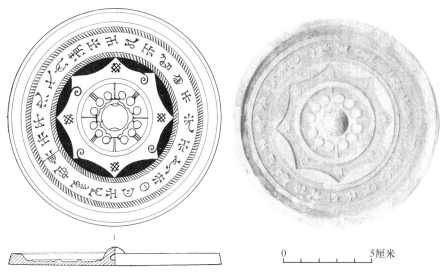

图五一二 ⅣM54出土铜镜
（ⅣM54：5）

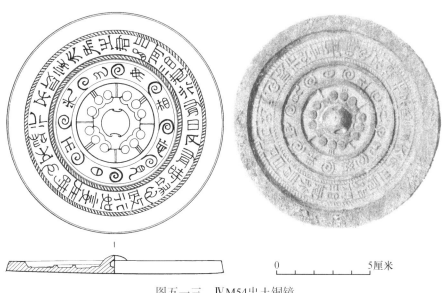

图五一三 ⅣM54出土铜镜
（ⅣM54：13）

　　墓室为竖穴土坑，内填五花土，土质较软。平面呈长方形，壁斜下内收，底较平。墓口长350、宽220、底长340、宽200、深240厘米。骨架保存较好，头向东，面向北偏上，为仰身直肢葬。随葬有陶壶3件、陶罐2件、陶灶1套、陶井1件，置于墓内南壁（图五一四；图版七二，1~3）。

2. 随葬器物

该墓出土陶器7件（套），泥质灰陶，器形有罐、壶、灶、井等。

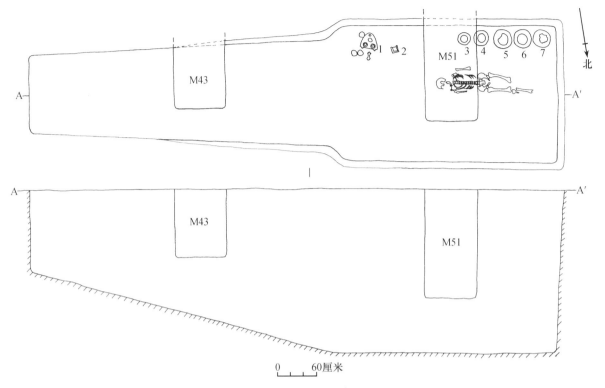

图五一四　ⅣM55平、剖面图
1.陶灶　2.陶井　3、4.陶罐　5~7.陶壶

灶　1套（4件）。ⅣM55:1，平面呈船形，灶面微隆，三火眼呈"品"字形，上各置一釜，配二盆一甑。后有圆形烟囱眼，上置柱状烟囱，中空，顶部有隆节，上有圆形镂孔，前置长方形灶门，两侧有挡风。长24、宽24、高14~25.6厘米（图五一五，1）。

陶井　1套（2件）。ⅣM55:2，井平面呈长方形，立面呈梯形，平底。外壁有零散的绳纹，内壁饰数周凸棱，器底部施交错细绳纹。口长10、宽8.8、底边长6.4、高10.5厘米（图五一五，6）。

罐　2件，形制相同。侈口，圆唇，圆肩，鼓腹，平底内凹，近底部有刮削痕。ⅣM55:3，腹部饰两周凹弦纹，夹一周绳纹，腹部烧制变形。口径10.8、底径11、高17厘米（图五一五，3）。ⅣM55:4，腹部饰绳纹。口径12.3、底径12.9、高19厘米（图五一五，2）。

壶　3件，形制相同。敞口，舌状唇，粗弧颈，扁鼓腹，高假圈足稍外撇，平底稍内凸。肩部饰宽带纹，腹部饰对称铺首及一周凹弦纹，近底部有刮削痕。ⅣM55:5，口径17、底径15、高32.1厘米（图五一五，7）。ⅣM55:6，底径15、高32厘米（图五一五，4）。ⅣM55:7，口径17、底径15、高33厘米（图五一五，5）。

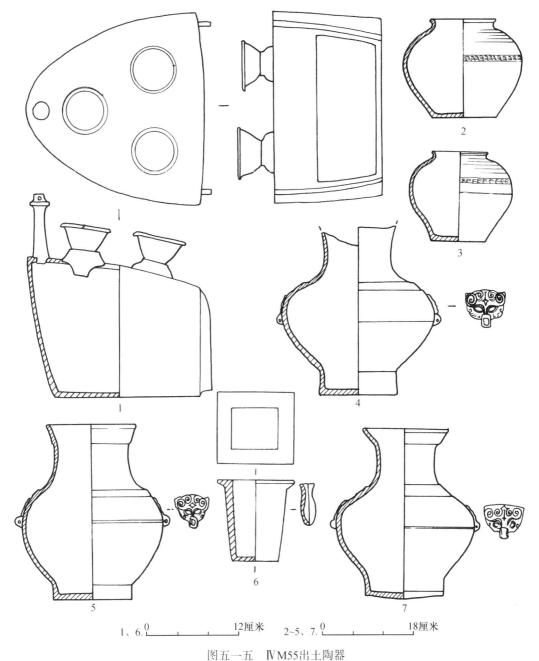

图五一五　ⅣM55出土陶器

1.灶（ⅣM55∶1）　2、3.罐（ⅣM55∶4、ⅣM55∶3）　4、5、7.壶（ⅣM55∶6、ⅣM55∶7、ⅣM55∶5）
6.井（ⅣM55∶2）

第二节　汉代甲类墓葬研究

汉代甲类墓葬共145座（附表一），包含第Ⅰ发掘区25座，墓号为ⅠM1、ⅠM2、
ⅠM4～ⅠM6、ⅠM9～ⅠM13、ⅠM22、ⅠM26、ⅠM29～ⅠM32、ⅠM34、ⅠM43、ⅠM44、

ⅠM48 ~ ⅠM50、ⅠM54、ⅠM55、ⅠM61；第Ⅱ发掘区102座，墓号为ⅡM6 ~ ⅡM21、ⅡM24、ⅡM98、ⅡM102、ⅡM118、ⅡM130、ⅡM131、ⅡM149、ⅡM150、ⅡM156、ⅡM167、ⅡM199、ⅡM214、ⅡM222、ⅡM241、ⅡM312、ⅡM316、ⅡM501、ⅡM549、ⅡM588、ⅡM703、ⅡM777、ⅡM778、ⅡM782、ⅡM785、ⅡM803、ⅡM859、ⅡM863、ⅡM877、ⅡM878、ⅡM898、ⅡM901、ⅡM932、ⅡM937、ⅡM974、ⅡM975、ⅡM986、ⅡM1007、ⅡM1011、ⅡM1017、ⅡM1035、ⅡM1087、ⅡM1093、ⅡM1141、ⅡM1172、ⅡM1174、ⅡM1189、ⅡM1249、ⅡM1274、ⅡM1275、ⅡM1282、ⅡM1284、ⅡM1309、ⅡM1310、ⅡM1375、ⅡM1428、ⅡM1509、ⅡM1511、ⅡM1524、ⅡM1529、ⅡM1531、ⅡM1560、ⅡM1561、ⅡM1605、ⅡM1608、ⅡM1609、ⅡM1647、ⅡM1648、ⅡM1673、ⅡM1701、ⅡM1730、ⅡM1739、ⅡM1744、ⅡM1821、ⅡM1850、ⅡM1857、ⅡM1938、ⅡM1943、ⅡM1944、ⅡM1948、ⅡM1949、ⅡM1956、ⅡM1957、ⅡM1981、ⅡM1982、ⅡM2009、ⅡM2011；第Ⅳ发掘区18座，墓号为ⅣM1 ~ ⅣM3、ⅣM6 ~ ⅣM9、ⅣM14、ⅣM23、ⅣM30、ⅣM31、ⅣM35、ⅣM40、ⅣM48、ⅣM52 ~ ⅣM55。

一、墓 葬 形 制

145座甲类墓葬，根据墓葬结构可分为竖穴土坑墓、带墓道土坑墓、土洞墓、砖室墓四类。其中，竖穴土坑墓33座，带墓道土坑墓63座，土洞墓16座，砖室墓33座。

（一）竖穴土坑墓

共33座。根据墓葬是否有葬具可分为土坑墓和木椁墓两类。

1. 土坑墓

17座。根据墓葬结构可分为口底同大和口大底小二型。

A型　14座。口底同大。根据平面的差异，可分三亚型。

Aa型　11座。长方形。分南北向和东西向两类。南北向的7座，有ⅡM214、ⅡM222、ⅡM777、ⅡM1011、ⅡM1274、ⅡM1509、ⅡM2011，方向为355°或0° ~ 23°不等，头向为北向或略偏东、西；东西向的4座，头向东向2座，有ⅡM782、ⅡM1982，方向为90° ~ 100°，头向西向2座，有ⅡM1608、ⅡM1744，方向270°。该类墓葬的墓坑较小、深浅不一，坑壁较直，墓室底部多为平底。长160 ~ 250、宽70 ~ 120、深40 ~ 270厘米。

Ab型　2座。长条形。皆南北向，有ⅠM13、ⅡM20，方向为356°或0°，头向北向。该类墓葬的墓坑较长、深浅不一，坑壁较直，墓室底部多为平底。长320 ~ 430、宽120 ~ 140、深100 ~ 290厘米。

Ac型　1座。梯形。东西向，有ⅠM22，方向85°，墓坑长430、宽120 ~ 160、深180厘米。

B型　3座。口大底小，根据平面的差异，可分二亚型。

Ba型 2座。长方形。皆东西向，有ⅡM898、ⅡM1609，方向为85°~90°，头向正东或略偏北。该类墓葬的墓坑较Aa型稍大、稍深，坑壁斜直，墓室底部多为平底。长270~306、宽110~126、深200~220厘米。

Bb型 1座。长条形。东西向，有ⅠM11，方向90°，墓坑长400、宽160、深320厘米。

2. 木椁墓

16座。根据木椁结构可分为二型。

A型 9座。木椁类。根据平面的差异，可分三亚型。

Aa型 1座。长方形。南北向，ⅡM1249，方向为355°，头向正北略偏西。该类墓葬的墓坑略大、较深，坑壁较直，墓室底部为平底。长380、宽250、深350厘米。

Ab型 7座。长条形。分南北向和东西向两类。南北向的5座，头向北的4座，有ⅠM31、ⅡM316、ⅡM1035、ⅡM1561，方向为355°或0°~15°不等，头向正北或略偏东、西；头向南的1座，有ⅣM48；东西向的2座，皆头向东，有ⅠM9、ⅠM29，方向为73°~90°，头向正东或略偏东北。该类墓葬的墓坑较大、较深，坑壁斜直，墓室底部多为平底。长400~500、宽160~240、深300~440厘米。

Ac型 1座。十字形。南北向，有ⅡM932，方向为5°，头向北向。该类墓葬的墓坑较大、较深，坑壁较直，墓室底部为平底。长540、宽500、深330厘米。

B型 7座。棺椁类，根据平面的差异，可分三亚型。

Ba型 1座。长方形。东西向，有ⅡM549，方向120°，头向东南。墓坑长290、宽180、深260厘米。

Bb型 4座。长条形。南北向和东西向各两座。南北向，有ⅠM6、ⅠM26，方向为355°或5°，头向北略偏西或东；东西向，有ⅡM501、ⅡM1087，方向为90°~95°，头向东或略向东南。该类墓葬的墓坑较大、略深，坑壁斜直，墓室底部多为平底。长380~450、宽140~210、深220~360厘米。

Bc型 2座。一侧有二层台。皆为东西向，有ⅡM19、ⅣM23，方向90°，头向东。该类墓葬的墓坑较大、较深，直壁或斜直壁，墓室底部多为平底。长480~520、宽210~260、深380~460厘米；二层台（ⅡM19）长与墓室相等，宽90、深270厘米。

（二）带墓道土坑墓

共63座。除一座只清理一部分外（ⅡM156），余者62座分为土坑墓、木椁墓、棺椁墓三类。

1. 土坑墓

24座。带墓道的墓葬以墓道方向为标准，分南北向和东西向两类。南北向的16座，墓道向北的11座，方向为355°或0°～5°，墓道向南的5座，方向为170°～185°不等；东西向的7座，墓道皆向东，方向为90°～105°；亦有墓道与墓室相并者1座，其方向以死者的头向为准，方向355°。墓道有斜坡式、台阶式、台阶—斜坡—台阶式之分；墓壁有直壁或斜直壁之分；墓底多为平底，也有少量的斜底。有些墓葬墓道与墓室间有甬道相隔，有些设有生土矮墙相隔，也有少数墓葬墓道与墓室相接处向外凸出。根据墓道结构的差异，可分为三型。

A型　17座。斜坡墓道，根据墓葬平面的差异，可分四亚型。

Aa型　10座。甲字形。分南北向和东西向两类，南北向的8座，墓道向北的6座，有ⅡM11、ⅡM803、ⅡM878、ⅡM1375、ⅡM1850、ⅡM1944，方向为355°或0°～5°；墓道向南的2座，有ⅡM975、ⅡM1857，方向为170°～185°。东西向的2座，墓道向东，有ⅡM863、ⅣM55，方向100°。

Ab型　4座。长条形。分南北向和东西向两类，南北向的3座，墓道向北的2座，ⅠM10、ⅡM2009，方向为355°或0°；墓道向南的1座，ⅡM1284，方向185°。东西向的1座，有ⅡM1093，方向90°。

Ac型　2座。刀形。南北向，墓道向南1座，有ⅡM1017，方向180°；墓道向北1座，有ⅡM1528，方向0°。

Ad型　1座。瓶形。南北向，墓道向北，ⅡM10，方向355°。

B型　4座。台阶墓道，根据墓葬平面的差异，可分三亚型。

Ba型　2座。甲字形。南北向和东西向的各1座，南北向的墓道向北，有ⅡM1648，方向5°；东西向的墓道略向东南，有ⅡM1605，方向105°。

Bb型　1座。长条形。东西向，墓道向东，有ⅡM1310，方向95°。

Bc型　1座。日字形。南北向，墓道位于墓室东侧，有ⅡM588，方向355°。

C型　3座。台阶—斜坡—台阶或台阶—斜坡墓道。根据墓葬平面的差异，可分二亚型。

Ca型　1座。甲字形。东西向，墓道向东，有ⅡM1957，方向90°。

Cb型　2座。瓶形。南北向和东西向的各1座，南北向的墓道向北，ⅡM859，方向0°；东西向的墓道略向东南，ⅡM1189，方向105°。

2. 木椁墓

14座。分南北向和东西向两类。南北向的8座，墓道向北的7座，方向为355°或0°～7°，墓道向南的1座，方向180°；东西向的6座，墓道向东的3座，方向为80°～90°，墓道向西的3座，方向为255°～275°。墓道有斜坡式、台阶式、台阶—斜坡或台阶—斜坡—台阶式之分；墓壁有直壁或斜直壁之分，亦有些两侧有二层台或退台不等；墓底多为平底；有些墓葬墓道与墓室间有甬道相隔。有些墓葬在墓室与木椁间填充陶、瓦碎片，有些填充红泥土并夯打，亦有些椁盖板上部用木炭封盖。根据墓道结构的差异，可分为三型。

A型　8座。斜坡墓道。根据平面的差异，可分三亚型。

Aa型　5座。甲字形。分南北向和东西向两类，南北向3座，墓道北向2座，有ⅡM7、ⅣM35，方向为350°~355°；墓道南向1座，ⅡM1956，方向180°。东西向2座，墓道东向1座，ⅡM1739，方向80°；墓道西向1座，ⅡM1511，方向275°。

Ab型　2座。高梯形。南北向，墓道向北，ⅡM17、ⅡM21，方向0°。

Ac型　1座。瓶形。东西向，墓道向东，ⅠM44，方向90°。

B型　1座。台阶墓道。南北向，墓道向北，有ⅡM167，方向0°。

C型　5座。台阶—斜坡或台阶—斜坡—台阶墓道。根据平面的差异，可分三亚型。

Ca型　2座。甲字形。东西向，墓道向西，有ⅡM131、ⅡM1981，方向为255°~270°。

Cb型　1座。高梯形。南北向，墓道向北，有ⅠM55，方向5°。

Cc型　2座。瓶形。南北向和东西向各1座，南北向的墓道向北，有ⅠM1，方向7°；东西向的墓道向东，有ⅡM1172，方向90°。

3. 棺椁墓

24座。分南北向和东西向两类。南北向16座，墓道向北的13座，方向为355°或0°~20°，墓道向南的3座，方向为180°~185°不等；东西向8座，墓道向东的7座，方向为80°~100°，墓道向西的1座，方向265°。墓道有斜坡式、台阶式、台阶—斜坡式墓道之分；墓壁有直壁或斜直壁之分，也有些两侧有二层台或退台；墓底多为平底，有些墓葬墓道与墓室间有甬道相隔。有些墓葬的墓室与木椁间填充陶、瓦碎片，有些局部填充石块。根据墓道结构的差异，可分为三型。

A型　19座。斜坡墓道。根据平面的差异，可分四亚型。

Aa型　13座。甲字形。分南北向和东西向两类，南北向6座，墓道向北的3座，有ⅡM150、ⅡM1007、ⅡM1275，方向为355°或5°~10°；墓道向南的3座，有ⅡM974、ⅡM986、ⅡM1560，方向180°~185°。东西向7座，墓道向东的6座，有ⅠM30、ⅠM34、ⅠM49、ⅠM61、ⅡM9、ⅣM53，方向80°~100°；墓道向西的1座，ⅡM130，方向265°。

Ab型　3座。高梯形。皆南北向，墓道向北，有ⅡM312、ⅡM937、ⅣM3，方向为355°或5°~20°。

Ac型　2座。瓶形。皆南北向，墓道向北，有ⅡM16、ⅣM54，方向350°~355°。

Ad型　1座。中字形。南北向，墓道向北，ⅣM31，方向7°。

B型　3座。台阶墓道。甲字形。皆南北向，墓道向北，有ⅠM43、ⅡM1948、ⅡM1949，方向350°或0°~5°。

C型　2座。台阶—斜坡墓道。根据平面的差异，可分二亚型。

Ca型　1座。甲字形。南北向，墓道向北，ⅡM877，方向0°。

Cb型　1座。高梯形。东西向，墓道向东，ⅡM1282，方向95°。

（三）土洞墓

　　共16座。分南北向和东西向两类。南北向12座，墓道向北的11座，方向为350°~355°或0°~5°，墓道向南的1座，方向175°；东西向4座，墓道皆向东，方向为90°~97°。墓道有斜坡式、斜坡—台阶—斜坡式、竖井式墓道之分；墓壁皆为直壁，墓顶多为拱形顶或弧形顶，少数平顶；墓底多为平底，少数为斜底（ⅡM1943），部分墓底高于墓道底部（ⅡM12），或墓底低于墓道底部（ⅣM52）；有些墓葬墓道与墓室间甬道相隔。根据洞式结构分为洞式和浅洞式两类。

1. 洞式墓

　　11座。根据墓道结构可分为斜坡、斜坡—台阶—斜坡、竖井式墓道三型。
　　A型　8座。斜坡墓道。根据平面的差异，可分三亚型。
　　Aa型　5座。甲字形。分南北向和东西向两类，南北向的4座，墓道皆向北，有ⅡM8、ⅡM12~ⅡM14，方向为355°~358°；东西向的1座，墓道向东，ⅣM52，方向95°。
　　Ab型　2座。长条形。南北向和东西向的各1座，南北向的墓道向北，ⅡM1531，方向0°；东西向的墓道向东，ⅠM12，方向93°。
　　Ac型　1座。中字形。南北向，墓道向北，ⅡM1673，方向5°。
　　B型　2座。斜坡—台阶—斜坡。根据平面的差异，可分二亚型。
　　Ba型　1座。甲字形。东西向，墓道向东，ⅡM15，方向97°。
　　Bb型　1座。长条形。南北向，墓道向北，ⅡM149，方向350°。
　　C型　1座。竖井式墓道。南北向，墓道向南，ⅡM1428，方向195°。

2. 浅洞式墓

　　5座。根据墓道结构可分为斜坡、竖井式墓道三型。
　　A型　2座。斜坡墓道。根据平面的差异，可分二亚型。
　　Aa型　1座。长方形。南北向，墓道向北，ⅡM1524，方向5°。
　　Ab型　1座。瓶形。南北向，墓道向北，ⅡM1647，方向0°。
　　B型　1座。台阶墓道。东西向，墓道向东，ⅡM1943，方向90°。
　　C型　2座。竖井式墓道。根据平面的差异，可分二亚型。
　　Ca型　1座。长方形。南北向，墓道向南，ⅡM199，方向175°。
　　Cb型　1座。高梯形。南北向，墓道向北，ⅠM50，方向0°。

（四）砖室墓

　　共33座。除一座只清理部分而形制不清外（ⅣM8），余者32座大体可分为单室砖墓、双室砖墓、多室砖墓三类，多数被盗扰，破坏严重。

1. 单室砖墓

21座。分南北向和东西向两类。南北向15座，墓道皆向北，方向为350°～355°或0°～10°不等；东西向6座，墓道皆向东，方向为80°～100°。墓道有斜坡式、台阶—斜坡式、竖井式墓道之分；墓壁多为长条形砖错缝平砌，多为拱形顶，铺地多为长条形砖并排平铺、错缝平铺或呈人字形平铺，也有少数用方砖并排平铺，封门砖多为弧形向外凸出，也有少数与墓口垂直封堵，砌法与墓壁相同。有些墓葬的土圹与砖室间充填陶、瓦碎片（Ⅱ M1411）。根据墓道结构的差异，可分三型。

A型　17座。斜坡墓道。根据平面的差异，可分二亚型。

Aa型　15座。长方形。分南北向和东西向两类，南北向的11座，墓道皆向北，有 Ⅰ M32、Ⅱ M6、Ⅱ M24、Ⅱ M241、Ⅱ M778、Ⅱ M1141、Ⅱ M1701、Ⅳ M1、Ⅳ M14、Ⅳ M30、Ⅳ M40，方向为350°～357°或0°～10°；东西向的4座，墓道皆向东，有 Ⅰ M2、Ⅰ M4、Ⅰ M5、Ⅳ M9，方向85°～100°。

Ab型　2座。梯形。皆南北向，墓道向北，有 Ⅱ M18、Ⅳ M2，方向0°～5°。

B型　3座。台阶—斜坡式墓道。分南北向和东西向两类，南北向的2座，墓道皆向北，有 Ⅰ M48、Ⅱ M1309，方向5°～10°；东西向的1座，墓道向东，有 Ⅱ M901，方向95°。

C型　1座。竖井式墓道。东西向，墓道向东，有 Ⅰ M54，方向80°。

2. 双室砖墓

5座。分南北向和东西向两类。南北向2座，墓道向北的1座，Ⅳ M7，方向为340°；墓道向西南的1座，Ⅱ M98，方向为225°。东西向3座，墓道向东的2座，有 Ⅱ M1174、Ⅱ M1730，方向为90°～100°，墓道向西的1座，有 Ⅱ M102，方向253°。这些墓葬由墓道、甬道、前室、后室组成，多数前后室之间以甬道相连，也有少数不设甬道。墓道皆斜坡式，甬道和后室多为长方形，拱形顶；前室均为方形，穹隆顶。墓壁多为长条形砖错缝平砌，也有少数为三钉平砌和三钉立砌，间隔两层平砖；铺地多为长条形砖并排平铺、错缝平铺或呈人字形平铺；有封门砖仅存 Ⅱ M1730一座，为横人字形排列封堵。

3. 多室砖墓

6座。分南北向和东西向两类。南北向2座，墓道向北的1座，方向10°，墓道向南的1座，方向185°；东西向4座，墓道皆向东，方向为70°～90°。这些墓葬由墓道、甬道、前室、后室、耳室组成，或由墓道、甬道、前室、中室、后室、耳室组成。墓道有斜坡式、台阶—斜坡式墓道两类；甬道多为长方形，拱形顶；前室与中室均为方形，穹隆顶；后室多为长方形，拱形顶；耳室有长方形和方形两种，皆为拱形顶。墓壁多为长条形砖错缝平砌，也有少数为三钉平砌和三钉立砌，也有少数为钉砖立砌，间隔数层平砖；铺地多为长条形砖并排平铺、错缝斜铺或呈人字形平铺；有封门砖多为横人字形排列封堵。根据墓道结构可分为斜坡、台阶—斜坡式墓道二型。

A型　5座。斜坡墓道，根据平面的差异，可分二亚型。

Aa型　3座。四室。分南北向和东西向两类，南北向的1座，墓道向北，ⅣM6，方向10°；东西向的2座，墓道皆向东，ⅡM118、ⅡM703，方向70°~80°。

Ab型　2座。五室。南北向和东西向的各1座，南北向的墓道向南，ⅡM875，方向185°；东西向的墓道向东，有ⅡM1821，方向90°。

B型　1座。台阶—斜坡式墓道，五室。东西向，墓道向东，ⅡM1938，方向90°。

（五）墓砖与瓦当

1. 墓砖

根据形体的差异可分三型。

A型　条砖。有绳纹和印纹两种。标本ⅡM1730：2，灰色。一面施绳纹，一面素面。长31.5、宽15.5、厚4厘米（图五一六，2）。标本ⅡM1821：1，灰色。一面施粗绳纹，一面素面。长32.5、宽16、厚5.5厘米（图五一六，4）。标本ⅡM1938：6，灰色。一面施粗绳纹，一面素面。长33.5、宽16.5、厚5厘米（图五一六，3）。标本ⅡM1141：33，灰色。一面印饰对顶三角纹图案，一面素面。长28.5、宽21、厚5厘米（图五一六，5）。

B型　方砖。皆为印纹。标本ⅡM1141：34，灰色。一面印饰对顶三角纹图案，一面素面。边长32、厚4.5厘米（图五一六，6）。

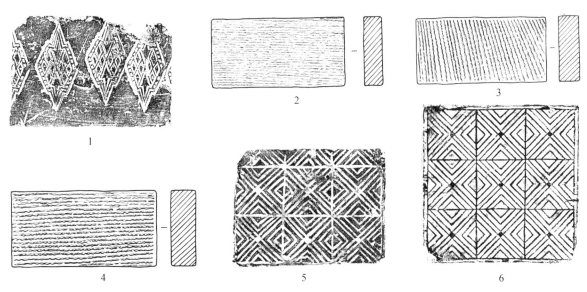

图五一六　甲类汉代墓葬出土墓砖分型图

1. C型砖（ⅣM35：017）　2~5. A型砖（ⅡM1730：2、ⅡM1938：6、ⅡM1821：1、ⅡM1141：33）　6. B型砖（ⅡM1141：34）

C型　空心砖。标本ⅣM35：017，灰褐色。一面素面，一面印饰菱形纹图案。残长13.6（图五一六，1）。

2. 瓦当

共出土23件。均出于瓦椁墓和填充瓦片的木椁墓内，分别出自ⅠM49、ⅡM9、ⅣM3、ⅣM35等四座墓葬中，据当面纹饰的差异可分为云鹿纹、云纹、文字瓦当等。

（1）云鹿纹瓦当

1件。标本ⅣM35：011，残半，灰色。当面以单环线划分内外区，内区饰鹿纹；外区以两两相对的"羊角"形云纹为界格，分成四格，其中三格饰"ㄜ"形云纹，另一格饰动物纹。直径13.5、边轮宽1.1、当厚1厘米（图五一七，1）。

（2）云纹瓦当

7件。可分六型。

A型　1件。标本ⅣM35：08，残半，灰色。当面饰"工"字形云纹与"ㄜ"形云纹。边轮宽1、当厚0.9厘米（图五一七，2）。

B型　1件。标本ⅣM35：014，残，灰色。当面饰"ㄛ"形云纹与"羊角"形云纹。边轮

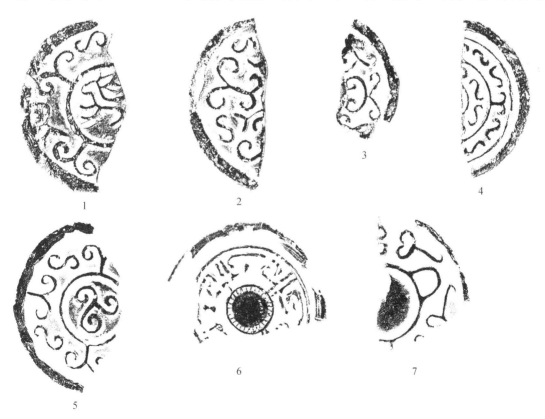

图五一七　甲类汉代墓葬出土瓦当分型图

1. 云鹿纹瓦当（ⅣM35：011）　2. A型云纹瓦当（ⅣM35：08）　3. B型云纹瓦当（ⅣM35：014）
4. C型云纹瓦当（ⅣM35：015）　5. D型云纹瓦当（ⅣM3：01）　6. F型云纹瓦当（ⅡM9：06）　7. E型云纹瓦当（ⅣM3：02）

宽0.8、当厚1.2厘米（图五一七，3）。

C型　1件。标本ⅣM35：015，残半，灰色。当面涂朱，以单环线将当面分为内中外区，内区已残，中区饰一周"ഗ"形云纹，外区以羊角形为界格，格内饰两组"ഗ"纹。边轮宽1、当厚0.8厘米（图五一七，4）。

D型　1件。标本ⅣM3：01，残半，灰色。以单环线将当面分为内外区，内区饰"ഗ"形组成的"人"字形云纹；外区以正反羊角形为界，分为四格，格内饰"ഗ"纹。直径13.5、边轮宽1、当厚0.9厘米（图五一七，5）。

E型　1件。标本ⅣM3：02，残半，灰色。以单环线将当面分为内外区，内区当心饰乳凸，外区以三弧线为界格，格内对饰蝌蚪形云纹。当厚2、边轮宽0.7厘米（图五一七，7）。

F型　2件。标本ⅡM9：06，残，灰色。以单环线将当面分为内外区，内区当心饰乳凸，乳凸外环绕一周栉齿纹，外区以双线为界格，格饰蘑菇形云纹。直径11、边轮宽1.2、当厚1.2厘米（图五一七，6）。

（3）文字瓦当

15件。皆为"千秋万岁"瓦当。可分二型。

A型　1件。以单环线将当面分为内外区，内区以单十字线将其分为四格，每个格内饰一乳凸，外区以双线为界格，将其分为四格，每个格内饰一字，从左到右，横读。标本ⅣM35：02，残半，灰色。残存"万岁"二字，篆书，当面涂朱。直径14.6、边轮宽1.2、当厚1厘米（图五一八，1）。

B型　14件。可分四亚型。

Ba型　6件。以双线为界格，将其分为四格，每个格内饰一字，从右到左，竖读。标本ⅣM35：01，残半，灰色。残存"千万"二字。直径16、边轮宽1.1、当厚1厘米（图五一八，2）。标本ⅣM35：03，残半，灰色。残存"秋岁"二字。边轮宽1.1、当厚1.1厘米（图五一八，7）。

Bb型　5件。以单线或双线为界格，将其分为四格，每个格内饰一字，从右到左，横读。标本ⅡM9：03，残半，灰色。以单线为界格，残存"千秋"二字。直径14.5、边轮宽1、当厚1.1厘米（图五一八，3）。标本ⅣM35：012，残半，灰色。以双线为界格，残存"千秋"二字（图五一八，5）。标本ⅣM35：05，残半，灰色。以双线为界格，残存"万岁"二字（图五一八，6）。

Bc型　1件。以双线为界格，将其分为四格，每个格内饰一字，从左到右，横读。标本ⅣM35：06，残，灰色。残存"秋岁"二字（图五一八，4）。

Bd型　2件。以双线为界格，将其分为四格，每个格内饰一字，从左到右，旋读。标本ⅣM35：010，残半，灰色。残存"千秋"二字（图五一八，8）。

图五一八　甲类汉代墓葬出土文字瓦当分型图

1. A型（ⅣM35：02）　　2、4. Ba型（ⅣM35：01、ⅣM35：06）　　3、5、6. Bb型（ⅡM9：03、ⅣM35：012、ⅣM35：05）

7. Bc型（ⅣM35：03）　　8. Bd型（ⅣM35：010）

二、葬具、葬式、葬俗与殉牲

（一）葬具

　　除2座墓葬做局部清理外，其余143座墓葬中，能够辨别使用了葬具的墓葬有（一）2类、（二）2类、（二）3类，（三）1类Bb型、（四）1类Aa型也有少数使用了葬具，共有56座。这些墓葬的葬具大多数为木棺或木椁，个别使用了瓦椁，如ⅡM1739。虽然木棺等葬具都已遭到了不同程度的破坏，但其迹象或多或少尚有保留。从残存迹象观察，木棺平面多为长方形，也有少数呈梯形，一般长为180～210之间、最短的160、宽48～90厘米；木椁则有长方形、"Ⅱ"字形、亚腰形、梯形几种，以长方形居多，"Ⅱ"字形4例，亚腰形1例（ⅡM7），梯形1例。其中ⅠM34、ⅡM1956、ⅡM1981等三座墓葬还具备了重椁，一般长为280～500之间、最长的可达660（ⅡM1956外椁）、宽76～320厘米；ⅡM932、ⅡM1172等两座墓葬还使用了头箱，长124～190、宽80～170厘米。

（二）葬式

143座墓葬中，除22座无尸骨，50座尸骨不全、18座被盗扰葬式不清外，其余53座墓葬中的70个体，大体分为仰身直肢葬、俯身直肢葬、屈肢葬几类。以仰身直肢葬居多，俯身直肢葬发现1例，屈肢葬2例。仰身直肢葬，躯干与股骨的夹角等于或接近180°，股骨与胫骨垂直，胫骨有的相并，有的相交，有些肱骨、肘骨垂直，双手放置于盆骨的两侧（ⅡM11左侧人骨、ⅡM7右侧人骨），有些一手放置于盆骨的上侧，一手放置于盆骨的下侧（ⅡM588），有些一手放置于盆骨的一侧，一手放置于盆骨的下侧（ⅡM1943、ⅡM1944的右侧人骨），有些肘骨内曲，双手放置腹部（ⅡM863、ⅡM1310）；俯身直肢葬为面部向下，躯干与股骨的夹角等于180°，股骨与胫骨垂直，肱骨、肘骨垂直，双手放置于盆骨的两侧（ⅡM9的左侧人骨）；屈肢葬为股骨相并，胫骨向后弯曲，其夹角为75°～115°，有些上体仰卧，肱骨、肘骨垂直，双手放置于盆骨的两侧（ⅡM199），亦有少数上体仰卧，肱骨、肘骨垂直，双手放置于腹部（ⅡM1857）。

（三）葬俗

143座墓葬中，除人骨无存者外，能够辨别为单人葬的73座，合葬的42座。相对于墓葬形制而言，单人葬在各类墓葬中均有发现；合葬墓多为同穴合葬，在（二）（三）（四）类墓葬中均有发现，一般为双人合葬，多人合葬墓因盗扰迹象不清。合葬墓中，两人尸骨放置较有规律，似为一次葬。

（四）殉牲

143座墓葬中，共发现25座有殉牲骨。一般为动物的肢骨、肋骨、肩胛骨等，少数殉葬动物的头骨。种类有马、羊、猪、狗、鸡等。一般放置于死者头骨的上方，少数放置于死者的脚下、一侧或棺内。

三、随葬器物的摆放位置

随葬品的摆放位置因墓葬规模大小和平面结构的不同而有所差异，规模大、平面结构复杂者，随葬品的种类、数量相对较多，位置也相对复杂；规模小、平面结构简单者，其随葬品数量、种类也相对较少、位置相对简单。

陶器为随葬品中的大宗，第（一）类墓葬的1类墓主要置于墓主头骨的上方；2类墓主要置于墓主头骨的上方或木棺上方的木椁内，也有少数置于墓室的左下角。第（二）（三）类墓葬随葬品的摆放位置基本相同：单人墓，无葬具者一般置于墓主头骨的上方、尸骨右侧，部分置于尸骨左侧或脚下，有葬具者一般置于葬具的上方或右侧，部分置于葬具外侧、墓道内或墓道近墓门拐角处的两侧（ⅡM131、ⅣM35、ⅡM1673）；合葬墓，无葬具者一般置于墓主头骨的上方或尸骨之间，部分置于尸骨左侧或脚下（ⅡM1189），有葬具者一般置于葬具的上方或葬具之间（ⅡM7）；第（四）类墓葬多数被盗扰，随葬品的摆放位置不清，部分保存较好的墓葬随葬品摆放位置与第（二）（三）类墓葬基本相同。

铜器、铁器主要有锤、扁壶、鋗镂、鋞、甗、銷、盆、镜、铃、带钩、刷、钱、印章等类，一般用途不同，具体位置也不同。锤、扁壶、鋗镂、鋞、甗、銷、盆等相对较大的器类多与陶器置于同一位置；镜一般置于墓主头骨上方或头龛内；铃、带钩、刷、钱等器类一般置于人骨附近或腰部，也有少数墓主有口含铜钱的习俗（ⅡM1949）；印章一般置于墓主手部附近。铜车马器一般出土于规模稍大的墓葬中，位置多在椁室头箱、葬具顶端或一侧。

玉、石类器发现较少，只见玉璧、口琀、耳塞、料珠、石砚等。口琀一般置于墓主口部或头骨的附近，耳塞和料珠一般置于墓主头骨的附近或颈部，研磨器则多见于死者头骨的上方。

漆器多数残损，只见零星的漆皮，多见于头箱或边箱内。

四、随葬器物

143座墓葬中，共出土器物1442件。按其质地可分为陶器、釉陶器、铜器、铁器、玉器、石器、骨器及其它等。为了叙述方便，下面分类介绍。

（一）陶器

共出土陶器854件。陶器的基本组合为壶、罐（小罐）、灶、井，部分组合含鼎，三壶一罐或三壶两罐，三壶或三罐等为基本组合，个别以钵扣罐为基本组合，共两例。陶系皆为泥质陶，有灰陶、灰褐陶、红褐陶、土黄陶几种，以灰陶为大宗，灰褐陶次之，红褐陶和土黄陶较少；纹饰有素面、磨光、暗弦纹、凸弦纹、弦纹、暗网格纹、网格纹、绳纹、弦断绳纹、水波纹、泥条附加堆纹、压印纹等，有少数彩绘陶器；制法分模制和轮制两种，以轮制居多；烧制火候较高，部分红褐陶和土黄陶烧制火候较低；器类有鼎、壶（扁壶）、缶、罐、小罐、灶、井、盆、小盆、盘、碗、魁、勺、耳杯、豆、钵、奁、方盒、火盘、熏炉、灯、虎子、案等。

1. 鼎

共出土4件。可分三型。

A型　1件。标本ⅣM31：4，泥质灰陶。子母口较长，深腹，圜底，双耳微曲，外撇较甚，远离腹部，耳中有窄长条形穿孔，高蹄足。盖，盖顶高隆，上附三个半圆形纽，中有圆穿。素面磨光。口径12、通高18厘米（图五一九，1）。

B型　2件。标本ⅣM31：3，泥质灰陶。子母口较短，深腹，圜底，双耳微曲，略外撇，离腹部较近，耳中有窄长条形穿孔，矮柱状实足。盖，盖顶隆起，上附三半圆形纽，中有圆穿。素面磨光。口径11.6、通高16.5厘米（图五一九，2）。

C型　1件。标本ⅣM54：14，泥质灰黑陶，底、足残。子母口内敛，较短，深腹，底残，双耳略外撇，中有窄长条形穿孔。盖为浅钵形，盖顶较隆，上附三半圆形纽，中有圆穿。素面磨光。口径13.2、残高12.6厘米（图五一九，3）。

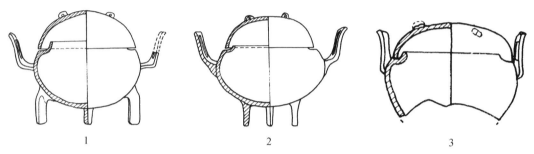

图五一九　甲类汉代墓葬出土陶鼎分型图

1. A型陶鼎（ⅣM31：4）　2. B型陶鼎（ⅣM31：3）　3. C型陶鼎（ⅣM54：14）

2. 壶

共出土289件。

其中，带有铺首贴塑装饰的壶共有248件，按其形状大致可将铺首分九型。

A型　形似商周时期青铜器上的饕餮纹样。可分二亚型。

Aa型　兽首为圭状额，双耳向外，面近方形，上方下圆。标本ⅡM316：1（图五二〇，1）。

Ab型　兽首为山形额，双耳向外，眉毛连鼻，圆目。可分二式。

Ⅰ式　面近长方形。标本ⅡM131：7（图五二〇，2）。

Ⅱ式　面近似梯形。标本ⅡM19：11（图五二〇，3）。

B型　人面形。标本ⅡM19：4（图五二〇，4；图版八六，2）。

C型　兽首为三角形额，眉毛连鼻、上溯至耳际成卷云纹，圆目，有上下睫，很像人的眼睛。两颊作向内卷的线条。可分二式。

Ⅰ式　面近长方形。标本ⅠM34：9（图五二〇，5）。

Ⅱ式　面近梯形。标本ⅣM23：2（图五二〇，6）。

D型　兽首为山形额。可分二亚型。

Da型　近帽状山形额，眉毛连鼻、上溯至耳际成卷云纹，圆目，有上下睫。两颊作向内卷的线条。可分四式。

Ⅰ式　面近方形。标本ⅡM130：4（图五二〇，7）。标本ⅣM31：18（图五二〇，8）。

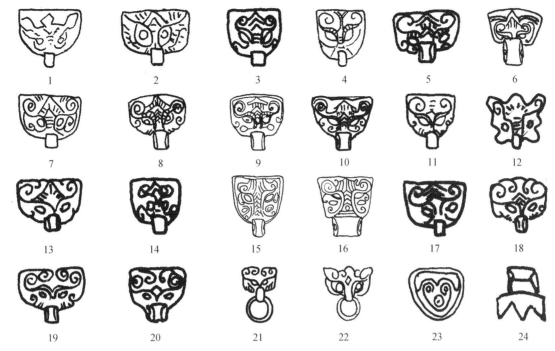

图五二〇 甲类汉代墓葬出土陶壶铺首分型图

1. Aa型铺首（ⅡM316：1） 2. Ab型Ⅰ式铺首（ⅡM131：7） 3. Ab型Ⅱ式铺首（ⅡM19：11） 4. B型铺首（ⅡM19：4）
5. C型Ⅰ式铺首（ⅠM34：9） 6. C型Ⅱ式铺首（ⅣM23：2） 7. Da型Ⅰ式铺首（ⅡM130：4） 8. Da型Ⅰ式铺首（ⅣM31：18）
9. Da型Ⅱ式铺首（ⅣM54：9） 10. Da型Ⅲ式铺首（ⅠM50：3） 11. Da型Ⅳ式铺首（ⅡM8：6） 12. Db型Ⅰ式铺首（ⅡM316：2）
13. Db型Ⅱ式铺首（ⅡM1310：3） 14. Db型Ⅲ式铺首（ⅠM22：4） 15. E型Ⅰ式铺首（ⅣM35：1） 16. E型Ⅱ式铺首（ⅡM1957：4）
17. E型Ⅲ式铺首（ⅡM13：4） 18. F型Ⅰ式铺首（ⅡM1249：6） 19. F型Ⅰ式铺首（ⅡM1605：3） 20. F型Ⅱ式铺首（ⅡM803：1）
21. F型Ⅲ式铺首（ⅠM49：11） 22. G型铺首（ⅠM49：9） 23. H型铺首（ⅡM859：2） 24. I型铺首（ⅠM48：3）

　　Ⅱ式　面近梯形。标本ⅣM54：9（图五二〇，9）。

　　Ⅲ式　面略作扁梯形。标本ⅠM50：3（图五二〇，10）。

　　Ⅳ式　山形额近平，面瘦小。标本ⅡM8：6（图五二〇，11）。

　　Db型　山形额，眉毛连鼻、上溯至耳际成卷云纹，圆目。两颊作向内卷的线条。可分三式。

　　Ⅰ式　面近蝶形。标本ⅡM316：2（图五二〇，12）。

　　Ⅱ式　面近梯形。标本ⅡM1310：3（图五二〇，13）。

　　Ⅲ式　面近长方形。标本ⅠM22：4（图五二〇，14）。

　　E型　兽首为官帽状额，眉毛连鼻、上溯至耳际成卷云纹，双目。两颊作向内卷的线条。可分三式。

　　Ⅰ式　面近长方形，上方下圆。标本ⅣM35：1（图五二〇，15）。

　　Ⅱ式　面呈梯形。标本ⅡM1957：4（图五二〇，16）。

　　Ⅲ式　面近方形，上方下圆。标本ⅡM13：4（图五二〇，17）。

　　F型　兽首为卷云纹额，眉毛连鼻、上溯至耳际成卷云纹，圆目。两颊作向内或向外卷的线条。可分三式。

Ⅰ式　面宽扁，上方下圆。标本ⅡM1249：6（图五二〇，18；图版八六，4）。标本Ⅱ M1605：3（图五二〇，19）。

Ⅱ式　面略作梯形，有的鼻下为实鼻衔环。标本ⅡM803：1（图五二〇，20）。

Ⅲ式　面瘦小，鼻下为实鼻衔环。标本ⅠM49：11（图五二〇，21）。

G型　形似猫头，两耳上斜，山脊状额，眉毛连鼻，两颊扁圆，鼻下为实鼻衔环。标本 ⅠM49：9（图五二〇，22）。

H型　作鬼脸状，圆目，鼻位于面中部。标本ⅡM859：2（图五二〇，23）。

I型　鼻下有三爪。标本ⅠM48：3（图五二〇，24）。

陶壶除6件残碎形制不清外，其余283件陶壶，依据其变化，可分九型。

A型　21件。碗状盘口，鼓腹或扁鼓腹。可分二式。

Ⅰ式　8件。标本ⅡM859：4，泥质灰黑陶。盘口，圆唇，直颈，圆鼓腹，假圈足，平底。腹部饰对称的兽面纹铺首，颈饰绳纹被抹。口径14.7、底径11.9、高26.5厘米（图五二一，1）。

Ⅱ式　13件。标本ⅡM1647：3，泥质灰陶。盘口，圆唇，直颈，扁鼓腹，平底。肩饰宽带纹，腹部饰对称的兽面纹铺首衔环，四周用红彩绘制鬃毛及胡须。素面磨光。口径13.2、底径10、高22.8厘米（图五二一，2）。

B型　19件。浅盘口。根据颈部的差异，可分三亚型。

Ba型　10件。短颈。可分三式。

Ⅰ式　2件。口较直，卵鼓腹，圈足外撇。标本ⅡM1007：3，泥质灰陶。浅盘口，方唇，卵鼓腹，圈足外撇。腹部饰宽带纹，素面磨光。口径11.6、底径16、高31.7厘米（图五二一，3）。

Ⅱ式　5件。标本ⅡM19：10，泥质灰陶。浅盘口，尖圆唇，鼓腹，假圈足外撇，平底。上腹饰宽带纹，其下饰对称的兽面纹铺首，素面抹光。口径12.5、底径15.6、高29.5厘米（图五二一，4）。

Ⅲ式　3件。标本ⅡM10：7，泥质灰陶。浅盘口外敞较甚，扁鼓腹，假圈足较直，平底。腹部饰对称的兽面纹铺首，素面磨光。口径14、底径12.7、高27.5厘米（图五二一，5）。

Bb型　5件。标本ⅡM1956：2，泥质灰褐陶。浅盘口，粗短颈，鼓腹，假圈足外撇，平底，素面磨光。肩部饰宽带纹，下腹部饰一周凹弦纹及对称铺首。口径16、底径15.2、高37.2 厘米（图五二一，6）。

Bc型　4件。细颈。可分二式。

Ⅰ式　3件。标本ⅡM316：1，泥质灰陶。浅盘口微外敞，鼓腹，假圈足外撇较甚，平底。腹部饰对称的兽面纹铺首，素面磨光。口径11、底径14.8、高28.5厘米（图五二一，7）。

Ⅱ式　1件。标本ⅣM31：18，泥质灰陶。浅盘口外敞，鼓腹，假圈足外撇，平底。上

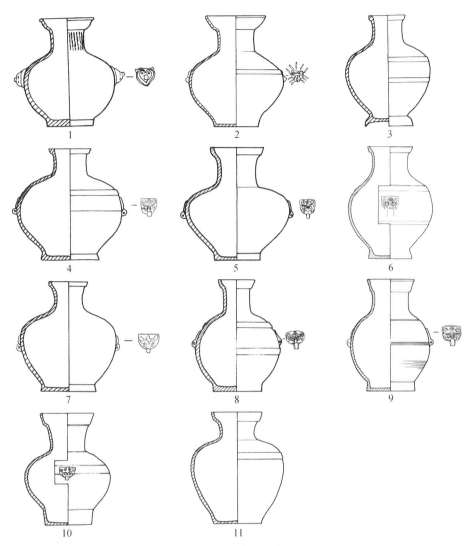

图五二一　甲类汉代墓葬出土陶壶分型图

1. A型Ⅰ式陶壶（ⅡM859：4）　2. A型Ⅱ式陶壶（ⅡM1647：3）　3. Ba型Ⅰ式陶壶（ⅡM1007：3）　4. Ba型Ⅱ式陶壶
（ⅡM19：10）　5. Ba型Ⅲ式陶壶（ⅡM10：7）　6. Bb型陶壶（ⅡM1956：2）　7. Bc型Ⅰ式陶壶（ⅡM316：1）　8. Bc型Ⅱ式陶壶
（ⅣM31：18）　9. C型Ⅰ式陶壶（ⅣM54：6）　10. C型Ⅱ式陶壶（ⅡM1673：3）　11. C型Ⅲ式陶壶（ⅠM32：4）

下腹各饰宽带纹，腹部饰对称的兽面纹铺首，素面磨光。口径12、底径16、高36.6厘米（图五二一，8）。

C型　13件。深盘口。可分三式。

Ⅰ式　3件。标本ⅣM54：6，泥质灰陶。深盘口略外敞，圆鼓腹，假圈足，平底。肩饰宽带纹，腹部饰对称的兽面纹铺首，素面磨光。口径16.2、底径16.8、高37.2厘米（图五二一，9）。

Ⅱ式　3件。标本ⅡM1673：3，泥质灰陶。深盘口外敞，扁圆腹，假圈足较小，平底。腹饰宽带纹及对称兽面纹铺首，素面磨光。口径13.5、底径11.7、高26.6厘米（图五二一，10）。

Ⅲ式　7件。标本ⅠM32：4，泥质灰陶。深盘口外敞较甚，扁鼓腹，平底。上腹饰宽带纹，素面抹光。口径12.7、底径11.7、高26.4厘米（图五二一，11）。

D型　97件。外显盘口。根据颈部的差异，可分四亚型。

Da型　63件。颈部较直，可分四式。

Ⅰ式　17件。标本ⅡM130：8，泥质灰陶。口略外敞，鼓腹，假圈足外撇，平底。上腹饰宽带纹，腹部饰对称的兽面纹铺首，素面磨光。口径14、底径15、高31厘米（图五二二，1）。

Ⅱ式　13件。标本ⅡM1017：4，泥质灰陶。口外敞较甚，扁鼓腹，假圈足，平底。腹饰宽带纹及对称兽面纹铺首，素面磨光。口径14.2、底径12.4、高31.1厘米（图五二二，2）。

Ⅲ式　29件。标本ⅡM10：6，泥质灰陶。敞口，扁鼓腹，假圈足较小，平底。上腹饰凹弦纹一周，腹部饰对称兽面纹铺首，素面磨光。口径13、底径13、高27厘米（图五二二，3）。

Ⅳ式　4件。标本ⅡM803：2，泥质灰陶。敞口，扁鼓腹，平底。上腹饰凹弦纹一周，腹部饰对称的兽面纹铺首，素面磨光。口径13、底径12、高23.6厘米（图五二二，4）。

Db型　15件。颈部粗短。可分二式。

Ⅰ式　11件。标本ⅡM1560：6，泥质灰陶。盘口，鼓腹，假圈足外撇，平底。肩部饰宽带纹，腹部饰对称的兽面纹铺首，素面磨光。口径16、底径14.7、高32厘米（图五二二，5）。

Ⅱ式　4件。标本ⅣM55：7，泥质灰陶。口略外敞，鼓腹，假圈足，平底。上腹饰宽带纹、下腹饰一周凹弦纹，腹部饰对称的兽面纹铺首，素面磨光。口径17、底径15、高33厘米（图五二二，6）。

Dc型　8件。细长颈。可分三式。

Ⅰ式　3件。标本ⅡM20：1，泥质灰陶。口略外撇，弧肩，鼓腹，圈足外撇，平底。肩饰两周、腹部饰一周凹弦纹，素面磨光。口径11、底径12.3、高31.4厘米（图五二二，7）。

Ⅱ式　2件。标本ⅡM1249：5，泥质灰陶。口外敞较甚，鼓腹，假圈足略外撇，平底。上腹饰宽带纹、下腹饰凹弦纹一周，腹部饰对称的兽面纹铺首，素面磨光。口径16、底径15.4、高32.8厘米（图五二二，8）。

Ⅲ式　3件。标本ⅡM1310：1，泥质灰陶。口外敞较甚，圆腹，假圈足外撇，平底。肩部饰宽带纹，腹部饰对称的兽面纹铺首，素面磨光。口径12.8、底径13、高26.2厘米（图五二二，9）。

Dd型　11件。敞口，弧颈。可分三式。

Ⅰ式　4件。标本ⅣM14：3，泥质灰黑陶。敞口，溜肩，鼓腹，假圈足略外撇。平底。肩部饰宽带纹、腹部饰一周凹弦纹，腹部饰对称的兽面纹铺首衔环，素面磨光。口径14.2、底径11.5、高24.7厘米（图五二二，10）。

Ⅱ式　3件。标本ⅡM859：1，泥质灰陶。敞口，弧肩，鼓腹，假圈足较直，平底。腹部饰对称兽面纹铺首衔环，素面磨光。口径13.3、底径11.3、高25.7厘米（图五二二，11）。

Ⅲ式　4件。标本ⅡM1944：3，泥质灰陶。敞口，束颈，圆鼓腹，假圈足较直，平底。上

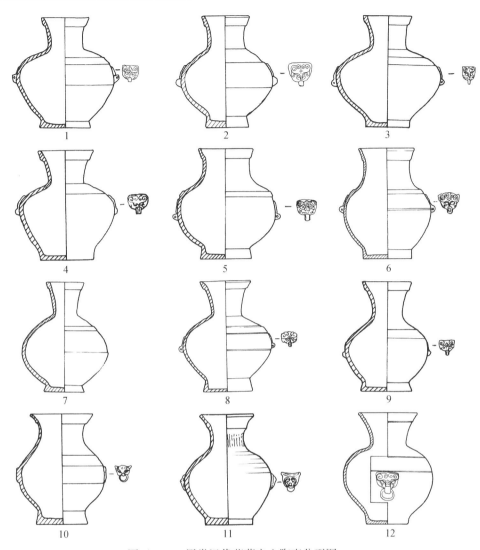

图五二二　甲类汉代墓葬出土陶壶分型图

1. Da型Ⅰ式陶壶（ⅡM130：8）　2. Da型Ⅱ式陶壶（ⅡM1017：4）　3. Da型Ⅲ式陶壶（ⅡM10：6）

4. Da型Ⅳ式陶壶（ⅡM803：2）　5. Db型Ⅰ式陶壶（ⅡM1560：6）　6. Db型Ⅱ式陶壶（ⅣM55：7）

7. Dc型Ⅰ式陶壶（ⅡM20：1）　8. Dc型Ⅱ式陶壶（ⅡM1249：5）　9. Dc型Ⅲ式陶壶（ⅡM1310：1）

10. Dd型Ⅰ式陶壶（ⅣM14：3）　11. Dd型Ⅱ式陶壶（ⅡM859：1）　12. Dd型Ⅲ式陶壶（ⅡM1944：3）

腹饰宽带纹，腹部饰对称的兽面纹铺首衔环，素面磨光。口径14.5、底径10.5、高24.8厘米（图五二二，12）。

E型　106件。敞口壶，根据颈部的差异，可分四亚型。

Ea型　83件。可分四式。

Ⅰ式　7件。标本ⅡM167：5，泥质灰陶。口略外敞，鼓腹，假圈足外撇较甚，平底。肩部饰宽带纹，下腹饰一周凹弦纹，腹部饰对称的兽面纹铺首，素面磨光。口径14、底径14、高33.5厘米（图五二三，1）。

Ⅱ式　30件。口外敞，鼓腹或圆鼓腹，假圈足外撇，平底。标本ⅡM986：5，泥质灰陶。敞口，鼓腹，假圈足外撇，平底。肩部饰宽带纹，腹部饰对称的兽面纹铺首及一周凹弦纹，素面磨光。口径13.5、底径13.4、高32.6厘米（图五二三，2）。

Ⅲ式　42件。标本ⅡM16：2，泥质灰陶。敞口，圆腹，假圈足，平底。肩饰宽带纹，腹部饰对称的兽面纹铺首，下腹饰凹弦纹一周，素面磨光。口径12.2、底径10.3、高27.7厘米（图五二三，3）。

Ⅳ式　4件。标本ⅡM863：2，泥质灰陶。敞口较甚，束颈，扁鼓腹，假圈足较直，平底。肩饰凹弦纹一周，腹部饰对称的兽面纹铺首，素面磨光。口径12.9、底径12、高24.3厘米（图五二三，4）。

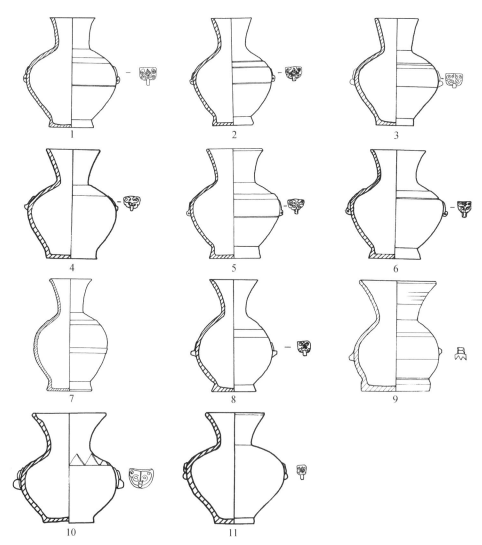

图五二三　甲类汉代墓葬出土陶壶分型图

1. Ea型Ⅰ式陶壶（ⅡM167：5）　2. Ea型Ⅱ式陶壶（ⅡM986：5）　3. Ea型Ⅲ式陶壶（ⅡM16：2）　4. Ea型Ⅳ式陶壶（ⅡM863：2）
5. Eb型Ⅰ式陶壶（ⅡM1249：7）　6. Eb型Ⅱ式陶壶（ⅡM1275：7）　7. Ec型Ⅰ式陶壶（ⅡM1948：3）　8. Ec型Ⅱ式陶壶（ⅠM22：2）
9. Ed型Ⅰ式陶壶（ⅠM48：3）　10. Ed型Ⅱ式陶壶（ⅡM878：5）　11. Ed型Ⅲ式陶壶（ⅡM6：2）

Eb型 5件。粗短颈。可分二式。

Ⅰ式 4件。敞口，鼓腹，假圈足略外撇，平底。标本ⅡM1249：7，泥质灰陶。敞口，扁圆腹，假圈足略外撇，平底。肩部饰宽带纹，下腹饰一周凹弦纹，腹部饰对称的兽面纹铺首，素面磨光。口径16.6、底径15.6、高32.4厘米（图五二三，5）。

Ⅱ式 1件。腹部较Ⅰ式扁。标本ⅡM1275：7，泥质灰陶。敞口，扁鼓腹，假圈足略外撇，平底。肩部饰宽带纹，腹部饰对称的兽面纹铺首，素面磨光。口径14.7、底径13.3、高27.9厘米（图五二三，6）。

Ec型 6件。细长颈。可分二式。

Ⅰ式 3件。标本ⅡM1948：3，泥质灰陶。敞口，鼓腹，假圈足外撇，平底。肩腹各饰宽带纹。上腹磨光，下腹素面。口径11.8、底径12.8、高30.5厘米（图五二三，7）。

Ⅱ式 3件。标本ⅠM22：2，泥质灰陶。喇叭口，束颈，鼓腹，假圈足外撇，平底。肩部饰宽带纹，腹部饰对称的兽面纹铺首，素面磨光。口径13.2、底径13、高28.8厘米（图五二三，8）。

Ed型 12件。喇叭口。可分三式。

Ⅰ式 3件。标本ⅠM48：3，泥质灰陶。喇叭口，鼓腹，假圈足，足壁有削切痕，平底。腹部饰对称的铺首，素面。口径14、底径12.4、高19.2厘米（图五二三，9）。

Ⅱ式 3件。标本ⅡM878：5，泥质灰陶。喇叭口，扁鼓腹，平底。肩部饰赭黄色三角纹和弦纹各一周，腹部饰对称的兽面纹铺首，素面磨光。口径16、底径11.3、高23.6厘米（图五二三，10）。

Ⅲ式 6件。标本ⅡM6：2，泥质灰陶。喇叭口，扁鼓腹，小平底。腹部饰对称的兽面纹铺首，素面磨光。口径13.5、底径9.5、高23.5厘米（图五二三，11）。

F型 12件。小口壶，根据颈部的差异，可分二亚型。

Fa型 9件。细颈，可分三式。

Ⅰ式 3件。标本ⅡM1007：2，泥质灰陶。直口，细短颈，圆鼓腹，圈足外撇。素面磨光。口径9.6、底径12、高25厘米（图五二四，1；图版八五，3）。

Ⅱ式 3件。标本ⅡM1981：2，泥质灰陶。喇叭口，细长颈，鼓腹，假圈足外撇，平底。颈饰水波纹，素面磨光。口径9.5、底径12、高29.5厘米（图五二四，2）。

Ⅲ式 3件。标本ⅠM30：2，泥质灰陶。侈口，细长颈，鼓腹，假圈足，平底略内凹。器表涂黑衣，口内涂红彩，器外以三组红彩双弦纹分为上下两区，中、下两层双弦纹间填白彩宽带纹，上区绘红彩三角纹，填以红彩火焰纹，下区绘红彩卷云纹与火焰纹。口径9.6、底径12.1、高28.7厘米（图五二四，3；图版八四，3）。

Fb型 3件。短粗颈。标本ⅡM1141：6，泥质灰陶。直口，圆唇，短粗颈，圆鼓腹，假圈足，平底。素面磨光。口径12、底径12、高25.4厘米（图五二四，4）。

G型 1件。标本ⅠM6：8，泥质灰黑陶。侈口，口沿外翻，圆唇，弧颈，溜肩，鼓腹，小平底。上腹饰弦断绳纹，下腹有削切痕。口径11.5、底径8、高27厘米（图五二四，5）。

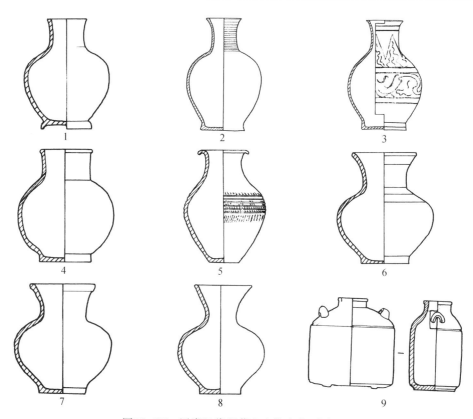

图五二四　甲类汉代墓葬出土陶壶分型图

1. Fa型Ⅰ式陶壶（ⅡM1007：2）　2. Fa型Ⅱ式陶壶（ⅡM1981：2）　3. Fa型Ⅲ式陶壶（ⅠM30：2）

4. Fb型陶壶（ⅡM1141：6）　5. G型陶壶（ⅠM6：8）　6. Ha型Ⅰ式陶壶（ⅣM1：1）

7. Ha型Ⅱ式陶壶（ⅡM241：10）　8. Hb型陶壶（ⅡM24：4）　9. Ⅰ型陶壶（ⅠM50：2）

　　H型　13件。小壶，根据口部的差异，可分二亚型。

　　Ha型　10件。喇叭口，根据颈部形态可分二式。

　　Ⅰ式　6件。标本ⅣM1：1，泥质灰陶。敞口，粗束颈，鼓腹，假圈足，平底。肩饰宽带纹，下腹有削切痕。口径12、底径9.3、高19.5厘米（图五二四，6）。

　　Ⅱ式　4件。标本ⅡM241：10，泥质灰陶。口沿外敞，粗束颈，扁鼓腹，假圈足瘦小，平底。素面磨光，下腹有削切痕。口径10、底径7.7、高16厘米（图五二四，7）。

　　Hb型　3件。标本ⅡM24：4，泥质灰陶。喇叭口，粗束颈，扁鼓腹，假圈足，平底。素面磨光，下腹有削切痕。口径11.5、底径8.3、高19.5厘米（图五二四，8）。

　　Ⅰ型　1件。扁壶。标本ⅠM50：2，泥质灰陶。直口，圆唇，矮直领，斜肩，长方形扁腹，平底，足底两侧有突起的条形足。肩部附贴对称桥形穿耳，上腹饰凹弦纹一周，素面磨光。口径5.6、腹宽16、腹厚9.8、高16.5厘米（图五二四，9；图版八九，1）。

3. 缶

共出土8件。可分二型。

A型　5件。小口，束颈。可分二亚型。

Aa型　4件。可分二式。

Ⅰ式　2件。标本ⅡM167∶1，泥质灰陶。敞口，斜折沿，束颈，斜肩，鼓腹，平底。上腹饰水波纹一周，下腹有削切痕。口径16、底径21、高34厘米（图五二五，1）。

Ⅱ式　2件。标本ⅡM974∶6，泥质灰陶。侈口，折沿，舌状唇，束颈，斜肩，鼓腹，平底。腹饰压印纹一周，近底部有削切痕。口径13.6、底径16、高30.2厘米（图五二五，2）。

Ab型　1件。标本ⅡM19∶3，泥质灰黑陶。侈口，束颈，广肩，鼓腹，平底。腹饰凹弦纹数周，近底部有削切痕。口径13.5、底径17、高29.7厘米（图五二五，3）。

B型　3件。小口，矮直领。可分三式。

Ⅰ式　1件。标本ⅡM1529∶1，泥质灰陶。侈口，卷沿，矮直领，圆肩，球形腹，平底内凹。口径15.7、底径19、高31.3厘米（图五二五，4）。

Ⅱ式　1件。标本ⅡM1375∶7，泥质灰陶。侈口，卷沿，矮直领，圆肩，鼓腹，平底。腹饰压印纹一周。口径15.6、底径19.6、高30.2厘米（图五二五，5）。

Ⅲ式　1件。标本ⅡM13∶1，泥质灰陶。侈口，口沿外折，矮直领，弧肩，扁圆腹，平底。腹饰压印纹一周，近底部有削切痕。口径14.3、底径18.5、高32.5厘米（图五二五，6）。

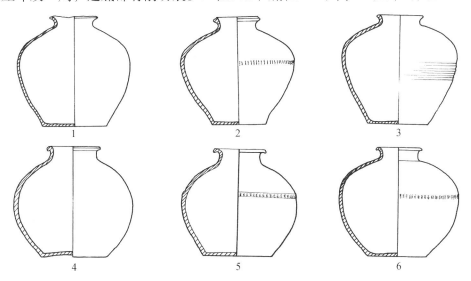

图五二五　甲类汉代墓葬出土陶缶分型图

1. Aa型Ⅰ式陶缶（ⅡM167∶1）　2. Aa型Ⅱ式陶缶（ⅡM974∶6）　3. Ab型陶缶（ⅡM19∶3）　4. B型Ⅰ式陶缶（ⅡM1529∶1）
5. B型Ⅱ式陶缶（ⅡM1375∶7）　6. B型Ⅲ式陶缶（ⅡM13∶1）

4. 罐

共出土361件，除19件残碎不可分型外，余者342件大体分为壶形罐、大口罐、小口罐、高领罐、矮领罐、侈沿罐、圆腹罐、扁腹罐、大底罐和小罐等。

（1）壶形罐

81件。根据形体的差异，可分四型。

A型　6件。大型。可分三亚型。

Aa型　1件。长弧腹。标本ⅠM34：5，泥质灰陶。小口微侈，直领，圆肩，鼓腹弧收，平底。颈部饰凸棱一周，上腹饰压印纹二周。口径11.6、底径19.2、高40厘米（图五二六，1）。

Ab型　3件。短颈，鼓腹。可分二式。

Ⅰ式　2件。颈部较高。标本ⅣM35：5，泥质灰陶。小口，折沿，短细颈，斜肩，鼓腹，平底。上腹饰压印纹一周。口径12.5、底径17.8、高36.8厘米（图五二六，2）。

Ⅱ式　1件。颈部较Ⅰ式矮。标本ⅠM22：1，泥质灰陶。小口，平沿，短颈，丰肩，鼓腹，平底。口径13.2、底径17.5、高35.5厘米（图五二六，3）。

Ac型　2件。标本ⅠM29：2，泥质灰陶。小口，折沿，短细颈，圆鼓腹，假圈足，平底。口径12.5、底径14.3、高32厘米（图五二六，4）。

B型　45件。中型。可分六亚型。

Ba型　1件。小口。标本ⅣM31：1，泥质灰陶。侈口，颈部微束，斜肩，鼓腹，平底。上腹饰压印纹一周，近底部有削切痕。口径10、底径15、高24.9厘米（图五二六，5）。

Bb型　12件。小口，折沿，圆腹或圆鼓腹。可分二式。

Ⅰ式　8件。矮颈，圆腹。标本ⅡM2009：1，泥质灰陶。小口，折沿，圆腹，平底。腹饰凹弦纹二周，下腹有削切痕。口径11.5、底径13.5、高26.5厘米（图五二六，6）。

Ⅱ式　4件。颈部较Ⅰ式高，圆鼓腹。标本ⅡM1189：1，泥质灰黑陶。侈口，折沿，圆鼓腹，平底。腹部两组凹弦纹与水波纹间填以压印纹一周。口径11.9、底径11.2、高22.4厘米（图五二六，7）。

Bc型　24件。小口，折沿，鼓腹。可分二式。

Ⅰ式　19件。细颈略高。标本ⅡM898：1，泥质灰陶。小口，折沿，圆肩，鼓腹，平底。腹饰压印纹一周。口径11.4、底径14、高24.6厘米（图五二六，8）。

Ⅱ式　5件。矮束颈。标本ⅡM803：3，泥质灰陶。小口，折沿，鼓腹，平底。腹饰凹弦纹和压印纹各一周。口径11.8、底径13.6、高23.2厘米（图五二六，9）。

Bd型　2件。敞口。可分二式。

Ⅰ式　1件。标本ⅡM1087：1，泥质灰陶。小口外敞，沿下有一周凸棱，束颈，弧肩，圆鼓腹，平底。腹饰交错弦断绳纹，近底部有削切痕。口径11.6、底径16、高28.8厘米（图五二六，10）。

Ⅱ式　1件。标本ⅡM937：2，泥质灰陶。小口外敞，束颈，丰肩，鼓腹，平底。腹饰压印纹一周。口径9.6、底径12.6、高27厘米（图五二六，11）。

Be型　2件。小口，折沿，舌状唇。标本ⅡM986：4，泥质灰陶。小口，折沿，沿面有浅凹

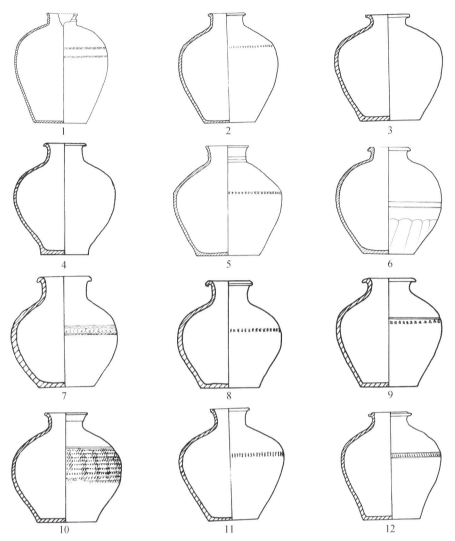

图五二六 甲类汉代墓葬出土壶形罐分型图

1. Aa型壶形罐（ⅠM34∶5） 2. Ab型Ⅰ式壶形罐（ⅣM35∶5） 3. Ab型Ⅱ式壶形罐（ⅠM22∶1）
4. Ac型壶形罐（ⅠM29∶2） 5. Ba型壶形罐（ⅣM31∶1） 6. Bb型Ⅰ式壶形罐（ⅡM2009∶1）
7. Bb型Ⅱ式壶形罐（ⅡM1189∶1） 8. Bc型Ⅰ式壶形罐（ⅡM898∶1） 9. Bc型Ⅱ式壶形罐（ⅡM803∶3）
10. Bd型Ⅰ式壶形罐（ⅡM1087∶1） 11. Bd型Ⅱ式壶形罐（ⅡM937∶2） 12. Be型壶形罐（ⅡM986∶4）

槽一周，弧颈，鼓腹，平底。上腹饰弦断绳纹。口径13.7、底径18.2、高31.1厘米（图五二六，12）。

Bf型 4件。小口，高领。可分二式。

Ⅰ式 2件。标本ⅡM877∶1，泥质灰陶。小口微外敞，高领，圆肩，鼓腹，平底。肩部以"∥"为首，由右至左竖排阴刻"日入千户车马"六字，上腹部饰凸弦纹一周。口径10、底径11.2、高20.4厘米（图五二七，1；图版八七，1、2）。

Ⅱ式 2件。标本ⅡM1647∶5，泥质灰陶。小口外敞，折沿，弧肩，鼓腹，平底。上腹一

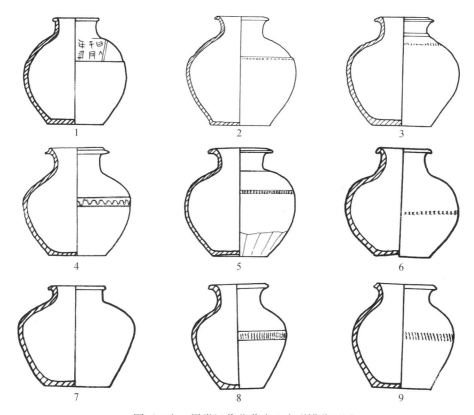

图五二七　甲类汉代墓葬出土壶形罐分型图

1.Bf型Ⅰ式壶形罐（ⅡM877：1）　2.Bf型Ⅱ式壶形罐（ⅡM1647：5）　3.Ca型Ⅰ式壶形罐（ⅡM1943：4）
4.Ca型Ⅱ式壶形罐（ⅡM131：5）　5.Ca型Ⅲ式壶形罐（ⅡM1428：3）　6.Cb型Ⅰ式壶形罐（ⅡM1375：12）
7.Cb型Ⅱ式壶形罐（ⅡM1141：1）　8.Cc型Ⅰ式壶形罐（ⅡM1249：1）　9.Cc型Ⅱ式壶形罐（ⅡM15：1）

周凹弦纹下饰压印纹一周。口径10.7、底径12.7、高21.5厘米（图五二七，2）。

C型　28件。小口，折沿。可分六亚型。

Ca型　14件。小口，折沿，舌状唇。可分三式。

Ⅰ式　3件。标本ⅡM1943：4，泥质灰陶。小口微外敞，折沿，沿面有浅凹槽一周，鼓腹，平底。颈肩结合处饰凹弦纹二周，肩饰压印纹一周。口径9.5、底径9.6、高17.4厘米（图五二七，3）。

Ⅱ式　8件。标本ⅡM131：5，小口外侈，折沿，沿面有凹槽一周，斜肩，鼓腹，平底。上腹两周凹弦纹间夹饰水波纹，下腹有削切痕。口径12.5、底径12、高21.5厘米（图五二七，4）。

Ⅲ式　3件。标本ⅡM1428：3，泥质灰黑陶。小口外侈，折沿，弧颈，扁圆腹，平底略内凹。腹饰压印纹一周，下腹有削切痕。口径10.4、底径9、高17厘米（图五二七，5）。

Cb型　3件。颈部较细。可分二式。

Ⅰ式　2件。标本ⅡM1375：12，泥质灰陶。小口略外侈，折沿，弧颈，扁圆腹，平底略内凹。腹部饰一周压印纹。口径9.6、底径9、高18.2厘米（图五二七，6）。

Ⅱ式　1件。标本ⅡM1141：1，泥质灰陶。小口，折沿，斜肩，鼓腹，平底。口径9、底径11.5、高16.6厘米（图五二七，7）。

Cc型　7件。颈部较粗。可分二式。

Ⅰ式　3件。标本ⅡM1249：1，泥质灰陶。小口略外敞，折沿，弧颈，鼓腹，小平底。腹部二周弦纹间夹饰一周压印纹。口径10.2、底径8.5、高19厘米（图五二七，8）

Ⅱ式　4件。标本ⅡM15：1，泥质灰陶。小口外敞，折沿，弧颈，鼓腹，平底。腹饰压印纹一周，下腹有削切痕。口径9.8、底径10、高18.3厘米（图五二七，9）。

Cd型　2件。扁腹。标本ⅣM7：1，泥质灰陶。小口，口沿外翻，尖圆唇，束颈，斜肩，扁鼓腹，平底。口径10.8、底径12、高12.6厘米（图五二八，1）。标本ⅡM98：3，泥质灰陶。小口外敞，圆唇，弧颈，扁鼓腹，平底。口径7、底径9.5、高10厘米（图五二八，2）。

Ce型　1件。标本ⅠM22：5，泥质灰陶。小口，折沿，尖圆唇，溜肩，扁鼓腹，平底。下腹有削切痕。口径4.4、底径8.5、高10.2厘米（图五二八，3）。

Cf型　1件。标本ⅠM6：3。泥质灰陶。小口略外敞，斜折沿，尖圆唇，弧颈，折肩，腹部斜收，平底。上腹饰凹弦纹，下腹弦纹被抹。口径7、底径9、高15厘米（图五二八，4）。

D型　2件。盘口，短粗颈。可分二亚型。

Da型　1件。圈足。标本ⅡM1560：5，泥质灰黑陶。浅盘口，短粗颈，圆腹，圈足。上腹饰暗弦纹，下腹素面。口径15.2、底径17、高35厘米（图五二八，5）。

Db型　1件。平底。标本ⅡM1560：4，泥质灰黑陶。盘口，短粗颈，弧肩，鼓腹，平底。上腹饰暗弦纹，下腹素面。口径13.8、底径13.8、高25.3厘米（图五二八，6）。

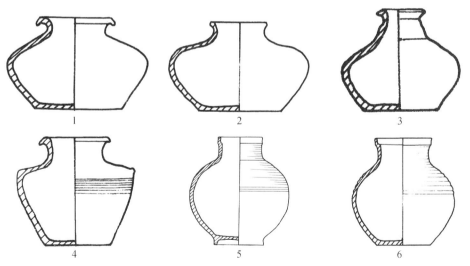

图五二八　甲类汉代墓葬出土壶形罐分型图
1. Cd型壶形罐（ⅣM7：1）　2. Cd型壶形罐（ⅡM98：3）　3. Ce型壶形罐（ⅠM22：5）　4. Cf型壶形罐（ⅠM6：3）
5. Da型壶形罐（ⅡM1560：5）　6. Db型壶形罐（ⅡM1560：4）

（2）大口罐

13件。可分四型。

A型　3件。直腹或直腹微弧。可分二亚型。

Aa型　2件。形体较大。可分二式。

Ⅰ式　1件。标本ⅡM19：2，泥质灰陶。侈口，圆唇，矮领，折腹，上腹较直，下腹斜收，平底内凹。肩部饰暗弦纹，上腹部饰凹弦纹，下腹有削切痕。口径20、底径17、高30.5厘米（图五二九，1；图版八七，4）。

Ⅱ式　1件。标本ⅡM1948：4，泥质灰陶。侈口，束颈，斜肩，直腹微弧，下腹弧收，平底。上腹饰凹弦纹。口径17.5、底径16、高27.3厘米（图五二九，2）。

Ab型　1件。形体略小。标本ⅡM2011：2，泥质灰陶。口微外敞，矮领，弧肩，直腹微弧，下腹弧收，平底。肩部饰暗网格纹，上腹饰凹弦纹，下腹有削切痕。口径16、底径13、高23厘米（图五二九，3）。

B型　7件。鼓腹。可分二亚型。

Ba型　3件。敞口。可分二式。

Ⅰ式　2件。标本ⅡM1957：1，泥质灰陶。口略外敞，方唇，矮领，鼓腹，平底。上腹饰

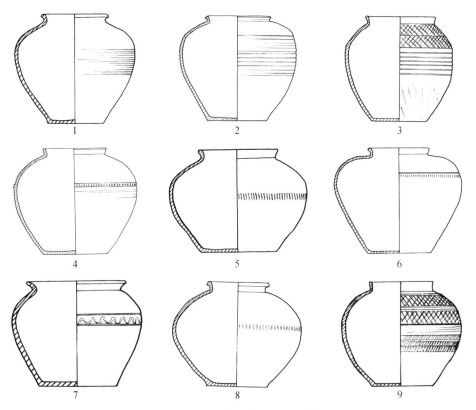

图五二九　甲类汉代墓葬出土大口罐分型图

1. Aa型Ⅰ式大口罐（ⅡM19：2）　2. Aa型Ⅱ式大口罐（ⅡM1948：4）　3. Ab型大口罐（ⅡM2011：2）

4. Ba型Ⅰ式大口罐（ⅡM1957：1）　5. Ba型Ⅱ式大口罐（ⅡM150：8）　6. Bb型Ⅰ式大口罐（ⅡM1673：2）

7. Bb型Ⅱ式大口罐（ⅡM1141：3）　8. C型大口罐（ⅡM15：2）　9. D型大口罐（ⅡM1035：3）

压印纹一周。口径20.6、底径20.5、高33厘米（图五二九，4）。

Ⅱ式 1件。标本ⅡM150：8，泥质灰陶。敞口，圆唇，矮领，扁鼓腹，平底，有方形印记。腹部饰压印纹一周。口径19.3、底径19、高24.5厘米（图五二九，5）。

Bb型 4件。侈口。可分二式。

Ⅰ式 2件。标本ⅡM1673：2，泥质灰陶。侈口，束颈，广肩，弧腹斜收，平底。上腹部二周凹弦纹下饰一周压印纹，下腹有削切痕。口径17、底径17、高27.5厘米（图五二九，6）。

Ⅱ式 2件。标本ⅡM1141：3，泥质灰陶。侈口，束颈，弧肩，鼓腹，平底。上腹部二周凹弦纹间饰一周水波纹。口径23、底径18、高22.9厘米（图五二九，7；图版八七，3）。

C型 2件。敞口，扁鼓腹。标本ⅡM15：2，泥质灰陶。口微外敞，矮直领，扁鼓腹，平底。腹部饰压印纹一周。口径19.3、底径18、高30.6厘米（图五二九，8）。

D型 1件。标本ⅡM1035：3，泥质灰陶。直口，方唇，矮直领，圆肩，鼓腹，平底。颈、肩三组暗弦纹间饰暗网格纹，腹部饰弦断绳纹，近底部有削切痕。口径16.5、底径15.4、高24.2厘米（图五二九，9）。

（3）小口罐

3件。可分二型。

A型 2件。圆腹或扁圆腹可分二式。

Ⅰ式 1件。标本ⅡM2011：1，泥质灰陶，烧制变形。小口略外敞，圆腹，平底。腹饰暗弦纹，下腹有削切痕。口径9、底径10、高18.4厘米（图五三○，1）。

Ⅱ式 1件。标本ⅡM16：6，泥质灰陶。小口外侈，扁圆腹，平底。肩饰暗网格纹，腹饰压印纹二周，近底部有削切痕。口径10.2、底径12.3、高20.1厘米（图五三○，2）。

B型 1件。标本ⅣM48：1，泥质灰陶。小口略外侈，溜肩，鼓腹，平底。肩腹暗弦纹间夹饰一周暗网格纹，近底部有削切痕。口径10.6、底径10.3、高22厘米（图五三○，3；图版八八，3）。

（4）高领罐

4件。可分二型。

A型 1件。标本ⅡM932：3，泥质灰陶。口略外侈，圆唇，高领，垂腹，圜底。肩腹二周重棱纹间饰二周凹弦纹，下腹饰绳纹。口径15、底径10.2、高26.8厘米（图五三○，4；图版八八，2）。

B型 3件。可分二式。

Ⅰ式 2件。标本ⅡM974：12，泥质灰陶。口略外侈，圆唇，直领，圆肩，鼓腹，平底。口径12、底径9.5、高22.6厘米（图五三○，5）。

Ⅱ式 1件。标本ⅠM2：5，泥质灰陶。口略外侈，圆唇，直领，弧肩，鼓腹，平底。口径10、底径8.5、高18.4厘米（图五三○，6）。

（5）矮领罐

21件。可分二型。

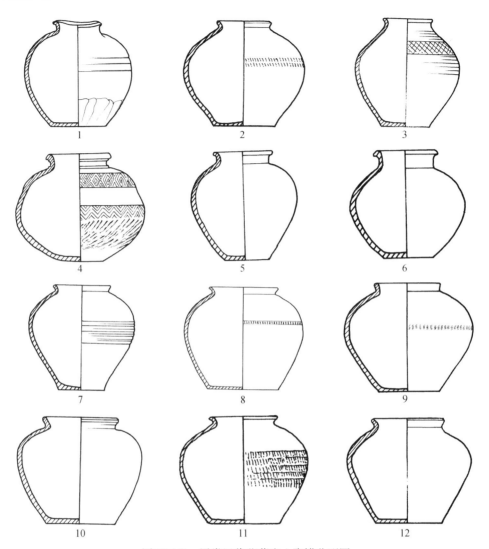

图五三〇　甲类汉代墓葬出土陶罐分型图

1. A型Ⅰ式小口罐（ⅡM2011：1）　2. A型Ⅱ式小口罐（ⅡM16：6）　3. B型小口罐（ⅣM48：1）

4. A型高领罐（ⅡM932：3）　5. B型Ⅰ式高领罐（ⅡM974：12）　6. B型Ⅱ式高领罐（ⅠM2：5）

7. A型Ⅰ式矮领罐（ⅡM19：7）　8. A型Ⅱ式矮领罐（ⅡM1739：1）　9. A型Ⅲ式矮领罐（ⅡM7：12）

10. B型Ⅰ式矮领罐（ⅡM1943：2）　11. B型Ⅱ式矮领罐（ⅠM6：2）　12. B型Ⅲ式矮领罐（ⅡM8：2）

　　A型　12件。形体略大。可分三式。

　　Ⅰ式　3件。标本ⅡM19：7，泥质灰陶。侈口，方唇，矮领，鼓腹斜收，平底。腹饰凹弦纹，下腹有削切痕。口径14.6、底径14、高26厘米（图五三〇，7）。

　　Ⅱ式　7件。标本ⅡM1739：1，泥质灰陶。侈口，圆唇，矮领，鼓腹，平底。腹饰压印纹一周，下腹有削切痕。口径15.5、底径16、高22.5厘米（图五三〇，8）。

　　Ⅲ式　2件。标本ⅡM7：12，泥质灰陶。口略外侈，圆唇，矮领，鼓腹，下腹斜收，平底。腹饰一周竖向绳纹带。口径14、底径13、高21厘米（图五三〇，9）。

　　B型　9件。形体略小。可分三式。

Ⅰ式　1件。标本ⅡM1943：2，泥质灰陶。侈口，圆唇，矮领，丰肩，鼓腹，平底。口径14、底径13.4、高18.8厘米（图五三〇，10）。

Ⅱ式　7件。标本ⅠM6：2，泥质灰陶。侈口，圆唇，束颈，圆肩，鼓腹，平底。肩部饰暗网格纹，腹部饰弦断绳纹，下腹有削切痕。口径11、底径11.5、高17.8厘米（图五三〇，11）。

Ⅲ式　1件。标本ⅡM8：2，泥质灰陶。侈口，圆唇，束颈，斜肩，鼓腹，平底。口径13.5、底径12.5、高18厘米（图五三〇，12）。

（6）侈沿罐

3件。根据腹部的差异，可分二型。

A型　2件。形体较高，鼓腹。可分二式。

Ⅰ式　1件。标本ⅡM1982：1，泥质灰陶，烧制变形。侈口，鼓腹，平底。上腹饰暗弦纹，下腹有削切痕。口径15.6、底径14.5、高23.8厘米（图五三一，1）。

Ⅱ式　1件。标本ⅡM1561：5，泥质灰褐陶。侈口较甚，束颈，鼓腹斜收，平底。口径18、底径14.4、高26.2厘米（图五三一，2）。

B型　1件。形体较矮扁。标本ⅡM1673：1，泥质灰陶。侈口，束颈，广肩，扁鼓腹，平底。上腹饰一周绳纹带，下腹有削切痕，底部有一方形印记。口径14.6、底径15.6、高19.8厘米

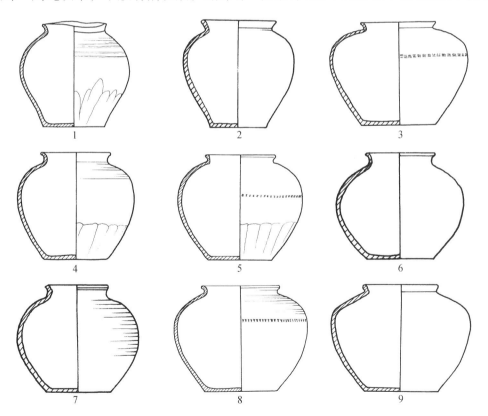

图五三一　甲类汉代墓葬出土陶罐分型图

1. A型Ⅰ式侈沿罐（ⅡM1982：1）　2. A型Ⅱ式侈沿罐（ⅡM1561：5）　3. B型侈沿罐（ⅡM1673：1）

4. A型Ⅰ式圆腹罐（ⅡM2011：3）　5. A型Ⅱ式圆腹罐（ⅡM1957：5）　6. A型Ⅲ式圆腹罐（ⅡM222：1）

7. B型圆腹罐（ⅣM53：2）　8. A型Ⅰ式扁腹罐（ⅡM1944：1）　9. A型Ⅱ式扁腹罐（ⅡM7：5）

（图五三一，3）。

（7）圆腹罐

8件。可分二型。

A型　7件。可分三式。

Ⅰ式　2件。标本ⅡM2011：3，泥质灰陶。侈口，圆唇，鼓肩，圆腹，平底。上腹饰暗弦纹，下腹有削切痕。口径13.3、底径12.5、高20厘米（图五三一，4）。

Ⅱ式　4件。标本ⅡM1957：5，泥质灰陶。侈口，圆唇，鼓肩，圆腹，平底。腹饰压印纹一周，下腹有削切痕。口径13.6、底径13、高20厘米（图五三一，5）。

Ⅲ式　1件。标本ⅡM222：1，泥质灰陶。侈口，方唇，弧肩，扁圆腹，平底，底部有方形印记。口径14.4、底径13.8、高21厘米（图五三一，6）。

B型　1件。标本ⅣM53：2，泥质灰陶。口略外侈，方唇，鼓肩，圆腹，平底。上腹饰暗弦纹，下腹有削切痕。口径12.8、底径13.4、高21厘米（图五三一，7）。

（8）扁腹罐

16件。可分三型。

A型　3件。形体较大。可分二式。

Ⅰ式　1件。标本ⅡM1944：1，泥质灰陶。侈口，圆唇，束颈，圆肩，扁圆腹，平底。肩饰暗弦纹，腹饰压印纹一周。口径20、底径18.2、高25.5厘米（图五三一，8）。

Ⅱ式　2件。标本ⅡM7：5，泥质灰陶。侈口，圆唇，斜肩，扁圆腹，平底。口径18.8、底径18、高25厘米（图五三一，9）。

B型　10件。形体略大。可分四式。

Ⅰ式　1件。标本ⅡM1948：5，泥质灰陶。侈口，圆唇，束颈，扁圆腹，平底。上腹饰二周压印纹，腹饰暗弦纹，下腹有削切痕。口径15.8、底径17、高22.2厘米（图五三二，1）。

Ⅱ式　2件。标本ⅡM1428：1，泥质灰陶。侈口，圆唇，束颈，圆肩，扁圆腹，平底。肩饰暗网格纹，腹饰压印纹一周。口径15.6、底径16.2、高21.6厘米（图五三二，2）。

Ⅲ式　6件。标本ⅡM24：1，泥质灰黑陶。侈口，圆唇，束颈，鼓肩，扁圆腹，平底。腹饰压印纹一周。口径17.2、底径16.5、高21.5厘米（图五三二，3）。

Ⅳ式　1件。标本ⅣM6：1，泥质灰陶。直口，方唇，矮直领，扁圆腹，平底。腹饰凹弦纹两周。口径13.2、底径19.2、高18厘米（图五三二，4）。

C型　3件。形体较小。可分二式。

Ⅰ式　1件。标本ⅡM937：1，泥质灰陶。侈口，圆唇，束颈，扁鼓腹，平底。腹部二周凹弦纹间夹饰一周水波纹。口径10.9、底径12.6、高17.3厘米（图五三二，5）。

Ⅱ式　2件。标本ⅡM859：7，泥质灰黑陶。直口微侈外，方圆唇，矮直领，扁鼓腹，平底。肩饰暗弦纹，腹饰纹一周水波纹。口径12.6、底径9、高15.3厘米（图五三二，6）。

（9）大底罐

2件。矮直领，广肩。可分二式。

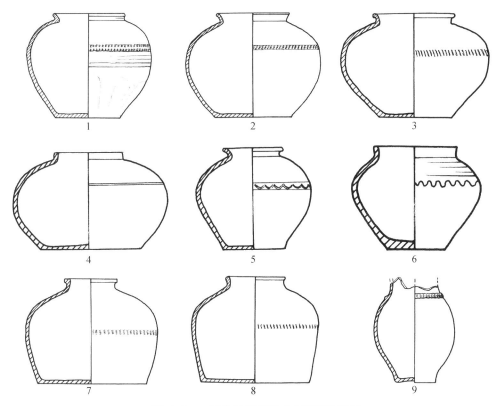

图五三二　甲类汉代墓葬出土陶罐分型图

1. B型Ⅰ式扁腹罐（ⅡM1948∶5）　2. B型Ⅱ式扁腹罐（ⅡM1428∶1）　3. B型Ⅲ式扁腹罐（ⅡM24∶1）

4. B型Ⅳ式扁腹罐（ⅣM6∶1）　5. C型Ⅰ式扁腹罐（ⅡM937∶1）　6. C型Ⅱ式扁腹罐（ⅡM859∶7）

7. Ⅰ式大底罐（ⅡM16∶5）　8. Ⅱ式大底罐（ⅡM10∶4）　9. 异形罐（ⅡM1608∶1）

　　Ⅰ式　1件。标本ⅡM16∶5，泥质灰陶。直口，方唇，平沿，鼓肩，半球形腹，大平底。腹饰压印纹一周。口径13.7、底径28、高25.7厘米（图五三二，7）。

　　Ⅱ式　1件。标本ⅡM10∶4，泥质灰陶。直口微外敞，圆唇，溜肩，半球形腹，大平底。腹饰压印纹一周。口径14、底径27.5、高24.6厘米（图五三二，8；图版八九，2）。

　　（10）异形罐

　　1件。标本ⅡM1608∶1，夹砂灰褐陶，口残，溜肩，卵形腹，平底略内凹，肩部饰一周泥条附加堆纹，上饰指甲纹。底径8、残高20.5厘米（图五三二，9）。

　　（11）小罐

　　190件。可分七型。

　　A型　16件。壶形罐。可分四亚型。

　　Aa型　2件。粗颈。可分二式。

　　Ⅰ式　1件。标本ⅣM31∶5，泥质灰陶。口略外敞，圆唇，溜肩，鼓腹，平底。口径5.4、底径5.2、高10.4厘米（图五三三，1）。

　　Ⅱ式　1件。标本ⅠM43∶1，泥质灰陶。口外敞，圆唇，弧肩，鼓腹，平底。肩部饰暗弦纹。口径6.6、底径7.1、高12厘米（图五三三，2）。

　　Ab型　4件。细颈。可分二式。

　　Ⅰ式　1件。标本ⅡM1282：9，泥质灰陶。小口略外敞，细颈，广肩，方鼓腹，平底略内凹。肩饰凹弦纹一周。口径5.4、底径5.3、高12厘米（图五三三，3）。

　　Ⅱ式　3件。标本ⅡM1017：12，泥质灰陶。小口略外敞，细颈，斜肩，方鼓腹，小平底。口径3.6、底径2.8、高8厘米（图五三三，4）。

　　Ac型　8件。标本ⅡM975：14，泥质灰陶。敞口，束颈，鼓腹，平底。口径3.8、底径3.2、高8厘米（图五三三，5）。

　　Ad型　2件。标本ⅡM975：11，泥质灰陶。喇叭口，束颈，溜肩，垂腹，平底。口径8.4、

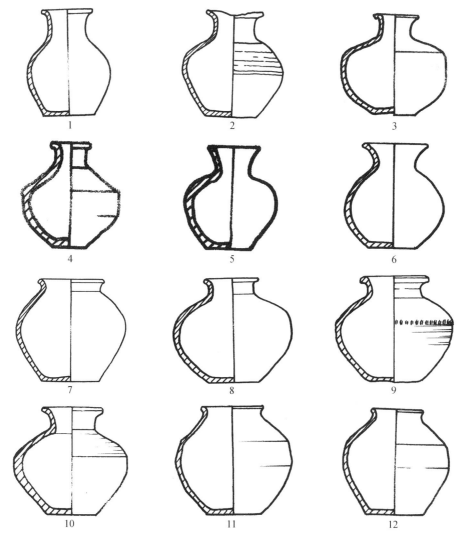

图五三三　甲类汉代墓葬出土小罐分型图

1. Aa型Ⅰ式小罐（ⅣM31：5）　2. Aa型Ⅱ式小罐（ⅠM43：1）　3. Ab型Ⅰ式小罐（ⅡM1282：9）　4. Ab型Ⅱ式小罐（ⅡM1017：12）

5. Ac型小罐（ⅡM975：14）　6. Ad型小罐（ⅡM975：11）　7. Ba型小罐（ⅡM14：4）　8. Bb型Ⅰ式小罐（ⅡM13：16）

9. Bb型Ⅱ式小罐（ⅡM6：25）　10. Bb型Ⅲ式小罐（ⅠM49：16）　11. C型Ⅰ式小罐（ⅣM31：7）　12. C型Ⅱ式小罐（ⅣM53：7）

底径6、高12.6厘米（图五三三，6）。

B型 33件。高领罐。可分二亚型。

Ba型 2件。标本ⅡM14：4，泥质灰陶。侈口，圆唇，高领，鼓腹，平底。口径7、底径6.5、高10.3厘米（图五三三，7）。

Bb型 31件。小口。可分三式。

Ⅰ式 3件。标本ⅡM13：16，泥质灰陶。小口微外敞，圆唇，高领，扁圆腹，平底。口径5.2、底径4.8、高9.3厘米（图五三三，8）。

Ⅱ式 23件。标本ⅡM6：25，泥质灰陶。小口外敞，圆唇，高领，扁圆腹，平底。上腹部饰一周压印纹，之下饰暗弦纹。口径7.8、底径5.6、高11.8厘米（图五三三，9）。

Ⅲ式 5件。标本ⅠM49：16，泥质灰陶。小口外敞，圆唇，高领，扁鼓腹，平底。肩部饰暗弦纹。口径5、底径4.2、高8.8厘米（图五三三，10）。

C型 3件。侈沿罐。可分二式。

Ⅰ式 1件。标本ⅣM31：7，泥质灰陶。小口略外侈，圆唇，斜肩，方鼓腹弧收，平底。口径5.4、底径4.5、高9.4厘米（图五三三，11）。

Ⅱ式 2件。标本ⅣM53：7，泥质灰陶。小口外侈，圆唇，斜肩，方鼓腹斜收，平底。口径7.5、底径8.3、高14.7厘米（图五三三，12）。

D型 128件。矮领罐。可分三式。

Ⅰ式 2件。标本ⅡM14：5，泥质灰陶。侈口，圆唇，鼓腹，平底。口径5.5、底径5.7、高8.5厘米（图五三四，1）。

Ⅱ式 22件。标本ⅡM13：18，泥质灰陶。侈口，圆唇，鼓腹，小平底。口径5.4、底径4.4、高9.9厘米（图五三四，2）。

Ⅲ式 104件。标本ⅡM241：11，泥质灰陶。侈口，圆唇，扁鼓腹，平底。口径5.3、底径4.5、高7.5厘米（图五三四，3）。标本ⅡM12：10，泥质灰陶。侈口，圆唇，束颈，扁圆腹，平底。圆唇，口径6.4、底径6.5、高10.5厘米（图五三四，4）。

E型 5件。标本ⅠM32：10，泥质灰陶。小口微外侈，圆唇，溜肩，扁鼓腹，大平底。口径4、底径6、高6.4厘米（图五三四，5）。

F型 4件。曲腹。可分三亚型。

Fa型 1件。标本ⅡM1375：17，泥质灰褐陶。直口微敛，圆唇，矮领，广肩，扁鼓腹，平底。肩部饰网格纹，下腹有削切痕。口径9.2、底径9.2、高12.5厘米（图五三四，6）。

Fb型 2件。标本ⅡM102：2，泥质灰陶。敛口，圆唇，溜肩，扁鼓腹，平底。口径7.5、底径6、高5.4厘米（图五三四，7）。

Fc型 1件。标本ⅠM34：4，泥质灰陶。侈口，圆唇，束颈，斜腹，平底。口径10、底径6.4、高12厘米（图五三四，8）。

G型 1件。折腹罐。标本ⅡM986：8，泥质灰陶。侈口，圆唇，斜肩，弧腹斜收，平底口径11、底径8、高16.5厘米（图五三四，9）。

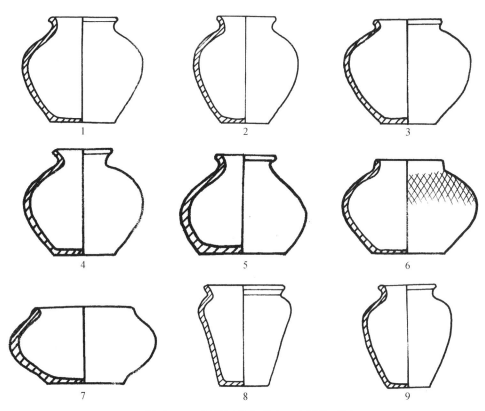

图五三四　甲类汉代墓葬出土小罐分型图

1. D型Ⅰ式小罐（ⅡM14∶5）　2. D型Ⅱ式小罐（ⅡM13∶18）　3. D型Ⅲ式小罐（ⅡM241∶11）

4. D型Ⅲ式小罐（ⅡM12∶10）　5. E型小罐（ⅠM32∶10）　6. Fa型小罐（ⅡM1375∶17）

7. Fb型小罐（ⅡM102∶2）　8. Fc型小罐（ⅠM34∶4）　9. G型小罐（ⅡM986∶8）

5. 灶

共出土70件（套），除了有四座墓葬各出两件外，其余都是每墓一件。灶上的附属物有釜、甑、小盆、烟囱，发现时多放在灶上或灶的附近。除4件残碎严重形制不清外，余者66件可分为四型。

A型　19件。船形灶，五眼灶。可分三亚型。

Aa型　13件。近等腰三角形，根据头部的差异，可分三式。

Ⅰ式　2件。标本ⅡM1282∶1，泥质灰陶。平面呈船形，前方后弧圆，灶面稍作弧形，五火眼各置一釜，带三盆二甑。后有圆形烟囱眼，上置柱状烟囱，中空，顶上有一隆节。前置长方形灶门，两侧置有挡风，平底。长25.2、宽19.8、高13.8～29.6厘米（图五三五，1）。

Ⅱ式　7件。标本ⅠM1∶9，泥质灰陶。平面呈船形，前方后弧圆，灶面微鼓，五火眼各置一釜，附带六盆一甑。后有圆形烟囱眼，上置柱形烟囱，中空，顶部有隆节。前置长方形灶门，两侧置有挡风，平底。长31.8、宽26.4、高15～27厘米（图五三五，2）。

Ⅲ式　4件。标本ⅡM9∶3，泥质灰陶。平面呈船形，前方后弧圆，灶面较平，五火眼各置一釜，附带五盆。后有圆形烟囱眼，上置柱状烟囱，中空，顶端有隆节，上有三角形

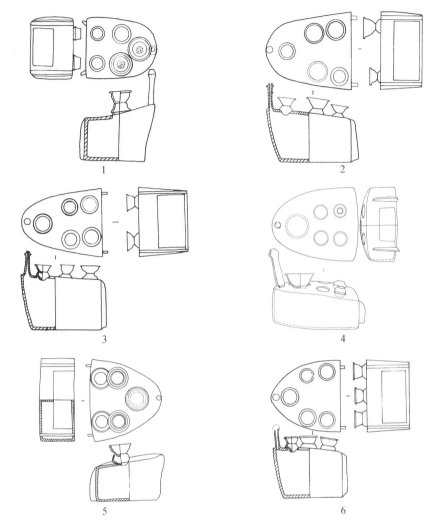

图五三五　甲类汉代墓葬出土陶灶分型图

1. Aa型Ⅰ式灶（ⅡM1282：1）　2. Aa型Ⅱ式灶（ⅠM1：9）　3. Aa型Ⅲ式灶（ⅡM9：3）　4. Ab型灶（ⅡM1956：6）

5. Ac型Ⅰ式灶（ⅣM23：8）　6. Ac型Ⅱ式灶（ⅡM803：4）

镂孔。前端灶门呈长方形，两侧置有挡风，平底。长27.6、宽21.6、高16.2～25.2厘米（图五三五，3）。

Ab型　2件。五眼灶，体宽而矮扁，近等腰三角形。标本ⅡM1956：6，泥质灰陶。平面呈船形，前微弧后弧圆，灶面稍作弧形，五火眼，残存二釜一甑。尾端有烟囱孔，上置柱状烟囱，中空，顶端有隆节。前端灶门呈长方形，两侧有挡风，平底微弧。长42.8、宽33.6、高14～36.4厘米（图五三五，4）。

Ac型　4件。五眼灶，近等边三角形，根据头部的差异。可分三式。

Ⅰ式　2件。标本ⅣM23：8，泥质灰陶。平面呈船形，前微弧后弧圆，灶面稍作弧形，五火眼各置一釜，附带三盆二甑。后有圆形烟囱眼，烟囱残失。前置长方形灶门，两侧置有挡风，平底。内底饰压印网格纹。长31.2、宽34.8、高14.4～24厘米（图五三五，5）。

　　Ⅱ式　1件。标本ⅡM803：4，泥质灰陶。平面呈船形，前方后尖圆，灶面微隆，五火眼各置一釜，附带三盆二甑。后有圆形烟囱眼，上置柱状烟囱，中空。前置长方形灶门，两侧有挡风，平底。长25.8、宽24、高15～24.6厘米（图五三五，6）。

　　Ⅲ式　1件。标本ⅡM785：9，泥质灰陶。平面呈船形，前方后尖圆，灶面微弧，五火眼，残存三釜，附带一盆二甑。后有圆形烟囱眼，上置柱状烟囱，中空，顶部有隆节，上有圆形镂孔，前置长方形灶门，两侧有挡风，平底。长25.2、宽22.8、高13.2～25.8厘米（图五三六，1）。

　　B型　44件。船形灶，三眼灶，呈"品"字形。可分三亚型。

　　Ba型　29件。近等腰三角形。可分三式。

　　Ⅰ式　3件。标本ⅡM19：9，泥质灰黑陶。平面呈船形，前方后弧圆，灶面微弧，三火眼各置一釜，附带二盆一甑。后有圆形烟囱眼，烟囱残失。前置长方形灶门，两侧置有挡风，平

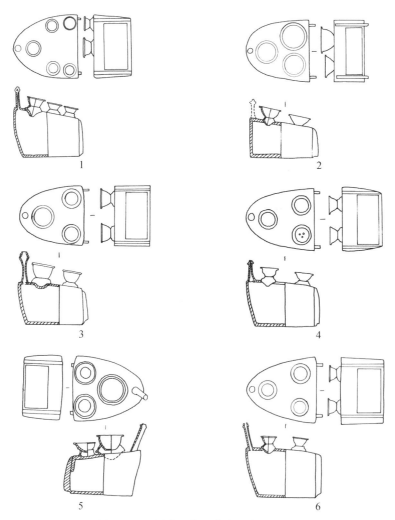

图五三六　甲类汉代墓葬出土陶灶分型图

1. Ac型Ⅲ式灶（ⅡM785：9）　2. Ba型Ⅰ式灶（ⅡM19：9）　3. Ba型Ⅱ式灶（ⅡM974：9）
4. Ba型Ⅲ型灶（ⅡM18：8）　5. Bb型Ⅰ式灶（ⅡM1375：5）　6. Bb型Ⅱ式灶（ⅡM863：4）

底。长24.9、宽22、高10.8～18厘米（图五三六，2）。

Ⅱ式 12件。标本ⅡM974：9，泥质灰陶。平面呈船形，前方后弧圆，灶面稍作弧形，三火眼各置一釜，附带二盆一甑。后有圆形烟囱眼，上置柱状烟囱，中空，顶上有一隆节。前置长方形灶门，两侧置有挡风，平底。长24、宽19.8、高12～24厘米（图五三六，3）。

Ⅲ式 14件。标本ⅡM18：8，泥质灰陶。平面呈船形，前方后弧圆，灶面稍作弧形，三火眼各置一釜，附带二盆一甑。上置柱状烟囱，内空，顶上有隆节。前置长方形灶门，两侧置有挡风，平底。下腹有削切痕。长23.4、宽19.4、高12.6～20.4厘米（图五三六，4）。

Bb型 5件。三眼灶，体宽而瘦高，近等腰三角形，可分二式。

Ⅰ式 1件。标本ⅡM1375：5，泥质灰陶。平面呈船形，前微弧后尖圆，灶面稍作弧形，三火眼各置一釜，附带二盆一甑。尾端有烟囱眼，上置柱状烟囱，中空，烟囱顶上有一隆节。前置长方形灶门，两侧置有挡风，平底。长25.8、宽22.2、高13.2～24.6厘米（图五三六，5）。

Ⅱ式 4件。标本ⅡM863：4，泥质灰陶。平面呈船形，前方后尖圆，灶面稍作弧形，三火眼各置一釜，附带二盆一甑。后有圆形烟囱眼，上置短柱状烟囱，中空，顶上有一隆节。前置长方形灶门，两侧置有挡风，平底。灶内底饰网格纹。长28.2、宽24、高15.6～26.4厘米（图五三六，6）。

Bc型 10件。三眼灶，近等边三角形，可分三式。

Ⅰ式 4件。标本ⅡM975：1，泥质灰陶。平面呈船形，前弧后圆，灶面稍作弧形，三火眼各置一釜，附带二盆。后有圆形烟囱眼，上置柱状烟囱，中空，顶上有一隆节，上有三角形和圆形镂孔。前置长方形灶门，两侧置有挡风，平底。器表有削切痕。长22.2、宽23.4、高12.6～23.4厘米（图五三七，1）。

Ⅱ式 4件。标本ⅡM1249：4，泥质灰陶。平面呈船形，前方后圆，灶面稍作弧形，三火眼各置一釜，附带二盆一甑。后有圆形烟囱眼，上置柱状烟囱，中空，顶上有一隆节，上有三角形镂孔。前置长方形灶门，两侧置有挡风，平底。长26.4、宽25.2、高13.2～27厘米（图五三七，2）。标本ⅡM13：9，器表有削痕。长20.4、宽20.4、高13.8～21.6厘米（图五三七，3）。

Ⅲ式 2件。标本ⅡM241：5，泥质灰陶。平面呈船形，前方后圆，灶面稍作弧形，三火眼各置一釜，附带二甑一盆。后有圆形烟囱眼，上置柱状烟囱，中空，顶上有隆节。前置梯形灶门，两侧置有挡风，平底。长19.6、宽18、高10.4～18厘米（图五三七，4）。

C型 2件。长方形，三眼灶，呈"品"字形。标本ⅡM98：9，泥质灰陶。灶面较平，前端上方有挡板，尾端有方柱状烟囱，中空。前置梯形灶门，无底。长43.2、宽24.6、高15.6～18.6厘米（图五三七，5）。

D型 1件。梯形，三眼灶，呈"品"字形。标本ⅡM1174：2，泥质灰陶。三火眼各置一釜，前置长方形灶门，无底。长36、宽18.6～21.6、高15.6厘米（图五三七，6；图版九二，2）。

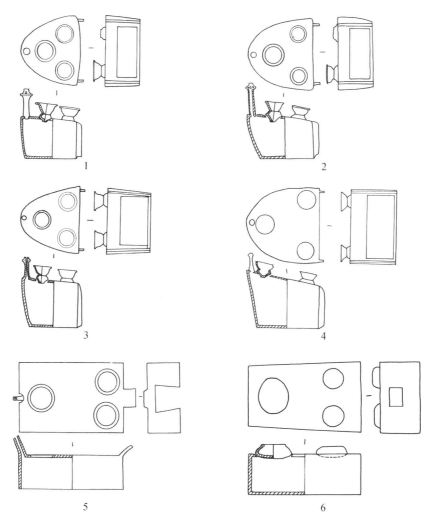

图五三七　甲类汉代墓葬出土陶灶分型图

1. Bc型Ⅰ式灶（ⅡM975：1）　　2. Bc型Ⅱ式灶（ⅡM1249：4）　　3. Bc型Ⅱ式灶（ⅡM13：9）

4. Bc型Ⅲ式灶（ⅡM241：5）　　5. C型灶（ⅡM98：9）　　6. D型灶（ⅡM1174：2）

6. 井

共出土57件，以每座墓中出现1件者居多，也有少数出现2件者不等，多数井壁内侧饰有凸棱。与井同出的有陶水斗（吊瓶），发现时多放在井内。以下依据井筒与井口的异同，分为四型。

A型　21件。井身呈方形，井框呈"井"字形。井身是由底略大于口向口大底小发展，井框是由大变小再变大。可分四式。

Ⅰ式　5件。井框呈"井"字形，井身呈方形，井口略小于井底或口底同大。标本ⅡM19：5，泥质灰陶，井口略小于井底。口长11.4、底长7.5、高13.5厘米（图五三八，1）。标本ⅡM1282：2，泥质灰陶，井口与井底同大。口长9.9、底长9.9、高8.9厘米（图五三八，2）。

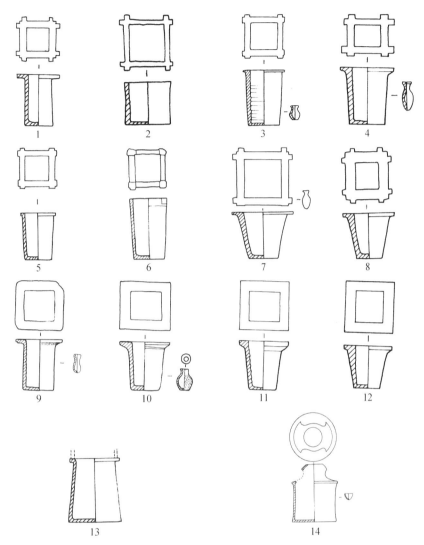

图五三八　甲类汉代墓葬出土陶井分型图

1.A型Ⅰ式井（ⅡM19：5）　2.A型Ⅰ式井（ⅡM1282：2）　3.A型Ⅱ式井（ⅠM34：3）　4.A型Ⅱ式井（ⅣM35：10）
5.A型Ⅲ式井（ⅣM23：7）　6.A型Ⅲ式井（ⅠM48：4）　7.A型Ⅳ式井（ⅡM9：13）　8.A型Ⅳ式井（ⅣM2：9）
9.B型Ⅰ式井（ⅠM43：5）　10.B型Ⅱ式井（ⅠM55：6）　11.B型Ⅲ式井（ⅡM1739：6）　12.B型Ⅳ式井（ⅣM40：2）
13.C型井（ⅣM6：5）　14.D型井（ⅡM1174：1）

　　Ⅱ式　6件。井框呈"井"字形，井身呈方形或长方形，井口略大于井底。标本ⅠM34：3，泥质灰陶，井身呈方形，附带吊瓶。口长9.6、底长7.4、高12.4厘米（图五三八，3）。标本ⅣM35：10，泥质灰陶，井身呈长方形，附带吊瓶。口长12、宽8.7、底长7.2、高12厘米（图五三八，4）。

　　Ⅲ式　5件。井框呈"井"字形，井身呈方形，井口大于井底。标本ⅣM23：7，泥质灰陶。口长9.6、底长7.2、高12.5厘米（图五三八，5）。标本ⅠM48：4，泥质灰陶，附带吊瓶。口长6.3、宽6.1、底长5.3、宽5.4、高10厘米（图五三八，6）。

Ⅳ式　5件。井框呈"井"字形，井身呈方形，井口大于井底。标本ⅡM9：13，泥质灰陶，附带吊瓶。口长9.6、底长4.8、高7.3厘米（图五三八，7）。标本ⅣM2：9，泥质灰陶。口长8.8、底长4.5、高7厘米（图五三八，8）。

B型　34件。井身、井框皆呈方形。可分四式。

Ⅰ式　5件。井身、井框皆呈方形，井口与井底相等或井口略小于井底。标本ⅠM43：5，泥质灰陶，井口与井底同大，附带吊瓶。口长10.3、底长6.8、高10.7厘米（图五三八，9）。

Ⅱ式　6件。井身、井框皆呈方形，井口略大于井底。标本ⅠM55：6，泥质灰陶，附带吊瓶。口长10.5、宽9.6、底长5.6、高9.7厘米（图五三八，10）。

Ⅲ式　14件。井身、井框皆呈方形，井口大于井底。标本ⅡM1739：6，泥质灰陶。口长9.2、底长5.3、高9厘米（图五三八，11）。

Ⅳ式　9件。井身、井框皆呈方形，井口大于井底。标本ⅣM40：2，泥质灰陶。口长7.9、底长4.4、高6.6厘米（图五三八，12）。

C型　1件。圆形，带井架，井口小于井底。标本ⅣM6：5，泥质灰陶。口径14、底径13.8、高17厘米（图五三八，13）。

D型　1件。粮仓形，带井架。标本ⅡM1174：1，泥质灰陶。井体呈亚腰圆柱状，井口出沿，井架为半球形，上有圆口，两侧有椭圆形口，平底。附带一尖底形吊瓶。井架饰凸弦纹。口径6、底径15.2、通高19.3厘米（图五三八，14；图版九一，1）。

7. 盆

共出土10件。可分五型。

A型　1件。卷沿，折腹。标本ⅡM1560：3，泥质灰陶。直口微敛，圆唇，上腹较直，下腹折收，小平底。上腹饰凹弦纹，下腹饰绳纹。口径22.6、底径7.6、高10厘米（图五三九，1）。

B型　1件。折沿。标本ⅡM1938：04，泥质灰陶。敞口，宽平沿，斜腹微弧，以下残。腹饰弦断绳纹。口径36、残高7.6厘米（图五三九，2）。

C型　1件。敞口，弧腹。标本ⅡM1174：9，泥质灰陶。敞口，圆唇，口沿外撇，弧腹，平底。口径20.5、底径9.5、高8.4厘米（图五三九，6）。

D型　5件。皆圆形筒状，作口大底小。可分二式。

Ⅰ式　1件。口略大于底。标本ⅡM1938：07，泥质灰陶。直口微敛，方唇，近直壁，深腹，平底。上腹饰凹弦纹，近底处有削切痕。口径15.6、底径10、高13.2厘米（图五三九，3）。

Ⅱ式　4件。口大底小。标本ⅡM1174：15，泥质灰陶。敞口，尖圆唇，斜直壁，深腹，平底。上腹饰凸弦纹。口径18、底径10.8、高12.6厘米（图五三九，4）。标本ⅡM98：6，泥质灰陶。敞口，方唇，斜壁微弧，深腹，平底。腹饰凸弦纹。口径20.5、底径10.5、高14厘米（图五三九，5）。

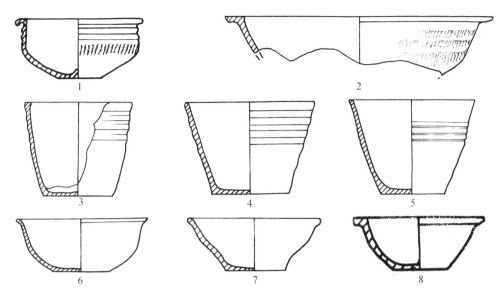

图五三九 甲类汉代墓葬出土陶盆分型图

1. A型盆（ⅡM1560：3） 2. B型盆（ⅡM1938：04） 3. D型Ⅰ式盆（ⅡM1938：07） 4. D型Ⅱ式盆（ⅡM1174：15）
5. D型Ⅱ式盆（ⅡM98：6） 6. C型盆（ⅡM1174：9） 7. Ea型盆（ⅡM102：6） 8. Eb型盆（ⅡM785：12）

E型　2件。小盆。可分二亚型。

Ea型　1件。敞口，斜腹。标本ⅡM102：6，泥质灰陶。敞口，圆唇，斜腹微弧，平底。口径16.7、底径7.3、高5.9厘米（图五三九，7）。

Eb型　1件。折沿。标本ⅡM785：12，泥质灰陶。敞口，平沿，方唇，斜弧腹，平底。口径12.6、底径5.4、高4.8厘米（图五三九，8）。

8. 盘

共出土8件。可分三型。

A型　2件。敞口，浅腹。标本ⅡM98：8，泥质灰陶。敞口，方唇，浅腹，平底。口径16.5、底径12、高1.8厘米（图五四〇，1）。

B型　2件。敞口，弧腹。标本ⅡM1174：14，泥质灰陶。敞口，方唇，斜弧腹，假圈足，平底。口径17.8、底径6.5、高3.9厘米（图五四〇，2）。

C型　4件。敞口，折沿。可分二亚型。

Ca型　2件。斜腹。标本ⅡM98：1，泥质灰陶。敞口，折沿，圆唇，斜腹，平底。口径18.5、底径10.5、高3.5厘米（图五四〇，3）。标本ⅣM6：4，泥质灰陶。敞口，折沿，方唇，斜腹微弧，饼足，平底。口径24、底径10.5、高6.5厘米（图五四〇，4）。

Cb型　2件。弧腹。标本ⅡM1174：7，泥质灰陶。敞口，折沿，方唇，弧腹，假圈足，平底。口径18、底径7.1、高4.3厘米（图五四〇，5）。标本ⅣM6：3，泥质灰陶。口径22、底径10.5、高5厘米（图五四〇，6）。

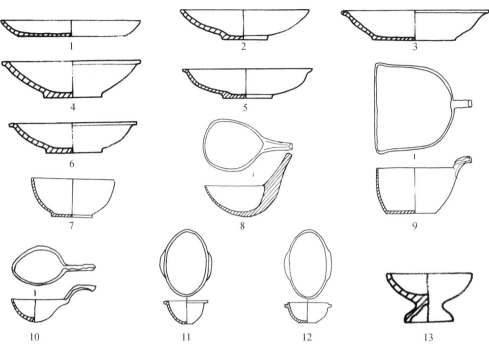

图五四〇　甲类汉代墓葬出土陶器分型图

1. A型盘（ⅡM98：8）　2. B型盘（ⅡM1174：14）　3. Ca型盘（ⅡM98：1）　4. Ca型盘（ⅣM6：4）
5. Cb型盘（ⅡM1174：7）　6. Cb型盘（ⅣM6：3）　7. 碗（ⅡM98：10）　8. A型勺（ⅡM98：11）　9. 魁（ⅡM1174：4）
10. B型勺（ⅡM1174：8）　11. 耳杯（ⅡM102：4）　12. 耳杯（ⅡM1174：5）　13. 豆（ⅡM986：10）

9. 碗

1件。深腹。标本ⅡM98：10，泥质灰陶。敞口，圆唇，深弧腹，假圈足，平底。口径16、底径8、高7厘米（图五四〇，7）。

10. 魁

1件。标本ⅡM1174：4，泥质灰陶。前方后圆，深腹，平底。器身后端附鸟首状弯柄。口径16～18、底径10、通高9.2厘米（图五四〇，9；图版九一，2）。

11. 勺

共出土4件。可分二型。

A型　1件。勺首前端宽肥，圜底，后端斜出一柄。标本ⅡM98：11，泥质灰陶。口径6～7.2、柄长3.4、高8厘米（图五四〇，8）。

B型　3件。形制相同，同出一墓。勺首前端瘦窄，呈椭圆形，圜底，后端附鸟首状弯柄。标本ⅡM1174：8，泥质灰陶。口径4.6～6.6、柄长4、高2.6厘米（图五四〇，10）。

12. 耳杯

共出土5件。杯身椭圆形，敞口，两端微上翘，两侧有新月状耳，斜弧腹，平底。标本ⅡM102：4，泥质灰陶。口径7.6～11.2、底径3.3～6.8、高3.8厘米（图五四〇，11）。标本ⅡM1174：5，泥质红陶。口径9.6～15.6、底径4.5～9.6、高4.8厘米（图五四〇，12）。

13. 豆

1件。标本ⅡM986：10，泥质灰陶。敞口，弧腹，下接喇叭形底座。口径11、底径6.9、高5.8厘米（图五四〇，13）。

14. 钵

共出土2件。可分二型。

A型 1件。弧腹。标本ⅡM777：1，泥质灰陶。敛口，内折沿，圆唇，弧腹，平底。口外有一周凹槽。口径16.1、底径6、高6.6厘米（图五四一，1）。

B型 1件。折腹。标本ⅡM1087：3，泥质灰褐陶。直口，窄平沿，方唇，折腹斜收，假圈足，平底。口径22、底径8.3、高10.2厘米（图五四一，2）。

15. 奁

共出土4件。可分二型。

A型 2件。无盖，圆形筒状，三矮蹄足。可分二亚型。

Aa型 1件。口底同大。标本ⅡM1174：11，泥质灰陶。直口，方唇，平底，下承三矮蹄足。口外饰数周凹弦纹。口径16.3、底径16.3、通高8.4厘米（图五四一，3）。

Ab型 1件。口大底小。标本ⅣM6：2，泥质灰陶。直口微外敞，方唇，平底，下承三矮蹄足。口外和下腹各饰二周凹弦纹。口径20.3、底径17、通高10.8厘米（图五四一，4）。

B型 2件。无盖，圆形筒状，平底。可分二式。

Ⅰ式 1件。标本ⅡM222：2，泥质灰陶。直口微敛，方唇，圆形筒状，平底。口径18、底径16.2、高15厘米（图五四一，5）。

Ⅱ式 1件。标本ⅡM785：4，泥质灰陶。直口，方唇，圆形筒状，平底。口径27.5、底径27.5、高10.4厘米（图五四一，6）。

16. 方盒

共出土3件。盒盖和盒身都作立体长方形，盒身可以全部被套入盖里，而且二者之间有的有间隙，有的无间隙。盒身平底，盒盖上部斜起，盝顶。标本ⅡM118：1，泥质灰褐陶。无间隙。长36、宽18、通高13厘米（图五四一，17）。标本ⅡM1174：6，泥质灰陶。有间隙。长

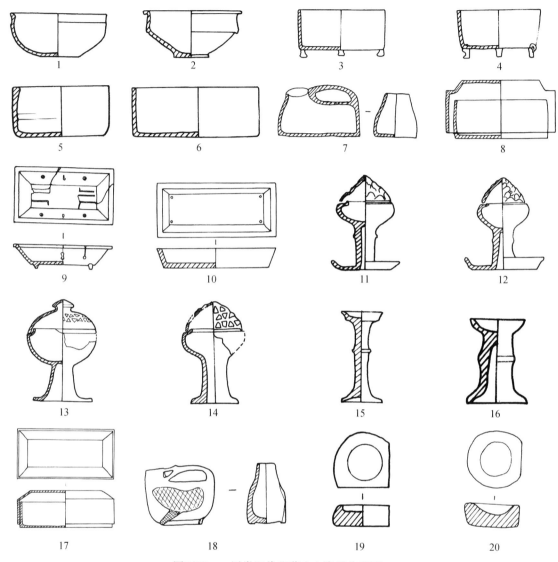

图五四一　甲类汉代墓葬出土陶器分型图

1. A型钵（ⅡM777：1）　2. B型钵（ⅡM1087：3）　3. Aa型奁（ⅡM1174：11）　4. Ab型奁（ⅣM6：2）
5. B型Ⅰ式奁（ⅡM222：1）　6. BⅡ式奁（ⅡM785：4）　7. A型虎子（ⅡM1375：15）　8. 方盒（ⅡM1174：6）
9. A型火盆（ⅡM9：6）　10. B型火盆（ⅡM785：8）　11. Ⅰ式博山炉（ⅠM1：8）　12. Ⅱ式博山炉（ⅣM2：5）
13. A型熏炉（ⅣM31：10）　14. B型熏炉（ⅣM54：3）　15. Aa型灯（ⅣM35：13）　16. Ab型灯（ⅣM1：9）
17. 方盒（ⅡM118：1）　18. B型虎子（ⅡM11：26）　19. B型灯（ⅡM785：13）　20. B型灯（ⅡM1938：3）

33.6、宽16、通高17.4厘米（图五四一，8；图版九一，3）。

17. 火盆

共出土2件。可分二型。

A型　1件。底部有长条形穿孔，底附四个矮足。标本ⅡM9：6，长方形，折沿，方唇，斜腹，平底，四角各承一矮足。两侧各饰两个小圆孔，中间夹饰一个亚腰形穿孔，底部有两组长条形穿孔，每组三条。口长13.8、宽7.5、底长9、宽3.6、通高3.5厘米（图五四一，9）。

B型 1件。平底，内底四角各有一小坑。标本ⅡM785：8，泥质灰陶。长方形，方唇，斜腹，平底。口长34.5、宽15.2、底长27.6、宽8.4、高5.5厘米（图五四一，10）。

18. 博山炉

共出土4件。盖似博山形，盘形底座。可分二式。

Ⅰ式 2件。细柄。标本ⅠM1：8，泥质灰黑陶。盖与炉以子母口相扣合。盖似博山形，上有小孔。炉子口内敛，弧腹，圜底；细柄中空，上粗下细，饰一周凸箍；浅盘式座，圆唇，浅腹，平底。口径5.2、底径6.7、通高11.2厘米（图五四一，11）。

Ⅱ式 2件。粗柄。标本ⅣM2：5，泥质灰陶。盖与炉以子母口相扣合。盖似博山形，上有五个小圆孔。炉子口内敛，弧腹，圜底；粗柄中空，饰一周凸箍；浅盘式座，平沿略外撇，斜腹，平底。盘内饰一周凸弦纹。口径5.8、底径11.5、通高15厘米（图五四一，12；图版九〇，3）。

19. 熏炉

共出土2件。可分二型。

A型 1件。半球形盖。标本ⅣM31：10，泥质灰陶。盖与炉以子母口相扣合。盖呈半球形，深腹，顶端有桃形纽，盖面镂孔呈三角形。炉子口，深弧腹，圜底，喇叭形底座，中空。口径9、底径10.3、通高17厘米（图五四一，13）。

B型 1件。圆锥形盖。标本ⅣM54：3，泥质灰陶。盖与炉以子母口相扣合。盖面弧形隆起，顶端较尖，盖面镂孔呈三角形。炉子口，弧腹，圜底；粗柄中空，饼形底座。口径9.6、底径10.2、通高21.2厘米（图五四一，14）。

20. 灯

共出土5件。可分二型。

A型 2件。豆形，可分二亚型。

Aa型 1件。细柄。标本ⅣM35：13，泥质灰陶。浅盘口，平沿略外撇，折腹，平底；细实柄，饰一周竹节棱，喇叭形底座。口径7.2、底径7.2、通高15.2厘米（图五四一，15，图版九〇，4）。

Ab型 1件。粗柄。标本ⅣM1：9，泥质灰陶。浅盘口，方唇，弧腹，圜底；粗柄中空，饰一周凸箍，喇叭形底座。口径5.2、底径7.3、通高6.1厘米（图五四一，16）。

B型 3件。砖块制成。标本ⅡM785：13，灰色。近扇形，中间有圆形浅坑。体长9.6、宽9、厚3.6厘米，坑径6、深1.2厘米（图五四一，19）。标本ⅡM1938：3，灰色。近圆形，中间浅坑，为圆形，圜底。体径11、厚4.4厘米，坑径6.4、深2厘米（图五四一，20）。

21. 虎子

共出土2件。可分二型。

A型 1件。标本ⅡM1375：15，泥质灰陶。一端为圆柱形口，一端与口部连接成提梁，扁腹，平底。口径7.1、长22.8、宽11.5、高12厘米（图五四一，7）。

B型 1件。标本ⅡM11：26，泥质灰陶。呈卧鸭形，尾部为圆柱形口，鸭嘴衔尾，颈部为提梁，腹部以刻划网格纹和浅浮雕方式表现鸭子的躯体，平底。口径4.8、长19.5、宽10.8、高16.2厘米（图五四一，18；图版九〇，1、2）。

22. 陶案

共出土7件。皆长方形，周边有廓棱。分别出于ⅡM118、ⅡM785、ⅡM1174、ⅡM1938等四座墓中，ⅡM1174、ⅡM1938每墓只出一件，ⅡM785内出土二件，ⅡM118内则出土三件。标本ⅡM1174：13，泥质灰陶。长48、宽32、厚1.2厘米（图五四二，1）。标本ⅡM1938：06，泥质灰陶。长28、宽20、厚1.2厘米（图五四二，2）。

23. 案足

1件。标本ⅡM1174：16，泥质灰陶。截面呈长方形，体上宽下窄，面饰方格纹与穗纹。高7.1厘米（图五四二，3）。

24. 陶轮

2件。形制相同，同出一墓。标本ⅡM1011：1，泥质灰陶。两端较细，中部方鼓，中空，

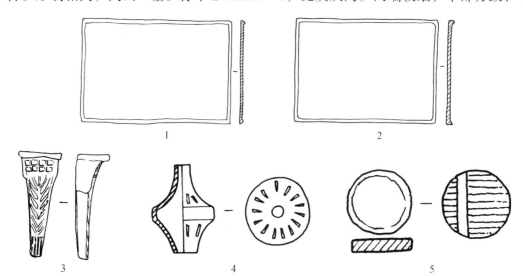

图五四二 甲类汉代墓葬出土陶器分型图

1、2.陶案（ⅡM1174：13、ⅡM1938：06） 3.案足（ⅡM1174：16） 4.陶轮（ⅡM1011：1） 5.陶饼（ⅠM48：15）

外围有长条形镂孔。直径8、长10.8厘米（图五四二，4）。

25. 陶饼

1件。标本 I M48：15，泥质灰陶。陶片加工而成，圆形，一侧绳纹，一侧素面。直径4.6、厚0.8厘米（图五四二，5）。

（二）釉陶器

共出土29件。分别出于 II M17、II M21、II M1172、II M1938等四座墓中，II M17因盗掘只存井和灶上小甑等。釉陶器釉色有黄绿釉和绿釉，以黄绿釉居多，有的泛白灰；胎质多为土红色，红褐色数量较少。器类有鼎、錡、鋞、樽、壶、罐、盘、火盆、博山炉、灯、灶、井、甑等。

1. 鼎

1件。标本 II M21：29，无盖，子口内敛，鼓腹，圜底，下承三蹄足。肩两侧附长方形竖耳，耳中部有长方形孔。土红色胎，施黄绿釉，足底露胎。口径7.1、腹径11.2、通高7厘米（图五四三，1；图版八〇，1）。

2. 錡

1件。标本 II M21：21，鼎形，无盖，小口略外侈，方唇，折肩，弧腹，圜底，下承三蹄足。肩附半圆形夹耳，耳上有小穿，耳下附方形空柄，夹耳左侧附鸟首形短流。土红色胎，施黄绿釉。口径4、腹径9.6、通高8.5厘米（图五四三，2；图版八〇，2）。

3. 鋞

1件。标本 II M21：25，盖与器身以子母口相扣合。盖为子口，平顶，中心附半圆环形小纽。器身为直口，方唇，筒形腹，平底，下承三矮蹄足。口外附贴一周宽带纹，之下对称附贴半圆环形穿耳。土红色胎，施黄绿釉，足底露胎。口径5.4、底径5.4、通高10.4厘米（图五四三，4；图版八一，1）。

4. 樽

1件。标本 II M21：26，盖与器身以子母口相扣合。盖子口内敛，盖面微隆。器身为直口，方唇，筒形腹，平底，下承三矮蹄足。土红色胎，盖面中心饰双环凹弦纹，外饰刻划卷云纹。器身腹部两周凹弦纹间夹饰一周刻划卷云纹，施黄绿釉，足底露胎。口径15.9、底径15.9、高13厘米（图五四三，3；图版八一，2）。

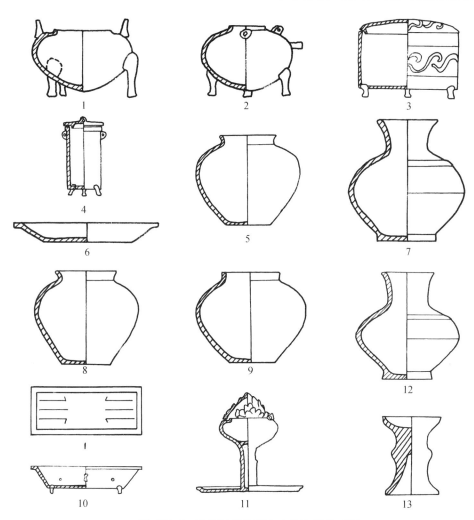

图五四三　甲类汉代墓葬出土釉陶器分型图

1. 鼎（ⅡM21：29）　2. 锜（ⅡM21：21）　3. 樽（ⅡM21：26）　4. 铛（ⅡM21：25）　5. A型罐（ⅡM21：12）
6. 盘（ⅡM21：22）　7. A型壶（ⅡM21：13）　8. B型罐（ⅡM21：10）　9. C型罐（ⅡM21：8）
10. 火盆（ⅡM21：24）　11. 博山炉（ⅡM21：27）　12. B型壶（ⅡM21：18）　13. A型灯（ⅡM21：19）

5. 壶

3件。根据腹部的差异，可分二型。

A型　2件。鼓腹。标本ⅡM21：13，敞口，圆唇，粗颈微束，鼓腹，假圈足，平底。土红色胎，肩部饰一周条带凹槽，施黄绿釉，内壁施釉至颈部，足底露胎。口径8.1、腹径14.8、底径7.9、高15厘米（图五四三，7）。

B型　1件。扁鼓腹（曲腹）。标本ⅡM21：18，敞口，圆唇，粗颈微束，扁鼓腹，假圈足微外撇，平底。土红色胎，肩部饰一周条带凹槽，施黄绿釉，内壁施釉至颈部，足底露胎。口径8.7、腹径16、底径8、高16.2厘米（图五四三，12）。

6.罐

9件。可分三型。

A型 1件。高领罐。标本ⅡM21：12，口略外侈，圆唇，高领，圆肩，鼓腹弧收，平底。土红色胎，施黄绿釉，器内施釉至颈部，器底露胎。口径4、底径3.2、高6.4厘米（图五四三，5）。

B型 4件。侈沿罐。标本ⅡM21：10，侈口，鼓腹，平底。红胎，施黄绿釉。口径4.2、底径3.3、高6厘米（图五四三，8）。

C型 4件。矮领罐。标本ⅡM21：8，直口，方唇，矮直领，鼓腹，平底。土红色胎，施黄绿釉，器内施釉至颈部，器底露胎。口径3.5、底径3、高5.4厘米（图五四三，9）。

7.盘

2件。标本ⅡM21：22，敞口，折沿，方唇，斜腹，平底。土红色胎，施黄绿釉，器底露胎。口径16、底径10、高2.1厘米（图五四三，6）。

8.火盆

1件。标本ⅡM21：24，长方形，折沿，方唇，斜腹，平底，四角各承一矮蹄足。土红色胎，两侧各饰两个小圆孔，中间夹饰一个亚腰形穿孔，两端各饰一个亚腰形穿孔，底部有两组长条形穿孔，每组三条。施黄绿釉，器底露胎。口长17.4、口宽7.4，底长11.6、底宽5.6、通高4.2厘米（图五四三，10；图版八二，3）。

9.博山炉

1件。标本ⅡM21：27，盖与炉以子母口相扣合。盖似博山形，上有四小圆孔。炉子口内敛，弧腹，圜底；细柄中空，饰一周凸箍；座为浅盘，平沿，平底。土红色胎，施黄绿釉，器底露胎。口径5.5、底径13.5、高14厘米（图五四三，11；图版八一，4）。

10.灯

2件。可分二型。

A型 1件。矮粗柄。标本ⅡM21：19，浅盘口，方唇，内底近平，粗柄中空，饰一周凸箍，喇叭形底座。土红色胎，施黄绿釉，近底柄内无釉。口径4.4、底径4.2、高5.5厘米（图五四三，13）。

B型 1件。细柄。标本ⅡM1938：05，浅盘口，平沿，斜直腹，平底，盘内心有一乳突，细柄残。红褐色胎，施黄绿釉。口径14、残高4厘米（图五四四，2）。

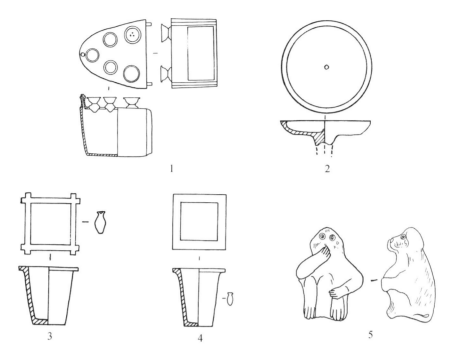

图五四四　甲类汉代墓葬出土釉陶器分型图

1. 灶（ⅡM21∶5）　2. B型灯（ⅡM1938∶05）　3. A型井（ⅡM21∶6）　4. B型井（ⅡM17∶5）　5. 猴（ⅡM1172∶10）

11. 灶

1套。标本ⅡM21∶5，呈船形，灶面微鼓，五火眼置釜、附带三盆二甑，后有圆形烟囱眼，上置短柱状烟囱，中空，顶上有隆节，上有三个三角形镂空。前置长方形灶门，两侧置有挡风。土红色胎，施黄绿釉，器底露胎。长17.2、宽16.9、通高11～14厘米（图五四四，1；图版八二，1）。

12. 井

2件。根据井口外框的差异，可分二型。

A型　1件。方口，"井"字形外框。标本ⅡM21∶6，井身方口，呈倒梯形，平底。附带吊瓶，作敞口、束颈、溜肩、鼓腹、圜底。土红色胎，施黄绿釉，内壁与器底露胎。口长9.6、底长5、高9厘米（图五四四，3；图版八二，2）。

B型　1件。方口，方形外框。标本ⅡM17∶5，井身方口，呈倒梯形，平底。附带吊瓶。土红色胎，施绿釉，内壁与器底露胎。口长7.8、底长4.2、高8.1厘米（图五四四，4）。

13. 甑

2件。形制相同，同出一墓。标本ⅡM17∶8，敞口，平沿，圆唇，腹微弧，平底。有圆形镂孔。土红色胎，施黄绿釉，器底露胎。

14. 烟囱

1件。标本ⅡM17:6，圆柱状，中空，上有隆节。土红色胎，施黄绿釉，器内无釉。

15. 猴

1件。标本ⅡM1172:10，呈蹲踞状，昂首，仰目，两眼圆睁，两前爪左爪抱膝，右爪捂嘴。土红色胎，施绿釉，器底露胎。高3.8厘米（图五四四，5）。

（三）铜器

共出土463件。器类有锺、扁壶、鈁镂、铿、甗、鐍、盆、熏炉、铜镜、带钩、带扣、带饰、铜扣、铜铃、铜匙、铜刷柄、铜镞、铜剑镡、铜镦、弩机、铜捉手、铜环、铺首、铜器足、铜饰、柿蒂形饰、印章（印章坯）、车马具、钱币等。

1. 锺

2件。形制相同，同出一墓，一件无盖，一件带盖。标本ⅡM1511:1，无盖。敞口，方唇，长弧颈，鼓腹，高圈足。口沿外、肩部、中腹及下腹部各附贴一周宽带纹，肩部对称饰兽面纹铺首衔环，圈足内有篆书铭文"日利"。口径18、腹径37、底径22.2、高45.2厘米（图五四五，3；图版九五，1~3）。标本ⅡM1511:12，盖与器身以子母口相扣合。盖子口，盖面隆起，呈伞状，顶中部有鼻，鼻中有环。体敞口，方唇，长弧颈，鼓腹，高圈足。口外、肩部、中腹及下腹部各附贴一周宽带纹，肩部对称饰兽面纹铺首衔环，环已残损。口径13.6、腹径28.8、底径17.6、通高38.2厘米（图五四五，1；图版九六，1）。

2. 扁壶

1件。标本ⅡM1561:3，无盖。直口，方唇，短颈，椭圆形扁腹，长方形圈足微外撇。口外附贴一周宽带纹，肩部两侧饰有半圆形穿耳，一侧已残，腹部边缘饰有弧形条带凹槽。口径7.6、腹宽30.6、腹厚10.6、底长16.6、底宽8、通高25.4厘米（图五四五，2；图版九七，1）。

3. 鈁镂

1件。标本ⅠM6:1，盖与器身扣合紧密。提梁两端作龙首状，龙首各衔两节"8"字形环，与器身口部的衔环相连接。盖呈覆盆式，深弧腹，盖面弧形隆起，以一周绳索状凸弦纹圈带分为两区，内区饰兽面纹，外区饰三组蟠螭纹和三枚小兽形纽。器身子口，内折沿，鼓腹，圜底，下承三兽形蹄足。口径9.6、腹径15.4、通高18.2厘米（图五四五，4；图版九四，1、2）。

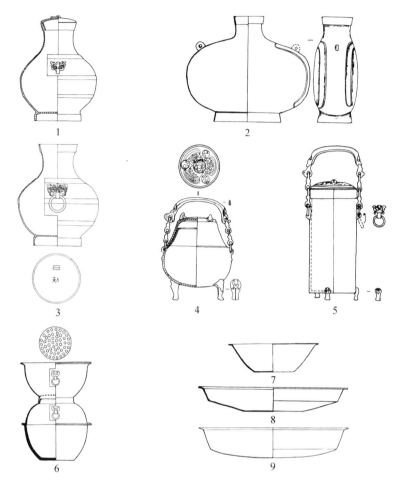

图五四五　甲类汉代墓葬出土铜器分型图

1、3.锤（ⅡM1511：12、ⅡM1511：1）　2.扁壶（ⅡM1561：3）　4.鋗镂（ⅠM6：1）　5.鋞（ⅡM1561：6）
6.甗（ⅡM1511：5）　7.A型盆（ⅡM1035：1）　8.B型Ⅰ式盆（ⅡM1007：1）　9.B型Ⅱ式盆（ⅡM1511：11）

4.鋞

1件。标本ⅡM1561：6，盖与器身以子母口相扣合。盖作子口，盖面隆起，中部有桥形提纽。体为直口，方唇，筒形腹，平底，下接三个兽面形矮蹄足。提梁两端作龙首状，龙首各衔两节"8"字形环，与器身的兽面纹铺首衔环相连接，一端已残失。口外附贴一周宽带纹。口径10、底径10、通高25.2厘米（图五四五，5；图版九七，3）。

5.甗

1件。标本ⅡM1511：5，由甑和罐组成。甑作盆状，敞口，斜折沿，弧鼓腹，圈足，平底有圆形箅孔。沿下对称饰兽面纹铺首衔环。罐直口微敛，矮领，球形腹，平底。肩部对称饰兽面纹铺首衔环，腹饰凸棱一周。口径11.7、腹径10.4、底径5.4、通高15.6厘米（图五四五，6；图版九七，4）。

6. 铜

2件。可分二式。

Ⅰ式 1件。标本ⅡM1087：2，直口，折沿，尖圆唇，深弧腹，矮圈足。腹部饰四周凸弦纹，两侧附对称的兽面纹铺首衔环。口径28、底径14、高11.9厘米（图五四六，2）。

Ⅱ式 1件。标本ⅠM29：1，直口微敛，卷沿，深弧腹，矮圈足，底心略内凹。腹部饰四周凸弦纹，两侧对称饰兽面纹铺首。口径27.4、底径14.5、高12厘米（图五四六，3；图版九九，1）。

7. 盆

5件。可分三型。

A型 1件。斜腹。标本ⅡM1035：1，敞口，平折沿，尖唇，斜腹微，平底。口径24.3、底径10.5、高7.2厘米（图五四五，7；图版九九，2）。

B型 2件。折腹。可分二式。

Ⅰ式 1件。标本ⅡM1007：1，敞口，折沿，沿面微上翘，斜折腹，平底。口径33.4、底径13.6、高5.6厘米（图五四五，8）。

Ⅱ式 1件。标本ⅡM1511：11，敞口，折沿，沿面上翘，斜折腹，圜底。口径69.5、底径60、高13厘米（图五四五，9）。

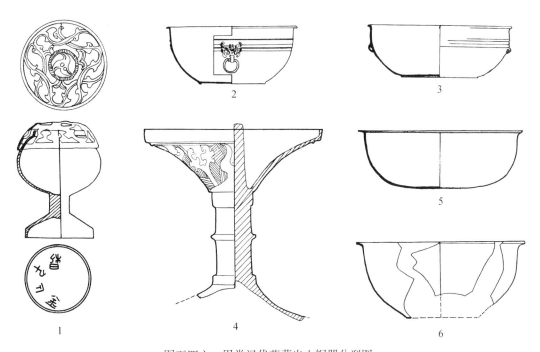

图五四六　甲类汉代墓葬出土铜器分型图

1.熏炉（ⅡM1511：3）　2.Ⅰ式铜（ⅡM1087：2）　3.Ⅱ式铜（ⅠM29：1）　4.灯（ⅣM54：2）

5.C型Ⅰ式盆（ⅡM1035：2）　6.C型Ⅱ式盆（ⅡM1511：10）

C型　2件。弧腹。可分二式。

Ⅰ式　1件。标本ⅡM1035：2，直口微敞，平折沿，弧腹，圜底近平。口径21.8、底径13.2、高7厘米（图五四六，5）。

Ⅱ式　1件，残。标本ⅡM1511：10，敞口，折沿，沿面上翘，弧腹，平底。口径15.5、底径6.6、高6.6厘米（图五四六，6）。

8. 熏炉

1件。标本ⅡM1511：3，盖与器身以子母口相扣合。盖面高隆，镂孔呈蟠螭纹。炉子口内敛，深腹，圜底，矮实柄下接饼状圈足。座内有阳刻篆书铭文“日利千斤金”五字。口径7.5、腹径12.5、底径10.1、通高16.6厘米（图五四六，1；图版九六，2、3）。

9. 灯

1件。标本ⅣM54：2，盘口，斜腹内凹，中间为圆柱状灯芯，细柄，两端饰宽带，中间饰凸棱，下接喇叭形底座，已残。盘径8、残高8.2厘米（图五四六，4）。

10. 铜镜

34枚。除1枚破碎严重不能分型外（ⅡM785），余者33枚根据其纹饰以及铭文的差异，可分十三型。

A型　1枚。夔龙纹镜。标本ⅡM782：1，残。圆形，三弦纽，方纽座。纽座外素地凹面方框，其外凸弦纹方框内有篆体铭文作四方连续排列，框角对饰三角纹，残存铭文“幸毋□□”。四区各配一夔纹，夔纹由三个C形弧线组成，中间大C形，内有一乳钉纹，两侧小C形与大C形反向相接。匕缘（此镜较为罕见）。直径9.8、缘厚0.3厘米（图五四七，1）。

B型　2枚。“日光”草叶纹镜。可分二亚型。

Ba型　1枚。“单层”草叶纹镜。标本ⅡM501：1，圆形，圆纽，圆纽座。纽座外两方框间有篆体铭文作四方连续排列，右旋读为“见日之光长毋相忘”。外框四角各伸出一株双叶花枝，边框外居中均饰带座乳钉和桃形花苞，乳钉两侧对称饰一叠草叶纹，内向十六连弧纹缘。直径11.5、缘厚0.4厘米（图五四七，3）。

Bb型　1枚。“双层”草叶纹镜。标本ⅡM1035：4，圆形，圆纽，柿蒂纹纽座。纽座外两方框间有篆体铭文作四方连续排列，右旋读为“见日之光长乐未央”。外框四角各伸出一株双叶花枝，边框外居中均饰带座乳钉和桃形花苞，乳钉两侧对称饰二叠草叶纹。内向十六连弧纹缘。直径13.7、缘厚0.4厘米（图五四七，4；图版一〇四，1）。

C型　5枚。星云纹镜。可分三亚型。

Ca型　1枚。由四枚并蒂联珠座的大乳分为四区，每区各由九枚小乳及曲线组成。标本

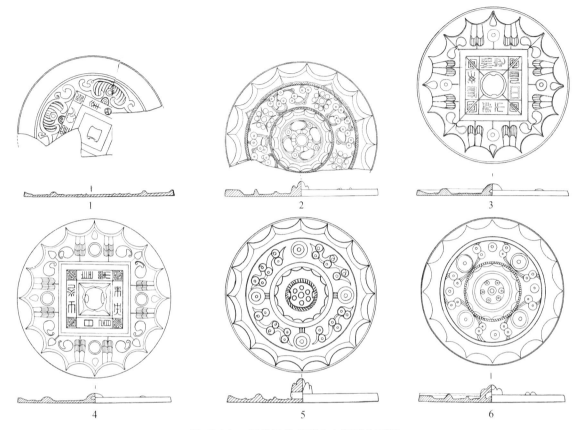

图五四七 甲类汉代墓葬出土铜镜分型图

1. A型铜镜（ⅡM782：1） 2. Ca型铜镜（ⅡM932：5） 3. Ba型铜镜（ⅡM501：1）
4. Bb型铜镜（ⅡM1035：4） 5. Cb型铜镜（ⅡM1561：2） 6. Cc型铜镜（ⅠM6：6）

ⅡM932：5，残。圆形，连峰纽。纽外相间饰四枚带座乳钉与四叶纹，之外饰一周凸弦纹和内向十六连弧纹圈带。其外两组栉齿纹圈带内为主题纹饰，以四枚并蒂联珠带座乳钉相间饰四组星云纹，每组九枚小乳以曲线相连，形成星云纹。之外放射四组短线纹与四组重线三角纹相间排列，内向十六连弧纹缘。直径15.8、缘厚0.7厘米（图五四七，2）。

Cb型 1枚。四枚圆乳分为四区，每区各由六枚小乳及曲线组成。标本ⅡM1561：2，圆形，连峰纽，圆纽座。纽座外饰内向十六连弧纹圈带。其外两周凸弦纹圈带内为主题纹饰，以四枚带座乳钉相间饰四组星云纹，每组六个小乳钉以曲线相连。内向十六连弧纹缘。直径10.3、缘厚0.4厘米（图五四七，5；图版一〇四，2）。

Cc型 3枚。四枚圆乳分为四区，每区由五枚小乳及曲线组成。标本ⅠM6：6，圆形，连峰纽。纽外饰一周凸弦纹圈带和内向十六连弧纹圈带。其外一周栉齿纹和两周凸弦纹圈带内为主题纹饰，以四枚带座乳钉相间饰四组星云纹，每组五个小乳钉以曲线相连。内向十六连弧纹缘。直径11、缘厚0.4厘米（图五四七，6；图版一〇五，1）。标本ⅡM1087：4，圆形，连峰纽。纽外相间饰三条短弧线与三组半圆形弧线纹，之外饰两周细凸弦纹圈带和内向十六连弧纹圈带。其外两周栉齿纹圈带内为主题纹饰，以四枚带座乳钉相间饰四组星云纹，每组五个小乳钉以曲线相连形成星云状。内向十六连弧纹缘。直径10、缘厚0.4厘米（图五四八，1）。

D型　4枚。"日光"镜。可分二亚型。

Da型　1枚。"日光"连弧纹镜。标本ⅣM31：12，圆形，圆纽，圆纽座。纽座外放射四条对称排列的短线纹，外端连接一周内向八连弧纹。其外两周栉齿纹圈带间为篆体铭文带"见日之光长毋相忘"，字间依次以"◎"与"❀"相隔。宽素平缘。直径7.8、缘厚0.3厘米（图五四八，2；图版一○六，1）。

Db型　3枚。"日光"铭文镜。标本ⅠM43：6，圆形，圆纽，圆纽座。纽座外四条短弧线纹连接一周凸弦纹。其外两周栉齿纹圈带间为篆体铭文带"光光光光"，字间依次以"◑"与"◕"相隔。宽素平缘（此镜较为少见）。直径6.7、缘厚0.2厘米（图五四八，3；图版一○七，2）。标本ⅠM55：4，圆形，圆纽，圆纽座。座外相间饰四条短竖线与四组短三线纹。其外两周栉齿纹圈带间为篆体铭文带"见日之光天下大明"，字间依次以"◑"与"田"相隔。宽素平缘。直径6.8、缘厚0.3厘米（图五四八，4；图版一○六，2）。标本ⅡM131：3，圆形，圆纽，并蒂联珠纹纽座。纽座外四组双线短竖线连接一周凸弦纹。其外两周栉齿纹圈带间为篆体铭文带"见日之光长毋相忘"。字间依次以"◎"符相隔。宽素平缘。直径7.4、缘厚

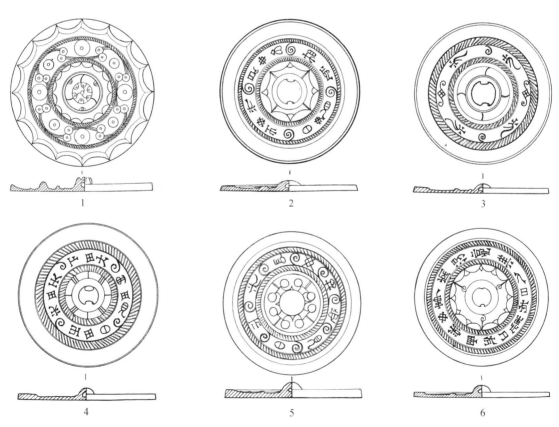

图五四八　甲类汉代墓葬出土铜镜分型图

1. Cc型铜镜（ⅡM1087：4）　2. Da型铜镜（ⅣM31：12）　3. Db型铜镜（ⅠM43：6）
4. Db型铜镜（ⅠM55：4）　5. Db型铜镜（ⅡM131：3）　6. E型铜镜（ⅣM53：1）

0.4厘米（图五四八，5；图版一〇七，1）。

E型 1枚。"日有熹"连弧纹镜。标本ⅣM53：1，圆形，圆纽，圆纽座。纽座外为内向十二连弧纹，连弧间饰短弧线及"ᵟ"与短竖线纹等。其外两周栉齿纹圈带间为篆体铭文带"日有熹月有富乐毋事常得意美人"。宽素平缘。直径9.4、缘厚0.3厘米（图五四八，6；图版一〇八，1）。

F型 7枚。"昭明"连弧纹镜。可分三亚型。

Fa型 2枚。并蒂联珠纹纽座。标本ⅣM54：5，圆形，圆纽，并蒂联珠纹纽座。纽座外接四条短竖线与四组三线纹，短竖线与三线纹对称相间，且外端连接一周凸棱和内向八连弧纹，"ᵟ"与"❋"相间于连弧纹间。其外两周栉齿纹圈带间为篆体铭文带"内清而之以而昭明而光而象夫日月而心忽忠塞而不泄"，首尾以"ᵗ"相隔。窄素平缘。直径11.8、缘厚0.6厘米（图五四九，1；图版一〇八，2）。

Fb型 3枚。圆纽座。标本ⅠM34：1，圆形，圆纽，圆纽座。纽座外相间饰四组短竖线与四组双线短弧线纹连接两周凸弦纹。两周栉齿纹圈带将镜背分为内外区，内区饰内向八连弧纹，短弧线纹和三角纹相间于连弧纹间；外区为篆体铭文带"内而，清而，以而，昭而，明光而，象夫日月，而不泄"。窄素缘。直径8.3厘米（图五四九，2；图版一〇九，1）。标本

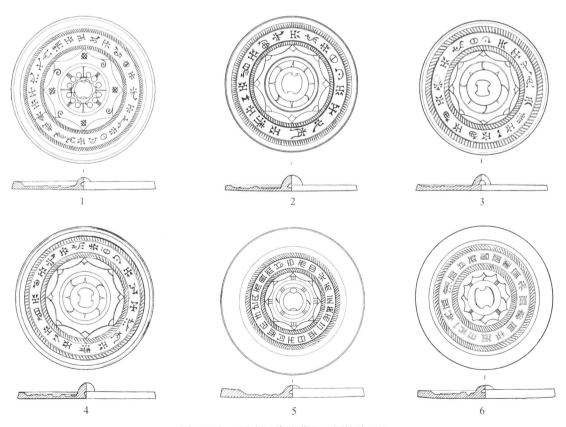

图五四九 甲类汉代墓葬出土铜镜分型图

1. Fa型铜镜（ⅣM54：5） 2. Fb型铜镜（ⅠM34：1） 3. Fb型铜镜（ⅡM18：10）
4. Fb型铜镜（ⅡM130：1） 5. Fc型铜镜（ⅠM61：4） 6. Fc型铜镜（ⅡM150：1）

ⅡM18：10，圆形，圆纽，圆纽座。纽座外四组短弧线纹与四组短三角纹连接一周凸弦纹。两周栉齿纹圈带将镜背分为内外区，内区饰内向八连弧纹，短弧线纹和三角纹相间于连弧纹间；外区为篆体铭文带"内而，清而，以而，昭而，明而，光而，象日月，而不泄"。窄素缘。直径7.3厘米（图五四九，3；图版一〇九，2）。标本ⅡM130：1，圆形，圆纽，圆纽座。纽座外相间饰四组短弧线与四组短竖线连接一周凸棱。两周栉齿纹圈带将镜背分为内外区，内区饰内向八连弧纹，短弧线纹和三角纹相间于连弧纹间；外区为篆体铭文带"内而，清而，以而，昭而，明而，光而，象夫日月，而心不泄"。窄素缘。直径8.5厘米（图五四九，4）。

　　Fc型　2枚。标本ⅡM150：1，圆形，圆纽，圆纽座。纽座外四条短弧线与四组短竖三线纹相间连接内向十二连弧纹。其外两栉齿纹圈带间为篆体铭文带，右旋读为"内而，清而，以而，昭而，明而，光而，象而，夫而，日月"，首尾以"一"相隔。宽素平缘。直径9.4厘米（图五四九，6；图版一一〇，2）。标本ⅠM61：4，圆形，圆纽，圆纽座。纽座外四条短弧线纹与四组三线短竖线纹连接一周凸棱。两周栉齿纹圈带将镜背分为内外区，内区为内向八连弧纹，连弧间用短线纹连接。外区为篆体铭文带"内而，青（清）而，以日而，明光而，象夫而，兮而，日之月而，□□泄"。宽素平缘。直径11.9厘米（图五四九，5；图版一一〇，1）。

　　G型　3枚。"日光、昭明"重圈铭文镜。标本ⅡM986：1，圆形，圆纽，并蒂联珠纹纽座。纽座外两周凸棱和一周栉齿纹圈带将镜背分为内外两区，均环列篆体铭文。内区铭文为"见日之光长毋相忘"，字间依次以"〇"与"〇"相隔；外区铭文为"内清质以昭明，光象夫日月，心忽而雍塞不泄"。宽素平缘。直径9.8厘米（图五五〇，1；图版一一一，1）。标本ⅣM48：4，圆形，圆纽，并蒂联珠纹纽座。纽座外两周凸棱和一周栉齿纹圈带将镜背分为内外两区，均环列篆体铭文。内区铭文为"见日之光，长毋相忘"，字间依次以"〇"与"※"相隔；外区铭文为"内清质以昭明，光辉象夫日月，心忽扬而愿忠，然雍而不泄"。宽素平缘。直径10厘米（图五五〇，2）。

　　H型　1枚。"日光、君有行"重圈铭文镜。标本ⅣM54：13，圆形，圆纽，并蒂联珠纹纽座。纽座外两周凸棱接两周栉齿纹圈带将镜背分为内外两区，均环列篆体铭文。内区铭文为"见日之光长毋相忘"，字间依次以"〇"相隔；外区铭文为"君行有日反有时，端心政行如妾在。时心不端行不政，妾亦为之，君能调何治"。宽素平缘。直径11.3厘米（图五五〇，3；图版一一一，2）。

　　Ⅰ型　1枚。"昭明、清白"重圈铭文镜。标本ⅡM1511：2，圆形，圆纽，并蒂联珠纹纽座。纽座外两组双线栉齿纹间夹一周凸棱和一周栉齿纹圈带将镜背分为内外两区，均环列篆体铭文。内区铭文为"内清质以昭明，光辉象夫日月，心忽扬而愿，然雍塞而不泄"；外区铭文为"絜（洁）清白而事君，窓（患）洿驩之弇（合）明，彼玄锡之流泽，恐远而日忘。怀糜（靡）美之穷皑，外丞（承）驩之可说（悦），慕窔佻之灵景，愿永思而毋绝"，首尾以小乳相隔。宽素平缘。直径15.5厘米（图五五〇，4；图版一一二，1）。

　　J型　1枚。"皎光"重圈铭文镜。标本ⅡM1172：1，圆形，圆纽，并蒂联珠纹纽座。纽座

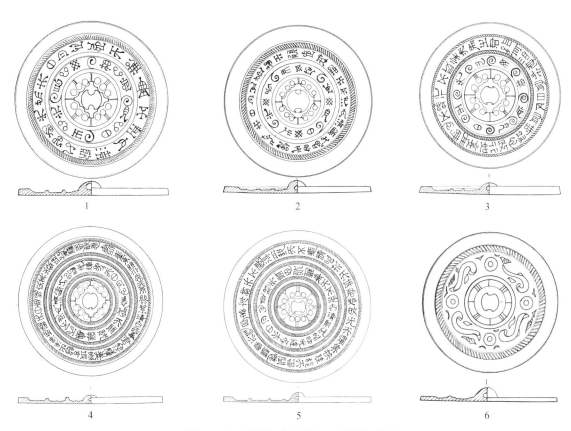

图五五〇　甲类汉代墓葬出土铜镜分型图

1、2.G型铜镜（ⅡM986∶1、ⅣM48∶4）　3.H型铜镜（ⅣM54∶13）

4.I型铜镜（ⅡM1511∶2）　5.J型铜镜（ⅡM1172∶1）　6.Ka型铜镜（ⅠM50∶4）

外两组双线栉齿纹间夹一周凸棱和一周栉齿纹圈带将镜背分为内外两区，均环列篆体铭文。内区铭文为"内清质以昭明，光辉象夫日月，心忽扬而愿忠，然雍塞而不泄"；外区铭文为"如皎光而耀美，挟佳都而无间，慷驩察而性宁，志存神而不迁，得并观而不弃精昭折而伴君"。宽素平缘。直径19.4厘米（图五五〇，5；图版一一二，2）。

K型　4枚。四乳镜。可分三亚型。

Ka型　2枚。四乳四虺纹镜。标本ⅠM50∶4，圆形，圆纽，圆纽座。座周以短竖三线和单线相间连接一周凸弦纹，其外一周凸弦纹和栉齿纹圈带间以四枚带座乳钉为界分为四区，四虺相间环绕，虺纹呈钩形，腹、背以禽鸟纹补白。宽素平缘。直径7厘米（图五五〇，6；图版一一三，2）。标本ⅣM2∶13，圆形，圆纽，圆纽座。纽座外两周栉齿纹圈带内以四枚带座乳钉为界分为四区，四虺相间环绕，虺纹呈钩形，腹、背以禽鸟纹补白。宽素平缘。直径8.8厘米（图五五一，1）。

Kb型　1枚。四乳禽兽纹镜。标本ⅣM14∶1，圆形，圆纽，圆纽座。座周以短弧线和三线竖纹相间连接一周凸棱，其外两周栉齿纹圈带内以四枚带座乳钉为间隔，分别饰羽人与龙、白虎与鸟、龙与鸟、白虎与小草。宽素平缘。直径12.2厘米（图五五一，2；图版一一四，1）。

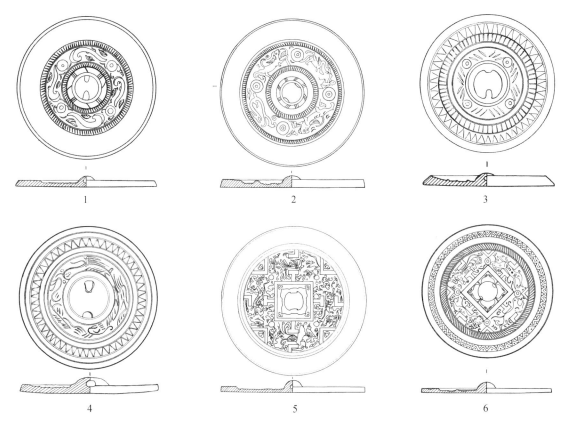

图五五一　甲类汉代墓葬出土铜镜分型图

1. Ka型铜镜（ⅣM2：13）　　2. Kb型铜镜（ⅣM14：1）　　3. Kc型铜镜（ⅡM1744：1）

4. M型铜镜（ⅡM98：2）　　5. La型铜镜（ⅠM61：5）　　6. Lb型铜镜（ⅣM40：1）

Kc型　1枚。四乳草叶纹镜。标本ⅡM1744：1，圆形，圆纽，圆纽座。纽座外四枚带座小乳钉间饰以四组叶纹，每组六叶，呈八字形，其外饰两周凸弦纹和一周栉齿纹。锯齿纹缘。此镜较为少见。直径7厘米（图五五一，3；图版一一五，1）。

L型　2枚。博局纹镜。可分二亚型。

La型　1枚。四神博局纹镜。标本ⅠM61：5，圆形，圆纽，柿蒂纹纽座，四角饰三瓣花朵纹。纽座外凹面方框和栉齿纹圈带间以四乳钉与博局纹将镜背分为四区，分别配置四神，均作昂首状，身躯穿越于"T""L""V"纹之间，四神呈对称状，青龙对白虎、朱雀对玄武，四神周围以云纹、飞鸟纹、跑兽纹等补白，"L"形内各饰以花蕊纹。宽素平缘。直径14厘米（图五五一，5；图版一一三，1）。

Lb型　1枚。禽兽博局纹镜。标本ⅣM40：1，圆形，圆纽，柿蒂纹纽座。纽座外四面方框和栉齿纹圈带间以四乳钉与博局纹将镜背分为四区，分别饰一凤一兽二虎，均昂首穿越于"T""L"与"V"纹之间，动感十足。镜缘中凹，内饰双线波折纹间隔珠点纹。直径10厘米（图五五一，6；图版一一四，2）。

M型　1枚。龙纹镜。标本ⅡM98：2，圆形，镜面微弧。圆纽，圆纽座。双凸弦纹圈带内环饰四条龙纹，近缘处饰一周栉齿纹和一周锯齿纹。窄素缘（此镜较为少见）。直径7.6厘米（图五五一，4；图版一一五，2）。

11. 带钩

13件。除1件破碎严重不能分型外（ⅡM1949），余者12件根据形制的差异，可分四型。

A型　1件。琵琶形。标本ⅡM7：1，窄体，长颈，兽头形钩首，圆纽，位于钩背近尾端。钩面饰方格纹。长7.6、宽1.2、厚0.3厘米（图五五二，1）。

B型　1件。长条形。标本ⅡM974：1，窄条形，中部略宽，钩首、钩尾皆呈兽头形，长颈，腹部、颈部各饰凸箍。圆纽，位于钩背中部。长13.1厘米（图五五二，2；图版一〇二，3）。

C型　1件。椭圆形。标本ⅡM10：1，钩身呈椭圆形，长颈，钩残，圆纽，位于钩背尾部。

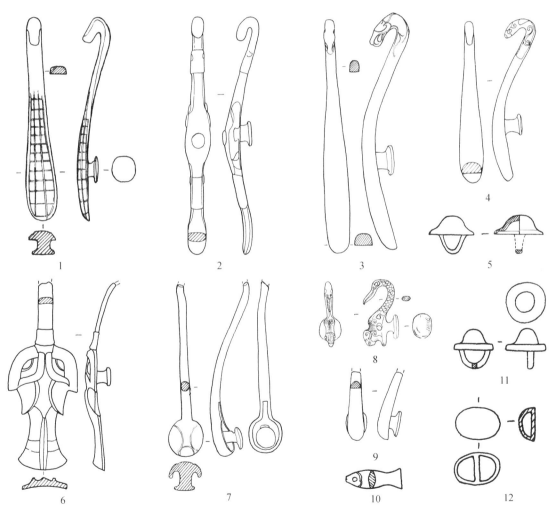

图五五二　甲类汉代墓葬出土铜器分型图

1. A型带钩（ⅡM7：1）　2. B型带钩（ⅡM974：1）　3. Dc型带钩（ⅡM16：1）　4. Dd型带钩（ⅡM1189：10）

5. A型扣（ⅡM9：44）　6. Da型带钩（ⅡM1561：1）　7. C型带钩（ⅡM10：1）　8. Db型带钩（ⅡM11：1）

9. De型带钩（ⅠM11：2）　10. 带饰（ⅡM16：21）　11. A型扣（ⅠM1：20）　12. B型扣（ⅣM3：9）

素面。残长8.8厘米（图五五二，7；图版一〇二，4）。

D型　9件。水禽形。可分五亚型。

Da型　1件。截面呈片状。标本ⅡM1561：1，钩面浮雕呈鸟形，歧尾，嘴部前出作钩颈，根部有一道凹箍，钩首残，圆纽，位于钩背中部。残长10.2厘米（图五五二，6；图版一〇三，1）。

Db型　1件。形体较小。标本ⅡM11：1，钩为一俯首仙鹤，钩身为一立羊，尾部与钩颈相连，圆纽，纽面饰竖线纹。长3.3厘米（图五五二，8；图版一〇三，3）。

Dc型　1件。钩为兽首形，长度在10厘米以上。标本ⅡM16：1，兽头形钩首，长颈，圆纽，位于钩背近中部。素面。长13.3厘米（图五五二，3；图版一〇二，2）。

Dd型　3件。钩为兽首形，长5~8厘米。标本ⅡM1189：10，截面呈半圆形，兽头形钩首，长颈，圆纽，位于钩背近中部。素面。长7.6、宽1.2、厚0.5厘米（图五五二，4）。

De型　3件。长度在5厘米以下。标本ⅠM11：2，截面呈半圆形，钩首残，圆纽，位于钩背近尾端。素面。残长3.2厘米（图五五二，9）。

12. 带扣

1件。标本ⅡM16：01，残半。首端弧圆，尾端平直，有长方形古眼。长3.9、残宽1.2厘米。

13. 带饰

1件。呈鱼形。标本ⅡM16：21，截面近菱形。残长1.5厘米（图五五二，10）。

14. 铜扣

11件。可分二型。

A型　7件。蘑菇状，半圆环形纽。标本ⅠM1：20，直径1.2厘米（图五五二，11）。标本ⅡM9：44，直径1.7厘米（图五五二，5）。

B型　4件。呈椭圆形，半圆环形纽。标本ⅣM3：9，长1.2、宽0.8厘米（图五五二，12）。

15. 铜铃

14件。可分三型。

A型　1件。呈近筒形。标本ⅡM19：19，椭圆形口，平顶，半圆环形纽，铃舌残。素面。高4、宽2.1~2.9（图五五三，6；图版一〇一，6）。

B型　12件。呈梯形。可分二亚型。

Ba型　9件。铃身扁宽。标本ⅡM19：16，菱形口，平顶，弓形纽，铃舌残。铃体中部铸宽带纹，两侧铸菱形纹，内饰浮点纹。高5.4、宽3.4~5.3厘米（图五五三，1；图版一〇一，1）。标本ⅡM19：22，菱形口，平顶，弓形纽，三棱形铃舌。铃体铸菱形纹，内饰浮点纹。高

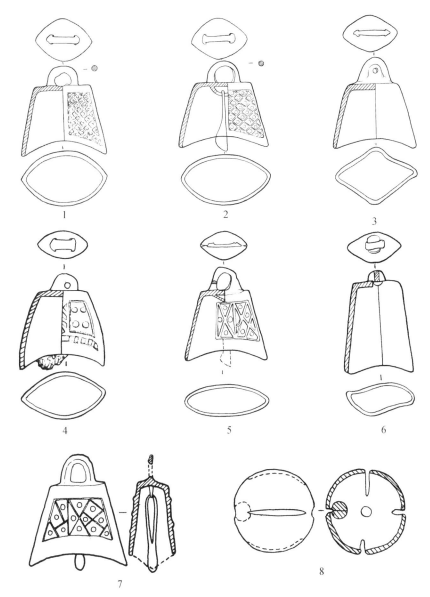

图五五三　甲类汉代墓葬出土铜铃分型图

1~4. Ba型铃（ⅡM19：16、ⅡM19：22、ⅡM19：17、ⅡM21：1）

5、7. Bb型铃（ⅡM19：24、ⅡM1087：6）　6. A型铃（ⅡM19：19）　8. C型铃（ⅡM14：2）

5.5、宽3.6~5.8（图五五三，2；图版一〇一，2）。标本ⅡM19：17，菱形口，平顶，半圆环形纽，铃舌残。素面。高5.4、宽3~5.1（图五五三，3）。标本ⅡM21：1，菱形口，平顶，半圆环形纽，铁条形铃舌。铃体铸方格纹，饰浮点纹。高3.4、宽1.6~3.1（图五五三，4）。

　　Bb型　3件。铃身略窄。标本ⅡM1087：6，菱形口，平顶，弓形纽，条形铃舌。铃体铸菱形纹，内饰浮点纹，周边铸有廓棱。高4.4、宽2~2.6厘米（图五五三，7；图版一〇一，5）。标本ⅡM19：24，菱形口，平顶，弓形纽，铁条形铃舌。铃体铸菱形纹，内饰浮点纹，周边铸有廓棱。高4.2、宽2.2~3.8厘米（图五五三，5；图版一〇一，4）。

C型　1件。标本ⅡM14：2，呈球形，两侧有条形穿孔，周围有四条竖向锯缝，内含铜丸。直径2.9厘米（图五五三，8）。

16. 铜匙

1件。标本ⅡM316：8，残断。长柄，椭圆形匙头。残长9.2厘米。

17. 刷柄

7件。形如烟斗。可分三型。

A型　3件。细长实柄，尾端渐细呈鸭首状，有小穿。标本ⅡM316：6，长13.1厘米（图五五四，2；图版一〇二，1-2）。标本ⅣM31：9，表面鎏金。长13厘米（图五五四，1；图版一〇二，1-1）。标本ⅣM35：15，长12.6厘米（图五五四，3；图版一〇二，1-3）。

B型　2件。细长实柄，近尾端有二道凹箍，尾部弯折呈鸭首状。标本ⅠM61：7，表面鎏金。长11.4厘米（图五五四，4；图版一〇二，1-4）。

C型　2件。短柄中空。标本ⅡM1172：18，残长2.4厘米（图五五四，5）。

18. 铜镞

1件。标本ⅣM35：24，为三翼铤式镞，中有圆形銎，前锋较钝，边锋微弧，三面带有血槽。残长4.4厘米（图五五四，6；图版一〇三，2）。

19. 剑镡

1件。标本ⅡM932：4，呈菱形。长3.7、宽1.7、高1.2厘米（图五五四，7）。

20. 铜镦

1件。标本ⅠM43：8，圆筒状，一端封闭，中间饰凸棱一周。直径2.5、高2.6厘米（图五五四，8）。

21. 弩机

2件。由郭、牙、悬刀组成。郭上有两穿钉，用于固定牙和悬刀，郭前端有箭槽。标本ⅡM10：3，郭长4.6、宽0.7～1.2、高1厘米（图五五六，1）。

22. 捉手

3件。可分三型。

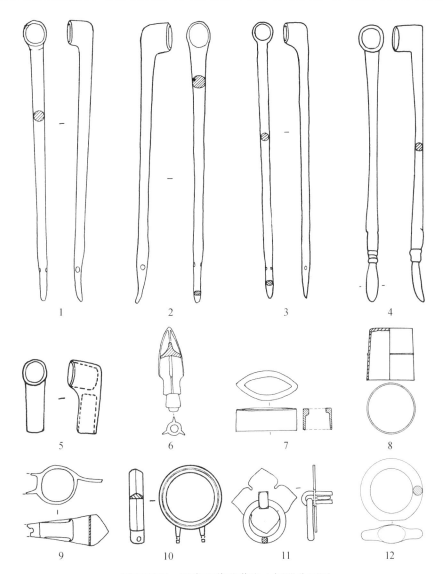

图五五四　甲类汉代墓葬出土铜器分型图

1～3. A型刷柄（ⅣM31：9、ⅡM316：6、ⅣM35：15）　4. B型刷柄（ⅠM61：7）　5. C型刷柄（ⅡM1172：18）
6. 镞（ⅣM35：24）　7. 剑镡（ⅡM932：4）　8. 镦（ⅠM43：8）　9. A型捉手（ⅠM9：3）
10. B型捉手（ⅡM1511：15）　11. C型捉手（ⅡM1511：9）　12. A型环（ⅡM1511：25）

A型　1件。扳手。标本ⅠM9：3，通体鎏金。环状，一侧带扳，一侧带双卡略残。残长3.6厘米（图五五四，9）。

B型　1件。提手。标本ⅡM1511：15，环状，一侧带双卡，卡上有孔。直径2厘米（图五五四，10）。

C型　1件。拉手。标本ⅡM1511：9，由环、柿蒂形饰和铆钉组成。对角宽4、环径2.6厘米（图五五四，11）。

23. 铜环

48件。皆圆形，有部分粘有皮革。根据截面的差异，可分四型。

A型　26件。截面呈圆形。标本ⅠM54∶2，粘有皮革。直径2.1厘米（图五五五，7）。标本ⅡM1511∶25，一侧有椭圆形黏接面。直径6.6厘米（图五五四，12）。

B型　6件。截面呈椭圆形。标本ⅡM19∶26，直径4.4厘米（图五五五，8）。标本ⅡM1172∶2，直径2厘米（图五五五，9）。

C型　15件。截面近长方形。标本ⅡM19∶28，直径5.2厘米（图五五五，10）。标本ⅣM2∶21，直径1.6厘米（图五五五，12）。标本ⅣM3∶14，直径1.7厘米（图五五五，11）。

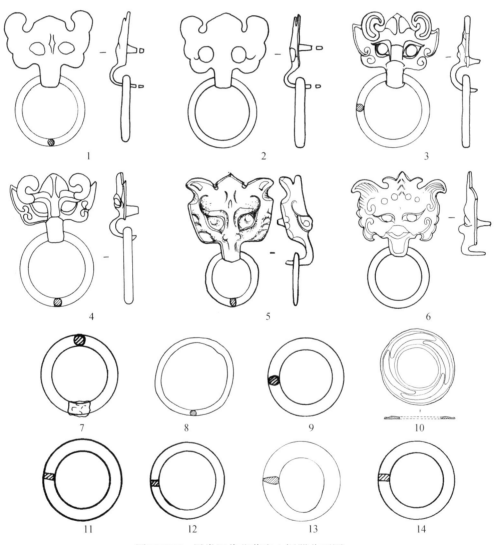

图五五五　甲类汉代墓葬出土铜器分型图

1、2. A型铺首（ⅡM1249∶9、ⅡM1375∶14）　3、4. B型铺首（ⅠM26∶2、ⅡM1511∶8）　5. C型铺首（ⅡM21∶2）

6. D型铺首（ⅣM3∶13）　7. A型环（ⅠM54∶2）　8、9. B型环（ⅡM19∶26、ⅡM1172∶2）

10～12、14. C型环（ⅡM19∶28、ⅣM3∶14、ⅣM2∶21、ⅣM35∶54）　13. D型环（ⅠM30∶4）

标本ⅣM35：54，直径1.9厘米（图五五五，12）。

D型 1件。截面呈桃形。标本ⅠM30：4，近璧形，外缘尖锐。直径4、内径2.3厘米（图五五五，13）。

24. 铺首

10件。铺首为浮雕兽面，部分表面鎏金。根据兽面的差异，可分四型。

A型 3件。浮雕兽面形，圭形额，双目呈圆形，双耳内曲，鼻回钩，下衔一环，背面有一方形榫，钩端、榫端有小穿孔。标本ⅡM1249：9，兽面宽3.9、环径3、通高5.7厘米（图五五五，1）。标本ⅡM1375：14，兽面宽3.9、环径3、通高5.7厘米（图五五五，2）。

B型 3件。浮雕兽面，额作三角形，竖眉立目，双耳内曲，鼻回钩，下衔一环，背面有一方形榫。标本ⅠM26：2，兽面宽4.2、环径3.6、通高6.5厘米（图五五五，3）。标本ⅡM1511：8，表面鎏金。兽面宽4.4、环径3.8、通高6.7厘米（图五五五，4；图版一〇〇，2.左）。

C型 2件。标本ⅡM21：2，表面鎏金。浮雕兽面，额作三角形，竖眉立目，双耳外撇，鼻回钩，下衔一环，背面有一方形榫。兽面宽3、环径1.8、通高4.5厘米（图五五五，5；图版一〇〇，2.右）。

D型 2件。标本ⅣM3：13，表面鎏金。浮雕兽面，额作山字形，竖眉立目，双耳外撇，鼻回钩，下衔一环，背面有一方形榫。兽面宽4.1、环径2.6、通高5.7厘米（图五五五，6；图版一〇〇，1.左）。

25. 器足

8件。形如手雷，有部分鎏金。根据形体的大小，可分二型。

A型 5件。大型。标本ⅠM9：4，背面有圆柱形榫，表面鎏金。高4.7厘米（图五五六，3）。

B型 3件。小型。标本ⅠM9：2，背面有榫。表面鎏金。高2.2厘米（图五五六，6）。

26. 铜饰

2件。均残失。标本ⅡM17：12，呈"L"形，一侧残断，有圆孔。残长8.4、宽3.5厘米。标本ⅡM17：13，残，形制不清。高0.9厘米。

27. 柿蒂形饰

2件。标本ⅠM9：5，四叶形，叶尖残损，中间有圆孔。两叶对角长3.2厘米（图五五六，7）。标本ⅡM937：9，四叶形，一叶残。两叶对角长3.2厘米（图五五六，8）。

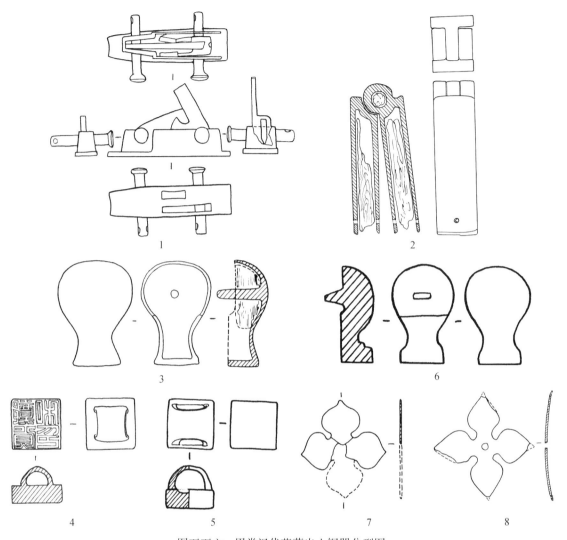

图五五六　甲类汉代墓葬出土铜器分型图

1. 弩机（ⅡM10：3）　2. 合页（ⅡM1956：7）　3. A型器足（ⅠM9：4）　4. 印章（ⅡM16：20）
5. 印章坯（ⅡM316：4）　6. B型器足（ⅠM9：2）　7、8. 柿蒂形饰（ⅠM9：5、ⅡM937：9）

28. 印章（印章坯）

2件。标本ⅡM16：20，呈方形，弓形纽。印面阴刻篆书印文"郑贺私印"四字。边长2、通高1.4厘米（图五五六，4；图版一〇三，4）。标本ⅡM316：4，坯面呈方形，弓形纽。边长1.4、通高2厘米（图五五六，5）。

29. 合页

1件。标本ⅡM1956：7，整体呈长方形。长9.3、宽2.6厘米（图五五六，2）。

30. 车马具

所出车马饰器共241件，是专为随葬所制的明器，其种类有车轴、当卢、铜钉、车軎、车辖
書、衔镳、衡末饰、车軛饰、兽面形饰、扣形饰、盖弓帽、泡钉等。

车轴　11件。呈圆形筒状，两端略粗，中间略细。两端各饰凸棱一周，中间饰凸棱两
周或三周。标本ⅣM1：11，中间饰两周凸棱。长8、直径1.6厘米（图五五七，1）。标本
ⅣM35：21，中间饰三周凸棱，内残留朽木。长10.1、直径1.9厘米（图五五七，2）。

当卢　5件。可分二型。

A型　1件。两耳上端呈钩状。标本ⅣM35：17，外轮廓呈弧线勾连式，上端有对称两耳，

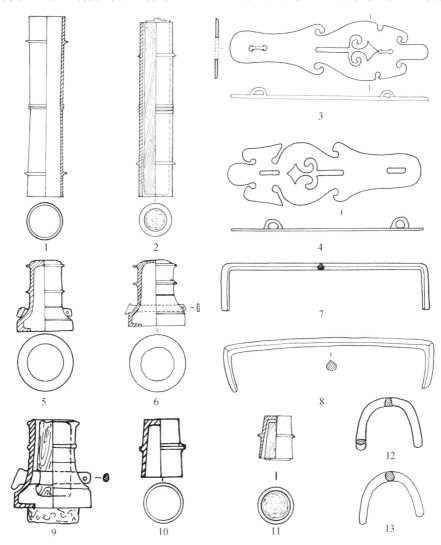

图五五七　甲类汉代墓葬出土铜器分型图

1、2. 车轴（ⅣM1：11、ⅣM35：21）　3. A型当卢（ⅣM35：17）　4. B型当卢（ⅡM21：30）

5、6、9. 车辖書（ⅣM35：27、ⅣM3：7、ⅣM54：42）　7、8. 铜钉（ⅠM61：27、ⅡM9：37）

10、11. A型衡末饰（ⅣM3：35、ⅣM35：30）　12、13. 车軎（ⅡM9：38、ⅡM9：39）

中间镂空作花枝状，下部带长鼻，背有二半圆环纽。长14.2、宽4.1、厚0.3厘米（图五五七，3；图版一一六，1左上）。

B型 4件。标本ⅡM21：31，外轮廓呈弧线勾连式，上端有对称两耳，中间镂空作花枝状，下部带长鼻，背有二半圆环纽。长10.2、宽3.2、厚0.1厘米（图五五七，4）。

铜钉 15件。形如"┌┐"状。标本ⅠM61：27，截面呈五边形。长10.6厘米（图五五七，7）。标本ⅡM9：37，截面近桃形。长10厘米（图五五七，8）。

车辖 8件。弯成半环状。标本ⅡM9：38，截面呈梯形。宽2.5厘米（图五五七，12）。标本ⅡM9：39，截面呈圆形。宽3厘米（图五五七，13）。

车辖軎 12件。辖：一端有帽，帽作圆形，一端有圆孔，附着于车軎上。軎：口缘较大，中部及近末端各饰一周凸棱。标本ⅣM3：7，辖长3、軎长3.2厘米（图五五七，6）。标本ⅣM35：27，辖长2.6、軎长3.2厘米（图五五七，5；图版一一六，1右下）。标本ⅣM54：42，軎内有朽木。辖长2.2、軎长2.3厘米（图五五七，9）。

衔镳 12件。衔为三节环，两长环间以一"8"字形短环相连接，短环中间有结节。镳呈"S"形，中间棒状，两端有的呈片状，有的呈鸡冠状突起。标本ⅡM9：48，镳残失。衔长11.5厘米（图五五八，5）。标本ⅣM35：41，两端呈片状。衔长11.3、镳长13厘米（图五五八，1）。标本ⅣM3：6，两端呈片状。衔长9.8、镳长8.5厘米（图五五八，2）。标本ⅡM21：43，两端扁平，外侧有鸡冠状突起。衔长11.4、镳长11.2厘米（图五五八，3）。标本ⅣM35：42，两端扁平，外侧有鸡冠状突起。衔长10.2、镳长10.4厘米（图五五八，4）。

衡末饰 33件。可分二型。

A型 19件。形体矮短，中间饰一道凸棱。标本ⅣM3：35，直径1、长1.4厘米（图五五七，10）。标本ⅣM35：30，器内有朽木。直径1.5、长1.8厘米（图五五七，11）。

B型 14件。形体瘦长，近尾端饰三道凸弦纹。标本ⅣM3：33，直径1.2、长2.3厘米（图五五九，7）。标本ⅣM35：34，直径1.2、长2.3厘米（图五五九，8）。标本ⅣM54：41，直径1.2、长1.8厘米（图五六〇，5）。

车軏饰 11件。可分二型。

A型 8件。呈弯曲形，一端封闭。标本ⅡM9：32，长2.5、宽1.2厘米（图五五八，6）。标本ⅣM35：35，长2.5、宽1.2厘米（图五六〇，1）。标本ⅣM54：38，内有朽木。长2.6、宽1.2厘米（图五五九，13）。

B型 3件。呈弯曲形，一端封闭，一端呈爪形。标本ⅡM9：31，内有朽木。长3、宽1.5厘米（图五五九，12）。标本ⅣM3：12，长2.8、宽1.4厘米（图五五九，3）。

兽面形饰 13件。半圆形兽面外鼓，背部内凹，上侧直边中部有长条形榫，供插入车木之用。标本ⅡM9：52，宽2.7、高4.3厘米（图五五九，1）。标本ⅡM9：51，宽2.8、高4.6厘米（图五五九，2）。标本ⅠM61：8，宽3.1、高3.2厘米（图五五九，4）。标本ⅡM9：50，宽2.4、高3.2厘米（图五五九，5）。标本ⅣM35：18，背部有长条形榫。宽2.8、高4厘米（图五五九，6；图版一一六，1左中）。

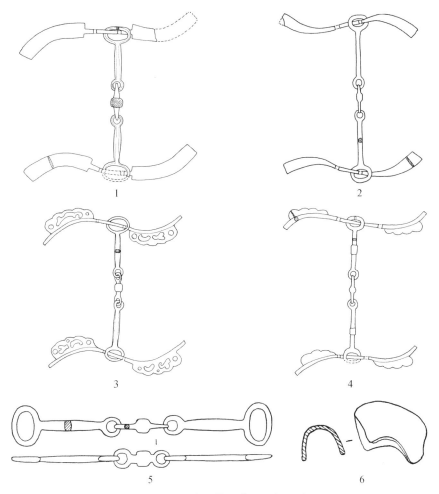

图五五八　甲类汉代墓葬出土铜器分型图

1～5.衔镳（ⅣM35：41、ⅣM3：6、ⅡM21：43、ⅣM35：42、ⅣM35：27、ⅡM9:47）　6.A型车軏饰（ⅡM9：32）

扣形饰　3件。可分三型。

A型　1件。方扣形饰。标本ⅣM3：15，长2.2、宽1.3厘米（图五六○，3）。

B型　1件。椭圆扣形饰。标本ⅣM35：44，长1.9、宽1.2厘米（图五六○，9）。

C型　1件。半圆环扣形饰。标本ⅡM9：41，长1.7、宽1.1厘米（图五六○，10）

盖弓帽　101件。根据顶部的差异，可分二型。

A型　91件。顶如圆球，一侧偏上有倒钩。标本ⅠM61：10，直径0.7、高2.7厘米（图五五九，9）。标本ⅠM61：20，直径0.9、高3.3厘米（图五五九，10）。标本ⅣM2：16，直径0.9、高2.8厘米（图五五九，11）。

B型　10件。柿蒂形顶，一侧偏下有倒钩。标本ⅣM54：28，直径0.8、高3厘米（图五六○，2；图版一一六，2上）。

泡钉　16件。蘑菇形，有部分表面鎏金。标本ⅣM2：22，表面鎏金。帽径1.8、高1.5厘米（图五六○，6）。标本ⅣM35：36，帽径1.7、高1.4厘米（图五六○，7）。标本ⅣM54：17，

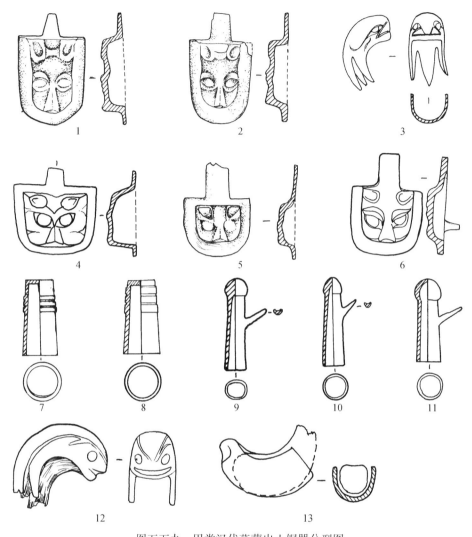

图五五九　甲类汉代墓葬出土铜器分型图

1、2、4~6. 兽面形饰（ⅡM9：52、ⅡM9：51、ⅠM61：8、ⅡM9：50、ⅣM35：18）
3、12. B型车軎饰（ⅣM3：12、ⅡM9：31）　7、8. B型衡末饰（ⅣM3：33、ⅣM35：34）
9~11. A型盖弓帽（ⅠM61：10、ⅠM61：20、ⅣM2：16）　13. A型车軎饰（ⅣM54：38）

伞形。帽径1.3、高0.8厘米（图五六〇，4）。标本ⅡM9：43，表面鎏金，蘑菇状，钉呈锥形略弯曲。钉长1.8、钉帽直径1.5厘米（图五六〇，8）。

斗形器　1件。标本ⅡM9：42，长方形，底有圆孔。长1.5、宽1、高0.7厘米（图五六〇，11）。

31. 铜钱

44枚。皆圆形方孔钱。有半两钱、五铢钱等。

半两钱　4枚。皆无内外郭，钱文篆书"半两"，背素面。除3枚字迹不清外，余者1枚，标本ⅡM777：3，直径2.4、穿宽0.6厘米，重2.5克（图五六一，1）。

图五六〇 甲类汉代墓葬出土铜器分型图

1. A型车軏饰（ⅣM35：35） 2. B型盖弓帽（ⅣM54：28） 3. A型扣形饰（ⅣM3：15）
4、6~8. 泡钉（ⅣM54：17、ⅣM2：22、ⅣM35：36、ⅡM9：43） 5. B型衡末饰（ⅣM54：41）
9. B型扣形饰（ⅣM35：44） 10. C型扣形饰（ⅡM9：41） 11. 斗形器（ⅡM9：42）

五铢钱 40枚。钱文篆书，横读。除4枚破碎严重，13枚字迹不清外，余者23枚按钱文特征，可分五型。

A型 3枚。"五"字交笔斜直，如两对角三角形；"铢"字的金字头，如一带翼之镞，"铢"字的朱字头上部方折。标本ⅡM1561：8，直径2.55、穿宽1厘米，重4克（图五六一，2）。标本ⅣM31：11，直径2.6、穿宽1厘米，重4.2克（图五六一，3）。

B型 5枚。可分二亚型。

Ba型 2枚。"五"字交笔缓曲，下部一横右部下斜；"铢"字的金字头呈三角形，"铢"字的朱字头上部方折。标本ⅡM1561：10，直径2.55、穿宽1厘米，重4克（图五六一，4；图版一一六，3上右）。标本ⅡM1948：9，直径2.6、穿0.9宽厘米，重4克（图五六一，5）。

Bb型 3枚。"五"字交笔略弯曲，下部一横右部略上斜；"铢"字的金字头呈三角形或作箭镞形，"铢"字的朱字头上部方折。本ⅡM1017：1，"铢"字的金字头呈箭镞形。直径2.5、穿宽0.9厘米，重3克（图五六一，6）。标本ⅣM3：36，"铢"字的金字头呈三角形。直径2.5、穿宽1厘米，重4.3克（图五六一，7）。

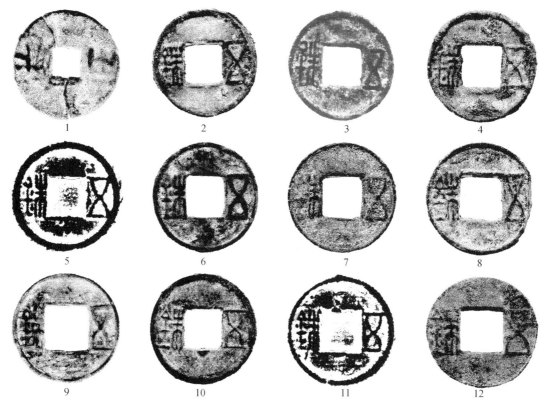

图五六一　甲类汉代墓葬出土铜钱分型图

1.半两钱（ⅡM777：3）　2、3.A型五铢（ⅡM1561：8、ⅣM31：11）　4、5.Ba型五铢（ⅡM1561：10、ⅡM1948：9）

6、7.Bb型五铢（ⅡM1017：1、ⅣM3：36）　8、9.C型五铢（ⅡM1509：1、ⅡM859：15）

10、11.D型五铢（ⅡM975：16、ⅡM1948：8）　12.E型五铢（ⅡM98：12）

C型　7枚。"五"字瘦长，交笔缓曲或略弯曲，下部一横右部下斜；"铢"同B型相同。部分钱面有穿上横郭。标本ⅡM1509：1，"五"字交笔缓曲，穿上横郭。直径2.6、穿宽1厘米，重3.8克（图五六一，8）。标本ⅡM859：15，"五"字交笔略弯曲，穿上横郭。直径2.5、穿宽1厘米，重2.3克（图五六一，9）。

D型　7枚。字迹清晰，笔划纤细，"五"字交笔弯曲，与上下两横较长，接近垂直或垂直，形似两颗相对的炮弹头；"铢"字的金头略小，呈箭镞形，部分钱面有穿下半星。标本ⅡM975：16，穿下半星。直径2.55、穿宽0.9厘米，重3.5克（图五六一，10）标本ⅡM1948：8，直径2.55、穿0.9宽厘米，重3.2克（图五六一，11）。

E型　1枚。剪轮（磨郭）。标本ⅡM98：12，"五"字偏宽，交笔弯曲；"铢"字的金字头呈三角形，"铢"字的朱字头上部方折。直径2.3、穿宽0.9厘米，重2.1克（图五六一，12；图版一一六，3下）。

（四）铁器

共出土25件。大体分为铁剑、铁削、带钩、带扣、带饰、铁环、铁铲、铁锤、铁钗、铁锥、铁圈、铁钉、铁器、铁马衔等。

1. 铁剑

1件。标本ⅡM6∶21，茎残。铜剑格，呈凹字形，剑身残断，呈长条形，中间起脊。残长22.2厘米（图五六二，8）。

2. 铁削

1件。标本M1608∶3，刀柄为楔形，应另有套柄。刀身由尖部开始逐渐变宽，直刃，平背微弧，截面呈三角形，尖部残损。连柄残长7.7厘米（图五六二，3）。

3. 铁带钩

2件。可分二型。

A型　1件。琵琶形。标本ⅣM23∶1，短颈，钩首略残，纽位于钩背近尾端。素面。长6.7、宽1.7厘米（图五六二，1）。

B型　1件。曲棒形。标本ⅡM1561∶7，锈蚀严重，钩颈及尾部较细，中部较粗，钩首残，

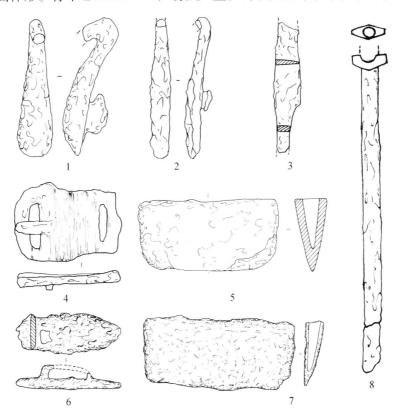

图五六二　甲类汉代墓葬出土铁器分型图

1.A型带钩（ⅣM23∶1）　2.B型带钩（ⅡM1561∶1）　3.铁削（ⅡM1608∶3）　4.带扣（ⅡM1087∶5）

5.A型铲（ⅠM6∶01）　6.带饰（ⅡM17∶11）　7.B型铲（ⅡM21∶01）　8.剑（ⅡM6∶21）

圆纽，位于钩背近中部。素面。长11.3、宽1.2厘米（图五六二，2）。

4. 铁带扣

1件。标本ⅡM1087：5，锈蚀严重。扣身近长方形，一端底边有长方形古眼，另一端与椭圆环形扣首相连，中间有条形扣舌。长7、宽4~5、厚0.5厘米（图五六二，4）。

5. 铁带饰

1件。标本ⅡM17：11，锈蚀严重，呈圭形，背面有桥形纽，已残断。长6.4、宽2厘米（图五六二，6）。

6. 铁环

1件。标本ⅣM23：9，截面呈圆形。直径3.2厘米（图五六三，6）。

7. 铁铲

4件。多数出于填土中。可分二型。

A型　3件。整体呈长方形，截面呈三角形。直背中空成銎，直刃微弧，刃部尖锐锋利。标本ⅠM6：01，锈蚀严重，体长14.5、宽7，銎长13.5、宽2.4、深5厘米（图五六二，5）。

标本ⅠM29：01，体长14.5、宽8.6、銎径长13.5、宽1.5、深6厘米（图五六三，2）。

B型　1件。窄长方形，截面呈三角形，一侧平直，另一侧微弧。直背中空成銎，直刃，刃部尖锐锋利，略残。标本ⅡM21：01，体长14.2、宽6.2，銎长13.8、宽1、深4.7厘米（图五六二，7）。

8. 铁锤

1件。标本ⅠM9：9，圆形柱状，中部有銎，一侧呈方形，另侧呈椭圆形。长5.8、直径3.2、銎长1.1、宽0.8厘米（图五六三，1）。

9. 铁钗

1件。标本ⅣM35：16，锈蚀严重，一股残断，柄首衔环。通长21.6厘米（图五六三，5）。

10. 铁锥

1件。标本ⅣM31：8，用圆铁丝对折拧在一起，一端呈环状，另一端较尖。长11.6厘米（图五六三，9）。

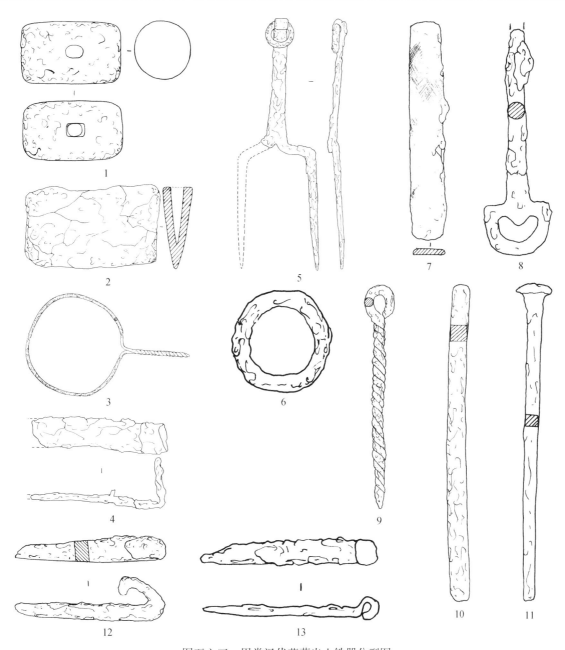

图五六三　甲类汉代墓葬出土铁器分型图

1.锤（ⅠM9：9）　2.A型铲（ⅠM29：01）　3.铁圈（ⅡM21：8）　4.C型铁器（ⅡM1982：2）
5.钗（ⅣM35：16）　6.环（ⅣM23：9）　7.B型铁器（ⅣM2：15）　8.铁马衔（ⅣM1：10）　9.铁锥（ⅣM31：8）
10.A型铁器（ⅡM785：3）　11.B型钉（ⅡM1174：17）　12、13.A型钉（ⅠM9：10、ⅣM1：13）

11. 铁圈

1件。标本ⅡM21：28，由铁丝对折拧在一起，一端呈圆环形，另一端出柄呈绳索状。环径14、柄长9.4、通长23.2厘米（图五六三，3）。

12. 铁钉

6件。可分二型。

A型　5件。标本 Ⅰ M9：10，截面呈方形，一端弯曲成环状，尖部较锐。长7.6厘米（图五六三，12）。标本 Ⅳ M1：13，扁体，一端呈环状，一端较尖。长5.8厘米（图五六三，13）。

B型　1件。标本 Ⅱ M1174：17，钉帽呈圆形，钉身截面呈方形。长24.4厘米（图五六三，11）。

13. 铁器

3件。可分三型。

A型　1件。长条形，截面呈方形。标本 Ⅱ M785：3，长13、宽0.9、厚0.6厘米（图五六三，10）。

B型　1件。长方形，扁体。标本 Ⅳ M2：15，长7.8、宽1.2、厚0.2厘米（图五六三，7）。

C型　1件。"L"字形，残断。标本 Ⅱ M1982：2，残长11.8、宽3、厚0.5厘米（图五六三，4）。

14. 铁马衔

1件。标本 Ⅳ M1：10，残。截面呈圆形，衔外端为半圆环形。残长6.7厘米（图五六三，8）。

（五）银器、铅器

1. 银器

12件。分别出于 Ⅱ M1172、Ⅱ M1511、Ⅳ M31、Ⅳ M54等四座墓葬中。器类有器座、环、柿蒂形饰等。

器座　1件。标本 Ⅳ M31：13-1，圆形片状，盝顶。直径10.4厘米（图五六四，7）。

银环　2件。标本 Ⅳ M31：13-2，直径5.5厘米（图五六四，2）。标本 Ⅳ M31：13-3，直径9.5厘米（图五六四，1）。

柿蒂形饰　9件。可分三型。

A型　6件。四叶形，两叶对角长2.1～10.1厘米。标本 Ⅱ M1172：15，一叶残，体中有圆孔，四叶中间镂成桃形，两叶对角长4.3厘米（图五六四，5）。标本 Ⅳ M31：14，两叶对角长4.3厘米（图五六四，9）。标本 Ⅱ M1172：14，两叶对角长10.2厘米（图五六四，4）。

B型　2件。变形四叶形。标本 Ⅱ M1511：16，长6.1、宽1.2厘米（图五六四，8）。标本 Ⅱ M1511：17，长3.4、宽1.3厘米（图五六四，6）。

C型　1件。三叶形。标本 Ⅱ M1511：19，长3.6、宽2厘米（图五六四，3）。

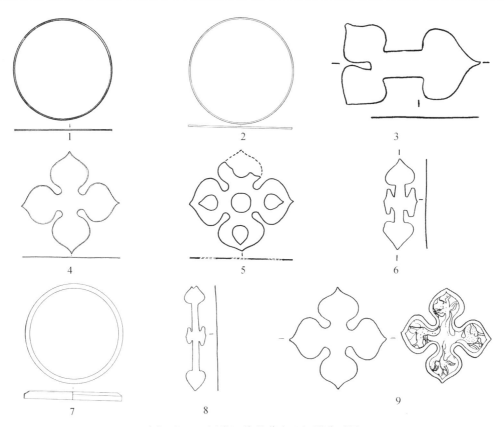

图五六四　甲类汉代墓葬出土银器分型图

1、2. 环（ⅣM31：13-3、ⅣM31：13-2）　3. C型柿蒂形饰（ⅡM1511：19）　4、5、9. A型柿蒂形饰（ⅡM1172：14、ⅡM1172：15、ⅣM31：14）　6、8. B型柿蒂形饰（ⅡM1511：17、ⅡM1511：16）　7. 器座（ⅣM31：13-1）

2. 铅器

18件。分别出于ⅠM54、ⅡM9、ⅡM501、ⅡM937、ⅡM1282、ⅡM1981等六座墓葬中。器类有剑镡、柿蒂形饰、盖弓帽、饰件、器座、兽头形饰、厌胜钱等。

剑镡　1件。标本ⅡM1981：4，镡呈月牙状，中间有椭圆形銎，銎内残留铁剑。长6.1厘米（图五六五，1）。

柿蒂形饰　3件。形制相同，同出一墓，四叶形，中心有乳凸，之外饰斜线纹，叶缘饰云纹。标本ⅡM937：7，两叶对角长3.5厘米（图五六五，6）。

盖弓帽　8件。形制相同，同出一墓，柿蒂形帽，中心有联珠座乳突，叶缘饰云纹，体一侧偏下有倒钩。标本ⅡM1981：13，直径0.8、帽径2.5、高2厘米（图五六五，2）。

饰件　2件。标本ⅡM937：4，截面呈菱形，两端较细，中部较粗，弯成半环状。宽1.7、高1.9厘米（图五六五，4）。标本ⅡM937：5，截面呈菱形，两端较细，中部较粗，弯成环状。宽1.6、高2厘米（图五六五，5）。

器座　1件。标本ⅡM1282：3，圆柱形柄，中空，饰三周凸棱，喇叭形底座，一侧有穿孔。底径2.6、高2.1厘米（图五六五，3）。

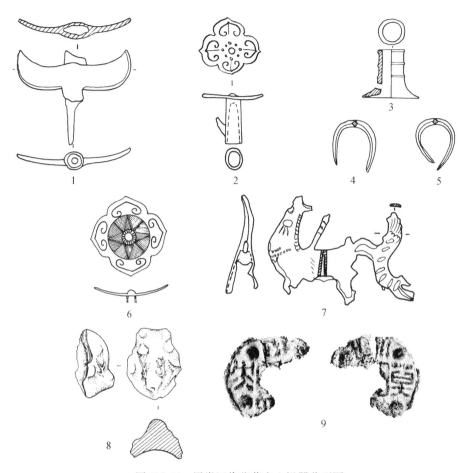

图五六五　甲类汉代墓葬出土铅器分型图

1.剑镡（ⅡM1981:4）　2.盖弓帽（ⅡM1981:13）　3.器座（ⅡM1282:3）　4、5.饰件（ⅡM937:4、ⅡM937:5）
6.柿蒂形饰（ⅡM937:7）　7.铅器（ⅠM54:1）　8.兽头形饰（ⅡM9:12）　9.厌胜钱（ⅡM501:2）

铅器　1件。标本ⅠM54:1，近动物造形。长5.8、宽3.6厘米（图五六五，7）。

兽头形饰　1件。标本ⅡM9:12，铸成兽头形，截面呈凹底三角形。宽3、高3.7厘米（图五六五，8）。

厌胜钱　1枚。残碎严重。标本ⅡM501:2，正文为"辟兵莫当"，背文为四柱"□□□□"。直径2.3厘米（图五六五，9）。

（六）玉器、石器、骨器及其他

共出土41件，器类有玉器、石器、骨器、料器、蚌器等。

1. 玉器

玉璧　2件。同出一墓，皆残碎。标本ⅡM1511:13，直径17.6、孔径4.8、厚0.8厘米（图五六六，7）。

2. 石器

16件。器形有石斗、印章、口琀、耳塞、石砚等。

石斗　2件。形制相同，同出一墓。标本ⅡM1511：4，砂岩。微敛口，方唇，弧腹，平底。口外饰一周凹弦纹，腹一侧饰兽首桥耳。口径9.2、底径6.8、高3.6厘米（图五六六，6；图版一一七，2左）。

印章　1枚。标本ⅠM32：14，残半。印面呈方形，弓形纽。阴刻，篆书，印文"□车□利"。长1.5、残宽0.8、通高0.7厘米（图五六六，10）。

口琀　3件。标本ⅡM937：3，蝉形，圆头，尾上翘，背部起棱，双眼外鼓。长5、宽2.8厘米（图五六六，4；图版一一七，1）。标本ⅡM1956：9，蝉形，方头，尖尾。长3.8、宽2厘米（图五六六，2）。

耳塞　1件。标本ⅡM1956：10，圆形柱状。长2、最大径1厘米（图五六六，11）。

石砚　8件。根据平面的差异，可分二型。

A型　7件。均为灰色石质。由砚和研磨器组成。砚呈长方形，研有圆研、方研、或方研柱形柄。标本ⅠM6：4，砚略残，砚面略小于背。研呈圆饼形，周边有打琢疤痕。砚长14.4、宽6.2、厚0.2，研直径3.2、厚0.3厘米（图五六六，1）。标本ⅠM11：3，砚面略小于背。研呈方研，面略小于背。砚长15.1、宽5.8、厚0.6，研边长2.9、厚1厘米（图五六六，3；图版一一七，3左）。标本ⅠM61：3，两件。砚呈长方形，面略大于背，砚面光滑。研呈方形，圆柱形柄，上雕兽面，涂朱。砚长12.2、宽5.2、厚0.8，研边长3.2、高2.3厘米（图五六六，9；图版一一七，3右）。

B型　1件。标本ⅠM31：1，为白灰色石质，由砚和研磨器组成。砚呈圆形，面略大于背，下承三矮足。研呈圆形，上雕兽头。研直径10.2、高3，研磨器直径2.6、高1.7厘米（图五六六，5；图版一一七，4）。

石研　1件。标本ⅡM1938：01，灰色石质。研呈方形，半圆形柄。边长3.5、高2.6厘米（图五六六，8）。

3. 骨器

10件。器形有玳瑁笄、骨环、印章、骨饰等。

玳瑁笄　4件。形制相同，分别出于ⅡM130、ⅡM1511、ⅡM1956、ⅣM31等四座墓葬中。标本ⅡM1956：8，残。由柄和齿组成，柄呈长条形，齿作针状。长18、宽1.5、厚0.2厘米（图五六七，11）。

骨环　1件。截面呈长方形。标本ⅡM17：10，直径1.8、厚0.4厘米（图五六七，2）。

印章　1枚。标本ⅡM131：1，印面呈方形，伏兽纽。阴刻，篆书，印文"马适寿印"。边长1.5、通高1.4厘米（图五六七，7）。

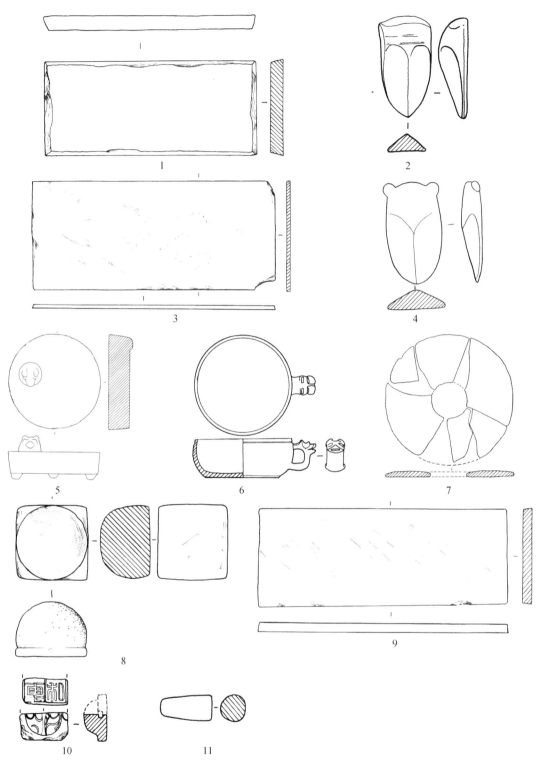

图五六六　甲类汉代墓葬出土玉、石器分型图

1、3、9. A型石砚（ⅠM6∶4、ⅠM11∶3、ⅠM61∶3）　2、4. 口玲（ⅡM1956∶9、ⅡM937∶3）　5. B型石砚（ⅠM31∶1）

6. 石斗（ⅡM1511∶4）　7. 玉璧（ⅡM1511∶13）　8. 石研（ⅡM1938∶01）　10. 印章（ⅠM32∶14）

11. 耳塞（ⅡM1956∶10）

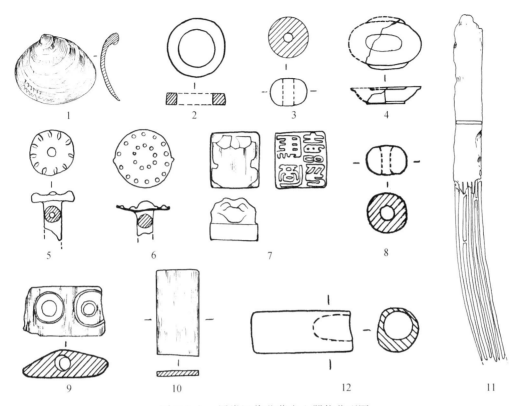

图五六七　甲类汉代墓葬出土器物分型图

1. 蚌壳（ⅡM21：20）　2. 骨环（ⅡM17：10）　3、8. 料珠（ⅠM30：5、ⅡM11：3）　4. 漆耳杯（ⅡM222：4）
5、6. 料饰（ⅠM6：9-1、ⅠM22：6）　7. 骨印章（ⅡM131：1）　9. B型骨饰（ⅡM19：29）
10. A型骨饰（ⅣM31：20）　11. 骨玎珸笄（ⅡM1956：8）　12. C型骨饰（ⅣM14：6）

骨饰　4件。可分三型。

A型　2件。长方形饰。标本ⅣM31：20，长3、宽1.5、厚0.2厘米（图五六七，10）。

B型　1件。截面近三角形，有两穿孔。标本ⅡM19：29，长2.2、宽1.2、厚0.7厘米（图五六七，9）。

C型　1件。圆柱状饰。一端穿半孔。标本ⅣM14：6，长2.1、直径0.8厘米（图五六七，12）。

4. 其他

料珠　3枚。圆形鼓状，中间穿孔。标本ⅠM30：5，玛瑙质。直径1.5厘米（图五六七，3）。标本ⅡM11：3，水晶质。直径0.8厘米（图五六七，8）。

料饰　6件。琉璃质，深蓝色，氧化为白色。形制相同，呈钉状，皆残。圆饼形帽，顶中部有圆形突起，外缘一周联珠纹圈带，身呈圆柱形，中空。标本ⅠM6：9-1，帽径1.2、身径0.5、残长1.3厘米（图五六七，5）。标本ⅠM22：6，圆饼形帽，顶中部有联珠座凸起，外缘一周联珠纹圈带，身呈圆柱形。帽径1.8、残长1厘米（图五六七，6）。

蚌壳　1件。标本ⅡM21：20，为天然蚌壳，单瓣，蚌面布满红色折线纹。长5、宽4.2厘米（图五六七，1）。

漆耳杯　1件。标本ⅡM222：4，杯身椭圆形，敞口，平沿，两侧有新月状耳，斜弧腹，平底。口径10.8~12、高3厘米（图五六七，4）。

漆器　2件。标本ⅣM54：43，呈琵琶形，木胎刷灰后涂漆加朱绘图案（图版七一，5）。

五、陶文、陶符

甲类汉代墓葬出土的陶器中发现有少量的陶文和陶符。6件陶器上和12块花纹方砖上有戳印或刻划文字18处。3件陶器上有刻划符号，每件1处。现分叙述如下：

（一）陶文

18处，分戳印陶文和刻划陶文。

戳印陶文　1处。方形。标本ⅣM35：018，釜肩部有一"□"戳记（图五六八，2）。

刻划陶文　17处。皆阴刻。

1. 标本ⅡM877：1，壶形罐肩部以"‖"为首，由右至左刻划"日入千户车马"六字（图五六八，1）。

2. 标本ⅡM975：4，壶肩部由右至左刻划"郭祖堂"三字（图五六八，5）。

3. 标本ⅡM986：13，罐肩部由右至左刻划"王八"二字（图五六八，4）。

4. 标本ⅣM48：3，壶形罐肩部刻划"羽"字（图五六八，8）。

5. 标本ⅡM16：6，小口罐肩部刻划"□□"二字（图五六八，7）。

6~8. 花纹方砖一侧面刻划"▓"字。标本ⅡM1141：25（图五六八，6）。标本ⅡM1141：31（图五六八，11）。

9~17. 花纹方砖一侧面刻划"旦"字。标本ⅡM1141：22（图五六八，9）。标本ⅡM1141：26（图五六八，13）。标本ⅡM1141：29（图五六八，10）。ⅡM1141：30（图五六八，14）。

（二）陶符

3处。皆阴刻。标本ⅡM975：6，罐肩部刻划"＋"一处（图五六八，3）。标本ⅡM975：7，罐肩部刻划"＋"一处（图五六八，12）。标本ⅡM1249：1，罐肩部刻划"＋"一处。

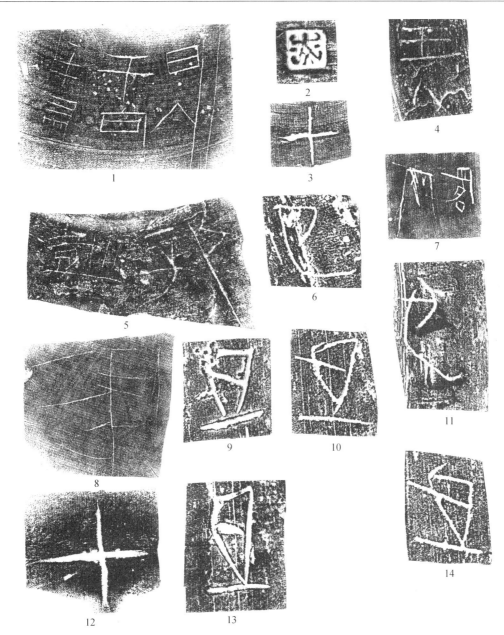

图五六八　甲类汉代墓葬出土陶文、陶符图

1、4~11、13、14. 刻划陶文（ⅡM877：1、ⅡM986：13、ⅡM975：4、ⅡM1141：25、ⅡM16：6、
ⅣM48：3、ⅡM1141：22、ⅡM1141：29、ⅡM1141：31、ⅡM1141：26、ⅡM1141：30）
2. 戳印陶文（ⅣM35：018）　3、12. 陶符（ⅡM975：6、ⅡM975：7）

六、小　　结

（一）墓葬分期

　　和林格尔土城子古城遗址周边墓葬区共清理发掘甲类汉代墓葬145座，除2座（ⅡM156、

ⅣM8）只局部清理外，另有5座（ⅠM4、ⅡM1284、ⅡM1524、ⅡM1850、ⅣM52）因无出土物而缺乏比较，还有4座因出土物较少而难以归类（ⅠM10、ⅠM12、ⅠM54、ⅡM1011）。根据前几节对墓葬形制、葬式及出土遗物的分析，134座墓葬可大致分为六期。

第一期：12座。墓号为ⅡM199、ⅡM214、ⅡM501、ⅡM588、ⅡM777、ⅡM782、ⅡM1007、ⅡM1857、ⅡM1943、ⅡM1982、ⅡM2009、ⅡM2011。在这期墓葬中，就墓葬形制而言，有（一）1Aa型的5座，（一）2Bb型的1座，（二）1Aa型的1座，（二）1Ab型的1座，（二）1Bc型的1座，（二）3Aa型的1座，（三）2B型的1座，（三）2Ca型1座。这些墓葬中除3座无随葬品外，余者9座均有随葬品，器类简单，形式单一。陶器组合有钵罐、三罐或四罐，还有五壶等；种类有BⅠ式、FaⅠ式壶，BaⅠ式、CaⅠ式壶形罐，Ab型大口罐，AⅠ式小口罐、BⅠ式矮领罐、AⅠ式侈沿罐、AⅠ式圆腹罐、A型钵等。铜器有BⅠ式盆，A型、Ba型镜，Fc型带钩以及铜钱等。其中两座墓葬出土有铜镜（夔龙纹镜、单层草叶镜），每墓出土1件，两座墓葬出土有铜钱（均为半两，不见五铢）。铁器多残碎、铅器有压胜钱。

第二期：42座。本期墓葬数量较多，可分为二段。

第Ⅰ段：14座。分别为ⅠM6、ⅠM13、ⅡM19、ⅡM549、ⅡM898、ⅡM932、ⅡM1035、ⅡM1087、ⅡM1282、ⅡM1529、ⅡM1560、ⅡM1561、ⅡM1609、ⅡM1981。在这段墓葬中，就墓葬形制而言，有（一）1Ab型的1座，（一）1Ba型的2座，（一）2Ab型的2座，（一）2Ac型的1座，（一）2Ba型的1座，（一）2Bb型的2座，（一）2Bc型的1座，（二）1Ac型的1座，（二）2Ca型的1座，（二）3Aa型的1座，（二）3Cb型的1座。陶器组合主要有钵罐、三罐或四罐、三壶，还有壶罐灶或壶罐灶井等；种类有BaⅡ式、DbⅠ式、FaⅡ式、G型壶，Ab型、BⅠ式缶、BcⅠ式、BdⅠ式、Cf型、Da型、Db型壶形罐，AaⅠ式、D型大口罐，A型高领罐，AⅠ式、BⅡ式矮领罐，AⅡ式侈沿罐，AbⅠ式小罐，AaⅠ式、BaⅠ式灶，AⅠ式井，A型盆，B型钵等。铜器有扁壶，鍪镂，鐎，Ⅰ式铞，A型、CⅠ式盆，Bb型、Ca型、Cb型、Cc型镜，Da型带钩，A型、Ba型、Bb型铃，剑镡，A型、Ba型五铢钱等。其中5座墓葬出土有铜镜（有连叠草叶镜、星云纹镜），每墓出土1件，两座墓葬出土有铜钱。铁器有B型铁带钩、铁带扣、A型铁铲等。铅器有剑镡、盖弓帽和器座。石器有A型石砚，骨器有B型饰件，漆器多为碎片。

第Ⅱ段：28座。分别为ⅠM29、ⅠM34、ⅠM43、ⅠM44、ⅠM55、ⅡM14、ⅡM20、ⅡM130、ⅡM131、ⅡM167、ⅡM312、ⅡM316、ⅡM877、ⅡM937、ⅡM974、ⅡM975、ⅡM986、ⅡM1509、ⅡM1531、ⅡM1605、ⅡM1648、ⅡM1948、ⅡM1949、ⅡM1956、ⅡM1957、ⅣM31、ⅣM35、ⅣM48。在这段墓葬中，就墓葬形制而言，有（一）1Aa型的1座，（一）1Ab型的1座，（一）2Ab型的3座，（二）1Aa型的1座，（二）1Ba型的2座，（二）1Ca型的1座，（二）2Aa型的2座，（二）2Ac型的1座，（二）2B型的1座，（二）2Ca型的1座，（二）2Cb型的1座，（二）3Aa型的4座，（二）3Ab型的2座，（二）3Ad型的1座，（二）3B型的3座，（二）3Ca型的1座，（三）1Aa型的1座，（三）1Ab型的1座。陶器组合主要有三壶一罐、三壶两罐或三壶三罐、三壶或三罐，还有鼎—壶—罐—灶—熏炉、壶—罐—灶或壶—罐—灶—井—灯等；种类有A型、B型鼎，Bb型、BcⅠ式、BcⅡ式、DaⅠ式、DcⅠ式、

Ea Ⅰ 式、Ea Ⅱ 式、Ec Ⅰ 式、Fa Ⅱ 式、G 型壶，Aa Ⅰ 式、Aa Ⅱ 式缶，Aa 型、Ab Ⅰ 式、Ac 型、Ba 型、Bd Ⅱ 式、Be 型、Bf Ⅰ 式、Ca Ⅱ 式壶形罐，Aa Ⅱ 式、Ba Ⅰ 式大口罐，B 型小口罐，B Ⅰ 式高领罐，A Ⅱ 式圆腹罐，B Ⅰ 式、C Ⅰ 式扁腹罐，Aa Ⅰ 式、Aa Ⅱ 式、Ac 型、Ad 型、Ba 型、C Ⅰ 式、D Ⅰ 式、Fc 型、G 型小罐，Ab 型、Ba Ⅱ 式、Bc Ⅰ 式灶，A Ⅱ 式、B Ⅰ 式、B Ⅱ 式井，豆，A 型熏炉、Aa 型灯等。铜器有 Ⅱ 式铜、Da 型、Db 型、Fb 型、G 型镜，B 型带钩，C 型铜铃，铜匙，A 型刷柄，铜镞，铜镦，铜印坯，铜合页，车马具，C 型、D 型五铢钱等。其中 8 座墓葬出土有铜镜（有日光镜、昭明镜），每墓出土 1 件，8 座墓葬出土有铜钱。铁器有铁锤、铁钗、铁锥等。银器有银环和银器座。铅器有柿蒂形饰和饰件。石器有 A 型石砚、口琀、耳塞。骨器有玑瑁笄、印章、A 型骨饰等，漆器多为碎片。

第三期：24 座。分别为 Ⅰ M1、Ⅰ M9、Ⅰ M11、Ⅰ M26、Ⅰ M31、Ⅱ M13、Ⅱ M17、Ⅱ M21、Ⅱ M150、Ⅱ M1017、Ⅱ M1093、Ⅱ M1172、Ⅱ M1189、Ⅱ M1249、Ⅱ M1275、Ⅱ M1375、Ⅱ M1428、Ⅱ M1511、Ⅱ M1673、Ⅱ M1739、Ⅳ M23、Ⅳ M53、Ⅳ M54、Ⅳ M55。在这期墓葬中，就墓葬形制而言，有（一）1Bb 型的 1 座，（一）2Aa 型的 1 座，（一）2Ab 型的 2 座，（一）2Bb 型的 1 座，（一）2Bc 型的 1 座，（二）1Aa 型的 2 座，（二）1Ab 型的 1 座，（二）1Ac 型的 1 座，（二）1Cb 型的 1 座，（二）2Aa 型的 2 座，（二）2Ab 型的 2 座，（二）2Cc 型的 2 座，（二）3Aa 型的 3 座，（二）3Ac 型的 1 座，（三）1Aa 型的 1 座，（三）1Ac 型的 1 座，（三）1C 型的 1 座。陶器组合主要有鼎—壶—灶—井—熏炉或鼎—壶—罐—灶—井—熏炉—奁—鈡镂—火盘，壶—灶—井—熏炉或壶—罐—灶—井，还有少数三壶一罐等；种类有 C 型鼎，锜，鈡镂，C Ⅰ 式、C Ⅱ 式、Da Ⅱ 式、Db Ⅱ 式、Dc Ⅱ 式、Eb Ⅰ 式、Eb Ⅱ 式壶，Bb Ⅱ 式、Ca Ⅲ 式、Cb Ⅰ 式、Cc Ⅰ 式壶形罐，Ba Ⅱ 式、Bb Ⅰ 式大口罐，A Ⅱ 式矮领罐，B 型侈沿罐，B 型圆腹罐，B Ⅱ 式扁腹罐，Ab Ⅱ 式、Bb Ⅰ 式、C Ⅱ 式、D Ⅱ 式、Fa 型小罐，Aa Ⅱ 式、Ac Ⅰ 式、Bb Ⅰ 式、Bc Ⅱ 式灶，A Ⅲ 式、B Ⅲ 式井，Ⅰ 式博山炉，B 型熏炉，Ab 式灯，A 型虎子以及釉陶鼎，锜，鋞，樽，壶，罐，盘，火盆，博山炉，灯，灶，井等。铜器有锺，B Ⅱ 式、C Ⅱ 式盆，甑，熏炉，灯，E 型、Fa 型、Fc 型、H 型、I 型、J 型镜，Dd 型、De 型带钩，A 型铜扣，C 型刷柄，A 型、B 型、C 型捉手，A 型、B 型、C 型铺首，A 型、B 型器足，柿蒂形饰，车马具，Bb 型五铢钱等。其中 6 座墓葬出土有铜镜（有星云纹镜、昭明镜、日光昭明重圈铭文镜、清白重圈铭文镜、皎光重圈铭文镜），除 1 座墓出土 3 件（Ⅱ M1172），1 座墓出土 2 件（Ⅳ M54），余者每墓出土 1 件，2 座墓葬出土有铜钱。铁器有 A 型带钩、B 型铲、铁环、铁圈、带饰、铁钉等。银器有 A 型、B 型、C 型柿蒂形饰。玉石器有玉璧、石斗、石砚、口琀。骨器有玑瑁笄、骨环，漆器。

第四期：44 座。分别为 Ⅰ M2、Ⅰ M5、Ⅰ M22、Ⅰ M30、Ⅰ M32、Ⅰ M48、Ⅰ M49、Ⅰ M50、Ⅰ M61、Ⅱ M6、Ⅱ M7、Ⅱ M8、Ⅱ M9、Ⅱ M10、Ⅱ M11、Ⅱ M12、Ⅱ M15、Ⅱ M16、Ⅱ M18、Ⅱ M24、Ⅱ M149、Ⅱ M222、Ⅱ M241、Ⅱ M778、Ⅱ M803、Ⅱ M859、Ⅱ M863、Ⅱ M878、Ⅱ M901、Ⅱ M1141、Ⅱ M1274、Ⅱ M1309、Ⅱ M1310、Ⅱ M1647、Ⅱ M1701、Ⅱ M1744、Ⅱ M1944、Ⅳ M1、Ⅳ M2、Ⅳ M3、Ⅳ M9、Ⅳ M14、Ⅳ M30、Ⅳ M40。在这期墓

葬中，就墓葬形制而言，有（一）1Aa型的3座，（一）1Ac型的1座，（二）1Aa型的5座，（二）1Ad型的1座，（二）1Bb型的1座，（二）1Cb型的1座，（二）2Aa型的1座，（二）3Aa型的4座，（二）3Ab型的1座，（二）3Ac型的1座，（三）1Aa型的2座，（三）1Ba型的1座，（三）1Bb型的1座、（三）2Ab型的1座，（三）2Cb型的1座，（四）1Aa型的14座，（四）1Ab型的2座，（四）1B型的3座。陶器组合主要有壶—罐—灶—井或壶—罐—灶—井—熏炉，也有少数壶—罐—灶、壶—灶—井或壶—灶—井—灯、三壶、三壶两罐或三壶一罐的倍数等；种类有AⅠ式、AⅡ式、BaⅢ式、CⅢ式、DaⅢ式、DaⅥ式、DcⅢ式、DdⅠ式、DdⅡ式、DdⅢ式、EaⅢ式、EaⅣ式、EcⅡ式、EdⅠ式、EdⅡ式、EdⅢ式、FaⅢ式、Fb型、HaⅠ式、HaⅡ式、Hb型、Ⅰ型壶、AbⅡ式、BcⅡ式、BfⅡ式、CbⅡ式、Ce型壶形罐、BbⅡ式、C型大口罐、AⅡ式小口罐、BⅡ式高领罐、AⅢ式、BⅢ式矮领罐、AⅢ式圆腹罐、AⅠ式、AⅡ式、BⅢ式、CⅡ式扁腹罐、Ⅰ式、Ⅱ式大底罐、BbⅡ式、BbⅢ式、DⅢ式、Ea型小罐、AaⅢ式、AcⅡ式、BaⅢ式、BbⅡ式、BcⅢ式灶、AⅥ式、BⅥ式井、BⅠ式奁、A型火盘、Ⅱ式博山炉、B型虎子等。铜器有Ka型、Kb型、Kc型、La型、Lb型镜、A型、C型、Db型、Dc型带钩、带扣、带饰、B型铜扣、B型刷柄、弩机、D型铺首、铜印章、车马具、C型五铢钱等。其中7座墓葬出土有铜镜（有昭明镜、四乳四虺镜、四乳龙虎镜、四乳草叶镜、四神博局镜），除1座墓出土2件（ⅠM61），余者每墓出土1件，9座墓葬出土有铜钱（有昭帝五铢、宣帝五铢）。铁器有铁剑、铁钉、铁器等。铅器有兽头形饰。石器有印章、A型石砚。骨器、料器出土较少，漆器有耳杯等。

　　第五期：11座。分别为ⅡM98、ⅡM102、ⅡM118、ⅡM703、ⅡM785、ⅡM1174、ⅡM1730、ⅡM1821、ⅡM1938、ⅣM6、ⅣM7。在这期墓葬中，就墓葬形制而言，有（四）2型的5座，（四）3Aa型的3座，（四）3Ab型的2座，（四）3B型的1座。这期墓葬多经盗扰，陶器组合绝大部分被破坏，主要有盘—碗—魁—勺—耳杯—奁—盒—案—灶—井—灯等；种类有Cd型壶形罐、BⅥ式扁腹罐、Fb型小罐、AcⅢ式、C型、D型灶、C型、D型井、B型、C型、DⅠ式、DⅡ式、Ea型、Eb型盆、A型、B型、Ca型、Cb型盘、碗、魁、A型、B型勺、耳杯、Aa型、BⅡ式奁、方盒、B型火盆、B型灯和陶案等。铜器有M型镜、E型五铢钱，其中2座墓葬出土有铜镜，一件残碎，一件为龙纹镜；2座墓葬出土有铜钱，一枚残碎，一枚为剪轮（磨郭）五铢。铁器有铁钉、铁器等。石器仅石研一种。

　　第六期：仅（ⅡM1608）1座。为小型竖穴土坑墓，出土器物较为单一，器组合为异形罐和铁削。

（二）墓葬年代

　　这类汉代墓葬之间无叠压打破关系，但我们可以根据这类墓葬随葬品的器类型式及墓葬形制的演变关系，再参照有关资料来推定这批墓葬的年代范围。

1. 第一期

　　本期的12座墓葬中，有竖穴土坑墓、带墓道土坑墓和土洞墓三种，以竖穴土坑墓居多，约

占50%，带墓道土坑墓次之，约占33.3%，土洞墓约占16.7%，墓中的出土遗物较少。ⅡM588
（（二）1Bc型）的形制为日字形，与白鹿原汉墓[1]Bd型（五M77）的形制相同，属西汉早
期；ⅡM199和ⅡM1857两座墓的葬式为屈肢葬，与秦文化墓葬的葬式相同，其时代较早；
ⅡM777、ⅡM1943、ⅡM2009和ⅡM2011出土陶器的组合为钵罐、三罐或四罐与本地区战国晚
期至秦代墓葬[2]的陶器组合完全相同；ⅡM782所出的A型铜镜与《中国铜镜图典》[3]第176
页所列的铜镜[3]接近，ⅡM501所出的BⅠ式铜镜与《中国铜镜图典》第192页所列的铜镜[4]近
似，与《长安汉镜》第六节收录的第一类AⅡ式镜（1999YCH M127：4）[5]接近，与BⅢ式镜
（1998FXC M25：5）略同，草叶纹及花枝纹简单，应是草叶纹的早期形式。ⅡM214和ⅡM777
所出的钱币皆为"四铢半两"，四铢半两为西汉早期铸造。由此，第一期墓葬的年代应该在西
汉早期，其下限应不晚于汉武帝元狩五年（公元前118年）。

2. 第二期

第Ⅰ段的14座墓葬中，有竖穴土坑墓和带墓道土坑墓两种，以竖穴土坑墓居多，约占
71.4%%，带墓道土坑墓约占28.6%。陶器组合仍有钵罐、三罐或四罐、三壶，新出现的以壶—
罐—灶或壶—罐—灶—井等为组合。ⅡM1087所出的Ⅰ式铜鋗与白鹿原汉墓（绕M36：6）
铜鋗[6]接近，ⅡM1561所出的铜鋞与纳林套海（M25：16）铜提梁卣[7]接近，与沙金套海
（M34：18）铜提梁卣[8]近似。这一段墓葬中出土的草叶纹镜、星云纹镜等，均是武帝时期流
行的镜式，ⅡM1282、ⅡM1561所出A型、Ba型五铢钱为武帝五铢和昭帝五铢。因此，该段的
年代应在西汉中期武帝至昭帝时期。

第Ⅱ段的28座墓葬中，有竖穴土坑墓、带墓道土坑墓和土洞墓三种，以带墓道土坑墓居
多，约占75%%，竖穴土坑墓占17.9%，土洞墓占7.1%。陶器组合钵口罐消失，有三壶或三罐、
三壶一罐、三壶二罐、三壶或三罐，壶—罐—灶或壶—罐—灶—井等，还有少数以鼎—壶—
罐—灶—熏炉等为组合的。ⅠM29所出的Ⅱ式铜鋗与白鹿原汉墓（绕M36：6）铜鋗[9]相同。这
一段墓葬中出土的草叶纹镜、日光镜、昭明镜等，均是西汉中期昭宣帝时期流行的镜式，所出
C型、D型五铢钱为昭帝五铢和宣帝五铢。因此，该段的年代应在西汉中期昭宣帝时期。

3. 第三期

本期的24座墓葬中，有竖穴土坑墓、带墓道土坑墓和土洞墓三种，以带墓道土坑墓居多，
约占62.5%，竖穴土坑墓占25%，土洞墓占12.5%。ⅡM1511所出铜锺、铜甂均与沙金套海[10]
（M26）所出的铜锺、铜甂[10]接近，从形制上看，前者应晚于后者，后者的年代原报告定为
西汉中期或略偏晚阶段，那么，前者的年代定为西汉晚期阶段为宜；ⅡM1511所出石斗与洛阳
烧钩汉墓（M1027：34）陶斗[11]的形制相同，与杭锦旗乌兰陶勒盖西汉晚期墓（M6：17）陶
魁[12]接近，只是柄有所差异，前者为兽首桥形，后者为龙首状；该期墓葬中出土的铜镜有昭
明镜、清白重圈铭文镜、皎光重圈铭文镜等，均是西汉晚期流行的镜形，另外昭明镜铭文的字

体变为方正，也是西汉晚期昭明镜流行的特征。所出Bb型五铢钱钱币有武帝、昭帝五铢和宣帝五铢，表明该期的上限年代应为昭宣帝时期，因此，第三期墓葬的年代为西汉晚期。

4. 第四期

本期的44座墓葬中，有竖穴土坑墓、带墓道土坑墓、土洞墓和砖室墓四种，以砖室墓居多，约占43.2%，带墓道土坑墓之，占34.1%，土洞墓再次之，占13.6%，竖穴土坑墓较少，占9.1%。ⅠM61为棺椁墓，出土昭明镜、四神博局镜，其时代大约为王莽至东汉前期。ⅠM50为土洞墓、ⅣM2为砖室墓，均出土四乳四虺镜，伴出有船形灶与下窝吐壕M3、M6所出灶[13]类似，其时代应为西汉末至东汉初。ⅣM14为砖室墓，出土四乳龙虎镜与《中国铜镜图典》第253页所列的铜镜[14]相同，其时代为东汉前期。ⅡM1744为竖穴土坑墓，出土四乳草叶镜与《中国铜镜图典》第263页所列的四乳八禽镜[15]类似，其时代为东汉前期。由此，我们推断第四期墓葬的年代为王莽时期至东汉前期。

5. 第五期

本期的11座墓葬中，仅砖室墓一种，有前后室和多室两种，以多室砖墓居多，约占54.5%，前后室砖墓占45.5%。本期的（四）2类（前后室砖墓）墓葬与洛阳烧沟东汉晚期墓M1026[16]的形制基本上一致；（四）3类（多室砖墓）墓葬均为十字形砖室墓，即前、中、后及东西耳室的墓葬布局，系东汉时期较为流行的一种墓葬形式[17]，这种形制的墓葬，在内蒙古中南部地区多有发现，它与和林格尔新店子乡东汉壁画墓[18]、城麻沟M1[19]、托克托县黑水泉M1[20]、包头召湾M62[21]以及麻池张龙圪旦M1[22]的形制基本上一致。和林格尔汉墓其壁画内容所反映的是东汉晚期的庄园经济、社会生活及意识形态诸方面的内容。又根据墓葬内出土的器物，特别是长方形陶案、长方形或梯形灶、魁、耳杯以及方盒等遗物，均与上述所列墓葬中出土的同类器物别无二致。另外，ⅡM98所出的M型镜（龙纹镜）是东汉晚期常见的镜形，据后汉书灵帝记"磨郭钱的出现是在灵帝建宁三年"之前，到建宁三年之后数量增多。ⅡM98所出的E型五铢钱为剪轮（磨郭）五铢，他的铸造年代应在建宁三年前后，并流行于东汉晚期[23]。因此，第五期墓葬的年代为东汉晚期。

6. 第六期

本期的1座墓葬为竖穴土坑墓，规模较小，单人葬，仅存部分颅骨和腿骨，头向西，随葬品较为单一，应属典型的平民墓葬。该墓无论墓葬形制或随葬品的摆放位置与额尔古纳右旗七卡鲜卑墓M3[24]有较多的一致性，与商都县东大井墓地SDM12[25]完全相同。墓葬所出的异形罐（ⅡM1608∶1）与察右前旗下黑沟鲜卑墓[26]M1∶1罐相同，与察右后旗三道湾墓地A型壶（M103∶1）[27]较为接近，与商都县东大井墓地⑤SDM12∶1夹砂壶[28]相同。因此，我们认为，和林格尔土城子ⅡM1608也应属于鲜卑遗存的范畴，其时代与上述各地鲜卑墓葬的时代相去不远，大约相当于东汉晚期，应在檀石槐部落大联盟时期。

（三）文化性质

综上所述，和林格尔土城子古城周边甲类汉代墓葬发现较少，但时代跨度较大，大体经历了两汉到檀石槐部落大联盟时期的不同发展阶段，各阶段所出器物时代特征较为明显。以三罐或四罐、三壶、三壶一罐、三壶二罐或三壶三罐等为基本组合的丧葬习俗应源于本地区战国晚期至秦代墓葬的器物组合，是该类遗存的承袭与发展，这种组合从西汉早期一直延续到东汉前期，应为当地的土著文化；以钵、罐或钵、缶为基本组合的丧葬习俗从西汉早期延续到西汉中期早段，应与战国时期的赵文化有渊源关系；屈肢葬则为秦文化的后裔；以鼎—壶—灶—井—熏炉或鼎—壶—罐—灶—井—熏炉—奁—鐎—火盘，壶—罐—灶或壶—罐—灶—井等为基本组合的丧葬习俗可能与中原文化因素有着不可忽视的关系；以夹砂陶罐和铁削为基本组合与北方游牧民族有关，是典型的拓跋鲜卑遗存。

第三节　汉代乙类墓葬研究

汉代乙类墓葬共69座（附表二），以第Ⅱ发掘区和林格尔职中工地最为集中，同时，有部分墓葬以两两成对并排分布。其中，第Ⅰ发掘区11座，墓号为ⅠM7、ⅠM15～ⅠM18、ⅠM20、ⅠM21、ⅠM23～ⅠM25、ⅠM28；第Ⅱ发掘区57座，墓号为ⅡM27、ⅡM169、ⅡM186、ⅡM197、ⅡM720、ⅡM751、ⅡM753、ⅡM781、ⅡM784、ⅡM787、ⅡM829、ⅡM899、ⅡM909、ⅡM911、ⅡM920、ⅡM936、ⅡM944、ⅡM1028、ⅡM1043、ⅡM1095、ⅡM1119、ⅡM1124、ⅡM1134、ⅡM1136、ⅡM1153、ⅡM1423、ⅡM1461、ⅡM1488、ⅡM1530、ⅡM1543、ⅡM1583、ⅡM1606、ⅡM1610、ⅡM1941、ⅡM1942、ⅡM1946、ⅡM1954、ⅡM1983、ⅡM1984、ⅡM1986～ⅡM1991、ⅡM1993、ⅡM1995、ⅡM1996、ⅡM1999～ⅡM2005、ⅡM2007、ⅡM2010；第Ⅳ发掘区1座，墓号为ⅣM32。

一、墓葬形制

汉代乙类墓葬共69座，大体可分为竖穴土坑墓和带墓道土坑墓两类。竖穴土坑墓62座，是该批墓葬的主要类型，带墓道土坑墓7座。

（一）竖穴土坑墓

62座。可分为土坑墓、木椁墓两类。

1. 土坑墓

48座。根据墓葬结构的差异，可分为口底同大和口大底小两型。

A型　34座。口底同大。根据平面的差异，可分三亚型。

Aa型　20座。长方形。分南北向和东西向两类，南北向的13座，计有ⅡM27、ⅡM169、ⅡM781、ⅡM899、ⅡM909、ⅡM911、ⅡM936、ⅡM1153、ⅡM1543、ⅡM1986、ⅡM1989、ⅡM1999、ⅡM2004，方向为350°~355°或0°~15°不等，头向北向或略偏东、西。东西向的7座，计有ⅡM787、ⅡM829、ⅡM1983、ⅡM1984、ⅡM1988、ⅡM2000、ⅡM2002，方向为90°~100°，头向正东或东南。该类墓葬的墓坑较小、深浅不一，坑壁较直，多为平底。长多在190~250厘米之间，最长的不超过310厘米，宽一般在70~80厘米之间，最宽的可达110厘米，深一般为80~180厘米，最浅的为50厘米，最深的不超过260厘米。该类墓葬绝大部分有头龛，共17座，头龛底部有的高于墓底（ⅡM781、ⅡM899），有的与墓底相平，有的低于墓底（ⅡM909）。

Ab型　13座。长条形。分南北向和东西向两类，南北向的11座，计有ⅠM15~ⅠM18、ⅠM20、ⅠM23、ⅡM1488、ⅡM1987、ⅡM1993、ⅡM2005、ⅡM2010，方向为350°或0°~15°不等，头向北向或略偏东、西。东西向的2座，计有ⅡM197、ⅡM2003，方向为95°或130°，头向东南。该类墓葬的墓坑较长，深浅不一，坑壁较直，墓室底部多为平底。长一般在320~400厘米之间，最长的可达480厘米，宽一般在100~130厘米之间，最窄的为70厘米，最宽的可达160厘米，深一般在100~300厘米之间，最深的为340厘米。该类墓葬仅ⅡM2010一座有头龛，龛底部与墓底相平。

Ac型　1座。梯形。南北向，计ⅡM1941，方向为0°，头向正北。该墓墓坑较小，坑壁较直，为平底，有头龛。长220、宽70~80、深180~190厘米。

B型　14座。口大底小。根据平面的差异，可分二亚型。

Ba型　6座。长方形。分南北向和东西向两类。南北向的4座，计有ⅡM784、ⅡM1119、ⅡM1134、ⅡM1423，方向为355°或10°~25°不等，头向西北或东北。东西向的2座，计有ⅡM1124、ⅡM1606，方向为85°~110°，头向略向东北或东南。该类墓葬的墓坑较Aa型略大一些、坑壁斜直，墓室底部多为平底。长一般在240~270厘米之间，宽一般在100~110厘米之间，深一般在200~300厘米。该类墓葬皆有头龛，龛底部与墓底相平。

Bb型　8座。长条形。分南北向和东西向两类。南北向的6座，计有ⅠM24、ⅠM25、ⅡM1028、ⅡM1043、ⅡM1954、ⅡM1991，方向为355°或0°~8°不等，头向西北，正北或东北。东西向的2座，计有ⅡM751、ⅡM753，方向为90°~93°，头向正东或略向东南。该类墓葬的墓坑较大，深浅不一，坑壁斜直，墓室底部多为平底。长一般为310~430厘米，最长的可达560厘米，宽一般为120~160厘米，最窄的100厘米，最宽的为190厘米，深一般为220~330厘米，最浅的130厘米，最深的可达410厘米。该类墓葬仅ⅠM25一座有头龛，龛底部与墓底相平。

2. 木椁墓

14座。根据墓葬结构的差异，可分为口底同大和口大底小两型。

A型　3座。口底同大。根据平面的差异，可分二亚型。

Aa型　1座。长方形。南北向，计有ⅡM2007，方向为0°，头向正北。该墓墓坑较小，坑壁较直，为平底，有头龛。长220、宽100、深260厘米。

Ab型　2座。长条形。南北向和东西向的各一座。南北向是ⅡM920，方向为350°，头向西北。墓坑长460、宽170、深240厘米。东西向是ⅡM1995，方向为85°，头略向东北。墓坑长320、宽120、深130厘米。

B型　11座。口大底小，皆为长条形。分南北向和东西向两类，南北向的7座，计有ⅠM7、ⅡM944、ⅡM1136、ⅡM1461、ⅡM1610、ⅡM1990、ⅡM1996，方向为350°~355°或0°~5°不等，头向北向或略偏东、西。东西向的5座，计有ⅡM1095、ⅡM1942、ⅡM1946、ⅡM2001，方向为90°~95°，头向正东或略东南。该类墓葬的墓坑较大、较深，坑壁斜直，墓室底部多为平底。长一般为390~460厘米，最长的可达540厘米，宽140~220厘米，深210~440厘米。

（二）带墓道土坑墓

7座。根据墓葬结构可分为土坑墓、木椁墓两类。

1. 土圹墓

3座。根据墓道结构的差异，可分为二型。

A型　1座。斜坡墓道，近甲字形。东西向，墓道向西，计有ⅠM28，方向为268°。墓室为长条形，墓壁较直，平底，低于墓道底部。

B型　2座。台阶—斜坡墓道，甲字形。南北向，墓道向北，计有ⅠM21、ⅡM1530，方向为10°。此型墓葬的墓道与墓室间有甬道相隔，墓室皆为长条形，墓壁较直，墓底较平。

2. 木椁墓

4座。根据墓道结构的差异，可分为三型。

A型　2座。斜坡墓道，甲字形。东西向，墓道向东，计有ⅡM720、ⅣM32，方向为85°~90°。此型墓葬的墓坑多为长条形，墓壁较直，墓底多为平底。

B型　1座。台阶—斜坡墓道，甲字形。南北向，墓道向北，计有ⅡM1583，方向为0°。此型墓葬的墓道北端设有一级台阶与斜坡墓道相接，墓道与墓室间有甬道相隔，墓室皆为长条形，墓壁较直，墓底较平。

C型　1座。台阶墓道，甲字形。南北向，墓道向北，计有ⅡM186，向为0°。此型墓葬的墓道与墓室间有甬道相隔，墓室皆为长条形，墓壁较直，墓底较平。

二、葬具、葬式、葬俗与殉牲

（一）葬具

69座墓葬中，能够辨别使用了葬具的墓葬有（一）2A型、（一）2B型、（二）2A型、（二）2B型、（二）2C型，共18座。这些墓葬的葬具大多数为木棺或木椁。虽然木棺等葬具都已遭到不同程度的破坏，但其迹象或多或少尚有保留。从残存迹象观察，木棺平面多为长方形，共7例，也有少数呈梯形，有2例（ⅡM1995、ⅡM2007）。一般长198～208厘米，最长可达270厘米，宽58～72厘米。木椁则有长方形、亚腰形、梯形几种，以长方形居多，共14例，亚腰形1例（ⅡM920），梯形1例（ⅣM32）。其中，ⅡM1136、ⅡM1946还具备了重椁。一般长250～398厘米，最长的可达460厘米，宽94～150厘米，最宽的可达180厘米。

（二）葬式

69座墓葬中，除8座无尸骨，14座尸骨不全葬式不清外，其余47座墓葬中的50个体，大体分为仰身直肢葬、屈肢葬、乱葬三类，以仰身直肢居多，屈肢葬和乱葬各一座。仰身直肢葬，躯干与股骨的夹角等于或接近180°，股骨与胫骨的夹角大于120°，均为肱骨、肘骨垂直，双手放置于盆骨的两侧（ⅡM1043），有些双手放置腹部（ⅡM899），有些一手放置于盆骨的一侧，一手放置于盆骨的下侧（ⅡM751）；屈肢葬为上体仰卧，股骨相并，胫骨向后弯曲，其夹角为125°，肱骨、肘骨垂直，双手放置于盆骨的两侧（ⅡM784）；乱葬则为人骨散乱不全堆放在一起（ⅡM27）。

（三）葬俗

69座墓葬中，除人骨无存者外，能够辨别为单人葬的57座，双人合葬的3座，乱葬1座。相对于墓葬形制而言，（一）1Aa型墓、（一）1Ac型墓、（一）1Ba型墓、（一）1Bb型墓、（一）2A型墓、（一）2B型墓、（二）1A型墓、（二）2A型墓与（二）2B型墓葬中，未见有合葬现象，（一）1Ab型墓与（二）1B型墓葬中，有同穴合葬和异穴合葬两种，其中同穴合葬墓仅见于（二）1B型墓（ⅠM21、ⅡM1530），而异穴合葬仅见于（一）1Ab型墓（ⅠM17）；合葬墓中，两人尸骨放置规律，似为一次葬，乱葬见于（一）1Aa型墓（ⅡM27），显然应系二次葬或迁葬所为。

（四）殉牲

69座墓葬中，共发现29座有殉牲骨。一般为动物的肢骨、肋骨、肩胛骨等，种类有羊、猪、狗、鸡等，大部分与陶器共出，一般放置于死者头骨的上方，也有部分放置在头龛内。

三、随葬器物的摆放位置

随葬品以陶器为大宗，其摆放位置因墓葬规模大小和墓室结构的不同而有所差异。第一类墓葬的（一）1型墓主要置于墓主头骨的上方及头龛内；（一）2型墓主要置于墓主头骨的上方或木棺上方的木椁内。第二类墓葬随葬品的摆放位置是无葬具者一般置于墓主头骨的上方或尸骨右下方；有葬具者一般置于墓主头骨的左上方或右侧。

铜器出土较少，较大的器类如扁壶、盆、樽多与陶器置于同一位置；镜一般置于墓主头骨上方的龛内，带钩一般置于墓主的胸部、腰部和腿部，刷子一般置于墓主的口部，铜钱一般置于墓主人附近。

四、随葬器物

69座墓葬中，共出土器物297件。按其质地可分为陶器、铜器、铁器及其他等。为了叙述方便，下面分类介绍。

（一）陶器

共出土陶器253件。陶器的基本组合为三壶一罐、三壶、也有少数三壶二罐、六壶二罐或两壶一罐、三小罐一大罐、三小罐（壶），还有非器物组合如随葬1～2件陶器的亦归为这一类。陶系皆为泥质陶，有灰陶、灰褐陶、红褐陶几种，以灰陶为大宗，灰褐陶次之，红褐陶较少；纹饰有素面、磨光、暗弦纹、弦纹、暗网格纹、网格纹、绳纹、弦断绳纹、泥条附加堆纹、压印纹、戳刺纹等；该类遗存彩绘陶器较为发达，器表多以红彩、黑彩、白彩装饰，纹样有火焰纹、弦纹、水波纹、卷云纹、云气纹、三角纹、几何纹、条带纹、网格纹、圈点纹和鸟纹等；也有部分陶器的表面涂黑衣。制法分模制和轮制两种，以轮制居多；烧制火候一般较高，有部分灰褐陶和红褐陶烧制火候较低；器类有壶、罐、缶、盆、钵、灶等。

1. 壶

共出土155件。除4件残碎形制不清外，余者151件。可分九型。

A型　74件。敞口。可分六亚型。

Aa型　20件。敞口，直颈，假圈足。可分四式。

Ⅰ式　3件。标本ⅡM1995：2，泥质灰褐陶。小口略外敞，圆唇，长颈，圆鼓腹，假圈足，足壁较直，平底。上腹饰暗弦纹，下腹素面磨光。口径9.5、底径10.8、高21.4厘米（图五六九，1）。

Ⅱ式　5件。标本ⅡM2010：3，泥质灰陶。敞口，圆唇，长颈，鼓腹，假圈足外撇，平底。素面磨光。口径10.2、底径14、高22.8厘米（图五六九，2）。

图五六九　乙类汉代墓葬出土陶壶分型图

1. Aa型Ⅰ式壶（ⅡM1995：2）　2. Aa型Ⅱ式壶（ⅡM2010：3）　3. Aa型Ⅲ式壶（ⅡM720：3）　4. Aa型Ⅳ式壶（ⅠM28：2）
5. Ab型Ⅰ式壶（ⅡM1028：1）　6. Ab型Ⅱ式壶（ⅡM911：2）　7. Ab型Ⅲ式壶（ⅡM2003：3）
8、9. Ac型Ⅰ式壶（ⅡM753：1、ⅡM936：2）

　　Ⅲ式　6件。标本ⅡM720：3，泥质灰陶。敞口，圆唇，直颈，圆肩，鼓腹，假圈足外撇较甚，平底，有方形印记。素面磨光，近底部有削切痕。口径11.5、底径17.8、高26.8厘米（图五六九，3）。

　　Ⅳ式　6件。标本ⅠM28：2，泥质灰陶。敞口，窄平沿，沿面有一周凹槽，圆鼓腹，瘦高假圈足，平底。器表施黑红彩，颈部饰两周弦纹夹两周三角几何纹，肩部饰两周弦纹夹一周卷云纹，上腹饰两周弦纹夹一周菱形纹，云纹补白，下腹饰卷云纹，足有修削痕。口径11.7、底径14.3、高25.1厘米（图五六九，4；图版八四，1）。

　　Ab型　11件。敞口，弧颈，假圈足。可分三式。

　　Ⅰ式　3件。盖壶。标本ⅡM1028：1，泥质灰陶。盖与器身扣合。盖呈伞状，盖面微弧。壶口外敞，圆唇，弧颈，鼓腹，假圈足，平底，有方形印记。器表素面，近底部有削切痕。口径12、底径16.1、通高29.2厘米（图五六九，5）。

　　Ⅱ式　5件。标本ⅡM911：2，泥质灰陶。敞口，方唇，弧颈，鼓腹，假圈足微外撇，平底。颈部饰白彩三角纹，云纹补白，腹部饰卷云纹，下腹有削切痕。上腹施白色卷云纹和三角纹。口径12.3、底径15.3、高25.8厘米（图五六九，6）。

Ⅲ式　3件。标本ⅡM2003：3，泥质灰陶。敞口，圆唇，弧颈，圆鼓腹，假圈足，平底。肩、腹部以红黑彩饰三角纹、云气纹。口径11.5、底径14、高25.2厘米（图五六九，7）。

Ac型　18件。敞口，弧颈，平底。可分五式。

Ⅰ式　4件。标本ⅡM753：1，泥质灰陶。敞口，圆唇，弧颈，溜肩，鼓腹，平底。器表涂白衣，以黑、橙黄两色彩绘，颈至上腹部绘卷云纹，腹部绘一周三角纹，近底部有削切痕。口径11.1、底径13.6、高26.4厘米（图五六九，8）。标本ⅡM936：2，泥质灰黑陶。器表以红色彩绘，颈部饰三角纹，肩部饰三角纹和卷云纹，腹部饰网格纹与云纹，近底部有削切痕。口径10.5、底径15.3、高24.6厘米（图五六九，9）。

Ⅱ式　2件。标本ⅡM1134：3，泥质灰褐陶。敞口，圆唇，弧颈，腹扁鼓，平底。口外侧饰两周红彩带纹，颈部以黑、红两彩绘云纹，腹部饰一周红彩带纹与两周黑彩带纹，间夹一周三角纹，近底部有削切痕。口径10.6、底径13.3、高24厘米（图五七〇，1）。

Ⅲ式　4件。标本ⅣM32：6，泥质灰陶。敞口，圆唇，弧颈，鼓腹，平底。近底有削切痕。口径12.2、底径13.5、高26.2厘米（图五七〇，2）。

Ⅳ式　2件。标本ⅡM2004：3，泥质灰陶。敞口，圆唇，细长颈，半球形腹，平底略大。素面磨光，下腹有削切痕。口径11.4、底径13.8、高25厘米（图五七〇，3）。

Ⅴ式　6件。标本ⅡM186：6，泥质灰陶。敞口，圆唇，弧颈，半球形腹，大平底。素面磨

图五七〇　乙类汉代墓葬出土陶壶分型图

1. Ac型Ⅱ式壶（ⅡM1134：3）　2. Ac型Ⅲ式壶（ⅣM32：6）　3. Ac型Ⅳ式壶（ⅡM2004：3）　4、5. Ac型Ⅴ式壶（ⅡM186：6、ⅠM21：7）　6. Ad型Ⅱ式壶（ⅡM186：4）　7. Ad型Ⅰ式壶（ⅡM1993：1）　8. Ae型Ⅰ式壶（ⅡM2001：1）

光，近底部有削切痕。口径12、底径15、高26.8厘米（图五七〇，4）。标本ⅠM21：7，泥质灰陶。敞口，唇沿外卷，束颈，半球形腹，大平底。器表以白色彩绘，上腹饰菱形纹、卷云纹与弦纹，近底部有削切痕。口径11、底径15.5、高24.5厘米（图五七〇，5）。

Ad型　11件。敞口，束颈，平底。可分二式。

Ⅰ式　7件。标本ⅡM1993：1，泥质灰褐陶。敞口，圆唇，束颈，鼓腹，平底，有方形印记。腹部饰绳纹被抹，若隐若现，下腹有削切痕。口径11.5、底径12、高25厘米（图五七〇，7）。

Ⅱ式　4件。标本ⅡM186：4，泥质灰黑陶。敞口，圆唇，束颈，鼓腹，平底。器表素面，近底部有削切痕。口径11.7、底径12、高26.5厘米（图五七〇，6）。

Ae型　12件。敞口，粗短颈，平底。可分二式。

Ⅰ式　6件。标本ⅡM2001：1，泥质黑灰陶，敞口，平沿，粗短颈，圆肩，鼓腹，平底，有方形印记。颈、肩部以白彩绘三角纹、卷云纹，腹部饰绳纹被抹，下腹有削切痕。口径12.4、底径13、高26.5厘米（图五七〇，8）。

Ⅱ式　6件。标本ⅡM1530：8，泥质灰黑陶。敞口，方唇，粗短颈，腹圆，平底。上腹素面，近底部有削切痕。口径11.2、底径11.4、高23厘米（图五七一，1）。

Af型　2件。标本ⅡM944：2，泥质灰褐陶。敞口，方唇，细长颈，卵形腹，平底。器颈部

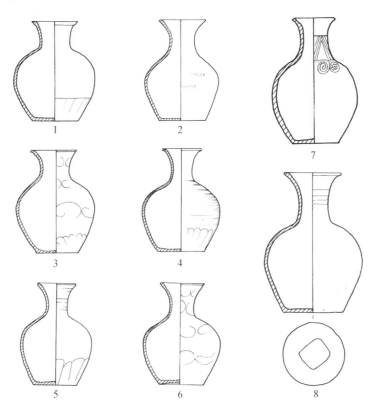

图五七一　乙类汉代墓葬出土陶壶分型图

1. Ae型Ⅱ式壶（ⅡM1530：8）　2. Ba型Ⅰ式壶（ⅡM1610：5）　3. Ba型Ⅱ式壶（ⅡM1606：4）　4、5. Bb型Ⅰ式壶（ⅡM1583：5、ⅡM1987：2）　6. Bb型Ⅱ式壶（ⅡM1606：2）　7. Af型壶（ⅡM944：2）　8. Bb型Ⅲ式壶（ⅡM2004：2）

以白彩绘一周三角纹，肩部绘卷云纹及圆点纹。口径12.1、底径10.9、高29.2厘米（图五七一，7；图版八四，4）。

B型　16件。喇叭口。可分二亚型。

Ba型　5件。弧颈。可分二式。

Ⅰ式　1件。标本ⅡM1610∶5，泥质灰褐陶。喇叭口，平沿，弧颈，溜肩，鼓腹，平底。器表涂黑衣，饰红色彩绘，因脱落隐约可见，下腹有削切痕。口径13、底径12.6、高26.5厘米（图五七一，2）。

Ⅱ式　4件。标本ⅡM1606∶4，泥质灰陶。喇叭口，圆唇，弧颈，圆肩，鼓腹，平底。器表以红、黑彩绘卷云纹，近底部有削切痕。口径12、底径10、高24厘米（图五七一，3）。

Bb型　11件。细颈。可分三式。

Ⅰ式　8件。标本ⅡM1583∶5，泥质黑灰陶，喇叭口，方唇，细颈，圆肩，鼓腹，平底，有方形印记。器表有烟炱，腹部饰暗弦纹，下腹有削切痕。口径10.9、底径13.5、高27厘米（图五七一，4）。标本ⅡM1987∶2，泥质灰陶。小喇叭口，细颈，鼓腹，平底。器表涂黑衣，颈部饰暗弦纹，下腹有削切痕。口径10.2、底径11.6、高26.2厘米（图五七一，5）。

Ⅱ式　2件。标本ⅡM1606∶2，喇叭口，圆唇，细颈微束，鼓腹，平底略内凹，器表以红、黑彩绘卷云纹，下腹有削切痕。口径11、底径11.8、高24.1厘米（图五七一，6）。

Ⅲ式　1件。标本ⅡM2004∶2，泥质灰陶。喇叭口，圆唇，细长颈，圆肩，鼓腹，平底，有方形印记。器表涂黑衣，颈部饰暗弦纹，下腹有削切痕。口径12、底径12.5、高27.5厘米（图五七一，8）。

C型　30件。盘口。可分六亚型。

Ca型　2件。细长颈，假圈足。标本ⅡM1941∶4，泥质灰黑陶。盘口，圆唇，细长颈，溜肩，鼓腹，假圈足外撇，平底，有方形印记。腹部绳纹被抹，若隐若现。口径12.4、底径14、高25厘米（图五七二，7）。

Cb型　9件。碗状盘口，平底。可分四式。

Ⅰ式　3件。标本ⅡM829∶1，泥质灰陶。盘口，尖圆唇，束颈，溜肩，鼓腹，平底内凹。器表以红、白彩绘，四周红彩条带纹将其分为三区，区间饰对向三角纹，其内以云纹、网格纹、圈点纹、鸟纹补白，近底部有削切痕。口径10.5、底径13.2、高24.1厘米（图五七二，1）。

Ⅱ式　2件。标本ⅡM1153∶2，泥质灰褐陶。盘口，卷沿，束颈，长溜肩，鼓腹，平底。器表不光滑，颈部与器身套接痕明显，腹部饰一周绳纹，近底部有削切痕。口径11.8、底径11.1、高24.5厘米（图五七二，2）。

Ⅲ式　2件。标本ⅡM920∶1，泥质灰陶。盘口，尖圆唇，弧颈微束，鼓腹，平底。器表红、黑彩绘，颈部饰三角纹，内外填卷云纹，肩饰两周条带纹间夹一周水波纹，腹部饰两组三角纹，内外填卷云纹，下腹有削切痕。口径10.8、底径9.6、高21.8厘米（图五七二，3）。

Ⅳ式　2件。盖壶。标本ⅠM24∶2，泥质灰黑陶。盖与壶以子母口扣合。盖面弧形隆起，

图五七二　乙类汉代墓葬出土陶壶分型图

1. Cb型Ⅰ式壶（ⅡM829：1）　2. Cb型Ⅱ式壶（ⅡM1153：2）　3. Cb型Ⅲ式壶（ⅡM920：1）　4. Cb型Ⅳ式壶（ⅠM24：2）
5. Cc型Ⅰ式壶（ⅡM753：3）　6. Cc型Ⅱ式壶（ⅡM1134：2）　7. Ca型壶（ⅡM1941：4）　8. Cc型Ⅲ式壶（ⅡM1043：1）

顶部有削切痕。壶盘口，圆唇，束颈，溜肩，鼓腹，平底。器表及口内侧饰红色彩绘，现已脱落，近底部有削切痕。口径10.7、底径12.7、高25.8厘米（图五七二，4）。

Cc型　7件。小盘口，平底。可分四式。

Ⅰ式　2件。标本ⅡM753：3，泥质灰陶。盘口，方唇，弧颈，圆肩，鼓腹，平底。器表涂白衣，以黑、橙黄两色彩绘，颈至上腹部绘卷云纹，腹部绘一周三角纹，近底部有削切痕。口径10.9、底径15.5、高26.3厘米（图五七二，5；图版八四，2）。

Ⅱ式　1件。标本ⅡM1134：2，泥质灰陶。盘口，圆唇，长颈，溜肩，腹扁鼓，平底稍内凹。口外侧饰两周红彩条带纹，颈部以黑、红两彩绘云纹，腹部饰一周红彩带纹与两周黑彩带纹，间夹一周三角纹，近底部有削切痕。口径11.8、底径12、高27.7厘米（图五七二，6）。

Ⅲ式　2件。标本ⅡM1043：1，泥质灰陶。盖与壶扣合。盖为盘形，敞口，平沿，圆唇，浅腹，平底。壶盘口，方唇，弧颈，溜肩，鼓腹，平底。肩部饰两周凹弦纹，近底部有削切痕。口径11.4、底径12、高26.2厘米（图五七二，8）。

Ⅳ式　2件。标本ⅠM7：2，泥质灰黑陶。盘口，平沿，方唇，细长颈，宽肩，鼓腹，平底。下腹有削切痕。口径11.2、底径11.9、高26厘米（图五七三，1）。

Cd型　7件。盘口，细颈，平底。可分二式。

图五七三 乙类汉代墓葬出土陶壶分型图

1. Cc型Ⅳ式壶（Ⅰ M7：2） 2. Cd型Ⅰ式壶（Ⅰ M20：3） 3. Cd型Ⅱ式壶（Ⅰ M25：3） 4. Ce型壶（Ⅱ M1136：2）
5. Da型Ⅰ式壶（Ⅱ M1941：3） 6. Da型Ⅱ式壶（ⅣM32：5） 7. Cf型壶（Ⅱ M1983：1） 8. Db型壶（Ⅱ M1986：2）

Ⅰ式　3件。标本Ⅰ M20：3，泥质灰陶。盘口，圆唇，细颈，鼓腹，平底。器表以红色彩绘，颈部饰三角纹和一周条带纹，腹部饰卷云纹，近底部有削切痕。口径11、底径9、高24厘米（图五七三，2）。

Ⅱ式　4件。标本Ⅰ M25：3，泥质灰陶。盘口，方唇，细颈，鼓腹，平底。器表以红、白彩绘卷云纹等，脱落严重，下腹有削切痕。口径11.8、底径12.3、高25厘米（图五七三，3）。

Ce型　2件。标本Ⅱ M1136：2，泥质灰褐陶。盖与壶以子母口扣合。盖子口较短，盖面弧形隆起。壶盘口，圆唇，细颈，腹圆鼓，假圈足，平底。近底部有削切痕。口径10.4、底径10.1、高25.3厘米（图五七三，4）。

Cf型　3件。标本Ⅱ M1983：1，泥质灰黑陶。深盘口，圆唇，直颈，圆肩，鼓腹，平底，有方形印记。器表涂白衣，以红彩绘卷云纹、条带纹，纹饰多已脱落，下腹有削切痕。口径13.3、底径11.8、高28.5厘米（图五七三，7）。

D型　5件。浅盘口。可分二亚型。

Da型　2件。可分二式。

Ⅰ式　1件。标本Ⅱ M1941：3，泥质黑灰陶，浅盘口，折沿，尖圆唇，圆肩，鼓腹，平底。口外附贴一周宽带纹，下腹有削切痕。口径11、底径10.1、高23.2厘米（图五七三，5）。

Ⅱ式　1件。标本ⅣM32：5，泥质灰陶。浅盘口，方圆唇，细弧颈，鼓腹，平底略内凹。口外附贴一周宽带纹，下腹有削切痕。口径12.6、底径14、高26.2厘米（图五七三，6）。

Db型　3件。标本ⅡM1986：2，泥质灰陶。浅盘口，圆唇，细长颈，溜肩，卵鼓腹，小平底。口外附贴一周宽带纹，腹部饰绳纹被抹，若隐若现，下腹有削切痕。口径11、底径8.4、高29厘米（图五七三，8）。

E型　11件。外显盘口。可分三亚型。

Ea型　6件。喇叭口，粗颈，假圈足。可分二式。

Ⅰ式　3件。标本ⅡM1990：4，泥质灰陶。喇叭口，粗颈，圆肩，鼓腹，假圈足略外撇，平底。口外附贴一周宽带纹，器表以红、黑彩绘，上腹至颈部饰三角纹，内外填云气纹，腹部饰一周反向三角纹，下腹有削切痕。口径12.6、底径15.5、高25.6厘米（图五七四，1）。

Ⅱ式　3件。标本ⅡM1530：5，泥质灰黑陶。喇叭口，方唇，束颈，圆鼓腹，假圈足，平底。口外附贴一周宽带纹，足壁有削切痕。口径14.1、底径14.7、高29.8厘米（图五七四，2）。

Eb型　3件。标本ⅡM1991：2，泥质灰褐陶，小喇叭口，圆唇，细颈，鼓腹，平底，口外附贴一周宽带纹，有方形印记。器表以红、黑彩绘云气纹，已脱落，下腹有削切痕。口径11.5、底径12.5、高27.2厘米（图五七四，7）。

图五七四　乙类汉代墓葬出土陶壶分型图

1. Ea型Ⅰ式壶（ⅡM1990：4）　2. Ea型Ⅱ式壶（ⅡM1530：5）　3. Ec型Ⅰ式壶（ⅡM27：1）　4. Ec型Ⅱ式壶（ⅠM21：8）

5. Fa型Ⅱ式壶（ⅡM1136：4）　6. Fb型壶（ⅡM197：1）　7. Eb型壶（ⅡM1991：2）　8. Fa型Ⅰ式壶（ⅡM1543：3）

Ec型　2件。细颈。可分二式。

Ⅰ式　1件。标本ⅡM27∶1，泥质灰陶。小喇叭口，平沿，方唇，束颈，鼓腹，平底。口外附贴一周条带纹，颈部饰暗弦纹，下腹有削切痕。口径11、底径11.5、高29.3厘米（图五七四，3）。

Ⅱ式　1件。标本ⅠM21∶8，泥质灰黑陶。小喇叭口，方唇，束颈，鼓肩，近球形腹，平底。口外附贴一周宽带纹，器表有划痕，下腹有削切痕。口径11、底径12.3、高25厘米（图五七四，4）。

F型　4件。长颈。可分二亚型。

Fa型　3件。细长颈，假圈足。可分二式。

Ⅰ式　2件。标本ⅡM1543∶3，泥质灰黑陶。喇叭口，平唇，细长颈，圆鼓腹，假圈足微外撇，平底。上腹部饰暗弦纹。口径10、底径10、高22.5厘米（图五七四，8；图版八五，1）。

Ⅱ式　1件。标本ⅡM1136∶4，泥质灰黑陶。口残，细颈，圆鼓腹，假圈足，平底。上腹部饰暗弦纹，近底部有削切痕。底径10.5、残高21.3厘米（图五七四，5）。

Fb型　1件。盖壶。标本ⅡM197∶1，泥质灰褐陶。盖与壶以子母口扣合。盖子口较短，盖面弧形隆起，顶部有削切痕。壶口残，细长颈，鼓腹，小平底。腹部饰一周绳纹，器表以红彩绘三角纹，因脱落模糊不清，下腹有削切痕。口径9.5、底径9.5、高24厘米（图五七四，6）。

G型　7件。小口，可分三亚型。

Ga型　5件。小口，假圈足。可分二式。

Ⅰ式　4件。标本ⅡM1461∶3，泥质灰黑陶。小口微敞，平沿，圆唇，弧颈，长溜肩，鼓腹，假圈足外撇，平底。器表涂白衣，以红、黑两色彩绘几何纹、火焰纹、弦纹、水波纹、卷云纹。口径8.5、底径15、高29厘米（图五七五，1；图版八三，1）。

Ⅱ式　1件。盖壶。标本ⅡM197∶2，泥质灰黑陶。盖与壶以子母口扣合。盖子口较短，盖面弧形隆起，顶部有削切痕。壶小口，平沿，方唇，斜颈，鼓腹，假圈足，平底。器表以红彩绘三角纹，因脱落模糊不清，口径10、底径10、高24厘米（图五七五，4）。

Gb型　1件。盖壶。标本ⅡM197∶3，泥质灰黑陶。盖与壶以子母口扣合。盖子口较短，盖面弧形隆起，顶部有削切痕。壶小口微外敞，圆唇，斜颈，鼓腹，平底。器表以红彩绘三角纹，因脱落模糊不清，下腹有削切痕。口径10.7、底径9.5、高25.8厘米（图五七五，5）。

Gc型　1件。标本ⅡM1153∶3，泥质灰褐陶，烧制变形。小口，卷沿，斜颈，鼓腹斜收，平底。上腹饰弦断绳纹，下腹有削切痕。口径10.5、底径9.1、高26.3厘米（图五七五，2）。

H型　3件。标本ⅡM1984∶3，泥质灰黑陶。小口外侈，折沿，舌状唇，粗颈，圆肩，长弧腹，平底。上腹饰弦断绳纹，下腹有削切痕。口径11.8、底径11、高26.5厘米（图五七五，3）。

I型　1件。小壶。标本ⅡM1989∶1，泥质灰陶。敞口，平沿，圆唇，粗颈，圆鼓腹，小平底。上腹素面，下腹有削切痕。口径10.5、底径6.2、高16.6厘米（图五七五，6）。

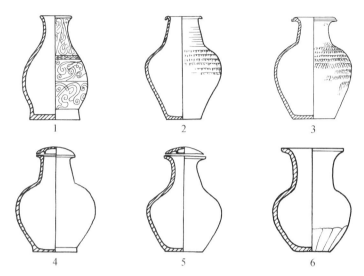

图五七五　乙类汉代墓葬出土陶壶分型图

1. Ga型 I 式壶（ⅡM1461∶3）　2. Gc型壶（ⅡM1153∶3）　3. H型壶（ⅡM1984∶3）

4. Ga型 II 式壶（ⅡM197∶2）　5. Gb壶（ⅡM197∶3）　6. I型壶（ⅡM1989∶1）

2. 缶

5件。可分二型。

A型　2件。平沿，可分二式。

I 式　1件。标本 ⅡM1583∶3，泥质红褐陶。小口微外敞，平沿，尖圆唇，弧肩，鼓腹，大平底。肩部饰暗弦纹，腹部饰绳纹被抹，若隐若现。口径13、底径21、高34.3厘米（图五七六，1）。

II 式　1件。标本 ⅠM23∶1，泥质灰陶。小口微外敞，圆唇，广圆肩，鼓腹，平底。上腹素面抹光，下腹有削切痕。口径10.3、底径16、高28.5厘米（图五七六，2）。

B型　3件。折沿，可分二式。

I 式　2件。标本 ⅡM1530∶2，泥质灰陶。小口微外侈，舌状唇，弧肩，鼓腹，平底。颈、腹部各饰一组凹弦纹，肩部饰暗网格纹，腹饰弦纹和绳纹，下腹有削切痕。口径15、底径17.4、高33厘米（图五七六，3）。

II 式　1件。标本 ⅡM2003∶4，泥质灰陶。小口外侈，舌状唇，弧颈，广肩，鼓腹，平底。肩部饰暗网格纹，腹部饰两周压印纹，下腹有削切痕。口径13、底径17.6、高32厘米（图五七六，4）。

3. 罐

共出土88件，除1件因残碎形制不清外，余者大体分为壶形罐、大口罐、矮领罐、侈口罐、小口罐、小罐等。

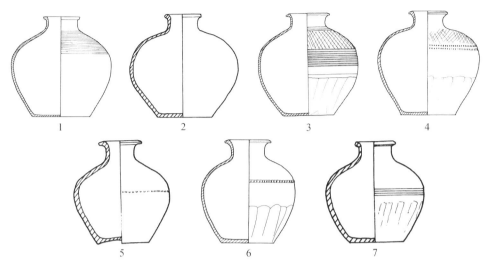

图五七六　乙类汉代墓葬出土陶器分型图

1.A型Ⅰ式缶（ⅡM1583：3）　2.A型Ⅱ式缶（ⅠM23：1）　3.B型Ⅰ式缶（ⅡM1530：2）　4.B型Ⅱ式缶（ⅡM2003：4）

5.A型Ⅰ式壶形罐（ⅡM829：4）　6.A型Ⅱ式壶形罐（ⅡM1987：4）　7.A型Ⅲ式壶形罐（ⅡM1095：5）

（1）壶形罐

12件。可分四型。

A型　5件。鼓腹。可分四式。

Ⅰ式　1件。标本ⅡM829：4，泥质灰陶。小口微外敞，平沿，圆唇，细颈，鼓腹斜收，平底内凹。腹部饰一周绳纹，下腹有削切痕。口径9.6、底径12、高22.8厘米（图五七六，5）。

Ⅱ式　1件。标本ⅡM1987：4，泥质灰陶，小口外敞，折沿，圆唇，弧颈，鼓腹弧收，平底。肩部饰暗弦纹，腹部饰一周泥条附加堆纹，下腹有削切痕。口径12.2、底径14、高26.2厘米（图五七六，5）。

Ⅲ式　2件。标本ⅡM1095：5，小口微外侈，圆唇，细颈，鼓腹，平底。腹部饰四周凹弦纹，下腹有削切痕。口径9.9、底径11.4、高20.6厘米（图五七六，7）。

Ⅳ式　1件。标本ⅠM21：10，泥质灰陶。小口，圆唇，颈部微束，广肩，鼓腹，平底。上腹饰一周戳印纹，腹部饰两周凹弦纹，近底有削切痕。口径11.9、底径12、高25.8厘米（图五七七，7）。

B型　2件。扁圆腹或垂鼓腹。可分二亚型。

Ba型　1件。标本ⅡM1610：4，泥质灰褐陶。小口微外敞，圆唇，弧颈，鼓腹微下垂，小平底。上腹饰暗弦纹，下腹有削切痕。口径12.2、底径13、高25.9厘米（图五七七，1）。

Bb型　1件。标本ⅡM1610：3，泥质灰褐陶。小口外敞，折沿，舌状唇，细颈，圆鼓腹，平底。上腹饰暗弦纹，下腹有削切痕。口径13.5、底径13.6、高27.5厘米（图五七七，3）。

C型　2件。可分二亚型。

Ca型　1件。标本ⅡM720：4，泥质灰褐陶。小口，口沿外翻，圆唇，圆肩，鼓腹弧收，平底，有方形印记。肩饰暗网格纹，腹饰弦断绳纹被抹，下腹有削切痕。口径6.5、底径14.3、高

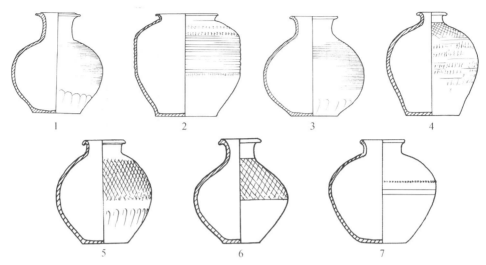

图五七七　乙类汉代墓葬出土陶器分型图

1. Ba型壶形罐（ⅡM1610：4）　2. Ab型大口罐（ⅡM1583：4）　3. Bb型壶形罐（ⅡM1610：3）　4. Ca型壶形罐（ⅡM720：4）
5. Cb型壶形罐（ⅡM1095：4）　6. D型壶形罐（ⅡM909：1）　7. A型Ⅳ式壶形罐（ⅠM21：10）

28.5厘米（图五七七，4）。

Cb型　1件。标本ⅡM1095：4，泥质灰陶。小口，卷沿，矮颈，圆肩，鼓腹弧收，平底。上腹部饰暗网格纹，下腹有削切痕。口径11、底径11.1、高24.2厘米（图五七七，5）。

D型　3件。形体较小。标本ⅡM909：1，泥质灰陶。小口外敞，折沿，圆唇，细颈，斜肩，鼓腹，小平底。上腹饰暗网格纹，下腹有削切痕。口径7.8、底径7.9、高15.6厘米（图五七七，6）。

（2）大口罐

14件。可分四型。

A型　4件。侈口，折肩。可分二亚型。

Aa型　3件。可分三式。

Ⅰ式　1件。标本ⅡM1119：1，泥质灰陶。侈口，圆唇，束颈，折肩，弧收腹，平底。肩部饰网格纹与暗弦纹，腹部饰三周凹弦纹，近底部有削切痕。口径16.8、底径15.6、高22.2厘米（图五七八，1）。

Ⅱ式　1件。标本ⅡM1984：1，泥质灰黑陶，侈口，方唇，束颈，折肩，弧收腹，平底。肩部饰暗网格纹，腹部饰凹弦纹。口径15.8、底径12、高22.4厘米（图五七八，2）。

Ⅲ式　1件。标本ⅠM21：9，泥质灰陶。口微外侈，圆唇，软折肩，鼓腹斜收，平底。肩饰网格纹与暗弦纹，腹饰凹弦纹，下腹有削切痕。口径17.9、底径14.4、高26.9厘米（图五七八，3）。

Ab型　1件。直腹。标本ⅡM1583：4，泥质灰褐陶。侈口，圆唇，束颈，折肩，直腹折收，平底。肩部饰两周暗波折纹纹，腹部饰凹弦纹，下腹有削切痕。口径15、底径14.5、高23厘米（图五七七，2）。

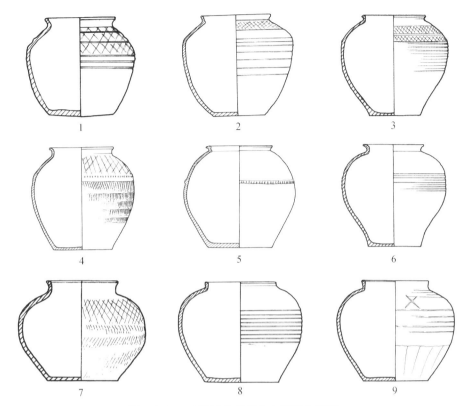

图五七八　乙类汉代墓葬出土陶器分型图

1. Aa型Ⅰ式大口罐（ⅡM1119∶1）　2. Aa型Ⅱ式大口罐（ⅡM1984∶1）　3. Aa型Ⅲ式大口罐（ⅠM21∶9）

4. B型Ⅰ式大口罐（ⅡM2007∶1）　5. B型Ⅱ式大口罐（ⅡM1941∶1）　6. B型Ⅲ式大口罐（ⅠM15∶2）

7. C型Ⅰ式大口罐（ⅡM753∶5）　8、9. C型Ⅱ式大口罐（ⅡM1991∶4、ⅡM2005∶1）

　　B型　3件。矮领，鼓腹。可分三式。

　　Ⅰ式　1件。标本ⅡM2007∶1，泥质灰陶。口微外侈，圆唇，鼓腹，平底。肩部饰暗网格纹，腹部饰弦断绳纹，近底部有削切痕。口径18、底颈16.8、高28厘米（图五七八，4）。

　　Ⅱ式　1件。标本ⅡM1941∶1，泥质灰陶。侈口，尖圆唇，束颈，鼓腹，平底，有方形印记。腹部饰泥条附加堆纹一周，下腹有削切痕。口径18.5、底径18、高28厘米（图五七八，5）。

　　Ⅲ式　1件。标本ⅠM15∶2，泥质灰陶。侈口，尖圆唇，束颈，圆肩，鼓腹斜收，平底。上腹饰凹弦纹，下腹有削切痕。口径20、底径17、高31.2厘米（图五七八，6）。

　　C型　4件。矮直领，扁鼓腹。可分二式。

　　Ⅰ式　1件。标本ⅡM753∶5，泥质灰陶。直口微侈，方唇，矮直领，圆肩，腹扁鼓，平底。肩部饰网格纹，腹部饰弦断绳纹，近底部有削切痕。口径14.6、底径13.5、高20.8厘米（图五七八，7）。

　　Ⅱ式　3件。标本ⅡM1991∶4，泥质灰陶。直口，方唇，圆肩，扁鼓腹，平底。腹部饰弦纹，下腹有削切痕。口径14.5、底径15、高20厘米（图五七八，8）。标本ⅡM2005∶1，泥质灰陶。上腹饰暗弦纹，下腹有削切痕，肩部刻划"×"一处。口径14、底径14、高20厘米（图五七八，9）。

D型　3件。侈口，扁圆腹或扁鼓腹。可分二式。

Ⅰ式　1件。标本ⅡM1988：4，泥质深灰陶。侈口，圆唇，束颈，扁圆腹，平底。上腹饰暗弦纹，下腹有削切痕。口径14、底径12.2、高18厘米（图五七九，1）。

Ⅱ式　2件。标本ⅡM1999：4，泥质灰陶，烧制变形。侈口，圆唇，束颈，扁鼓腹，平底。肩饰暗弦纹，腹饰凹弦纹，下腹有削切痕。口径17～18、底径15.5、高22厘米（图五七九，3）。标本ⅡM2010：1，泥质灰陶。肩部饰暗弦纹，腹部饰凹弦纹，下腹有削切痕。口径17.2、底径17.6、高30厘米（图五七九，5）。

（3）矮领罐

11件。可分三型。

A型　8件。直口，可分二个亚型。

Aa型　7件。鼓腹，可分五式。

Ⅰ式　1件。标本ⅡM936：4，泥质灰黑陶。直口，方唇，矮领，圆鼓腹，平底。上腹饰弦断绳纹。口径11.2、底径10.7、高18.4厘米（图五七九，2）。

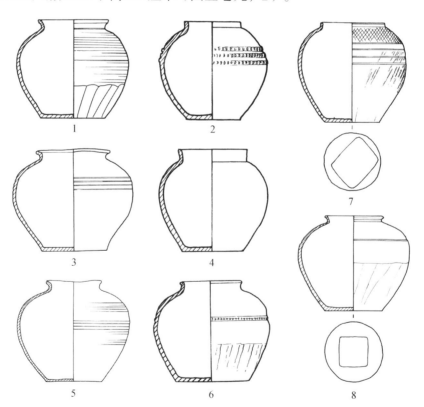

图五七九　乙类汉代墓葬出土陶器分型图

1.D型Ⅰ式大口罐（ⅡM1988：4）　2.Aa型Ⅰ式矮领罐（ⅡM936：4）　3、5.D型Ⅱ式大口罐（ⅡM1999：4、ⅡM2010：1）

4.Aa型Ⅲ式矮领罐（ⅡM944：4）　6.Aa型Ⅳ式矮领罐（ⅡM1136：3）　7.Aa型Ⅱ式矮领罐（ⅡM2001：5）

8.A型Ⅲ式侈沿罐（ⅡM169：1）

Ⅱ式　1件。标本ⅡM2001：5，泥质灰黑陶。直口，方唇，矮领，圆肩，鼓腹，平底，有方形印记。肩部饰暗网格纹，腹部饰绳纹与凹弦纹，下腹有削切痕。口径13.5、底径11.6、高20厘米（图五七九，7）。

Ⅲ式　2件。标本ⅡM944：4，泥质灰褐陶。口微敞，圆唇，矮领，圆肩，鼓腹，平底。器表素面。口径15.5、底径14、高22.4厘米（图五七九，4）。

Ⅳ式　1件。标本ⅡM1136：3，泥质灰褐陶。口略外侈，圆唇，圆肩，鼓腹，平底。腹部饰一周泥条附加堆纹，下腹有削切痕。口径14.3、底径17.1、高22.6厘米（图五七九，6）。

Ⅴ式　2件。标本ⅠM24：4，泥质灰陶。口略外敞，圆唇，圆肩，鼓腹瘦收，平底较小。肩部饰暗网格纹，腹部饰凹弦纹，下腹饰绳纹被抹，近底部有削切痕。口径14.2、底径12.8、高22.6厘米（图五八〇，3）。

Ab型　1件。标本ⅡM1423：5，泥质灰陶。口微敛，方唇，折肩，直腹弧收，平底。肩部饰网格纹，腹部饰凹弦纹。口径13.6、底径10.8、高18.9厘米（图五八〇，4）。

B型　2件。侈口。可分二式。

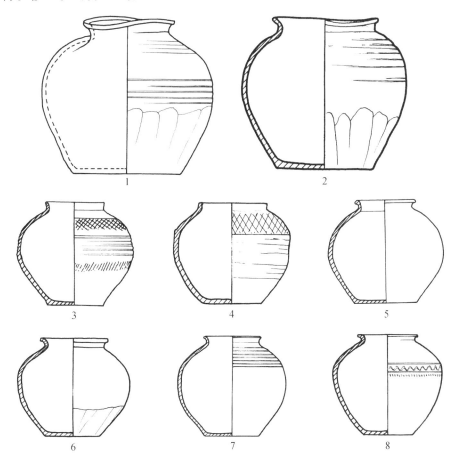

图五八〇　乙类汉代墓葬出土陶器分型图

1. B型Ⅰ式矮领罐（ⅡM2000：4）　2. B型Ⅱ式矮领罐（ⅡM1983：4）　3. A型Ⅴ式矮领罐（ⅠM24：4）
4. Ab型矮领罐（ⅡM1423：5）　5. C型矮领罐（ⅡM920：4）　6. A型Ⅰ式侈沿罐（ⅡM781：1）
7. A型Ⅱ式侈沿罐（ⅡM2001：4）　8. A型Ⅲ式侈沿罐（ⅠM17：1）

Ⅰ式　1件。标本ⅡM2000：4，泥质灰陶，烧制变形。侈口，圆唇，圆肩，鼓腹，平底较大。肩部饰暗弦纹，腹部饰凹弦纹，下腹有削切痕。口径16、底径18.6、高25厘米（图四五八〇，1）。

Ⅱ式　1件。标本ⅡM1983：4，泥质深灰陶，烧制变形。侈口较甚，圆唇，鼓腹，平底。上腹饰暗弦纹，下腹有削切痕。口径13.2、底径12、高18.2厘米（图五八〇，2）。

C型　1件。标本ⅡM920：4，口微外敞，圆唇，直领，扁圆腹，平底。下腹有削切痕。口径14.7、底径16.3、高25.9厘米（图五八〇，5）。

（4）侈沿罐

18件。可分四型。

A型　10件。圆鼓腹。可分四式。

Ⅰ式　3件。标本ⅡM781：1，泥质灰黑陶。侈口，圆唇，束颈，鼓腹，平底。近底部有削切痕。口径10.8、底径8.8、高15.2厘米（图五八〇，6）。

Ⅱ式　1件。标本ⅡM2001：4，泥质灰黑陶。侈口，圆唇，圆鼓腹，平底。肩部饰暗弦纹，下腹有削切痕。口径11、底径10.4、高18.2厘米（图五八〇，7）。

Ⅲ式　4件。标本ⅠM17：1，泥质灰陶。侈口，圆唇，束颈，鼓腹，平底。腹部饰两周凹弦纹，间夹一周水波纹，下腹有削切痕。口径12.7、底径11.3、高20.5厘米（图五八〇，8）。标本ⅡM169：1，泥质灰陶。侈口，圆唇，束颈，鼓腹，平底，有方形印记。肩部素面磨光，腹饰凸弦纹一周，下腹有削切痕。口径14.4、底径14、高22.4厘米（图五七九，8）。

Ⅳ式　2件。标本ⅡM197：4，泥质灰陶。侈口，圆唇，圆鼓腹，平底较小，有方形印记。上腹饰暗弦纹，下腹有削切痕。口径16.5、底径15.3、高26厘米（图五八一，4）。

B型　4件。鼓腹。可分二式。

Ⅰ式　2件。标本ⅡM1606：1，泥质灰陶。侈口，方唇，鼓腹，平底。腹部饰凹弦纹，下腹有削切痕。口径12.7、底径11、高18.2厘米（图五八一，1）。

Ⅱ式　2件。标本ⅡM186：7，泥质灰陶。侈口，圆唇，丰肩，鼓腹斜收，小平底。腹部饰暗弦纹，下腹有削切痕，口径13.4、底径13、高21厘米（图五八一，5）。标本ⅠM15：1，泥质灰陶。侈口，圆唇，束颈，丰肩，鼓腹斜收，小平底，上腹饰两周凹弦纹与一周绳纹，下腹有削切痕。口径15.2、底径13.5、高22厘米（图五八一，6）。

C型　3件。可分二式。

Ⅰ式　1件。标本ⅡM920：5，泥质灰陶。侈口，方唇，束颈，溜肩，鼓腹，平底。肩饰网格纹，下腹有削切痕。口径15.3、底径15、高23.5厘米（图五八一，2）。

Ⅱ式　2件。标本ⅡM1124：4，泥质灰黑陶。侈口，圆唇，弧颈，鼓腹，下腹内曲，平底。近底部有削切痕。口径15、底径12.8、高22.8厘米（图五八一，7）。

D型　1件。标本ⅡM197：5，泥质灰黑陶。侈口，圆唇，束颈，折肩，直腹弧收，小平底。肩部饰两周波折纹，腹部饰凹弦纹，近底部有削切痕。口径15、底径13.5、高23厘米（图五八一，8）。

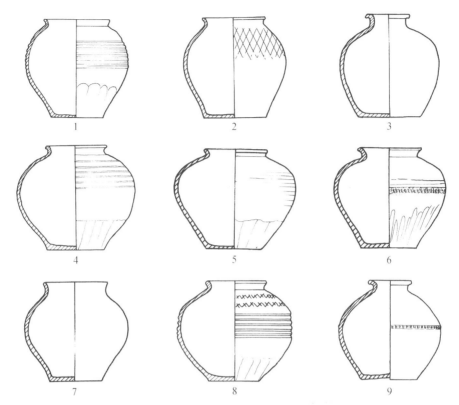

图五八一　乙类汉代墓葬出土陶器分型图

1. B型Ⅰ式侈沿罐（ⅡM1606：1）　2. C型Ⅰ式侈沿罐（ⅡM920：5）　3. A型Ⅱ式小口罐（ⅠM25：4）
4. A型Ⅳ式侈沿罐（ⅡM197：4）　5、6. B型Ⅱ式侈沿罐（ⅡM186：7、ⅠM15：1）　7. C型Ⅱ式侈沿罐（M1124：4）
8. D型侈沿罐（ⅡM197：5）　9. B型小口罐（ⅣM32：2）

（5）小口罐

5件。可分三型。

A型　3件。鼓腹。可分二式。

Ⅰ式　2件。标本ⅠM17：2，泥质灰陶。小口外侈，圆唇，束颈，弧肩，鼓腹，平底。肩饰暗网格纹，腹饰一周泥条附加堆纹，下腹有削切痕。口径11.8、底径16.5、高25厘米（图五八二，7）。

Ⅱ式　1件。标本ⅠM25：4，泥质灰陶。小口微侈，圆唇，直颈，丰肩，半球形腹，平底。上腹素面，有刮痕，近底部有削切痕。口径10.5、底径14.7、高22.7厘米（图五八一，3）。

B型　1件。标本ⅣM32：2，泥质灰陶。小口外侈，卷沿，束颈，弧肩，鼓腹，平底内凹。腹饰泥条附加堆纹一周，近底部有削切痕。口径10、底径13.8、高23.1厘米（图五八一，9）。

C型　1件。标本ⅡM20：1，泥质灰陶。小口外敞，圆唇，束颈，丰肩，长弧腹，平底。上腹饰凹弦纹，下腹有削切痕。口径13、底径17.4、高37.8厘米（图五八二，8）。

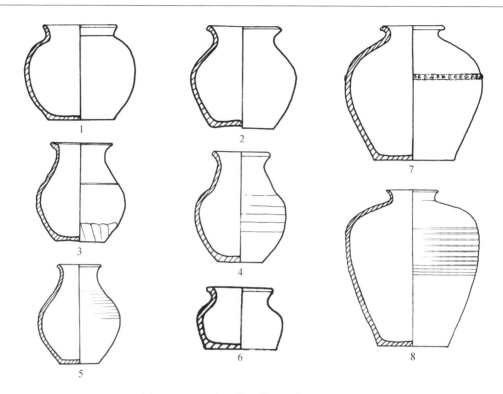

图五八二　乙类汉代墓葬出土陶器分型图

1. A型小罐（ⅡM2002：3）　2. Ba型小罐（ⅡM1989：3）　3. C型Ⅰ式小罐（ⅡM1989：2）　4. C型Ⅱ式小罐（ⅡM1999：3）
5. D型Ⅰ式小罐（ⅡM784：3）　6. Bb型小罐（ⅡM1530：11）　7. A型Ⅰ式小口罐（ⅠM17：2）　8. C型小口罐（ⅠM20：1）

（6）小罐

27件。可分八型。

A型　3件。标本ⅡM2002：3，泥质灰褐陶。敞口，圆唇，矮领，扁圆腹，平底。器表素面磨光。口径9、底径8.4、高11.2厘米（图五八二，1）。

B型　2件。侈口。可分二亚型。

Ba型　1件。标本ⅡM1989：3，泥质灰陶，侈口，方唇，束颈，溜肩，鼓腹，平底。上腹素面磨光，下腹有削切痕。口径9.2、底径7.6、高13.6厘米（图五八二，2）。

Bb型　1件。大底。标本ⅡM1530：11，泥质灰黑陶。侈口，圆唇，束颈，折肩，直腹斜收，大平底。器表素面。口径5.5、底径8、高7.3厘米（图五八二，6）。

C型　7件。敞口，长溜肩。可分二式。

Ⅰ式　4件。标本ⅡM1989：2，泥质灰陶。敞口，圆唇，束颈，长溜肩，鼓腹，平底略内凹。间饰一周凹弦纹，近底部有削切痕。口径9.5、底径8.5、高12.5厘米（图五八二，3）。

Ⅱ式　3件。标本ⅡM1999：3，敞口，方唇，束颈，长溜肩，圆鼓腹，平底。上腹饰暗弦纹，下腹有削切痕。口径9、底径6.5、高15.5厘米（图五八二，4）。

D型　5件。小口，长溜肩。可分二式。

Ⅰ式　3件。标本ⅡM784：3，泥质灰陶。小口微敞，方唇，弧颈，长溜肩，鼓腹，平底。

上腹部饰暗弦纹。口径9.6、底径9.4、高22.1厘米（图五八二，5）。

Ⅱ式 2件。标本ⅡM899：1，泥质灰陶。小口外敞，圆唇，束颈，长溜肩，扁鼓腹，平底。肩饰两组暗网格纹，近底部有削切痕。口径9、底径9、高15.6厘米（图五八三，1）。

E型 6件。高领，圆腹。可分二式。

Ⅰ式 3件。标本ⅡM2000：2，泥质灰褐陶。口微敞，圆唇，高领，圆腹，小平底。上腹饰暗弦纹，下腹有削切痕。口径10、底径6.2、高14厘米（图五八三，2）。

Ⅱ式 3件。标本ⅡM787：1，泥质灰陶。口外敞，方唇，高领，圆腹，平底。器表素面，下腹有削切痕。口径9.6、底径7.1、高15.3厘米（图五八三，3）。

F型 2件。壶形。可分二式。

Ⅰ式 1件。标本ⅡM1119：2，泥质灰黑陶，烧制变形。敞口，方唇，弧颈，溜肩，鼓腹，平底。器表素面，近底部有削切痕。口径8.4、底径7.8、高14.4厘米（图五八三，4）。

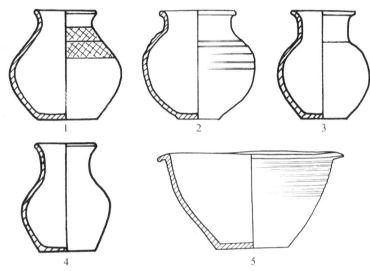

图五八三 乙类汉代墓葬出土陶器分型图
1. D型Ⅱ式小罐（ⅡM899：1） 2. E型Ⅰ式小罐（ⅡM2000：2） 3. E型Ⅱ式小罐（ⅡM787：2）
4. F型Ⅰ式小罐（ⅡM1119：2） 5. 盆（ⅡM2010：2）

Ⅱ式 1件。标本ⅡM899：2，泥质灰陶。直口，折沿，方唇，粗颈，鼓腹弧收，平底。腹饰绳纹被抹，下腹有削切痕。口径9.6、底径9.6、高16.8厘米（图五八四，1）。

G型 1件。标本ⅡM1543：4，泥质灰陶。浅盘口，方唇，粗颈，鼓腹急收，小平底。器表素面。口径8.9、底径6、高12.9厘米（图五八四，2）。

H型 1件。标本ⅠM28：5，泥质灰陶。小口外侈，折沿，圆唇，束颈，卵形腹，平底有上腹素面，下腹有削切痕。口径7.5、底径6、高14厘米（图五八四，3）。

4. 盆

1件。标本ⅡM2010：2，泥质灰陶，烧制变形。敞口，折沿，圆唇，深腹微弧，平底。上腹饰暗弦纹，下腹有削切痕。口径34～35.5、底径14、高17.6厘米（图五八三，5）。

5. 钵

2件。分别为ⅡM781：3和ⅡM1043：5，皆残碎，形制不清。

6. 灶

2件，灶上的附属物有釜、甑、小盆、烟囱，发现时多置于灶上或附近。可分为二型。

A型　1件。标本ⅣM32：1，泥质灰褐陶。船形，近等腰三角形。灶面稍作弧形，三火眼呈"品"字形，上各置一釜，附带二盆一甑。后有圆形烟囱眼，上置粗柱状烟囱，中空，烟囱顶上有两层隆节，饰三角形镂孔。前置长方形灶门，两侧置有挡风，无底。器表涂白衣。长38.7、宽27、通高30.9厘米（图五八四，4；图版九二，1）。

B型　1件。标本ⅡM1530：1，泥质灰陶。近椭圆形。灶面稍作弧形，五火眼上各置一釜，附带二盆一甑。后有圆形烟囱眼，上置方柱形烟囱，烟囱顶上呈葫芦形，前置长方形灶门，平底。器表涂黑衣。长33、宽31.2、通高9～21厘米（图五八四，5）。

（二）铜器

共出土39件。器类有铜扁壶、铜樽、铜盆、铜镦、铜捉手、铜铺首衔环、铜镜、铜带钩、铜带扣、铜铃、铜刷柄、铜饰、铜泡钉、铜印章坯、铜钱等。

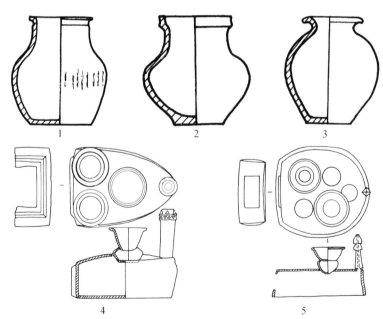

图五八四　乙类汉代墓葬出土陶器分型图

1. F型Ⅱ式小罐（ⅡM899：2）　2. G型小罐（ⅡM1543：4）　3. H型小罐（ⅠM28：5）

4. A型灶（ⅣM32：1）　5. B型灶（ⅡM1530：1）

铜扁壶 1件。标本ⅡM1610：6，直口微侈，方唇，短颈，椭圆形扁腹，长方形圈足微外撇。口外附贴一周宽带纹，肩部两侧附对称的兽面纹铺首衔环，一侧环已脱落。口径7.8、腹宽31.2、腹厚8.4、底长径16、底短径7.8、高26.8厘米（图五八五，1；图版九七，2）。

铜樽 1件。标本ⅡM1942：1，器身似盆锅，直口，卷沿，深弧腹，矮圈足，下附三叉腰站立人形足。腹部饰一周宽带纹，并饰对称的兽面纹铺首衔环。口径26.6、底径13.2、通高14.5厘米（图五八五，2；图版九八，1~3）。

铜盆 2件。可分二型。

A型 1件。标本ⅡM920：6，敞口，折沿，沿面上翘，尖唇，弧腹，平底。口径30、底径12.8、高12.8厘米（图五八五，3）。

B型 1件。标本ⅡM1461：5，直口，折沿，沿面上翘，尖唇，深弧腹，底残。口径19.2、残高6.6厘米（图五八五，4）。

铜镦 1件。标本ⅡM1983：5，圆筒状，一端封闭。直径3.7、高4厘米（图五八六，6）。

铜捉手 2件。可分二型。

A型 1件。扳手。标本ⅡM1941：5，环状，一侧带扳，一侧带双卡。长4厘米（图五八六，7）。

B型 1件。拉手。标本ⅡM920：9，由环、柿蒂形饰和铆钉组成。环径2.2厘米（图五八五，6）。

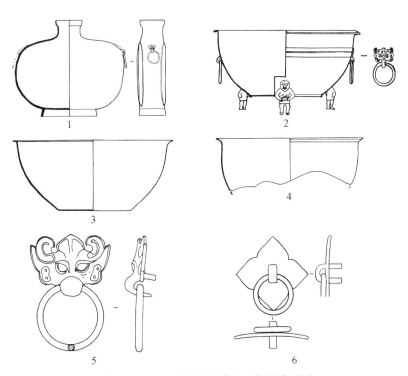

图五八五 乙类汉代墓葬出土铜器分型图

1.扁壶（ⅡM1610：6） 2.铜樽（ⅡM1942：1） 3.A型盆（ⅡM920：6）

4.B型盆（ⅡM1461：5） 5.铺首衔环（ⅡM920：7） 6.B型捉手（ⅡM920：9）

铜铺首衔环　2件。标本ⅡM920∶7，浮雕兽面，额作三角形，竖眉立目，双耳内曲，鼻回钩，下衔一环，背面有一方形榫。兽面宽4.3、环径3.5、通高6厘米（图五八五，5）。

铜镜　4枚。根据其纹饰的差异，可分三型。

A型　1枚。蟠螭纹镜。标本ⅡM829∶5，残（图五八六，4）。

B型　1枚。"日光"草叶纹镜。标本ⅡM2010∶5，残碎。圆形，纽残。纽座外两方框间有篆体铭文作四方连续排列，右旋读为"见□□光，长乐未央"。外框四角各伸出一株双叶花枝，边框外居中均饰带座乳钉和桃形花苞，乳钉两侧对称饰二叠草叶纹。内向十六连弧纹缘。直径14.4厘米（图五八六，1）。

C型　2枚。星云纹镜。可分二亚型。

Ca型　1枚。四枚圆乳分为四区，每区由九枚小乳及曲线组成。标本ⅡM787∶4，残存近半（图五八六，5）。

Cb型　1枚。四枚圆乳分为四区，每区由五枚小乳及曲线组成。标本ⅡM1423∶1，圆形，连峰纽。纽外饰两周凸弦纹圈带和内向十六连弧纹圈带。其外一周栉齿纹和两周凸弦纹圈带内为主题纹饰，以四枚带座乳钉相间饰四组星云纹，每组五个小乳钉以曲线相连，因其形状似天文星象，故有星云之名。内向十六连弧纹缘。直径11.5厘米（图五八六，2）。

铜带钩　10件。其中2件破碎严重不可分型外，其余8件根据形制的差异，可分三型。

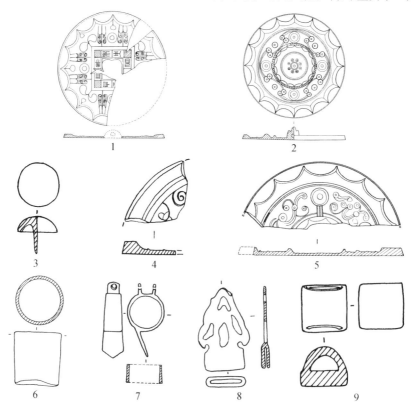

图五八六　乙类汉代墓葬出土铜器分型图

1. B型镜（ⅡM2010∶5）　2. Cb型镜（ⅡM1423∶1）　3. 泡钉（ⅡM753∶7）　4. A型镜（ⅡM829∶5）　5. Ca型镜（ⅡM787∶4）　6. 铜镦（ⅡM1983∶5）　7. A型捉手（ⅡM1941∶5）　8. 铜饰（ⅡM1583∶2）　9. 铜印坯（ⅡM1583∶1）

A型 1件。琵琶形。标本ⅡM1995：4，残半。截面呈弧形，宽体，圆纽位于钩体近尾端。钩面有两组凹槽，每组为三个长方形，呈上一下二分布，凹槽内镶嵌绿松石，已脱落。残长7.1、宽2.3、体厚0.6厘米（图五八七，1）。

B型 2件。曲棒形。标本ⅡM920：11，截面呈椭圆形，兽头形钩首，圆纽位于钩体中部，钩体尾部较细，素面。长6.8、体厚0.7、钩长1.2、宽0.5厘米（图五八七，2）。标本ⅡM1488：1，截面呈圆形，小钩，圆纽位于钩体近中部，钩体中部较粗，素面。长9.2、钩长1.2厘米（图五八七，9）。

C型 5件。水禽形。按其形体可分为二亚型。

Ca型 3件。形体较大。标本ⅠM21：1，截面呈半圆形，窄体，短颈，兽头形钩首，圆纽位于钩体近尾部，素面。长5.9、宽1.2、钩长1.3厘米（图五八七，3）。

Cb型 2件。形体较小。标本ⅠM28：6，钩残。残长3.1厘米（图五八七，4）。标本

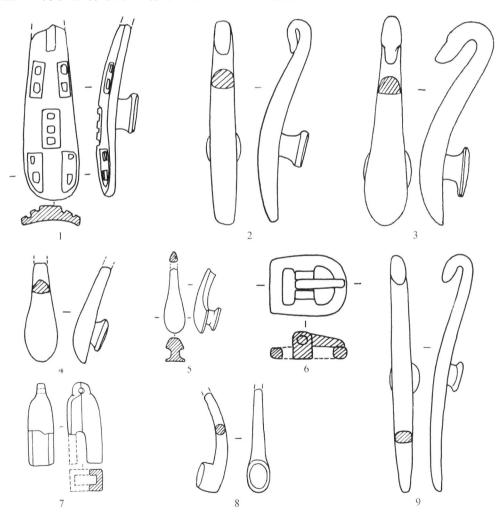

图五八七 乙类汉代墓葬出土铜器分型图

1.A型带钩（ⅡM1995：4） 2、9.B型带钩（ⅡM920：11、ⅡM1488：1） 3.Ca型带钩（ⅠM21：1）

4、5.Cb型带钩（ⅠM28：6、ⅡM2003：5） 6.带扣（ⅡM1530：10） 7.铜铃（ⅠM20：5） 8.刷柄（ⅡM909：4）

ⅡM2003：5，钩残。残长3.3厘米（图五八七，5）。

铜带扣 1件。标本ⅡM1530：10，前圆后方，中间有扣舌。长2.7、宽2.1厘米（图五八七，6）。

铜铃 1件。标本ⅠM20：5，残。铃口呈长方形。弧顶，半圆环形纽。口长1.8、宽1.5、通高4.2厘米（图五八七，7）。

铜刷柄 1件。标本ⅡM909：4，形如烟斗，弯柄残。残长3.9厘米（图五八七，8）。

铜饰 1件。标本ⅡM1583：2，顶端为三角形，镂孔，底部为长方形，有扁銎。宽2.4、銎长1.4、高3.7厘米（图五八六，8）。

铜泡钉 1件。标本ⅡM753：7，蘑菇形。帽径1.1、高1厘米（图五八六，3）。

铜印坯 1枚。标本ⅡM1583：1，坯面呈方形，弓形纽。边长1.6、通高1.3厘米（图五八六，9）。

铜钱 10枚。皆圆形方孔钱。有半两钱、五铢钱等。

半两钱 1枚。标本ⅡM753：6，无内外郭，钱文篆书"半两"，背素面。直径2.5、穿宽0.7厘米，重2.9克（图五八八，5）。

五铢钱 9枚。钱文篆书，横读。除1枚字迹不清外，余者8枚按钱文特征，可分四型。

A型 1枚。标本ⅡM899：6，"五"字交笔斜直，两横接内外郭，如两对角三角形；"铢"字的金字头，如一带翼之镞，"铢"字的朱字头上部方折。直径2.5、穿宽0.9厘米，重

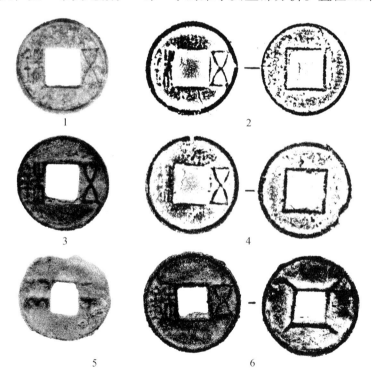

图五八八 乙类汉代墓葬出土铜钱分型图

1. A型五铢（ⅡM899：6） 2、4. B型五铢（ⅡM1987：5、ⅡM1999：6） 3. C型五铢（ⅡM1153：4）

5. 半两钱（ⅡM753：6） 6. D型五铢（ⅡM186：8）

3.4克（图五八八，1）。

B型　5枚。"五"字交笔略弯曲，下部一横右部下斜；"铢"字金字头呈三角形，"铢"字的朱头上部方折。标本ⅡM1987：5，直径2.5、穿宽0.9厘米，重3.8克（图五八八，2）。标本ⅡM1999：6，直径2.5、穿宽1厘米，重3.6克（图五八八，4）。

C型　1枚。标本ⅡM1153：4，"五"字瘦长，交笔略弯曲，下部一横右部下斜；"铢"同B型相同；钱面穿上横郭。直径2.5、穿宽0.9厘米，重4.3克（图五八八，3）。

D型　1枚。四出文"五铢"。标本ⅡM186：8，"五"字交笔弯曲；"铢"字的金字头呈三角形，"铢"字的朱头上部方折，穿上横郭；背内郭四角铸四条直线与周郭相接。直径2.6、穿宽0.9厘米，重4.4克（图五八八，6，图版一一六，3上右）。

（三）铁器

共出土3件。有铁镢、铁钉等。

铁镢　1件。标本ⅠM21：01，残损。窄长方体，直背中空成銎，直刃微弧。残长6、銎深4.5、宽0.7厘米（图五八九，1）。

铁钉　2件。标本ⅡM1946：1，截面积呈方形，一端弯曲，一端较尖。长7.4厘米（图五八九，4）。标本ⅡM1996：2，钉尖残损，呈伞状。帽径2.7、残长6.9厘米（图五八九，3）。

（四）其他

1. 铅器

1件。标本ⅡM186：3，呈"∞"字形。长2厘米（图五八九，2）。

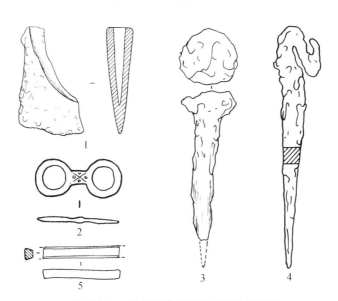

图五八九　乙类汉代墓葬出土器物分型图

1. 铁镢（ⅠM21：01）　2. 铅器（ⅡM186：3）　3、4. 铁钉（ⅡM1996：2、ⅡM1946：1）　5. 骨器（ⅡM2002：4）

2. 骨器

1件。标本ⅡM2002∶4，长方体，截面呈梯形，两端残损。残长3.4厘米（图五八九，5）。

五、小 结

（一）分期与年代

和林格尔土城子古城遗址城外的墓葬区共清理发掘汉代乙类墓葬69座，墓葬间叠压打破关系甚少，仅发现ⅡM1942→ⅡM1946一组，由于这两座墓葬随葬器物较少，且缺乏可资比较的对应器物，难以作为墓葬分期的依据，给墓葬分期带来一定的困难。但又根据前几节对墓葬形制以及出土遗物的分析，除3座（ⅠM16、ⅠM18、ⅡM1954）因无出土物而缺乏比较，另有两座出土物较少难以归类的（ⅡM1946、ⅡM1996）。余下64座墓葬大致可分为五期。

1. 第一期

13座。墓号为ⅡM753、ⅡM781、ⅡM784、ⅡM829、ⅡM936、ⅡM1119、ⅡM1543、ⅡM1988、ⅡM1989、ⅡM1995、ⅡM2000、ⅡM2002、ⅡM2007。在这期墓葬中，就墓葬形制而言，有（一）1Aa型的8座，（一）1Ba型的2座，（一）1Bb型的1座，（一）2Aa型的1座，（一）2Ab型的1座。陶器组合主要有三壶一罐，三小罐一大罐，三小罐，还有少数三壶，三壶两罐，两罐一钵，两小罐一小壶等。种类有AaⅠ式、AcⅠ式、CbⅠ式、CcⅠ式、FaⅠ式、Ⅰ型壶，AⅠ式壶形罐，AaⅠ式、BⅠ式、CⅠ式、DⅠ式大口罐，AaⅠ式、BⅠ式矮领罐，AⅠ式侈沿罐，A型、Ba型、CⅠ式、DⅠ式、FⅠ式、G型小罐等。铜器有A型铜镜，A型带钩，泡钉和铜钱等。

这期墓葬皆为竖穴土坑墓，平面为长方形或长条形，以长方形居多，约占84.6%，长条形的占15.3%，绝大部分墓葬有头龛或壁龛，有少数墓葬有殉牲习俗。这期墓葬无论从其墓葬形制还是出土器物的组合来看，均源于本地区战国至秦代的同类墓葬[29]。ⅡM829所出的A型（蟠螭纹）镜，是战国晚期就已经开始流行的镜类，沿用至西汉早期；ⅡM753所出铜钱为"四铢半两"，四铢半两为西汉早期铸造。由此推断，第一期墓葬的年代应该在西汉早期，其下限应不晚于汉武帝元狩五年（公元前118年）。

2. 第二期

18座。分别为ⅡM787、ⅡM899、ⅡM909、ⅡM1028、ⅡM1134、ⅡM1153、ⅡM1423、ⅡM1583、ⅡM1610、ⅡM1942、ⅡM1984、ⅡM1987、ⅡM1990、ⅡM1991、ⅡM1999、ⅡM2001、ⅡM2005、ⅡM2010。在这期墓葬中，就墓葬形制而言，有（一）1Aa型的6座，（一）1Ab型的3座，（一）1Ba型的2座，（一）1Bb型的2座，（一）2B型的4座，（二）2B型

的1座。陶器组合主要有三壶一罐、三壶、三壶两罐、三小罐一大罐、三小罐等。种类有AaⅡ式、AbⅠ式、AcⅡ式、AeⅠ式、BaⅠ式、BbⅠ式、CbⅡ式、CcⅡ式、EaⅠ式、Eb型、Gc型、H型陶壶，AⅠ陶缶，AⅡ式、Ba型、Bb型、D型壶形罐，AaⅡ式、Ab型、CⅡ式、DⅡ式大口罐，AaⅡ式、Ab型矮领罐，AⅡ式侈沿罐，CⅡ式、DⅡ式、EⅡ式、FⅡ式小罐和盆等。铜器有扁壶，铜樽，B型、Ca型、Cb型铜镜，刷柄，铜饰，铜印坯等。

这期墓葬有竖穴土坑墓、带墓道的土坑墓两类，以竖穴土坑墓居多，带墓道的土坑墓仅ⅡM1583一座；而竖穴土坑墓又以长条形居多，约占52.9%，长方形的占47.1%，有部分墓葬有头龛，多数墓葬有殉牲习俗。ⅡM1610所出铜扁壶与甲类汉代墓葬ⅡM1561所出铜扁壶（ⅡM1561：3）[30]完全相同；ⅡM1942所出铜樽其器身与甲类汉代墓葬西汉中期墓ⅡM1087所出（Ⅰ式）铜鋗[31]相同，其足与山东荣成梁南庄M1、山西襄汾吴兴庄汉墓所出铜樽足[32]相同；ⅡM2010所出的B型（草叶纹镜）镜与《中国铜镜图典》第196页所列的铜镜[33]近似，与《长安汉镜》第六节收录的第一类BⅡ式镜（2000YCH M160：1）[34]接近，与甲类汉代墓葬西汉中期墓ⅡM1035：4（Bb型）镜[35]相同；ⅡM1423所出的Cb型（星云纹镜）镜与《中国铜镜图典》第211页所列的铜镜[36]近似，与《长安汉镜》第九节收录的第一类BⅡ式镜（1999YCH M93：1）[37]接近，与甲类汉代墓葬西汉中期墓ⅠM6：6（Cc型）镜[38]相同；这一期墓葬中出土的草叶纹镜、星云纹镜等，均是西汉中期武帝时期流行的镜类，ⅡM899所出A型五铢钱（ⅡM899：6）为郡国"五铢"，它的铸造年代为汉武帝元狩五年（公元前118年）；ⅡM1987、ⅡM1999所出B型五铢钱（ⅡM1987：5、ⅡM1999：6）与ⅡM1153所出的C型五铢钱（ⅡM1153：4）皆为昭帝或宣帝"五铢"，表明该期的上限年代应为武帝时期，其下限应不晚于昭宣帝时期。因此，第二期的年代应为西汉中期，武帝至昭宣帝时期。

3. 第三期

17座。分别为ⅠM17、ⅡM169、ⅡM720、ⅡM911、ⅡM920、ⅡM944、ⅡM1043、ⅡM1095、ⅡM1461、ⅡM1488、ⅡM1530、ⅡM1606、ⅡM1941、ⅡM1983、ⅡM1986、ⅡM1993、ⅣM32。在这期墓葬中，就墓葬形制而言，有（一）1Aa型的4座，（一）1Ab型的3座，（一）1Ac型的1座，（一）1Ba型的1座，（一）Bb型的1座，（一）2Ab型的1座，（一）2B型的3座，（二）1B型的1座，（二）2A型的2座。陶器组合主要有三壶一罐、三壶两罐、三壶、四壶、三壶两罐一灶或六壶三罐一灶等。种类有AaⅢ式、AbⅡ式、AcⅢ式、AdⅠ式、AeⅡ式、Af型、BaⅡ式、BbⅡ式、Ca型、CbⅢ式、CcⅢ式、Cf型、DaⅠ式、DaⅡ式、Db型、EaⅡ式、GaⅠ式陶壶，BⅠ式陶缶，AⅢ式、Ca型、Cb型壶形罐，BⅡ式大口罐，AaⅢ式、BⅡ式、C型矮领罐，AⅢ式、BⅠ式、CⅠ式侈沿罐，AⅠ式、B型小口罐，Bb型小罐，A型、B型灶等。铜器有A型、B型盆，铜镦，A型、B型捉手，铺首衔环，B型带钩，带扣等。

这期墓葬有竖穴土坑墓、带墓道的土坑墓两类，以竖穴土坑墓居多，共14座，约占82.4%，带墓道的土坑墓3座，占17.6%；而竖穴土坑墓又以长条形居多，约占57.1%，长方形的占35.7%，梯形的仅ⅡM1941一座，占7.1%，有部分墓葬有头龛，并有殉牲习俗。ⅡM1941所出的A型捉手（ⅡM1941：5）与甲类汉代墓葬西汉晚期墓ⅠM9所出的A型捉手[39]（ⅠM9：3）相同，ⅡM920所出的B型捉手、铺首衔环与甲类汉代墓葬西汉晚期墓ⅡM1511所出的C型捉手（ⅡM1511：9）和B型铺首衔环[40]（ⅡM1511：8）完全相同，因此，第三期墓葬的年代为西汉晚期。

4. 第四期

9座。分别为ⅠM20、ⅠM28、ⅡM27、ⅡM197、ⅡM751、ⅡM1124、ⅡM1136、ⅡM2003、ⅡM2004。在这期墓葬中，就墓葬形制而言，有（一）1Aa型的2座，（一）1Ab型的3座，（一）1Ba型的1座，（一）1Bb型的1座，（一）2B型的1座，（二）1A型的1座。陶器组合主要有三壶一罐，也有少数三壶两罐或三壶等；种类有AaⅣ式、AbⅢ式、AcⅣ式、BbⅡ式、CdⅠ式、Ce型、EcⅠ式、FaⅡ式、Fb型、GaⅡ式、Gb型陶壶，BⅡ式陶缶，AaⅣ式矮领罐、AⅣ式、CⅡ式、D型侈沿罐，C型小口罐，H型小罐等。铜器有Cb带钩、铜铃等。

这期墓葬有竖穴土坑墓、带墓道的土坑墓两类，以竖穴土坑墓居多，共8座，约占88.9%，带墓道的土坑墓仅ⅠM28一座，约占11.1%；而竖穴土坑墓又以长条形居多，约占62.5%，长方形的占37.5%，有少部分墓葬有头龛，有随葬动物骨骼的习俗。本期墓葬出土器物较少，种类简单，缺乏可比较的对应器物，难以对墓葬的年代作出准确的判断。但根据上下两期墓葬年代的综合比较，这期墓葬的年代大体相当于王莽时期至东汉初期。

5. 第五期

7座。分别为ⅠM7、ⅠM15、ⅠM21、ⅠM23、ⅠM24、ⅠM25、ⅡM186。在这期墓葬中，就墓葬形制而言，有（一）1Ab型的2座，（一）1Bb型的2座，（一）2B型的1座，（二）1B型的1座，（二）2C型的1座。陶器组合主要有三壶一罐，也有少数为六壶两罐或两罐等。种类有AcⅤ式、AdⅡ式、CbⅣ式、CdⅡ式、EcⅡ式陶壶，AⅡ式陶缶，AⅣ式壶形罐，AaⅢ式、BⅢ式大口罐，AaⅤ式矮领罐，BⅡ式侈沿罐，AⅡ式小口罐等。铜器有Ca型带钩。

这期墓葬有竖穴土坑墓、带墓道的土坑墓两类，以竖穴土坑墓居多，共5座，约占71.4%，带墓道的土坑墓2座，占28.6%；而竖穴土坑墓皆为长条形，大部分墓葬有殉牲习俗。本期所出的AcⅤ式（ⅡM186：6、ⅠM21：7）壶以敞口、半球形腹、大平底最具特点，与和林格尔县西沟门村征集的北魏前期墓[41]出土的陶壶相近，这表明该期的下限年代；另外，ⅡM186所出的C型铜钱为四出"五铢"，它的铸造年代为灵帝中平三年（公元186年）始铸，流行于东汉晚期[42]，这表明该期的上限年代。因此，第五期墓葬的年代为东汉晚期，其下限应不晚于北魏前期。

（二）文化性质

综上所述，和林格尔土城子古城遗址城外经过发掘，共清理发掘汉代乙类墓葬69座，这类墓葬的形制有竖穴土坑墓和带墓道的土坑墓，以竖穴土坑墓居多，共62座，约占89.9%，带墓道的土坑墓7座，占10.1%；而竖穴土坑墓又以长条形居多，共35座，约占56.5%，长方形的26座，占41.9%，梯形的仅ⅡM1941一座，占1.6%；长条形墓葬少部分有头龛，而长方形墓葬绝大部分带有头龛；随葬器物组合主要有三壶一罐28座、三壶二罐11座、六壶二罐2座、三壶6座、三小罐一大罐3座、三小罐6座，余者皆为非器物组合，它们均源于战国晚期至秦代的同类墓葬，在呼和浩特八拜[43]、乌兰察布市呼和乌素[44]等地的汉代墓葬中均可找到其类型。在这类墓葬中，彩绘陶器较为发达，器表多以红彩、黑彩、白彩装饰，纹样有火焰纹、弦纹、水波纹、卷云纹、云气纹、三角纹、几何纹、条带纹、网格纹、圈点纹和鸟纹等。另外有42%的墓葬随葬动物骨骼，这反映了殉牲习俗的流行。殉牲是北方少数民族丧葬的习俗，这种情况与早期匈奴墓的殉牲习俗相同。在这里发现有明确殉牲现象的汉代墓葬，应表明该地区是汉族与少数民族错居杂处的地方。因此，我们认为这类墓葬并非汉人墓，它们应为战国晚期至秦代以来北方诸少数民某一部族的后裔，这在以后的考古发掘中会得到诠释。

注　释

［1］　陕西省考古研究所编著：《白鹿原汉墓》，三秦出版社，2003年。

［2］　内蒙古自治区文物考古研究院等：《内蒙古和林格尔土城子（二）——春秋·战国至秦代墓葬发掘报告》，第三章战国至秦代墓葬，资料待刊。

［3］　孔祥星、刘一曼著：《中国铜镜图典》，文物出版社，1992年。

［4］　同注［3］。

［5］　程林泉、韩国河著：《长安汉镜》，陕西人民出版社，2002年。

［6］　同注［1］。

［7］　魏坚编著：《纳林套海墓葬》，《内蒙古中南部汉代墓葬》，中国大百科全书出版社，1998年。

［8］　魏坚编著：《沙金套海墓葬》，《内蒙古中南部汉代墓葬》，中国大百科全书出版社，1998年。

［9］　同注［1］。

［10］　同注［8］。

［11］　中国科学院考古研究所洛阳区考古发掘队：《洛阳烧沟汉墓》，科学出版社，1959年。

［12］　伊克昭盟文物工作站：《杭锦旗乌兰陶勒盖汉墓发掘报告》，《内蒙古文物考古》1991年1期。

［13］　魏坚编著：《下窝尔吐壕墓葬》，《内蒙古中南部汉代墓葬》，中国大百科全书出版社，1998年。

［14］　同注［3］。

［15］　同注［3］。

［16］　同注［11］。

［17］　李如森：《汉代丧葬制度》，吉林大学出版社，1995年。

［18］　内蒙古自治区博物馆文物工作队：《和林格尔汉墓壁画》，文物出版社，1978年。

［19］　魏坚：《城麻沟墓葬》，《内蒙古中南部汉代墓葬》，中国大百科全书出版社，1998年。

［20］　内蒙古文物考古研究所编：《托克托县黑水泉汉代墓葬清理简报》，《内蒙古文物考古文集》（第三辑），科学出版社，2004年。

［21］　魏坚编著：《包头召湾59～89号墓葬》，《内蒙古中南部汉代墓葬》，中国大百科全书出版社，1998年。

［22］ 魏坚编著：《包头张龙圪旦墓葬》，《内蒙古中南部汉代墓葬》，中国大百科全书出版社，1998年。

［23］ 同注［11］。

［24］ 呼伦贝尔盟文物工作站、额尔古纳右旗文物管理所：《额尔古纳右旗七卡代魏墓葬清理简报》，《内蒙古文物考古文集》（第二辑），中国大百科全书出版社，1997年。

［25］ 内蒙古自治区文物考古研究所：《商都县东大井墓地》，《内蒙古地区代魏墓葬的发现与研究》，科学出版社，2004年。

［26］ 内蒙古自治区文物考古研究所：《商都县东大井墓地》，《内蒙古地区代魏墓葬的发现与研究》，科学出版社，2004年。

［27］ 乌兰察布博物馆：《察右后旗三道湾墓地》，《内蒙古文物考古文集》（第一辑），中国大百科全书出版社，1994年；内蒙古自治区文物考古研究所：《察右后旗三道湾墓地》，《内蒙古地区代魏墓葬的发现与研究》，科学出版社，2004年。

［28］ 同注［25］。

［29］ 参见内蒙古自治区文物考古研究院等：《内蒙古和林格尔土城子（二）——春秋·战国至秦代墓葬发掘报告》，第三章，战国至秦代墓葬，资料待刊。

［30］ 参见第三章第二节，甲类汉代墓葬，资料待刊。

［31］ 同注［30］。

［32］ 烟台市文物管理委员会：《山东荣成梁南庄汉墓发掘简报》，《考古》1994年第12期；李学文：《山西襄汾吴兴庄汉墓出土铜器》《考古》1989年第11期。

［33］ 孔祥星、刘一曼著：《中国铜镜图典》，文物出版社，1992年。

［34］ 程林泉、韩国河著：《长安汉镜》，陕西人民出版社，2002年。

［35］ 同注［30］。

［36］ 同注［33］。

［37］ 同注［33］。

［38］ 同注［30］。

［39］ 同注［30］。

［40］ 同注［30］。

［41］ 2005年和林格尔县西沟门村发现一座北魏砖室墓，征集到一批文物，资料待刊。

［42］ 中国科学院考古研究所洛阳区考古发掘队：《洛阳烧沟汉墓》，科学出版社，1959年。

［43］ 魏坚编著：《八拜墓葬》，《内蒙古中南部汉代墓葬》，中国大百科全书出版社，1998年。

［44］ 魏坚编著：《呼和乌素墓葬》，《内蒙古中南部汉代墓葬》，中国大百科全书出版社，1998年。

第三章 代魏墓葬

和林格尔土城子古城遗址周边墓地共清理发掘代魏时期的墓葬5座（附表三）。其中，第Ⅰ发掘区1座，墓号为ⅠM33；第Ⅱ发掘区4座，墓号为ⅡM700、ⅡM1245、ⅡM1640、ⅡM1761，这些墓葬均零散的分布在发掘区的南部。

第一节 墓葬资料

一、Ⅰ 区

Ⅰ M33

墓葬形制

该墓为斜坡式墓道单室砖墓，方向355°。整体平面呈"甲"字形，由墓道、甬道、墓门、墓室四部分组成。

墓道 位于墓室北端，平面呈梯形，壁面较直，斜坡形底，北端较平缓，南端较陡，坡度为26°。长540、宽80~100、深60~260厘米。内填黄灰花土，土质较松。

甬道 位于墓道与墓室之间，为土洞。平面呈梯形，拱形顶，平底。长50、宽100~140、高130~140厘米。

墓门 位于墓室北口，为条砖单层叠涩券成尖拱形。宽108、高114厘米。封门墙略呈弧形，以条砖顺直错缝平砌至起券处，上顺立一块条砖将墓门封堵。

墓室 位于墓道南端，土圹内砖砌墓室。土圹平面近梯形，略作口大底小。口长230、宽160~200、底长210、宽140~166、深260厘米。墓室平面近长方形，墓壁竖直，用条砖顺置错缝平砌，东西两壁略向内弧收，距墓底82厘米处开始起券，墓顶用条砖顺立对缝券成尖拱形。墓室地面用大小不等的碎砖平铺。长224、宽108、高114厘米。墓葬用砖长30、宽20、厚5厘米。

该墓为双人合葬墓，2具人骨保存较差，皆头向北，面向、葬式等不清。无随葬品（图五九○；图版七三）。

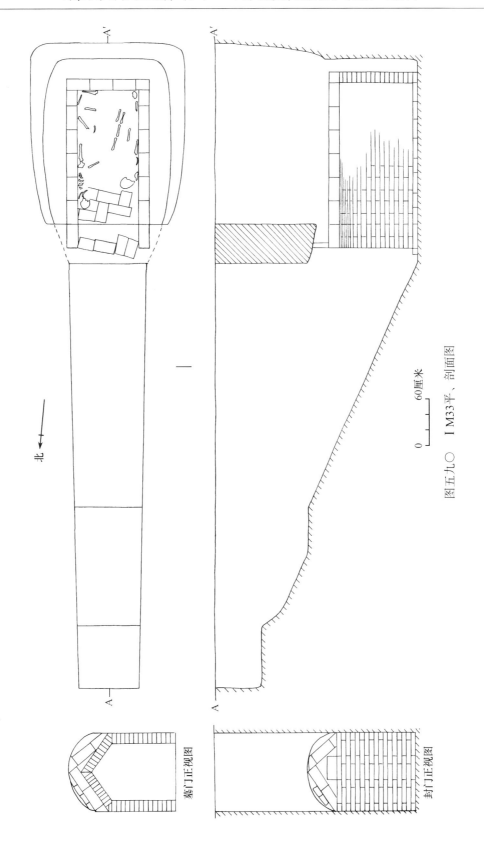

图五九〇　ⅠM33平、剖面图

二、Ⅱ　区

Ⅱ M700

1. 墓葬形制

斜坡墓道土洞墓，方向155°，内填黄花土，土质较软。平面呈不规则长条形，由墓道和墓室两部分组成。

墓道平面呈梯形，底为斜坡状二层台。长280、宽60～100、深50～150厘米。二层台长150厘米，宽60～90厘米，台下呈斜坡状。

墓室为土洞。平面呈近长方形，拱形顶，底呈斜坡状。长200、宽90～100、高60～100厘米。无骨架。随葬有陶罐1件，置于墓道内（图五九一）。

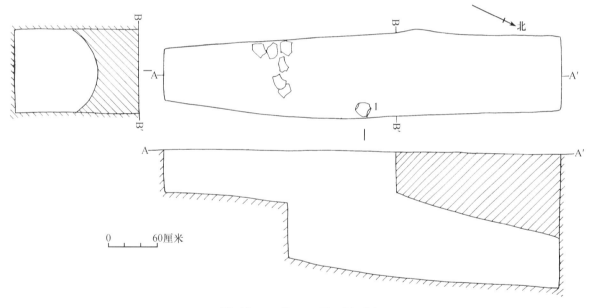

图五九一　Ⅱ M700平、剖面图
1. 陶罐

2. 随葬器物

该墓出土陶罐1件。Ⅱ M700：1，泥质灰陶。侈口，圆唇，平沿，沿内侧有一凹槽，鼓腹，平底。肩部饰一周凹弦纹及压印几何纹。口径13.2、底径11.1、高23厘米（图五九二；图版九二，3）。

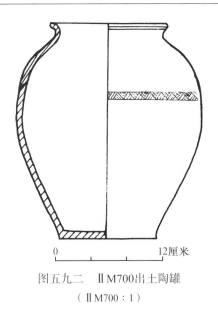

图五九二　ⅡM700出土陶罐
（ⅡM700∶1）

ⅡM1245

1. 墓葬形制

竖穴土坑墓，方向170°，内填五花土，土质较软。平面呈长方形，四壁垂直，底较平。长210、宽80、深100厘米。骨架保存较好，头向南，面向不清，为仰身直肢葬。经鉴定，墓主人为男性，30岁左右。随葬有陶壶1件，置于头骨旁（图五九三；图版七四，1、2）。

2. 随葬器物

该墓出土陶壶1件。ⅡM1245∶1，泥质黑灰陶。口残，溜肩，卵形腹，平底。肩部饰三周压印叶脉纹。底径9.6、残高22.2厘米（图五九四；图版九二，4）。

ⅡM1640

1. 墓葬形制

竖穴土坑二层台式砖室墓，方向10°。墓口平面呈长方形，四壁较直。长270、宽120、深100厘米。二层台，东宽12~20、南宽32、西宽18、北宽12。墓室用一面为素面，一面为绳纹的条砖和方砖垒砌而成，平面呈梯形，长200、宽50~60、深44厘米。内填五花土，土质较软。无尸骨。无随葬品。在二层台上葬有一匹整马（图五九五）。

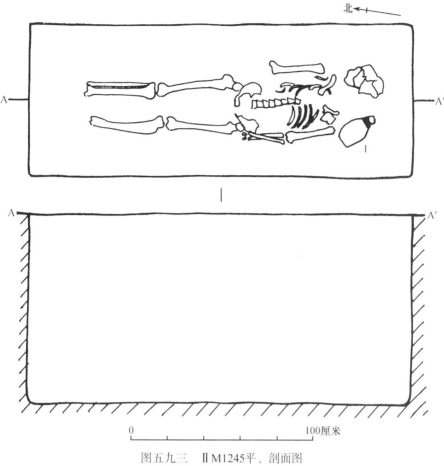

图五九三　ⅡM1245平、剖面图
1. 陶壶

图五九四　ⅡM1245出土陶壶
（ⅡM1245：1）

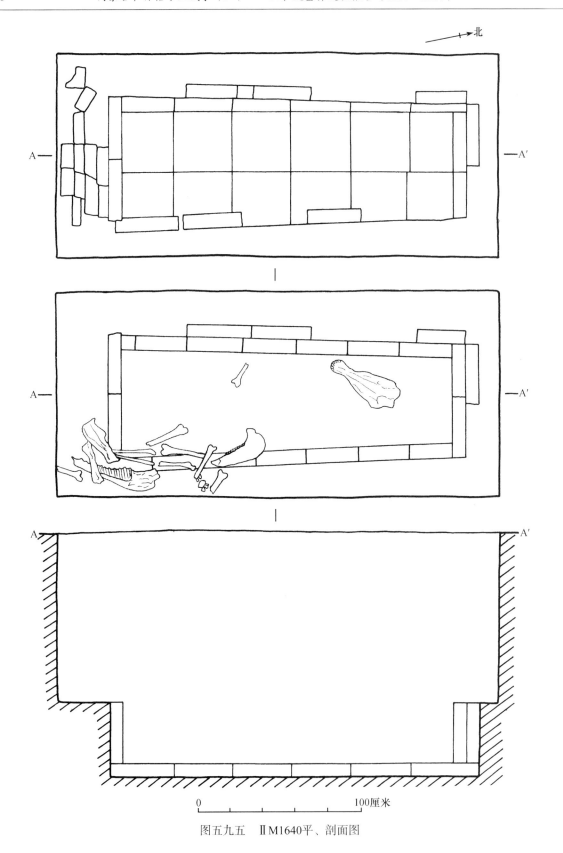

图五九五　ⅡM1640平、剖面图

2. 随葬器物

该墓出土器物5件，均为砖。

方砖　2块。ⅡM1640：2、3，正方形，制作规整，火候较高，一面施中型绳纹，一面为素面。边长36、厚8厘米（图五九六）。

长条砖　3块。ⅡM1640：1，长方形，制作规整，一面施横向中型绳纹，一面较为平整，有零星细划痕。长31.5、宽15.5、厚5厘米。ⅡM1640：4，长方形，制作规整，火候较高，一面抹光，留有工具压痕，一面粗糙。长29、宽19、厚5.5厘米。ⅡM1640：5，长方形，制作规整，火候较高，一面抹平，一面粗糙。长28.5、宽20、厚5.5厘米。

0 ⌞⌞⌞⌞⌞ 5厘米

图五九六　ⅡM1640出土方砖
（ⅡM1640：2）

ⅡM1761

1. 墓葬形制

斜坡式墓道土洞墓，方向140°，内填五花土，土质较软。平面略呈梯形，由墓道和洞室两部分组成。

　　墓道位于墓室南面，平面呈长方形，壁面垂直，底为台阶斜坡式，台阶为一级。长330、宽120、深40~130厘米。

　　墓室土洞，平面为梯形，拱形顶，底为斜坡状，南高北低。长200、宽40~100、高80厘米。骨架保存较好，头向南，面向西北，为仰身屈肢葬。经鉴定，墓主人为男性，30~35岁。随葬有陶瓶2件，陶碗3件，置于骨架东侧（图五九七；图版七五，1、2）。

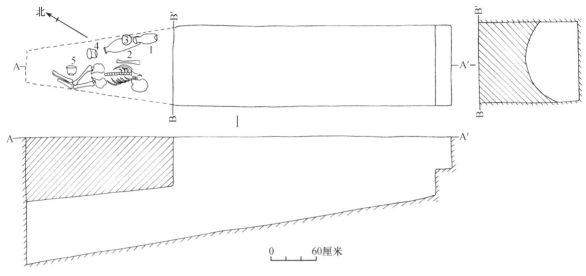

图五九七　ⅡM1761平、剖面图
1、2.陶瓶　3~5.陶碗

2. 随葬器物

　　该墓出土陶器5件，器形有瓶、碗等。

　　瓶　2件，泥质灰陶。ⅡM1761：1，敞口，圆唇，斜折沿，粗束颈，溜肩，长弧腹，平底，肩部有明显的接荐。口径14.4、底径10.5、高30厘米（图五九八，2；图版九三，2）。ⅡM1761：2，盘口，方唇，弧颈，溜肩，长弧腹，平底，肩部饰一周凹弦纹。口径13、底径12.3、高43.5厘米（图五九八，1；图版九三，3）。

　　碗　3件，泥质灰陶。ⅡM1761：3，敞口，圆唇，深曲腹，假圈足内凹。器表有烟炱，下腹部饰两周凹弦纹。口径13、底径6.5、高7.9厘米（图五九八，3；图版九三，1）。ⅡM1761：4，侈口，圆唇，深腹，假圈足内凹。口径13.5、底径5.2、高8.7厘米（图五九八，5）。ⅡM1761：5，敞口，圆唇，深曲腹，高假圈足外撇，平底内凹，器表有刮削痕。口径14、底径6.4、高8.6厘米（图五九八，4）。

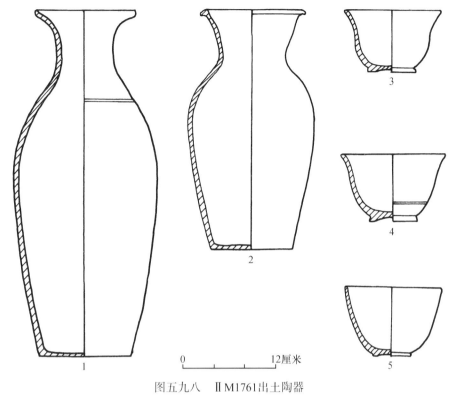

图五九八　ⅡM1761出土陶器

1、2.瓶（ⅡM1761：2、ⅡM1761：1）　　3~5.碗（ⅡM1761：3、ⅡM1761：5、ⅡM1761：4）

第二节　墓葬形制

这些墓葬大体可分为竖穴土坑墓、土洞墓、砖室墓三类。以土洞墓和砖室墓居多，各两座，竖穴土坑墓一座。

（一）竖穴土坑墓

1座（ⅡM1245）。为小型长方形竖穴土坑墓，口底同大，直壁，平底，方向170°。长2.1、宽0.8、深1米。

（二）土洞墓

2座。皆坐西北朝东南，方向为140°~155°。墓道皆为台阶—斜坡式，尾端都有一级台阶，或宽或窄，或高或低；墓壁较直，墓顶为拱形顶，墓底为平底。ⅡM700墓道平面呈梯形，尾端有一级宽台阶，斜坡底。长2.8、宽0.6~1、深0.5~1.5米。墓室平面近长方形，拱形顶，斜坡底。长2、宽0.9~1、高0.6~1米。ⅡM1761墓道平面呈长方形，尾端有一级台阶，斜坡底。长3.3、宽1.2、深0.4~1.3米。墓室平面呈梯形，拱形顶，斜坡底。长2、宽0.4~1、高0.8米。

（三）砖室墓

2座。一座为竖穴土坑二层台式砖室墓（ⅡM1640），方向10°。墓口平面呈长方形，直壁。长2.7、宽1.2、深1米。墓室四壁以条砖顺直错缝垒砌而成，平面呈梯形。长2、宽0.5～0.6、深0.44米。一座为斜坡式墓道单室砖墓（ⅠM33），坐南朝北，方向355°。墓道平面呈梯形，斜坡形底，北端较平缓，南端较陡，坡度为26°。长5.4、宽0.8～1、深0.6～2.6米。墓室为土圹内砖砌墓室。平面近长方形，墓壁竖直，用条砖顺置错缝平砌，东西两壁略向内弧收，距墓底0.82米处开始起券，墓顶用条砖顺立对缝券成尖拱形。墓室地面用大小不等的碎砖平铺。长2.24、宽1.08、高1.14米。

第三节　葬具、葬式、葬俗与殉牲

这些墓葬中除两座（ⅡM700、ⅡM1640）无尸骨外，能够辨别单人葬的两座，双人合葬的一座，皆无葬具。尸骨多为仰身直肢葬，也有个别为仰身屈肢葬。部分墓葬有殉葬整马的习俗。

第四节　随葬器物

代魏时期墓葬出土的随葬器物较少，以陶器为主，多为泥质灰陶和灰褐陶，以灰陶居多，纹饰有素面、凹弦纹、叶脉纹、几何纹等，制法皆为轮制，烧制火候一般较高。器类有壶、瓶、罐、碗等。

1. 壶

1件。ⅡM1245：1，泥质灰褐陶。口残，溜肩，卵形腹，平底。肩部饰三周压印叶脉纹。底径9.2、残高22.2厘米（图五九九，4；图版九二，4）。

2. 瓶

2件。可分二型。

A型　1件。ⅡM1761：2，泥质灰陶。浅盘口，方唇，弧颈，圆肩，长弧腹，平底。肩部饰一周凹弦纹，素面。口径13、底径12.3、高43.5厘米（图五九九，1；图版九三，3）。

B型　1件。ⅡM1761：1，泥质灰陶。敞口，斜折沿，圆唇，束颈，溜肩，长弧腹，平底。素面。口径14.4、底径10.5、高30厘米（图五九九，2；图版九三，2）。

3. 罐

1件。ⅡM700：1，泥质灰陶。侈口，平沿，沿内侧有一周凹槽，圆肩，鼓腹，平底。肩部饰一周压印几何纹。口径13.2、底径11.1、高23厘米（图五九九，6；图版九二，3）。

4. 碗

3件。可分二型。

A型　2件。ⅡM1761：3，泥质灰陶。敞口，圆唇，深曲腹，假圈足内凹。下腹部饰两周凹弦纹，器表有烟炱。口径13、底径6.5、高7.9厘米（图五九九，3；图版九二，1）。

B型　1件。ⅡM1761：4，泥质灰陶。侈口，圆唇，深弧腹，假圈足内凹。器表素面。口径13.5、底径5.2、高8.7厘米（图五九九，5）。

5. 墓砖

根据形体的差异可分二型。

A型　条砖。ⅡM1640：5，灰色，素面，一面磨光，一面粗糙。长28.5、宽20、厚5.5厘米。

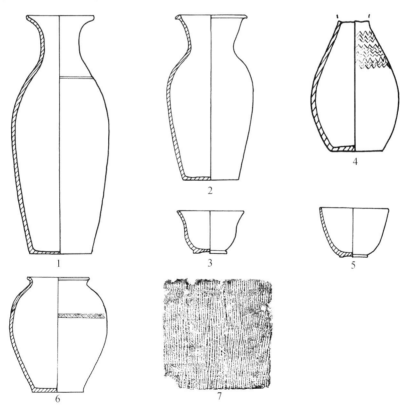

图五九九　代魏墓葬出土陶器

1. A型瓶（ⅡM1761：2）　2. B型瓶（ⅡM1761：1）　3. A型碗（ⅡM1761：3）　4. 壶（ⅡM1245：1）
5. B型碗（ⅡM1761：4）　6. 罐（ⅡM700：1）　7. B型墓砖（ⅡM1640：2）

B型　方砖。ⅡM1640：2，灰色，一面素面，一面施绳纹。边长36、厚6.8～8厘米（图五九九，7）。

第五节　小　　结

通过对和林格尔土城子古城周边墓地代魏时期墓葬的发掘，获得以下几点认识。

ⅡM1245为竖穴土坑墓，规模较小，随葬品简单，应属典型的平民墓葬。无论墓葬形制或随葬品的摆放位置均与商都县东大井墓地SDM12[1]完全相同，与额尔古纳右旗七卡鲜卑墓M3[2]也有较多的一致性。ⅡM1245所出的陶壶与商都县东大井墓地SDM7：5[3]夹砂陶壶相同，因此，我们认为ⅡM1245也应属于鲜卑遗存的范畴，其时代与上述各地鲜卑墓葬的时代相去不远，大约相当于拓跋鲜卑部在盛乐建都前后，即代—北魏前期。

ⅡM700、ⅡM1761为台阶—斜坡式墓道土洞墓，该类墓葬在和林格尔西沟子村[4]、察右中期七狼山墓地[5]、大同南郊北魏墓群均有发现[6]；ⅡM1761所出A型陶瓶（ⅡM1761：2）与土城子古城遗址ⅣH59：3[7]陶瓶较为接近，但陶色与纹饰有所差异，可能与时代早晚有关，故ⅡM1761所出A型陶瓶与土城子古城遗址ⅣH59：3有承袭因素。ⅡM1761所出B型陶瓶（ⅡM1761：1）与河北临漳县邺城遗址赵彭城北朝佛寺遗址04JYNH2：1[8]陶瓶基本相同，其所代表的时代亦大体相当，发掘者确认临漳县邺城遗址赵彭城北朝佛寺的年代为东魏北齐时期。因此，我们认为ⅡM1761的年代为北魏晚期至东魏时期。

ⅡM1640为竖穴土坑二层台式砖室墓，规模较小，从墓葬形制上看与包头市刘二圪梁墓地M2[9]、呼和浩特市美岱村墓葬[10]接近。此外，该墓在填土中有殉葬马头、马骨的习俗。墓葬中有殉葬马头习俗的在呼伦贝尔市团结墓地[11]、大同南郊北魏墓群[12]均有发现，萨拉齐北魏太和二十三年姚齐姬墓在墓道中也有殉葬大量动物骨骼的习俗，此类墓葬可能是呼伦贝尔市团结墓地文化因素的承袭与发展。那么，ⅡM1640的时代应与包头市刘二圪梁M2、呼和浩特市美岱村墓葬的时代大体相当或接近，为北魏晚期。

ⅠM33为斜坡式墓道单室砖墓，墓门为条砖单层叠涩券成尖拱形，与察右前旗呼和乌素QHM18[13]、大同雁北师院砖室墓M5[14]的墓门有颇多相似之处，只是前者较为简略，后者较为繁复，这可能与时代早晚有关。按其结构的简繁推测前者早于后者，后者两座墓葬的年代发掘者确认为北魏晚期阶段，那么，前者的年代定为北魏中晚期阶段为宜。

综上所述，我们把和林格尔土城子古城周边墓地发现的5座代魏时期墓葬大体分为三个阶段。第一阶段以ⅡM1245为代表，其时代大约为代—北魏前期；第二阶段以ⅠM33为代表，其时代大约为北魏中晚期阶段；第三阶段以ⅡM1640、ⅡM1761为代表，其时代大约为北魏晚期至东魏时期。

注　　释

[1]　内蒙古自治区文物考古研究所：《商都县东大井墓地》，《内蒙古地区鲜卑墓葬的发现与研究》，科

学出版社，2004年。

［2］ 呼伦贝尔盟文物管理站、额尔古纳右旗文物管理所：《额尔古纳右旗七卡鲜卑墓清理简报》，《内蒙古文物考古文集》（第二辑），中国大百科全书出版社，1997年。

［3］ 同注［2］。

［4］ 乌兰察布盟文物工作站、和林格尔县文物管理所：《内蒙古和林格尔西沟子村北魏墓》，《文物》1992年8期。

［5］ 内蒙古自治区文物考古研究所：《察右中旗七狼山墓地》，《内蒙古地区鲜卑墓葬的发现与研究》，科学出版社，2004年。

［6］ 山西大学历史文化学院、山西省考古研究所、大同市博物馆：《大同南郊北魏墓群》，科学出版社，2006年。

［7］ 内蒙古师范大学等：《内蒙古和林格尔土城子（一）——城址发掘报告》，第Ⅳ发掘区第三阶段的文化遗存，149页。科学出版社，2022年。

［8］ （中国社会科学院考古研究所、河北省文物研究所）邺城考古队：《河北临漳县邺城遗址赵彭城北朝佛寺遗址的勘探与发掘》，《考古》2010年7期。

［9］ 内蒙古自治区文物考古研究所：《包头市鲜卑墓葬》，《内蒙古地区鲜卑墓葬的发现与研究》，科学出版社，2004年。

［10］ 内蒙古文物工作队：《内蒙古呼和浩特美岱村北魏墓》，《考古》1962年2期。

［11］ 内蒙古自治区文物考古研究所：《呼伦贝尔市团结墓地》，《内蒙古地区鲜卑墓葬的发现与研究》，科学出版社，2004年。

［12］ 同注［6］。

［13］ 内蒙古自治区文物考古研究所：《察右前旗呼和乌素墓葬》，《内蒙古地区鲜卑墓葬的发现与研究》，科学出版社，2004年。

［14］ 大同市考古研究所：《大同雁北师院北魏墓群》，文物出版社，2008年。

附录一　和林格尔土城子古城遗址周边汉代墓葬出土金属文物科技检测分析报告

白树新　李延祥　李辰元

一、检测项目简介

为配合"内蒙古和林格尔土城子遗址及周边墓葬考古资料整理与研究"这一项目，受内蒙古师范大学委托，对和林格尔土城子遗址周边汉代墓葬出土的金属文物进行科技检测分析。本次检测除了对金属基体的合金组成使用便携式X射线荧光光谱仪检测外，还包括针对残损破碎样品的介入性检测，通过超景深显微镜和扫描电镜观察分析各类金属制品的制作工艺和生产流程，同时通过能谱仪进行更为精确的成分分析，对金属遗物的生产原料进行进一步的分类整理。

二、检测样品简介

经过对检测样品的统计发现，和林格尔土城子古城遗址周边汉代墓葬发掘出土的金属文物涵盖了铜器、金银器、铅器、铁器等类型。铜器器类有铜镜、铜刷柄、铜镦、铜镉钉、铜拉手、铺首衔环、铜盆、铜铃、铜饰件、铜环、铜镞，还有铜车轴、轴帽、盖弓帽等车马器；金银器类有三叶形饰、四叶形饰、器圈等；铅器器类有盖弓帽、兽头、装饰品等；铁器器类有铁环。

本次检测样品共计159件，其中对155件金属器进行了无损检测，包括127件铜器、1件金器、10件银器、17件铅器；对5件金属器进行了有损检测，包括2件铜器、1件铁器、2件银器（表1）。

表1　样品清单

器类	器物名称	器物数量统计（件）	
铜器	铜镜	12	129
	铜车轴	4	
	铜轴帽	4	
	铜帽	12	
	盖弓帽	45	
	铜当卢	1	
	铜刷柄	2	

续表

器类	器物名称	器物数量统计（件）	
铜器	铜镦	1	129
	蘑菇钉	3	
	兽形铜器	1	
	铜锎钉	6	
	铜铺首	6	
	铺首衔环	5	
	铜拉手	1	
	铜镞	2	
	铜铃	3	
	铜饰件	6	
	铜环	12	
	铜盆	3	
金器	金器	1	1
银器	银器	6	11
	四叶形饰	3	
	三叶形饰	1	
	银器圈	1	
铅器	盖弓帽	12	17
	兽头	1	
	铅饰件	1	
	铅器	1	
	耳环	2	
铁器	铁环	1	1

三、分析检测方法简介

（一）无损测试

PXRF检测　便携式X射线荧光光谱仪（PXRF）可对保存较好的金属器物进行无损检测分析，得到其合金元素组成及含量。本次现场检测所使用的PXRF为美国NITON公司生产的XL3t500型手持式合金分析仪。该PXRF使用50kV、2-Watt微型X射线管，半导体制冷检测器，高性能Si-PIN探测器，激发源为金靶50kV/40μA（最大值），分辨率小于190eV。在检测前首先对样品进行挑选，选取保存较好、表面有金属基体且锈蚀程度较轻的器物。在检测过程中，将PXRF调为"Alloy"模式，对样品进行测试，时长超过30s，直到数据不再变化为止。针对鎏金、银及可辨识表面处理的样品在检测过程中进行标注。

（二）介入测试

1. 超景深观察

采用仪器型号为基恩士VHX-6000超景深视频三维显微镜，对样品的显微组织以及金属器的制作工艺细节进行观察并拍照。针对样品的细部结构及色彩细节进行可见光下的20-500倍的观察，并采用数字合成方式拍摄超景深照片。在环形光源下可以起到部分偏光矿相观测效果，可以利用反射光获取部分暗场矿物图像，帮助进一步判断物相。实验中对颜色敏感型的观察样品会进行白平衡的校准，方便后期进行对比分析。

2. 成分结构SEM-EDS检测

首先对样品的外观形貌进行观察和记录，之后进行制样。对较小的且质地较软的样品使用电动微型精钢无齿锯进行切割取样，较大的且质地较为坚硬的样品使用金刚石带锯进行切割。使用TROJAN公司的树脂冷镶材料进行常温镶嵌，随即根据样品质地对样品进行不同目数的水砂纸打磨以及搭配不同颗粒度的抛光液进行抛光处理，最后对样品表面进行了真空喷碳。实验仪器使用北京科技大学科技史与文化遗产研究院的TESCAN公司的VAGA3 XMU电镜配合BRUKER XFlash Detector 610M能谱分析仪。能谱测试中的工作电压控制在20kV，束流强度根据实验需求进行了微调，半定量的元素组分采样分析使用软件的自动模式，所有测试数据计数率采取软件自动优化模式，采样时间高于60秒，确保达到计量有效范围内。

四、检测分析结果

（一）PXRF检测结果

对155件金属器使用便携式X射线荧光光谱仪（PXRF）进行合金元素组成及含量的检测分析，包括127件铜器、1件金器、10件银器、17件铅器。小件铜器一般选择3个检测点，若数据一致性不佳，可增加检测点以获得元素含量的平均值。对轻度锈蚀且表面较为洁净的样品进行检测，每件样品进行了多点检测并对误差较大的数据进行剔除后取平均数作为检测结果。

汉代铜器有铜镜、铜刷柄、铜碗等生活用具，铜车轴、轴帽、盖弓帽、铜当卢等车马器，铜镞、铜饰件、铜铃、铜环等。12件铜镜均为铜锡铅三元合金，合金配比较为相似，锡含量平均为25%。铜车轴、轴帽、盖弓帽、铜当卢均为铜锡铅三元合金，并且都是高铅青铜。其中出自同一墓葬ⅣM35的车轴和轴帽的锡含量很接近，表明二者生产原料相同。ⅣM3：7铜轴帽的铅含量高达80%以上，还带有2%以上的铁元素，可能是受埋葬过程中的污染所致，铜流失严重。铜锔钉、铜刷柄、蘑菇钉、兽形铜器、铜镦均为铜锡铅三元合金，其中，铜刷柄、蘑菇钉存在表面鎏金现象。铜铺首、铺首衔环均为铜锡铅三元合金，铺首衔环存在表面鎏金。铜拉手、铜环、铜镞、铜铃均为铜锡铅三元合金，其中，分别出自两座墓葬的铜铃铅锡配比不同，一组为高锡低铅，一组为低锡高铅。出自同一墓葬的5件铜饰件中有4件存在表面鎏金，这4件鎏金器的锡含量为2%左右，材质分别为2件铜锡铅三元合金，2件铜铅合金；另一铜饰件未检测到表面鎏金，其锡含量为9%，高于4件鎏金器。12件铜环中有11件铜锡铅三元合金，1件红铜。综上所述，汉代的铜器材质基本为铜锡铅三元合金，存在2件铜铅合金、1件红铜，铜刷柄、蘑菇钉、铺首衔环、铜饰件存在表面鎏金现象。唯一一件金器金含量为97%左右，含有少量的银、铁、锌、铜，器形不明。出自同一墓葬的3件银四叶形饰和1件银三叶形饰的银含量较为一致，均为97%左右。其余银器的银含量平均为95%，有两件银器的铜含量为2%左右，一件检测出少量汞元素，可能存在鎏银。铅器有盖弓帽、铅兽头、铅饰件、铅耳环等。12件盖弓帽的铅含量为98%左右，铅兽头含有少量的铜，铅饰件含有少量的锌，还有一件器形不明的铅器含有近8%的铜。另外，出自同一墓葬的2件铅耳环和3件盖弓帽的铅含量较为相近，为98%左右。利用PXRF检测金属器元素组成所得结果见表2。

表2　利用PXRF检测金属器元素组成

编号	器物名称	质地	数量	备注	PXRF检测数据										
					Cu	Sn	Pb	Fe	Au	Ag	Hg	Sb	Bi	Ni	Zn
Ⅱ M787：4	铜镜	铜	1		65.10	27.92	4.30	0.52	—	0.12	0.07	0.46	0.09	0.15	0.03
Ⅱ M1172：20	铜镜	铜	1		62.91	29.20	5.00	0.32	—	0.16	0.07	0.65	0.02	0.17	—
Ⅱ M932：5	铜镜	铜	1		67.07	25.95	4.75	0.32		0.11	—	0.38	0.05	0.12	
Ⅱ M1087：4	铜镜	铜	1		55.45	33.93	5.74	0.95		0.14	0.31	0.43	0.14	0.08	
Ⅰ M11：1	铜镜	铜	1		60.52	30.87	5.69	0.33		0.15	0.01	0.44	0.04	0.12	0.03
Ⅱ M1172：11	铜镜	铜	1		66.23	25.83	6.01	0.52		0.11	0.02	0.40	0.02	0.12	0.02
Ⅰ M55：4	铜镜	铜	1		61.45	29.53	6.47	0.11		0.17		0.39	0.03	0.16	0.35
Ⅰ M61：5	铜镜	铜	1		65.90	28.22	4.32	0.19		0.15		0.34	—	0.08	—
Ⅰ M43：6	铜镜	铜	1		70.06	23.28	5.03	0.30		0.13		0.38	0.06	0.13	
Ⅰ M50：4	铜镜	铜	1		65.51	28.65	4.02	0.17		0.17	0.12	0.39	—	0.13	
Ⅱ M1744：1	铜镜	铜	1		59.81	31.30	7.11	0.37		0.12		0.31	0.03	—	
Ⅰ M61：4	铜镜	铜	1		63.41	29.57	5.73	0.18		0.07		0.27	—	—	
Ⅳ M35：21	铜车轴	铜	1		75.96	5.77	17.35	0.25		0.06		0.25	—	—	
Ⅳ M1：11	铜车轴	铜	1		77.34	2.76	18.23	0.46		0.25		0.50	—	—	
Ⅱ M9：1、2	铜车轴	铜	2		29.32	8.12	61.47	0.29		0.21		0.35	—	—	
Ⅳ M35：27、28	铜轴帽	铜	2		66.31	5.30	27.38	0.35		0.06		0.29	—	—	
Ⅳ M1：17	铜轴帽	铜	1		67.00	4.81	25.86	0.94		0.16		0.41	—	—	
Ⅳ M3：7	铜轴帽	铜	1		12.60	2.47	81.21	2.71		0.04		0.12	—	—	
Ⅱ M9：19～30	铜帽	铜	12		38.43	7.45	52.44	0.83		0.15		0.24	—	—	0.01
Ⅳ M3：8、16～23	盖弓帽	铜	9		40.68	8.50	49.50	0.52		0.14		0.36	—	—	

续表

编号	器物名称	质地	数量	备注	PXRF检测数据										
---	---	---	---	---	Cu	Sn	Pb	Fe	Au	Ag	Hg	Sb	Bi	Ni	Zn
ⅡM9：54～89	盖弓帽	铜	36		33.79	8.29	56.14	0.78	—	0.25	—	0.35	—	0.01	0.01
ⅣM35：17	铜当卢	铜	1		54.34	10.23	33.50	0.61	0.02	0.15	—	0.54	—	0.10	—
ⅣM35：38、39	铜镝钉	铜	2		77.68	5.14	16.19	0.31	—	0.05	—	0.35	—	0.02	0.03
ⅣM3：11	铜镝钉	铜	1		39.68	9.10	48.99	0.51	—	0.10	—	0.22	—	—	0.30
ⅣM35：15	铜刷柄	铜	1		46.89	6.36	42.73	1.31	1.18	0.20	0.19	0.45	—	—	
ⅣM31：9	铜刷柄	铜	1	鎏金	50.68	9.19	25.80	0.69	10.57	0.21	1.49	0.67	—	0.03	—
ⅡM1983：5	铜镦	铜	1		54.84	15.23	26.83	1.94	—	0.25	—	0.21	—	0.07	—
ⅣM2：12、22、23	蘑菇钉	铜	3	鎏金	48.77	3.02	29.09	0.80	12.20	0.38	1.95	3.43	—	—	0.03
ⅣM3：12	兽形铜器	铜	1		28.20	2.97	66.22	1.69	—	0.07	—	0.20	—	—	0.05
ⅡM9：35～37	铜镝钉	铜	3		38.13	6.19	54.13	0.60	—	0.20	—	0.29	—	—	—
ⅣM3：27	铜铺首	铜	1		36.82	9.04	51.78	1.10	—	0.16	—	0.38	—	—	—
ⅣM3：30	铺首衔环	铜	1	正面鎏金	46.55	4.95	35.43	0.69	9.35	0.14	1.61	0.16	—	0.02	0.14
ⅡM9：49～53	铜铺首	铜	5		39.67	7.66	51.42	0.52	—	0.14	—	0.18	—	0.02	—
ⅡM1511：8	铺首衔环	铜	1	鎏金	69.27	2.22	19.43	0.45	5.68	0.16	0.92	0.79	—	0.12	—
ⅡM1249：9	铺首衔环	铜	1	鎏金	66.57	10.18	15.07	0.65	5.41	0.17	1.02	0.44	—	0.07	—
ⅡM920：7、8	铺首衔环	铜	2	鎏金	61.13	2.26	23.18	0.62	8.25	0.21	2.78	0.86	—	0.04	0.03
ⅡM920：9	铜拉手	铜	1		53.32	4.76	33.85	0.85	4.82	0.22	0.64	0.74	—	0.03	—
ⅡM1511：10	铜盆	铜	1		80.63	14.21	3.25	0.12	—	0.16	—	0.40	—	0.19	—
ⅣM35：24	铜箭头	铜	1		78.14	11.56	7.09	2.38	—	0.07	—	0.15	—	0.08	—
ⅡM154：1	铜箭头	铜	1		75.56	18.08	4.09	1.11	—	0.17	—	0.09	0.04	0.11	0.09
ⅡM14：2	铜铃	铜	1		68.95	18.82	9.04	1.92	—	0.16	—	0.40	—	0.11	—
ⅡM185：1、2	铜铃	铜	2	1	65.01	6.67	26.65	0.78	0.11	0.18	—	0.13	—	0.03	—
				2	43.40	7.17	48.22	0.63	—	0.20	—	0.13	—	—	—
ⅡM1511：20	铜饰件	铜	1	鎏金	60.27	2.14	30.76	0.67	4.11	0.15	0.44	0.69	—	0.02	—
ⅡM1511：7	铜饰件	铜	1	鎏金	54.92	1.94	28.27	0.83	10.21	0.20	1.28	1.19	—	0.08	0.03
ⅡM1511：6	铜饰件	铜	1	鎏金	62.03	1.85	25.72	0.30	6.83	0.17	1.40	1.13	—	0.09	—
ⅡM1511：9	铜饰件	铜	1	鎏金	64.96	2.64	21.28	0.72	7.74	0.20	0.97	0.75	—	0.06	0.11
ⅡM1511：15	铜饰件	铜	1		62.25	9.02	26.68	0.56	—	0.15	—	0.53	—	0.11	0.10
ⅡM937：9	铜四叶形饰	铜	1		51.02	5.04	42.97	0.30	0.08	0.07	—	0.23	—	—	—
ⅡM14：1	铜环	铜	1		67.51	13.48	14.68	0.88	0.17	0.30	—	0.52	—	0.18	0.66
ⅡM1511：25	铜环	铜	1		65.09	10.12	22.35	0.81	—	0.26	—	0.52	—	0.27	—
ⅡM1319：1	铜环	铜	1		50.52	11.23	36.68	0.31	0.06	0.18	—	0.15	—	0.11	0.14

续表

编号	器物名称	质地	数量	备注	PXRF检测数据										
					Cu	Sn	Pb	Fe	Au	Ag	Hg	Sb	Bi	Ni	Zn
ⅡM1534：4	铜环	铜	1		70.99	15.78	12.22	0.37	—	0.12	—	0.07	—	—	0.07
ⅡM1568：4	铜环	铜	1		21.06	38.92	36.71	1.08	—	0.44	—	0.22	—	—	0.33
ⅡM1103：11	铜环	铜	1		71.69	22.90	2.15	2.85	—	0.05	—	—	—	0.02	—
ⅡM984：4~6	铜环	铜	3		43.75	13.22	41.53	0.27	0.05	0.28	—	0.20	—	0.09	0.13
ⅡM828：8	铜环	铜	1		89.26	0.22	0.73	7.29	—	0.10	0.08	—	—	—	0.06
ⅡM942：3	铜环	铜	1		37.77	8.72	51.79	0.50	—	0.31	—	0.22	—	0.05	—
ⅡM1051：1、2	铜环	铜	1		31.04	22.06	44.72	0.77	—	0.18	—	0.27	—	0.15	0.02
ⅣM31：15	金器	金	1		0.13	—	—	0.27	97.74	0.24	—	—	—	—	0.22
ⅣM31：13、14	银器	银	2		0.85	—	0.37	0.51	0.20	96.77	0.09	—	0.09	—	0.01
ⅡM1511：18	四叶形饰	银	1		0.30	—	0.33	0.44	0.20	97.06	0.44	—	0.09	—	0.20
ⅡM1511：17	四叶形饰	银	1		0.32	—	0.44	0.57	0.20	97.57	0.17	—	0.13	—	—
ⅡM1511：19	三叶形饰	银	1		0.29	—	0.37	0.12	0.17	97.75	0.37	—	0.11	—	—
ⅡM1511：16	四叶形饰	银	1		0.27	—	0.44	0.69	0.20	97.17	0.21	—	0.13	—	—
ⅡM1172：14、15	银器	银	2		2.39	—	0.54	0.57	0.24	94.49	1.12	—	0.19	—	—
ⅡM1172：16-1	银器	银	1		0.92	—	0.17	1.40	0.18	96.28	—	—	0.03	—	—
ⅡM1172：16	银器圈	银	1		1.88	—	0.33	1.03	0.29	94.89	0.31	—	0.20	—	—
ⅡM1981：6~13	盖弓帽	铅	9		0.24	0.34	97.95	0.72	—	0.07	—	—	—	—	0.09
ⅡM9：12	兽头	铅	1		2.18	0.04	94.42	0.52	—	0.05	—	—	—	—	—
ⅡM186：3	铅饰件	铅	1		0.29	—	95.59	0.46	—	0.06	—	—	—	—	1.07
ⅡM1282：3	铅器	铅	1		7.96	0.08	90.96	0.43	—	0.16	—	—	—	—	0.07
ⅡM937：4、5	耳环	铅	2		0.34	—	98.76	0.57	—	0.08	—	—	—	—	—
ⅡM937：6~8	盖弓帽	铅	3		0.22	0.23	98.09	0.83	—	0.15	—	0.10	—	—	—

（二）介入检测结果

共对5件样品进行超景深显微镜观察和扫描电镜能谱分析，分别是2件铜盆、2件银器、1件铁环（表3）。

表3　样品清单

序号	单位	器类	器物名称
1	ⅡM1461：5	铜器	铜盆
2	ⅡM1007：1	铜器	铜盆
3	ⅣM23：9	铁器	铁环
4	ⅣM54	银器	银器
5	ⅡM1172：16	银器	银饰件

1. 超景深图像观察结果

图1　ⅡM1461：5铜盆样品外观超景深图

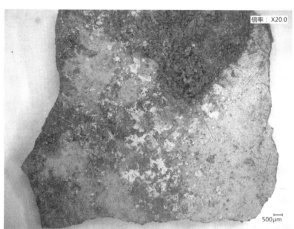

图2　ⅡM1461：5铜盆样品外观超景深图

图3　ⅡM1461：5铜盆样品矿相观测

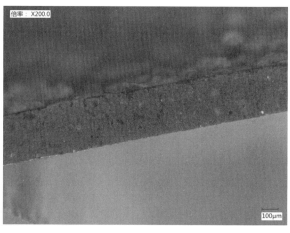

图4　ⅡM1461：5铜盆样品矿相观测

图5　ⅡM1461：5铜盆样品矿相观测

图6　ⅡM1461：5铜盆样品矿相观测

图7 ⅡM1007：1铜盆样品外观超景深图

图8 ⅡM1007：1铜盆样品外观超景深图

图9 ⅡM1007：1铜盆样品矿相观测

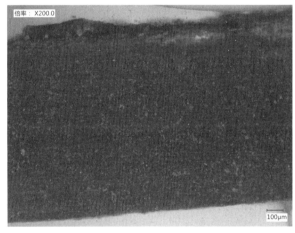

图10 ⅡM1007：1铜盆样品矿相观测

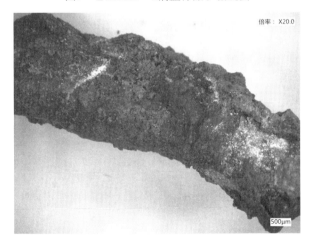

图11 ⅣM23：9铁环样品外观超景深图

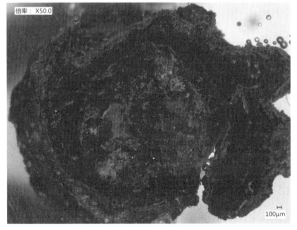

图12 ⅣM23：9铁环样品横截面矿相观测

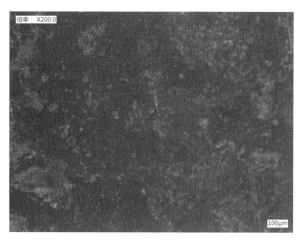

图13　ⅣM23：9铁环样品横截面矿相观测

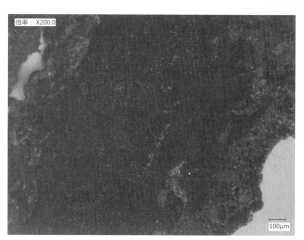

图14　ⅣM23：9铁环样品横截面矿相观测

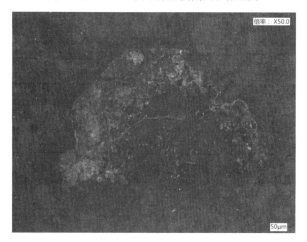

图15　ⅣM23：9铁环样品纵截面矿相观测

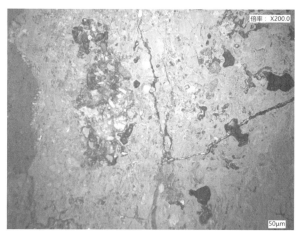

图16　ⅣM23：9铁环样品纵截面超景深图

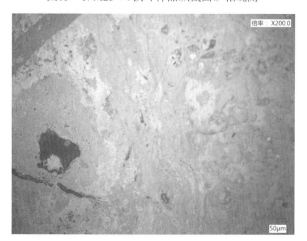

图17　ⅣM23：9铁环样品纵截面超景深图

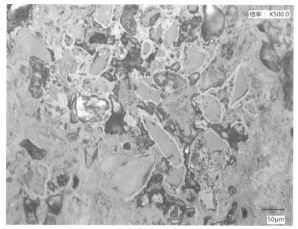

图18　ⅣM23：9铁环样品纵截面超景深图

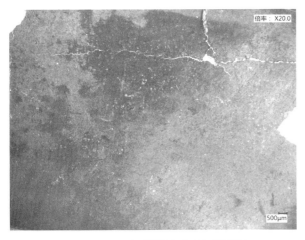

图19　ⅣM54银器样品外观超景深图　　　　　　图20　ⅣM54银器样品外观超景深图

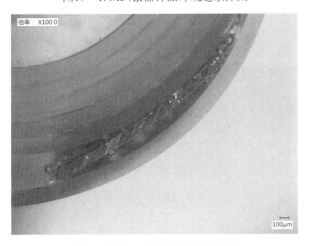

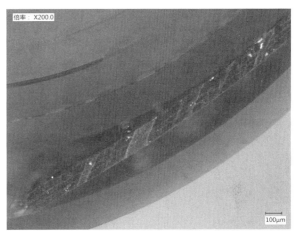

图21　ⅣM54银器样品超景深图　　　　　　图22　ⅣM54银器样品超景深图

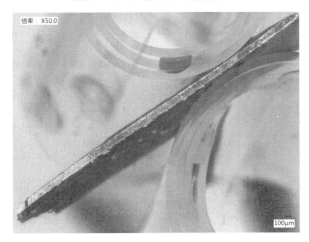

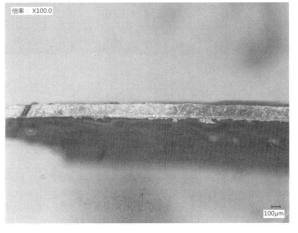

图23　ⅡM1172：16银器圈超景深图　　　　　　图24　ⅡM1172：16银器圈超景深图

图25　ⅡM1172：16银器圈超景深图

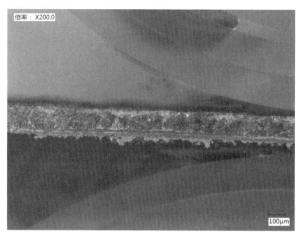

图26　ⅡM1172：16银器圈超景深图

2. 扫描电镜能谱分析结果

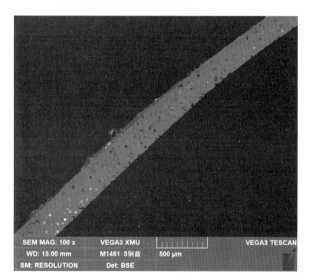

图27　ⅡM1461：5铜盆背散射图
基体成分：O 2.3%、Cu 69.2%、Sn 10.4%、Pb 2.0%

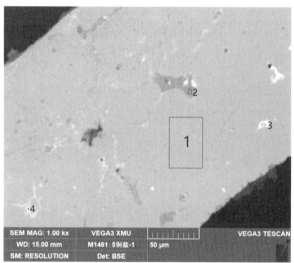

图28　ⅡM1461：5铜盆背散射图
1：Cu 76.4%、Sn 10.4%；2：O 8.6%、Cu 80.9%；
3：O 5.5%、Cu 4.9%、Pb 67.2%；4：O 13.6%、S 3.6%、
Cl 2.1%、Cu 11.6%、Sn 19.9%、Pb 28.9%

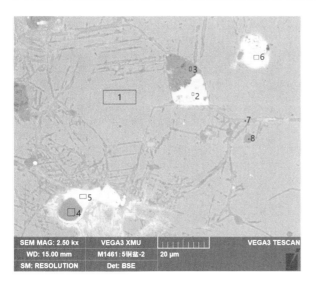

图29 ⅡM1461：5铜盆背散射图

1：Cu 76.8%、Sn 10.7%；2：O 13.9%、S 7.8%、Cu 4.1%、

Pb 44.9%；3：O 8.9%、Cu 82.7%；4：S 15.0%、Cu 72.6%；

5：O 14.0%、S 8.1%、Cu 3.0%、Pb 48.8%；

6：O 11.8%、S 1.5%、Cl 4.5%、Cu 4.3%、Pb 48.9%；

7：O 10.5%、Cu 41.4%、Sn 21.1%、Pb 8.3%；

8：O 4.9%、S 3.9%、Cu 71.5%、Sn 3.9%

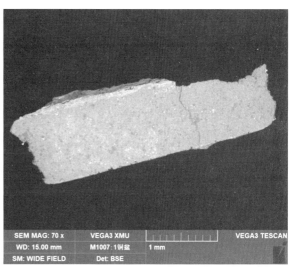

图30 ⅡM1007：1铜盆背散射图

基体成分：O 4.1%、Cu 64.9%、Sn 9.8%、Pb 3.9%

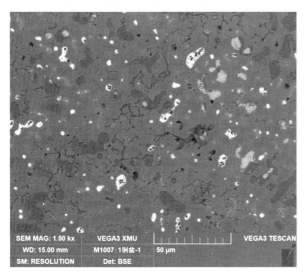

图31 ⅡM1007：1铜盆背散射图

1：Cu 75.5%、Sn 6.0%；2：O 8.6%、Cu 76.4%；

3：O 5.1%、Cu 9.7%、Pb 71.5%；

4：O 4.4%、Cu 50.0%、Sn 16.8%、Pb 4.5%；

5：O 8.6%、Cu 69.5%、Sn 3.2%；

6：O 10.1%、Cl 8.0%、Cu 12.5%、Pb 45.8%；

7：O 13.2%、Cu 27.8%、Sn 24.5%、Pb 11.0%

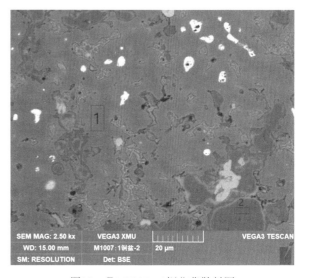

图32 ⅡM1007：1铜盆背散射图

1：Cu 77.8%、Sn 4.4%；2：O 9.5%、Cu 84.1%；

3：O 8.9%、Cu 67.1%、Sn 10.3%

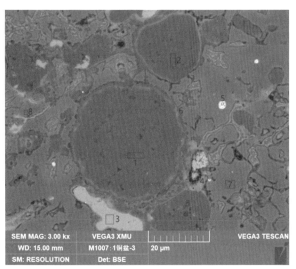

图33　ⅡM1007：1铜盆背散射图

1：O 8.9%、Cu 82.1%；2：O 9.4%、Cu 83.5%；

3：O 14.4%、S 8.0%、Cu 5.1%、Pb 50.9%；

4：O 9.9%、Cl 1.5%、Cu 37.0%、Sn 12.4%、Pb 13.2%；

5：O 4.5%、Cu 8.4%、Pb 72.4%；

6：O 11.5%、Cu 48.2%、Sn 16.5%、Pb 12.2%；

7：Cu 74.0%、Sn 5.4%；8：Cu 74.9%、Sn 8.5%

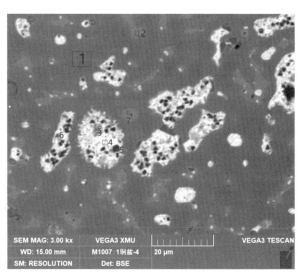

图34　ⅡM1007：1铜盆背散射图

1：Cu 76.2%、Sn 6.4%；2：O 2.2%、Cl 1.1%、Cu 54.1%、

Sn 17.6%、Pb 8.5%；3：O 9.5%、S 3.4%、Cu 47.0%、

Sn 3.2%、Pb 19.8%；4：O 6.7%、Cu 71.3%、Sn 4.4%；

5：Cu 61.8 %、Sn 5.5%、Pb 6.9%；6：Cu 75.1%、Sn 9.2%；

7：Cu 68.7%、Sn 8.9%

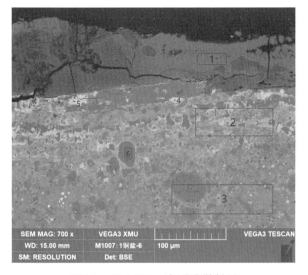

图35　ⅡM1007：1铜盆背散射图

1：O 22.6%、P 8.6%、Cl 1.2%、Ca 2.1%、Cu 26.5%、

Pb 13.5%；2：O 12.1%、S 1.7%、Cu 36.7%、Sn 10.3%、

Pb 13.7%；3：O 6.8%、Cu 60.4%、Sn 11.0%、Pb 1.8%；

4：O 10.5%、P 3.6%、Cl 2.2%、Cu 6.3%、Sn 3.9%、

Pb 38.1%；5：O 13.9%、P 4.0%、Cl 2.7%、Cu 7.0%、

Pb 53.2%；6：O 8.8%、Cu 81.6%

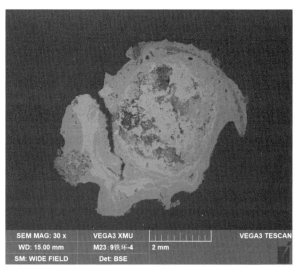

图36　ⅣM23：9铁环横截面背散射图

基体成分：O 30.5%、Fe 62.5%

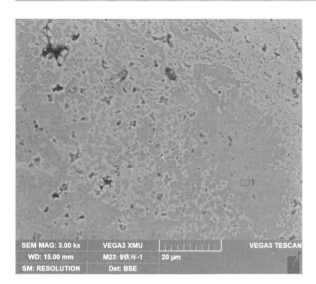

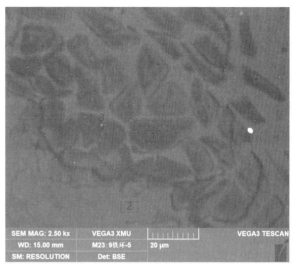

图37　ⅣM23：9铁环横截面背散射图

1：O 21.4%、Fe 61.8%；2：O 28.1%、Fe 69.6%

图38　ⅣM23：9铁环横截面背散射图

1：O 16.5%、Ca 1.1%、Fe 17.9%；2：O 34.2%、Fe 54.9%；

3：O 2.4%、Ca 1.6%、Fe 56.9%

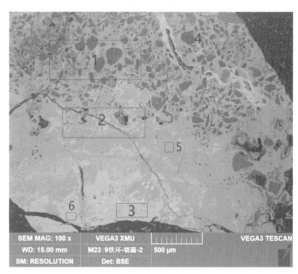

图39　ⅣM23：9铁环纵截面背散射图

1：O 36.2%、Al 1.5 %、Si 6.6%、Fe 46.6%；

2：O 35.6%、Si 3.4%、Fe 54.9%

图40　ⅣM23：9铁环纵截面背散射图

1：O 38.4%、Al 2.1%、Si 15.7%、Ca 1.3%、Fe 57.5%；

2：O 31.0%、Fe 59.1%；3：O 26.8%、Fe 63.9%；

4：O 33.5%、Si 31.5%；5：O 36.6%、Fe 60.1%；

6：O 26.8%、Fe 66.3%

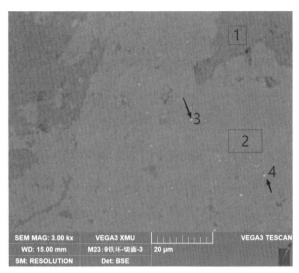

图41　ⅣM23：9铁环纵截面背散射图

1：O 31.6%、Fe 55.7%；2：O 30.7%、Fe 66.5%；

3：O 24.4%、Fe 42.4%、Cu 42.6%；

4：O 23.4%、Fe 40.4%、Cu 43.0%

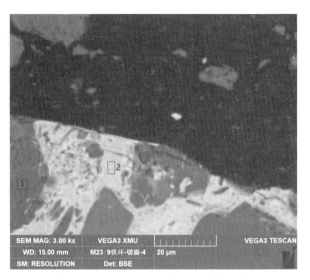

图42　ⅣM23：9铁环纵截面背散射图

1：O 36.1%、Na 6.3%、Al 8.7%、Si 24.4%；

2：O 36.3%、Al 1.2%、Si 1.3%、Fe 50.2%

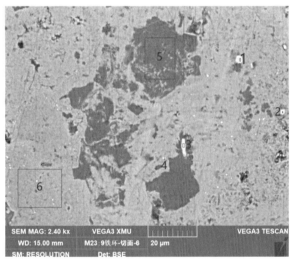

图43　ⅣM23：9铁环纵截面背散射图

1：O 17.7%、Fe 57.5%；2：O 19.4%、Fe 59.3%；

3：O 22.4%、Fe 67.8%；4：O 25.4%、Fe 54.0%、Cu 19.2%；

5：O 35.6%、Fe 61.3%；6：O 27.6%、Fe 67.3%

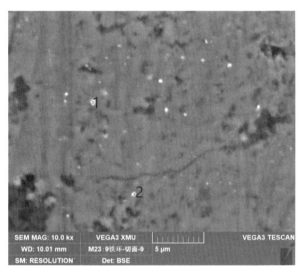

图44　ⅣM23：9铁环纵截面背散射图

1：O 17.7%、Fe 43.0%、Cu 32.9%；

2：O 21.3%、Fe 53.9%、Cu 17.3%

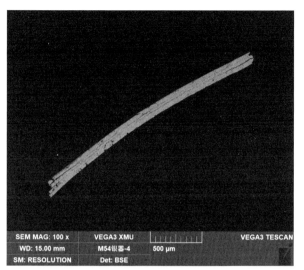

图45 ⅣM54银器背散射图

基体成分：O 4.0%、Cu 1.1%、Ag 82.0%

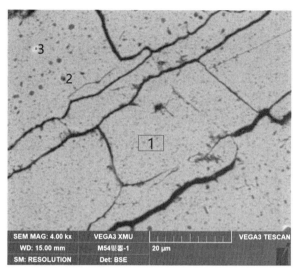

图46 ⅣM54银器背散射图

1：O 2.1%、Cu 1.8%、Ag 82.2%；

2：O 16.8%、Cu 49.9%、Ag 17.8%；

3：O 8.7%、Ag 19.1%、Sn 11.1%、Pb 42.4%、Bi 1.4%

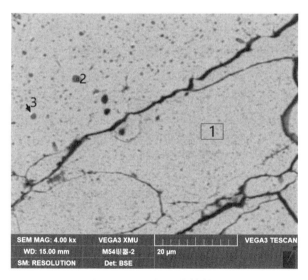

图47 ⅣM54银器背散射图

1：O 1.9%、Cu 1.5%、Ag 82.9%；2：O 18.1%、Cu 59.4%、
Ag 10.8%；3：O 5.7%、Cu 5.1%、Ag 58.8%、Pb 29.0%

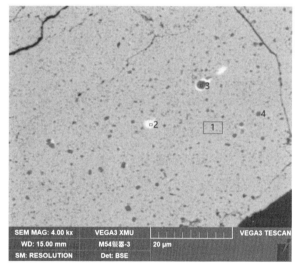

图48 ⅣM54银器背散射图

1：Cu 1.6%、Ag 82.7%、Sn 1.0%；

2：O 5.8%、Ag 3.0%、Pb 65.8%；

3：O 14.9%、Cu 61.7%、Ag 1.4%；

4：O 18.3%、Cu 38.0%、Ag 35.6%

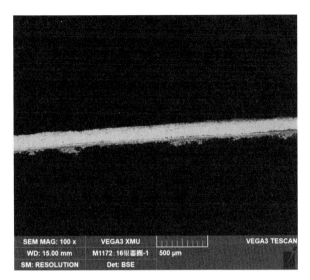

图49　ⅡM1172：16银器圈背散射图
基体成分：Cu 2.7%、Ag 82.8%、Sn 1.0%

图50　ⅡM1172：16银器圈背散射图
1：Cu 2.3%、Ag 83.1%；2：O 12.9%、Cu 27.2%、Ag 51.3%；
3：O 1.5%、Cu 2.7%、Ag 79.5%；
4：Cu 1.6%、Ag 83.6%、Sn 1.1%

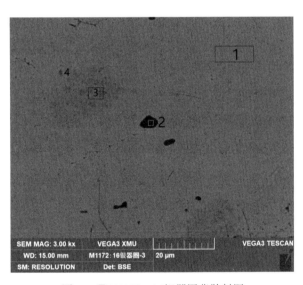

图51　ⅡM1172：16银器圈背散射图
1：Cu 2.4%、Ag 84.3%、Sn 1.0%；
2：O 8.6%、Cu 77.3%、Ag 1.4%；
3：O 1.9%、Cu 2.4%、Ag 80.1%；4：Cu 2.5%、Ag 79.7%

根据成分检测结果，两件铜盆均为铅锡青铜，ⅡM1461：5铜盆具有α固溶体树枝状结晶，基体可以看到少量亮白色的铅，基体组织中能检测到Cu_2O、Cu_2S夹杂，以及少量氧化、硫化或氯化的铅颗粒。ⅡM1007：1铜盆基体组织为铸造铜锡α固溶体树枝晶，存在Cu_2O夹杂及氧化或硫化的铅颗粒。ⅣM23：9铁环锈蚀严重，电镜表征铁环纵截面存在少量氧化亚铁–硅酸盐夹杂，夹杂物元素种类较少，仅有氧、钠、铝、硅、铁，另外检测到少量的铜颗粒。ⅣM54银器为银合金，含有少量的铜、锡、铅、铋元素，铜颗粒呈圆形散布在基体中。ⅡM1172：16银器圈为银铜合金，含有少量的锡，和PXRF的测试数据相比，电镜检测出了锡元素。铜颗粒呈不规则状分布在基体中。

附录二　和林格尔土城子古城遗址周边汉魏墓葬出土人骨鉴定表

墓号	时代	性别	年龄	备注
I M13	汉代	女	40~50	
I M17	汉代	男 女	40左右	
I M18	汉代	男	50左右	
I M21	汉代	男 女	45~50 35~40	合葬
I M25	汉代	女	20~25	
I M28	汉代	女	成年	
I M29	汉代	男	成年	
I M31	汉代	男	25左右	
I M32	汉代	男 女	25~30 30左右	
I M43	汉代		未成年	
I M54	汉代		未成年	
I M61	汉代	男 男	25 20	
II M98	汉代	男	25~30	
II M102	汉代	不详	1成年 2未成年	
II M118	汉代	男	成年	3具尸骨只留头骨
II M130	汉代	男	25左右	
II M131	汉代	男	25左右	
II M150	汉代	男	45~50	
II M167	汉代	不详	成年	
II M197	汉代	女	成年	
II M199	汉代	男	20~25	
II M214	汉代	男	45~50	
II M222	汉代	不详	成年	
II M312	汉代	女	45~50	
II M316	汉代	男	30左右	

续表

墓号	时代	性别	年龄	备注
ⅡM549	汉代	不详	成年	
ⅡM588	汉代	女	35左右	
ⅡM720	汉代	男	成年	
ⅡM751	汉代	女	50以上	
ⅡM753	汉代	男	50以上	
ⅡM777	汉代	不详	未成年	
ⅡM778	汉代	男	35~40	
ⅡM781	汉代	女	成年	
ⅡM782	汉代	不详	成年	
ⅡM784	汉代	女	25左右	
ⅡM785	汉代	男 男	20~25 45~50	
ⅡM787	汉代	男	30左右	
ⅡM803	汉代	男	成年	
ⅡM829	汉代	男 女	成年 25左右	
ⅡM859	汉代	女	45~50	
ⅡM863	汉代	男	35左右	
ⅡM877	汉代	男	30左右	
ⅡM878	汉代	男	40左右	
ⅡM898	汉代	男	17~18	
ⅡM899	汉代	男	35左右	
ⅡM909	汉代	男 男	50左右 20~25	股骨头坏死
ⅡM911	汉代	女	成年	
ⅡM920	汉代	男	25~30	
ⅡM932	汉代	女	成年	
ⅡM936	汉代	男	50以上	
ⅡM937	汉代	女	成年	
ⅡM975	汉代	女	20~25	
ⅡM986	汉代	女	16~18	
ⅡM1011	汉代	不详	未成年	
ⅡM1017	汉代	男	30左右	
ⅡM1028	汉代	男	40左右	
ⅡM1035	汉代	女	成年	
ⅡM1043	汉代	男	25~30	

墓号	时代	性别	年龄	备注
ⅡM1087	汉代	不详	20~25	
ⅡM1119	汉代	男	成年	
ⅡM1134	汉代	女	20~25	
ⅡM1141	汉代	不详 男	20左右 25左右	
ⅡM1153	汉代	女	30左右	
ⅡM1172	汉代	不详	成年	
ⅡM1174	汉代	男 男	40左右 成年	
ⅡM1189	汉代	南不详 男	12~13 30左右	
ⅡM1245	代魏	男	30左右	
ⅡM1249	汉代	女 男	16~17 25左右	
ⅡM1275	汉代	不详 不详	老年 老年	
ⅡM1282	汉代	男	50以上	
ⅡM1284	汉代	男 女	20左右 22左右	
ⅡM1309	汉代	男	20~25	
ⅡM1310	汉代	男	20~25	
ⅡM1375	汉代	男 女	老年 成年	
ⅡM1428	汉代	女 男	成年 成年	
ⅡM1461	汉代	男	30~35	
ⅡM1488	汉代	男	25左右	
ⅡM1509	汉代	男	20~25	
ⅡM1511	汉代	不详	成年	
ⅡM1530	汉代	男	成年	
ⅡM1531	汉代	不详	成年	
ⅡM1560	汉代	男	35~40	
ⅡM1561	汉代	男	成年	
ⅡM1610	汉代	女	老年	
ⅡM1701	汉代	男 男	老年 35~40	
ⅡM1739	汉代	女	20	
ⅡM1761	代魏	男	30~35	

墓号	时代	性别	年龄	备注
ⅡM1850	汉代	不详	成年	
ⅡM1857	汉代	不详	20左右	
ⅡM1938	汉代	女	成年	
ⅣM6	汉代	男1、5、6 女2、3、4	1：45左右 5：40~45 6：45~50 2：25左右 3：25~30 4：20~25	6具尸骨
ⅣM9	汉代	女 男	25左右 70左右	
ⅣM14	汉代		12~14	
ⅣM30	汉代		未成年	
ⅣM32	汉代	男	20~25	
ⅣM35	汉代	不详	成年	
ⅣM52	汉代	男	25左右	
ⅣM53	汉代	女	成年	

附表一　汉代甲类墓葬统计表

（单位：厘米）

编号	类型	方向	墓葬形制 墓道、甬道、墓室、耳室〔长×宽—深（高）〕		封门	葬具 椁棺（长×宽—残高）	人骨					殉性	随葬器物	分期	备注
				头龛			数量	葬式	头向	性别	年龄（岁）				
I M1	II 2 Cc	7°	墓道：1160×（120~237）—（50~380）；墓室：口：580×300—30，底：570×280—485		方木	椁：480×200—85	—	不清	—	—	—		陶壶7、小陶罐8、陶熏炉、陶灶、陶井、铜环、铜扣3、铜铺臿、铜铜钉2、铜兽面形车饰2、铜当卢、铜衔镳2、铜轭饰2、铜衡末饰5、铜盖弓帽10	III	早期被盗，填土出1件陶釜
I M2	IV 1 Aa	100°	墓道：300×（120~160）—（120~260）；墓室：395×190—162		条砖		—	不清	—	—	—		陶壶2、陶罐、陶灶2	IV	早期被盗，填土中出土1枚铜钱
I M4	IV 1 Aa	90°	墓道：170×（120~178）—（60~100）；墓室：370×180—120		不详		—	不清	—	—	—			IV	早期被盗
I M5	IV 1 Aa	95°	墓道：490×（100~130）—（60~160）；墓室：355×120—220		条砖		—	不清	—	—	—		陶灶、陶井	IV	早期被盗，填土中有1件陶壶
I M6	I 2 Bb	355°	口：380×140—50；底：360×120—340			棺：200×80—40	—	—	—	—	—	∨	陶壶、陶罐3、铜铝镂、铜镜、锡钉5、石砚、石研	II	无尸骨，填土中有铜壶
I M9	I 2 Ab	73°	口：440×240—50；底：420×212—440			椁：390×140—80；棺：200×76—40	1	不清	东	男	—		鎏金铜铺首衔环、鎏金铜釜手、鎏金铜器足3、铜柿蒂形饰、铁钉3、石口玲	III	尸骨不全

续表

编号	类型	方向	墓葬形制			葬具	人骨					殉牲	随葬器物	分期	备注
			头龛	墓道、甬道、墓室、耳室 [长×宽—深（高）]	封门	棺椁（长×宽—残高）	数量	葬式	头向	性别	年龄（岁）				
I M10	II 1 Ab	355°		墓道：380×（100~120）—（60~180）；墓室：320×120—180	不详		—	不清	—	—	—		小罐		早期被盗
I M11	I 1 Bb	93°		口：400×160—50；底：380×140—320			1	不清	—	—	—	√	铜镜、铜带钩、石砚	IV	尸骨不全
I M12	III 1 Ab	93°		墓道：470×（68~110）—（110~250）；墓室：250×110—（120~150）	不详		1	仰身直肢	东	男	—		铜钱		
I M13	I 1 Ab	356°		320×120—100			1	二次葬	北	女	40~50		陶罐4	II	
I M22	I 1 Ac	85°		430×（120~160）—180			1	—	—	男	—		陶壶3、陶罐、小陶罐、铜带钩、锡钉	IV	
I M26	I 2 Bb	5°		口：420×210—30；底：400×170—340		椁：368×130—60	1	仰身直肢	东	男	—	√	陶罐、铜铺首衔环、骨器、漆器5	III	无尸骨
I M29	I 2 Ab	90°		口：448×156—30；底：438×130—430		椁：394×102—50；棺：190×56—20	1	仰身直肢	东	男	—	√	陶罐2、铜镜、铜环5	II	填土中出土1件铁臿※
I M30	II 3 Aa	80°		墓道：350×（150~210）—（180~268）；墓室口：530×300—40；底：450×（190~210）—340	不详	椁：420×（136~152）—40	1	仰身直肢	东	—	—	√	陶壶3、铜环、料珠	IV	
I M31	I 2 Ab	15°		口：400×160—30；底：380×136—440		椁：360×102—40；棺：186×58—20	1	仰身直肢	北	男	25±	√	石研磨器	III	

续表

编号	类型	方向	头龛	墓葬形制 墓道、甬道、墓室、耳室 [长×宽—深（高）]	封门	葬具 椁棺（长×宽—残高）	数量	葬式	头向	性别	年龄（岁）	殉性	随葬器物	分期	备注
I M32	IV1 Aa	0°		墓道：570×（100~140）—（80~200）；墓室：305×190—200	条砖		2	左：仰身直肢 右：仰身直肢	北 北	女 男	30± 25~30		陶壶6、陶罐2、小陶罐5、石印章、铜钱3	IV	
I M33	IV1 B	355°		墓道：540×（80~100）—（60~260）；墓室：224×108—260	条砖		2	不清	北 北	— —	— —				尸骨不全
I M34	II3 Ad	90°		墓道：670×（140~160）—（140~360）；甬道：130×（140~260）—180；墓室：口470×250—30, 底：540×260—360	不详	棺：472×152—34；椁：552×212—60	—	—	—	—	—	∨	陶壶5、陶罐2、陶灶、陶井、铜镜	II	无尸骨
I M43	II3 B	0°		墓道：650×（100~200）—（60~300）；墓室口：330×260—120, 底：330×200—300	不详	椁：330×230—10	2	左：仰身直肢 右：仰身直肢	北 —	女 男	— 成年		陶罐4、陶灶、陶井、铜镜、铜镦	II	
I M44	II2 Ac	90°		墓道：600×（140~220）—（50~300）；墓室口：740×（260~460）—30, 底：720×240—（340~400）	不详	椁：500×240—120；棺：202×64—20	1	—	—	—	—		陶壶4、陶灶、铁锅钉12	II	
I M48	IV1 B	5°		墓道：554×（100~160）—（100~250）；墓室：352×180—116	不详		2	不清	—	—	—		陶壶3、陶灶、陶井、陶饼	IV	早期被盗

续表

编号	类型	方向	墓葬形制 头龛	墓葬形制 墓道、甬道、墓室、耳室〔长×宽—深（高）〕	封门	葬具 椁棺（长×宽—残高）	人骨 数量	人骨 葬式	人骨 头向	人骨 性别	人骨 年龄（岁）	殉牲	随葬器物	分期	备注
I M49	II 3 Aa	90°		墓道570×（140~160）—（160~316）；墓室410×220—340	不详	椁：380×162—24	2	南：二次葬 北：仰身直肢	—；东	女；男	—；—		陶壶8、小陶罐8、陶灶、陶井	IV	墓室与木椁间填充陶瓦片
I M50	III 2 Cb	0°		墓道340×（100~160）—（160~230）；墓室320×160—（102~230）	不详		1	仰身直肢	北	—	—		陶壶3、陶扁壶、陶罐2、陶灶、陶井、铜镜	IV	
I M54	IV 1 C	80°		墓道240×（90~120）—（172~180）；墓室162×132—102	条砖		2	北：仰身直肢 南：仰身直肢	东；东	—；—	小孩；小孩		铜环2、锡器	II	
I M55	II 2 Cb	5°		墓道540×（120~180）—（80~260）；墓室360×180—260	不详	椁：312×132—60；棺：东：180×54—24，西：180×58—24	2	东：仰身直肢 西：仰身直肢	北；北	女；男	—；—		陶壶3、陶罐、小陶罐4、陶灶、铜镜	II	
I M61	II 3 Aa	80°		墓道?×60—（80~200）；墓室610×200—200	不详	椁：344×148—40	2	南：不清 北：不清	东；东	女；男	—；—		陶罐2、铜镜2、铜铃、铜钉、车轴2、铜辖軎3、铜兽面形车饰、铜节约、铜盖弓帽11、衡末饰、石砚	IV	尸骨不全
II M6	IV 1 Aa	355°		墓道340×（114~226）—（194~230）；墓室370×162—176	条砖	棺：西：196×58、东：208×64	2	西：二次葬 东：仰身直肢	北；北	女；男	成年；成年		陶壶2、陶罐3、小罐12、陶灶2、陶碗2、铁剑	IV	
II M7	II 2 Aa	350°		墓道790×（100~180）—（140~380）；墓室440×（228~250）—380	不详	椁：400×226—70；棺：东：180×（48~50）—20，西：198×70—20	2	东：仰身直肢 西：仰身直肢	北；北	女；男	—；—		陶壶6、陶罐3、小罐15、陶灶、陶井、铜带钩、铜钱5	IV	尸骨不全

续表

编号	类型	方向	头龛	墓道、甬道、墓室、甬室 [长×宽—深(高)]	封门	葬具 榇棺 (长×宽—残高)	数量	葬式	头向	性别	年龄(岁)	殉性	随葬器物	分期	备注
ⅡM8	Ⅲ1 Aa	355°		墓道：350×（100～140）—（220～370）；墓室：250×150—（150～240）	不详		—	—	—	—	—		陶壶2、陶罐3、小陶罐	Ⅳ	无尸骨
ⅡM9	Ⅱ3 Aa	100°		墓道：1260×（95～415）—（50—425）；墓室口：840×（600～740）—30，底：790×（390～410）—425	不详	榇：540×320—130	2	北：不清 南：仰身直肢	— 东	女 男	— —		陶壶4、陶罐、小陶罐2、陶灶、陶井、陶熏炉、陶火盘、铜环2、铜扣、铜弩机、铜衔3、铜车轴2、兽面形车饰5、铜衔镳2、铜轭饰4、铜车辕3、铜衡末饰、铜衡木饰12、铜盖弓帽36、铜斗形饰、铜泡钉、石器	Ⅳ	早期被盗，墓室与木椁间填充陶瓦片，其中出土2件瓦当
ⅡM10	Ⅱ1 Ad	355°		墓道：530×（140～170）—（150～390）；墓室口：410×330—30，底：398×145—410	不详		1	仰身直肢	北	男	—		陶壶3、陶罐、小陶罐7、陶灶、陶井、铜弩机、铜带钩、铜钱	Ⅳ	
ⅡM11	Ⅱ1 Aa	5°		墓道：460×（80～160）—（80～240）；墓室：360×180—240	不详		2	东：仰身直肢 西：仰身直肢	北 北	女 男	— —		陶壶6、陶罐、小陶罐16、陶灶、陶井、陶虎子、铜带钩、铜钱2、料珠	Ⅳ	
ⅡM12	Ⅲ1 Aa	357°		墓道：580×（120～140）—（90～300）；墓室：320×160—160	不详		2	东：仰身直肢 西：仰身直肢	北 北	女 男	— —		陶壶6、陶罐、小陶罐6、陶灶	Ⅳ	
ⅡM13	Ⅲ1 Aa	358°		墓道：500×（90～150）—（90～230）；墓室：380×190—160	不详		2	东：仰身直肢 西：仰身直肢	北 北	女 男	— —		陶壶6、陶罐2、小陶罐5、陶灶2、陶井2、缶、陶井2	Ⅲ	

续表

编号	类型	方向	墓葬形制 头龛	墓葬形制 墓道、甬道、墓室、耳室 [长×宽—深(高)]	封门	葬具 椁棺(长×宽—残高)	人骨 数量	人骨 葬式	人骨 头向	人骨 性别	人骨 年龄(岁)	殉牲	随葬器物	分期	备注
ⅡM14	Ⅲ1 Aa	355°		墓道：470×（100~140）—（100~260）；墓室：380×180—160	不详		—	—	—	—	—		小陶罐3、铜环、铜铃	Ⅱ	尸骨不全
ⅡM15	Ⅲ1 Ba	97°		墓道：540×（100~140）—（60~290）；墓室：300×160—170	不详		1	—	东	男	—		陶壶3、陶罐、小陶罐、陶灶、陶井	Ⅳ	
ⅡM16	Ⅱ3 Ac	350°		墓道：890×（120~270）—（180~260）；墓室：口：490×（250~340）—30，底：480×（180~270）—260	不详	椁：394×160—70	2	东：仰身直肢 西：仰身直肢	北 北	女 男	— —		陶壶3、陶罐2、小陶罐13、铜带钩、铜鱼形饰、铜印章	Ⅳ	填土中出土1件铜饰件
ⅡM17	Ⅱ2 Ab	0°		墓道：750×（260~340）—（40~150）；墓室：610×340—170	不详	椁：558×280—（60~160）；棺：200×74—（20~30）	2	不清	—	—	—		釉陶井、釉陶瓶2、釉陶烟囱、铜饰件2、铜扣、铜车軎、铜辖軎2、铜盖弓帽、铁器、石砚、骨环	Ⅲ	早期被盗，墓室与木椁之椁间填充木炭
ⅡM18	Ⅳ1 Ab	0°		墓道：500×（120~162）—（30~190）；墓室：346×（162~184）—162	条砖		1	二次葬	—	—	—		陶壶3、小陶罐4、陶井、铜镜	Ⅳ	
ⅡM19	Ⅰ2 Bc	90°		480×（170~260）—460		椁：420×160—160	2	北：仰身直肢 南：仰身直肢	东 东	女 男	— —		陶壶8、陶罐3、陶瓿、陶井、陶灶、铜环3、铜铃11、骨饰件	Ⅱ	
ⅡM20	Ⅰ1 Ab	358°		430×（130~140）—290			—	—	—	—	—		陶壶3、陶罐	Ⅱ	无尸骨

·686· 内蒙古和林格尔土城子（三）——汉、魏墓葬发掘报告（1997~2007）

续表

编号	类型	方向	墓葬形制		封门	葬具	人骨					殉性	随葬器物	分期	备注
			头龛	墓道、甬道、墓室、耳室[长×宽—深（高）]		椁、棺（长×宽—残高）	数量	葬式	头向	性别	年龄（岁）				
ⅡM21	Ⅱ2 Ab	0°		墓道：886×（140~340）—（40~180）；墓室：634×360—220	红泥芬土墙	椁：610×320—170；棺：248×80—26	1	二次葬	—	男	成年		釉陶钫、釉陶樽、釉陶灯、釉陶鋞、釉陶壶、釉陶鼎、釉陶罐9、釉陶灶、釉陶井、釉陶博山炉、釉陶盘2、釉陶熏炉、釉陶灯、釉陶火盆、铜铃、铜环2、铜铺首衔环2、铜车轴、铜衔、铜衡、铜铜钉、铜衔镳、车饰3、铜车辖2、铜兽面形车饰、铜当户2、铜盖弓帽、铜兽、铁环2、贝壳7	Ⅲ	墓室与木椁间填充红泥土，椁底及椁盖上填充木炭。填土中出土一件铁铲
ⅡM24	Ⅳ1 Aa	357°		墓道：590×（120~140）—（60~220）；墓室：330×142—135	条砖		1	仰身直肢	北	男	—		陶壶3、陶罐3、小罐5、陶灶、陶井	Ⅳ	
ⅡM98	Ⅳ2	255°		墓道：残130×（80~120）—（150~180）；甬道：140×124—60；前室：324×322—180；后室：450×198—180	不详	椁：312×112—30	2	不清	—	—	—		陶罐3、陶灶、陶盆2、陶勺、陶碗、陶深腹盆、陶耳杯、铜镜、铜钱	Ⅴ	早期被盗
ⅡM102	Ⅳ2	253°		墓道：残120×（120~126）—（80~140）；甬道：116×158—54；前室：336×310—56；后室：446×192—84	不详		—	不清	—	—	—		小陶罐2、陶碗、陶耳杯2、陶盆	Ⅴ	早期被盗

编号	类型	方向	墓葬形制		封门	葬具 椁、棺（长×宽（高））	人骨 数量	葬式	头向	性别	年龄（岁）	殉牲	随葬器物	分期	备注
			头龛	墓道、甬道、墓室、耳室〔长×宽—深（高）〕										
ⅡM118	Ⅳ3 Aa	70°		墓道：520×100—（175~200）；甬道：105×110—（75~90）；前室：330×320—135；后室：400×205—150；南耳室：220×205—150；北耳室：225×205—150	不详		3	不清	—	男	—		陶盘、陶盒、陶壶、陶案、铁镈3、铁镈	Ⅴ	早期被盗
ⅡM130	Ⅱ3 Aa	265°		墓道：410×（72~100）—（80~240）；甬道：130×（100~120）—120；墓室：430×（154~168）—240	不详	椁：386×（120~148）—40	1	仰身直肢	东	男	25±	√	陶壶3、陶罐2、铜镜、铁器、骨梳	Ⅱ	墓室与木椁间填充石块
ⅡM131	Ⅱ2 Ca	255°		墓道：470×（106~134）—（50~258）；甬道：120×（102~134）—（130~160）；墓室：410×（156~164）—（380~420）	不详	椁：328×140—50；棺：198×60—30	1	仰身直肢	东	男	25±	√	陶壶3、陶罐2、铜镜、铜钱、铁器、骨印章	Ⅱ	
ⅡM149	Ⅲ1 Bb	350°		墓道：634×（60~120）—（50~260）；墓室：366×（108~140）—（110~176）	不详	椁：336×100—40	1	仰身直肢	北	—	—		陶壶3、陶罐、陶灶、陶吊瓶	Ⅳ	
ⅡM150	Ⅱ3 Aa	355°		墓道：530×（60~140）—（60~200）；墓室：470×（240~260）—200	不详	椁：350×200—40	2	东：不清；西：仰身直肢	北 北	女 男	— 40~50		陶壶3、陶罐3、小罐5、陶灶、陶井、铜镜	Ⅲ	

续表

编号	类型	方向 头龛	墓葬形制（墓道、甬道、墓室、耳室）[长×宽一深（高）]	封门	葬具 椁棺（长×宽一残高）	数量	葬式	头向	性别	年龄（岁）	殉牲	随葬器物	分期	备注
ⅡM156		75°	墓道: 610×160—（100～240）; 墓室: ? ×280—240	不详		—	—	—	—	—				只清理一部分
ⅡM167	Ⅱ2B	0°	墓道: 360×（60～120）—（70～170）; 甬道: 130×（120～160）—（130～160）; 墓室: 450×200—270	不详	椁: 306×190—40; 棺: 186×48—20	1	仰身直肢	北	—	—	√	陶壶5、陶奁、陶灶	Ⅱ	
ⅡM199	ⅢCa	355°	墓道: 120×100—120; 墓室: 60×100—（30～50）	不详		1	俯身屈肢	北	男	20～25			Ⅰ	
ⅡM214	Ⅰ1Aa	355°	210×70—100			1	仰身直肢	北	男	45～50		铜钱	Ⅰ	
ⅡM222	Ⅰ1Ab	10°	250×80—160			1	仰身直肢	北	—	成年		陶罐、陶奁、铜器、漆耳杯	Ⅳ	打破ⅡM224
ⅡM241	Ⅳ1Aa	357°	墓道: 520×100—（30～206）; 墓室口: 296×160—（140～168）; 底: 380×120—200	条砖		2	不清	北	—	—		陶壶3、陶罐、小陶罐3、陶灶、陶井、铜钱4	Ⅳ	尸骨不全
ⅡM312	Ⅱ3Ab	355°	墓道: 300×（120～140）—（120～160）; 墓室口: 390×140—30, 底: 380×120—200	不详	椁: 276×92—40	1	仰身直肢	北	女	45～50		陶壶3	Ⅱ	
ⅡM316	Ⅰ2Ab	355°	口: 490×200—30, 底: 448×160—300		椁: 432×140—40; 棺: 200×54—20	1	仰身直肢	北	男	30±	√	陶壶3、铜环、铜刷、铜勺、铜镜、铜印章	Ⅱ	
ⅡM501	Ⅰ2Bb	95°	口: 380×170—30, 底: 340×130—360		棺: 284×76—24	1	不清	东	—	—		铜镜、铅钱	Ⅰ	尸骨不全

编号	类型	方向	墓葬形制		封门	葬具	人骨					随葬器物	分期	备注
			头龛	墓道、甬道、墓室、耳室[长×宽一深(高)]		棺椁(长×宽一残高)	数量	葬式	头向	性别	年龄(岁)			
ⅡM549	Ⅰ Ba	120°		口：290×180—30，底：270×160—260		棺：200×80—30	1	直肢	东南	—	成年	铜器足2	Ⅱ	尸骨不全
ⅡM588	Ⅱ1 Bc	355°		墓道：180×60—（40～110）；墓室：180×60—150	不详		1	仰身直肢	北	女	35±		Ⅰ	
ⅡM703	Ⅳ3 Aa	80°		墓道：310×（100—125）—（125—200）；甬道：100×95—125；前室：290×290；后室：350×170；南耳室：170×170—130；北耳室：170×165—130	不详		—	不清	—	—	—	陶罐、陶钵、铜钱2	Ⅴ	早期 被盗
ⅡM777	Ⅱ1 Aa	23°		210×100—30	条砖		1	仰身直肢	北	—	成年		Ⅰ	
ⅡM778	Ⅳ1 Aa	0°		墓道：470×（80～120）—（90～250）；墓室：420×222—250			1	不清	—	男	35～40	陶壶、陶灶残片、铜环	Ⅳ	早期 被盗
ⅡM782	Ⅱ1 Aa	90°		210×70—270	不详		1	不清	东	—	成年	铜镜	Ⅰ	尸骨不全
ⅡM785	Ⅳ3 Ab	185°		墓道：690×（80～120）—（120~235）；甬道：185×140—50；前室：350×330；中室：230×225；后室：340×290；东耳室：400×200；西耳室：395×200	不详		—	—	—	—	—	陶灶、陶井、陶案2、陶盒、陶奁、陶盆、深腹、铜、陶火盆、砖灯2、铜镜、钱、铁盆、铁器、铜镜	Ⅴ	早期 被盗

续表

编号	类型	方向	头龛	墓道、甬道、墓室、耳室[长×宽—深（高）]	封门	椁、棺（长×宽—残高）	数量	葬式	头向	性别	年龄（岁）	殉性	随葬器物	分期	备注
ⅡM803	Ⅱ1 Aa	0°		墓道：688×（80~150）—（120~180）；墓室：412×210—（170~180）	不详		2	东：仰身直肢 西：仰身直肢	北 北	女 男	— —		陶壶6、陶罐4、小陶罐5、陶灶、陶井	Ⅳ	
ⅡM859	Ⅱ1 Cb	0°		墓道：640×（100~230）—（60~300）；墓室口：270×230—30，底：260×190—300	不详		2	东：仰身直肢 西：仰身微屈肢	北 北	女 男	— —		陶壶6、陶罐2、小陶罐5、陶灶、铜钱	Ⅳ	
ⅡM863	Ⅱ1 Aa	100°		墓道：480×（100~118）—（55~150）；墓室：210×125—150	不详		1	仰身直肢	东	男	35±		陶壶3、陶罐、陶灶、陶井	Ⅳ	
ⅡM877	Ⅱ3 Ca	0°		墓道：470×100—（30~200）；甬道：110×100—（90~110）；墓室口：420×160—30，底：400×120—270	不详	棺：386×110—30	1	仰身直肢	北	男	30±	√	陶壶3、陶罐3	Ⅱ	
ⅡM878	Ⅱ1 Aa	5°		墓道：240×（60~80）—（20~110）；墓室：300×120—170	不详		1	仰身屈肢	北	男	40±		陶壶3、陶罐、陶灶、陶井	Ⅳ	
ⅡM898	Ⅰ1 Ba	85°		口：270×110—30，底：250×90—200			1	仰身微屈肢	东	男	17~18		陶罐	Ⅱ	
ⅡM901	Ⅳ1 B	95°		墓道：350×（80~232）—（30~210）；墓室：435×200—170	条砖		2	不清	—	—	—		小陶罐底部、陶灶、陶井	Ⅳ	早期被盗
ⅡM932	Ⅰ2 Ac	5°		口：540×500—190，底：460×160—330		椁：440×140—40；棺：246×80—24，头箱：124×80—20	1	仰身直肢	北	女	成年	√	陶罐、铜镜、铜器、铁器、漆器	Ⅱ	

编号	类型	方向	墓葬形制 [墓道、甬道、墓室、耳室（长×宽−深）]	头龛	封门	葬具 椁棺（长×宽−残高）	人骨 数量	葬式	头向	性别	年龄（岁）	殉性	随葬器物	分期	备注
ⅡM937	Ⅱ3 Ab	20°	墓道：710×（110～230）－（220～340）；墓室口：460×230－30，底：440×170－340		不详	棺：370×170－46	1	仰身直肢	北	女	成年	∨	陶罐2、铜柿蒂形饰、铅柿蒂形饰3、铅车輨2、石口琀	Ⅱ	
ⅡM974	Ⅱ3 Aa	180°	墓道：440×（100～152）－（70～220）；甬道：（60～70）×（90～120）－100；墓室口：430×180－30，底：410×160－260		不详	棺：390×136－20	—	—	—	—		∨	陶壶3、陶罐2、陶盉2、陶井、陶灶、铜带钩	Ⅱ	尸骨以朽
ⅡM975	Ⅱ1 Aa	185°	墓道：560×（100～140）－（70～210）；墓室口：420×200－30，底：400×180－210		不详		1	仰身直肢	北	女	20～25	∨	陶壶3、陶罐4、小陶罐6、陶灶、陶井、铜钱3	Ⅱ	
ⅡM986	Ⅱ3 Aa	185°	墓道：320×（100～120）－（120～300）；甬道：140×（100～140）－140；墓室口：500×220－30，底：480×180－360		不详	棺：450×160－30		不清	北	男	35±		陶壶6、陶罐7、陶豆、铜镜、铜带钩	Ⅱ	尸骨不全
ⅡM1007	Ⅱ3 Aa	10°	墓道：730×（120～350）－（120～420）；墓室口：640×490－30，底：580×260－420		不详	棺：520×210－30	1	不清	北	—	—	∨	陶壶5、铜盆、铜带钩、铜环	Ⅰ	尸骨不全
ⅡM1011	Ⅰ1 Aa	15°	160×70－50				1	仰身直肢	北	男	30±		陶器2		

续表

编号	类型	方向	墓葬形制			葬具	人骨					殉牲	随葬器物	分期	备注
			头龛	墓道、甬道、墓室、耳室[长×宽—深（高）]	封门	椁、棺（长×宽—残高）	数量	葬式	头向	性别	年龄（岁）				
ⅡM1017	Ⅱ1 Ac	180°		墓道：310×110—（110~170）；墓室：330×160—190	不详		1	仰身直肢	北	男	30±		陶壶3、陶罐2、小陶罐6、陶灶、陶井、铜镜、铁器	Ⅲ	
ⅡM1035	Ⅰ2 Ab	355°		口：500×210—30，底：460×170—300		椁：380×130—60；棺：200×80—20	1	仰身直肢	北	女	成年	∨	陶罐、铜盆2、铜镜、漆器	Ⅱ	
ⅡM1087	Ⅰ2 Bb	90°		口：450×（174~190）—30，底：430×（158~170）—220		椁：400×130—14	1	不清	东	—	20~25	∨	陶罐、陶钵、铜铒、铜铃、铜镜、铁带饰、漆器	Ⅱ	仅存头骨
ⅡM1093	Ⅱ1 Ab	90°		墓道：430×（76~124）—（86~162）；墓室：380×（86~124）—170	不详		1	不清	东	—	—		陶壶3、陶灶、陶井	Ⅲ	打破ⅡM1094
ⅡM1141	Ⅳ1 Aa	350°		墓道：680×（80~300）—（70~260）；墓室：390×（200~210）—260	条砖		2	左：仰身直肢 右：仰身直肢	北 北	女 男	20± 25±		陶壶6、陶罐4、小陶罐5、陶灶、陶井、陶釜口沿、陶托、铜钱2	Ⅳ	尸骨不全
ⅡM1172	Ⅱ2 Cc	90°		墓道：1080×（100~360）—（40~360）；墓室口：700×（360~500）—30，底：600×（280~320）—400	不详	椁：500×200—80；棺：210×160—50；头箱：190×170—50	1	仰身直肢	东	—	—	∨	陶猴、铜环10、铜镜3、铜饰2、银柄带形饰3、金箔、漆器	Ⅲ	
ⅡM1174	Ⅳ2	100°		墓道：300×（100~124）—（100~180）；甬道：124×90—120；前室：220×220—120；后室：312×184—70	条砖		—	不清	—	男 男	—		陶灶、陶魁、陶井、陶罐、陶盆3、陶勺3、陶耳杯2、陶奁、陶盒、陶案足、陶甑、陶案、铁钉	Ⅴ	早期被盗

编号	类型	方向	墓葬形制		封门	葬具	人骨					殉性	随葬器物	分期	备注
			头龛	墓道、甬道、墓室、耳室[长×宽×深（高）]		椁、棺（长×宽×残高）	数量	葬式	头向	性别	年龄（岁）				
ⅡM1189	Ⅱ2Cb	105°		墓道：710×（120~220）—（120~340）；墓室口：350×220—30，底：320×160—370	不详		2	左：仰身直肢；右：仰身直肢	东/东	女/男	12~13 / 30±		陶壶2、陶罐2、小陶罐5、陶灶、铜带钩	Ⅲ	
ⅡM1249	Ⅰ2Aa	355°		口：380×250—30，底：340×210—350		椁：374×170—40；棺：左：204×70—20，右：204×68—20	2	左：仰身直肢；右：仰身直肢	东/东	女/男	16~17 / 25±		陶壶3、陶罐3、陶灶、陶井、铜铺首衔环	Ⅲ	
ⅡM1274	Ⅰ1Aa	10°		240×120—200			—	—	—	—	—		陶罐2	Ⅳ	无尸骨
ⅡM1275	Ⅱ3Aa	5°		墓道：清理170×140—（220~260）；墓室口：490×（240~330）—30，底：450×（200~290）—320	不详	椁：330×（164~190）—50	2	左：仰身直肢；右：仰身直肢	北/北	女/男	老年/老年	√	陶壶8、陶罐3、陶灶、陶井	Ⅲ	
·　ⅡM1282	Ⅱ3Cb	95°		墓道：580×（100~192）—（40~270）；甬道：40×（140~160）—130；墓室口：360×200—30，底：340×160—280	不详	棺：312×132—30	1	仰身直肢	东	男	50±		陶壶3、陶罐3、陶灶、陶井、铜钱、锡器	Ⅱ	
ⅡM1284	Ⅱ1Ab	185°		墓道：280×（100~110）—（100~120）；墓室：220×（110~120）—150	不详		2	左：仰身直肢；右：仰身直肢	北/北	女/男	20± / 22±		铜钱	Ⅱ	

续表

编号	类型	方向	墓葬形制 [长×宽—深] 墓道、甬道、墓室、耳室；墓道、甬道、墓室、耳室（高）；头龛	封门	葬具 椁、棺（长×宽—残高）	人骨 数量	葬式	头向	性别	年龄（岁）	殉牲	随葬器物	分期	备注
Ⅱ M1309	Ⅳ1 B	10°	墓道：540×（170~220）—（180~380）；墓室：416×192—180	条砖		1	不清	北	男	20~25		陶壶2、陶灶、陶井	Ⅳ	早期被盗
Ⅱ M1310	Ⅱ1 Bb	95°	墓道：460×（70~100）—（30~180）；墓室：310×100—180	不详		1	仰身直肢	东	男	20~25	∨	陶壶3	Ⅳ	
Ⅱ M1375	Ⅱ1 Aa	5°	墓道：600×（140~200）—（230~330）；墓室口：440×280—30，底：420×180—300	不详		2	左：仰身直肢 右：仰身直肢	北 北	女 男	老年 老年		陶壶6、陶罐4、陶灶、陶井2、陶虎子、铜铺首衔环2、铜铺首衔2、铜钱	Ⅲ	
Ⅱ M1428	Ⅲ1 C	355°	墓道：180×120—（220~260）；墓室：340×（60~110）—（30~130）	不详		1	仰身直肢	南	女	成年		陶罐、陶壶3	Ⅲ	
Ⅱ M1509	Ⅰ1 Aa	0°	210×80—150	不详		1	仰身直肢	北	男	20~25		铜钱	Ⅱ	
Ⅱ M1511	Ⅱ2 Aa	275°	墓道：1100×（160~180）—（30~330）；墓室口：580×520—130，底：500×280—310	不详	椁：470×200—110；棺：190×60—10	1	不清	—	—	—	∨	铜锺2、铜盆2、铜甑、铜瓿、铜熏炉、铜镜、铜环、铜铺首衔环2、铜器足3、铜提手、银柿蒂形饰4、玉璧2、石斗2、骨珠肩饰	Ⅲ	打破Ⅱ M1518
Ⅱ M1524	Ⅲ2 Aa	5°	墓室：260×110—（20~90）；墓室：60×110—60	不详		1	—	—	—	—				只存头骨

续表

编号	类型	方向	墓葬形制			葬具		人骨				殉牲	随葬器物	分期	备注
			头龛	墓道、甬道、墓室、耳室[长×宽—深（高）]	封门	椁、棺（长×宽—残高）	数量	葬式	头向	性别	年龄（岁）				
ⅡM1529	Ⅱ2 Ac	0°		墓道：390×110—（120~230）；甬道：110×110—120；墓室：300×140—230	不详		1	仰身直肢	北	—	—		陶罐3、陶缶	Ⅱ	
ⅡM1531	Ⅲ1 Ab	0°		墓道：600×120—（20~120）；墓室：200×（120~130）—（40~80）	不详		1	不清	—	—	—		陶罐3	Ⅱ	只存头骨
ⅡM1560	Ⅱ3 Aa	180°		墓道：340×（80~120）—（140~200）；甬道：150×（120~150）—（110~140）；墓室：430×180—260	不详		1	仰身直肢	北	男	35~40		陶壶5、陶罐3、陶灶、陶盆	Ⅱ	
ⅡM1561	Ⅰ2 Ab	0°		口：410×180—30，底：390×160—350	不详	椁：356×130—60；棺：198×80—6	1	不清	—	男	成年		陶罐2、铜扁壶、铜铛、铜镜、铜带钩、铜钱3、铁带钩	Ⅱ	尸骨以朽
ⅡM1605	Ⅱ1 Ba	105°		墓道：390×（90~110）—（70~210）；甬道：70×70—（100~110）；墓室：280×（120~146）—220			1	仰身直肢	东	—	—		陶壶3	Ⅱ	
ⅡM1609	Ⅰ1 Ba	90°		口：306×126—30，底：290×108—220			1	仰身直肢	东	—	—		陶罐3	Ⅱ	

续表

| 编号 | 类型 | 方向 | 墓葬形制 | | | 封门 | 葬具 椁棺[长×宽—残高] | 人骨 | | | | | 殉性 | 随葬器物 | 分期 | 备注 |
			头龛	墓道、甬道、墓室、耳室[长×宽—深（高）]				数量	葬式	头向	性别	年龄（岁）				
ⅡM1647	Ⅲ2 Ab	0°		墓道：310×（80~130）—（194~250）；墓室：310×158—120		不详		2	左：仰身直肢 右：仰身直肢	北 北	女 男	— —		陶壶6、陶罐、小陶罐5、陶灶2、陶井2、铜钱	Ⅳ	
ⅡM1648	Ⅱ1 Ba	5°		墓道：330×（80~140）—（200~280）；墓室：330×160—280		不详		2	左：仰身直肢 右：仰身直肢	北 北	女 男	— —		陶灶、铜钱	Ⅱ	
ⅡM1673	Ⅲ1 Ac	5°		墓道：1100×（100~160）—（80~240）；墓室：230×120—120		不详		1	仰身直肢	北	—	—		陶壶3、陶罐3、陶灶、陶井	Ⅲ	
ⅡM1701	Ⅳ1 Aa	10°		墓道：360×180—220，墓室：340×148—118		条砖		2	左：仰身直肢 右：仰身直肢	北 北	女 男	老年 35~40		小陶罐4、陶灶、陶井	Ⅳ	
ⅡM1730	Ⅳ2 B	90°		墓道：380×（80~100）—（90~210）；甬道：130×88—124；前室：276×270—194；后室：318×160—130		条砖	瓦停：220×130—40；棺：160×60—10	—	不清	—	—	—		陶罐残片2	Ⅴ	早期被盗
ⅡM1739	Ⅱ2 Aa	80°		墓道：480×（120~216）—（120~260）；墓室口：320×230—30，底：300×210—190		不详		1	仰身直肢	东	女	20±		陶壶3、陶罐2、陶灶、陶井	Ⅲ	
ⅡM1744	Ⅰ1 Aa	270°		220×60—80				1	不清	西	女	—	√	铜镜	Ⅳ	

续表

编号	类型	方向	墓葬形制 头龛	墓葬形制 墓道、甬道、墓室、耳室 [长×宽—深(高)]	封门	葬具 椁、棺 (长×宽—残高)	人骨 数量	人骨 葬式	人骨 头向	人骨 性别	人骨 年龄(岁)	殉牲	随葬器物	分期	备注
ⅡM1821	IV3 Ab	90°		墓道: 420×(100~120)—(120~160);前室: 284×284—110;中室: 190×188—110;后室: 344×166—100;南耳室: 278×170—110;北耳室: 300×154—110	不详									V	早期被盗
ⅡM1850	II1 Aa	350°		墓道: 200×(62~80)—(40~160);墓室: 220×120—160	不详	椁: 312×112—30	1	仰身直肢	北	女	成年				
ⅡM1857	II1 Aa	170°		墓道: 200×60—(80~130);甬道: 40×60—(100~110);墓室: 180×90—140	不详		1	仰身屈肢	北	男	20±			I	
ⅡM1938	IV3 B	90°		墓道: 840×(80~170)—(20~210);甬道: 334×88—120;前室: 280×276—288;中室: 170×168—224;后室: 280×160—166;南耳室: 340×166—168;北耳室: 320×188—168	条砖								陶壶、陶盆2、陶灶、陶灯、陶研磨器、陶案、陶豆盘、石砚	V	早期被盗 封土堆高3.2米
ⅡM1943	III2 B	90°		墓道: 340×(100~120)—(30~186);墓室: 80×(100~120)—(40~86)	不详		2	左:仰身直肢 右:仰身直肢	东 东	女 男	— —		陶罐3、陶壶	I	

续表

编号	墓葬形制 类型	方向	头龛	墓道、甬道、墓室、耳室 [长×宽—深（高）]	封门	葬具 椁、棺（长×宽—残高）	人骨 数量	葬式	头向	性别	年龄（岁）	殉性	随葬器物	分期	备注
ⅡM1944	Ⅱ1 Aa	5°		墓道：300×（80~106）—（80~100）；墓室：330×（126~160）—100	不详		2	左：仰身直肢 右：仰身直肢	北 北	女 男	— —		陶壶3、陶罐、小陶罐3、陶灶、陶井	Ⅳ	
ⅡM1948	Ⅱ3 B	5°		墓道：440×（80~100）—（30~200）；甬道：120×100—130；墓室：440×200—200	不详	棺：392×180—20	1	仰身直肢	北	—	—		陶壶3、陶罐3、铜钱4	Ⅱ	
ⅡM1949	Ⅱ3 B	350°		墓道：360×（60~80）—（10~130）；墓室：330×130—130	不详	棺：300×80—40	1	仰身直肢	北	—	—		陶罐、铜带钩、铜钱	Ⅱ	
ⅡM1956	Ⅱ2 Aa	180°		墓道：780×（100~120）—（20~300）；墓室口：830×（220~280）—40，底：810×（200~260）—300	不详	内椁：610×192—30；外椁：658×240—80；棺：200×90—12	1	仰身直肢	北	男	40以上	√	陶壶5、陶灶、铜合页、玉口琀、石耳塞、骨玳瑁簪	Ⅱ	
ⅡM1957	Ⅱ1 Ca	90°		墓道：290×（100~130）—（30~140）；墓室：380×180—140	不详		2	左：仰身直肢 右：仰身直肢	东 东	女 男	20~25 20~30	√	陶壶3、陶罐2、小陶罐4、陶灶、陶井	Ⅱ	
ⅡM1981	Ⅱ2 Ca	270°		墓道：1130×（100~160）—（40~380）；墓室口：520×240—40，底：500×220—400		棺：380×150—15 椁：460×196—90	—	—	—	—	—	√	陶壶3、铜带钩、锡盖弓帽、锡饰件8	Ⅱ	尸骨已朽
ⅡM1982	Ⅰ1 Aa	100°		220×60—50			1	仰身直肢	东	—	—	√	陶罐1、铁带钩	Ⅰ	

续表

编号	类型	方向	墓葬形制		封门	葬具		人骨					殉牲	随葬器物	分期	备注
			头龛	墓道、甬道、墓室、耳室 [长×宽—深（高）]		椁	棺（长×宽—残高）	数量	葬式	头向	性别	年龄（岁）				
ⅡM2009	Ⅱ1 Ab	0°		墓道：360×（50～90）—（20～100）；墓室：250×90—100	不详			1	仰身直肢	北	—	—		陶罐3	Ⅰ	
ⅡM2011	Ⅰ1 Aa	5°		240×70—120				1	仰身直肢	北	—	—		陶罐3、铜带钩	Ⅰ	
ⅣM1	Ⅳ1 Aa	355°		墓道：820×（129～180）—（50～120）；墓室：446×170—160	条砖			1	不清	—	—	—		陶壶4、小陶罐、陶灶、陶井、陶灯、铜车轴、铜辖害、铜锔钉、铜轭饰、铜衡、铜盖弓帽2、铁环、铁钉	Ⅳ	早期 被盗
ⅣM2	Ⅳ1 Ab	5°		墓道：312×（136～180）—（40～190）；墓室：424×（180～190）—154	条砖			1	不清	—	—	—		陶壶3、小陶罐3、陶灶、陶井、陶薰炉、铜镜、铜环、铜泡钉13、铜器2、衡末饰、铜盖弓帽、铁器2	Ⅳ	早期 被盗
ⅣM3	Ⅱ3 Ab	5°		墓道：1120×（50～230）—（94～352）；墓室：468×256—310	不详		棺：434×（214～224）—120	1	不清	—	—	—		小陶罐2、陶井、陶托3、铜环3、铜铺首衔环2、铜辖害、铜锔钉2、铜兽面形车饰2、铜轭饰、铜车饰、铜衡饰镳、铜盖弓帽9、小铜扣4、铜钱2	Ⅳ	早期 被盗 墓室与木椁间充填其间瓦片
ⅣM6	Ⅳ3 Aa	10°		墓道：225×（80～100）—（175～250）；甬道：115×135—100；前室：345×320—120；后室：315×315—125；东耳室：360×215—（185～200）；西耳室：360×215—（185～200）	条砖			—	—	—	—	—		陶罐、陶灶、陶井、陶盘、2、陶奁、石砚	Ⅴ	早期 被盗

续表

编号	类型	方向	墓葬形制[墓道、甬道、墓室、耳室]		封门	葬具 椁、棺（长×宽—残高）	人骨						随葬器物	分期	备注
			头龛	墓道、甬道、墓室、耳室（高）[长×宽—深（高）]			数量	葬式	头向	性别	年龄（岁）	殉性			
IVM7	IV2 B	340°		墓道：390×140—（50~360）；甬道：108×84—100；前室：280×258—100；后室：296×188—100	不详		—	—	—	—	—		陶罐、陶井	V	早期 被盗 无尸骨
IVM8	IV2	355°		清理过道：100×85—110；墓室：304×164—160	不详		—	—	—	—	—			V	早期 被盗 无尸骨
IVM9	IV1 Aa	85°		墓道：420×（120~180）—（130~210）；墓室：416×190—240	条砖		2	左：不清 右：不清	— —	女 男	25± 70±		陶壶、陶罐、小陶罐、陶灶、陶井	IV	早期 被盗
IVM14	IV1 Aa	3°		墓道：420×（120~180）—（180~220）；墓室：474×210—260	不详		1	不清	—	—	—	∨	陶壶3、小陶罐、铜镜、骨器	IV	早期 被盗
IVM23	I2 Bc	90°		口：450×210—30、底：420×170—380	—	椁：380×140—30	—	—	—	—	—		陶壶5、陶罐、陶井、铁带钩、铁环	III	尸骨以朽
IVM30	IV1 Aa	7°		墓道：310×（90~150）—（160~240）；墓室：280×160—240	不详		—	—	—	—	—		陶壶、小陶罐、陶灶、陶井	IV	早期 被盗
IVM31	II3 Ad	7°		墓道：380×（180~300）—（340~440）；墓室口：600×320—160.墓室底：560×280—280	不详	棺：520×260—80	—	—	—	—	—		陶鼎3、陶壶2、陶罐2、陶灶、陶熏炉2、铜镜、铜削、铜钱、铜环2、银圆3、银柿蒂形饰、铁锥、骨牙、骨器	II	尸骨以朽

续表

编号	类型	方向	墓葬形制 头龛	墓葬形制 墓道、甬道、墓室、耳室 [长×宽—深（高）]	封门	葬具 棺椁（长×宽—残高）	人骨 数量	人骨 葬式	人骨 头向	人骨 性别	人骨 年龄（岁）	殉牲	随葬器物	分期	备注
ⅣM35	II2 Aa	355°		墓道：1100×（160~300）—（60~420）；墓室口：920×610—120，底：880×400—420	不详	椁：830×320—（136~176）	—	—	—		—		陶壶6、陶罐2、陶壮、陶井2、陶灯、陶熏炉、铜削、铜环9、铜车轴2、铜錽、铜铜钉2、铜兽面形车饰2、铜衡末饰5、铜轭饰、铜衔镳4、铜车饰、铜车辕、铜当卢2、铜盖弓帽16、铜泡钉3、铜钱、铁叉、石砚	II	早期被盗墓室与木椁间填充陶瓦片
ⅣM40	IV1 Aa	355°		墓道：360×（100~140）—（80~240）；墓室：420×180—240	条砖		—	—	—		—		陶壮、陶井、铜镜	IV	早期被盗无尸骨
ⅣM48	I2 Ab	185°		口：410×200—30，底：670×160—400	不详	椁：350×120—40；棺：230×80—40	1	—	—		—		陶罐3、铜镜	II	无尸骨
ⅣM52	III1 Aa	95°		墓道：490×（80~146）—（160~320）；甬道：90×100—160；墓室：220×（120~160）—（150~180）	不详		—	—	—		—				被ⅣM41、ⅣM49打破、无尸骨
ⅣM53	II3 Aa	90°		墓道：480×（120~216）—（120~260）；墓室口：430×220—30，底：420×200—260	不详	棺：380×150—46	2	左：仰身直肢 右：不清	东 东	女 男	— —		陶壶3、陶罐3、陶壮、陶井、铜镜	III	尸骨不全

续表

编号	墓葬形制					葬具		人骨					随葬器物	分期	备注
	类型	方向	头龛	墓道、甬道、墓室、耳室[长×宽×深（高）]	封门	棺椁（长×宽—残高）	数量	葬式	头向	性别	年龄（岁）	殉性			
ⅣM54	Ⅱ3 Ac	355°		墓道：720×（180~520）—（260~420）；墓室口：680×520—180，底：640×270—240	不详	棺：560×262—80	—	—	—	—	—		陶鼎、陶壶7、陶灶、陶井、陶熏炉、铜灯、铜镜、铜衡、铜车軎轴2、铜辖害、铜盖弓帽末饰3、铜轭饰、铜泡钉10、银柿蒂形饰	Ⅲ	无尸骨
ⅣM55	Ⅱ1 Aa	100°		墓道：460×（120~240）—（120~192）；墓室口：350×220—30，底：340×200—240	不详		1	仰身直肢	东	—	—		陶壶3、陶罐2、陶灶、陶井	Ⅲ	被ⅣM43、ⅣM51打破

注：表内随葬器物未注明数量者各为一件

附表二　汉代乙类墓葬统计表

（单位：厘米）

编号	类型	方向	头龛（进深×宽−高）	墓室（长×宽−深）	封门	椁	棺（长×宽−残高）	数量	葬式	头向	性别	年龄（岁）	殉牲	随葬物	分期	备注
ⅠM7	Ⅰ2 Bb	350°		口：390×140−50；底：370×120−360			棺：214×66−34	1	不清	—	—	—	√	陶壶3、陶罐、铜带钩	Ⅱ	尸骨不全
ⅠM15	Ⅰ1 Ab	0°		墓道：200×70−110；墓室：232×70−110				1	仰身直肢	北	—	—		陶罐2	Ⅱ	
ⅠM16	Ⅰ1 Ab	0°		480×90−100				1	仰身直肢	北	男	—				
ⅠM17	Ⅰ1 Ab	350°		西：390×130−220；东：240×70−220				2	西：仰身直肢；东：仰身直肢	北 北	女 男	— 40±	√	陶壶3、陶罐2	Ⅲ	
ⅠM18	Ⅰ1 Ab	10°		330×100−160				1	仰身直肢	北	男	50±				
ⅠM20	Ⅰ1 Ab	0°		370×130−290				1	不清	—	—	—	√	陶壶3、陶罐、铜器	Ⅳ	尸骨不全
ⅠM21	Ⅱ1 B	10°		墓道：430×（70~110）−（130~240）；甬道：70×（110~120）−（150~160）；墓室：440×（170~180）−250	不详			2	东：仰身直肢；西：仰身直肢	北 北	女 男	35~40 45~50	√	陶壶6、陶罐2、铜带钩、铜钱	Ⅴ	填土中出土铁器1件
ⅠM23	Ⅰ1 Ab	15°		340×130−340				—	—	—	—	—	√	陶壶3、陶缸	Ⅳ	无尸骨
ⅠM24	Ⅰ1 Bb	355°		口：380×150−35；底：340×130−410				1	不清	—	—	—		陶壶3、陶罐	Ⅱ	尸骨不全
ⅠM25	Ⅰ1 Bb	8°	20×110−50	口：328×136−30；底：310×120−270				1	仰身直肢	北	女	20~25	√	陶壶3、陶罐	Ⅴ	尸全

续表

编号	类型	方向	墓葬形制			葬具		人骨				殉牲	随葬器物	分期	备注
			头龛（进深×宽×高）	墓室（长×宽—深）	封门	棺（长×宽—残高）	数量	葬式	头向	性别	年龄（岁）				
IM28	II1A	268°		墓道：580×70—（70~200）；墓室：320×100—280	不详		1	仰身直肢	东	女	成年	√	彩绘陶壶3、陶罐2、铜带钩	IV	
IIM27	I1Aa	7°		260×100—120			1	乱葬	—	—	—		陶壶2、陶罐	I	二次葬
IIM169	I1Aa	0°		280×80—120			1	仰身直肢	北	—	—		陶壶3、陶罐	I	
IIM186	II2B	0°		墓道：480×（108~128）—（60~300）；甬道：70×（100~140）—（100~120）；墓室：420×160—300	不详	椁：398×150—40	—		—	—	—	√	陶壶3、陶罐、铜器、锡器	V	有尸骨朽痕
IIM197	I1Ab	130°		340×100—320			1	仰身直肢	东南	女	成年	√	陶壶3、陶罐2	II	
IIM720	II2A	85°		墓道：220×（80~110）—（110~210），墓室口：370×140—30，底：350×120—210	不详	椁：346×92—50	1	仰身直肢	东	—	—		陶壶3、陶罐	III	
IIM751	I1Bb	93°		口：360×160—30，底：320×120—230			1	仰身直肢	东	女	50±	√	陶壶3、陶罐	IV	
IIM753	I1Bb	90°		口：430×180—30，底：410×150—330			1	仰身直肢	东	男	50±		陶壶3、陶罐2、铜钱、铜泡钉、铁带钩	V	
IIM781	I1Aa	353°	36×100—34	280×100—130			1	仰身屈肢	北	—	—		陶罐2、陶钵	I	
IIM784	I1Ba	355°	60×80—60	口：240×100—30，底：220×80—210			1	仰身屈肢	北	—	25±	√	陶壶3	I	

续表

编号	类型	方向	墓葬形制			葬具		人骨				殉牲	随葬器物	分期	备注
			头龛（进深×宽−高）	墓室（长×宽−深）	封门	椁/棺（长×宽−残高）	数量	葬式	头向	性别	年龄（岁）				
ⅡM787	I1 Aa	90°	40×70−60	230×70−140			1	仰身直肢	东	男	30±	√	陶罐3、铜镜	Ⅱ	
ⅡM829	I1 Aa	95°	60×80−100	230×80−170			1	仰身直肢	东	男	成年		陶壶3、陶罐、铜镜	Ⅰ	
ⅡM899	I1 Aa	5°	40×80−60	250×80−130			1	仰身直肢	北	男	35±		陶罐3、铜钗3	Ⅰ	
ⅡM909	I1 Aa	350°	50×80−70	200×80−170			1	仰身直肢	北	男	50±		陶罐3、铜刷	Ⅰ	
ⅡM911	I1 Aa	5°		300×92−120			1	仰身直肢	北	女	成年	√	陶壶3、陶罐	Ⅲ	
ⅡM920	I2 Bb	350°		460×（162~172）−240		椁：450×（142~170）−56；棺：210×74−16	1	仰身直肢	北	男	25~30		陶壶3、陶罐2、铜盆、铜带钩、铜铺首衔环3、铁器	Ⅲ	
ⅡM936	I1 Aa	5°		310×110−100			1	仰身直肢	北	男	50±	√	陶壶3、陶罐	Ⅴ	
ⅡM944	I2 Bb	355°		口：440×180−30，底：400×140−140		棺：390×108−30	-	-	-	-	-	√	陶壶3、陶罐	Ⅰ	无尸骨
ⅡM1028	I1 Bb	5°		口：310×120−30，底：290×100−160			1	仰身直肢	北	男	40±	√	陶壶3	Ⅱ	
ⅡM1043	I1 Bb	5°		口：320×140−30，底：280×100−220			1	仰身直肢	北	男	25~30		陶壶3、陶罐、陶钵、铁器	Ⅱ	
ⅡM1095	I2 Bb	95°		口：460×180−30，底：440×160−260		棺：412×112−30	1	不清	东	-	-		陶壶3、陶罐2	Ⅰ	尸骨不全
ⅡM1119	I1 Ba	15°	30×60−60	口：240×120−30，底：220×100−160		棺：190×64−24	1	不清	北	-	-		陶罐2、铜带钩	Ⅰ	尸骨不全

续表

编号	墓葬形制					葬具		人骨				殉牲	随葬器物	分期	备注
	类型	方向	头龛（进深×宽—高）	墓室（长×宽—深）	封门	椁棺（长×宽—残高）	数量	葬式	头向	性别	年龄（岁）				
ⅡM1124	Ⅰ1 Ba	110°	50×90—60	口：260×110—30，底：240×90—280			1	仰身直肢	不清	—	—		陶壶3、陶罐	Ⅲ	被ⅡM1122打破
ⅡM1134	Ⅰ1 Ba	10°	50×90—50	口：240×100—30，底：220×80—300			1	仰身直肢	北	女	20～25	∨	陶壶3	Ⅴ	
ⅡM1136	Ⅰ2 Bb	5°		口：430×192—30，底：390×152—298		棺：338×100—12；椁：370×132—28	1	不清	北	—	—		陶壶3、陶罐	Ⅳ	尸骨不全
ⅡM1153	Ⅰ1 Aa	15°	40×80—40	200×80—200			1	仰身直肢	北	女	30±		陶壶3、铜钱	Ⅲ	
ⅡM1423	Ⅰ1 Ba	355°	90×130—80	口：250×100—30，底：230×80—240			1	仰身直肢	北	—	—		陶壶3、陶罐、铜镜	Ⅱ	
ⅡM1461	Ⅰ2 Bb	355°		口：440×220—30，底：400×180—370		棺：360×124—30	1	仰身直肢	北	男	30～35	∨	陶壶4、铜盆	Ⅲ	
ⅡM1488	Ⅰ1 Ab	0°		340×100—260			1	仰身直肢	北	男	25±		陶壶3、铜带钩	Ⅲ	被ⅡM1469打破
ⅡM1530	Ⅱ1B	10°		墓道：420×（50～100）—（60～220）；甬道：100×100—（110～160）；墓室：420×140—270	不详		2	左：仰身直肢 右：仰身直肢	北 北	女 男	— —		陶壶6、陶豆2、小陶罐、陶灶、铜带扣	Ⅲ	
ⅡM1543	Ⅰ1 Aa	10°	50×80—70	240×80—160			-	—	—	—	—	∨	陶壶3、陶罐	Ⅰ	无尸骨

编号	类型	方向	头龛（进深×宽—高）	墓室（长×宽—深）	封门	椁棺（长×宽—残高）	数量	葬式	头向	性别	年龄（岁）	殉性	随葬器物	分期	备注
ⅡM1583	Ⅱ2 B	0°		墓道：350×（90～100）—（150～280）；甬道：160×（100～110）—120；墓室：380×140—280	不详	棺：312×112—30	—	直肢	北	—	—		陶壶3、陶罐、陶缶、铜印环、铜饰件	Ⅱ	尸骨不全
ⅡM1606	Ⅰ1 Ba	85°	36×90—（30～50）	口：270×110—50，底：250×90—200			—	仰身直肢	东	—	—		陶壶3、陶罐	Ⅲ	
ⅡM1610	Ⅰ2 Bb	0°		口：442×200—30，底：404×160—440		椁：382×140—30；棺：198×70—20	1	仰身直肢	北	女	老年		陶壶3、陶罐2、铜扁壶	Ⅲ	
ⅡM1941	Ⅰ1 Ac	0°	80×180—86	220×（70～80）—（180～190）			—		—	—	—	√	陶壶3、陶罐、铜鎏手	Ⅲ	无尸骨
ⅡM1942	Ⅰ2 Bb	90°		540×（200～340）—320		椁：430×120—30；棺：208×68—10	1		—	—	—	√	铜樽	Ⅱ	打破ⅡM1946
ⅡM1946	Ⅰ2 Bb	90°		口：500×200—40，底：460×160—340		内椁：384×100—30；外椁：426×142—70；棺：270×84—10	1	仰身直肢	东	—	—		铁钉		被ⅡM1942打破 无尸骨
ⅡM1954	Ⅰ2 Bb	0°		口：560×190—30，底：520×140—210			1	直肢	—	—	—				尸骨不全
ⅡM1983	Ⅰ1 Aa	90°	30×80—46	270×80—50			1	仰身直肢	东	男	40～45		陶壶3、陶罐、铜镜	Ⅲ	
ⅡM1984	Ⅰ1 Aa	100°	50×95—60	220×80—140			1	不清	东	—	—	√	陶壶3、陶罐	Ⅱ	尸骨不全

续表

编号	类型	墓葬形制 方向	头龛（进深×宽—高）	墓室（长×宽—深）	封门	葬具 棺椁（长×宽—残高）	数量	人骨 葬式	头向	性别	年龄（岁）	殉性	随葬器物	分期	备注
ⅡM1986	Ⅰ1 Aa	0°	50×（50~80）—（50~80）	210×80—130			1	仰身直肢	北	女	成年		陶壶3、陶罐	Ⅰ	
ⅡM1987	Ⅰ1 Ab	5°		320×90—200			1	仰身直肢	北	女	35±		陶壶3、陶罐、铜钱	Ⅱ	
ⅡM1988	Ⅰ1 Aa	90°	10×80—40	210×80—140			1	仰身直肢	东	男	20±		陶罐、小陶罐3	Ⅰ	
ⅡM1989	Ⅰ1 Aa	355°	50×70—50	190×70—80			1	仰身直肢	北	男	30~35		陶壶、陶罐2	Ⅰ	
ⅡM1990	Ⅰ2 Bb	0°		口：440×（160~185）—30，底：420×140~210		椁：386×96—30；棺：208×68—20	1	仰身直肢	北	—	—	√	陶壶3、陶罐	Ⅲ	
ⅡM1991	Ⅰ1 Bb	355°		口：330×100—60，底：310×80—140			1	仰身直肢	北	—	—	√	陶壶3、陶罐	Ⅱ	
ⅡM1993	Ⅰ1 Ab	0°		400×100—160			1	仰身直肢	北	—	—	√	陶壶3、陶罐2	Ⅲ	
ⅡM1995	Ⅰ1 Ab	85°		320×120—130		椁：310×80—10；棺：204×（60—80）—10	1	直肢	东	—	—		陶壶3、铜带钩	Ⅰ	尸骨不全
ⅡM1996	Ⅰ2 Ba	0°		口：340×160—45，底：320×140—300		椁：250×120—30	-	—	—	—	—	√	铁钉		无尸骨
ⅡM1999	Ⅰ1 Aa	0°	50×80—40	220×75—180			1	仰身直肢	北	—	—	√	陶壶3、陶罐、铜带钩、铜钱	Ⅰ	
ⅡM2000	Ⅰ1 Aa	95°	50×70—60	230×80—160			1	仰身直肢	东	男	25~30		陶罐、小罐3	Ⅰ	
ⅡM2001	Ⅰ2 Bb	90°		口：450×180—40，底：430×160—270		椁：374×104—30；棺：198×64—10	1	仰身直肢	东	女	成年		陶壶3、陶罐2	Ⅱ	

续表

编号	墓葬形制					葬具		人骨					随葬器物	分期	备注
	类型	方向	头龛（进深×宽—高）	墓室（长×宽—深）	封门	椁 棺（长×宽—残高）	数量	葬式	头向	性别	年龄（岁）	殉牲			
ⅡM2002	Ⅰ1 Aa	90°	60×（30~70）—70	220×70—180			1	仰身直肢	东	女	25~30		陶罐3、骨器	Ⅰ	
ⅡM2003	Ⅰ1 Ab	95°		400×160—140			1	不清	东	—	—		陶壶3、陶岳、铜带钩	Ⅳ	尸骨不全
ⅡM2004	Ⅰ1 Aa	0°	60×90~50	230×100—140			1	仰身直肢	北	男	20±		陶壶3	Ⅲ	
ⅡM2005	Ⅰ1 Ab	0°		330×120—220			1	仰身直肢	北	—	—	√	陶壶3、陶罐	Ⅱ	
ⅡM2007	Ⅰ2 Aa	0°	100×（100~110）—100	220×100—260		椁：190×（60~70）—20	1	直肢	北	—	—		陶罐	Ⅰ	尸骨不全
ⅡM2010	Ⅰ1 Ab	0°	40×60—50	380×80—300			—			—	—	√	陶壶2、陶罐、铜镜	Ⅱ	无尸骨
ⅣM32	Ⅱ2 A	90°		墓道：480×（120~270）—（110~330），墓室口：520×300—150，底：500×（170~180）—330	不详	棺：460×（150~180）—40	1	仰身直肢	东	男	20~25		陶壶3、陶罐2、陶灶	Ⅲ	

注：表内随葬器物未注明数量者为一件

附表三 代魏葬墓统计表

（单位：厘米）

编号	类型	方向	墓葬形制 墓道、甬道、墓室，长×宽—深（高）	封门	葬具	人骨					随葬器物	分期	备注
						数量	葬式	头向	性别	年龄（岁）			
I M33	砖室	355°	墓道：540×（80~100）—（60~260）；甬道：50×（100~140）—（130~140）；墓室：224×108—114	条砖	无	2	不清	北	—		无	二	
II M700	土洞	155°	墓道：280×（60~100）—（50~150）；墓室：200×（90~100）—（60~100）	不详	无	无					陶罐		
II M1245	竖穴土坑	170°	墓室：210×80—100	无	无	1	仰身直肢	南	男	30±	陶壶	一	
II M1640	砖室	10°	墓口：270×120—100；墓室：200×（50~60）—44		无	无						三	殉葬整马
II M1761	土洞	140°	墓道：330×120—（40~130）；墓室：200×（40~100）—80	不详	无	1	仰身屈肢	南	男	30~35	陶瓶2、陶碗3	三	

后　记

　　和林格尔土城子古城遗址的考古发掘领队为陈永志，该系列报告从整理、编写到完成定稿的全过程都是在陈永志研究员的指导下进行的。

　　本书为《内蒙古和林格尔土城子（三）——汉、魏墓葬发掘报告（1997～2007）》，报告的编写体例由陈永志拟定，墓葬的资料汇总与编写由李强、郑淑敏、乔金贵完成，书稿由郑淑敏进行统稿，由陈永志做最终审定。报告中遗迹、遗物墨线图由郝晓菲、马婧等绘制，拓片由李威完成；遗迹照片由陈永志、刘刚、李强、朱家龙等拍摄，遗物照片由刘小放、陈永志拍摄。参与考古发掘的人员主要有李强、赵建、朱家龙、刘刚等。

　　吉林大学边疆考古研究中心朱泓、张全超教授团队对遗址所出汉、魏时期人骨进行鉴定，并提供人骨鉴定报告。北京科技大学科技史与文化遗产研究院李延祥教授团队对遗址所出金属器物进行检测分析，并附研究报告。该报告在撰写和编辑出版过程中得到了本书编撰委员会诸多委员给予的关心和指导，以及国家社科基金给予的大力支持，和林格尔县人民政府、和林格尔县文化旅游体育局对考古发掘工作给与大力支持与帮助，在此表示衷心的感谢。

　　该报告的整理、编写历时久远，虽经大家共同努力，收获颇多，但仍有不少遗憾、疏漏、不足之处，尚祈各方赐教。

编　者

2024年1月1日

1. 第Ⅱ发掘区南部地形地貌（由南向北拍摄）

2. 第Ⅱ发掘区南部墓葬分布（由南向北拍摄）

发掘区

図版二

1. 内蒙古自治区文物考古研究所李逸友先生在钻探现场考察

2. 时任内蒙古自治区文物局及文物考古研究所相关领导在钻探现场考察

钻探现场

1. 考古领队陈永志先生在发掘现场研判清理方案

2. 墓葬清理现场

发掘现场

1. 考古领队陈永志先生在墓葬清理现场受访

2. 考古队员在墓葬清理现场

发掘现场

1. 考古绘图

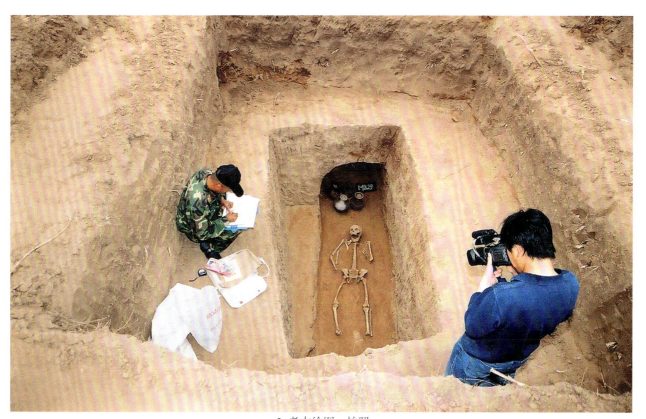

2. 考古绘图、拍照

发掘现场

1. Ⅰ M6全景

2. Ⅰ M6局部

Ⅰ M6

1. Ⅰ M21全景

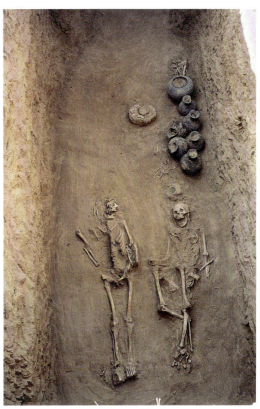

2. Ⅰ M21墓室

3. Ⅰ M21局部

Ⅰ M21

1. Ⅰ M25全景

2. Ⅰ M25局部

Ⅰ M25

1. ⅠM28全景

2. ⅠM28局部

ⅠM28

1. Ⅰ M30局部

2. Ⅰ M30局部

Ⅰ M30

1. Ⅰ M32全景（由南向北拍摄）

2. Ⅰ M32封门

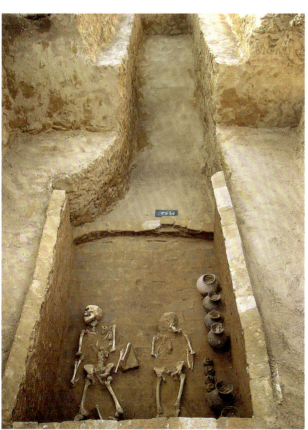

3. Ⅰ M32墓室全景（由南向北拍摄）

4. Ⅰ M32局部

Ⅰ M32

1. Ⅰ M34全景（由东向西拍摄）

2. Ⅰ M34局部

Ⅰ M34

1. ⅡM6全景（由南向北拍摄）

2. ⅡM6封门

ⅡM6

1. II M6局部

2. II M6局部

3. II M6局部

II M6

1. ⅡM7全景（由北向南拍摄）

2. ⅡM7局部

ⅡM7

1. Ⅱ M12全景（由南向北拍摄）

2. Ⅱ M12局部

Ⅱ M12

1. ⅡM13全景　　　　　　　　　　　2. ⅡM13局部

ⅡM13

图版一八

1. ⅡM15全景（由东向西拍摄）

2. ⅡM15局部

ⅡM15

1.ⅡM16全景（由南向北拍摄）

2.ⅡM16局部

3.ⅡM16局部（铜带钩、铜印章出土情况）

ⅡM16

1. ⅡM19全景

2. ⅡM19木椁盖板

3. ⅡM19木椁椁室

ⅡM19

1. ⅡM19墓室

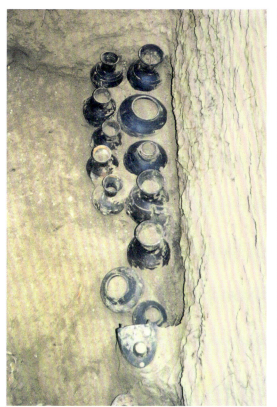

2. ⅡM19局部

ⅡM19

1.ⅡM21全景（由南向北拍摄）

2.ⅡM21墓室（发掘后全景）

3.ⅡM21局部

ⅡM21

1. ⅡM24全景（由北向南拍摄）

2. ⅡM24墓室

ⅡM24

1. ⅡM98全景（由西向东拍摄）

2. ⅡM98局部

ⅡM98

1. Ⅱ M588局部（有二层台）

2. Ⅱ M751全景

3. Ⅱ M751局部

Ⅱ M588、Ⅱ M751

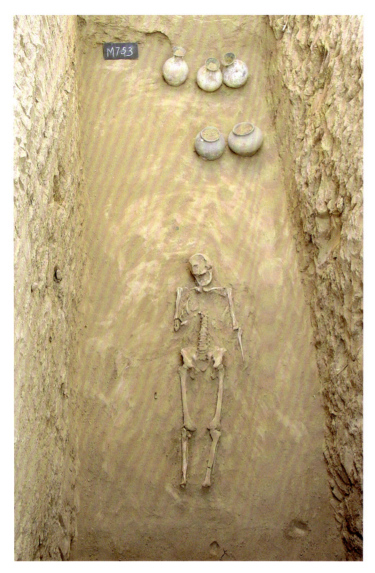

1. ⅡM753全景

2. ⅡM753局部

ⅡM753

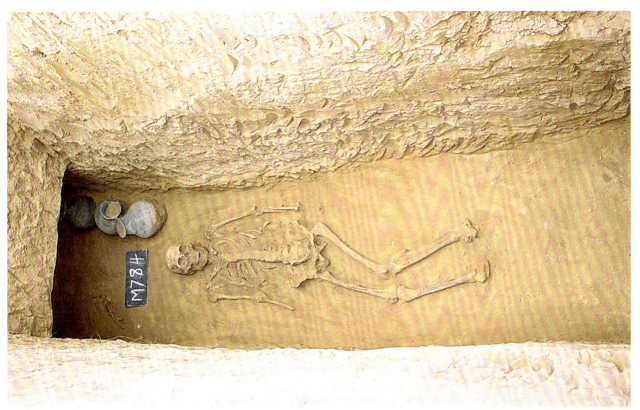

1. Ⅱ784全景

2. Ⅱ M784局部

Ⅱ M784

1.ⅡM785全景（由北向南拍摄）

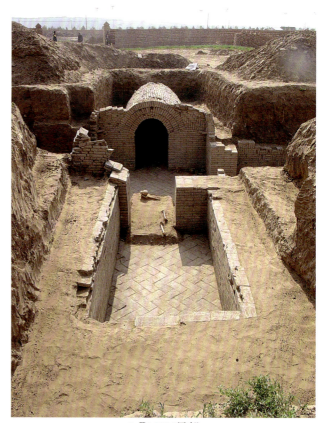

2.ⅡM785局部

3.ⅡM785局部

4.ⅡM785局部

ⅡM785

1. Ⅱ M803全景（由北向南拍摄）

2. Ⅱ M803局部

Ⅱ M803

1. Ⅱ M829全景

2. Ⅱ M829局部

Ⅱ M829

1. Ⅱ M859墓室

2. Ⅱ M859局部

Ⅱ M859

1.ⅡM877全景（由南向北拍摄）

2.ⅡM877局部

ⅡM877

1. ⅡM878全景（由北向南拍摄）

2. ⅡM878局部

ⅡM878

1.ⅡM911全景

2.ⅡM911局部

ⅡM911

1. ⅡM920全景

2. ⅡM920局部

ⅡM920

1. ⅡM974全景（由北向南拍摄）

2. ⅡM974局部

ⅡM974

1. Ⅱ M975全景（由南向北拍摄）

2. Ⅱ M975局部

Ⅱ M975

1. ⅡM1035全景

2. ⅡM1035局部

ⅡM1035

1. ⅡM1087全景

2. ⅡM1087局部

ⅡM1087

1. ⅡM1134全景

2. ⅡM1134局部

ⅡM1134

1. ⅡM1141全景（由南向北拍摄）　　　　　　　2. ⅡM1141局部

ⅡM1141

1. ⅡM1172全景（由东向西拍摄）

2. ⅡM1172墓室

3. ⅡM1172局部

ⅡM1172

1. ⅡM1174全景（由西向东拍摄）　　2. ⅡM1174局部

ⅡM1174

1. Ⅱ M1189全景（由东向西拍摄）

2. Ⅱ M1189局部

Ⅱ M1189

1. ⅡM1249全景

2. ⅡM1249局部

ⅡM1249

1. ⅡM1275全景（由西向东拍摄）

2. ⅡM1275局部

ⅡM1275

1. ⅡM1309全景（由南向北拍摄）

2. ⅡM1309全景（由北向南拍摄）

3. ⅡM1309封门、墓室

ⅡM1309

1. ⅡM1375全景（由北向南拍摄）

2. ⅡM1375局部

ⅡM1375

1. ⅡM1461全景

2. ⅡM1461局部

ⅡM1461

1. Ⅱ M1511全景

2. Ⅱ M1511局部

Ⅱ M1511

1. ⅡM1530全景

2. ⅡM1530局部

3. ⅡM1560局部

ⅡM1530、ⅡM1560

1. ⅡM1561全景

2. ⅡM1561局部

ⅡM1561

1. ⅡM1608全景

2. ⅡM1608局部

ⅡM1608

1. Ⅱ M1610全景

2. Ⅱ M1610局部

Ⅱ M1610

1. ⅡM1647墓室

2. ⅡM1647局部

ⅡM1647

图版五六

1. ⅡM1744全景

3. ⅡM1857全景（由北向南拍摄）

2. ⅡM1744局部

ⅡM1744、ⅡM1857

1. ⅡM1938全景（由东向西拍摄）

2. ⅡM1938全景（由西向东拍摄）

3. 后室外景

ⅡM1938

图版五八

1. ⅡM1938墓室

2. ⅡM1938局部

ⅡM1938

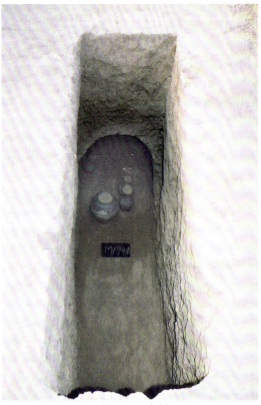

1. Ⅱ M1941全景

2. Ⅱ M1941局部

Ⅱ M1941

1. ⅡM1948全景

2. ⅡM1956墓室

ⅡM1948、ⅡM1956

1. ⅡM1957全景

2. ⅡM1983全景

ⅡM1957、ⅡM1983

1. ⅡM1986全景

2. ⅡM1990全景

ⅡM1986、ⅡM1990

1. ⅡM1991全景

2. ⅡM1993全景

ⅡM1991、ⅡM1993

图版六四

1. ⅡM2004全景

2. ⅡM2005全景

ⅡM2004、ⅡM2005

1.ⅣM23全景（由东向西拍摄）

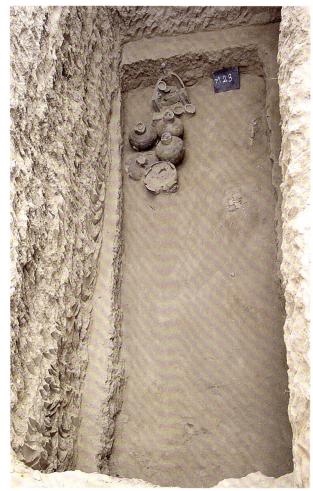

2.ⅣM23墓室

3.ⅣM23局部

ⅣM23

1.ⅣM31全景

2.ⅣM31二层台、脚窝

3.ⅣM31局部

ⅣM31

1.ⅣM32全景

2.ⅣM32局部

ⅣM32

1.ⅣM35全景

2.ⅣM35局部

ⅣM35

1.ⅣM53全景

2.ⅣM53局部

3.ⅣM53局部

ⅣM53

1.ⅣM54全景

2.ⅣM54局部

ⅣM54

ⅣM54（局部）

1.ⅣM55全景

2.ⅣM55局部

3.ⅣM55局部

ⅣM55

1. ⅠM33全景（由西向东拍摄）

2. ⅠM33封门

3. ⅠM33墓室

ⅠM33

1.ⅡM1245全景

2.ⅡM1245局部

ⅡM1245

1. ⅡM1761全景

2. ⅡM1761局部

ⅡM1761

1. ⅠM20出土器物

2. ⅡM751出土器物

陶器组合

1. ⅡM829出土器物

2. ⅡM944出土器物

陶器组合

1. I M24出土器物

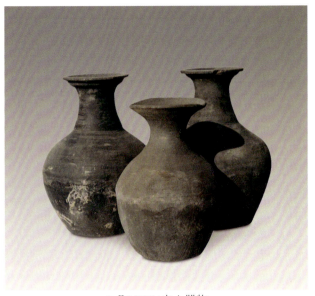

2. II M2004出土器物

3. I M25出土器物

陶器组合

1. ⅡM6出土器物

2. ⅡM1174出土器物

陶器组合

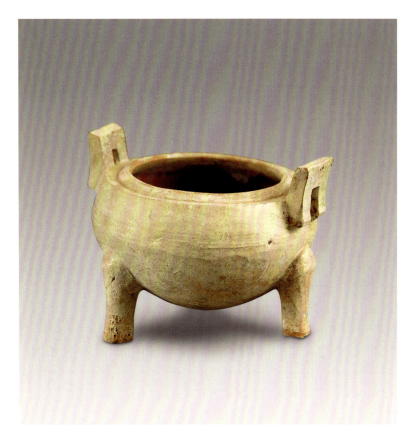

1. 釉陶鼎（ⅡM21∶29）

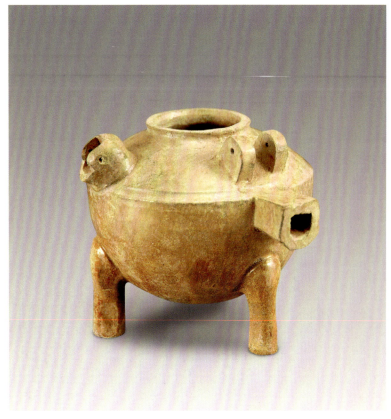

2. 釉陶锜（ⅡM21∶21）

釉陶鼎、釉陶锜

1. 釉陶鋞（ⅡM21：25）

2. 釉陶樽（ⅡM21：26）

3. 釉陶壶（ⅡM21：16）

4. 釉陶博山炉（ⅡM21：27）

釉陶鋞、釉陶樽、釉陶壶、釉陶博山炉

釉陶灶、釉陶井、釉陶火盆

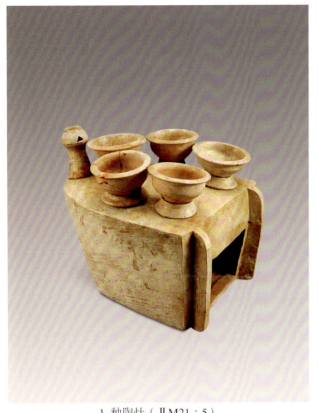

1. 釉陶灶（ⅡM21：5）

2. 釉陶井（ⅡM21：6）

3. 釉陶火盆（ⅡM21：24）

釉陶灶、釉陶井、釉陶火盆

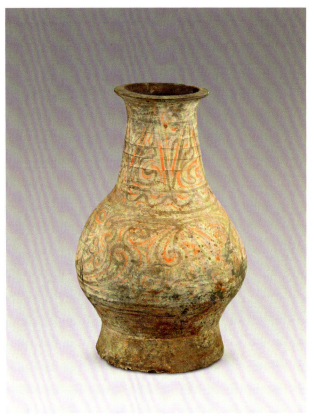

1. Ga型彩绘陶壶（ⅡM1461：3）

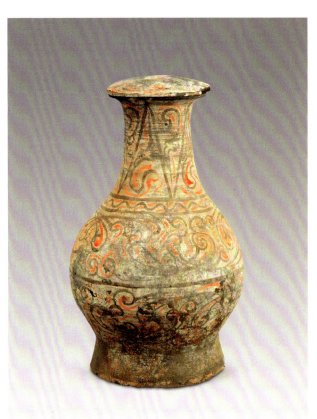

2. Ga型彩绘陶盖壶（ⅡM1461：4）

彩绘陶壶、彩绘陶盖壶

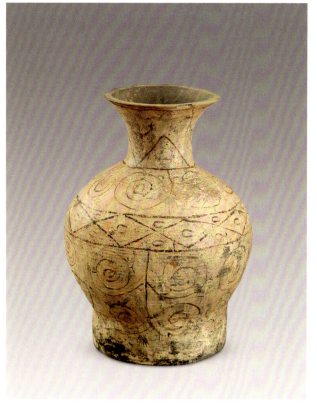

1. Aa型Ⅳ式彩绘陶壶（Ⅰ M28：2）

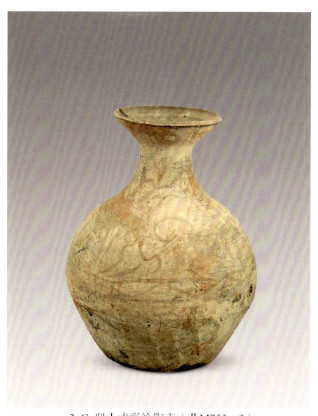

2. Cc型Ⅰ式彩绘陶壶（Ⅱ M753：3）

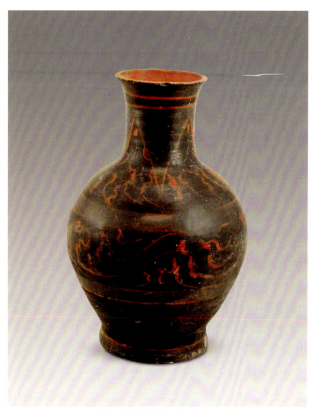

3. Fa型Ⅲ式彩绘陶壶（Ⅰ M30：2）

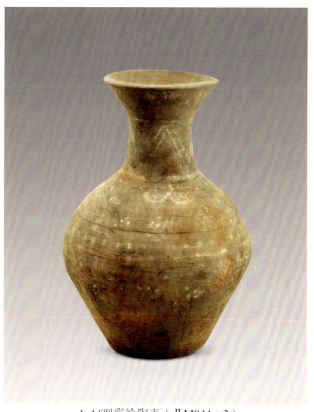

4. Af型彩绘陶壶（Ⅱ M944：2）

彩绘陶壶

1. Fa型Ⅰ式陶壶（ⅡM1543：3）

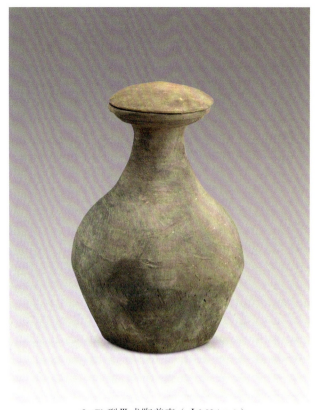

2. Cb型Ⅲ式陶盖壶（ⅠM24：1）

3. Fa型Ⅰ式陶壶（ⅡM1007：2）

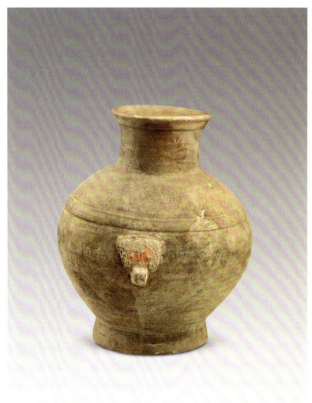

4. Db型Ⅱ式陶壶（ⅡM1282：6）

陶壶、陶盖壶

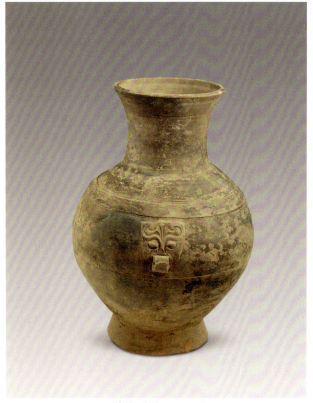

1. 陶壶（ⅡM19：4）

2. 陶壶铺首（ⅡM19：4）

3. Eb型Ⅰ式陶壶（ⅡM1249：6）

4. 陶壶铺首（ⅡM1249：6）

陶壶

1. 铭 "日入千户车马" 陶高领罐（ⅡM877：1）

2. 陶高领罐肩部（ⅡM877：1）

3. Bb型Ⅱ式陶大口罐（ⅡM1141：3）

4. Aa型Ⅰ式陶大口罐（ⅡM19：2）

陶高领罐、陶大口罐

图版八八

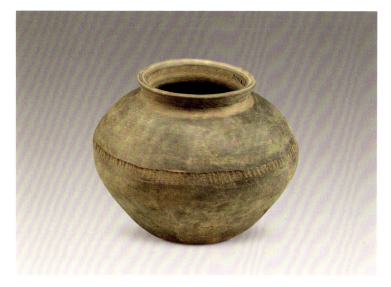

1. 陶罐（ⅡM6∶3）

2. A型高领罐（ⅡM932∶3）

3. B型小口罐（ⅣM48∶1）

陶罐

1. Ⅰ型壶（Ⅰ M50：2）

2.Ⅱ式陶大底罐（Ⅱ M10：4）

陶壶、陶大底罐

1. B型陶虎子（ⅡM11：26）

2. 陶虎子腹部（ⅡM11：26）

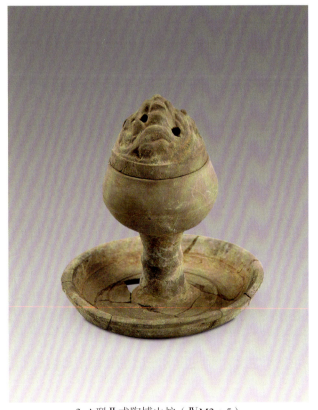

3. A型Ⅱ式陶博山炉（ⅣM2：5）

4. Aa型陶灯（ⅣM35：13）

陶虎子、陶博山炉、陶灯

1. D型陶井（ⅡM1174：1）

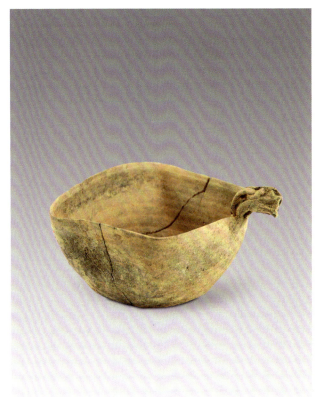

2. 陶魁（ⅡM1174：4）

3. 陶盒（ⅡM1174:6）

陶井、陶魁、陶盒

1. A型陶灶（ⅣM32：1）

2. D型陶灶（Ⅱ1174：2）

3. 陶罐（ⅡM700：1）

4. 陶壶（ⅡM1245：1）

陶灶、陶罐、陶壶

1. A型陶碗（ⅡM1761：3）

2. B型陶瓶（ⅡM1761：1）

3. A型陶瓶（ⅡM1761：2）

陶碗、陶瓶

1. 铜鈷镂（ⅠM6∶1）

2. 铜鈷镂顶部（ⅠM6∶1）

铜鈷镂

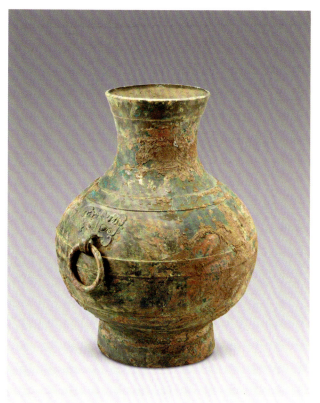

1. 铭"日利"铜锺（ⅡM1511∶1）

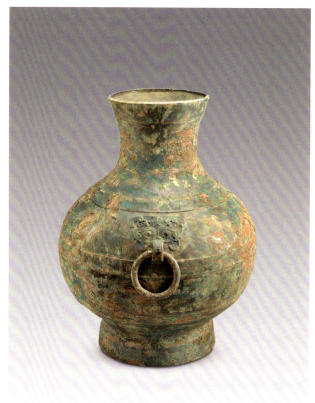

2. 铜锺正面（ⅡM1511∶1）

3. 铜锺底部（ⅡM1511∶1）

铜锺

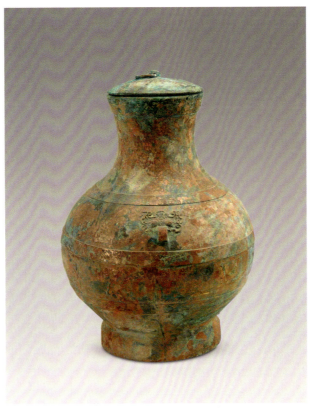

1. 铜盖锺（ⅡM1511：12）

2. 铭"日利千斤金"铜熏炉（ⅡM1511：3）

3. 铜熏炉底部（ⅡM1511：3）

铜盖锺、铜熏炉

1. 铜扁壶（ⅡM1561：3）

2. 铜扁壶（ⅡM1610：6）

3. 铜铛（ⅡM1561：6）

4. 铜甗（ⅡM1511：5）

铜扁壶、铜铛、铜甗

1. 铜樽（ⅡM1942∶1）

2. 铜樽腹部、足部（ⅡM1942∶1）

铜樽

1. Ⅱ式铜鍪（ⅠM29：1）

2. A型铜盆（ⅡM1035：1）

铜鍪、铜盆

1. D型鎏金铜铺首衔环（左：ⅣM3∶13；右：ⅣM3∶30）

2. B型、C型鎏金铜铺首衔环（左：ⅡM1511∶8；右：ⅡM21∶2）

鎏金铜铺首衔环

1. Ba型铜铃（ⅡM19∶16）

2. Ba型铜铃（ⅡM19∶22）

3. Ba型铜铃（ⅡM19∶15）

4. Bb型铜铃（ⅡM19∶24）

5. Bb型铜铃（ⅡM1087∶6）

6. A型铜铃（ⅡM19∶19）

铜铃

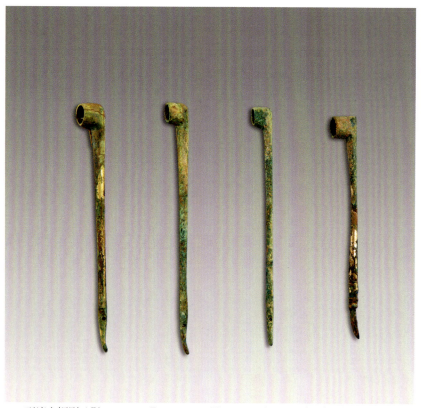

1.A型鎏金铜刷（ⅣM31：9，ⅡM316：6，ⅣM35：15）、B型鎏金铜刷（ⅠM61：7）

2.Dc型铜带钩（ⅡM16：1）

3.B型铜带钩(ⅡM974：1)

4.C型铜带钩(ⅡM10：1)

鎏金铜刷、铜带钩

1. Da型铜带钩（ⅡM1561：1）

2. 铜镞（ⅣM35：24）

3. Db型铜带钩（ⅡM11：1）

4. 铜印章（ⅡM16：20）

铜带钩、铜镞、铜印章

1. Bb型铜镜（ⅡM1035：4）

2. Cb型铜镜（ⅡM1561：2）

铜镜

1. Cc型铜镜（ⅠM6∶6）

2. Cc型铜镜（ⅡM1172∶20）

铜镜

1. Da型铜镜（ⅣM31：12）

2. Db型铜镜（ⅠM55：4）

铜镜

1. Db型铜镜（ⅡM131：3）

2. Db型铜镜（ⅠM43：6）

铜镜

1. E型铜镜（ⅣM53∶1）

2. Fa型铜镜（ⅣM54∶5）

铜镜

1. Fb型铜镜（ⅠM34：1）

2. Fb型铜镜（ⅡM18：10）

铜镜

1. Fc型铜镜（ⅠM61：4）

2. Fc型铜镜（ⅡM150：1）

铜镜

1. G型铜镜（ⅡM986：1）

2. H型铜镜（ⅣM54：13）

铜镜

1. I型铜镜（ⅡM1511：2）

2. J型铜镜（ⅡM1172：1）

铜镜

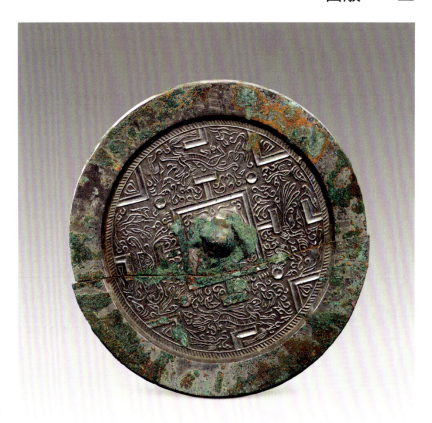

1. La型铜镜（ⅠM61∶5）

2. Ka型铜镜（ⅠM50∶4）

铜镜

图版一一四

1. Kb型铜镜（ⅣM14∶1）

2. Lb型铜镜（ⅣM40∶1）

铜镜

1. Kc型铜镜（ⅡM1744：1）

2. M型铜镜（ⅡM98：2）

铜镜

图版一一六

1. 左上：A型铜当卢（ⅣM35：17）、左中：铜兽面形车饰（ⅣM35：18、26）、左下：铜车轴（ⅣM35：29）、右上：铜衔镳（ⅣM35：40）、右下：铜辖害（ⅣM35：27）

2. 上：B型铜盖弓帽（ⅣM54：28～31）、下：A型铜盖弓帽（ⅣM35：55～58）

3. 上左：Ba型五铢（ⅡM1561：9）、上右：五铢（ⅡM1561：10）、下左：E型五铢（ⅡM98：12）、下右：D型五铢（ⅡM186：2）

铜车马具、铜钱

1. 石口琀（ⅡM937：3）

2. 石斗（ⅡM1511：4、26）

3. A型石砚（左：ⅠM11：3，右：ⅠM61：3）

4. B型石砚（ⅠM31：1）

石口琀、石斗、石砚